Droit de l'Union européenne

Dans la même collection

Traité de l'argumentation. La nouvelle rhétorique, Chaïm Perelman et Lucie Olbrechts-Tyteca, Préface de Michel Meyer, 6ᵉ édition, 2008.

Michel Meyer et la problématologie, Angèle Kremer-Marietti, 2008.

Structures de clivages, systèmes de partis et alignement des électeurs : une introduction, Seymour M. Lipset et Stein Rokkan, 2008.

Les partis politiques. Essai sur les tendances oligarchiques des démocraties, Robert Michels, traduction de S. Jankélévitch, avant-propos de Pascal Delwit, 2009.

La naissance de la physique moderne racontée au fil des Conseils Solvay, Pierre Marage et Grégoire Wallenborn, préface d'Isabelle Stengers, 2009.

Méthodologie du droit international public, Olivier Corten, 2009.

Modernité du libre examen, textes de Chaïm Perelman et Jean Stengers, préface de Jean-Pierre Devroey, 2009.

Paysages de la peur. L'homme et la nature au Moyen Age, Vito Fumagalli, traduction de Paul-Louis van Berg, préface et édition de Jean-Pierre Devroey, 2009.

Tableau politique de la France de l'Ouest sous la Troisième République, André Siegfried, préface de Christian Vandermotten, 2010.

La vie politique en Belgique de 1830 à nos jours, Pascal Delwit, 2010, 2ᵉ édition revue et augmentée.

Le manger comme culture, Massimo Montanari, traduction de Paul-Louis van Berg, préface de Jean-Pierre Devroey, 2010.

Références

Marianne Dony

Droit de l'Union européenne

Troisième édition revue et augmentée

EDITIONS DE L'UNIVERSITE DE BRUXELLES

ISBN 978-2-8004-1478-2
D/2010/0171/11
© 2008, 2010 by Editions de l'Université de Bruxelles
Avenue Paul Héger 26 – 1000 Bruxelles – Belgique
www.editions-universite-bruxelles.be
editions@admin.ulb.ac.be

Imprimé en France par Normandie Roto Impression s.a.s.
61250 Lonrai – numéro d'impression : 101469

Les grandes étapes de l'intégration européenne

1. L'intégration européenne, imaginée au fil des siècles par des philosophes (William Penn, l'abbé de Saint-Pierre, Emmanuel Kant ou Victor Hugo) puis par certains hommes politiques (Aristide Briand), a pris réellement son essor au lendemain de la deuxième guerre mondiale, dans une Europe à la fois ruinée par le conflit dont elle sortait et coupée en deux par la guerre froide et les accords de Yalta.

I. LES DÉBUTS

1. Les premiers pas de la coopération

2. Les Etats européens ont commencé par créer un ensemble d'organisations, qui ne se distinguaient en aucune manière des organisations internationales classiques et se bornaient à juxtaposer les Etats, selon un modèle de coopération intergouvernementale, en respectant scrupuleusement leurs souverainetés respectives. C'est ainsi qu'ont vu le jour, au plan militaire, l'Union occidentale[1]; au plan économique, l'Organisation européenne de coopération économique[2] et, au plan politique, le Conseil de l'Europe. Très vite, cependant, ce premier modèle va montrer ses limites.

[1] Qui deviendra l'UEO.
[2] Qui deviendra l'OCDE.

2. L'action des mouvements européens

3. Le Congrès de La Haye a réuni du 7 au 10 mai 1948 divers mouvements pour l'unification de l'Europe. Près de huit cents personnalités de tous les pays d'Europe occidentale y ont participé sous la présidence d'honneur de Winston Churchill. Le congrès s'est divisé en deux grandes tendances: la tendance fédérale préconisait une fédération européenne dans une structure forte avec un gouvernement européen doté de véritables pouvoirs; la tendance unioniste, quant à elle, se contentait d'envisager une simple coopération intergouvernementale entre Etats souverains. La résolution adoptée à l'issue du congrès a recommandé la mise en place d'une Assemblée délibérative européenne et d'un Conseil spécial européen, chargés de préparer l'intégration politique et économique des Etats européens. Elle a également préconisé l'adoption d'une charte des droits de l'homme et, pour en assurer l'application, la création d'une Cour de justice. A la suite du congrès, les différents mouvements se sont fédérés en un seul Mouvement européen.

3. La déclaration Schuman et la CECA

4. L'unification européenne a pris une nouvelle forme avec la déclaration Schuman du 9 mai 1950. Dans le climat de guerre froide entre l'Est et l'Ouest, l'Allemagne devenait un pion essentiel et le gouvernement américain faisait pression pour un renforcement de son potentiel économique, ce qui inquiétait le gouvernement français. Pour répondre à ce défi, le ministre français des Affaires étrangères Robert Schuman, reprenant à son compte le plan de Jean Monnet, a alors proposé de placer l'ensemble de la production franco-allemande de charbon et d'acier sous une haute autorité commune, dans une organisation supranationale ouverte à la participation des autres pays d'Europe. Ce projet était conçu, selon la stratégie fonctionnaliste, comme la première étape d'un processus qui devrait conduire à terme à l'unification économique et politique de l'Europe. Ces mots sont restés célèbres: «l'Europe ne se fera pas en un jour ni dans une construction d'ensemble: elle se fera par des réalisations concrètes créant d'abord une solidarité de fait». Robert Schuman a convoqué une conférence destinée à élaborer un projet de traité, en demandant à tous les participants de s'engager par avance à accepter le principe d'une autorité supranationale. Les négociations ont réuni six pays – l'Allemagne, la Belgique, la France, l'Italie, le Luxembourg et les Pays-Bas – et elles ont conduit à la signature du traité instituant la Communauté européenne du charbon et de l'acier (CECA) le 18 avril 1951, pour une durée de cinquante ans. La CECA est donc venue à échéance le 23 juillet 2002.

La CECA reposait sur un système institutionnel novateur : c'était une Haute Autorité, composée de personnalités indépendantes des Etats membres, qui détenait les principaux pouvoirs de décision, sous le contrôle politique d'une assemblée parlementaire et le contrôle juridictionnel d'une Cour de justice. L'organe intergouvernemental, le Conseil spécial des ministres, n'avait qu'un rôle consultatif, sauf en période de crise où il se voyait attribuer un pouvoir de codécision.

4. L'échec de la Communauté européenne de défense

5. Quelques jours seulement après la déclaration Schuman, la tension entre les deux blocs s'est brusquement accrue avec le déclenchement de la guerre de Corée le 25 juin 1950. Cette fois, c'était le réarmement de l'Allemagne qu'il fallait envisager, à la demande pressante des Etats-Unis. René Pleven, alors Premier ministre en France, proposa de créer une armée européenne placée sous commandement commun et intégrant des unités allemandes. Des négociations menées entre les seuls membres de la CECA conduisirent, le 27 mai 1952, à la signature du traité créant la Communauté européenne de défense (CED).

La CED n'a cependant jamais pu entrer en vigueur car, le 30 août 1954, le Parlement français a refusé de ratifier le traité CED, par le jeu combiné de plusieurs facteurs : l'hostilité de l'opinion publique à tout réarmement allemand, l'absence du Royaume-Uni et la crainte de mettre en péril l'indépendance de la France. L'échec de la CED n'a pas empêché le réarmement allemand, qui s'est réalisé par le biais de l'entrée de l'Allemagne dans l'OTAN et la transformation de l'Union occidentale en Union de l'Europe occidentale (UEO).

Dans la foulée du traité CED, les ministres des Affaires étrangères des Six avaient chargé l'assemblée de la CECA de préparer un projet de Communauté politique européenne. Le texte proposé, nettement fédéral dans sa conception, a été rejeté par les ministres des Affaires étrangères, avant même l'échec de la CED.

II. Les Communautés européennes

1. Les traités de Rome

6. Après l'échec de la CED, la relance de la construction communautaire n'a pas tardé. Dès 1954, diverses initiatives ont été prises ; elles ont débouché sur une réunion des ministres des Affaires étrangères de la CECA le 1er juin 1955 à Messine.

Les ministres y ont adopté une résolution exprimant « la volonté politique des Six de franchir une nouvelle étape dans la voie de la construction européenne dans le domaine économique grâce à des institutions communes » et ont chargé un comité intergouvernemental présidé par Paul-Henri Spaak de faire des propositions. Ce comité a élaboré deux projets de traités : l'un instituant l'Euratom, une organisation spécifique dans le domaine de l'énergie nucléaire ; l'autre un marché commun général sous la forme d'une union douanière avec tarif extérieur commun, la Communauté économique européenne (CEE). Les traités ont été signés à Rome le 25 mars 1957 et sont entrés en vigueur le 1er janvier 1958.

Les deux nouvelles communautés ont été dotées d'une structure institutionnelle qui s'inspirait du modèle de la CECA, mais en évoluant dans un sens nettement moins supranational. Le centre de gravité est passé de l'organe supranational, qui a pris le nom de Commission, à l'organe intergouvernemental, le Conseil des ministres. Cela s'explique en partie par la nécessité d'une plus grande prudence après l'échec de la CED, mais également par le fait que les nouveaux traités, à la différence du traité CECA, étaient des traités cadres, qui conféraient aux institutions un véritable pouvoir législatif et non un simple pouvoir de mise en application. La CECA a continué à exister et les institutions des trois communautés ont été fusionnées en 1967.

7. L'Euratom, fruit d'une idée française, ambitionnait de développer une source d'énergie considérée comme prometteuse et ainsi d'assurer l'indépendance énergétique de l'Europe au lendemain de la crise du canal de Suez. A cette fin, elle organisait un régime très original d'approvisionnement en matières premières nucléaires, avec un monopole accordé à une agence d'approvisionnement. L'Euratom a cependant connu un échec retentissant, dont les causes sont multiples. Il y a d'abord le fait que, contrairement aux prévisions, il n'y eut aucune pénurie mais bien au contraire une situation excédentaire pour les matières premières, ce qui privait l'agence d'approvisionnement d'une bonne partie de sa légitimité. Mais, surtout, la volonté française de se doter de l'arme nucléaire a conduit la France à se détourner de ce traité qui, même limité au nucléaire civil, représentait une entrave à ses yeux. Le traité Euratom est donc progressivement tombé dans un sommeil profond.

8. Parallèlement à la mise en place des Communautés, les Etats membres ont posé les premiers jalons en vue de l'établissement d'une coopération politique. En juillet 1961, les six chefs d'Etat et de gouvernement ont chargé une commission, présidée par C. Fouchet, de «donner forme à la volonté d'union politique déjà implicite dans les traités instituant les Communautés». La France y a présenté un projet d'«Union des Etats» compétente en matière de politique étrangère commune, de défense et de coopération dans le domaine de la science et de la culture et fonctionnant sur un mode nettement intergouvernemental. En réponse aux critiques que ce projet suscite, la France raidit sa position, particulièrement en proposant d'étendre la compétence de l'Union au domaine économique. Dans ces conditions, ce fut évidemment l'échec.

La question resurgit au sommet de La Haye de décembre 1969 : les chefs d'Etat et de gouvernement chargèrent un comité présidé par Etienne Davignon d'étudier la meilleure manière de réaliser des progrès dans le domaine de l'unification politique. Ce comité préconisa de commencer par une concertation des politiques étrangères. A cette fin, il a proposé d'organiser une information mutuelle et une concertation des gouvernements sur les problèmes de politique étrangère, à l'exclusion des problèmes de défense.

Les termes «Union européenne» apparurent pour la première fois au sommet de Paris en 1972 : les pays membres de la Communauté s'y sont donné pour objectif de transformer l'ensemble de leurs relations en une Union européenne, qui devait voir le jour avant la fin de la décennie et dans le respect absolu des traités déjà souscrits. Cette déclaration d'intention ne fut cependant suivie dans l'immédiat d'aucune réalisation concrète.

2. L'Acte unique européen: vers l'Union européenne

9. Plusieurs facteurs, d'origine diverse, ont donné naissance à ce traité, signé les 17 et 28 février 1986, qui a été la première modification importante du traité CEE.

Il y a d'abord eu la déclaration solennelle sur l'Union européenne, adoptée à Stuttgart, le 19 juin 1983. Les chefs d'Etat et de gouvernement des Etats membres y ont réaffirmé leur volonté de renforcer et poursuivre le développement des Communautés; de renforcer et développer la coopération politique européenne et de promouvoir une coopération plus étroite en matière culturelle, un rapprochement de certains domaines de la législation des Etats membres ainsi qu'une analyse commune et des actions concertées pour faire face aux problèmes internationaux de l'ordre public, aux manifestations de violence grave, à la criminalité internationale organisée et, d'une façon générale, à la délinquance internationale. Ils ont également souligné aussi la nécessité d'améliorer le fonctionnement des institutions. Enfin, ils ont annoncé qu'ils décideraient, dans un délai de cinq ans, s'il y avait lieu d'incorporer les progrès réalisés dans un traité sur l'Union européenne.

De son côté, sous l'impulsion du parlementaire italien Altiero Spinelli, le Parlement européen a adopté le 14 février 1984 un projet de traité instituant l'Union européenne. Afin de surmonter la résistance prévisible des gouvernements, ce projet prévoyait que les Parlements nationaux seraient saisis directement du traité en vue de sa ratification et que celle-ci serait acquise si le traité était approuvé par une majorité d'Etats représentant les deux tiers de la population de la Communauté.

Les gouvernements ne tardèrent pas à réagir: le Conseil européen de Fontainebleau, en juin 1984, mit sur pied un comité intergouvernemental *ad hoc* sur la réforme institutionnelle des Communautés (le Comité *Dooge*). Ce comité, dans son rapport final, préconisa la transformation des Communautés européennes en une Union européenne, la réalisation d'un espace économique intérieur et la promotion d'une identité européenne extérieure.

Il y eut enfin la publication par la Commission européenne, le 14 juin 1985, du livre blanc sur l'achèvement du marché intérieur. Celle-ci y soulignait que le traité de Rome avait prévu que le Marché commun devait être progressivement établi au cours d'une période de transition de douze années mais qu'en réalité il n'existait pas de liberté des échanges complète et effective et que de nombreuses entraves subsistaient, se traduisant par le maintien des frontières : sous leur forme physique (contrôle des personnes et des biens aux postes de douane intérieurs), technique (réglementations nationales de toutes sortes) et fiscale (le maintien de taxes indirectes de taux très divers obligeant à des formalités transfrontalières lentes et coûteuses). La Commission proposait donc un calendrier d'actions visant la réalisation, avant le 31 décembre 1992, d'un grand marché unique.

10. La Conférence intergouvernementale qui a abouti à l'Acte unique européen a reçu un double mandat. Il s'agissait de conclure, d'une part, un traité en matière de politique étrangère et de sécurité commune et, d'autre part, un acte modifiant le traité CEE. En définitive, les deux textes ont été fusionnés, d'où le nom d'« Acte unique européen ».
S'il a affirmé dans son préambule « la volonté de transformer l'ensemble des relations entre les Etats en une union européenne », l'Acte unique européen est surtout entré dans la mémoire collective pour avoir posé le principe de l'établissement, au plus tard le 31 décembre 1992, d'un marché intérieur, défini comme un « espace sans frontières intérieures dans lequel la libre circulation des marchandises, des personnes, des services et des capitaux est assurée ».
Il a aussi permis une amélioration du fonctionnement des institutions, en liaison avec la réalisation du marché intérieur, avec la possibilité pour le Conseil d'adopter à la majorité qualifiée les mesures nécessaires à cette fin et un premier rôle législatif actif accordé au Parlement européen. Il a consacré également de nouvelles politiques, principalement la cohésion économique et sociale, la recherche et le développement technologique et la protection de l'environnement.
Son volet traitant de la coopération politique s'est contenté, quant à lui, de codifier les pratiques qui s'étaient développées en dehors du cadre communautaire, avec toutefois un premier pas – extrêmement prudent – en matière de sécurité et de défense : la coopération pourrait porter sur les aspects politiques et économiques de la sécurité, à l'exclusion de la défense proprement dite.

11. A partir de la signature de l'Acte unique européen, les traités ne vont plus cesser d'être amendés et de prévoir, dans le même temps, de nouvelles modifications. Ainsi, on peut considérer les vingt-quatre dernières années de l'intégration européenne comme le déroulement d'un unique et très long processus de révision auquel l'entrée en vigueur, le 1er décembre 2009, du traité de Lisbonne devrait enfin mettre fin.

III. L'Union européenne

1. Le traité de Maastricht

12. En juin 1988, le projet d'union économique et monétaire – qui était né en 1969 au sommet de La Haye mais avait dû être abandonné en 1974 – a refait surface, dans le prolongement du marché intérieur. Un comité réunissant les gouverneurs de banques centrales sous la direction du président de la Commission européenne de l'époque, Jacques Delors, a été chargé d'étudier et de proposer des étapes concrètes conduisant à l'union économique et monétaire. Le rapport Delors a proposé un processus en trois étapes, dont les deux dernières supposaient une nouvelle révision du traité de Rome.

Alors que se discutaient les réformes à introduire dans le traité de Rome pour assurer la mise en œuvre de l'union économique et monétaire, la chute du Mur de Berlin, l'écroulement du monde communiste et la réunification allemande ont entraîné une réforme plus globale. Les Etats membres ont décidé de coopérer également dans les domaines de la politique étrangère, d'une part, de la justice et des affaires intérieures, de l'autre. Ils ont enfin marqué leur volonté d'entamer une nouvelle étape dans le processus d'intégration européenne engagé par la création des Communautés européennes en instituant une Union européenne.

C'est ainsi qu'est né le traité sur l'Union européenne ou traité de Maastricht, signé le 7 février 1992.

A. Une Union à la structure complexe

13. La structure de l'Union européenne a suscité bien des débats lors de la négociation du traité. C'est que les Etats, s'ils étaient d'accord pour institutionnaliser leur coopération en matière de politique étrangère et dans les domaines de la justice et des affaires intérieures, ne voulaient pas, dans leur très grande majorité, pour autant appliquer la «méthode communautaire», qui s'était progressivement construite, à ces nouvelles compétences qui touchaient, à leurs yeux, de trop près leur souveraineté.

Cela n'a pas permis l'intégration de ces nouveaux domaines dans le traité instituant la Communauté économique européenne qui se serait transformé en traité instituant l'Union européenne. Dès lors, loin de se substituer aux Communautés européennes, l'Union européenne s'est superposée à celles-ci, avec qui elle a coexisté, sans personnalité juridique propre, dans cette construction très curieuse qu'on a appelée temple grec[3], constituée d'un fronton – des principes et des institutions – commun et de trois piliers:

– les trois Communautés européennes – CECA[4], CEE et Euratom –;
– la politique étrangère et de sécurité commune (PESC);
– la coopération en matière de justice et d'affaires intérieures (JAI).

Les auteurs du traité avaient aussi voulu souligner le caractère indissociable de l'Union, notamment par l'unification des procédures d'adhésion et de révision, valant pour l'Union dans son ensemble. Ces dispositions ne comportaient aucune modification de substance par rapport aux dispositions antérieures. Leur objet essentiel était de mettre en évidence le fait que l'Union formait un tout et, en particulier, qu'aucune adhésion, à la carte, à l'un ou l'autre des piliers pris isolément, ne saurait être envisagée.

14. Le cadre institutionnel unique, qui devait être le ciment du temple grec, avait cependant ses limites. En effet, si les deuxième et troisième piliers empruntaient les institutions des Communautés, celles-ci fonctionnaient selon des procédures différentes, avec un déplacement du centre de gravité vers le Conseil qui devait agir à l'unanimité. De plus, une institution clé, la Cour de justice, était, jusqu'au traité d'Amsterdam, totalement absente des deuxième et troisième piliers. Enfin, les trois piliers étaient dotés d'actes juridiques différents. Ainsi, Union européenne et

---

[3] Cette construction plus baroque qu'antique ne témoignait d'ailleurs pas de grands talents d'architecte: quel curieux temple qu'un temple à trois piliers, qui plus est d'épaisseurs et de consistances très différentes...
[4] Qui, rappelons-le, a disparu le 25 juillet 2002.

Communautés européennes, bien que fondées sur les mêmes Etats membres et sur les mêmes institutions, coexistaient en fonctionnant selon des règles, des procédures et des principes différents, avec pour conséquence un enchevêtrement particulièrement confus et difficile à appréhender.

15. L'absence de structure unique de l'Union se reflétait sur la structure du traité lui-même. Le traité de Maastricht était ainsi un traité hybride : en partie traité neuf, pour ce qui était des dispositions communes et des dispositions relatives aux deuxième et troisième piliers, en partie traité de révision des traités de Paris et de Rome.

B. Une Communauté profondément transformée

16. Tout d'abord, la Communauté économique européenne issue du traité de Rome, le noyau dur de l'intégration européenne, a reçu la nouvelle dénomination de «Communauté européenne», conséquence logique de l'ajout de nombreuses compétences qui n'étaient pas économiques : culture, santé publique, éducation…

Ensuite, le concept de citoyenneté a été introduit ; il a revêtu une valeur emblématique tant par le choix du vocable citoyenneté, qui révélait une volonté politique forte, que par l'introduction des dispositions relatives à la citoyenneté dans le pilier communautaire de l'Union, qui impliquait en particulier la possibilité d'un contrôle de la Cour[5].

Le principe de l'établissement d'une union économique et monétaire a encore été consacré, avec – au plus tard le 1er janvier 1999 – l'adoption d'une monnaie unique[6].

Enfin, des réformes institutionnelles ont visé à permettre à la Communauté de fonctionner à la fois plus efficacement (extension de la majorité qualifiée) et plus démocratiquement (renforcement du rôle du Parlement européen), et ce alors même que les deux autres piliers étaient soumis à une logique de simple coopération intergouvernementale.

[5] Voy. à ce sujet *infra*, n°s 58 et s.
[6] Voy. à ce sujet *infra*, n°s 797 et s.

C. Une ratification difficile

17. La ratification du traité de Maastricht fut laborieuse : un premier référendum négatif le 2 juin 1992 au Danemark a rendu nécessaire l'organisation d'un second référendum le 18 mai 1993 ; le oui a emporté une courte victoire (51,04%) au référendum organisé le 20 septembre 1992 en France ; le Royaume-Uni, après d'interminables tergiversations, a fini par ratifier le traité le 2 août 1993 ; en Allemagne, un recours a été introduit devant la Cour constitutionnelle, qui a entouré la ratification du traité de conditions précises. Le traité est finalement entré en vigueur le 1er novembre 1993, mais avec dix mois de retard sur le calendrier fixé.

Pour la première fois, la fracture entre la construction européenne et l'opinion publique, au moins dans un certain nombre d'Etats, est apparue au grand jour : les citoyens ont été désarçonnés par le projet européen, en l'absence de consensus sur sa signification. De plus, la ratification du traité de Maastricht a coïncidé avec l'entrée en vigueur du marché intérieur, issu de l'Acte unique européen, qui en effrayait plus d'un, d'autant que la croissance économique qui devait en résulter n'était pas au rendez-vous. L'adoption d'une monnaie unique, acquise sans difficulté au niveau des gouvernements, a suscité des réactions émotionnelles dans l'opinion publique. Enfin, la perspective, bien que très lointaine, d'une défense commune, a été très mal perçue dans les Etats neutres.

2. Le traité d'Amsterdam

18. Ce traité, signé le 2 octobre 1997, n'était pas, à la différence de l'Acte unique européen ou du traité de Maastricht, porteur d'un projet politique important. L'absence de préambule en a été un signe tangible.

Son origine est à trouver dans le traité de Maastricht lui-même : ses auteurs, sans doute peu convaincus eux-mêmes par leur «progéniture», avaient en effet organisé sa révision, en convoquant d'office en 1996 une nouvelle Conférence intergouvernementale, qui devait notamment examiner s'il y avait lieu de «réviser les politiques et formes de coopération instaurées par le traité afin d'assurer l'efficacité des mécanismes».

Lorsqu'il avait ouvert la Conférence intergouvernementale en février 1996, le Conseil européen avait assigné quatre objectifs aux négociations: supprimer les dernières entraves à la libre circulation des personnes; insister sur l'emploi et sur les droits des citoyens; permettre à l'Europe de mieux jouer son rôle sur la scène internationale; enfin, et surtout, adapter l'architecture institutionnelle de l'Union européenne en vue de l'élargissement.

19. Le principal apport du traité d'Amsterdam a été de créer «un espace de liberté, de sécurité et de justice». Sans toucher à la structure en piliers, ce traité a aussi réorganisé les piliers, en opérant une «communautarisation» partielle du domaine de la justice et des affaires intérieures, à savoir tout ce qui concerne la circulation des personnes et l'immigration. Il a également cherché à répondre à un certain nombre d'attentes des citoyens, avec des dispositions relatives à l'emploi ou à la santé publique. Il a encore amélioré le fonctionnement de la politique étrangère et de sécurité commune, en créant la fonction de haut représentant pour la politique étrangère et de sécurité commune. Sur le plan institutionnel, le champ d'application de la codécision a été étendu et cette procédure a été simplifiée. Le rôle de la Cour de justice a été renforcé. Enfin, des possibilités de coopération renforcée ont été créées mais à des conditions très strictes.
En revanche, le traité d'Amsterdam n'a pas été en mesure d'apporter les aménagements indispensables dans le domaine de la majorité qualifiée au sein du Conseil et de la composition de la Commission, alors même que l'Union européenne se préparait à relever le défi historique d'un nouvel élargissement.

3. Le traité de Nice

20. Ce sont donc ces questions laissées pour compte à Amsterdam qui ont été inscrites au mandat de la Conférence intergouvernementale que le Conseil européen de Cologne, en juin 1999, a décidé de convoquer, face à l'accélération du processus d'élargissement. Il en est sorti le traité de Nice, signé le 26 février 2001.
Préalable indispensable à l'élargissement de l'Union européenne, le traité de Nice a acté un accord entre les Etats membres, obtenu du bout des lèvres après quatre jours de négociations marathon et restant largement en-deçà des ambitions initialement affichées, portant sur la taille et la composition de la Commission européenne, sur un nouveau calcul de la majorité qualifiée au sein du Conseil et sur une extension assez limitée du

vote à la majorité qualifiée au Conseil. Le traité de Nice a aussi réorganisé le système juridictionnel et assoupli les conditions du recours aux coopérations renforcées.

En marge du Conseil européen de Nice, le Parlement, le Conseil et la Commission ont signé et proclamé, le 7 décembre 2000, la charte des droits fondamentaux de l'Union européenne à Nice, mais sans se prononcer sur la portée de cette charte[7].

4. Le traité établissant une Constitution pour l'Europe

21. Le traité de Nice a, lui aussi, connu des difficultés de ratification avec un vote négatif lors d'un premier référendum en Irlande. Mais, surtout, il a laissé un goût amer et engendré un malaise, mis en lumière par la déclaration n° 23 adoptée par la Conférence intergouvernementale, qui a appelé au «lancement immédiat d'un débat à la fois plus large et plus approfondi sur l'avenir de l'Union européenne», devant aboutir en 2004 à une nouvelle révision des traités, autour de quatre thèmes : une simplification des traités afin qu'ils soient plus clairs et mieux compris, sans en changer le sens ; une délimitation plus précise des compétences entre les Etats et l'Union européenne ; le statut de la charte des droits fondamentaux et le rôle des Parlements des Etats membres. Adopter cette déclaration revenait à admettre que la véritable réforme de l'Union restait à faire et que la méthode suivie jusqu'alors manquait de légitimité démocratique et de transparence.

Fin décembre 2001, le Conseil européen a adopté la déclaration de Laeken affirmant la nécessité pour l'Union de «devenir plus démocratique, plus transparente et plus efficace». A cette fin, la déclaration de Laeken a mis en place une convention, au sein de laquelle des représentants des Etats membres, du Parlement européen, des Parlements nationaux et de la Commission ont débattu de l'avenir de l'Union pendant près de dix-huit mois. Pourtant, en pratique, force est de constater que, malgré ces efforts de transparence et d'ouverture, cette enceinte n'a pas été suffisamment visible, ni perçue, par les Européens, comme un moyen d'avoir prise sur la phase d'élaboration des textes.

22. La Convention sur l'avenir de l'Europe s'est rapidement assigné la mission d'élaborer une Constitution. Dans la foulée

---

[7] Voy. à ce sujet *infra*, n°s 84 et s.

de la reconnaissance de la personnalité juridique de l'Union et
de la disparition de la Communauté, les «conventionnels» ont
considéré qu'il était opportun de remplacer les traités existants
par un texte unique, rassemblant, en quatre parties, les principes
fondamentaux, la charte des droits fondamentaux, les politiques
et le fonctionnement de l'Union, et enfin les dispositions générales et finales.

Il leur a aussi paru naturel d'appeler ce nouveau texte «Constitution». Cette approche a fait l'objet d'un large consensus au
sein de la Convention. C'est que, depuis bien longtemps, il était
enseigné que «le traité CEE, bien que conclu sous la forme d'un
accord international, n'en constitue pas moins la *charte constitutionnelle* d'une communauté de droit»[8]. Et l'adoption d'une
Constitution était ressentie comme un geste fort de nature à
refonder la construction européenne sur de nouvelles bases.

Le projet de la Convention, remis à la présidence italienne
le 18 juillet 2003, a ensuite été approuvé par une Conférence
intergouvernementale, aboutissant ainsi à la signature du traité
établissant une Constitution pour l'Europe, le 29 octobre 2004.

23. Les conventionnels n'ont sans doute pas perçu suffisamment les conséquences qui découleraient du choix du terme
«Constitution». En effet, il a dramatisé les enjeux et conduit
nombre de gouvernements à décider de faire ratifier le traité par
la voie d'un référendum, en raison de l'importance de la réforme
opérée. Il s'est aussi avéré dangereux d'emprunter des mots du
registre national. Loin de clarifier le débat pour les citoyens,
le terme «Constitution» a désarçonné ces derniers, en partie
parce que le document en question ne ressemblait pas aux textes
constitutionnels nationaux. De plus, malgré son appellation, la
Constitution n'était pas une véritable refondation mais plutôt
une codification et une clarification de l'existant.

5. *Le traité de Lisbonne*

24. Les non français et néerlandais à la Constitution ont plongé
les milieux européens dans un profond désarroi. Alors même
qu'une déclaration jointe au traité constitutionnel prévoyait
que le Conseil européen se saisirait de la question si, dans un
délai de deux ans à compter de la signature du traité, les quatre

---

[8] Avis 1/91 du 14 décembre 1991. Nous soulignons. Voy. à ce sujet *infra*, n° 472.

cinquièmes des Etats l'avaient ratifié mais qu'«un ou plusieurs Etats rencontraient des difficultés» pour procéder à cette ratification, les chefs d'Etat et de gouvernement n'ont pas pu faire mieux, au lendemain des référendums, que de s'accorder sur la nécessité d'aménager une période de réflexion et d'adapter en conséquence le calendrier de la ratification dans les Etats membres. Ils ont ainsi laissé les Etats qui n'avaient pas encore achevé (ou même commencé) le processus de ratification libres de ne pas le poursuivre, avec la conséquence que la Constitution a été mise au frigo.

25. En juin 2006, le Conseil européen a confié à l'Allemagne, qui prenait la présidence de l'Union européenne le 1er janvier 2007, le soin d'explorer les pistes possibles de renégociation. Il est vite apparu que l'adoption d'une Constitution n'était plus à l'ordre du jour. Le ton est donné dans la déclaration de Berlin, à l'occasion du cinquantième anniversaire de la signature des traités de Rome, qui se borne à évoquer l'objectif «d'asseoir l'Union européenne sur des bases communes rénovées», sans aucune mention de la Constitution.

Et, dans le mandat détaillé adopté le 23 juin 2007 pour la nouvelle conférence intergouvernementale, la cause est entendue : «le concept constitutionnel, qui consistait à abroger tous les traités actuels pour les remplacer par un texte unique appelé «Constitution», est abandonné», au profit d'un simple «traité modificatif» des traités actuels en vigueur. Ce traité devait à la fois sauvegarder les principaux acquis de la Constitution et s'écarter de celle-ci sur certains points particulièrement controversés. Tel est le compromis qui avait été trouvé pour réconcilier les points de vue et préoccupations des dix-huit pays qui avaient ratifié le traité constitutionnel[9], des deux pays où le non l'avait emporté et de certains des sept pays où le processus de ratification n'avait pas été mené à son terme.

26. La Conférence intergouvernementale a commencé ses travaux le 23 juillet 2007. Les chefs d'Etat ou de gouvernement des Vingt-sept, réunis à Lisbonne le 18 octobre, ont donné leur accord politique à ce nouveau traité, le traité de Lisbonne, qui a été signé le 13 décembre 2007. Il vient modifier, conformé-

---

[9] L'Autriche, la Belgique, la Bulgarie, Chypre, l'Estonie, la Finlande, l'Allemagne, la Grèce, la Hongrie, l'Italie, la Lettonie, la Lituanie, le Luxembourg, Malte, la Roumanie, la Slovaquie, la Slovénie et l'Espagne.

ment au mandat donné en juin, les traités UE et CE. Le premier conserve son intitulé actuel, alors que le second devient le traité sur le fonctionnement de l'Union européenne (traité FUE)[10].

27. Certes, ce traité n'est pas parfait. Tout d'abord, la démarche même le rend difficilement lisible car il prend la forme d'un catalogue d'amendements aux traités antérieurs, incompréhensible sans se reporter en même temps au texte de ces traités[11]. Ensuite, plusieurs concessions ont dû être faites aux eurosceptiques : en même temps que la «Constitution», les expressions «loi et loi cadre», ainsi que le titre de «ministre des Affaires étrangères» ont disparu, tout comme la référence aux symboles de l'Union. Le texte de la charte des droits fondamentaux a été retiré des traités, au profit d'une simple mention dans l'article consacré aux droits fondamentaux. La spécificité intergouvernementale de la politique étrangère et de sécurité est mise en évidence, par le maintien de l'ensemble des règles spécifiques régissant la politique étrangère et de sécurité commune dans le nouveau traité sur l'Union européenne avec les dispositions générales relatives à l'action extérieure de l'Union, alors que tous les autres aspects de l'action extérieure de l'Union sont regroupés dans la cinquième partie du traité sur le fonctionnement de l'Union européenne. Enfin, les différents articles des traités, protocoles et déclarations traitant des compétences de l'Union sont empreints d'une méfiance certaine des Etats membres, qui les a conduits à utiliser des formulations négatives pour qualifier les compétences de l'Union[12] ou à multiplier les garde-fous, au demeurant parfaitement inutiles[13].

---

[10] Lorsque nous nous référerons aux dispositions des traités UE et FUE, telles qu'elles ont été modifiées par le traité de Lisbonne, nous utiliserons la nouvelle numérotation de ces dispositions établie par l'annexe du traité de Lisbonne. Cette annexe a été publiée au *JO*, n° C 30, 17 décembre 2007, p. 202.

[11] D'ailleurs, une fois signé et ratifié, il est destiné à disparaître en tant que tel, toutes ses dispositions s'intégrant dans les traités antérieurs.

[12] Ainsi, le nouvel article 5 du traité sur l'Union européenne, tel qu'introduit par le traité de Lisbonne, n'indique pas, à l'instar du traité CE et de la Constitution, que l'Union «agit» mais bien qu'elle «*n'agit que* dans les limites des compétences que les Etats membres lui ont attribuées dans les traités pour atteindre les objectifs que ces traités établissent». Nous y reviendrons *infra*, n° 113.

[13] Qu'il s'agisse de la reconnaissance de la personnalité juridique à l'Union, de la charte des droits fondamentaux ou de l'adhésion à la convention européenne de sauvegarde des droits de l'Homme et des libertés fondamentales, les Etats ont pris soin de préciser que cela «ne modifie pas les compétences de l'Union telles qu'elles sont définies dans les traités».

28. Mais, en contrepartie, il est porteur d'acquis importants, au premier rang desquels on relèvera : la reconnaissance de la personnalité juridique de l'Union, la disparition du système des piliers et l'effacement complet de la Communauté européenne[14] ; une plus grande démocratie, avec notamment l'accroissement du rôle du Parlement européen, le renforcement du rôle des Parlements nationaux et le droit d'initiative privée ; la reconnaissance du caractère de droit primaire de la charte des droits fondamentaux, malgré les clauses dérogatoires obtenues par le Royaume-Uni et la Pologne ; la clarification des compétences, même si c'est au prix de multiples précisions traduisant la méfiance des Etats ; une plus grande efficacité, grâce à la présidence stable du Conseil européen et l'extension de la majorité qualifiée au Conseil ; un espace de liberté, de sécurité et de justice enfin réellement mis sur les rails ; une plus grande cohérence de l'action extérieure de l'Union, rendue notamment possible par la création de la fonction du haut représentant de l'Union pour les affaires étrangères et la politique de sécurité.

29. Toutefois, ce que l'histoire retiendra sans doute le plus sera l'entrée en vigueur particulièrement laborieuse de ce traité. Aux termes de l'article 6 du traité de Lisbonne, cette entrée en vigueur était fixée au 1er janvier 2009, pour autant que, d'ici là, « *tous* les instruments de ratification aient été déposés ou, à défaut, le premier jour du mois suivant le dépôt de l'instrument de ratification de l'Etat signataire qui procède le dernier à cette formalité ». En d'autres termes, le traité de Lisbonne ne comportait aucune disposition prévoyant les solutions possibles en cas de non-ratification par un ou plusieurs Etats membres.
Et, lors du référendum que les autorités irlandaises ont été obligées d'organiser le 12 juin 2008, les craintes exprimées par de nombreux commentateurs dès le lendemain de la signature du traité se sont concrétisées : 53,4% des Irlandais ont dit non au traité de Lisbonne. Les principales raisons du non ont été le manque d'information et de compréhension du traité et de ses enjeux, mais aussi des craintes plus diffuses et disparates, relatives à la protection de l'identité irlandaise, la sauvegarde de la neutralité de l'Irlande, la perte du « commissaire irlandais » ou encore à la protection du régime fiscal national.

---

[14] Mais pas, comme c'était d'ailleurs déjà le cas dans le traité constitutionnel, l'Euratom, pour des raisons de haute politique.

30. Le Conseil européen a dû consacrer trois réunions à la recherche d'une solution pour permettre l'entrée en vigueur du traité de Lisbonne. Les 19-20 juin 2008, il a implicitement exclu toute renégociation du traité, déjà ratifié par les parlements de dix-neuf Etats membres. Les 12-13 décembre 2008, il s'est engagé à prendre les mesures pour que la Commission puisse continuer de comprendre un national de chaque Etat membre[15]. Il a aussi pris note avec attention des autres préoccupations du peuple irlandais présentées par le Premier ministre irlandais sur la politique fiscale, la famille et les questions sociales et éthiques, ainsi que la politique commune de sécurité et de défense. Ensuite, les 17-18 juin 2009, ces préoccupations ont fait l'objet d'une « décision des chefs d'Etat ou de gouvernement des vingt-sept Etats membres de l'Union européenne, réunis au sein du Conseil européen », dont les dispositions devront être énoncées dans un protocole lors de la conclusion du plus prochain traité d'adhésion.

31. Les garanties ainsi données à l'Irlande ont permis d'organiser un nouveau référendum comme en 2002. Ce référendum a eu lieu le 2 octobre 2009 et, cette fois, le oui l'a emporté largement, avec plus de 67% des voix. Toutes les hypothèques pesant sur l'entrée en vigueur n'étaient cependant pas encore levées. Restait en effet à surmonter les réticences du président tchèque. Ce dernier a exigé d'obtenir les mêmes clauses dérogatoires que celles accordées à la Pologne et au Royaume-Uni en ce qui concerne la charte des droits fondamentaux et satisfaction lui a été donnée lors du Conseil européen des 29-30 octobre 2009[16]. La République tchèque a déposé son instrument de ratification le 13 novembre 2009, et le traité de Lisbonne a finalement pu entrer en vigueur le 1er décembre 2009.

---

[15] Voy. *infra*, n° 91.
[16] Ici aussi la modification du protocole en cause devrait intervenir à l'occasion du prochain traité d'adhésion.

IV. L'EXTENSION DU CHAMP GÉOGRAPHIQUE
DE L'INTÉGRATION EUROPÉENNE

1. De Six à Neuf

32. Le Royaume-Uni avait refusé de participer à la création de la CECA, au projet de CED, comme aux travaux du Comité Spaak. La raison en était que ce pays n'acceptait pas de dépasser le cadre d'une simple coopération intergouvernementale. Il a même tenté de faire échec au projet de traité CEE, en proposant la création d'une zone européenne de libre-échange qui engloberait la CEE et dont le degré d'intégration serait sensiblement inférieur à celui du marché commun.

Rapidement cependant, l'hostilité s'est estompée, face aux résultats et aux perspectives d'essor économique de la CEE. En 1961, le Royaume-Uni a demandé son adhésion, suivi par l'Irlande, le Danemark et la Norvège. En janvier 1963, le général de Gaulle a rompu unilatéralement des négociations qui s'étaient déjà enlisées depuis plusieurs mois, en opposant son véto à la candidature britannique et en proposant une simple association. Le Royaume-Uni a alors décidé de retirer sa candidature, tout comme les autres pays candidats.

En 1967, une deuxième candidature des mêmes pays s'est heurtée à un nouveau véto du général de Gaulle, qui s'est opposé à l'ouverture même des négociations, en affirmant que l'élargissement de la Communauté en changerait profondément la nature. Les demandes d'adhésion n'ont cependant pas été retirées ; elles sont demeurées à l'ordre du jour du Conseil. Le départ du général de Gaulle et l'élection de Georges Pompidou, le 15 juin 1969, ont permis un assouplissement de la position de la France et un dénouement de la crise au sommet de La Haye en octobre 1969, avec un accord sur le triptyque «achèvement, approfondissement et élargissement».

Les négociations avec les pays candidats ont alors pu être entamées ; elles ont abouti à la signature des actes d'adhésion le 22 janvier 1972. Le référendum organisé en Norvège a donné 54% de non à la ratification du traité d'adhésion, de sorte que la Norvège n'est pas entrée dans la Communauté.

2. L'Europe des Douze

33. A peine réalisé l'élargissement vers le Nord, la perspective d'un nouvel élargissement, vers le Sud cette fois, s'est profilée. La Grèce, l'Espagne et le Portugal étaient restés en dehors de la Communauté en raison notamment du caractère dictatorial de leur régime. Au lendemain de la chute des dictatures dans ces pays, un des premiers gestes des nouveaux gouvernements démocratiques a été de formuler une demande d'adhésion, en 1975 pour la Grèce et en 1977 pour l'Espagne et le Portugal. Les Neuf ont été confrontés à un dilemme : politiquement, il fallait aider ces jeunes démocraties, mais les problèmes économiques étaient nombreux. Ils ont d'abord réglé la situation de la Grèce qui paraissait moins difficile, notamment en raison de l'existence d'un accord d'association signé en 1961 : l'acte d'adhésion a été signé le 28 mai 1979 à Athènes. Les dossiers de l'Espagne et du Portugal ont traîné beaucoup plus longtemps ; ils ont en effet été bloqués pendant plusieurs années à cause du problème de la participation de la Grande-Bretagne au budget de la Communauté. Après la conclusion d'un accord sur ce délicat dossier, qui a conduit à la mise en place d'un système de correction très complexe au profit du Royaume-Uni, les négociations ont repris en juin 1984 et l'adhésion de l'Espagne et du Portugal est devenue effective le 1er janvier 1986.

3. L'Europe des Quinze

34. A la fin des années 1980, est née l'idée – pour organiser les rapports entre la Communauté économique européenne et les pays de l'Association européenne de libre-échange – de la création d'un Espace économique européen réunissant les Douze de la Communauté et les Sept de l'AELE (Autriche, Finlande, Islande, Liechtenstein, Norvège, Suède, Suisse). Les négociations ont commencé en 1989 et ont conduit le 12 juin 1992 à la signature du traité de Porto. Les ratifications se sont faites sans difficultés, sauf en Suisse où le non l'a emporté lors du référendum de décembre 1992[17].

Mais, très vite, l'Espace économique européen a perdu l'essentiel de sa raison d'être car, en parallèle, la quasi-totalité des

---

[17] Depuis lors, la Suisse a conclu avec l'Union européenne plusieurs accords bilatéraux. Voy. à ce sujet *infra*, n°s 1171 et s.

Etats membres de l'AELE[18] ont posé leur candidature à la Communauté : l'Autriche (1989), la Suède (1991), la Finlande, la Suisse et la Norvège (1992). La candidature de la Suisse a cependant été gelée suite au rejet, par la population suisse, de la participation à l'Espace économique européen, beaucoup moins contraignant que le système communautaire[19].

35. Au lendemain de la signature du traité de Maastricht, les Douze n'ont manifesté aucun empressement à l'égard de ces candidatures : ils ont ainsi annoncé, en juin 1992, que les négociations ne pourraient commencer qu'après l'entrée en vigueur de ce traité. Ils ont cependant changé de stratégie au lendemain du non danois, car ils ont éprouvé le besoin d'engranger au plus vite un succès pour enrayer l'euroscepticisme. Les négociations ont débuté en février 1993 et elles ont pu avancer rapidement. En effet, avec l'accord sur l'Espace économique européen, ces pays s'étaient déjà rapprochés juridiquement, économiquement et politiquement de la Communauté et aucune transformation significative de leurs structures économiques et sociales ne s'imposait donc. Cependant, pour la première fois, l'inadéquation des institutions et du processus de décision conçus pour une Europe à Six avec les nécessités d'une Europe élargie est apparue au grand jour. Les actes d'adhésion sont signés à Corfou le 25 juin 1994. Des référendums ont été organisés entre juin et novembre 1994 dans tous les pays candidats. A une deuxième reprise, les Norvégiens ont refusé l'adhésion par 52% des voix. Le nouvel élargissement est entré en vigueur le 1er janvier 1995.

4. De Quinze à Vingt-sept

36. Cela a ensuite été au tour des pays d'Europe centrale et orientale de faire acte de candidature au lendemain de la chute des régimes communistes : la Hongrie et la Pologne (1994), la Roumanie, la Slovaquie, la Lettonie, l'Estonie, la Lituanie et la Bulgarie (1995), la République tchèque (1996). S'y sont ajoutés

---

[18] L'AELE existe toujours mais elle ne compte plus que quatre membres aujourd'hui : l'Islande, le Liechtenstein et la Norvège, qui sont également membres de l'EEE, et la Suisse.
[19] Lors d'un référendum organisé le 3 mars 2001, les Suisses ont rejeté massivement la perspective d'une réouverture immédiate des négociations sur l'adhésion à l'Union européenne.

Chypre (1990) et Malte (1990, candidature gelée pendant deux ans entre 1996 et 1998 et réactivée ensuite).
En juin 1993, le Conseil européen de Copenhague a reconnu le droit pour les dix pays d'Europe centrale et orientale, ainsi que Chypre et Malte, d'adhérer à l'Union européenne dès qu'ils auront rempli les critères nécessaires, critères qui sont passés dans l'histoire sous le nom de critères de Copenhague[20].
Lors du Conseil européen de Luxembourg (décembre 1997), le processus de négociation d'adhésion a été lancé, en deux temps. Le 30 mars 1998, les négociations ont commencé avec les six pays de la «première vague» (Chypre, Estonie, Hongrie, Pologne, République tchèque et Slovénie). Les autres pays d'Europe centrale et orientale (Bulgarie, Lettonie, Lituanie, Roumanie, Slovaquie) et Malte ont pu rejoindre cette «première vague» en février 2000, lorsqu'il a été jugé que leurs réformes progressaient avec une rapidité suffisante.

37. Au Conseil européen de Copenhague de décembre 2002, un accord a été trouvé sur l'adhésion de dix nouveaux Etats membres : Chypre, République tchèque, Estonie, Hongrie, Lettonie, Lituanie, Malte, Pologne, Slovaquie et Slovénie. Le traité a été signé à Athènes le 18 avril 2003 et l'adhésion des dix nouveaux Etats membres est devenue effective, après ratification, le 1er mai 2004.
En ce qui concerne la Bulgarie et la Roumanie, le processus a été un peu plus long. Le traité d'adhésion a été signé le 25 avril 2005 et il est entré en vigueur le 1er janvier 2007.

5. Les nouvelles perspectives d'élargissement

38. Conformément au consensus renouvelé sur l'élargissement approuvé par le Conseil européen les 14 et 15 décembre 2006 et aux conclusions du Conseil du 8 décembre 2008, la Commission a présenté le 14 octobre 2009 une communication relative à la stratégie d'élargissement et aux principaux défis pour la période 2009-2010, approuvée par le Conseil le 8 décembre 2009 et par le Conseil européen les 10 et 11 décembre 2009.

[20] Voy. à ce sujet *infra*, nos 97 et s.

A. La Turquie

39. Le cas de la Turquie est particulièrement délicat. Dès 1963, un accord d'association a été conclu entre la Turquie et la Communauté économique européenne, sur le même modèle que celui conclu en 1961 avec la Grèce. Cet accord inclut la perspective d'une adhésion : selon son article 29, « lorsque le fonctionnement de l'accord aura permis d'envisager l'acceptation intégrale de la part de la Turquie des obligations découlant du traité instituant la Communauté, les parties contractantes examineront la possibilité d'une adhésion de la Turquie à la Communauté ».

Entre 1980 et 1986, l'accord d'association a été gelé à la suite du coup d'Etat militaire en Turquie. En avril 1987, la Turquie a posé officiellement sa candidature à la Communauté mais cette demande a été rejetée en décembre 1989, au nom « des problèmes politiques et économiques que poserait l'adhésion ». A Copenhague, en juin 1992, il n'a toujours pas été question d'adhésion mais uniquement de la négociation d'un accord d'union douanière, qui a été signé en 1995. En 1997, si le Conseil européen a confirmé l'éligibilité de la Turquie à l'Union européenne, il a ajouté que « les conditions politiques et économiques permettant d'envisager des négociations d'adhésion ne sont pas réunies ».

Au Conseil européen d'Helsinki, en décembre 1999, l'Union européenne, « prenant en compte les éléments positifs qui ont récemment marqué l'évolution de la situation dans ce pays, ainsi que l'intention de la Turquie de poursuivre ses réformes », a officiellement reconnu que la Turquie était un pays candidat, qui a vocation à rejoindre l'Union sur la base des mêmes critères que ceux qui s'appliquent aux autres pays candidats.

Après plusieurs années d'hésitations, les négociations ont finalement été ouvertes le 3 octobre 2005, mais elles ont été définies comme constituant « un processus ouvert, dont l'issue n'est pas garantie » et il a été ajouté que « l'adhésion de la Turquie pouvant avoir des conséquences financières substantielles, les négociations ne pourront être conclues qu'après la mise en place des perspectives financières (budget communautaire) pour la période débutant en 2014 ». Les négociations progressent lentement et difficilement.

B. La Croatie

40. La Croatie a déposé sa candidature en 2003 ; elle a été officiellement reconnue comme candidate en juin 2004 et les négociations ont débuté en octobre 2005, parallèlement à celles engagées avec la Turquie, sur la demande insistante de l'Autriche. La question frontalière entre la Slovénie et la Croatie a longtemps retardé ces négociations mais un accord d'arbitrage a pu être conclu entre les deux parties le 4 novembre 2009. Un groupe de travail chargé de rédiger le traité d'adhésion avec la Croatie a commencé ses travaux en décembre 2009.

C. Les Balkans occidentaux

41. L'Union européenne a réaffirmé son plein soutien à la perspective européenne des pays des Balkans occidentaux, essentielle pour la stabilité, la réconciliation et l'avenir de la région. La Macédoine, officiellement Ancienne République yougoslave de Macédoine (ARYM), a demandé à rejoindre l'Union européenne le 22 mars 2004. Elle a obtenu officiellement le statut de pays candidat en décembre 2006[21]. Les négociations d'adhésion seront ouvertes en 2010.
L'Albanie, la Bosnie-Herzégovine, le Monténégro, la Serbie et le Kosovo (selon la résolution 1244/99 du Conseil de sécurité des Nations unies) sont considérés comme des candidats potentiels. Le Monténégro (15 décembre 2008) et l'Albanie (le 28 avril 2009) ont officiellement posé leur candidature à l'adhésion.

D. L'Islande

42. L'Islande, longtemps réfractaire à toute adhésion, a changé de position avec l'effondrement de son économie consécutif à la crise financière de 2008. Son gouvernement a déposé une demande d'adhésion à l'Union européenne le 17 juillet 2009.

Bibliographie sélective

Sur l'histoire de la construction européenne
BINO Olivi et GIACONE Alessandro, *L'Europe difficile, Histoire politique de l'intégration européenne*, Paris, Folio histoire, 2007.

---

[21] Sur la portée de l'attribution de ce statut, voy. *infra*, n° 101.

Bitsch Marie-Thérèse, *Histoire de la construction européenne*, Bruxelles, Complexe, 2006.

Bossuat Gérard, *Histoire de l'Union européenne : fondations, élargissements, avenir*, Paris, Belin, 2009.

Gerbet Pierre, *La construction de l'Europe*, Paris, Armand Colin, 2007.

Yèche Hélène (dir.), *Construction européenne : histoire et images des origines*, Paris, Publibook, 2009.

Zorgbibe Charles, *Histoire de la construction européenne*, Paris, PUF, 1993.

Sur les différentes révisions des traités

Brosset Estelle, Chevallier-Govers Constance, Edjaharian Vérane et Schneider Catherine, *Le traité de Lisbonne : Reconfiguration ou déconstitutionnalisation de l'Union européenne*, Bruxelles, Bruylant, 2009.

Burgorgue-Larsen Laurence, Levade Anne et Picod Fabrice, *Traité établissant une constitution pour l'Europe. Commentaire article par article*, Bruxelles, Bruylant, 2005.

—, — et —, *La Constitution européenne expliquée au citoyen*, Paris, Hachette, 2005.

Cloos Jim, Reinesch Gaston, Vignes Daniel et Weyland Joseph, *Le traité de Maastricht, genèse, analyse, commentaires*, Bruxelles, Bruylant, 1994, 2ᵉ éd.

Constantinesco Vlad, Kovar Robert, Simon Denys, *Traité sur l'Union européenne, Commentaire article par article*, Paris, Economica, 1995.

Dehousse, Franklin, « Le Traité de Nice et la déclaration de Laeken : ou l'Europe bloquée face à l'élargissement », *Courrier hebdomadaire du CRISP*, 1735, 2001.

De Ruyt Jean, *L'Acte unique européen*, Bruxelles, Editions de l'Université de Bruxelles, 1987.

Dony Marianne et Bribosia Emmanuelle (éd.), *Commentaire de la Constitution de l'Union européenne*, Bruxelles, Editions de l'Université de Bruxelles, 2005.

Dony Marianne, *Après la réforme de Lisbonne. Les nouveaux traités européens*, Bruxelles, Editions de l'Université de Bruxelles, 2008.

Doutriaux Yves, *Le traité sur l'Union européenne*, Paris, Armand Colin, 1992.

Gillaux Pascal, « Le traité de Lisbonne », *Courrier hebdomadaire du CRISP*, 1976-1977, 2007.

Lejeune Yves (coord.), *Le traité d'Amsterdam – Espoirs et déceptions*, Bruxelles, Bruylant, 1998.

Louis Jean-Victor, « Le traité de Lisbonne », *JTDE*, décembre 2007, p. 289.

Rideau Joël (dir.), *Union européenne, Commentaire des traités modifiés par le traité de Nice*, Paris, LGDJ, 2001.

Sur l'élargissement

DREVET Jean-François, *L'élargissement de l'Union européenne, jusqu'où?*, Paris, L'Harmattan, 2001.

DROUET Michel et RICHET Xavier, *Vers l'élargissement de l'Union européenne à l'Europe du Sud-Est*, PU Rennes, 2007.

DU RÉAU Elisabeth (dir.), *L'élargissement de l'Union européenne: quels enjeux? quels défis?*, Paris, Presses de la Sorbonne nouvelle, 2001.

PREMIÈRE PARTIE

DROIT INSTITUTIONNEL DE L'UNION EUROPÉENNE

43. Nous évoquerons dans le chapitre I la constitutionnalisation progressive de l'Union européenne. Le chapitre II sera consacré au système institutionnel de l'Union. Le chapitre III abordera l'ordre juridique de l'Union européenne. Enfin, le contrôle juridictionnel dans l'Union européenne fera l'objet du chapitre IV.

CHAPITRE I

La constitutionnalisation progressive de l'Union européenne

44. L'ordre juridique de l'Union européenne connaît un processus de constitutionnalisation progressive, entamé déjà, en tant qu'ordre juridique communautaire, sous l'empire du traité CE, et qui est confirmé et amplifié par le traité de Lisbonne, en dépit de l'abandon du terme «Constitution».

Le premier élément consiste dans l'organisation, par les traités, du pouvoir dans l'Union européenne: établissement d'organes, description des rapports entre eux et affirmation de principes directeurs, comme l'équilibre institutionnel et la coopération loyale entre institutions. Ces règles seront analysées dans le chapitre II.

Mais, particulièrement après la réforme de Lisbonne, les traités contiennent aussi d'autres éléments qui les rapprochent d'une Constitution, fût-elle imparfaite et incomplète. Méritent tout particulièrement l'attention à cet égard: l'intégration d'articles relatifs aux valeurs et objectifs de l'Union (section 1); l'affirmation de la dimension citoyenne de l'Union (section 2); la reconnaissance des droits fondamentaux (section 3); les règles relatives à l'appartenance à l'Union (section 4) et, *last but not least*, la description précise des compétences attribuées à l'Union (section 5).

Section 1

Les valeurs et objectifs de l'Union

45. L'introduction d'articles relatifs aux valeurs (I) et aux objectifs (II) de l'Union est importante, en tant qu'ils représentent les fondements du projet politique européen.

La Constitution avait ajouté un article consacrant les symboles de l'Union, libellé de la manière suivante:

> «Le drapeau de l'Union représente un cercle de douze étoiles d'or sur fond bleu.
> L'hymne de l'Union est tiré de l'«Ode à la joie» de la Neuvième symphonie de Ludwig van Beethoven.
> La devise de l'Union est: «Unie dans la diversité».
> La monnaie de l'Union est l'euro.
> La journée de l'Europe est célébrée le 9 mai dans toute l'Union».

La renonciation à toute approche de type constitutionnel a entraîné la suppression, dans le traité de Lisbonne, de toute référence aux symboles de l'Union. Certains s'en sont réjoui, en soulignant qu'ils apparentaient trop l'Union à un super-Etat; d'autres l'ont regretté car ces symboles étaient censés rapprocher l'Union des citoyens. Seize Etats[1] ont d'ailleurs tenu à marquer leur attachement à ces symboles dans une déclaration commune annexée au traité de Lisbonne et le Parlement européen a fait de même.

I. Les valeurs de l'Union

46. Si la construction européenne, au lendemain de l'échec de la CED, s'était délibérément située sur un strict plan économique, progressivement, les différents textes et traités ont défini des principes communs aux Etats membres, donnant ainsi une portée plus politique à cette construction. Alors que les préambules des traités de Rome évoquaient uniquement «la sauvegarde de la paix et de la liberté», les Etats membres se déclarent déjà, dans le préambule de l'Acte unique européen, «décidés à promouvoir ensemble la démocratie en se fondant sur les droits fondamentaux (...), notamment la liberté, l'égalité et la justice sociale». Dans le préambule du traité de Maastricht, ils confirment «leur attachement aux principes de la liberté, de la démocratie et du respect des droits de l'homme et des libertés fondamentales et de l'Etat de droit» et se déclarent «désireux d'approfondir la solidarité entre leurs peuples dans le respect de leur histoire, de leur culture et de leurs traditions».

---

[1] Soit tous les Etats qui avaient ratifié le traité constitutionnel sauf l'Estonie et la Finlande.

Une nouvelle étape est franchie avec le traité d'Amsterdam, qui introduit une disposition aux termes de laquelle «[l]'Union est fondée sur les principes de la liberté, de la démocratie, du respect des droits de l'homme et des libertés fondamentales, ainsi que de l'Etat de droit, principes qui sont communs aux Etats membres». Ces principes sont ensuite confirmés, amplifiés et convertis en «valeurs», dans le préambule de la charte des droits fondamentaux qui affirme que «l'Union se fonde sur les valeurs indivisibles et universelles de dignité humaine, de liberté, d'égalité et de solidarité; elle repose sur le principe de la démocratie et le principe de l'Etat de droit».
La voie était ainsi ouverte à la consécration dans le corps des traités eux-mêmes de «valeurs communes».

47. L'étendue de ces valeurs a fait l'objet de nombreuses discussions lors de la Convention et de la CIG de 2004. Une des questions les plus controversées a été celle de la référence ou non aux valeurs chrétiennes ou à l'héritage chrétien de l'Europe.
Le débat, qui avait déjà émergé lors de l'adoption de la charte des droits fondamentaux, a été relancé au moment de la rédaction du projet de Constitution. La version initiale ne comprenait aucune référence au fait religieux, ni dans le corps du projet, ni dans le préambule, qui mentionnait «les civilisations helléniques et romaines» et les «courants philosophiques des Lumières», se contentant d'une simple allusion à la religion à travers l'évocation de «l'élan spirituel qui a parcouru l'Europe». Ce texte a suscité des réactions en sens divers allant d'une défense vigilante de la laïcité à des revendications tendant à l'inscription d'une référence à l'héritage religieux voire, de façon plus restrictive, à un héritage chrétien, au christianisme ou encore aux valeurs judéo-chrétiennes, dans les valeurs de l'Union ou dans le préambule.
Une nouvelle fois, il a fallu trouver une solution de compromis, qui a été conservée dans le traité de Lisbonne: le préambule a été revu pour évoquer les «héritages culturels, religieux et humanistes de l'Europe, à partir desquels se sont développées les valeurs universelles que constituent les droits inviolables et inaliénables de la personne humaine, ainsi que la liberté, la démocratie, l'égalité et l'Etat de droit»[2]; l'article I-2, devenu

---

[2] On remarquera au passage que le compromis a aussi conduit à la disparition des références aux civilisations helléniques et romaines et aux courants philoso-

le nouvel article 2 du traité UE, n'a pas été modifié sur ce point et un article relatif au «statut des églises et des organisations non confessionnelles» a été introduit, venant ainsi consacrer le contenu de la déclaration n° 11 annexée au traité d'Amsterdam sur le respect du statut des églises et associations religieuses et non confessionnelles. Cette disposition, qui, dans la Constitution, figurait – d'une manière un peu curieuse – dans le chapitre relatif aux principes démocratiques, trouve maintenant place dans les dispositions d'application générale du traité sur le fonctionnement de l'Union (article 17).

48. La première phrase de l'article 2 du traité UE, tel que modifié par le traité de Lisbonne dresse une liste brève des valeurs européennes fondamentales : le respect de la dignité humaine, la démocratie, l'égalité, l'état de droit, le respect des droits de l'homme, y compris des droits des personnes appartenant à des minorités. Cette précision a été ajoutée lors des travaux de la CIG de 2004, à la demande de la Hongrie[3]. Les valeurs ainsi énoncées ne se distinguent pas par leur caractère nouveau ; elles reprennent en effet des principes qui ont été largement consacrés par le droit international, par les législations nationales des Etats membres de l'Union européenne et par les traités antérieurs.

Comme nous le verrons plus loin, le respect de ces valeurs et l'engagement de «les promouvoir en commun» est une condition d'admission des nouveaux membres et leur violation par un Etat membre est susceptible de conduire à des sanctions, ce qui leur confère un rang essentiel dans la hiérarchie des normes du droit de l'Union.

49. Il était donc impératif que ces valeurs soient réellement fondamentales et qu'elles revêtent un contenu juridique clair et non controversé. La liste ne pouvait dès lors contenir des valeurs qui s'apparentaient davantage à des objectifs ou à l'expression d'une éthique qu'à une obligation juridique bien établie. C'est ce qui explique que les termes «pluralisme, tolérance, justice, solidarité» aient été ajoutés, dans la seconde phrase de l'article 2, pour décrire le «modèle de société» européen, mais

phiques des Lumières.

[3] Cette revendication s'expliquerait par le nombre important de Hongrois vivant dans les pays voisins (Croatie, Roumanie, Serbie, Slovaquie, Slovénie et Ukraine), estimé à environ 3,5 millions de personnes.

qu'ils n'aient pas été consacrés, à proprement parler, comme « valeurs » dans la première phrase de cette disposition. L'argument est sans doute moins pertinent pour la non-discrimination et l'égalité entre hommes et femmes, mais on peut penser qu'elles sont comprises dans la notion d'égalité, introduite dans la première phrase.

50. On relèvera l'accent mis sur le partage de valeurs communes. L'Union s'affirme ainsi comme une communauté de valeurs. Ces valeurs partagées sont le patrimoine commun de tous les peuples participant au projet européen, le socle sur lequel une Union politique est susceptible de se construire.

II. Les objectifs de l'Union

51. Alors que l'article 2 énonce les valeurs communes aux Etats membres, indissociables de leur appartenance à l'Union, l'article 3 du traité UE, tel que modifié par le traité de Lisbonne, définit quant à lui les finalités qui justifient l'existence de l'Union et l'exercice de compétences communes à ce niveau. Il vient donner une meilleure visibilité aux objectifs qui doivent guider l'Union dans la définition et la mise en œuvre de toutes ses politiques et qui, jusqu'à présent, n'apparaissaient pas clairement mais étaient dispersés parmi différentes dispositions des traités faisant état tantôt de la mission de la Communauté (article 2 CE[4]) tantôt des objectifs que se donne l'Union (article 2 UE[5]).

---

[4] A savoir, « par l'établissement d'un marché commun, d'une union économique et monétaire et par la mise en œuvre des politiques ou des actions communes visées aux articles 3 et 4, de promouvoir dans l'ensemble de la Communauté un développement harmonieux, équilibré et durable des activités économiques, un niveau d'emploi et de protection sociale élevé, l'égalité entre les hommes et les femmes, une croissance durable et non inflationniste, un haut degré de compétitivité et de convergence des performances économiques, un niveau élevé de protection et d'amélioration de la qualité de l'environnement, le relèvement du niveau et de la qualité de vie, la cohésion économique et sociale et la solidarité entre les Etats membres ».

[5] Ces objectifs étant

– de promouvoir le progrès économique et social ainsi qu'un niveau d'emploi élevé, et de parvenir à un développement équilibré et durable, notamment par la création d'un espace sans frontières intérieures, par le renforcement de la cohésion économique et sociale et par l'établissement d'une union économique et monétaire comportant, à terme, une monnaie unique ;

52. Aux termes du paragraphe 1, l'Union a pour but «la promotion de la paix, de ses valeurs et du bien-être de ses peuples». Il s'agit donc là de ses objectifs principaux ou généraux, auxquels les paragraphes 2, 3 et 4 adjoignent une série d'objectifs plus spécifiques. La portée de ces objectifs généraux est limitée, puisque, aux termes de la déclaration n° 41 annexée au traité de Lisbonne, il est exclu qu'une action de l'Union fondée sur la clause de flexibilité de l'article 352 du traité FUE (ancien article 308 du traité CE) «poursuive uniquement les objectifs fixés au paragraphe 1 de l'article 3 du traité sur l'Union»[6].

53. Le paragraphe 2 affirme, dans une formulation très «constitutionnelle», qui a subsisté malgré l'abandon de la Constitution, que «l'Union offre à ses citoyens l'espace de liberté, de sécurité et de justice».

54. Dans l'énonciation des objectifs à caractère économique, figurant au paragraphe 3, la «stabilité des prix» cohabite avec «la croissance économique équilibrée» tandis que les mots «hautement compétitive» sont associés à «économie sociale de marché».
La référence dans la Constitution au marché unique «où la concurrence est libre et non faussée» avait suscité de vives polémiques au cours de la campagne référendaire en France, certains s'étant inquiétés de voir ainsi le marché et la concurrence érigés au rang d'objectifs centraux de l'Union. Lors de la CIG de 2007, cette référence a disparu dans le corps de l'article 3 du traité UE modifié mais, aux termes du protocole sur le marché intérieur et la concurrence, annexé au traité de Lisbonne, «le marché intérieur tel qu'il est défini à l'article 3 du traité sur l'Union européenne comprend un système garantissant que la concurrence

---

– d'affirmer son identité sur la scène internationale, notamment par la mise en œuvre d'une politique étrangère et de sécurité commune, y compris la définition progressive d'une politique de défense commune, qui pourrait conduire à une défense commune ;
– de renforcer la protection des droits et des intérêts des ressortissants de ses Etats membres par l'instauration d'une citoyenneté de l'Union ;
– de maintenir et de développer l'Union en tant qu'espace de liberté, de sécurité et de justice au sein duquel est assurée la libre circulation des personnes, en liaison avec des mesures appropriées en matière de contrôle des frontières extérieures, d'asile, d'immigration ainsi que de prévention de la criminalité et de lutte contre ce phénomène ;
– de maintenir intégralement l'acquis communautaire et de le développer.
[6] Voy. au sujet de cette clause, *infra*, n°s 116 et s.

n'est pas faussée». La modification est surtout symbolique : la concurrence non faussée n'apparaît plus comme un objectif ou une fin en soi mais plutôt comme un moyen nécessaire au bon fonctionnement du marché intérieur.

55. Une place beaucoup plus importante que par le passé est accordée aux objectifs non économiques. Au titre des préoccupations environnementales et des objectifs sociaux, sont ainsi évoqués : le plein emploi, le progrès social, le niveau élevé de protection et d'amélioration de la qualité de l'environnement, la lutte contre l'exclusion sociale et les discriminations, la justice et la protection sociales, la solidarité entre générations sans oublier les droits de l'enfant. La notion de cohésion territoriale est ajoutée après la classique cohésion économique et sociale, ouvrant ainsi la porte à un financement éventuel par les fonds structurels d'un «aménagement du territoire» au niveau de l'Union. Les objectifs culturels font leur entrée : l'Union doit respecter «la richesse de sa diversité culturelle et linguistique» et veiller à la sauvegarde mais aussi au «développement du patrimoine culturel européen».

56. «L'établissement d'une union économique et monétaire dont la monnaie est l'euro», qui avait été omis dans la Constitution, retrouve, avec le traité de Lisbonne, sa place parmi les objectifs de l'Union, au paragraphe 4 de l'article 3, ce qui vient souligner que l'union économique et monétaire n'est pas simplement une politique parmi d'autres mais qu'elle représente le stade le plus avancé de l'intégration économique, le complément nécessaire au marché intérieur, qui conditionne l'orientation de l'ensemble des politiques économiques et sociales et qu'elle a vocation, à terme, à s'étendre à tous les Etats membres.

57. Le paragraphe 5 concerne les objectifs de l'Union dans le monde, qui seront eux aussi sensiblement renforcés : sont visés, à ce titre, la paix, la sécurité, le développement durable de la planète, la solidarité et le respect mutuel entre les peuples, le commerce libre et équitable, l'élimination de la pauvreté, la protection des droits de l'homme, en particulier ceux de l'enfant, et le développement du droit international, notamment le respect des principes de la charte des Nations unies. Le traité de Lisbonne vient ajouter le devoir pour l'Union, dans ses relations avec le reste du monde, de «contribuer à la protection de

ses citoyens». Il s'agit d'une demande française, faisant suite
au désarroi de la population française face à la mondialisation,
révélé par le débat référendaire.

Bibliographie sélective

BENOÎT-ROHMER Florence, «Valeurs et droits fondamentaux dans la
    Constitution», *RTDE*, 2005, p. 261.
DONY Marianne, «Les valeurs, objectifs et principes de l'Union», *in*
    DONY Marianne et BRIBOSIA Emmanuelle (éd.), *Commentaire de la
    Constitution de l'Union européenne*, Bruxelles, Editions de l'Univer-
    sité de Bruxelles, 2005.
MEDHI Rostane, «L'Union européenne et le fait religieux», *Revue fran-
    çaise de droit constitutionnel,* 2003, p. 227.
PIET, Grégory, «Existe-t-il une hiérarchie des valeurs européennes?»,
    Revue de la Faculté de droit de l'Université de Liège, 2009/2, p. 255.
PILETTE Alain et DE PONCINS Etienne, «Valeurs, objectifs et nature de
    l'Union», *in* AMATO Giuliano, BRIBOSIA Hervé, DE WITTE Bruno
    (éd.), *Genèse et Destinée de la Constitution européenne/Genesis and
    Destiny of the European Constitution*, Bruxelles, Bruylant, 2007.

Section 2

La dimension citoyenne de l'Union

58. L'Union repose sur une communauté de citoyens qui
superposent aux liens spécifiques qu'ils entretiennent avec leurs
Etats des liens avec l'Union. Deux éléments méritent d'être mis
en exergue à cet égard. Le premier – et le plus ancien – est la
reconnaissance explicite d'une citoyenneté de l'Union, assortie
de droits et de devoirs définis par les traités (I). Le deuxième est
l'introduction, par le traité de Lisbonne, d'un chapitre intitulé
«principes démocratiques» de l'Union dans le traité sur l'Union
européenne (II).

I. LA CITOYENNETÉ DE L'UNION

59. Au départ, les ressortissants des Etats membres ont été
appréhendés par le droit communautaire uniquement en termes
d'agents économiques et non en tant que citoyens.
Un premier pas a été franchi au sommet de Paris, en décembre
1974, qui a chargé un groupe de travail «d'étudier les condi-

tions et délais dans lesquels on pourrait attribuer aux citoyens des Etats membres des droits spéciaux comme membres de la Communauté». Aucune décision concrète ne suivra cependant. Le Conseil européen de Fontainebleau, en juin 1984, a décidé la création d'un groupe *ad hoc* «Europe des citoyens». Le rapport de ce Comité a évoqué une procédure uniforme pour l'élection du Parlement européen, un droit de pétition pour les citoyens européens, des programmes de coopération universitaire ou d'échanges d'étudiants et l'utilisation de symboles européens communs. La notion de citoyenneté communautaire est apparue lors du Conseil européen de Dublin en 1990.

C'est finalement le traité de Maastricht qui a instauré la citoyenneté de l'Union[7]. Avec l'entrée en vigueur du traité de Lisbonne, la citoyenneté de l'Union fait désormais l'objet de la deuxième partie du traité FUE, intitulée «non-discrimination et citoyenneté», qui reprend pour l'essentiel les dispositions correspondantes qui figuraient dans le traité CE[8].

1. La qualité de citoyen de l'Union

60. Aux termes de l'article 9 du traité UE modifié et de l'article 20 du traité FUE, qui reprennent les termes de l'ancien article 17 du traité CE, «est citoyen de l'Union toute personne ayant la nationalité d'un Etat membre. La citoyenneté de l'Union s'ajoute à la citoyenneté nationale et ne la remplace pas».

Il résulte deux conséquences de cette définition :

– d'abord, la citoyenneté de l'Union est distincte de la nationalité qui continue à relever de la seule compétence des Etats membres. Selon une déclaration jointe au traité de Maastricht, «les Etats membres peuvent préciser, pour information, quelles sont les personnes qui doivent être considérées comme leurs ressortissants aux fins poursuivies par la Communauté en déposant une déclaration auprès de la présidence ; ils peuvent, le cas échéant, modifier leur déclaration » ;

– ensuite, la citoyenneté de l'Union est subordonnée à la possession de la nationalité de l'un des Etats membres et ne peut donc être attribuée à des ressortissants de pays tiers.

---

[7] Insérée, comme nous l'avons déjà signalé, dans le traité CE et non dans les dispositions communes.
[8] La citoyenneté de l'Union fait aussi l'objet du titre V de la charte des droits fondamentaux.

L'affirmation de cette dépendance étroite de la citoyenneté de l'Union à l'égard de la nationalité des Etats membres a été dictée par les craintes de certains Etats membres[9] mais elle n'est pas sans lui conférer une certaine ambiguïté, que vient d'ailleurs renforcer la substance des droits conférés par cette citoyenneté[10].

2. La substance de la citoyenneté de l'Union

A. Des droits limitativement définis

61. Les droits conférés en vertu de la citoyenneté de l'Union sont énumérés à l'article 20 du traité FUE, aux termes duquel « les citoyens de l'Union jouissent des droits et sont soumis aux devoirs prévus par les traités » et ont entre autres

> « a) le droit de circuler et de séjourner librement sur le territoire des Etats membres ;
> b) le droit de vote et d'éligibilité aux élections au Parlement européen ainsi qu'aux élections municipales dans l'Etat membre où ils résident, dans les mêmes conditions que les ressortissants de cet Etat ;
> c) le droit de bénéficier, sur le territoire d'un pays tiers où l'Etat membre dont ils sont ressortissants n'est pas représenté, de la protection des autorités diplomatiques et consulaires de tout Etat membre dans les mêmes conditions que les ressortissants de cet Etat ;
> d) le droit d'adresser des pétitions au Parlement européen, de recourir au médiateur européen, ainsi que le droit de s'adresser aux institutions et aux organes consultatifs de l'Union dans l'une des langues des traités et de recevoir une réponse dans la même langue ».

Ces droits doivent s'exercer « dans les conditions et limites définies par les traités et par les mesures adoptées en application de ceux-ci ».

La portée de ces droits est cependant susceptible d'évoluer conformément aux prévisions de l'article 25 du traité FUE :

> « La Commission fait rapport au Parlement européen, au Conseil et au Comité économique et social tous les trois ans sur l'application

---

[9] La précision selon laquelle la citoyenneté de l'Union s'ajoute à la nationalité d'un Etat membre, a été d'abord introduite lors du Conseil européen d'Edimbourg en décembre 1992, suite au non au traité de Maastricht au Danemark. Elle a ensuite été insérée dans le corps même du traité par le traité d'Amsterdam.

[10] Comme le soulignent Claude BLUMANN et Louis DUBOUIS, *Droit institutionnel de l'Union européenne*, 3e éd., Paris, Litec, 2007, n° 173.

des dispositions de la présente partie. Ce rapport tient compte du développement de l'Union».

Sur cette base, et sans préjudice des autres dispositions des traités, le Conseil, statuant conformément à une procédure législative spéciale et après approbation du Parlement européen[11], peut arrêter des dispositions tendant à compléter les droits énumérés à l'article 20, par. 2. Ces dispositions entrent en vigueur après leur approbation par les Etats membres conformément à leurs règles constitutionnelles respectives.

On notera enfin que, si les droits des citoyens sont énumérés, les traités demeurent silencieux sur le contenu des «devoirs» de ces derniers.

B. Des droits à substance hétérogène

62. Les droits rattachés à la citoyenneté de l'Union sont en partie une consécration des acquis antérieurs et en partie une réelle avancée. Tantôt, ils sont reconnus aux seuls citoyens de l'Union; tantôt, ils ne sont pas liés à la qualité de citoyen de l'Union, ni même de ressortissant d'un Etat membre[12] et sont plus largement accordés à toute personne physique ou morale résidant ou ayant son siège statutaire dans l'Union.

a. LES DROITS LIMITÉS AUX CITOYENS DE L'UNION

63. Tout citoyen de l'Union a le droit de circuler et de séjourner librement sur le territoire des Etats membres «sous réserve des limitations prévues par les traités et par les dispositions prévues pour leur application»[13]. Le Parlement européen et le Conseil, statuant conformément à la procédure législative ordinaire, peuvent arrêter des dispositions visant à faciliter l'exercice de ce droit (article 22 TFUE).

Le traité CE excluait «les dispositions concernant les passeports, les cartes d'identité, les titres de séjour ou tout autre document assimilé, [et les] dispositions concernant la sécurité sociale ou la protection sociale». Le traité de Lisbonne se contente de

---

[11] L'article 22 du traité CE prévoyait une simple consultation du Parlement européen.

[12] Comme l'a souligné la Cour dans un arrêt du 12 septembre 2006, *Espagne c. Royaume-Uni*, C-145/04.

[13] Voy. au sujet du droit de circulation et de séjour, *infra*, n°s 597 et s.

réserver un régime particulier aux mesures concernant la sécurité sociale ou la protection sociale, pour lesquelles le Conseil devra statuer, selon une procédure législative spéciale à l'unanimité après consultation du Parlement européen (article 22, par. 2, TFUE, dernière phrase).

64. Tout citoyen de l'Union a le droit de vote et l'éligibilité aux élections municipales dans l'Etat membre où il réside, dans les mêmes conditions que les nationaux de cet Etat, sans que ce droit se substitue au droit de vote dans son pays d'origine (article 22, par. 1, TFUE), ce qui a pour conséquence que les marges de manœuvre des citoyens concernés de l'Union s'en trouvent élargies.

65. Tous les citoyens de l'Union peuvent décider de participer aux élections au Parlement européen (activement et passivement) soit dans leur Etat d'origine soit dans leur Etat de résidence dans l'Union européenne, lorsque l'Etat d'origine n'est pas identique à l'Etat de résidence (article 22, par. 2, TFUE). La Cour de justice, dans son arrêt précité du 12 septembre 2006, a posé en principe que cet article se limite à appliquer le principe de non-discrimination en raison de la nationalité à l'exercice du droit de vote au Parlement européen et n'a pas pour objet de définir ce droit en lui-même[14].

66. Les droits de vote et d'éligibilité aux élections municipales et au Parlement européen sont exercés

> « sous réserve des modalités, arrêtées par le Conseil, statuant à l'unanimité conformément à une procédure législative spéciale, et après consultation du Parlement européen ; ces modalités peuvent prévoir des dispositions dérogatoires lorsque des problèmes spécifiques à un Etat membre le justifient »[15].

---

[14] Voy. à ce sujet, *infra*, n° 173.
[15] Ces dérogations sont actuellement prévues dans les directives du Conseil 93/109/CE du 6 décembre 1993 et 94/80/CE du 19 décembre 1994. Ainsi un allongement de la durée minimale de résidence peut être décidé par les Etats membres dans lesquels la proportion de ressortissants d'autres Etats de l'Union européenne est sensiblement supérieure à la moyenne (proportion de quelque 20% par rapport à l'ensemble de l'électorat). S'agissant des élections municipales, les Etats membres peuvent disposer que seuls leurs ressortissants sont éligibles aux fonctions de l'exécutif d'une collectivité locale de base.

67. Tout citoyen de l'Union bénéficie, sur le territoire d'un pays tiers où l'Etat membre dont il est ressortissant n'est pas représenté, de la protection diplomatique et consulaire de tout Etat membre dans les mêmes conditions que les nationaux de cet Etat (article 23 TFUE). Il ne s'agit pas de la mise en place d'une protection diplomatique commune mais d'une simple extension de la protection diplomatique nationale. La situation pourrait cependant évoluer avec le traité de Lisbonne, qui prévoit que le Conseil pourra adopter à la majorité qualifiée après consultation du Parlement européen, «des directives établissant les mesures de coordination et de coopération nécessaires pour faciliter cette protection».

68. Un droit supplémentaire a été ajouté par le traité d'Amsterdam: il s'agit du droit, pour tout citoyen de l'Union, d'écrire aux organes et institutions de l'Union dans l'une des langues des traités[16] et de recevoir une réponse dans la même langue (article 24, al. 4, TFUE).

b. LES DROITS OUVERTS PLUS LARGEMENT

69. Tout citoyen de l'Union, ainsi que toute personne physique ou morale résidant ou ayant son siège statutaire dans un Etat membre, a le droit d'adresser au Parlement européen, à titre individuel ou en association avec d'autres citoyens ou personnes, une pétition sur un sujet relevant des domaines d'activité de l'Union et qui le ou la concerne directement[17].

70. Un médiateur européen[18], élu par le Parlement européen, est habilité à recevoir les plaintes émanant de tout citoyen de l'Union ou de toute personne physique ou morale résidant ou ayant son siège statutaire dans un Etat membre et relatives à des cas de mauvaise administration dans l'action des institutions ou organes de l'Union, à l'exclusion de la Cour de justice de l'Union européenne dans l'exercice de ses fonctions juridictionnelles. Il peut proposer une conciliation et, en cas d'échec

---

[16] A savoir, aux termes de l'article 55 TUE modifié, les langues allemande, anglaise, bulgare, danoise, espagnole, estonienne, finnoise, française, grecque, hongroise, irlandaise, italienne, lettone, lituanienne, maltaise, néerlandaise, polonaise, portugaise, roumaine, slovaque, slovène, suédoise et tchèque.

[17] Voy. à ce sujet, *infra*, n° 382.

[18] Il s'agit actuellement de Monsieur P. Nikiforos Diamandouros, en fonction depuis le 1er avril 2003, et réélu le 21 janvier 2010.

de celle-ci, faire des recommandations en vue de résoudre l'affaire. Si l'institution n'accepte pas ses recommandations, il peut adresser un rapport spécial au Parlement européen.

71. La charte des droits fondamentaux, en son article 41, intitulé «Droit à une bonne administration», garantit aussi le droit pour toute personne de «voir ses affaires traitées impartialement, équitablement et dans un délai raisonnable par les institutions, organes et organismes de l'Union».

II. LES PRINCIPES DÉMOCRATIQUES

72. Le nouveau titre II du traité sur l'Union européenne modifié intitulé «dispositions relatives aux principes démocratiques» est composé de quatre articles.

73. L'article 9 vient consacrer le principe de l'égalité des citoyens de l'Union «qui bénéficient d'une égale attention de ses institutions, organes et organismes». La signification exacte de cette formulation est difficile à mesurer. L'«égale attention» va manifestement plus loin que l'exigence de non-discrimination. Si les critères qui justifient des traitements différenciés pour des individus se trouvant dans des situations juridiques différentes sont connus et acceptés – le traitement différencié de personnes se trouvant dans des situations différentes ne constitue pas en soi une discrimination –, il n'est pas acquis que ces critères puissent être invoqués au regard de l'exigence d'une «égale attention».

74. Le principe de la démocratie représentative, affirmé à l'article 10, vient rassembler différents éléments concrets qui existaient déjà, dispersés ou exprimés implicitement dans des dispositions des traités antérieurs. Cet article comprend quatre paragraphes.

75. Le premier affirme que «le fonctionnement de l'Union est fondé sur la démocratie représentative», ce qui devrait avoir pour conséquence que même les mécanismes de la politique étrangère et de sécurité commune, encore largement imprégnés de la coopération intergouvernementale, auront, à terme, à s'inscrire dans cette logique.

76. Le paragraphe 2 comporte deux alinéas. L'alinéa 1 traite de la représentation des citoyens au sein du Parlement européen en énonçant que «les citoyens sont directement représentés, au niveau de l'Union, au Parlement européen». L'article 14 du traité UE modifié y fait écho: «le Parlement est composé de représentants des citoyens de l'Union». L'expression «représentants des peuples réunis dans la Communauté» est ainsi abandonnée.

L'alinéa 2 dispose que «les Etats membres sont représentés au Conseil européen par leur chef d'Etat ou de gouvernement et au Conseil, par leurs gouvernements, eux-mêmes démocratiquement responsables, soit devant leurs Parlements nationaux, soit devant les citoyens». Ce libellé n'est pas totalement compatible avec celui de l'article 16 du traité UE modifié, selon lequel «le Conseil est composé d'un représentant de chaque Etat membre au niveau ministériel, habilité à engager le gouvernement de l'Etat membre qu'il représente et à exercer le droit de vote». En effet, les membres des gouvernements régionaux, habilités à siéger au Conseil en application de cette disposition, ne sont pas responsables devant les Parlements nationaux mais devant les assemblées régionales.

77. Aux termes du paragraphe 3, «tout citoyen a le droit de participer à la vie démocratique de l'Union», ce qui constitue une nouveauté allant bien au-delà de la possibilité, incluse dans la citoyenneté de l'Union, de participer aux élections au Parlement européen et au niveau local. Ce paragraphe poursuit en rappelant les principes d'ouverture et de proximité, tels qu'ils sont actuellement énoncés à l'article 1, par. 2, du traité UE.

78. Le paragraphe 4 traite du rôle des partis politiques au niveau européen. Il reprend largement le contenu de l'ancien article 191 CE, même si les partis politiques contribueront désormais, outre à «l'expression de la volonté politique des citoyens de l'Union», «à la formation de la conscience politique européenne», alors qu'actuellement, ils contribuent «à la formation d'une conscience européenne». La compétence de l'Union pour fixer «le statut des partis politiques au niveau européen, et notamment les règles relatives à leur financement» est maintenue et figure à l'article 224 TFUE, qui reprend le paragraphe 2 de l'article 191 CE.

79. L'article 11 du traité UE modifié est consacré à la «démocratie participative». Ses trois premiers paragraphes sont relatifs à des principes et modalités de consultation des citoyens, des «associations représentatives» et de «la société civile», avec lesquelles les institutions doivent établir un «dialogue ouvert, transparent et régulier». Ils formalisent des pratiques qui existaient antérieurement et auxquelles recourait déjà fréquemment la Commission européenne.

Le dernier paragraphe quant à lui est une innovation, introduite tout à la fin des travaux de la Convention. Il offre la possibilité à un million de citoyens de présenter une «initiative citoyenne» invitant la Commission à soumettre une proposition législative sur des questions pour lesquelles ces citoyens considèrent qu'un acte juridique de l'Union est nécessaire aux fins de l'application des traités. Le Parlement et le Conseil devront, selon la procédure législative ordinaire, arrêter les procédures et conditions d'exercice de ce droit d'initiative, notamment le nombre minimum d'Etats membres dont les citoyens qui la présentent doivent provenir (article 24 TFUE). Certes, on est encore loin d'un référendum d'initiative populaire. En effet, la Commission garde le monopole de l'initiative et peut, en toute opportunité, décider de la suite à donner à cette demande[19]. Reste qu'il s'agit bien plus que d'un simple gadget car cette innovation organise, pour la première fois, l'accès des citoyens au cœur du processus décisionnel communautaire, marquant ainsi un authentique progrès. Un grand nombre d'organisations issues de la société civile se sont d'ailleurs emparées de cet outil. On peut aussi y voir une puissante incitation à la mobilisation transnationale, qui pourrait être un premier pas vers la création d'un espace public européen nécessaire pour soutenir la légitimité de l'Union.

80. La Commission a publié le 11 novembre 2009 un «livre vert sur une initiative citoyenne européenne»[20]. Elle y soumet la suggestion qu'un tiers des Etats membres, soit dans l'Union à Vingt-sept neuf Etats, pourrait constituer «le nombre significatif d'Etats membres» requis par le traité. Elle y propose aussi de définir un nombre minimum de citoyens soutenant l'initiative dans chacun des Etats membres concernés pour garantir que l'initiative est soutenue par une partie raisonnable de l'opinion publique. Selon elle, il ne serait pas opportun de fixer un

---

[19] Voy. à ce sujet *infra*, nos 308 et s.
[20] Doc. COM (2009) 622 final.

nombre identique pour tous les Etats membres, ce qui désavantagerait les citoyens issus de petits Etats. Partant du constat qu'un million de citoyens correspond à 0,2% de la population de l'Union, elle propose que 0,2% de la population de chacun des Etats membres dans lesquels des signatures sont collectées constitue le nombre minimum de citoyens participants requis pour les Etats membres concernés.

Le livre vert aborde aussi des questions telles que l'âge minimum pour participer à une initiative citoyenne européenne, la forme et le libellé d'une initiative citoyenne, les exigences procédurales applicables à la collecte, à la vérification et à l'authentification des signatures par les autorités des Etats membres, le délai à éventuellement prévoir pour la collecte des réponses, les exigences spécifiques à imposer aux organisateurs d'une initiative afin de veiller à la transparence et au contrôle démocratique et à la procédure d'examen des initiatives par la Commission.

81. Enfin, l'article 12 du traité UE modifié, qui est une innovation du traité de Lisbonne par rapport à la Constitution, traite du rôle des Parlements nationaux, en regroupant en un texte unique tous les moyens par lesquels ces derniers «contribuent activement au bon fonctionnement de l'Union». A ce titre, ils doivent être informés directement de tous les projets législatifs, et ils ont la possibilité d'émettre des avis motivés sur la conformité de ces projets avec le principe de subsidiarité[21]. Le protocole sur l'application des principes de subsidiarité et de proportionnalité leur attribue un rôle direct dans le contrôle du respect du principe de subsidiarité. Les nouvelles procédures de révision simplifiée ménagent elles aussi un rôle important aux Parlements nationaux. Ces derniers doivent encore être informés de toute demande d'adhésion à l'Union. S'y ajoute un rôle d'évaluation et de contrôle d'un certain nombre d'activités dans le domaine de l'espace de liberté, de sécurité et de justice. Enfin, la coopération interparlementaire entre Parlements nationaux et avec le Parlement européen, dans la COSAC, est confirmée.

---

[21] Voy. à ce sujet, *infra*, n°s 123 et s.

Bibliographie sélective

BENLOLO CARABOT Myriam, DAILLIER Patrick et BADINTER Robert, *Les fondements juridiques de la citoyenneté européenne*, Bruxelles, Bruylant, 2007.

BLUMANN Claude, «L'Europe des citoyens», *RMCUE*, 346, avril 1991, p. 283.

DOLLAT Patrick, *La citoyenneté européenne: Théorie et statuts*, Bruxelles, Bruylant, 2008.

DONY Marianne, «La citoyenneté européenne après Amsterdam», *in* LEJEUNE Yves (coord.), *Le traité d'Amsterdam – Espoirs et déceptions*, Bruxelles, Bruylant, 1998.

GAROT Marie-José, *La citoyenneté de l'Union européenne*, Paris, L'Harmattan, 1999.

GRUBER Annie, «La citoyenneté européenne: sa fonction dans le fonctionnement des institutions», *Les Petites Affiches*, 135, 8 juillet 2005, p. 4.

MAGNETTE Paul, *La citoyenneté européenne: droits, politiques, institutions*, Bruxelles, Editions de l'Université de Bruxelles, 1999.

SIPALA Floriana, «La vie démocratique de l'Union», *in* AMATO Giuliano, BRIBOSIA Hervé, DE WITTE Bruno (éd.), *Genèse et Destinée de la Constitution européenne/Genesis and Destiny of the European Constitution*, Bruxelles, Bruylant, 2007.

Section 3

Les droits fondamentaux

82. La place accordée aux droits fondamentaux a beaucoup évolué depuis les débuts de la construction européenne. A l'origine, les droits fondamentaux n'étaient pas au centre des préoccupations des rédacteurs du traité de Rome, en raison notamment de l'approche sectorielle et fonctionnaliste qui caractérise ce traité. En l'absence de dispositions spécifiques concernant les droits fondamentaux dans le traité, c'est la Cour de justice qui s'est attachée progressivement à élaborer un système effectif de garantie des droits fondamentaux. La préoccupation de la Cour a été d'assurer le respect des droits fondamentaux par les institutions communautaires et les Etats membres, lorsqu'ils agissent dans le domaine du droit communautaire, en tant que principes généraux du droit communautaire. La Cour s'est référée à cet égard à deux sources principales: les traditions constitutionnelles des Etats membres et les traités internationaux auxquels les Etats membres ont adhéré, en particulier la convention européenne de sauvegarde des droits de l'Homme et des libertés fondamentales (CEDH).

Le traité sur l'Union européenne a intégré la problématique des droits fondamentaux à l'article 6, par. 2, aux termes duquel

> «[l]'Union respecte les droits fondamentaux, tels qu'ils sont garantis par la convention européenne de sauvegarde des droits de l'Homme et des libertés fondamentales, signée à Rome le 4 novembre 1950, et tels qu'ils résultent des traditions constitutionnelles communes aux Etats membres, en tant que principes généraux du droit communautaire».

Toutefois, l'impact de cet article était limité par le fait que l'ancien article L du traité UE (devenu article 46 après la consolidation opérée par le traité d'Amsterdam) prévoyait que la compétence de la Cour de justice ne s'étendait pas à cet article. Le traité d'Amsterdam y a partiellement remédié en affirmant la compétence de la Cour, en cas de manquement des institutions communautaires aux droits fondamentaux.

83. La Cour de justice, dans son arrêt *Kadi* du 3 septembre 2008[22], a fait du principe selon lequel tous les actes de l'Union doivent respecter les droits fondamentaux, un «principe constitutionnel» du droit de l'Union, ajoutant que «les principes de la liberté, de la démocratie ainsi que du respect des droits de l'Homme et des libertés fondamentales [sont] consacrés à l'article 6, par. 1, UE en tant que fondement de l'Union» et que la protection de droit fondamentaux fait partie des «principes qui relèvent des fondements mêmes de l'ordre juridique communautaire». Elle en a notamment tiré la conclusion que la circonstance qu'un acte de l'Union vise à mettre en œuvre une résolution du Conseil de sécurité adoptée au titre du chapitre VII de la charte des Nations unies ne pouvait exclure un contrôle juridictionnel de cet acte au regard des droits fondamentaux.

84. La charte des droits fondamentaux de l'Union européenne est l'étape suivante. Elle a été adoptée par consensus, au sein d'une enceinte – appelée Convention – spécifiquement composée à cet effet. Son objectif, tel que défini par son préambule, est «en

---

[22] C-402/05 P et C-415 P.

les rendant plus visibles dans une charte, de renforcer la protection des droits fondamentaux à la lumière de l'évolution de la société, du progrès social et des développements scientifiques et technologiques». Et, en effet, pour la première fois, tous les droits – qui jusqu'à présent étaient dispersés dans divers instruments législatifs tels que les législations nationales et les conventions internationales du Conseil de l'Europe, des Nations unies, de l'Organisation internationale du travail –, ont été réunis dans un seul document.

85. La charte regroupe cinquante droits ou libertés fondamentaux organisés en six titres :

- dignité : dignité humaine, droit à la vie, droit à l'intégrité de la personne, interdiction de la torture et des peines ou traitements inhumains ou dégradants, interdiction de l'esclavage et du travail forcé ;
- libertés : droits à la liberté et à la sûreté, respect de la vie privée et familiale, protection des données à caractère personnel, droit de se marier et droit de fonder une famille, liberté de pensée, de conscience et de religion, liberté d'expression et d'information, liberté de réunion et d'association, liberté des arts et des sciences, droit à l'éducation, liberté professionnelle et droit de travailler, liberté d'entreprise, droit de propriété, droit d'asile, protection en cas d'éloignement, d'expulsion et d'extradition ;
- égalité : égalité en droit, non-discrimination, diversité culturelle, religieuse et linguistique, égalité entre hommes et femmes, droits de l'enfant, droits des personnes âgées, intégration des personnes handicapées ;
- solidarité : droit à l'information et à la consultation des travailleurs au sein de l'entreprise, droit de négociation et d'actions collectives, droit d'accès aux services de placement, protection en cas de licenciement injustifié, conditions de travail justes et équitables, interdiction du travail des enfants et protection des jeunes au travail, vie familiale et vie professionnelle, sécurité sociale et aide sociale, protection de la santé, accès aux services d'intérêt économique général, protection de l'environnement, protection des consommateurs ;
- citoyenneté : droit de vote et d'éligibilité aux élections au Parlement européen, droit de vote et d'éligibilité aux élections municipales, droit à une bonne administration, droit d'accès aux documents, médiateur, droit de pétition, liberté de circulation et de séjour, protection diplomatique et consulaire ;

– justice: droit à un recours effectif et à un tribunal impartial, présomption d'innocence et droits de la défense, principes de la légalité et de la proportionnalité des délits et des peines, droit à ne pas être jugé ou puni pénalement deux fois pour une même infraction.

86. La charte a été solennellement proclamée lors du Conseil européen de Nice de décembre 2000 mais son statut juridique est demeuré incertain, dans la mesure où il a été décidé que la question de sa portée serait examinée ultérieurement. Cela n'a toutefois pas empêché ce texte de sortir des effets juridiques non négligeables, en tant que simple proclamation solennelle.
Ainsi, l'avocat général Misho[23] n'a pas hésité à affirmer:

«cette charte n'est pas juridiquement contraignante, mais il nous semble cependant intéressant de nous y référer, étant donné qu'elle constitue l'expression, au plus haut niveau, d'un consensus politique élaboré démocratiquement sur ce qui doit aujourd'hui être considéré comme le catalogue des droits fondamentaux, garantis par l'ordre juridique communautaire».

La Cour elle-même, dans un arrêt du 29 janvier 2008, s'est référée explicitement à plusieurs articles de la charte lorsqu'elle a souligné la nécessité «d'assurer un juste équilibre entre les différents droits fondamentaux protégés par l'ordre juridique communautaire»[24].
Il convient encore de mentionner le règlement CE/168/2007 du Conseil du 15 février 2007 créant une «agence des droits fondamentaux de l'Union européenne»[25], qui souligne, dans son deuxième considérant:

«La charte des droits fondamentaux de l'Union européenne, eu égard à son statut, à son champ d'application et aux explications qui l'accompagnent, reflète les droits qui résultent notamment des traditions constitutionnelles et des obligations internationales communes aux Etats membres, du traité sur l'Union européenne et des traités communautaires, de la convention européenne de sauvegarde des droits de l'homme et des libertés fondamentales, des chartes sociales

---

[23] Conclusions du 20 septembre 2001 dans les affaires jointes *Booker Aquaculture et Hydro Seafood*, C-20/00 et C-64/00, point 126.
[24] *Promusicae*, C-275/06. En revanche, dans l'arrêt *Kadi* précité, la Cour ne fait aucune référence à la charte.
[25] Cette agence a pour mission de fournir à l'Union européenne et à ses Etats membres une assistance et des compétences en matière de droits fondamentaux aux fins de la mise en œuvre du droit communautaire.

> adoptées par la Communauté et par le Conseil de l'Europe, ainsi que
> de la jurisprudence de la Cour de justice des Communautés euro-
> péennes et de la Cour européenne des droits de l'homme».

Ce règlement invite donc l'agence, dans l'exécution de ses tâches
à se référer aux droits fondamentaux, «tels qu'ils figurent en
particulier dans la charte des droits fondamentaux de l'Union
européenne».

87. Le statut à accorder à la charte a été au centre des travaux de
la Convention sur l'avenir de l'Europe. Très vite, un consensus
s'est dégagé en faveur de la reconnaissance d'une valeur juridique contraignante, équivalente à celle du traité constitutionnel. Les débats ont surtout porté sur les modalités de l'incorporation de la charte : insertion du texte des articles de la
charte dans le traité constitutionnel, comme titre ou chapitre, ou
insertion, dans un article du traité constitutionnel, d'une référence appropriée à la charte, celle-ci étant alors, le cas échéant,
reprise dans un protocole annexé au traité constitutionnel, ou
encore référence plus indirecte n'impliquant pas l'octroi d'un
véritable statut constitutionnel. C'est finalement la première
solution qui a été retenue. Il était fait référence à la charte à
l'article I-9, par. 2, de la Constitution et la deuxième partie de
celle-ci en reprenait le texte intégral.

88. Il faut noter que l'intégration de la charte des droits fondamentaux s'est accompagnée de quelques modifications de celle-
ci, obtenues de haute lutte par le Royaume-Uni. Ces modifications ne viennent pas altérer la substance des droits consacrés,
mais elles visent à multiplier les précautions pour éviter tout
«débordement». Ainsi, il a été précisé que la charte ne modifie
en rien la répartition des compétences entre l'Union et ses Etats
membres et en particulier qu'elle «n'étend pas le champ d'application du droit de l'Union au-delà des compétences de l'Union».
L'article consacré à la «portée et interprétation des droits et
principes» a été enrichi de trois paragraphes, destinés à rendre
possible un consensus sur l'intégration de la charte dans la
Constitution. D'abord, le paragraphe 4 précise que «lorsque
la charte reconnaît des droits fondamentaux tels qu'ils résultent des traditions constitutionnelles communes aux Etats
membres, ces droits doivent être interprétés en harmonie avec
lesdites traditions». Ensuite, le paragraphe 5 entend expliciter

la distinction entre «droits» pleinement justiciables et «principes»[26], dont la justiciabilité est limitée: «les dispositions de la charte qui contiennent des principes peuvent être mises en œuvre par des actes législatifs et exécutifs pris par les institutions et organes de l'Union, et par des actes des Etats membres lorsqu'ils mettent en œuvre le droit de l'Union, dans l'exercice de leurs compétences respectives. Leur invocation devant le juge n'est admise que pour l'interprétation et le contrôle de la légalité de tels actes». Selon le paragraphe 6, «les législations et pratiques nationales doivent être pleinement prises en compte, comme précisé dans la charte». Enfin, le paragraphe 7 impose aux juges, dans leur interprétation de la charte, de prendre en considération des explications rédigées sous la responsabilité du praesidium de la Convention ayant élaboré la charte et mises à jour sous celle du praesidium de la Convention sur l'avenir de l'Europe.

89. L'abandon de l'approche constitutionnelle dans le traité de Lisbonne a conduit à ne plus reprendre le texte intégral de la charte des droits fondamentaux dans le corps même des traités. Cet abandon a une portée symbolique importante, dans la mesure où l'incorporation de la charte dans la Constitution représentait un élément important de la constitutionnalisation de l'ordre juridique de l'Union. En effet, les droits fondamentaux n'ont pas seulement une fonction protectrice de l'individu mais également une fonction se rapportant à l'ordre politique. Ils représentent des jugements communs en matière de valeurs d'une société qui cherche à trouver une identité nouvelle européenne; à ce titre, l'incorporation de la charte, en ce qu'elle instituait les droits du citoyen européen, était un des éléments du pacte social entre l'Union et les citoyens européens.

Désormais, il est simplement fait référence à la charte dans l'article 6, par. 1, du traité UE modifié dans les termes suivants:

> «L'Union reconnaît les droits, les libertés et les principes énoncés dans la charte des droits fondamentaux de l'Union européenne du 7 décembre 2000, telle qu'adaptée le 12 décembre 2007 à Strasbourg, laquelle a la même valeur juridique que les traités.

---

[26] Il s'agit essentiellement, mais pas exclusivement, des droits sociaux dont l'intégration dans la charte avait fait l'objet de discussions animées lors de l'élaboration de cette dernière.

> Les dispositions de la charte n'étendent en aucune manière les compétences de l'Union telles que définies dans les traités.
>
> Les droits, les libertés et les principes énoncés dans la charte sont interprétés conformément aux dispositions générales du titre VII de la charte régissant l'interprétation et l'application de celle-ci et en prenant dûment en considération les explications visées dans la charte, qui indiquent les sources de ces dispositions».

Le paragraphe 3 du même article vient quant à lui rappeler que

> «[l]es droits fondamentaux, tels qu'ils sont garantis par la convention européenne de sauvegarde des droits de l'Homme et des libertés fondamentales et tels qu'ils résultent des traditions constitutionnelles communes aux Etats membres, font partie du droit de l'Union en tant que principes généraux».

90. Quel est le champ d'application de la charte? Il est défini par son article 51, par. 1 :

> «Les dispositions de la présente charte s'adressent aux institutions, organes et organismes de l'Union dans le respect du principe de subsidiarité, ainsi qu'aux Etats membres uniquement lorsqu'ils mettent en œuvre le droit de l'Union. En conséquence, ils respectent les droits, observent les principes et en promeuvent l'application, conformément à leurs compétences respectives et dans le respect des limites des compétences de l'Union telles qu'elles lui sont conférées dans les traités».

Les Etats ne sont donc tenus par la charte que lorsqu'ils «mettent en œuvre» le droit de l'Union, cette formulation ayant été jugée plus précise et rigoureuse que celle de «agissent dans le cadre du droit communautaire», utilisée par la jurisprudence de la Cour de justice[27]. Par exemple, la question de la conformité au droit à la vie consacré à l'article 2 de la charte d'une loi sur l'euthanasie ou sur l'avortement ne pourra être déférée à la Cour dans l'état actuel du droit de l'Union. Le droit à la vie proclamé dans la charte ne constitue pas un lien de rattachement suffisant à cet égard.

Pour répondre aux préoccupations du peuple irlandais telles que présentées au Conseil européen des 11 et 12 décembre 2008, la décision des chefs d'Etat ou de gouvernement des vingt-sept Etats membres de l'Union européenne adoptée lors de la

---

[27] Voy. en particulier, CJ, 13 juillet 1989, *Wachauf*, 5/88.

réunion du Conseil européen des 18 et 19 juin 2009, affirme solennellement que

> «[a]ucune des dispositions du traité de Lisbonne attribuant un statut juridique à la charte des droits fondamentaux de l'Union européenne (…) de justice n'affecte de quelque manière que ce soit la portée et l'applicabilité de la protection du droit à la vie prévue à l'article 40.3.1, 40.3.2 et 40.3.3, de la protection de la famille prévue à l'article 41 et de la protection des droits en ce qui concerne l'éducation prévue aux articles 42, 44.2.4 et 44.2.5 de la Constitution de l'Irlande».

91. Le Royaume-Uni, la Pologne et la République tchèque[28] ont obtenu une dérogation concernant la charte des droits fondamentaux. Aux termes du protocole «sur l'application de la charte des droits fondamentaux à la Pologne et au Royaume-Uni» joint au traité de Lisbonne, la charte n'étend pas la faculté de la Cour de justice ou d'une juridiction nationale de l'un de ces Etats d'estimer que des lois, règlements ou dispositions, pratiques ou actions administratives nationales «sont incompatibles avec les droits, les libertés et les principes fondamentaux qu'elle réaffirme». De même, le protocole confirme, «pour dissiper tout doute», que le chapitre IV de la charte (solidarité) «ne crée [pas] des droits justiciables applicables» à ces Etats, sauf dans la mesure où ils ont prévu pareils droits dans leur législation nationale. Enfin, il est précisé que «lorsqu'une disposition de la charte fait référence aux législations et pratiques nationales, elle ne s'applique à la Pologne ou au Royaume-Uni que dans la mesure où les droits et principes qu'elle contient sont reconnus dans la législation ou les pratiques de la Pologne ou du Royaume-Uni».

La portée de cette dérogation est assez limitée, dès lors que la charte s'adresse aux Etats membres uniquement lorsqu'ils mettent en œuvre le droit de l'Union et que, dans ce contexte, il paraît difficile pour le juge, qu'il s'agisse du juge national ou

---

[28] Pour ce qui concerne la République tchèque, un «protocole sur l'application de la charte des droits fondamentaux de l'Union européenne à la République tchèque» sera annexé aux traités UE et TFUE lors de la conclusion du prochain traité d'adhésion. Ce protocole prévoira que le protocole sur l'application de la charte des droits fondamentaux à la Pologne et au Royaume-Uni s'applique à la République tchèque et que le titre, le préambule et le dispositif de ce protocole seront adaptés en conséquence. Cette extension a été réclamée par le président de la République tchèque qui déclarait craindre que la charte des droits fondamentaux ne remette en cause les «décrets Beneš» organisant le déplacement des populations allemandes et hongroises de Tchécoslovaquie en 1945.

des juridictions de l'Union européenne, de ne pas donner une signification particulière à la charte, même au sein de l'ordre juridique polonais, britannique ou tchèque, à partir du moment où elle est, comme le reconnaît le préambule du protocole (sixième considérant), «l'expression des droits, libertés et principes reconnus dans l'Union».

Il est cependant dommage de constater que le Royaume-Uni a imposé ce protocole, alors même qu'il avait été très attentif, lors de l'élaboration de la charte et lors de son intégration dans la Constitution, à préciser et limiter le champ d'application de celle-ci et qu'il aurait donc été possible de faire l'économie de ces limites et précisions.

92. Un autre aspect important concerne l'adhésion formelle de l'Union européenne à la CEDH. L'idée n'est pas neuve : elle a été évoquée pour la première fois par la Commission en 1979 et reprise en 1990. En 1994, le Conseil a décidé de demander l'avis de la Cour sur la compatibilité avec les traités d'un projet d'adhésion à la CEDH. Dans son avis 2/94 du 28 mars 1996, la Cour avait conclu que «dans l'état actuel du droit communautaire, la Communauté n'avait pas compétence pour adhérer à [cette] convention». Ce faisant, la Cour de justice avait renvoyé la balle aux Etats membres qui ne l'avaient pas immédiatement saisie, faute d'accord sur une telle perspective.

La Constitution avait clairement indiqué la volonté de l'Union d'adhérer à la CEDH, malgré l'adoption de sa propre charte. L'engagement ainsi pris, outre sa solennité, présentait le grand mérite de lever tout doute quant à la compétence de l'Union d'adhérer à la CEDH.

Le principe de cette adhésion est maintenu dans le traité de Lisbonne (article 6, par. 2, du traité UE modifié) même si, à la différence de ce qu'avait prévu la Constitution, l'acte d'adhésion devra faire l'objet d'une décision unanime du Conseil, qui entrera en vigueur après son approbation par les Etats membres, conformément à leurs règles constitutionnelles respectives. Le traité de Lisbonne tient par ailleurs à préciser que cette adhésion «ne modifie pas les compétences de l'Union telles qu'elles sont définies dans les traités», ce que vient confirmer le protocole relatif à l'article 6, par. 2, du traité sur l'Union européenne sur l'adhésion de l'Union à la convention européenne de sauvegarde des droits de l'Homme et des libertés fondamentales : l'accord portant adhésion devra «garantir que l'adhésion de l'Union n'affecte ni les compétences de l'Union ni les attributions de ses institutions».

Bibliographie sélective

BRIBOSIA Emmanuelle, «Perspectives de la protection des droits fondamentaux», *in* AMATO Giuliano, BRIBOSIA Hervé, DE WITTE Bruno (éd.), *Genèse et Destinée de la Constitution européenne/Genesis and Destiny of the European Constitution*, Bruxelles, Bruylant, 2007.

BRIBOSIA Emmanuelle, «Les droits fondamentaux dans la Constitution de l'Union européenne», *in* DONY Marianne et BRIBOSIA Emmanuelle (éd.), *Commentaire de la Constitution de l'Union européenne*, Bruxelles, Editions de l'Université de Bruxelles, 2005.

CANDELA SORIANO Mercedes (dir.), *Les droits de l'homme dans les politiques de l'Union européenne*, Bruxelles, Larcier, 2006.

DE SCHUTTER Olivier, «Les droits fondamentaux dans l'Union européenne: une typologie de l'acquis», *in* BRIBOSIA Emmanuelle et HENNEBEL Ludovic (dir.), *Classer les droits de l'Homme*, Bruxelles, Bruylant, 2004.

Section 4

L'appartenance à l'Union

93. Le traité constitutionnel, après avoir affirmé solennellement en son article I-1, par. 2, que «[l]'Union est ouverte à tous les Etats européens qui respectent ses valeurs et qui s'engagent à les promouvoir en commun», avait regroupé sous un titre unique de sa première partie trois articles présentant les règles d'appartenance à l'Union et intitulés respectivement «Critères d'éligibilité et procédure d'adhésion à l'Union» (article I-58), «La suspension de certains droits résultant de l'appartenance à l'Union» (article I-59) et «Le retrait volontaire de l'Union» (article I-60). Il avait aussi regroupé en un seul article (l'article I-5) l'ensemble des principes régissant les relations de l'Union avec les Etats membres.

Le traité de Lisbonne, dans sa logique d'abandon de toute démarche constitutionnelle, a renoncé aussi bien à l'affirmation solennelle de l'article I-1 du traité constitutionnel qu'à la rupture dans la présentation des règles régissant le statut des membres de l'Union par rapport aux traités antérieurs. C'est ainsi que les règles relatives à l'adhésion (I) et celles consacrant un droit de retrait (III) figurent classiquement dans les dispositions finales du traité UE modifié, alors que la suspension de certains droits liés à l'appartenance à l'Union (II) et les principes régissant les relations entre l'Union et les Etats membres (V) sont insérés dans les dispositions générales de ce traité.

I. L'ADHÉSION

94. Les membres originaires sont les six signataires des traités de Rome de 1957, à savoir la République fédérale d'Allemagne, la Belgique, la France, l'Italie, le grand-duché de Luxembourg et les Pays-Bas. Tous les autres membres actuels et futurs de l'Union ont été ou seront admis.

L'admission de nouveaux membres fait l'objet de l'article 49 du traité UE modifié. Cette disposition reprend largement le texte de l'ancien article 48 du traité UE, alors que la Constitution avait opté pour une présentation plus structurée, avec une séparation de l'article en deux paragraphes : le premier fixant le principe et le second décrivant la procédure.

Nous examinerons successivement les conditions d'admission (1) et la procédure d'admission (2).

1. Les conditions d'admission

95. Il convient de tenir compte des conditions fixées par le traité (A) mais aussi de celles définies par le Conseil européen, connues sous le nom de «critères de Copenhague» (B).

A. Les conditions définies par le traité

96. Aux termes du paragraphe 1 de l'article 49 du traité UE modifié,

> «[t]out Etat européen qui respecte les valeurs visées à l'article 2 et s'engage à les promouvoir peut demander à devenir membre de l'Union».

Cette disposition fixe ainsi trois conditions :

– la qualité d'Etat au sens du droit international : l'Union est actuellement confrontée à cette question dans la mesure où

le Kosovo a décidé de déclarer unilatéralement son indépendance[29] et posera vraisemblablement sa candidature;
– le caractère «européen» de l'Etat: la difficulté vient de ce
que l'Europe, géographiquement, n'a pas de limites précises.
En particulier, si la Méditerranée sert de démarcation par
rapport à l'Afrique, aucune frontière naturelle ne sépare
l'Europe de l'Asie, avec laquelle, géographiquement, elle
forme un seul continent. L'identité européenne est surtout
historique et culturelle mais, historiquement, l'Europe est
également une notion vague. Il est donc impossible de fixer
des limites claires à l'Europe et, dès lors, l'appréciation est
essentiellement politique La seule application qui a été faite
jusqu'à présent de cette condition concerne le Maroc, dont
la candidature a été rejetée pour ce motif en septembre 1987.
La Turquie a été reconnue comme candidate, alors qu'elle
n'a qu'une petite partie de son territoire en Europe. Quant à
Chypre, aucune contestation n'a été soulevée à propos de son
caractère européen, en dépit de sa situation géographique;
– le respect des valeurs visées à l'article 2 du traité UE modifié
et l'engagement de les promouvoir. Jusqu'au traité d'Amsterdam, aucune disposition ne subordonnait expressément
la recevabilité d'une candidature au caractère démocratique
de l'Etat qui la dépose, mais la pratique ainsi qu'un certain
nombre de déclarations allaient nettement en ce sens. Le
traité d'Amsterdam est venu lever toute équivoque. Le traité
de Lisbonne, reprenant en cela le texte du traité constitutionnel, vient ajouter au simple respect des valeurs l'idée
d'une attitude plus positive, avec la promotion des valeurs.
Par ailleurs, il faut souligner l'importance d'avoir inclus
dans les valeurs à respecter et promouvoir «la protection des
droits des personnes appartenant à des minorités».

B. Les «critères de Copenhague»

97. Lors du Conseil européen de Copenhague de juin 1993,
le principe a été posé que les pays d'Europe centrale et orientale pourraient adhérer à l'Union dès qu'ils seraient en mesure
«de remplir les obligations qui en découlent, en remplissant les

---

[29] La Cour internationale de justice a été saisie en octobre 2008 de la légalité de
la déclaration d'indépendance du Kosovo.

conditions économiques et politiques requises». Pour cela, le pays candidat doit respecter:

– un critère politique: des institutions stables garantissant la démocratie, la primauté du droit, les droits de l'Homme, le respect des minorités et leur protection;
– un critère économique: une économie de marché viable ainsi que la capacité de faire face à la pression concurrentielle et aux forces du marché à l'intérieur de l'Union;
– l'acquis communautaire: la capacité d'assumer les obligations de l'adhésion, notamment de souscrire aux objectifs de l'union politique, économique et monétaire.

Ces critères d'adhésion ont été confirmés par le Conseil européen de Madrid de décembre 1995, qui a ajouté la nécessité d'une «adaptation des structures administratives des pays candidats afin de créer les conditions d'une intégration progressive et harmonieuse».

98. Moins remarquée au départ, une quatrième condition était aussi évoquée au Conseil européen de Copenhague: «la capacité de l'Union à assimiler de nouveaux membres tout en maintenant l'élan de l'intégration européenne». Il ne s'agit pas à proprement d'un critère, applicable aux pays candidats, mais d'une condition du succès de l'élargissement et de l'approfondissement du processus d'intégration européenne et la responsabilité d'une amélioration de cette «capacité d'intégration» incombe à l'Union et non aux pays candidats.
Après le dernier élargissement et l'échec de la Constitution, cet élément a été remis au premier plan. En décembre 2006, le Conseil européen a souligné que, pour permettre à l'Union de maintenir sa capacité d'intégration, «les pays en voie d'adhésion doivent être disposés à assumer pleinement les obligations qui découlent de l'adhésion à l'Union et être en mesure de le faire, et l'Union, pour sa part, doit pouvoir fonctionner efficacement et aller de l'avant». Il a ajouté que «ces deux aspects sont essentiels si l'on veut gagner un soutien large et durable de l'opinion publique, qui devrait également être mobilisé par une plus grande transparence et une meilleure communication». Enfin, il a invité la Commission à procéder à une évaluation des incidences de tout élargissement futur sur les principaux domaines d'action de l'Union.

99. Lors de la négociation du traité de Lisbonne, certains Etats – au premier rang desquels les Pays-Bas – ont voulu inscrire les critères de Copenhague dans le corps même des traités. Ils n'ont pas obtenu gain de cause mais le nouvel article 49 du traité UE modifié indique *in fine* que «les critères d'éligibilité approuvés par le Conseil européen sont pris en compte». On remarquera que seuls sont ainsi visés les critères à respecter par les Etats candidats et non la capacité d'absorption de l'Union européenne.

2. *La procédure d'adhésion*

100. Aux termes de l'article 49 du traité UE modifié, tout pays européen désirant adhérer à l'Union adresse sa candidature au Conseil. Le Conseil se prononce à l'unanimité sur la demande, après avoir consulté la Commission et après approbation du Parlement européen qui se prononce à la majorité des membres qui le composent. Les conditions de l'adhésion et les adaptations des traités que cette adhésion entraîne font l'objet d'un accord entre les Etats membres et le pays candidat. Cet accord, ou traité d'adhésion, est soumis à la ratification de tous les Etats contractants. Une innovation introduite par le traité de Lisbonne, dans la foulée du traité constitutionnel, est l'obligation d'informer de la demande d'adhésion non seulement le Parlement européen mais aussi les Parlements nationaux.

101. En pratique, la procédure d'adhésion se déroule en plusieurs étapes:

– après l'introduction de la demande d'adhésion, la première étape est la reconnaissance du statut d'Etat candidat. Elle a pour conséquence d'enclencher la «stratégie de préadhésion» et en particulier de donner à l'Etat concerné accès à l'aide de préadhésion, qui lui accorde un soutien en vue de remplir les critères d'adhésion[30];

– vient ensuite l'ouverture proprement dite des négociations d'adhésion, qui suppose au minimum que le pays candidat

---

[30] L'instrument d'aide de préadhésion, établi par le règlement CE/1085/2006 du Conseil, du 17 juillet 2006, est constitué de cinq volets. Deux volets sont accessibles à tous les pays candidats potentiels: aide à la transition et renforcement des institutions et coopération transfrontalière. Les trois derniers volets sont destinés uniquement aux pays candidats: développement régional, développement des ressources humaines et développement rural.

respecte le critère politique (respect de la démocratie et des droits de l'homme). L'objet essentiel des négociations est la reprise de l'acquis communautaire, qui est décliné en trente-cinq chapitres[31]. La Commission établit un «rapport de screening» sur chaque chapitre de l'acquis et pour chaque pays, qui sert de base à l'ouverture du processus de négociation. Le pays candidat soumet une position de négociation. La Commission soumet au Conseil un projet de position commune. Le Conseil adopte une position commune qui autorise l'ouverture des chapitres. Les négociations ont alors lieu au niveau des ministres ou des représentants permanents des Etats membres et des ambassadeurs ou des principaux négociateurs des pays candidats;

– la Commission tient régulièrement informés le Conseil et le Parlement de l'état de préparation des pays candidats à l'adhésion grâce à des «rapports de suivi». Ces rapports servent aussi à guider les pays candidats dans leurs efforts pour se préparer;

– lorsque les négociations sont conclues sur tous les chapitres, les résultats sont incorporés dans un projet de traité d'adhésion, qui doit être approuvé par le Conseil et les pays adhérents. Ce projet de traité est ensuite soumis à la Commission pour avis et au Parlement européen pour approbation;

– après la signature par toutes les parties, le traité d'adhésion est soumis aux Etats membres et à chaque pays adhérent concerné pour ratification;

---

[31] A savoir, libre circulation des marchandises, libre circulation des travailleurs, droit d'établissement et de libre prestation de services, libre circulation des capitaux, marchés publics, droit des sociétés, droit de la propriété intellectuelle, politique de la concurrence, services financiers, société de l'information et médias, agriculture et développement rural, sécurité sanitaire des aliments, politique vétérinaire et phytosanitaire, pêche, politique des transports, énergie, fiscalité, politique économique et monétaire, statistiques, politique sociale et emploi (y compris la lutte contre la discrimination et sur l'égalité des chances entre les femmes et les hommes), politique d'entreprise et politique industrielle, réseaux transeuropéens, politique régionale et coordination des instruments structurels, pouvoir judiciaire et droits fondamentaux, justice, liberté et sécurité, science et recherche, éducation et culture, environnement, protection des consommateurs et de la santé, union douanière, relations extérieures, politique extérieure de sécurité et de défense, contrôle financier, dispositions financières et budgétaires, institutions et enfin questions diverses.

– après l'aboutissement du processus de ratification, le traité
entre en vigueur et le candidat devient un Etat membre de
l'Union européenne.

II. Le retrait volontaire de l'Union

102. Il s'agit d'une innovation majeure de la Constitution, qui
a été intégralement conservée par le traité de Lisbonne. Jusqu'à
présent, le retrait volontaire n'était pas expressément prévu,
même si l'on s'accordait à reconnaître que celui-ci est juridiquement concevable et politiquement nettement préférable au
maintien forcé dans l'Union d'un Etat qui n'en partagerait plus
les idéaux. Désormais, le droit de retrait fait l'objet d'une disposition spécifique, l'article 50 du traité UE modifié. Certains s'en
sont réjoui, au motif que la reconnaissance d'un droit de retrait
confirmait que «l'appartenance à l'Union ne saurait être perçue
comme une situation imposée mais comme un choix positif
permanent»[32]; tandis que d'autres voient ce droit de retrait
comme «contraire aux intérêts de l'Union, de ses Etats et de ses
citoyens»[33].

La décision de retrait est unilatérale: elle est prise par l'Etat
membre concerné, «conformément à ses règles constitutionnelles». Elle n'est conditionnée à la survenance d'aucun événe-
ment, alors que d'aucuns auraient souhaité limiter le droit de
retrait à l'hypothèse de la non-ratification d'une révision des
traités dans l'Etat concerné. Elle est notifiée au Conseil européen.

Ensuite s'ouvrent des négociations en vue d'un accord entre
l'Union européenne et l'Etat qui a décidé de se retirer, portant
sur les modalités du retrait, «en tenant compte du cadre de ses
relations futures avec l'Union». L'accord est conclu au nom de
l'Union par le Conseil, statuant à la majorité qualifiée, après
approbation du Parlement européen. Il est précisé que «l'Etat
membre qui se retire ne participe ni aux délibérations ni aux
décisions européennes du Conseil européen et du Conseil qui le
concernent». Le retrait ne dépend cependant pas de cet accord.
En cas d'échec de la négociation, la décision de retrait prend, en

[32] K. Lenaerts et P. Van Nuffel, «La Constitution pour l'Europe et l'Union
comme entité politique et ordre juridique», CDE, 2005, p. 13 et s., n° 23.
[33] J.-V. Louis, «Le droit de retrait de l'Union européenne», CDE, 2006, p. 293
et s., n° 28.

toute hypothèse, effet deux ans après sa notification au Conseil européen, sauf prorogation de commun accord du délai. Mais rien n'est dit sur les conséquences juridiques d'un retrait sans conclusion d'un accord sur ses modalités. Les auteurs sont unanimes à souligner que tout le monde à intérêt à négocier de bonne foi un accord précis sur les modalités d'un retrait, qui seul pourra régler les conséquences de celui-ci, en tenant compte notamment des droits acquis par les personnes physiques et morales.

Enfin, il est expressément prévu que «si l'Etat qui s'est retiré de l'Union demande à adhérer de nouveau, sa demande est soumise à la procédure visée à l'article 49».

III. La suspension de certains droits résultant de l'appartenance à l'Union

103. S'il n'existe dans les traités aucune disposition autorisant l'exclusion d'un Etat membre de l'Union et que celle-ci est donc juridiquement impossible, le traité d'Amsterdam a introduit une procédure de suspension, permettant de sanctionner la violation par un Etat membre des valeurs sur lesquelles l'Union est fondée.

Le traité d'Amsterdam ne visait cependant que le cas «d'une violation grave et persistante» et ne prévoyait aucune procédure en cas de «risque clair de violation grave». Cette lacune a été comblée par le traité de Nice, qui a instauré une procédure préventive. Ce dispositif a été pour l'essentiel maintenu dans le traité de Lisbonne; il fait l'objet de l'article 7 du traité UE modifié, qui garde sa place parmi les dispositions communes et non dans les dispositions finales, avec les articles relatifs à l'admission et au retrait d'un Etat membre.

1. Les mesures préventives

104. Le traité de Lisbonne reprend quasi à l'identique le mécanisme préventif mis en place par le traité de Nice. Sur proposition motivée d'un tiers des Etats membres, du Parlement européen ou de la Commission, le Conseil, statuant à la majorité des quatre cinquièmes de ses membres après approbation du Parlement européen, peut constater qu'il existe «un risque clair» de violation grave par un Etat membre des valeurs visées à l'article 2 du traité UE modifié. Le membre du Conseil européen ou du Conseil représentant l'Etat membre en cause ne prend pas part au vote. Avant de procéder à cette constatation, le Conseil entend l'Etat membre en question et peut lui adresser des recommandations, en statuant selon la même procédure. La seule différence avec le traité de Nice est la disparition de la possibilité de demander à des personnalités indépendantes de présenter dans un délai raisonnable un rapport sur la situation dans l'Etat membre en question.

2. *Les sanctions proprement dites*

105. La constatation de l'existence d'une violation grave et persistante relève de la compétence du Conseil européen statuant à l'unanimité sur proposition d'un tiers des Etats membres ou de la Commission et après approbation du Parlement européen, qui statue à la majorité des deux tiers des suffrages exprimés, représentant la majorité des membres qui le composent. Ensuite, le Conseil, statuant à la majorité qualifiée, peut (mais ne doit pas nécessairement) suspendre certains des droits qui découlent des traités pour l'Etat membre en question. Le membre du Conseil européen ou du Conseil représentant l'Etat membre en cause ne prend pas part au vote.

La suspension des droits peut, par exemple, se traduire par l'interdiction de vote du représentant de l'Etat membre visé au sein du Conseil ou la suspension du bénéfice des financements de l'Union, notamment au titre des fonds structurels. Ce faisant, le Conseil doit tenir compte des conséquences éventuelles d'une telle suspension sur les droits et obligations des personnes physiques et morales.

En revanche, il est évident, comme le confirme expressément le paragraphe 3, al. 2, que les obligations incombant à cet Etat membre demeurent contraignantes.

IV. LES RELATIONS ENTRE L'UNION ET LES ETATS MEMBRES

106. La Constitution avait regroupé en un seul article général intitulé «relations de l'Union avec les Etats membres» les dispositions pertinentes des traités actuels, en y apportant certaines précisions utiles. La teneur de cet article est, pour l'essentiel, reprise à l'article 4 du traité UE modifié, qui comprend trois paragraphes.

107. Le paragraphe 1, qui ne figurait pas dans la Constitution, commence par souligner que «conformément à l'article 5, toute compétence non attribuée à l'Union dans les traités appartient aux Etats membres». Il fait partie de l'ensemble de ces garde-fous introduits par le traité de Lisbonne, qui traduisent la méfiance des Etats membres et leurs craintes de voir la construction européenne empiéter par trop sur leurs compétences. Nous reviendrons sur la problématique des compétences de l'Union dans la section suivante.

108. Aux termes du paragraphe 2, «l'Union respecte l'égalité des Etats ainsi que leur identité nationale[34], inhérente à leurs structures fondamentales politiques et constitutionnelles, y compris en ce qui concerne l'autonomie locale et régionale». Ce paragraphe ajoute, répondant ainsi à une demande britannique lors de la Convention, que l'Union «respecte les fonctions essentielles de l'Etat, notamment celles visant à assurer l'intégrité territoriale de l'Etat, à maintenir l'ordre public et à sauvegarder la sécurité intérieure». Il s'agissait déjà de rassurer les Etats membres qui redoutaient une atteinte à l'organisation ou aux fonctions essentielles de l'Etat. Le traité de Lisbonne, toujours dans sa logique des garde-fous, vient encore préciser que «en particulier, la sécurité nationale reste de la seule responsabilité de chaque Etat membre». L'accent est ainsi mis sur certains aspects de la souveraineté des Etats que l'Union ne peut indûment restreindre.

La règle de «l'égalité des Etats membres devant la Constitution», devenue «égalité devant les traités», a été introduite lors de la CIG de 2004, à la demande du Portugal. Elle trouve sa traduction juridique dans plusieurs articles des traités, notamment ceux relatifs aux règles de composition de la Commission ou aux modalités de présidence des formations sectorielles du Conseil, qui évoquent tous deux un «système de rotation égale entre les Etats membres».

---

[34] Le respect de l'identité nationale se reflète aussi à l'article 55 du traité UE modifié, qui permet la traduction des traités «dans toute autre langue déterminée par les Etats membres parmi celles qui, en vertu de l'ordre constitutionnel de ces Etats membres, jouissent du statut de langue officielle sur tout ou partie de leur territoire».

109. Le troisième paragraphe consacre explicitement le principe de coopération loyale entre l'Union et ses Etats membres, qui figurait implicitement à l'article 10 du traité CE, dans les termes suivants :

> « En vertu du principe de coopération loyale, l'Union et les Etats membres se respectent et s'assistent mutuellement dans l'accomplissement des missions découlant de la Constitution ».

Cette formulation insiste sur le caractère mutuel ou bilatéral de cette obligation, qui avait déjà été reconnu par la jurisprudence de la Cour de justice, pour qui le principe de coopération loyale « impose également aux institutions communautaires des devoirs réciproques de coopération loyale avec les Etats membres » [35]. Elle a aussi pour conséquence de ne plus lui donner un aspect purement vertical : si nécessaire, les Etats doivent aussi coopérer entre eux pour assurer la réalisation des objectifs de l'Union.

Le paragraphe 3 a été, dans la version définitive, complété par une phrase qui stipule que « les Etats membres prennent toute mesure générale ou particulière propre à assurer l'exécution des obligations découlant de la Constitution ou résultant des actes des institutions de l'Union », venant ainsi affirmer le principe d'administration indirecte. Ce principe est confirmé à l'article 291, par. 1, du traité FUE : « Les Etats membres prennent toutes les mesures de droit interne nécessaires pour la mise en œuvre des actes juridiquement contraignants de l'Union ».

Enfin, il vient rappeler que « les Etats membres facilitent l'accomplissement par l'Union de sa mission et s'abstiennent de toute mesure susceptible de mettre en péril la réalisation des objectifs de l'Union ».

110. A côté de ces principes gouvernant les relations entre l'Union européenne et les Etats, il convient aussi de mentionner un autre principe qui s'applique plutôt, quant à lui, aux relations entre Etats membres et qui est le principe de solidarité.

S'il était déjà présent dans les traités antérieurs, où il se concrétise notamment dans le domaine budgétaire et dans la cohésion économique et sociale, il voit son poids incontestablement renforcé dans le traité de Lisbonne.

Tout d'abord, la « solidarité entre les Etats » est un des objectifs assignés à l'Union par l'article 3 du traité UE modifié. Ensuite,

---

[35] Voy. notamment CJ, 26 novembre 2002, *First et Franex*, C-275/00, point 49.

elle doit guider l'action de l'Union dans le cadre de plusieurs politiques: politique en matière d'asile, d'immigration et de contrôle des frontières extérieures (article 67, par. 2, TFUE); politique de l'Union dans le domaine de l'énergie (article 194 TFUE). Enfin, et surtout, plusieurs manifestations concrètes de cette solidarité sont introduites dans les traités.

En vertu de l'article 42, par. 7, du traité UE modifié, les Etats se doivent «aide et assistance mutuelle par tous les moyens», «au cas où un Etat membre serait l'objet d'une agression armée sur son territoire»[36]. L'article 222 du traité FUE invite l'Union et ses Etats membres à agir «conjointement dans un esprit de solidarité si un Etat membre est l'objet d'une attaque terroriste ou la victime d'une catastrophe naturelle ou d'origine humaine». L'article 112 du traité FUE, introduit à la demande de plusieurs nouveaux Etats membres – en particulier la Pologne, la République tchèque et la Lituanie –, autorise quant à lui le Conseil

> «dans un esprit de solidarité entre les Etats membres, à adopter des mesures appropriées à la situation économique, en particulier si de graves difficultés surviennent dans l'approvisionnement en certains produits, notamment dans le domaine de l'énergie».

Bibliographie sélective

Boos Dierk et Forman John, «Enlargement: Legal and Procedural Aspects», *CMLR*, 1995, p. 95 et s.

Hassin Aurélien, «La capacité d'intégration de l'UE: prérequis politique ou alibi technique?», *Les brefs de Notre Europe*, 2007/06.

Levrat Nicolas, «L'appartenance à l'Union», in Dony Marianne et Bribosia Emmanuelle (éd.), *Commentaire de la Constitution de l'Union européenne*, Bruxelles, Editions de l'Université de Bruxelles, 2005.

Louis Jean-Victor, «Le droit de retrait de l'Union européenne», *CDE*, 2006, p. 293 et s.

Vahlas Alexis, «L'appartenance à l'Union européenne», in Constantinesco Vlad, Gautier Yves, Michel Valérie (dir.), *Le traité établissant une Constitution pour l'Europe, analyses et commentaires*, Strasbourg, Presses universitaires de Strasbourg, 2005.

Van Nuffel Pieter, «Appartenance à l'Union», in Amato Giuliano, Bribosia Hervé, De Witte Bruno (éd.), *Genèse et Destinée de la*

---

[36] Voy. à ce sujet, *infra*, n° 1113.

Constitution européenne/Genesis and Destiny of the European Constitution, Bruxelles, Bruylant, 2007.

Section 5
Le système des compétences

111. L'attribution des compétences à l'Union s'est faite de façon pragmatique, au fil de la révision des traités, sans vision systématique d'ensemble, ce qui a induit un manque flagrant de lisibilité. Ceci a alimenté une crainte diffuse vis-à-vis d'un caractère de plus en plus envahissant de l'action de l'Union. Il n'est donc pas étonnant que la question de la répartition des compétences se soit retrouvée au premier plan dans la déclaration sur l'avenir de l'Union annexée au traité de Nice comme dans la déclaration de Laeken. Cette dernière a évoqué en particulier la nécessité d'une réflexion sur les moyens d'éviter un «élargissement furtif des compétences de l'Union», sans pour autant affaiblir la «dynamique européenne». Le traité de Lisbonne vient renforcer le principe de l'attribution des compétences, tout en introduisant une catégorisation des compétences de l'Union. Nous nous attacherons, d'une part, aux principes qui président à la dévolution des compétences à l'Union (I) et, d'autre part, à ceux qui en organisent l'exercice (II).

I. Les principes présidant à la dévolution des compétences à l'Union européenne

112. Le système des compétences de l'Union obéit au principe de l'attribution des compétences (1), ce qui n'exclut pas l'existence de compétences implicites (2), tandis qu'une clause de flexibilité vient donner un sens dynamique aux compétences de l'Union (3). Enfin, un des principaux mérites de la Constitution, conservé par le traité de Lisbonne, a été d'établir une typologie des compétences de l'Union (4).

1. Le principe de l'attribution des compétences

113. L'article 5 du traité CE, introduit par le traité de Maastricht, stipulait que «la Communauté agit dans les limites des compétences qui lui sont conférées et des objectifs qui lui sont assignés par le présent traité», ce qui signifiait que les compétences de la Communauté étaient des compétences d'attribution. Ce principe a été confirmé par le traité constitutionnel et encore renforcé par le traité de Lisbonne, qui l'affirme comme un principe essentiel régissant «la délimitation des compétences de l'Union» (article 5 TUE modifié).

Son importance est attestée par le fait qu'il figure dans le traité sur l'Union européenne lui-même et pas simplement dans le traité sur le fonctionnement de l'Union européenne, qui se borne à clarifier les différentes catégories de compétences.

Sa définition est rendue plus stricte, par une formulation négative. L'article 5 du traité UE, tel que modifié par le traité de Lisbonne, n'indique plus, à l'instar du traité CE et de la Constitution, que l'Union «agit» mais bien qu'elle «*n'agit que* dans les limites des compétences que les Etats membres lui ont attribuées dans les traités pour atteindre les objectifs que ces traités établissent».

L'article 1 du traité sur l'Union reprend quant à lui la formule utilisée par le traité constitutionnel d'une Union «à laquelle les Etats membres attribuent des compétences pour atteindre leurs objectifs communs». Cette mention avait tout son sens dans le cadre de la Constitution, pour expliciter que, en dépit de la dimension constitutionnelle de l'Union, ce n'était pas la Constitution mais bien les Etats qui conféraient les compétences à l'Union. Son utilité est devenue douteuse, ce qui n'a pas empêché son maintien.

Ce principe est encore complété par l'affirmation évidente, mais qui doit cependant figurer aussi bien à l'article 4 qu'à l'article 5 du traité UE modifié, que «toute compétence non attribuée à l'Union dans les traités appartient aux Etats membres».

2. Les compétences implicites

114. Le principe de l'attribution des compétences n'implique toutefois pas une interprétation restrictive des compétences de l'Union. Au contraire, la Cour de justice a établi un véritable principe d'interprétation extensive des compétences, grâce à l'interprétation «téléologique», qui s'attache plus aux buts et aux finalités qu'à la lettre des textes, ou encore au principe de l'effet utile, qui permet de donner aux dispositions des traités leur portée maximale. A titre d'exemple, la Cour a décidé que la notion de formation professionnelle s'étendait à l'enseignement universitaire. Elle a aussi affirmé que la politique migratoire n'était pas étrangère aux matières sociales et qu'à ce titre la Communauté devenue Union était compétente pour tout ce qui concerne l'intégration sociale et professionnelle des travailleurs des pays tiers.

115. Mais surtout, par le biais de cette interprétation téléologique, la Cour a rejeté l'interprétation selon laquelle les compétences de la Communauté, devenue Union, ne pourraient qu'être explicites, en d'autres termes, résulter d'attributions expresses par les traités. Elle a affirmé sans ambiguïté que les normes établies par un traité international ou une loi impliquent les normes sans lesquelles les premières n'auraient pas de sens ou ne permettraient pas une application raisonnable et utile, de sorte que «la compétence de la Communauté pour agir dans un domaine déterminé résulte non seulement d'une attribution par des dispositions expresses du traité mais aussi implicitement de l'économie et du système du traité».

La Cour de justice a fait une application particulièrement remarquable de la théorie des compétences implicites dans le domaine des compétences externes de l'Union.

Le traité CEE n'avait à l'origine prévu une compétence expresse pour conclure des traités que dans quelques domaines : les accords commerciaux et tarifaires dans le cadre de la politique commerciale commune, les accords d'association ou encore les relations avec les organisations internationales. Saisie de la question de savoir si la Communauté était compétente pour passer des accords dans d'autres domaines, la Cour de justice a posé le principe que la compétence de la Communauté pour conclure un accord pouvait non seulement résulter d'une attribution explicite par le traité mais également découler de manière implicite de ses dispositions et qu'en particulier la compétence de la Communauté au plan international découlait de sa compétence au plan interne, par application de la théorie du parallélisme des compétences[37].

Ce possible caractère implicite des compétences de l'Union n'a pas été remis en cause par le traité de Lisbonne, en dépit du souhait de certains Etats de voir mentionner la nécessité que les compétences soient *expressément* attribuées à l'Union par les traités.

---

[37] CJ, 31 mars 1971, *Commission c. Conseil*, 22/70, arrêt dit *AETR*; avis 2/91 du 19 mars 1993.

3. La clause de flexibilité

116. Les auteurs du traité de Rome avaient été conscients des limites du système d'attribution de compétences et avaient prévu un mécanisme permettant de combler les lacunes qui pourraient apparaître dans les pouvoirs d'action conférés expressément ou de façon implicite aux institutions communautaire par le traité pour atteindre les objectifs fixés par celui-ci. C'était l'objet de l'article 308 du traité CE, qui disposait:

> «Si une action de la Communauté apparaît nécessaire pour réaliser, dans le fonctionnement du marché commun, l'un des objets de la Communauté, sans que le présent traité ait prévu les pouvoirs d'action requis à cet effet, le Conseil, statuant à l'unanimité, sur proposition de la Commission et après consultation du Parlement européen, prend les dispositions appropriées».

Lors des travaux de la Convention, certains avaient avancé l'idée d'une suppression de cette clause, qui serait une source d'empiètement de la compétence de l'Union sur celles des Etats. En définitive, il a été jugé qu'une telle souplesse devait subsister dans le nouveau système de répartition des compétences, mais plus encadrée. Le traité de Lisbonne vient encore en limiter davantage la portée. Par ailleurs, il la réintègre dans les dispositions finales du traité FUE (article 352), alors que la Constitution, de manière plus cohérente, l'avait insérée dans le chapitre sur les compétences.

A. Conditions d'application

117. La première condition est que l'action doit avoir pour objet «la réalisation de l'un des objectifs visés par les traités». L'article 308 CE ajoutait que cette action devait se situer «dans le fonctionnement du marché commun» mais la pratique et la jurisprudence de la Cour de justice avaient conduit à une interprétation très large de cette condition. La Cour de justice, dans son arrêt *Kadi* précité, avait cependant explicitement rejeté que l'article 308 CE puisse être invoqué pour poursuivre un objectif relevant de la PESC.

L'article 352 du traité FUE précise quant à lui que la clause de flexibilité ne peut être invoquée que «dans le cadre» des politiques définies par les traités. Cela semble indiquer qu'il ne devrait plus être possible de se fonder simplement sur un des objectifs de l'Union tels que définis à l'article 3 du traité UE, pour créer une politique nouvelle sur la base de la clause de flexibilité[38].

La formulation de la clause de flexibilité retenue par la Constitution en étendait le champ d'application et autorisait son emploi dans les anciens deuxième et troisième piliers, en se référant dans des termes généraux aux «politiques définies à la partie III». Le traité de Lisbonne fait partiellement marche arrière : la clause ne pourra «servir de fondement pour atteindre un objectif relevant de la politique étrangère et de sécurité commune».

Dans la foulée, la déclaration n° 41 rappelle que «des actes législatifs ne peuvent être adoptés dans le domaine de la politique étrangère et de sécurité commune» et précise que la clause de flexibilité ne peut s'appuyer sur le seul paragraphe 1 du nouvel article 3 du traité sur l'Union européenne, selon lequel «l'Union a pour but de promouvoir la paix, ses valeurs et le bien-être de ses peuples».

La déclaration n° 42 vient préciser quant à elle ce que la Cour de justice avait dit dans son avis 2/94 du 28 mars 1996 précité, à savoir que cette clause

> «qui fait partie intégrante d'un ordre institutionnel basé sur le principe des compétences d'attribution, ne saurait constituer un fondement pour élargir le domaine des compétences de l'Union au-delà du cadre général résultant de l'ensemble des dispositions des traités, et en particulier de celles qui définissent les missions et les actions de l'Union».

118. En deuxième lieu, l'action envisagée doit apparaître nécessaire pour atteindre l'objectif poursuivi. Les institutions de l'Union disposent à cet égard d'un large pouvoir d'appréciation qui fait appel plus à des critères politiques, économiques et techniques qu'à des critères juridiques, mais cela ne signifie pas pour autant que cette appréciation soit soustraite à tout contrôle juridictionnel[39].

---

[38] Dans ce contexte, certaines extensions des compétences de l'Union dans des domaines, comme l'énergie, la propriété intellectuelle, le sport, la protection civile ou la coopération administrative prennent toute leur importance.

[39] Jusqu'à présent, la Cour n'a cependant jamais censuré l'appréciation faite par les institutions de l'Union.

119. Ensuite, les traités ne doivent pas avoir prévu les pouvoirs d'action requis pour atteindre l'objectif recherché. A cet égard, l'interprétation large des dispositions des traités revêt une importance toute particulière car elle permet de restreindre de manière corrélative le recours à la clause de flexibilité.

La Cour de justice veille strictement au respect de cette condition. Elle a posé le principe que, sous peine de mettre en péril l'équilibre institutionnel, le recours à l'article 308 du traité CE ne pouvait se justifier que lorsqu'aucune autre disposition du traité ne permettait de fonder la compétence communautaire. Elle entend ainsi éviter que les Etats fassent un usage abusif de cette disposition, dans le seul but de conserver le privilège du vote à l'unanimité et éviter l'application de la majorité qualifiée prévue par d'autres dispositions du traité, ou encore que le Conseil n'y ait recours pour échapper à la procédure de codécision devenue procédure législative ordinaire avec le Parlement européen[40].

120. Enfin, la clause ne peut permettre de toucher à la structure institutionnelle de l'Union ni de modifier ou d'abroger des dispositions explicites des traités. Ainsi, dans son avis 2/94 précité, la Cour a posé le principe qu'une adhésion de la Communauté à la CEDH ne saurait s'opérer par le recours à l'article 308 du traité CE, car elle entraînerait un changement substantiel du régime actuel de la protection des droits de l'Homme, en ce qu'elle comporterait l'insertion de la Communauté dans un système institutionnel international distinct ainsi que l'intégration de l'ensemble des dispositions de la convention dans l'ordre juridique communautaire. « Une telle modification du régime de la protection des droits de l'Homme dans la Communauté, dont les implications institutionnelles seraient fondamentales tant pour la Communauté que pour les Etats membres, revêtirait une envergure constitutionnelle » et dépasserait donc par sa nature les limites de cette disposition. Elle ne pourrait dès lors, selon la Cour, être réalisée que par la voie d'une modification du traité CE[41].

---

[40] Voy. en particulier les arrêts de la Cour du 26 mars 1986, *Commission c. Conseil*, 45/86 ; 5 octobre 1994, *Allemagne c. Conseil*, C-280/93 ; 12 novembre 1996, *Royaume-Uni c. Conseil*, C-84/94.
[41] Rappelons que le traité de Lisbonne prévoit que l'Union européenne adhère à la CEDH, voy. *supra*, n° 92.

121. Le traité de Lisbonne précise encore qu'une action fondée sur la clause de flexibilité ne peut «comporter d'harmonisation des dispositions législatives et réglementaires des Etats membres dans les cas où les traités excluent une telle harmonisation», à savoir pour l'essentiel, dans les domaines d'action d'appui, de coordination et de complément[42]. Cette limitation risque de restreindre la portée de la clause de flexibilité et peut laisser sceptique, dans la mesure où, par le jeu de bases juridiques assez larges, telles que celles du marché intérieur, le législateur communautaire a déjà pu contourner par le passé des interdictions formelles d'harmonisation des législations, par exemple dans le domaine de la santé publique, avec la directive relative à la publicité sur le tabac[43].

B. La procédure

122. Dans le cadre de l'article 308 du traité CE, la mise en œuvre de la clause de flexibilité supposait une décision unanime du Conseil, après simple consultation du Parlement européen. Le traité de Lisbonne, tout comme l'avait fait la Constitution, impose l'approbation par le Parlement européen de la décision du Conseil qui doit toujours être prise à l'unanimité. La Commission est aussi invitée à attirer l'attention des Parlements nationaux sur le recours à cette clause dans le cadre du mécanisme d'alerte précoce, de manière à pouvoir exercer leurs prérogatives au titre du contrôle du principe de subsidiarité[44].
La Cour constitutionnelle allemande, dans son arrêt du 30 juin 2009 relatif au traité de Lisbonne, est arrivée à la conclusion que la formulation de la clause de flexibilité dans le traité de Lisbonne en étendait le champ d'application, dans la mesure où elle n'est plus liée au «fonctionnement du marché commun» mais peut être appliquée dans le cadre de toutes les politiques de l'Union. Elle a donc exigé que la loi d'approbation du traité de Lisbonne prévoie que le gouvernement allemand ne puisse donner son accord à l'utilisation de cette clause qu'en vertu d'une loi.

---

[42] Voy. à ce sujet, *infra*, nos 136 et s.
[43] Voy. à ce sujet, *infra*, no 684.
[44] Voy. à ce sujet, *infra*, no 144.

C. La pratique fondée sur la clause de flexibilité

123. Dans les premières années, le recours à l'article 308 CE s'est fait de manière parcimonieuse et a concerné alors surtout deux domaines : l'agriculture et l'union douanière. C'est notamment sur la base de cette disposition qu'a été prise la décision d'accélérer la réalisation de l'union douanière.

Les choses ont évolué après le sommet de Paris en 1972. L'article 308 CE a alors joué un rôle important et servi de fondement juridique permettant de réaliser les avancées acquises au plan politique et permettre le développement de politiques totalement nouvelles : mise en place du Système monétaire européen, adoption des premières mesures en matière de recherche, d'environnement, de protection du consommateur, d'énergie ou encore de politique régionale.

Après l'adoption de l'Acte unique, et surtout du traité sur l'Union européenne, le recours à l'article 308 CE est devenu moins fréquent puisque ces traités ont intégré dans le traité de Rome la plupart des domaines d'activités dont cet article avait permis le développement. On peut penser que cette tendance se poursuivra avec l'entrée en vigueur du traité de Lisbonne, qui a consacré des extensions de compétences de l'Union dans des domaines comme l'énergie, le sport, la protection civile ou la coopération administrative.

4. La typologie des compétences de l'Union

124. Le principal apport du traité de Lisbonne, dans la foulée de la Constitution, est la clarification opérée, sous la forme d'un classement des compétences normatives en trois catégories en fonction de l'intensité de l'action de l'Union, qui figure maintenant à l'article 2 du traité sur le fonctionnement de l'Union. Cette classification n'a rien de révolutionnaire puisqu'elle s'inspire largement de l'acquis communautaire, tel qu'il a été développé par la Cour de justice.

Il convient cependant de souligner que les dispositions des articles 2 et suivants ne sont pas attributives de compétences à l'Union. Comme le précise le paragraphe 6 de l'article 2, « l'étendue et les modalités d'exercice des compétences de l'Union sont déterminées par les dispositions des traités relatives à chaque domaine ». C'est donc seulement par le biais d'une analyse de ces dispositions qu'il est possible d'évaluer le contour réel des compétences de l'Union, en ce qui concerne tant l'étendue du champ d'action potentiel de l'Union que les modalités de ses pouvoirs d'action, plus ou moins intenses et contraignants pour les Etats membres.

A. Les compétences exclusives de l'Union européenne

125. Les compétences exclusives sont définies par l'article 2 du traité FUE comme celles où

> « seule l'Union peut légiférer et adopter des actes juridiquement contraignants, les Etats membres ne pouvant le faire par eux-mêmes que s'ils sont habilités par l'Union, ou pour mettre en œuvre les actes de l'Union ».

L'article 3 du traité FUE énumère les domaines de compétences exclusives. Ces domaines sont globalement ceux qui ont déjà été reconnus comme tels par la doctrine et la jurisprudence de la Cour de justice : l'union douanière et la politique commerciale commune[45] (dans sa globalité, en ce compris donc les mesures unilatérales[46]), la politique monétaire pour les Etats dont la monnaie est l'euro ainsi que la conservation des ressources biologiques de la mer[47].

La concurrence a fait l'objet de certaines hésitations, compte tenu des compétences qu'ont conservées les Etats membres en cette matière. Le compromis retenu a consisté à classer comme compétence exclusive l'établissement (et non l'application) des règles de concurrence « nécessaires » au fonctionnement du marché intérieur, alors même que ce dernier relève quant à lui des compétences partagées entre l'Union et les Etats membres.

126. Le paragraphe 2 consacre expressément la compétence exclusive de l'Union pour la conclusion d'accords internationaux

> « [l]orsque cette conclusion est prévue dans un acte législatif de l'Union, ou est nécessaire pour lui permettre d'exercer sa compétence interne, ou dans la mesure où elle est susceptible d'affecter des règles communes ou d'en altérer la portée ».

---

[45] CJ, avis 1/75 du 11 novembre 1975 ; arrêt du 15 décembre 1976, *Donckerwolcke*, 41/76.
[46] Ce qui constitue une avancée par rapport à la situation antérieure ; voy. à ce sujet, *infra*, n° 1120.
[47] CJ, 14 juillet 1976, *Kramer*, 3, 4, 6/76.

Il s'agit pour l'essentiel des cas qui ont été définis par la jurisprudence de la Cour de justice, dans l'affaire *AETR* précitée et dans l'avis 1/75[48], telle que précisée par l'avis 1/94[49], les arrêts *Open skies*[50] et l'avis 1/03[51].

On relèvera que, dans l'avis 1/03, la Cour a indiqué que

> «[i]l y a lieu d'effectuer une analyse globale et concrète en vue de vérifier si la Communauté dispose de la compétence pour conclure un accord international et si cette compétence est exclusive. A cette fin, doivent être pris en considération non seulement le domaine couvert tant par les règles communautaires que par les dispositions de l'accord envisagé, pour autant que celles-ci sont connues, mais également la nature et le contenu de ces règles et dispositions, afin de s'assurer que l'accord n'est pas susceptible de porter atteinte à l'application uniforme et cohérente des règles communautaires et au bon fonctionnement du système qu'elles instituent».

B. Les compétences partagées de l'Union

127. Selon l'article 4 du traité FUE,

> «[l]'Union dispose d'une compétence partagée avec les Etats membres lorsque les traités lui attribuent une compétence qui ne relève pas des domaines visés aux articles 3 et 6».

Cette catégorie, qui revêt ainsi un caractère résiduaire, se subdivise en réalité en trois sous-catégories assez différentes.

a. LES COMPÉTENCES PARTAGÉES GÉNÉRALES

128. Elles sont définies à l'article 2 du traité FUE comme concernant les domaines dans lesquels aussi bien l'Union que les Etats membres peuvent agir, ces derniers ne pouvant toutefois exercer leur compétence que «dans la mesure où l'Union n'a pas exercé la sienne ou a décidé de cesser de l'exercer».

---

[48] CJ, 26 avril 1977, *Projet d'accord relatif à l'institution d'un Fonds européen d'immobilisation de la navigation intérieure.*
[49] CJ, 15 novembre 1994, *Compétence de la Communauté pour conclure des accords internationaux en matière de services et de protection de la propriété intellectuelle.*
[50] CJ, 5 novembre 2002, C-466/98, C-467/98, C-468/98, C-469/98, C-471/98, C-472/98, C-475/98, et C-476/98.
[51] CJ, 7 février 2006, *Compétence de la Communauté pour conclure la nouvelle convention de Lugano concernant la compétence judiciaire, la reconnaissance et l'exécution des décisions en matière civile et commerciale.*

Ici donc, ce n'est pas l'attribution de compétences elle-même mais l'exercice effectif de ces compétences par l'Union qui prive les Etats membres de leurs prérogatives. C'est au fur et à mesure que l'Union exerce sa compétence et développe sa propre législation, que la marge d'action des Etats membres se réduit car ils ne peuvent plus légiférer qu'à l'intérieur du cadre tracé par la législation communautaire.

Si l'Union fait un usage exhaustif de sa compétence dans une matière qui lui a été attribuée à titre concurrent, les Etats membres perdent toute compétence en cette matière, sauf dispositions spécifiques en sens contraire. Les effets concrets d'une compétence concurrente intégralement exercée ne sont ainsi pas très éloignés de ceux d'une compétence exclusive.

En revanche, si l'action de l'Union n'épuise pas la compétence attribuée à titre concurrent dans un domaine déterminé, des mesures complémentaires peuvent être adoptées par les Etats membres, pour autant que le silence du législateur de l'Union ne puisse être interprété comme traduisant une volonté de ne soumettre à aucune réglementation la matière considérée, et que leur action n'entre pas en conflit avec l'exercice concret par l'Union de sa compétence.

Ceci est confirmé par le protocole sur l'exercice des compétences partagées entre l'Union et les Etats membres joint au traité de Lisbonne qui vient préciser que

> «lorsque l'Union mène une action dans un certain domaine, le champ d'application de cet exercice de compétence ne couvre que les éléments régis par l'acte de l'Union en question et ne couvre donc pas tout le domaine»[52].

En particulier, conformément à une jurisprudence constante de la Cour, lorsque la réglementation adoptée par l'Union dans une matière consiste uniquement en des prescriptions minimales, les Etats membres peuvent adopter des standards plus élevés. Tel est le cas par exemple dans le domaine social ou en matière de protection des consommateurs.

129. La définition des compétences partagées dans le traité de Lisbonne comporte également un autre aspect, à savoir que

---

[52] Il s'agit là d'un de ces multiples garde-fous introduits par le traité de Lisbonne, qui vient traduire la méfiance des Etats membres à l'égard des compétences de l'Union.

les Etats membres peuvent exercer leur compétence «dans la mesure où l'Union a décidé de cesser la sienne». Cette précision vise à éviter que le dessaisissement des compétences partagées ne puisse s'opérer qu'à sens unique, au profit de l'Union. Nouvel exemple de la méfiance des Etats membres, une déclaration jointe au traité de Lisbonne a estimé nécessaire de confirmer que, dans le cas des compétences partagées, «les Etats membres peuvent à nouveau exercer leur compétence lorsque les institutions compétentes de l'Union décident d'abroger un acte législatif». Elle ajoute qu'à l'initiative d'un ou de plusieurs de ses membres, «le Conseil peut demander à la Commission de soumettre des propositions visant à abroger un acte législatif». La Commission, d'abord très réticente, a fini par accepter cette déclaration qui préserve sa maîtrise de l'initiative[53] et n'a donc qu'une portée symbolique. Elle a même eu l'élégance de déclarer «qu'elle accordera une attention particulière à ce type de demande», ce dont la Conférence s'est félicitée.

130. L'article 4, par. 2, du traité FUE énonce une liste *indicative* des «principaux domaines» où s'exerce la compétence partagée, à savoir:

«a) le marché intérieur;
b) la politique sociale, pour les aspects définis dans le présent traité;
c) la cohésion économique, sociale et territoriale;
d) l'agriculture et la pêche, à l'exclusion de la conservation des ressources biologiques de la mer;
e) l'environnement;
f) la protection des consommateurs;
g) les transports;
h) les réseaux transeuropéens;
i) l'énergie;
j) l'espace de liberté, de sécurité et de justice;
k) les enjeux communs de sécurité en matière de santé publique, pour les aspects définis dans le présent traité».

131. La catégorisation du marché intérieur a donné lieu à quelques difficultés. D'un côté, celui-ci se caractérise principalement par les quatre libertés de circulation garanties par les dispositions du traité CE (et maintenant du traité FUE), qui sont en principe directement applicables et viennent donc limiter de façon transversale la compétence normative des Etats

---

[53] Voy. à ce sujet, *infra*, nᵒˢ 308 et s.

membres, indépendamment de toute action de l'Union[54]. Mais, d'un autre côté, la réalisation du marché intérieur peut nécessiter des mesures de rapprochement des législations et, dans ce contexte, les Etats membres conservent la faculté d'arrêter des normes, tant que l'Union n'a pas «occupé le terrain» en rapprochant ces normes, ce qui fait du marché intérieur une compétence partagée.

A cet égard, la Cour a indiqué explicitement que l'article 95 du traité CE (repris en substance par l'article 114 du traité FUE)

> «ne donne pas au législateur communautaire une compétence exclusive pour réglementer les activités économiques dans le marché intérieur, mais seulement une compétence en vue d'améliorer les conditions de l'établissement et du fonctionnement de celui-ci, par l'élimination d'entraves à la libre circulation des marchandises et à la libre prestation des services ou la suppression de distorsions de concurrence»[55].

b. LES COMPÉTENCES PARTAGÉES SPÉCIALES

132. Les paragraphes 3 et 4 de l'article 4 du traité FUE concernent les domaines de la recherche, du développement technologique et de l'espace, d'une part, de la coopération au développement et de l'aide humanitaire[56], d'autre part. Ils affirment qu'en ces domaines, l'exercice par l'Union de sa compétence «ne peut avoir pour effet d'empêcher les Etats membres d'exercer la leur», ce qui revient à déroger à la caractéristique principale de la compétence partagée qui est l'occupation progressive et potentiellement totale du terrain législatif par l'Union. L'expression «compétences parallèles» aurait sans doute été plus appropriée. La compétence des Etats doit cependant s'exercer dans le respect des principes de coopération loyale et de primauté du droit de l'Union.

---

[54] Voy. à ce sujet *infra*, n°s 454 et s.

[55] CJ, 10 décembre 2002, *British American Tobacco*, C-491/01, point 179.

[56] Ceci vient confirmer une jurisprudence constante de la Cour: voy. dans le domaine de l'aide humanitaire, CJ, 30 juin 1993, *Parlement c. Conseil et Commission*, C-181/91 et C-248/91 et, dans le domaine de la coopération au développement, CJ, 2 mars 1994, *Parlement c. Conseil*, C-316/91.

c. LES COMPÉTENCES PARTAGÉES *AD HOC*

133. Elles concernent respectivement la coordination des politiques économiques et de l'emploi et la politique étrangère et de sécurité commune. Le statut de ces catégories est très ambigu. Certes, ces catégories figurent comme telles à l'article 2 du traité FUE relatif aux «catégories de compétences», entre la définition des compétences partagées et celle des actions d'appui, de coordination et de complément, et elles font ensuite l'objet de dispositions distinctes[57], sur le même plan que les trois autres catégories de compétences. Mais, par ailleurs, ces deux catégories *ad hoc* relèvent aussi de la catégorie résiduelle des compétences partagées, en application du paragraphe 1 de l'article 4 du traité FUE.

Ce flou s'explique, d'une part, par le caractère non législatif de l'action de l'Union dans ces domaines et, d'autre part, par le rôle primordial que les Etats membres y conservent.

134. Selon l'article 2, par. 3, TFUE,

> «[l]es Etats membres coordonnent leurs politiques économiques et de l'emploi selon les modalités prévues par les traités, pour la définition desquelles l'Union dispose d'une compétence».

Cet article est mis en œuvre par l'article 5 du traité FUE, qui comprend trois paragraphes.

Le premier paragraphe énonce que «les Etats coordonnent leurs politiques économiques au sein de l'Union» et qu'à cette fin, «le Conseil adopte des mesures, notamment les grandes orientations de ces politiques». Cette formule met l'accent autant sur la responsabilité qui incombe aux Etats en la matière que sur la compétence de l'Union. L'alinéa 2 de ce paragraphe précise que des «dispositions particulières» s'appliquent aux Etats membres dont la monnaie est l'euro, ouvrant ainsi la porte à une coopération plus étroite au sein de la zone euro.

Le paragraphe 2 comporte une disposition assez similaire dans le domaine de l'emploi : l'Union prend des mesures pour assurer la coordination des politiques de l'emploi des Etats membres, notamment en définissant les lignes directrices de ces politiques.

---

[57] A savoir respectivement l'article 24 du traité UE et l'article 5 du traité FUE.

Enfin, le paragraphe 3 habilite l'Union à prendre des initiatives pour assurer la coordination des politiques sociales des Etats membres.

135. S'agissant de la politique étrangère et de sécurité commune, l'article 2, par. 4, du traité FUE dispose que

> «[l]'Union dispose d'une compétence, conformément aux dispositions du traité sur l'Union européenne, pour définir et mettre en œuvre une politique étrangère et de sécurité commune, y compris la définition progressive d'une politique de défense commune».

Il doit être lu en liaison avec l'article 27 du traité UE modifié[58], dont deux paragraphes sont plus particulièrement consacrés à la problématique des compétences.
Selon le paragraphe 1, al. 1,

> «[l]a compétence de l'Union en matière de politique étrangère et de sécurité commune couvre tous les domaines de la politique étrangère ainsi que l'ensemble des questions relatives à la sécurité de l'Union, y compris la définition progressive d'une politique de défense commune qui peut conduire à une défense commune».

Le paragraphe 2 ajoute que

> «[d]ans le cadre des principes et objectifs de son action extérieure, l'Union conduit, définit et met en œuvre une politique étrangère et de sécurité commune fondée sur un développement de la solidarité politique mutuelle des Etats membres, sur l'identification des questions présentant un intérêt général et sur la réalisation d'un degré toujours croissant de convergence des actions des Etats membres».

C. Les domaines d'action d'appui, de coordination ou de complément

136. La troisième catégorie de compétences s'intitule «domaines d'action d'appui, de coordination ou de complément», formulation symbolique, qui entend mettre en exergue le fait que la compétence reste ici essentiellement nationale.

---

[58] En effet, comme nous le développerons ultérieurement, malgré la suppression des piliers, la politique étrangère et de sécurité commune conserve un statut spécifique et, en particulier, est régie par le traité UE et non, comme les autres aspects de l'action extérieure de l'Union, par le traité FUE. Voy. à ce sujet, *infra*, nos 403 et 1072.

Aux termes de l'article 2, par. 6, du traité FUE,

> «[d]ans certains domaines et dans les conditions prévues par les traités, l'Union dispose d'une compétence pour mener des actions pour appuyer, coordonner ou compléter l'action des Etats membres, sans pour autant remplacer leur compétence dans ces domaines.
> Les actes juridiquement contraignants de l'Union adoptés sur la base des dispositions des traités relatives à ces domaines ne peuvent pas comporter d'harmonisation des dispositions législatives et réglementaires des Etats membres».

Cette interdiction d'harmonisation, qui vient conforter l'interdiction de remise en cause de la compétence nationale, est d'ailleurs répétée dans chacune des bases juridiques spécifiques concernant les politiques relevant de cette catégorie. Elle est encore renforcée par l'interdiction explicite d'adopter, sur le fondement de la clause de flexibilité, des mesures comportant une harmonisation des dispositions législatives et réglementaires des Etats membres «dans les cas où les traités excluent une telle harmonisation»[59]. En revanche, l'idée, parfois évoquée, d'exclure en la matière tout acte juridiquement contraignant ou tout acte législatif a été expressément rejetée.

137. Les domaines des actions d'appui, de coordination ou de complément sont énoncés à l'article 6 du traité FUE. Il s'agit, dans leur «finalité européenne»[60], de

> «a) la protection et l'amélioration de la santé humaine[61];
> b) l'industrie;
> c) la culture;
> d) le tourisme;
> e) l'éducation, la jeunesse, le sport et la formation professionnelle;
> f) la protection civile;
> g) la coopération administrative».

---

[59] Voy. *supra* à ce sujet, n° 121.
[60] Il aurait été selon nous plus approprié d'utiliser l'expression «dimension européenne».
[61] Sous réserve cependant des «enjeux communs de sécurité en matière de santé publique», qui relèvent quant à eux de la catégorie des compétences partagées. Voy. à ce sujet, *infra*, n° 1022.

II. Les principes régissant l'exercice
des compétences de l'Union

138. Nous analyserons ici, à côté des principes de subsidiarité (1) et de proportionnalité (2), le principe de cohérence (3) et le principe de flexibilité qui autorise les coopérations renforcées (4).

1. Le principe de subsidiarité

139. Le principe de subsidiarité a été introduit par le traité sur l'Union européenne[62]. Il était, déjà à l'époque, destiné à rassurer les opinions publiques qui s'inquiétaient de voir la Communauté intervenir dans des domaines de plus en plus variés. Lors de la négociation du traité d'Amsterdam, un protocole sur l'application des principes de subsidiarité et de proportionnalité (ci-après le protocole d'Amsterdam), a été adopté, qui s'est efforcé d'en préciser les contours ainsi que les rôles des différents acteurs dans sa mise en œuvre.

La question est revenue au premier plan lors des travaux de la Convention. Des modifications importantes ont été apportées, portant essentiellement sur son mécanisme de contrôle, un contrôle *a priori* faisant intervenir les Parlements nationaux étant institué. Ce contrôle est encore renforcé par le traité de Lisbonne. Un nouveau protocole sur l'application des principes de subsidiarité et de proportionnalité est joint au traité de Lisbonne (ci-après le protocole de Lisbonne) et vient remplacer le protocole d'Amsterdam.

A. Portée et fonction du principe

140. Si le préambule du traité UE modifié, inchangé sur ce point, continue à exprimer la volonté des auteurs que les décisions soient «prises le plus près possible des citoyens»[63], le principe de subsidiarité est défini à l'article 5 du traité UE tel que modifié par le traité de Lisbonne, dans des termes très similaires à ceux de l'ancien article 5 du traité CE:

---

[62] Une première référence implicite à ce principe figurait dans l'Acte unique européen, dans le chapitre consacré à la protection de l'environnement.
[63] Formule reprise à l'article 1 du traité UE, dans sa nouvelle comme dans son ancienne formulation.

«En vertu du principe de subsidiarité, dans les domaines qui ne relèvent pas de sa compétence exclusive, l'Union intervient seulement si, et dans la mesure où, les objectifs de l'action envisagée ne peuvent pas être atteints de manière suffisante par les Etats membres, tant au niveau central qu'au niveau régional et local, mais peuvent l'être mieux, en raison des dimensions ou des effets de l'action envisagée, au niveau de l'Union».

Le seul élément nouveau dans la définition est la précision selon laquelle c'est aussi bien au niveau central que régional et local qu'il faut envisager le caractère suffisant de l'action des Etats membres. Le protocole d'Amsterdam se référait quant à lui au «système constitutionnel» des Etats membres.

141. La fonction du principe de subsidiarité est de réguler l'exercice de ses compétences par l'Union et non de modifier les règles d'attribution de compétence[64] puisqu'il vise la situation où, dans un domaine déterminé, l'Union s'est vu attribuer une compétence. Il a pour objet de dissocier compétence et pouvoirs : même si l'Union est compétente en une matière, elle ne peut pas automatiquement faire usage de tous les pouvoirs nécessaires pour exercer cette compétence. Le protocole d'Amsterdam indiquait expressément à cet égard que «le principe de subsidiarité ne remet pas en question les compétences conférées à la Communauté par le traité, telles qu'interprétées par la Cour». Cette précision a disparu dans le protocole de Lisbonne mais, puisque la définition du principe de subsidiarité est restée substantiellement la même, on doit considérer que sa fonction est inchangée.

Par ailleurs, la Constitution, puis le traité de Lisbonne, ont maintenu la règle selon laquelle le principe de subsidiarité ne s'applique pas aux compétences exclusives de l'Union, même si, lors des travaux de la Convention, certains ont milité en faveur de son extension au domaine des compétences exclusives. En effet, la caractéristique même des compétences exclusives est que seule l'Union est compétente et qu'il n'y a donc aucune raison de réguler l'exercice de ses compétences.

---

[64] On peut cependant considérer qu'en tant que principe politique, le principe de subsidiarité a présidé à la répartition constitutionnelle des compétences et à la classification de celles-ci.

B. Critères d'appréciation de la subsidiarité

142. La Cour de justice[65] a posé le principe que, dans le cadre du contrôle du principe de proportionnalité, il convenait d'examiner si «l'objectif de l'action envisagée pouvait être mieux réalisé au niveau communautaire». Elle a considéré que tel est le cas si cet «objectif ne saurait être réalisé de manière satisfaisante par une action entreprise au niveau des seuls Etats membres et suppose une action au niveau communautaire».

La Cour s'est ainsi écartée des termes du protocole d'Amsterdam. Selon ce protocole, il ne suffisait pas que l'objectif de l'action ne puisse pas être atteint par les Etats, mais il fallait aussi démontrer qu'il serait mieux réalisé par une action communautaire ou, en d'autres termes, que la prise en charge du problème au niveau communautaire conduise à une action efficace.

143. Le protocole d'Amsterdam dégageait aussi quelques lignes directrices à suivre pour l'application du principe de subsidiarité. Il préconisait d'examiner si

- «la question examinée a des aspects transnationaux qui ne peuvent être réglés de manière satisfaisante par l'action des Etats membres;
- une action au niveau national ou l'absence d'action au niveau communautaire serait contraire aux exigences du traité ou léserait grandement d'une autre manière les intérêts des Etats membres;
- une action menée au niveau communautaire présenterait des avantages manifestes en raison de ses dimensions ou de ses effets par rapport à une action au niveau des Etats membres».

Toutes ces précisions ont disparu du protocole de Lisbonne, qui se concentre sur les aspects procéduraux du contrôle du principe de subsidiarité. Elles demeurent cependant tout à fait pertinentes en tant que lignes directrices.

C. Contrôle du principe de subsidiarité

a. CONTRÔLE *A PRIORI*

144. Le nouveau protocole instaure un contrôle *a priori* du principe de subsidiarité par la mise en place d'un «mécanisme d'alerte précoce» qui implique directement – et pour la première fois – les Parlements nationaux.

---

[65] CJ, 10 décembre 2002, précité.

Selon ce mécanisme, la Commission[66] doit transmettre aux Parlements nationaux ses projets d'acte législatif, accompagnés d'une fiche contenant les éléments circonstanciés permettant d'apprécier le respect du principe de subsidiarité (et du principe de proportionnalité) s'appuyant sur «des indicateurs qualitatifs et, chaque fois que c'est possible, quantitatifs». Chaque Parlement national a la possibilité d'émettre, dans un délai de huit semaines à compter de la date de transmission d'un projet d'acte législatif, un «avis motivé» exposant les raisons pour lesquelles il estime que ce texte ne respecte pas le principe de subsidiarité. Chaque Parlement dispose de deux voix réparties en fonction du système parlementaire national[67]. Il appartient à chaque Parlement national ou à chaque chambre d'un Parlement national de consulter, le cas échéant, les Parlements régionaux possédant des pouvoirs législatifs.

145. Si les avis motivés sur le non-respect par un projet d'acte législatif du principe de subsidiarité représentent au moins un tiers de l'ensemble des voix attribuées aux Parlements nationaux (un quart pour les actes relatifs à la coopération judiciaire et policière en matière pénale), le protocole impose à la Commission de réexaminer le projet. Elle peut décider de le maintenir, de le modifier ou de le retirer, en motivant son choix.

En outre, et il s'agit là d'une innovation du traité de Lisbonne par rapport à la Constitution introduite à la demande principalement des Pays-Bas, dans le cadre de la procédure législative ordinaire, lorsque les avis motivés représentent une majorité simple des voix attribuées aux Parlements nationaux et que la Commission décide de le maintenir, le Conseil et le Parlement européen doivent se prononcer sur la compatibilité de ce projet avec le principe de subsidiarité. Dans ce cas, si soit le Conseil (à la majorité de 55 % de ses membres) soit le Parlement européen (à la majorité des suffrages exprimés) estime que la proposition n'est pas compatible avec le principe de subsidiarité, l'examen de celle-ci n'est pas poursuivi. Les Pays-Bas auraient voulu aller jusqu'à accorder un droit de véto aux Parlements nationaux mais cette exigence a été écartée.

---

[66] Ou les autres auteurs d'un projet d'acte législatif, dans les rares cas où les traités ne confèrent pas le monopole de l'initiative en matière législative à la Commission. Voy. à ce sujet, *infra*, n° 309.

[67] Donc, dans un système bicaméral, chacune des deux chambres dispose d'une voix.

b. Contrôle juridictionnel *EX POST*

146. La question de savoir si le respect du principe de subsidiarité pouvait être soumis au contrôle de la Cour de justice a soulevé d'âpres discussions lors de son introduction par le traité de Maastricht.

Certains soulevaient des objections fondées sur le caractère essentiellement politique et sur la subjectivité des appréciations auxquelles conduit le principe de subsidiarité. D'autres, au contraire, tout en reconnaissant que cette règle juridique reposait sur des appréciations d'ordre politique, soulignaient que son respect, s'agissant d'une règle juridique, devait pouvoir faire l'objet d'un contrôle par la Cour de justice, contrôle qui resterait dans la ligne traditionnelle de sa jurisprudence par laquelle elle a toujours veillé à ne pas substituer son appréciation à celle des autorités compétentes.

Ces interrogations sont maintenant dépassées puisque, dans plusieurs arrêts, la Cour de justice s'est clairement et expressément prononcée sur l'application du principe de subsidiarité[68].

Le protocole de Lisbonne, en même temps qu'il instaure un contrôle politique *a priori*, confirme d'ailleurs la possibilité d'un contrôle juridictionnel. Il renforce même celui-ci en permettant aux Etats membres d'introduire, au nom de leur Parlement national, un recours en annulation pour violation, par un acte législatif, du principe de subsidiarité et ouvrant ce même recours, dans certains domaines, au Comité des régions[69].

2. *Le principe de proportionnalité*

147. A la différence du principe de subsidiarité, le principe de proportionnalité a déjà une très longue histoire derrière lui. Il a été très tôt consacré comme principe général de droit par la jurisprudence, qui a indiqué que ce principe exige «que les actes des institutions communautaires ne dépassent pas les limites de ce qui est approprié et nécessaire pour atteindre le but recherché»[70].

---

[68] Voy. notamment CJ, 13 mai 1997, *Allemagne c. Parlement et Conseil*, C-233/94; 10 décembre 2002, précité; 12 juillet 2005, *Alliance for Natural Health*, C-154/04 et C-155/04.

[69] Voy. à ce sujet, *infra*, n° 485.

[70] CJ, 20 février 1979, *Buitoni*, 122/78; 23 février 1983, *Fromancais*, 66/82; 17 mai 1984, *Denkavit*, 15/83.

Le traité de Maastricht a constitutionnalisé ce principe en l'inscrivant à l'article 5, al. 3, du traité CE:

«L'action de la Communauté n'excède pas ce qui est nécessaire pour atteindre les objectifs du présent traité».

Il est désormais repris à l'article 5, par. 4, du traité UE modifié, au côté des principes d'attribution et de subsidiarité, dans une formulation légèrement remaniée:

«En vertu du principe de proportionnalité, le contenu et la forme de l'action de l'Union n'excèdent pas ce qui est nécessaire pour atteindre les objectifs des traités».

148. L'article 296 du traité FUE vient préciser que

«[l]orsque les traités ne prévoient pas le type d'acte à adopter, les institutions le choisissent au cas par cas, dans le respect des procédures applicables et du principe de proportionnalité».

La question du choix de la forme était explicitée dans le protocole d'Amsterdam:

«La forme de l'action communautaire est aussi simple que le permettent la réalisation adéquate de l'objectif de la mesure et la nécessité d'une exécution efficace. La Communauté ne légifère que dans la mesure nécessaire. Toutes choses égales par ailleurs, il convient de donner la préférence à des directives plutôt qu'à des règlements, et à des directives-cadres plutôt qu'à des mesures détaillées».

S'agissant de la nature et de la portée de l'action communautaire, il indiquait que

«[l]es mesures de la Communauté doivent laisser une marge de décision aussi grande que possible au plan national, cette marge devant rester compatible avec la réalisation de l'objectif de la mesure et le respect des exigences du traité».

Le protocole de Lisbonne ne reprend plus ces critères d'appréciation mais ils gardent leur valeur comme lignes directrices.

149. Le champ d'application du principe de proportionnalité est plus large que celui de subsidiarité puisqu'il s'étend au domaine des compétences exclusives. Toutefois, la frontière entre les deux principes est assez ténue. C'est ainsi que, lorsque l'article 5, par. 4, du traité UE se réfère à la forme de l'acte, on se rapproche du principe de subsidiarité. Par ailleurs, la Cour, dans les quelques arrêts qu'elle a consacrés au contrôle du principe de subsidiarité, a relevé qu'il faut vérifier si «l'intensité de l'action entreprise (…) n'a pas excédé la mesure nécessaire pour atteindre l'objectif que cette action vise à réaliser»[71], ce qui se confond avec le principe de proportionnalité.

150. La Cour, dans sa jurisprudence sur le contrôle du principe de proportionnalité, a établi un lien très net entre le principe de proportionnalité et la protection des droits des administrés ou des opérateurs économiques. En effet, elle a posé en règle que

> «lorsqu'un choix s'offre entre plusieurs mesures appropriées, il convient de recourir à la moins contraignante, et que les inconvénients causés ne doivent pas être démesurés par rapport aux buts visés»[72].

Mais, en même temps, la Cour a entendu souligner, en ce qui concerne le contrôle juridictionnel des conditions de la mise en œuvre d'un tel principe,

> «qu'il convient de reconnaître au législateur communautaire un large pouvoir d'appréciation dans des domaines qui impliquent de sa part des choix de nature politique, économique et sociale, et dans lesquels il est appelé à effectuer des appréciations complexes. Par conséquent, seul le caractère manifestement inapproprié d'une mesure arrêtée en ces domaines, par rapport à l'objectif que l'institution compétente entend poursuivre, peut affecter la légalité d'une telle mesure»[73].

3. Le principe de cohérence

151. Le principe de cohérence a fait son apparition dans le traité de Maastricht dans le contexte de la structure en piliers de l'Union européenne, afin d'assurer l'unité de l'action de celle-ci. Aux termes de l'ancien article 3, par. 1, du traité UE, l'Union dispose d'un cadre institutionnel unique qui assure la cohérence et la continuité des actions menées», tandis que le paragraphe 2 de cet article mettait en exergue la nécessité de veiller «en particulier, à la cohérence de l'ensemble de son action extérieure».

---

[71] CJ, arrêts du 10 décembre 2002 et 12 juillet 2005 précités.
[72] CJ, 12 janvier 2006, *Agrarproduktion Staebelow*, 504/04, point 35 et la jurisprudence y citée.
[73] CJ, 10 janvier 2006, *International Air Transport Association*, C-344/04, point 80; 12 janvier 2006, précité, point 36; 12 décembre 2006, *Allemagne c. Commission*, C-380/03, point 145.

152. Ce principe est maintenu dans le traité de Lisbonne : d'abord, l'article 13 du traité UE modifié fait écho au paragraphe 1 de l'ancien article 3, en disposant que :

> « [l]'Union dispose d'un cadre institutionnel visant (…) à assurer la cohérence, l'efficacité et la continuité de ses politiques et de ses actions ».

Ensuite, selon l'article 7 du traité FUE,

> « [l]'Union veille à la cohérence entre ses différentes politiques et actions, en tenant compte de l'ensemble de ses objectifs et en se conformant au principe d'attribution des compétences ».

L'article 21, par. 2, dernière phrase, du traité UE modifié, relatif à l'action extérieure de l'Union, prévoit quant à lui que

> « [l]'Union veille à la cohérence entre les différents domaines de son action extérieure et entre ceux-ci et ses autres politiques ».

La cohérence de l'action extérieure de l'Union est favorisée par la création de la fonction de haut représentant de l'Union pour les affaires étrangères et la politique de sécurité, par le regroupement de toutes les dispositions éparses des traités UE et CE relatives à l'action extérieure de l'Union dans un titre unique, à l'exception notable – dans le traité de Lisbonne – de la politique étrangère et de sécurité commune, et la définition de principes et objectifs devant guider l'action de l'Union sur la scène internationale dans tous ses aspects[74]. On notera aussi qu'il n'est plus seulement question de cohérence entre les différents aspects de l'action extérieure mais aussi de cohérence entre les politiques externes et les politiques internes.

153. Il faut aussi faire mention des dispositions horizontales contenues dans la partie II du traité sur le fonctionnement de l'Union européenne, qui énoncent certaines exigences que l'Union doit prendre en compte dans toutes ses actions et politiques.
De telles clauses d'intégration ou de cohérence ont fait leur première apparition à propos de l'environnement, dès l'Acte unique européen. Il s'agissait à l'époque de donner à la protection de l'environnement une place de choix parmi les politiques communautaires. D'autres clauses du même type ont ensuite été

---

[74] Voy. à ce sujet *infra*, n°s 1068 et s.

introduites en faveur d'autres politiques et le phénomène s'est amplifié avec la Constitution confirmée sur ce point par le traité de Lisbonne.

Sont ainsi visées l'élimination de toutes les inégalités et la promotion de l'égalité entre hommes et femmes (article 8); les exigences liées à la promotion d'un niveau d'emploi élevé, à la garantie d'une protection sociale adéquate, à la lutte contre l'exclusion sociale ainsi qu'à un niveau élevé d'éducation, de formation et de protection de la santé humaine (article 9); la lutte contre toutes les formes de discriminations (article 10); la protection de l'environnement en vue de promouvoir un développement durable (article 11); la protection des consommateurs (article 12); le bien-être des animaux en tant qu'êtres sensibles, tout en respectant les dispositions législatives ou administratives et les usages des Etats membres en matière notamment de rites religieux, de traditions culturelles et de patrimoines régionaux (article 13[75]) et la prise en compte de la spécificité des services d'intérêt général (article 14).

On peut se demander si cette multiplication des clauses de cohérence ne risque pas d'entraîner une certaine dilution et donc de nuire à leur efficacité. Il faudra voir quels enseignements en tirera la Cour de justice.

4. Le principe de flexibilité dans la mise en œuvre des compétences de l'Union: les coopérations renforcées

154. L'idée d'une coopération renforcée entre certains Etats membres n'est pas nouvelle. Même au sein des six Etats membres qui composaient initialement la CEE, il existait des possibilités de coopération renforcée, mais en dehors de l'ordre juridique de la Communauté. La coopération Benelux, autorisée par l'article 306 du traité CE (qui est devenu l'article 350 du traité FUE), en est l'exemple le plus ancien. A partir de 1985, la suppression des contrôles aux frontières intérieures a été organisée dans le cadre des accords Schengen entre cinq, puis ultérieurement treize Etats membres, avant d'être intégrée dans le cadre de l'Union européenne par le traité d'Amsterdam. Un autre exemple a été fourni par le traité de Prüm, signé le 27 mai 2005 par sept Etats membres de l'Union, en vue d'organiser l'échange d'informations relatives aux données de l'ADN, aux impressions digitales

---

[75] Il s'agit de l'ancien dispositif du protocole n° 33 sur la protection et le bien-être des animaux (1997).

et à l'enregistrement de véhicules, dont l'intégration dans le droit de l'Union a été décidée en juin 2007.

Un pas supplémentaire a été franchi avec le traité de Maastricht, qui consacre, cette fois dans le cadre de l'Union européenne elle-même et non en dehors d'elle, deux cadres d'intégration différenciée : d'une part, celui de l'Union économique et monétaire, dont le passage à la troisième phase requiert le respect de critères de convergence et surtout comporte une dérogation en faveur du Danemark et du Royaume-Uni ; d'autre part, le protocole social, qui a permis la conclusion à quatorze (les quinze moins le Royaume-Uni) d'un accord sur la politique sociale, avant sa suppression par le traité d'Amsterdam..

155. Le traité d'Amsterdam a introduit une procédure générale permettant aux Etats membres, dans des conditions strictement définies, de recourir au cadre institutionnel de l'Union pour instaurer entre eux une coopération renforcée. Le traité de Nice a étendu les possibilités de coopération renforcée, tendance à l'assouplissement qui s'est poursuivie avec le traité constitutionnel et le traité de Lisbonne. Avec l'entrée en vigueur de ce traité, le traité sur l'Union européenne modifié contient une disposition énonçant les principes applicables aux coopérations renforcées (l'article 20), tandis que les modalités sont définies dans le traité sur le fonctionnement de l'Union (le titre III de la sixième partie).

A. Les conditions de la coopération renforcée

a. LE DOMAINE DES COOPÉRATIONS RENFORCÉES

156. A l'origine, dans le traité d'Amsterdam, le recours à la coopération renforcée était exclu dans les domaines de compétence exclusive de la Communauté mais aussi pour la politique étrangère et de sécurité commune, où les rédacteurs du traité avaient considéré que l'abstention constructive[76] introduisait une flexibilité suffisante. Le traité de Nice a permis une extension des coopérations renforcées à la politique étrangère et de sécurité commune, à l'exception des questions ayant des implications militaires et du domaine de la défense. Le traité de Lisbonne lève cet interdit, de sorte que le recours à la coopération renforcée est possible dans tous les domaines dans le

---

[76] Voy. à ce sujet, *infra*, n° 1096.

cadre des compétences non exclusives de l'Union, les domaines de compétence exclusive de l'Union restant exclus (article 20, par. 1, TUE modifié et article 329, par. 1, TFUE).

Par ailleurs, dans le domaine de la politique commune de sécurité et de défense, le traité de Lisbonne introduit deux nouveaux mécanismes de coopération renforcée. D'une part, le Conseil peut charger un groupe d'Etats de tâches spécifiques sur le plan opérationnel, c'est-à-dire, en quelque sorte, instaurer une «coopération plus étroite» à l'initiative de l'Union. D'autre part, une «coopération structurée» pourra être menée par un groupe d'Etats, qui développeraient une intégration étroite de leurs politiques militaires sur la base de capacités élevées. Le traité de Lisbonne prévoit encore des règles particulières s'appliquant dans le domaine de l'espace de liberté, de sécurité et de justice[77].

b. LES CONDITIONS DE FOND

157. Plusieurs conditions générales sont mises au lancement d'une coopération renforcée. Alors que l'ancien article 43 du traité UE regroupait l'ensemble de ces conditions, elles sont désormais dispersées entre l'article 20 du traité UE modifié et les articles 326 à 328 du traité FUE. On peut les résumer de la manière suivante : les coopérations renforcées doivent

– viser à «favoriser la réalisation des objectifs de l'Union, à préserver ses intérêts et à renforcer son processus d'intégration» (article 20, par. 1, al. 2, TUE modifié);
– être ouvertes à tout moment à tous les Etats membres (article 20, par. 1, al. 2, TUE modifié et article 327, par. 1, TFUE);
– concerner un nombre minimum d'Etats membres. Le traité d'Amsterdam imposait une «majorité d'Etats», le traité de Nice a fixé ce nombre à huit, ce qui à l'époque correspondait à une majorité d'Etats mais devait progressivement représenter une proportion plus faible, au fur et à mesure des différents élargissements. La Constitution avait ramené le seuil à un tiers d'Etats; le traité de Lisbonne est revenu à un nombre fixe d'Etats, à savoir neuf, soit un tiers des actuels Etats membres de l'Union européenne mais possiblement moins en cas d'adhésion de nouveaux Etats (article 20, par. 2, TUE modifié);

---

[77] Voy., *infra*, n° 212.

- respecter « les traités et le droit de l'Union » (article 326, al. 1, TFUE) ;
- ne porter atteinte ni au marché intérieur ni à la cohésion économique et sociale, ne constituer ni une entrave ni une discrimination aux échanges entre les Etats membres, et ne pas provoquer de distorsions de concurrence entre ceux-ci (article 326, al. 2, TFUE) ;
- respecter les compétences, les droits, les obligations et les intérêts des Etats membres qui n'y participent pas (article 327 TFUE).

Enfin, la coopération renforcée ne peut être utilisée qu'en dernier ressort, après avoir vérifié si « les objectifs recherchés par cette coopération ne peuvent être atteints dans un délai raisonnable par l'Union dans son ensemble » (article 20, par. 2, TUE modifié).

B. La procédure de déclenchement

158. Elle diffère selon que la matière relève ou non de la politique étrangère et de sécurité commune.

159. Dans les domaines autres que la politique étrangère et sécurité commune, les Etats qui souhaitent instaurer entre eux une coopération renforcée adressent une demande à la Commission en précisant le champ d'application et les objectifs poursuivis par la coopération renforcée envisagée. La Commission peut soumettre au Conseil une proposition en ce sens. Si elle ne soumet pas de proposition, la Commission en communique les raisons aux Etats membres concernés[78]. L'autorisation est donnée par le Conseil, statuant à la majorité qualifiée[79], après approbation du Parlement européen[80].

---

[78] Sous l'empire des traités antérieurs, dans les domaines relevant du troisième pilier, les Etats membres concernés pouvaient – si la Commission refusait de soumettre une proposition au Conseil –, soumettre au Conseil une initiative visant à obtenir l'autorisation pour la coopération renforcée en question. Cette possibilité a été supprimée par le traité de Lisbonne.

[79] Sous l'empire du traité de Nice, chaque Etat membre avait la possibilité de saisir le Conseil européen mais, après cette évocation, la décision revenait au Conseil. Cette saisine du Conseil européen a été supprimée par le traité de Lisbonne.

[80] Sous l'empire des traités antérieurs, le Parlement européen ne devait donner son avis conforme que lorsque la coopération renforcée visait un domaine qui relève de la procédure de codécision.

160. Dans le domaine de la politique étrangère et de sécurité commune, les Etats membres qui se proposent d'instaurer entre eux une coopération renforcée adressent une demande en ce sens au Conseil. La demande est transmise au haut représentant de l'Union pour les affaires étrangères et la politique de sécurité, qui donne son avis sur la cohérence de la coopération renforcée envisagée avec la politique étrangère et de sécurité commune de l'Union, ainsi qu'à la Commission, qui donne son avis, notamment sur la cohérence de la coopération renforcée envisagée avec les autres politiques de l'Union. Elle est également transmise au Parlement européen pour information. L'autorisation est accordée par le Conseil, statuant à l'unanimité[81].

C. Le fonctionnement de la coopération renforcée

161. Lors de la mise en œuvre d'une coopération renforcée, tous les membres du Conseil participent aux délibérations mais seuls ceux représentant les Etats membres participant à la coopération renforcée prennent part à l'adoption des décisions. Une coopération renforcée est soumise à toutes les dispositions pertinentes des traités : selon les matières concernées, les décisions se prennent conformément aux procédures caractérisant chaque domaine. L'unanimité est constituée par les voix des seuls représentants des Etats membres participants et la majorité qualifiée se calcule sur la base des voix des seuls représentants des Etats membres participants.

Les autres institutions impliquées dans le processus de décision (notamment le Parlement européen et la Commission) siègent dans leurs formations complètes, sans distinguer entre les nationaux d'Etats membres participant ou ne participant pas à la coopération renforcée.

Les actes adoptés dans le cadre d'une coopération renforcée ne lient que les Etats membres participants. Ils ne sont pas considérés comme un acquis devant être accepté par les Etats candidats à l'adhésion à l'Union (article 20, par. 4, TUE modifié). Les Etats membres non participants doivent cependant « ne pas entraver la mise en œuvre des coopérations renforcées par les Etats qui y participent » (article 327 TFUE).

---

[81] Sous l'empire du traité de Nice, le Conseil accordait son autorisation par une décision à la majorité qualifiée mais une saisine du Conseil européen pour décision à l'unanimité était possible.

S'agissant du financement de la coopération renforcée, à l'exception des coûts administratifs, les dépenses occasionnées par une coopération renforcée sont à la charge des Etats membres y prenant part, à moins que le Conseil n'en décide autrement, à l'unanimité de l'ensemble de ses membres, après consultation du Parlement européen.

D. Participation ultérieure d'un Etat membre

162. Le principe de base du système est que la participation à une coopération renforcée est ouverte à tous les Etats membres, donc également à ceux n'étant pas impliqués au départ. L'article 328, par. 2, du traité FUE invite la Commission et les Etats membres participant à une coopération renforcée «à promouvoir la participation du plus grand nombre possible d'Etats membres». Toutefois, cette participation peut être subordonnée à certaines conditions objectives («les conditions de participation») et ne dépend donc pas de la seule volonté politique de l'Etat membre intéressé. Le traité de Lisbonne change également la procédure d'examen de ces demandes.

163. En dehors de la politique étrangère et de sécurité commune, tout Etat membre qui souhaite participer à une coopération renforcée en cours notifie son intention au Conseil et à la Commission. La Commission, dans un délai de quatre mois à compter de la date de la réception de la notification, confirmera la participation de l'Etat membre en question. Elle constatera, le cas échéant, que les conditions de participation sont remplies et adoptera les mesures transitoires nécessaires concernant l'application des actes déjà adoptés dans le cadre de la coopération renforcée. Toutefois, si la Commission estime que les conditions de participation ne sont pas remplies, elle indiquera les dispositions à prendre pour remplir ces conditions et fixera un délai pour réexaminer la demande. A l'expiration de ce délai, elle réexaminera la demande. Si la Commission estime que les conditions de participation ne sont toujours pas remplies, l'Etat membre en question pourra saisir le Conseil à ce sujet, qui se prononcera à la majorité qualifiée sur la demande.

164. Dans le cadre de la politique étrangère et de sécurité commune, la demande est notifiée au Conseil, au haut représentant de l'Union pour les affaires étrangères et la politique de sécurité et à la Commission. C'est le Conseil, statuant à l'una-nimité, qui confirme la participation de l'Etat membre en question, après consultation du haut représentant de l'Union pour les affaires étrangères et la politique de sécurité et après avoir constaté, le cas échéant, que les conditions de participation sont remplies. Le Conseil, sur proposition du haut représentant, peut également adopter les mesures transitoires nécessaires concernant l'application des actes déjà adoptés dans le cadre de la coopération renforcée. Toutefois, si le Conseil estime que les conditions de participation ne sont pas remplies, il indique les dispositions à prendre pour remplir ces conditions et fixe un délai pour réexaminer la demande de participation.

Bibliographie sélective

AUBER Emmanuel, *La répartition des compétences: une comparaison Etats-Unis – Union européenne*, Paris, L'Harmattan, 2009.

BRIBOSIA Hervé, «La répartition des compétences entre l'Union et ses Etats membres», in DONY Marianne et BRIBOSIA Emmanuelle (éd.), *Commentaire de la Constitution de l'Union européenne*, Bruxelles, Editions de l'Université de Bruxelles, 2005.

BRIBOSIA Hervé, «Subsidiarité et répartition des compétences entre l'Union européenne et ses Etats membres et les coopérations renforcées», in AMATO Giuliano, BRIBOSIA Hervé, DE WITTE Bruno (éd.), *Genèse et Destinée de la Constitution européenne/Genesis and Destiny of the European Constitution*, Bruxelles, Bruylant, 2007.

MICHEL Valérie, *Recherches sur les compétences de la Communauté européenne*, Paris, L'Harmattan, 2003.

MICHEL Valérie (dir.), *Le droit, les institutions et les politiques de l'Union européenne face à l'impératif de cohérence*, Strasbourg, Presses universitaires de Strasbourg, 2009.

PHILIPPART Eric, «Un nouveau mécanisme de coopération renforcée pour l'Union européenne élargie», *Notre Europe, Etudes et recherches*, 22, mars 2003.

CHAPITRE II

Le système institutionnel
de l'Union européenne

165. Une des grandes caractéristiques du traité de Rome, qui en a fait un traité d'intégration, a été de créer un système institutionnalisé de création de normes.

Nous examinerons successivement le paysage institutionnel de l'Union (section 1), les procédures d'adoption des actes juridiques de l'Union (section 2), les procédures de conclusion des accords internationaux de l'Union (section 3), le régime financier de l'Union (section 4), le contrôle parlementaire dans l'Union européenne (section 5) et les principes directeurs de la structure institutionnelle de l'Union (section 6).

Section 1
Le paysage institutionnel de l'Union

166. L'article 13 du traité UE modifié distingue d'une part le cadre institutionnel de l'Union (I), d'autre part les organes consultatifs (II). Il convient d'y ajouter la Banque européenne d'investissement (III).

I. Le cadre institutionnel de l'Union européenne

167. Aux termes de l'article 13, par. 1, du traité UE modifié,

« [l]'Union dispose d'un cadre institutionnel visant à promouvoir ses valeurs, poursuivre ses objectifs, servir ses intérêts, ceux de ses citoyens, et ceux des Etats membres, ainsi qu'à assurer la cohérence, l'efficacité et la continuité de ses politiques et de ses actions.

Les institutions de l'Union sont:
– le Parlement européen,
– le Conseil européen,
– le Conseil,
– la Commission européenne (ci-après dénommée «Commission»),
– la Cour de justice de l'Union européenne,
– la Banque centrale européenne,
– la Cour des comptes».

Au départ, il n'y avait que quatre institutions. La Cour des Comptes a reçu cette qualification par le traité de Maastricht. Pour la Banque centrale européenne, il s'agit d'une innovation du traité de Lisbonne. Il en va de même pour le Conseil européen.

L'octroi de la qualification d'institution par les traités témoigne avant tout de l'importance politique attachée à l'organe qui en bénéficie. Les conséquences juridiques pouvant en être déduites semblent assez réduites, sous la réserve du principe de coopération loyale entre les institutions[1].

168. Le traité UE, dans sa version modifiée par le traité de Lisbonne, comporte six dispositions qui fixent les règles essentielles applicables respectivement au Parlement européen (article 14), au Conseil européen (article 15), au Conseil (article 16), à la Commission (article 17), au haut représentant de l'Union pour les affaires étrangères et la politique de sécurité (article 18) et à la Cour de justice de l'Union européenne (article 19).

Elles sont complétées par les dispositions du chapitre 1 du titre I de la sixième partie du traité sur le fonctionnement de l'Union européenne, ainsi que par plusieurs protocoles et déclarations. Les dispositions relatives à la Banque centrale européenne et à la Cour des comptes figurent quant à elles uniquement dans le traité sur le fonctionnement de l'Union européenne, complété pour ce qui est de la Banque centrale européenne par le protocole sur les statuts du Système européen de banques centrales et de la Banque centrale européenne.

---

[1] Voy. à ce sujet, *infra*, nos 391 et s.

1. Le Parlement européen

169. Le Parlement européen, originairement appelé Assemblée[2], est l'institution qui permet aux citoyens de l'Union de participer au fonctionnement de celle-ci. Il est composé de «représentants des citoyens de l'Union» (article 14 TUE modifié)[3].

A. Composition

a. L'ÉLECTION DES DÉPUTÉS EUROPÉENS

170. Si, au départ, le Parlement européen était une émanation des Parlements nationaux, qui désignaient en leur sein leurs représentants à l'Assemblée, le passage à une élection au suffrage universel direct était envisagé dès l'origine, l'assemblée étant invitée à élaborer un projet en ce sens. Il a toutefois fallu attendre 1974 pour vaincre les dernières oppositions des Etats à l'égard d'une élection directe des députés européens[4]. Les premières élections au suffrage universel ont eu lieu en 1979.
Les élections ont lieu tous les cinq ans et se déroulent à la date et aux heures fixées par chaque Etat membre, cette date se situant pour tous les Etats membres au cours d'une même période débutant le jeudi matin et s'achevant le dimanche immédiatement suivant. Les dernières élections ont ainsi eu lieu du 4 au 7 juin 2009.

171. Le traité de Rome prévoyait aussi que ces élections devraient avoir lieu selon une procédure électorale uniforme et qu'à cette fin, le Parlement européen devait élaborer un projet, sur la base duquel le Conseil, statuant à l'unanimité, après avis conforme du Parlement européen, arrêterait les dispositions dont il recommanderait l'adoption par les Etats membres, conformément à leurs règles constitutionnelles respectives[5]. En dépit de plusieurs initiatives amorcées par le Parlement européen, une procédure électorale uniforme pour les élections européennes n'a jamais pu être élaborée et ce sont donc les légis-

---

[2] L'expression Parlement européen a été consacrée par l'Acte unique européen.
[3] Le traité CE parlait de «représentants des peuples des Etats réunis dans la Communauté».
[4] Dans le même temps, les chefs d'Etat et de gouvernement ont décidé de se réunir régulièrement en Conseil européen; voy. à ce sujet *infra*, n° 196.
[5] Cette procédure reste inchangée dans l'article 223 TFUE.

lations nationales de chaque Etat membre qui ont déterminé le mode de scrutin, la circonscription, l'accès au vote, les conditions d'éligibilité, les incompatibilités et le contentieux électoral. Le traité d'Amsterdam a modifié l'article 190 CE devenu article 223 TFUE, de sorte que la procédure électorale ne doive plus être nécessairement «uniforme» mais puisse être simplement «conforme aux principes communs à l'ensemble des Etats membres».

172. Cette évolution a permis l'adoption de la décision 2002/772, entrée en vigueur le 1er avril 2004, qui fixe un certain nombre de principes communs, dont voici les grandes lignes:

- les membres du Parlement européen sont élus au scrutin de liste ou de vote unique transférable, de type proportionnel;
- les Etats membres peuvent autoriser le scrutin de liste préférentiel selon des modalités qu'ils arrêtent;
- l'élection se déroule au suffrage universel direct, libre, et secret;
- en fonction de leurs spécificités nationales, les Etats membres peuvent constituer des circonscriptions pour l'élection au Parlement européen ou prévoir d'autres subdivisions électorales, sans porter globalement atteinte au caractère proportionnel du mode de scrutin[6];
- les Etats membres peuvent prévoir la fixation d'un seuil minimal pour l'attribution de sièges. Ce seuil ne doit pas être fixé au niveau national à plus de 5% des suffrages exprimés;
- chaque Etat membre peut fixer un plafond pour les dépenses des candidats relatives à la campagne électorale.

La décision ajoute que, sous réserve de ces dispositions, la procédure électorale est régie, dans chaque Etat membre, par les dispositions nationales, qui peuvent éventuellement tenir compte des particularités dans les Etats membres mais ne doivent pas globalement porter atteinte au caractère proportionnel du mode de scrutin.

173. Il appartient donc toujours à chaque Etat membre de déterminer les conditions selon lesquelles ses propres nationaux peuvent y exercer le droit de vote et d'éligibilité lors de l'élection des représentants de cet Etat au Parlement européen, et notamment l'âge minimum pour avoir le droit de vote ou d'éligibilité.

[6] Dans six Etats membres (Belgique, France, Irlande, Italie, Pologne et Royaume-Uni), le territoire national est divisé en circonscriptions. Dans les autres Etats membres, le pays entier forme une seule circonscription.

L'âge électoral est de 18 ans dans tous les Etats membres, sauf en Autriche où il est de 16 ans. Quant à l'âge d'éligibilité, il varie de 18 ans à 23 ans (au Royaume-Uni) voire 25 ans (en Italie).

Dans l'arrêt précité de la Cour du 12 septembre 2006, la question a été posée de savoir si seuls les citoyens de l'Union, donc les ressortissants des Etats membres, pouvaient bénéficier du droit de vote et d'éligibilité. En effet, le Royaume-Uni avait accordé le droit de vote, pour le Parlement européen comme pour les élections parlementaires britanniques, à certains citoyens d'autres pays du Commonwealth résidant sur son territoire (les QCC) et l'Espagne contestait cette extension, en tant qu'elle s'appliquait aux résidents de Gibraltar, et ce en exécution d'un arrêt de la Cour européenne des droits de l'homme, qui avait condamné le Royaume-Uni pour ne pas avoir organisé les élections au Parlement européen en 1994 à Gibraltar[7].

La Cour a relevé que ni les articles 189 et 190 du traité CE, ni l'acte relatif à l'élection du Parlement européen ne déterminent de manière explicite et précise quels sont ces bénéficiaires, de sorte qu'en tant que telles, ces dispositions n'excluent dès lors pas qu'une personne n'ayant pas la qualité de citoyen de l'Union, tel un QCC résidant à Gibraltar, bénéficie du droit de vote et d'éligibilité.

La Cour a estimé nécessaire ensuite de vérifier si, comme le soutenait l'Espagne, un lien manifeste entre la citoyenneté de l'Union et le droit de vote et d'éligibilité existait, lequel imposerait que ce droit soit toujours réservé aux citoyens de l'Union. Elle a considéré en premier lieu qu'aucune conclusion claire ne pouvait être tirée des articles 189 et 190 CE car le terme «peuples», utilisé dans ces articles, n'est pas défini et est susceptible d'avoir des significations différentes selon les Etats membres et langues de l'Union. Elle a ajouté qu'il ne peut être déduit des articles du traité relatifs à la citoyenneté de l'Union un principe selon lequel les citoyens de l'Union seraient les seuls bénéficiaires de toutes les autres dispositions du traité, ce qui impliquerait que les articles 189 et 190 du traité CE ne s'appliqueraient qu'à ces seuls citoyens. Enfin, la Cour a souligné que,

«dès lors que le nombre des représentants élus dans chaque Etat membre est fixé à l'article 190, par. 2, CE et que, en l'état actuel du droit communautaire, les élections au Parlement européen sont

---

[7] Arrêt du 18 février 1999, *Matthews c. Royaume-Uni.*

> organisées dans chaque Etat membre pour les représentants élus
> dans cet Etat, une extension, par un Etat membre, du droit de vote
> à ces élections à d'autres personnes que ses propres ressortissants ou
> que les citoyens de l'Union résidant sur son territoire n'affecte que le
> choix des représentants élus dans cet Etat membre et n'a d'incidence
> ni sur le choix ni sur le nombre des représentants élus dans les autres
> Etats membres».

La Cour en a conclu que

> «les articles 189 CE, 190 CE, 17 CE et 19 CE ne s'opposent pas à ce
> que les Etats membres octroient ce droit de vote et d'éligibilité à des
> personnes déterminées ayant des liens étroits avec eux, autres que
> leurs propres ressortissants ou que les citoyens de l'Union résidant
> sur leur territoire».

Il restera à savoir si la nouvelle formule utilisée par le traité de
Lisbonne selon laquelle «le Parlement européen est composé de
représentants des citoyens de l'Union», pourra être de nature à
changer la donne.

b. Le nombre de députés européens

174. Dès le départ, la détermination du nombre de parlementaires et la répartition des sièges entre les Etats membres
ont posé des problèmes délicats. Il convenait de respecter une
certaine proportionnalité entre le nombre de sièges et la population de chaque Etat, mais avec une double limite : d'une part, le
nombre total de membres du Parlement ne devait pas compromettre le bon fonctionnement de l'institution ; d'autre part, il
fallait assurer une représentation raisonnable des différents
courants politiques dans les petits Etats membres.
Au fil des élargissements successifs et suite également à la réunification allemande, le nombre de députés européens n'a cessé
d'augmenter : de 142 dans l'Europe des Six, ils étaient passés à
614 dans l'Europe des Quinze.

175. Dans la perspective des élargissements qui se profilaient à
l'époque, l'article 189, al. 2, du traité CE, introduit par le traité
d'Amsterdam, avait prévu de limiter le nombre des membres du
Parlement européen à 700 maximum. Le traité de Nice a fait
passer ce plafond à 732, limite qui a elle-même dû être modifiée,
du fait que le dernier élargissement s'est passé en deux vagues
successives respectivement en mai 2004 et janvier 2007.

D'abord, le Parlement européen a compté transitoirement, entre le 1er janvier 2007 et la fin de la législature 2004-2009, 785 députés. Ensuite, l'acte d'adhésion de la Bulgarie et de la Roumanie à l'Union européenne a fixé, à partir de la législature 2009-2014, le nombre de parlementaires à 736, et non plus 732, avec la répartition suivante :

Allemagne	99
Royaume-Uni, France, Italie	72
Espagne, Pologne	50
Roumanie	33
Pays-Bas	25
Belgique, Grèce, Portugal, République tchèque, Hongrie	22
Suède	18
Bulgarie, Autriche	17
Slovaquie, Danemark, Finlande	13
Irlande, Lituanie	12
Lettonie	8
Slovénie	7
Luxembourg, Chypre, Estonie	6
Malte	5

L'Allemagne et le Luxembourg sont les deux seuls pays à avoir conservé le même nombre de représentants après le dernier élargissement. En ce qui concerne l'Allemagne, il s'agit d'un compromis lié au calcul de la pondération des voix au Conseil retenu dans le traité de Nice[8]. La différence de quatre sièges avec le compromis dégagé à Nice résulte de l'attribution de deux sièges supplémentaires à la Hongrie et à la République tchèque.

176. Le traité de Lisbonne vient, une nouvelle fois, modifier les règles applicables en la matière. Il fixe le nombre maximum de députés à «sept cent cinquante, plus le président», la représentation des citoyens devant être «assurée de façon dégressivement proportionnelle», avec un seuil minimum de 6 membres par Etat membre, sans qu'aucun Etat membre puisse se voir attribuer plus de 96 sièges.
Le résultat est que le vote d'un citoyen d'un Etat peu peuplé peut peser jusqu'à douze fois plus que celui d'un citoyen d'un

---

[8] Voy. à ce sujet, *infra*, n° 231.

Etat très peuplé[9]. Comme l'a souligné la Cour constitutionnelle allemande dans son avis du 30 juin 2009 sur le traité de Lisbonne, ce n'est pas le «peuple européen» qui est représenté au Parlement européen mais les peuples d'Europe, tels qu'organisés dans leurs Etats respectifs.

Dans son projet de décision relative à l'élection des membres du Parlement, le Parlement avait prévu qu'un dixième des sièges serait pourvu dans le cadre d'une circonscription unique formée par le territoire de l'ensemble des Etats membres de l'Union européenne mais cette idée n'a pas été retenue.

177. Cette limite un peu curieuse de «sept cent cinquante plus le président» est la seule modification introduite par le traité de Lisbonne au dispositif établi dans le traité constitutionnel, qui fixait la limite à 750. Il s'agit là du résultat d'une opposition de l'Italie au projet d'initiative relative à une décision sur la future composition du Parlement européen présenté par le Parlement européen le 11 octobre 2007[10]. Ce projet, dans la logique de la représentation proportionnelle dégressive, rompait avec la tradition d'un traitement égal de la France, de l'Italie et du Royaume-Uni. L'Italie a déclaré qu'elle ne pouvait accepter de se voir attribuer un siège de moins que le Royaume-Uni et deux de moins que la France.

Pour rencontrer les exigences de l'Italie, un compromis a dû être trouvé dans les dernières heures de la négociation, consistant à ajouter un siège au Parlement européen et à attribuer, par le biais d'une déclaration, ce siège supplémentaire à l'Italie, qui reste ainsi à égalité avec le Royaume-Uni, alors que ce dernier compte près de deux millions d'habitants de plus. Mais, symboliquement, le chiffre de 750 a été conservé.

178. La répartition des sièges n'est désormais plus fixée dans les traités eux-mêmes mais dans une décision adoptée par le Conseil européen à l'unanimité, sur initiative du Parlement européen et avec son approbation, dans le respect des principes énoncés par les traités (article 14, par. 2, TUE modifié). La déclaration n° 5 annexée au traité de Lisbonne indique quant à elle que «le Conseil européen donnera son accord politique sur le

---

[9] Ainsi en Allemagne et en France un député européen représente environ 850 000 habitants, tandis qu'au Luxembourg, il représente quelque 83 000 habitants et à Malte seulement 67 000.
[10] Voy. à ce sujet, *infra*, n° 178.

projet révisé de décision relative à la composition du Parlement européen pour la législature 2009-2014, fondé sur la proposition du Parlement européen» et contient en annexe le texte de ce projet.

Cela aurait normalement dû donner la répartition suivante:

Allemagne	96
France	74
Royaume-Uni, Italie	73
Espagne	54
Pologne	51
Roumanie	33
Pays-Bas	26
Belgique, Grèce, Portugal, République tchèque, Hongrie	22
Suède	20
Autriche	19
Bulgarie	18
Slovaquie, Danemark, Finlànde	13
Irlande, Lituanie	12
Lettonie	9
Slovénie	8
Luxembourg, Chypre, Estonie, Malte	6
Total	751

179. Le non irlandais au traité de Lisbonne est venu modifier la donne. En effet, il a eu pour conséquence que les élections de juin 2009 ont dû être organisées conformément aux règles du traité de Nice, modifiées par l'acte d'adhésion de la Bulgarie et de la Roumanie, de sorte que les électeurs ont été amenés à élire seulement 736 députés, dont 99 (et non 96 comme le prévoyait le traité de Lisbonne) députés allemands.

Le Conseil européen, lors de sa réunion des 11 et 12 décembre 2008, avait prévu ce cas de figure:

«Au cas où le traité de Lisbonne entrerait en vigueur après l'élection du Parlement européen de juin 2009, des mesures transitoires seront adoptées dès que possible, conformément aux procédures juridiques nécessaires, afin d'augmenter, jusqu'au terme de la législature 2009-2014, conformément aux chiffres prévus dans le cadre de la conférence intergouvernementale ayant approuvé le traité de Lisbonne, le nombre de membres du Parlement européen des douze Etats membres pour lesquels ce nombre devait connaître une augmentation. Dès lors, le nombre total de membres du Parlement européen passera de 736 à 754 jusqu'au terme de la législature 2009-2014».

Le Conseil européen des 18 et 19 juin 2009 a proposé les modalités à suivre pour pourvoir à ces 18 sièges supplémentaires[11] :

> «les Etats membres concernés désigneront des personnes, confor-
> mément à leur législation nationale et pour autant qu'elles aient été
> élues au suffrage universel direct, notamment soit par une élection ad
> hoc, soit par référence aux résultats des élections européennes de juin
> 2009, soit par désignation par leur parlement national, en son sein,
> du nombre de députés requis»[12].

La mise en œuvre de cette solution implique une révision du
traité lui-même, par l'adoption d'un nouveau protocole sur le
nombre de membres du Parlement européen, ou par la modification du protocole sur les mesures transitoires. Deux solutions sont possibles à cet égard : soit, comme pour les garanties données à l'Irlande et la République tchèque, passer par un
protocole adopté lors de la conclusion du plus prochain acte
d'adhésion, mais cette solution risque de prendre beaucoup
de temps ; soit procéder à une révision simplifiée des traités
en convoquant immédiatement une nouvelle CIG. C'est cette
deuxième solution qui semble privilégiée mais elle nécessite l'approbation du Parlement européen[13].
Selon les conclusions du Conseil européen des 10 et 11 décembre
2009,

> «[l]e gouvernement espagnol (...) a présenté une proposition de
> modification des traités pour ce qui est des mesures transitoires
> concernant la composition du Parlement européen.
> Le Conseil européen a décidé de consulter le Parlement européen
> et la Commission, en vue de procéder sans tarder à l'examen de ce
> projet».

Le Parlement européen a exprimé le souhait que, en attendant,
les dix-huit députés supplémentaires siègent en tant qu'observateurs.

---

[11]   Soit quatre sièges pour l'Espagne, deux pour l'Autriche, la France et la Suède
et un pour la Bulgarie, l'Italie, la Lettonie, Malte, les Pays-Bas, la Pologne, la
Slovénie et le Royaume-Uni.
[12]   Plusieurs parlementaires européens ont exprimé leur totale désapprobation à
l'égard de la troisième modalité, totalement non démocratique à leurs yeux.
[13]   Voy. à ce sujet *infra*, n° 415.

B. Statut des membres du Parlement européen

180. Le statut des membres du Parlement européen a long-temps été régi pour partie par le droit de l'Union, en partie par le droit national, ce qui avait pour conséquence qu'il dépendait en partie de l'origine nationale du député, ce qui est anormal s'agissant de membres d'une même assemblée.

Le traité d'Amsterdam a permis de remédier à cette situation, en donnant au Parlement le pouvoir de fixer le statut et les conditions générales d'exercice des fonctions de ses membres, après avis de la Commission et avec l'approbation du Conseil. Il avait prévu que le Conseil statuerait à l'unanimité mais le traité de Nice y a substitué la majorité qualifiée (sauf pour le statut fiscal). Après de très difficiles négociations avec le Conseil, le Parlement européen a adopté le 28 septembre 2005 une décision portant adoption du statut des députés au Parlement européen, qui est entrée en application le premier jour de la législature 2009-2014.

a. L'INDÉPENDANCE DES DÉPUTÉS

181. Plusieurs éléments viennent assurer cette indépendance.

182. L'acte relatif à l'élection du Parlement européen, tout comme le statut, pose le principe que les députés votent libre-ment et personnellement; ils interdisent tout mandat impératif. La décision portant statut des députés ajoute que les accords relatifs à une démission du mandat avant l'expiration ou à la fin d'une législature, tout comme les accords relatifs aux modalités d'exercice du mandat, sont nuls et non avenus.

183. Le régime des incompatibilités est, pour partie, déterminé par l'acte relatif à l'élection du Parlement au suffrage universel (l'acte) et, pour le reste, laissé à la compétence nationale. Les incompatibilités établies au niveau de l'Union visent à interdire le cumul entre le mandat parlementaire et une participation à une autre institution ou organe de l'Union. Il en résulte une incompatibilité avec la qualité de membre d'un gouvernement d'un Etat membre.

L'acte, dans sa version de 1976, autorisait expressément le cumul entre mandat européen et mandat parlementaire national, mais plusieurs législations nationales, notamment en France ou en Belgique, interdisaient ce cumul. Lors de la révision de l'acte en 2002, il a été instauré, à partir de la législature de 2009, une incompatibilité entre les deux mandats, avec une période transitoire pour le Royaume-Uni et l'Irlande.

Aucune incompatibilité n'existe entre mandat parlementaire et activité privée mais le Parlement tient un registre public dans lequel les députés doivent mentionner toute activité professionnelle et toute fonction rémunérée ; il a aussi instauré un système de déclaration des intérêts financiers des membres ; enfin, les députés s'interdisent de recevoir tout don ou libéralités.

184. Les privilèges et immunités résultent du protocole sur les privilèges et immunités. Ce régime, élaboré à l'époque où les députés européens n'étaient pas encore élus et non modifié depuis, comporte de nombreuses lacunes, qui n'ont pas été comblées par le statut. Les parlementaires bénéficient d'une liberté complète de circulation pour se rendre au lieu de travail de l'assemblée mais cette liberté ne couvre pas les autres déplacements dans l'exercice du mandat. Ils ne peuvent faire l'objet de poursuite pour les votes et opinions émis dans l'exercice des fonctions parlementaires. Ils sont protégés contre d'éventuelles poursuites judiciaires pendant la durée de leur mandat, sauf flagrant délit ou levée de l'immunité par le Parlement.

b. Le statut financier des députés

185. Jusqu'à la législature 2009-2014, le statut financier (rémunération et autres indemnités) relevait de la compétence des Etats membres, avec comme conséquence des disparités importantes pouvant aller du simple au triple. Pour pallier cet inconvénient, le Parlement européen avait mis en place un système d'indemnité accessoire destiné à couvrir divers frais liés à l'exercice du mandat parlementaire et à assurer une protection sociale au parlementaire et à sa famille.

La décision portant statut des députés modifie cette situation. Désormais, les députés ont droit à une indemnité appropriée qui assure leur indépendance[14], à une pension en cas d'invalidité en cours de mandat, ainsi qu'à une indemnité transitoire à la fin de leur mandat[15]. Les anciens députés bénéficieront, à l'âge

[14] Elle a été fixée à 38,5 % du traitement de base d'un juge de la Cour de justice. Les députés qui siégeaient au Parlement européen avant les élections de 2009 ont eu la possibilité de rester soumis au régime de rémunération national antérieur.
[15] Un mois par année d'exercice du mandat, avec un minimum de six mois et un maximum de deux ans.

de soixante-trois ans révolus, d'une pension d'ancienneté[16]. S'y ajoutent des droits à la pension garantis pour le conjoint et les enfants des députés, un remboursement des frais de maladie, des frais liés à la grossesse ou des frais liés à la naissance d'un enfant, une couverture d'assurance pour les risques liés à l'exercice du mandat, un remboursement des frais encourus dans le cadre de l'exercice de leur mandat (frais de voyage, indemnité de subsistance et indemnité de frais généraux). Enfin, les députés disposent de l'assistance de collaborateurs personnels qu'ils peuvent librement choisir.

Le régime fiscal a été la question la plus controversée: la décision prévoit qu'en principe, l'indemnité, l'indemnité transitoire et la pension sont soumises à l'impôt communautaire, sans préjudice de la possibilité pour les Etats de soumettre cette indemnité aux dispositions du droit fiscal national, à condition que toute double imposition soit évitée.

c. LES AUTRES DROITS RECONNUS AUX DÉPUTÉS

186. La décision portant statut des députés au Parlement européen établit que

- tout député a le droit de présenter, dans le cadre du droit d'initiative du Parlement, une proposition d'acte communautaire;
- les députés ont le droit de consulter tous les dossiers que détient le Parlement;
- les documents du Parlement sont traduits dans toutes les langues officielles;
- les interventions orales font l'objet d'interprétations simultanées dans toutes les autres langues officielles.

C. Organisation et fonctionnement

187. Le Parlement européen dispose de la maîtrise de son organisation interne: en vertu de l'article 232 du traité FUE, reprenant en substance l'ex-article 142 du traité CE, il «arrête son règlement intérieur à la majorité des membres qui le composent»[17].

---

[16] 3,5% de l'indemnité de service pour chaque année entière de service, avec un maximum de 70% au total.
[17] Le règlement peut être consulté sur le site internet du Parlement européen.

a. LES STRUCTURES

188. Les acteurs les plus importants du Parlement sont les groupes politiques qui existent depuis la constitution de la première assemblée issue du traité CECA, qui a refusé de s'organiser sur une base nationale et a opté pour une structure fondée sur la répartition en familles politiques.

L'article 30, par. 1, du règlement intérieur dispose que «les députés peuvent s'organiser en groupes par affinités politiques»[18], formule qui exclut la constitution de groupes strictement techniques. Le Tribunal[19] a validé cette condition, en relevant qu'à plusieurs égards, un groupe composé de députés dépourvus d'affinités politiques entre eux ne peut pas remplir les fonctions imparties à un groupe politique dans les travaux du Parlement européen.

Le commentaire du règlement intérieur précise cependant que

> «[i]l n'est pas nécessaire normalement que le Parlement évalue les affinités politiques des membres d'un groupe. En formant un groupe en application du présent article, les députés concernés reconnaissent, par définition, qu'ils partagent des affinités politiques. C'est uniquement lorsque les députés concernés nient partager des affinités politiques qu'il est nécessaire que le Parlement apprécie si le groupe a été constitué en conformité avec le règlement».

Aux termes de l'article 30, par. 2, du règlement intérieur du Parlement,

> «[t]out groupe politique est composé de députés élus dans au moins un quart des Etats membres[20]. Le nombre minimum de députés nécessaires pour constituer un groupe politique est fixé à vingt-cinq»[21].

La constitution d'un groupe politique doit être déclarée au président du Parlement européen, avec mention de la dénomi-

---

[18] Un député ne peut appartenir qu'à un seul groupe.

[19] TPI, 2 octobre 2001, *Martinez*, T-222/99, T-327/99 et T-329/99, points 146 et s.

[20] La possibilité autrefois offerte de constituer des groupes composés de députés appartenant à un seul pays a été supprimée.

[21] Le paragraphe 3 prévoit les mesures à prendre lorsque le nombre de membres d'un groupe descend en dessous du minimum requis.

nation du groupe ainsi que du nom de ses membres. Il y avait, au 15 décembre 2009, sept groupes politiques[22].

Les groupes disposent de services administratifs et d'un secrétariat. Ils jouent un rôle essentiel dans l'organisation des travaux de l'assemblée, par le biais de la conférence des présidents. Le temps de parole est réparti entre les groupes, en partie au prorata du nombre de députés qu'ils comprennent.

189. Les parlementaires peuvent souhaiter ne pas adhérer à un groupe politique déterminé : ils sont alors désignés comme non inscrits[23] et disposent d'un secrétariat. Dans son arrêt précité du 2 octobre 2001, le Tribunal a énuméré une série de différences de traitement, sur le plan des droits parlementaires et des avantages financiers, administratifs et matériels, entre les députés non inscrits et les membres d'un groupe politique.

Il ne s'est pas prononcé sur la légitimité de ces différences au regard du principe de non-discrimination mais il a estimé qu'il incombait au Parlement d'examiner, dans le respect des procédures internes prévues à cette fin, si les différences de traitement entre ces deux catégories de députés sont toutes nécessaires et, donc, objectivement justifiées au regard des objectifs poursuivis et qu'il lui reviendrait, le cas échéant, dans le cadre de son pouvoir d'organisation interne, de remédier aux inégalités qui ne satisferaient pas à cette exigence de nécessité et qui pourraient, par conséquent, être jugées discriminatoires.

190. Un président est élu par l'assemblée pour une période de deux ans et demi, soit la moitié d'une législature. Le président doit être présenté par un groupe politique ou par quarante députés au moins. Il est théoriquement rééligible mais, en pratique, une réélection se heurte aux exigences de rotation entre groupes politiques et entre Etats membres. Le président

---

[22] Soit
- groupe du Parti populaire européen (démocrates chrétiens) : 265 membres ;
- groupe de l'Alliance progressiste des socialistes et démocrates au Parlement européen : 184 membres ;
- groupe Alliance des démocrates et des libéraux pour l'Europe (ADLE) : 84 membres ;
- groupe des Verts-Alliance libre européenne (V-ALE) : 55 membres ;
- Conservateurs et réformistes européens : 54 membres ;
- groupe confédéral de la Gauche unitaire européenne/Gauche verte nordique (GUE/GVN) : 35 membres ;
- groupe Europe libertés démocratie : 32 membres.

[23] Il y avait, au 15 décembre 2009, vingt-sept députés non inscrits.

dirige les travaux du Parlement et représente celui-ci dans les relations avec les autres institutions comme avec l'extérieur. Depuis le 15 juillet 2009, le président du Parlement européen est Jerzy Buzek, député polonais membre du PPE.

La «conférence des présidents» réunit autour du président du Parlement les présidents des groupes politiques. Un des députés non-inscrits y siège également mais sans disposer du droit de vote. La conférence des présidents statue sur l'organisation des travaux du Parlement et sur les questions afférentes à la programmation législative; elle est l'organe compétent pour les questions afférentes aux relations avec les autres organes et institutions de l'Union européenne ainsi qu'avec les parlements nationaux des Etats membres ainsi que pour ce qui concerne la composition et les compétences des commissions et des commissions d'enquête.

L'assemblée élit aussi quatorze vice-présidents qui forment avec le président le bureau. Le bureau règle toutes les questions relatives à l'organisation administrative et financière du Parlement et à la conduite des séances.

b. LES COMMISSIONS PARLEMENTAIRES

191. Les députés se répartissent en vingt commissions[24], dont la mission principale est de débattre des propositions de nouvelle législation transmises par la Commission européenne et d'établir des rapports d'initiative. Pour toute proposition de législation ou initiative, un rapporteur est désigné selon un accord entre les groupes politiques qui composent le Parlement. Son rapport est discuté, amendé et voté au sein de la commission parlementaire puis transmis à l'assemblée plénière.

Outre ces commissions permanentes, le Parlement peut également créer des sous-commissions, ou des commissions temporaires, qui traitent des problèmes spécifiques. Des commissions temporaires d'enquête peuvent aussi être mises en place[25].

---

[24] Affaires étrangères; Développement; Commerce international; Budgets; Contrôle budgétaire; Affaires économiques et financières; Emploi et affaires sociales; Environnement, santé publique et sécurité alimentaire; Industrie, recherche et énergie; Marché intérieur et protection des consommateurs; Transports et tourisme; Développement régional; Agriculture et développement rural; Pêche; Culture et éducation; Affaires juridiques; Libertés civiles, justice et affaires intérieures; Affaires constitutionnelles; Droits de la femme et égalité des genres; Commission des pétitions.

[25] Voy. à ce sujet, *infra*, n° 303.

c. L'ORGANISATION DES TRAVAUX

192. La législature coïncide avec la durée du mandat des députés, soit cinq ans. La session parlementaire correspond à une période d'un an. La période de session est la réunion que tient en règle générale le Parlement chaque mois. Elle se décompose en séances.

Le Parlement se réunit de plein droit le deuxième mardi de mars de chaque année et décide souverainement de la durée des interruptions de la session. Le président peut convoquer à titre exceptionnel le Parlement, à la demande de la majorité des membres qui le composent, de la Commission ou du Conseil, après avoir consulté la conférence des présidents. Le président a en outre la faculté, avec l'accord de la Conférence des présidents, de convoquer le Parlement à titre exceptionnel en cas d'urgence.

193. En vertu de l'article 231 du traité FUE, «sauf dispositions contraires des traités, le Parlement européen statue à la majorité des suffrages exprimés»[26]. C'est le règlement intérieur qui fixe le quorum. L'article 155 du règlement intérieur dispose que le quorum est atteint si un tiers au moins des membres du Parlement est présent. L'existence du quorum n'est pas vérifiée systématiquement, mais uniquement si au moins quarante députés le demandent au président. S'il y a moins de quarante députés présents, le président peut constater que le quorum n'est pas atteint.

Parmi les majorités spécifiques requises, la plus fréquente est celle où le Parlement doit statuer à la «majorité des membres qui le composent», soit dans l'actuel Parlement comptant 736 membres, 369 voix.

Le vote se fait normalement à main levée. Si le président estime que le résultat est douteux, il requiert un vote électronique et, en cas de panne de ce dernier, le vote par assis et levé.

194. Selon le protocole sur la fixation des sièges des institutions annexé au traité d'Amsterdam,

> «le Parlement européen a son siège à Strasbourg, où se tiennent les douze périodes de sessions plénières mensuelles, y compris la session budgétaire. Les périodes de sessions plénières additionnelles se tiennent à Bruxelles. Les commissions du Parlement européen siègent

---

[26] L'article 198 du traité CE évoquait «la majorité absolue des suffrages exprimés». L'adjectif «absolue», qui pouvait prêter à confusion, a été supprimé.

à Bruxelles. Le secrétariat général du Parlement européen et ses
services restent installés à Luxembourg».

Cette multiplicité des zones de travail transforme le Parlement
européen et ses services en véritables nomades.

D. Attributions (vue générale)

195. Le traité CEE, dans sa rédaction initiale, n'accordait au
Parlement européen qu'un rôle très modeste, se traduisant
seulement par un pouvoir consultatif, et un droit de censure
à l'égard de la Commission. C'est par la voie du contrôle sur
le budget de la Communauté que le Parlement a entamé sa
conquête du pouvoir : conséquence logique du remplacement
des contributions des Etats membres par des ressources propres
aux Communautés, il a partagé à partir de 1970 le pouvoir
budgétaire avec le Conseil. Ensuite, le Parlement a conquis une
partie du pouvoir législatif avec la procédure de coopération,
puis avec la procédure de codécision, qui lui a permis pour la
première fois de participer conjointement avec le Conseil au
processus législatif communautaire dans une série de matières et
qui a pris maintenant le nom de procédure législative ordinaire.
Le Parlement a aussi étendu son influence dans le domaine des
relations extérieures, où il doit donner son approbation à un
nombre croissant d'accords internationaux conclus par l'Union
européenne. Enfin, il a acquis un rôle clé dans la désignation de
la Commission et de son président.
L'article 14, par. 1, du traité UE modifié résume en ces termes
les compétences du Parlement européen :

> «Le Parlement exerce, conjointement avec le Conseil, les fonctions
> législative et budgétaire. Il exerce des fonctions de contrôle politique
> et consultatives conformément aux conditions prévues par les traités.
> Il élit le président de la Commission».

2. Le Conseil européen

A. Des sommets à une institution à part entière de l'Union

196. La pratique des conférences européennes au sommet
remonte à 1961. Les premières réunions ont eu pour objet
d'examiner l'initiative du général de Gaulle tendant à la création d'une Union politique. En 1967, les chefs d'Etat et de

gouvernement des Six se sont réunis pour célébrer le dixième anniversaire des traités de Rome. Le sommet de La Haye, en décembre 1969, a débloqué les négociations d'adhésion. A suivi une nouvelle rencontre à Paris en octobre 1972 ; réunis pour la première fois à Neuf, les chefs d'Etat et de gouvernement ont adopté un programme ambitieux : mise en place d'un fonds de développement régional, d'un programme d'action sociale, d'une politique industrielle, scientifique et de recherche et d'un programme d'action pour l'environnement. Ce programme est cependant resté largement un catalogue de déclarations d'intention qui n'ont guère été suivies d'effet.

Le sommet de Paris de décembre 1974 s'est présenté comme une conférence charnière : les chefs d'Etat et de gouvernement y ont décidé

« de se réunir, accompagnés des ministres des Affaires étrangères et en présence du président de la Commission, au moins trois fois par an, et chaque fois que nécessaire, en Conseil de la Communauté et au titre de la coopération politique ».

Parallèlement, un accord a été trouvé sur l'élection du Parlement européen au suffrage universel et sur un premier accroissement des pouvoirs de ce dernier.

197. L'Acte unique est venu consacrer l'existence du Conseil européen qui, jusque-là, reposait sur une simple résolution des chefs d'Etat et de gouvernement. Le traité de Maastricht a ajouté, dans des termes très généraux, quelques indications sur ses missions.

Le traité de Lisbonne, dans la foulée du traité constitutionnel, élève le Conseil européen au rang d'institution, partie intégrante du cadre institutionnel de l'Union et, dans le même temps, il étend de manière significative ses compétences et le dote d'une présidence stable. Cette institutionnalisation a fait l'objet d'appréciations diverses : certains y ont vu une rupture de l'équilibre institutionnel[27]. Ces critiques paraissent exagérées. En effet, il ne s'agit que d'une amplification d'un mouvement entamé depuis plusieurs années. De plus, le fait que le Conseil européen

---

[27] P. SOLDATOS, « L'érosion structurelle et fonctionnelle de la Commission européenne : une fissure dans la méthode communautaire », in Chr. PHILIP et P. SOLDATOS (dir.), *La Convention sur l'avenir de l'Union. Essai d'évaluation du projet de traité établissant une Constitution pour l'Europe*, Bruxelles, 2004, p. 26 et s.

ait le statut d'institution a notamment pour effet de soumettre celui-ci aux règles contentieuses applicables aux institutions, ainsi qu'au principe de coopération loyale entre les institutions.

B. Composition du Conseil européen

198. Aux termes de l'article 14, par. 2, du traité UE modifié, le Conseil européen est «composé des chefs d'Etat[28] ou de gouvernement des Etats membres, ainsi que de son président et du président de la Commission»[29].

Jusqu'à l'entrée en vigueur du traité de Lisbonne, les membres du Conseil européen étaient «assistés par les ministres chargés des affaires étrangères des Etats membres et par un membre de la Commission». Le traité de Lisbonne remplace les ministres nationaux des Affaires étrangères par le haut représentant de l'Union pour les affaires étrangères et la politique de sécurité, ce qui, apparemment, est très mal vécu par certains d'entre eux[30]. Cette évolution est pourtant logique, dans la mesure où les relations entre les Etats membres de l'Union ne peuvent plus être considérées comme des «Affaires étrangères».

Le traité de Lisbonne permet aussi aux membres du Conseil européen, lorsque l'ordre du jour l'exige, de «décider d'être assistés chacun par un ministre et, en ce qui concerne le président de la Commission, par un membre de la Commission» (article 18 UE modifié)[31]. Cette pratique s'était d'ores et déjà instaurée auparavant en certains domaines: ainsi, les ministres des Affaires économiques et des Finances sont depuis longtemps invités à participer aux sessions du Conseil européen lorsque ce dernier examine les questions relatives à l'union économique et monétaire.

---

[28] Seuls Chypre, la France et la Lituanie sont représentés par leur président(e).
[29] L'ancien article 4 du traité UE disposait que «le Conseil européen réunit les chefs d'Etat et de gouvernement ainsi que le président de la Commission».
[30] Selon les déclarations faites, le 3 décembre 2009, par le ministre suédois des Affaires étrangères devant la Commission des affaires étrangères du Parlement européen.
[31] Pour répondre à la mauvaise humeur des ministres des Affaires étrangères, il aurait ainsi été décidé de les inviter une fois par an au Conseil européen.

C. Organisation et fonctionnement

a. LA PRÉSIDENCE

199. Dans le système antérieur au traité de Lisbonne, la présidence du Conseil européen était « exercée par le chef de l'Etat ou le chef du gouvernement qui assure la présidence du Conseil ». Cette formule avait l'avantage d'assurer la cohérence entre les travaux du Conseil et ceux du Conseil européen mais l'inconvénient de nuire à la stabilité et à la continuité des travaux du Conseil européen.

Un consensus s'est rapidement dégagé lors des travaux de la Convention sur l'avenir de l'Europe pour la création d'une présidence plus stable, consensus confirmé par le traité constitutionnel puis par le traité de Lisbonne.

Aux termes de l'article 15, par. 5, du traité UE modifié,

> « [l]e Conseil européen élit son président à la majorité qualifiée pour une durée de deux ans et demi, renouvelable une fois ».

Lors d'une réunion informelle du Conseil européen tenue le 19 novembre 2009, les chefs d'Etat ou de gouvernement sont convenus d'élire Herman Van Rompuy, jusque-là Premier ministre belge, à la fonction de président du Conseil européen. Cet accord politique a été acquis à l'unanimité même si la majorité qualifiée était possible. Il a été acté dans une décision du Conseil européen datée du 1er décembre 2009[32]. Dans la foulée, une décision du Conseil adoptée le même jour a fixé les conditions d'emploi du président du Conseil européen[33].

200. En ce qui concerne les fonctions du président du Conseil européen, l'article 15, par. 6, du traité UE modifié, distingue deux grandes catégories de missions.

Aux termes de l'alinéa 1, le président

- préside et anime les travaux du Conseil européen ;
- assure la préparation et la continuité des travaux du Conseil européen en coopération avec le président de la Commission, et sur la base des travaux du Conseil des affaires générales ;
- œuvre pour faciliter la cohésion et le consensus au sein du Conseil européen ;

[32] *JO*, n° L 315, 2 décembre 2009, p. 48.
[33] *JO*, n° L 322, 9 décembre 2009, p. 35. Ces conditions sont calquées par analogie sur celles applicables au président de la Commission européenne.

– présente au Parlement européen un rapport à la suite de chacune
des réunions du Conseil européen.

L'alinéa 2, quant lui, dispose que le président du Conseil européen assure, à son niveau et en sa qualité, la représentation
extérieure de l'Union pour les matières relevant de la politique
étrangère et de sécurité commune, sans préjudice des attributions du haut représentant de l'Union pour les affaires étrangères et la politique de sécurité.
Enfin, l'alinéa 3 lui interdit d'exercer un mandat national, ce qui
devrait lui permettre de disposer du recul nécessaire et également
renforcer sa visibilité. Rien en revanche n'interdit un cumul des
fonctions de président du Conseil européen avec celles de président de la Commission. Cette possibilité, qui a été considérée
par les observateurs comme tout à fait hypothétique, n'a pas été
retenue lors du choix du premier président du Conseil européen.

201. Dès lors que le traité de Lisbonne maintient les présidences
tournantes des différentes formations du Conseil[34], il rompt
le lien qui existait jusque-là entre le Conseil européen et ces
différentes formations, du fait qu'elles étaient présidées par les
membres du gouvernement que dirige le président du Conseil
européen dans son pays. Il faudra donc inventer des mécanismes permettant d'assurer une bonne coordination avec les
présidences tournantes du Conseil des ministres et en particulier de maintenir un lien étroit avec la présidence du Conseil des
affaires générales, qui est chargé de la préparation des Conseils
européens.
Il faudra aussi voir comment la nouvelle présidence du Conseil
européen se conciliera avec la présidence de la Commission et
avec la nouvelle fonction de haut représentant de l'Union pour
les affaires étrangères et la politique de sécurité. La pratique
devra trouver un partage aussi harmonieux que possible des
tâches entre ces trois personnages.
Le règlement intérieur du Conseil européen[35] se borne à
prévoir à cet égard que le président du Conseil européen établit
une étroite coopération et coordination avec la présidence du
Conseil et le président de la Commission, notamment par des
rencontres régulières.

[34] Voy. à ce sujet, *infra*, n° 220.
[35] Voy. à ce sujet, *infra*, n° 202.

Dès l'entrée en vigueur du traité de Lisbonne, certaines difficultés sont apparues : le Premier ministre espagnol, dont le pays prenait la présidence du Conseil au 1er janvier 2010, a rechigné à renoncer à certaines des anciennes prérogatives de la présidence tournante. Il a obtenu de pouvoir présider les deux sommets Union européenne-Etats-Unis et Union européenne-Amérique latine programmés en Espagne au premier semestre 2010, en raison du fait que l'Espagne avait commencé à préparer ces réunions de longue date, à un moment où l'entrée en vigueur du traité de Lisbonne était encore incertaine.

b. Les réunions

202. Si, au départ, les réunions du Conseil européen présentaient un caractère largement informel, le besoin s'est fait progressivement sentir de formaliser davantage l'organisation de ces réunions, ce à quoi s'attache le traité de Lisbonne[36].

Ainsi, dès lors que le Conseil européen est qualifié d'institution, il doit se doter d'un règlement intérieur (article 235 TFUE). Le Conseil européen s'est acquitté de cette tâche dès le 1er décembre 2009[37]. Le traité de Lisbonne a également confié au Conseil des affaires générales la mission d'assurer la préparation et le suivi des réunions du Conseil européen, en liaison avec le président du Conseil européen et la Commission (article 16 TUE nouveau). Enfin, il prévoit explicitement que le Conseil européen est assisté par le secrétariat général du Conseil (article 235 TFUE).

203. L'Acte unique européen et le traité de Maastricht prévoyaient que le Conseil européen se réunirait «au moins deux fois par an», c'est-à-dire une fois par présidence. Cette formule rendait possible l'organisation de réunions supplémentaires lorsque les circonstances le justifiaient et l'habitude s'était installée depuis plusieurs années de réunir le Conseil européen deux fois par présidence. Le traité de Lisbonne prévoit désormais explicitement la tenue de deux réunions par semestre (article 15 TUE modifié).

Aux termes du règlement intérieur du Conseil européen, le président du Conseil européen doit faire connaître, au plus tard un an avant le début d'un semestre, les dates qu'il envisage pour

---

[36] Les conclusions du Conseil européen de Séville en juin 2002 avaient déjà tenté de rationaliser le processus de préparation des Conseils européens.
[37] Le règlement intérieur est publié au *JO*, n° L 315, 2 décembre 2009, p. 51.

les réunions du Conseil européen pendant ce semestre, en étroite coopération avec l'Etat qui exercera la présidence du Conseil pendant celui-ci.

L'article 15 du traité UE modifié consacre aussi la possibilité pour le président de convoquer une réunion extraordinaire du Conseil européen si la situation l'exige.

204. Pendant très longtemps, les Conseils européens se sont réunis dans le pays de la présidence, mais une déclaration jointe au traité de Nice a indiqué qu'à partir de 2002, une réunion par présidence se tiendrait à Bruxelles et que, lorsque l'Union comp-terait dix-huit membres, toutes les réunions du Conseil européen auraient lieu à Bruxelles. Tel est le cas depuis le 1er mai 2004. Le règlement intérieur du Conseil européen confirme que le Conseil européen se réunit à Bruxelles, tout en ouvrant la possibilité pour le président du Conseil européen, avec l'accord du Conseil des affaires générales ou du Coreper, statuant à l'unanimité, de décider qu'une réunion se tiendra dans un autre lieu.

205. Les réunions se déroulent sur une durée maximale de deux jours, sauf décision contraire du Conseil européen ou du Conseil des affaires générales, à l'initiative du président du Conseil euro-péen. Le secrétaire général du Conseil y assiste.

Le traité de Lisbonne confirme la possibilité d'inviter le prési-dent du Parlement européen à être entendu devant le Conseil européen (article 235 TFUE). Le règlement intérieur précise, conformément à la pratique antérieure constante, que «cet échange de vues a lieu au début de la réunion du Conseil euro-péen, à moins que le Conseil européen n'en décide autrement à l'unanimité». Les réunions ne sont pas publiques.

206. Selon l'article 15 du traité UE, le Conseil européen statue par consensus mais seulement «sauf les cas où les traités en disposent autrement».

Les traités prévoient ainsi plusieurs hypothèses où le Conseil européen est amené à voter

- à l'unanimité: constatation d'une violation grave et persistante des valeurs de l'Union (article 7 TUE modifié), décision fixant la composition du Parlement européen (article 14 TUE modifié), composition de la Commission européenne (article 17 TUE modifié), décision sur les intérêts et objectifs stratégiques de l'Union (article 22 TUE modifié), mise en œuvre de la PESC (articles 24 et

31 TUE modifié), instauration d'une défense commune (article 42 TUE modifié), procédures de révision simplifiées (article 48 TUE modifié), extension des missions du Parquet européen (article 86 TFUE);
- à la majorité qualifiée: élection de son président (article 15 TUE modifié), présentation du président de la Commission européenne et nomination de la Commission européenne (article 17 TUE modifié), nomination du haut représentant (article 18 TUE modifié), établissement de la liste des formations du Conseil et du système de présidence du Conseil (article 236 TUE);
- à la majorité simple: convocation d'une convention pour la révision des traités (article 48 TUE modifié), questions de procédure et adoption de son règlement intérieur (article 325 TFUE), nomination des membres du directoire de la Banque centrale européenne (article 283 TFUE).

En cas de vote, les règles applicables au vote au Conseil sont applicables[38]. Le président du Conseil européen et le président de la Commission ne prennent pas part au vote. Il en va bien entendu aussi ainsi du haut représentant, qui n'est pas à proprement parler membre du Conseil européen mais participe simplement à ses travaux.

207. Le règlement intérieur comporte des règles précises sur l'élaboration de l'ordre du jour des réunions du Conseil européen. Il prévoit que, quatre semaines avant chaque réunion ordinaire du Conseil européen, son président, en coopération étroite avec le membre du Conseil européen représentant l'Etat membre qui exerce la présidence semestrielle du Conseil et le président de la Commission, soumet au Conseil des affaires générales un projet d'ordre du jour annoté. Les contributions des autres formations du Conseil aux travaux du Conseil européen sont transmises au Conseil des affaires générales au plus tard deux semaines avant la réunion du Conseil européen. Une dernière session du Conseil des affaires générales se tient dans les cinq jours qui précèdent la réunion du Conseil européen. A la lumière de ce dernier débat, le président du Conseil européen établit l'ordre du jour provisoire. Le Conseil européen arrête son ordre du jour au début de sa réunion.

---

[38] Voy. à ce sujet *infra*, nos 227 et s.

c. LES CONCLUSIONS ET LE PROCÈS-VERBAL

208. Jusqu'à l'entrée en vigueur du traité de Lisbonne, le résultat des travaux du Conseil européen était uniquement consigné dans les conclusions de la présidence, publiées à l'issue de la réunion.

Le règlement intérieur du Conseil européen prévoit désormais l'établissement d'un procès-verbal de chaque réunion, dont le projet est préparé par le secrétariat général du Conseil.

> – «Le procès-verbal comprend
> – la mention des documents soumis au Conseil européen;
> – la mention des conclusions approuvées;
> – les décisions prises;
> – les déclarations faites par le Conseil européen et celles dont un membre du Conseil européen a demandé l'inscription».

La rédaction de conclusions est maintenue. Aux termes du règlement intérieur, le président du Conseil européen, en concertation étroite avec la présidence semestrielle du Conseil et le président de la Commission, prépare un projet d'orientations pour les conclusions du Conseil européen et, le cas échéant, les projets de décisions du Conseil européen, lesquels font l'objet d'un débat au Conseil des affaires générales.

D. Attributions

209. Les attributions du Conseil européen sont élargies par le traité de Lisbonne.

a. IMPULSION ET ORIENTATION

210. Selon l'article 15 du traité UE modifié, qui reprend assez largement les termes de l'ancien article 4 TUE,

> «[l]e Conseil européen donne à l'Union les impulsions nécessaires à son développement et en définit les orientations et les priorités politiques générales».

Ceci vient confirmer la mission qu'a remplie en pratique le Conseil européen depuis sa création, il y a plus de trente ans. Ce dernier s'est en effet affirmé rapidement comme un organe moteur dans la construction européenne.

Il suffit de rappeler le rôle qu'il a joué dans divers dossiers déterminants: élection du Parlement européen au suffrage universel,

création du Système monétaire européen, réforme de la politique agricole commune, mise en place de l'espace de liberté, de
sécurité et de justice, premiers pas vers la défense européenne,
élargissements successifs, aboutissement de l'Acte unique, du
traité sur l'Union européenne, adoption du traité constitutionnel, enfin dénouement de la crise suscitée par les non français et néerlandais à la Constitution, puis par le non irlandais au
traité de Lisbonne.

Cette tâche générale fait l'objet de mentions spécifiques dans
certaines politiques : politique étrangère et de sécurité commune
(article 26 UE modifié) ; espace de liberté, de sécurité et de
justice (article 68 TFUE), coordination des politiques économiques (121 TFUE) et d'emploi (148 TFUE).

b. ARBITRAGE

211. La pratique a assez rapidement conféré aussi au Conseil
européen la mission de débloquer des situations de crise et d'apporter des solutions, en cas de désaccord entre Etats membres,
à des dossiers difficiles qui n'ont pu trouver de solution au
niveau du Conseil. L'autorité des membres qui le composent lui
permet de procéder aux arbitrages nécessaires. Il va de soi que
plus l'arbitrage rendu est précis, moins grande est la marge de
manœuvre des institutions lors de la mise en œuvre de celui-ci.

212. Le traité de Lisbonne attribue explicitement au Conseil
européen des missions spécifiques d'arbitrage en cas d'opposition d'un Etat membre à l'adoption d'une législation de l'Union.
L'objectif est, dans tous les cas, de sauvegarder, face au passage
d'une matière à la majorité qualifiée au sein du Conseil, certains
intérêts fondamentaux des Etats.

Dans le domaine de la sécurité sociale (article 48 TFUE) et
de la coopération judiciaire pénale (articles 82 et 83 TFUE),
un Etat membre qui estime qu'un projet porte atteinte à des
aspects fondamentaux de son système de sécurité sociale ou de
son système de justice pénale peut saisir le Conseil européen,
qui doit statuer dans un délai de quatre mois. Les mécanismes
diffèrent légèrement dans les deux cas.

> – En matière de sécurité sociale, le Conseil européen peut soit
> renvoyer le texte au Conseil pour qu'il statue sur la proposition,
> soit demander à la Commission de présenter une nouvelle propo-
> sition.

– En matière de coopération judiciaire pénale, le Conseil peut, en cas de consensus, renvoyer le projet au Conseil ; en cas de désaccord, si au moins neuf Etats membres souhaitent instaurer une coopération renforcée sur la base du projet en cause, ils en informent le Parlement européen, le Conseil et la Commission et l'autorisation de procéder à une coopération renforcée est réputée accordée[39].

Un mécanisme similaire existe dans la politique étrangère et de sécurité commune lorsqu'un Etat invoque des raisons de politique nationale vitales[40] mais, ici, le Conseil européen statue lui-même à l'unanimité (article 31 TUE modifié).

c. Reconnaissance d'un véritable pouvoir de décision au Conseil européen

213. Jusqu'à l'entrée en vigueur du traité de Lisbonne, le Conseil européen ne pouvait adopter que des décisions à caractère politique, qui étaient ensuite traduites en décisions juridiques par les instances compétentes à cette fin, avec une plus ou moins grande marge de manœuvre selon le cas, et non des décisions à caractère juridique.

Lorsque les auteurs des traités avaient voulu attribuer aux chefs d'Etat ou de gouvernement la capacité de se réunir au sein d'un cénacle possédant un véritable pouvoir de décision, ils avaient créé la formation tout à fait originale et curieuse de «Conseil réuni au niveau des chefs d'Etats et de gouvernement». Ainsi, c'était cette formation qui

– «peut constater l'existence d'une violation grave et persistante par un Etat membre de principes énoncés à l'article 6, par. 1» (ancien article 7 UE) ;
– «confirme, à la majorité qualifiée (...) quels sont les Etats membres qui remplissent les conditions nécessaires pour l'adoption d'une monnaie unique» (article 121 CE) ;
– «désigne la personnalité qu'il envisage de nommer président de la Commission» (article 214 CE).

214. Le traité de Lisbonne, dans la foulée de la Constitution, vient changer totalement la situation. En effet, s'il dispose que le Conseil européen «n'exerce pas de fonction législative» (article

---

[39] Voy. sur la coopération renforcée, *supra*, n°s 154 et s.
[40] L'ancien article 23 du traité UE parlait quant à lui de raisons de politiques nationales importantes.

15, par. 1, TUE modifié), il confère en revanche à ce dernier la compétence d'adopter une série de décisions juridiques très importantes pour le fonctionnement de l'Union.

Nous n'en citerons que quelques-unes : décision portant élection du président du Conseil européen, décision établissant la liste des formations du Conseil, décision relative à la présidence des formations du Conseil...

3. Le Conseil

215. Le Conseil[41] se présente comme l'institution représentative des Etats membres : c'est le lieu où les Etats membres s'affrontent et finissent en règle générale par trouver un compromis. Les traités se bornent à employer le terme « Conseil ». Lui-même a, après l'entrée en vigueur du traité de Maastricht, décidé de prendre la dénomination de « Conseil de l'Union européenne ». Il retrouvait dans la Constitution son ancienne appellation de « Conseil des ministres », qui présentait l'avantage d'éviter toute confusion avec le Conseil européen. Cette appellation a cependant été abandonnée par le traité de Lisbonne.

A. Composition

a. MEMBRES

216. Jusqu'au traité de Maastricht, il était simplement prévu que « le Conseil est formé de représentants des Etats membres. Chaque gouvernement y délègue un de ses membres... ». La nécessité de tenir compte des répartitions internes de compétences entre l'Etat central et les entités fédérées dans un certain nombre d'Etats membres (Allemagne, Autriche, Belgique, Espagne, Italie, Royaume-Uni) a conduit à une nouvelle formulation de cette disposition, qui a été reprise presque à l'identique dans l'article 16 du traité UE modifié :

> « [l]e Conseil est composé d'un représentant de chaque Etat membre au niveau ministériel, habilité à engager le gouvernement de l'Etat membre qu'il représente et à exercer le droit de vote ».

En application de cette disposition, un accord de coopération a notamment été conclu entre l'Etat fédéral, les Communautés et

---

[41] Qui, à partir du traité sur la fusion des exécutifs du 8 avril 1965, est devenu commun aux trois Communautés.

les Régions relatif à la représentation du Royaume de Belgique au sein du Conseil des ministres de l'Union européenne, permettant une participation de tous les niveaux de pouvoir.
On remarquera que cette formulation n'est pas tout à fait compatible avec l'article 10, par. 2, du traité UE modifié, introduit par le traité de Lisbonne, aux termes duquel les Etats sont représentés au sein du Conseil par «leurs gouvernements, eux-mêmes démocratiquement responsables, soit devant leurs parlements nationaux, soit devant leurs citoyens».

b. Formations

217. S'il n'existe qu'un Conseil, sa composition n'est ni stable, ni fixe mais varie en fonction de l'ordre du jour des travaux. C'est ce qu'on appelle les «formations» du Conseil. On a compté par le passé jusqu'à seize formations différentes du Conseil. Sur le plan juridique, cette situation ne remet pas en cause l'existence d'un Conseil unique. En pratique, la spécialisation que traduit la diversification des formations présente clairement certains avantages techniques, mais elle ne va pas sans quelques inconvénients: d'abord, elle ne correspond pas nécessairement à la dimension et la complexité des questions à traiter; ensuite, elle peut risquer de nuire à la cohérence de l'action du Conseil.
C'est la raison pour laquelle, sur la base des conclusions du Conseil européen de Séville, le Conseil a adopté en 2002 une décision opérant une réduction drastique du nombre de ses formations à neuf:

- Affaires générales et relations extérieures;
- Affaires économiques et financières;
- Justice et affaires intérieures;
- Emploi, politique sociale, santé et consommateurs;
- Compétitivité (marché intérieur, industrie et recherche);
- Transports, télécommunications et énergie;
- Agriculture et pêche;
- Environnement;
- Education, jeunesse et culture.

Certaines de ces formations ne se réunissent qu'à titre tout à fait épisodique alors que les plus importantes sont convoquées pratiquement à un rythme mensuel.

218. Le traité de Lisbonne prévoit pour la première fois explicitement que le «Conseil siège en différentes formations» (article 16, par. 6, TUE modifié). Il vise explicitement deux formations: le Conseil des affaires générales et le Conseil des affaires étrangères, qui sont désormais donc distinctes l'une de l'autre, et confie au Conseil européen le soin d'établir la liste des autres formations[42].

Le Conseil des affaires générales assure la cohérence des travaux des différentes formations du Conseil, prépare les réunions du Conseil européen et en assure le suivi en liaison avec le président du Conseil européen et la Commission. L'article 3 de la déclaration n° 9 annexée au traité de Lisbonne précise que cette coordination doit se faire dans le cadre d'une «programmation pluriannuelle», formule qui est reprise dans la décision du Conseil européen du 1er décembre 2009 relative à l'exercice de la présidence du Conseil.

Le Conseil des affaires étrangères, quant à lui, élabore l'action extérieure de l'Union selon les lignes stratégiques fixées par le Conseil européen et assure la cohérence de l'action extérieure de l'Union.

Il sera intéressant de voir quelle sera en pratique la composition du Conseil des affaires générales. Les ministres des Affaires étrangères continueront-ils à y participer ou abandonneront-ils la mission de coordination confiée à cette formation à des ministres spécialisés dans les affaires européennes? Dans le premier cas, la réforme serait purement formelle puisque, auparavant, le Conseil affaires générales et relations extérieures se réunissait déjà *de facto* tantôt en tant que Conseil affaires générales, tantôt en tant que Conseil relations extérieures[43].

---

[42] En vertu du protocole sur les dispositions transitoires, en attendant l'entrée en vigueur de la décision du Conseil européen, le Conseil des affaires générales, statuant à la majorité simple, devait établir la liste des formations du Conseil autres que le Conseil des affaires générales et le Conseil des affaires étrangères. Il s'est acquitté de cette tâche par une décision du 1er décembre 2009, publiée au *JO*, n° L 315, 2 décembre 2009, p. 46.

[43] Lors de la première réunion du Conseil en formation des affaires générales après l'entrée en vigueur du traité de Lisbonne, la plupart des Etats se sont fait représenter par leur ministre des Affaires étrangères, parfois accompagné d'un ministre, d'un ministre adjoint ou d'un secrétaire d'Etat aux affaires européennes. Le lendemain, s'est tenu un Conseil des affaires étrangères avec une composition quasiment identique.

B. Organisation et fonctionnement

a. LA PRÉSIDENCE

219. Depuis l'origine, la présidence du Conseil est assurée par chaque Etat membre pour une durée de six mois. Suite à l'entrée dans l'Union de la Bulgarie et de la Roumanie, l'ordre d'exercice de la présidence du Conseil a été revu, pour s'établir de manière suivante du 1er janvier 2007 au 30 juin 2020 : Allemagne, Portugal, Slovénie, France, République tchèque, Suède, Espagne, Belgique, Hongrie, Pologne, Danemark, Chypre, Irlande, Lituanie, Grèce, Italie, Lettonie, Luxembourg, Pays-Bas, Slovaquie, Malte, Royaume-Uni, Estonie, Bulgarie, Autriche, Roumanie, Finlande[44]. Le Conseil, statuant à l'unanimité et sur proposition des Etats membres concernés, peut décider qu'un Etat membre peut exercer la présidence durant une autre période que celle qui résulte de l'ordre ainsi établi.

220. Ce système de présidence tournante a fait l'objet de nombreux débats lors de la négociation des différentes révisions des traités, mais sans pouvoir en définitive être modifié de manière importante.

Le traité de Lisbonne pose la règle que le Conseil des affaires étrangères est présidé par le haut représentant de l'Union pour les affaires étrangères et la politique de sécurité. Ceci a entraîné aussi une modification dans la présidence des instances préparatoires du Conseil des affaires étrangères[45].

La présidence des autres formations reste quant à elle «assurée par les représentants des Etats membres au Conseil selon un système de rotation égale», qui devra être établi par une décision du Conseil européen.

Il faut ajouter à cela que le protocole sur l'Eurogroupe dispose que

> «les ministres des Etats membres dont la monnaie est l'euro élisent un président pour deux ans et demi, à la majorité de ces Etats membres».

---

[44] Cette liste, établie dans une décision du Conseil du 1er janvier 2007, a été confirmée par une décision du Conseil du 1er décembre 2009.
[45] Voy. à ce sujet la décision du Conseil du 1er décembre 2009 établissant les mesures d'application de la décision du Conseil européen relative à l'exercice de la présidence du Conseil, et concernant la présidence des instances préparatoires du Conseil.

Un projet de décision figurait à la déclaration n° 9 annexée au traité de Lisbonne. Selon ce projet,

« 1. La présidence du Conseil, à l'exception de la formation des affaires étrangères, est assurée par des groupes prédéterminés de trois Etats membres pour une période de dix-huit mois. Ces groupes sont composés par rotation égale des Etats membres, en tenant compte de leur diversité et des équilibres géographiques au sein de l'Union.
2. Chaque membre du groupe assure à tour de rôle, pour une période de six mois, la présidence de toutes les formations du Conseil, à l'exception de la formation des affaires étrangères. Les autres membres du groupe assistent la présidence dans toutes ses responsabilités, sur la base d'un programme commun. Les membres du groupe peuvent convenir entre eux d'autres arrangements ».

Le Conseil européen a adopté le 1er décembre 2009 une décision relative à l'exercice de la présidence conformément à ce projet.

221. Le 15 septembre 2006, le Conseil a modifié son règlement intérieur pour mettre en application ce système de trio de présidence, qui avait déjà été retenu par la Constitution.
Aux termes de l'article 3 du nouveau règlement intérieur :

« [p]our chaque période de dix-huit mois, les trois présidences qui seront en exercice à ce moment-là élaborent, en étroite coopération avec la Commission et après avoir procédé aux consultations appropriées, un projet de programme des activités du Conseil pour ladite période. Les trois présidences présentent conjointement ce projet de programme au plus tard un mois avant la période concernée, afin que celui-ci puisse être approuvé par le Conseil « Affaires générales et relations extérieures » ».

Le premier trio a été constitué à partir du 1er janvier 2007, avec l'Allemagne, le Portugal et la Slovénie. Il a été suivi, en juillet 2008 par un deuxième trio composé de la France, de la République tchèque et de la Suède, puis, en janvier 2010, par un nouveau trio comprenant l'Espagne, la Belgique et la Hongrie qui est le premier à avoir véritablement établi un programme commun.

222. Les responsabilités de la présidence apparaissent, si on s'en tient à la lecture des traités et du règlement intérieur du Conseil, limitées : convocation du Conseil, à sa propre initiative ou à l'initiative de la Commission ou d'un de ses membres ; établissement de l'ordre du jour ; décision de passage au vote et rédaction du procès-verbal. En pratique, sa fonction est cependant essentielle. D'abord, la présidence joue un rôle d'impulsion, à travers le programme que se fixe chaque pays pour ses six mois de présidence. Ensuite, elle a une fonction importante de médiation et de concertation, qu'elle exerce par la manière dont elle conduit les débats ainsi que par la recherche de compromis acceptables. La présidence est également chargée des relations avec le Parlement européen auquel elle s'adresse au nom du Conseil.

Jusqu'à l'entrée en vigueur du traité de Lisbonne, les traités confiaient aussi un rôle important à la présidence pour la mise en œuvre des actions de politique étrangère et la représentation internationale de l'Union, notamment celui de parler au nom des Vingt-sept lors de réunions ou conférences internationales ou de négocier les accords internationaux. Désormais, ce rôle doit être assumé par le président du Conseil européen et par le haut représentant de l'Union pour les affaires étrangères et la politique de sécurité, en tout cas pour la politique étrangère et de sécurité commune.

b. Tenue des réunions

223. L'établissement de l'ordre du jour provisoire incombe à la présidence qui l'adresse aux autres membres du Conseil ainsi qu'à la Commission au moins quatorze jours avant le début de la session. Mais les délégations des autres Etats membres ont la possibilité, comme la Commission, de demander l'inscription d'une question à l'ordre du jour, à condition de faire parvenir leur demande au moins seize jours avant l'ouverture de la session. Cet ordre du jour provisoire indique, le cas échéant, les points sur lesquels un vote formel est demandé par la présidence, un Etat ou la Commission. Il appartient alors au Conseil, au début de la session, d'arrêter l'ordre du jour définitif. D'autres points que ceux inscrits sur l'ordre du jour provisoire peuvent être alors ajoutés à l'unanimité.

La Commission est «invitée» à participer aux sessions du Conseil (à moins que le Conseil n'en décide autrement). Il en est de même pour la Banque centrale européenne, dans les cas où celle-ci exerce son droit d'initiative.

c. Secrétariat général

224. Le Conseil est assisté d'un secrétariat général, placé sous la responsabilité d'un secrétaire général. En vertu du traité d'Amsterdam, le secrétaire général assumait aussi la fonction spécifique de «haut représentant pour la politique étrangère et de sécurité commune» et était assisté par un secrétaire général adjoint, chargé de la gestion du secrétariat général. Le traité de Lisbonne dissocie les deux fonctions, avec la création du poste spécifique de haut représentant de l'Union européenne pour les affaires étrangères et la politique étrangère et de sécurité commune[46]. En parallèle, la fonction de secrétaire général adjoint est supprimée. Le secrétaire général est nommé par le Conseil statuant à la majorité qualifiée. Le 1er décembre 2009, un nouveau secrétaire général a été désigné, qui n'est autre que l'ancien secrétaire général adjoint.

Le secrétariat général a pour mission première d'assurer le bon déroulement, la continuité et la coordination des travaux du Conseil. C'est lui aussi qui établit le procès-verbal de chaque session du Conseil, qui est signé, après approbation, par le président en exercice ainsi que par le secrétaire général. Il assure aussi le secrétariat du Conseil européen, ce que confirme explicitement l'article 235 du traité FUE.

d. Le Coreper

225. En vertu de l'article 240 du traité FUE, reprenant presqu'à l'identique les termes de l'ex-article 207 du traité CE,

> «[u]n comité composé des représentants permanents des gouvernements des Etats membres[47] est responsable de la préparation des travaux du Conseil et de l'exécution des mandats qui lui sont confiés par celui-ci».

Le Coreper réunit les représentants permanents eux-mêmes (Coreper 2, qui traite des dossiers à caractère plus politique) ou leurs adjoints (Coreper 1, qui prend en charge les matières à caractère plus technique).

Aux termes de la décision du Conseil européen du 1er décembre 2009 relative à l'exercice de la présidence du Conseil, la présidence du Coreper est «assurée par un représentant de l'Etat membre qui assure la présidence du Conseil des affaires générales».

---

[46] Voy. à ce sujet, *infra*, nos 267 et s.
[47] Chaque Etat membre dispose d'une représentation diplomatique permanente auprès de l'Union européenne dont les membres sont désignés par son gouvernement.

Les traités instituent aussi certains comités spécifiques chargés de coordonner les activités du Conseil dans un domaine particulier, qui ne préjugent en rien du rôle central du Coreper. Il faut noter cependant que le comité spécial agriculture (CSA), créé en 1960 et composé de fonctionnaires des ministères de l'Agriculture de chaque Etat membre, est chargé spécifiquement de la préparation du Conseil agriculture, pour lequel il joue le même rôle que le Coreper.

226. Tous les points inscrits à l'ordre du jour du Conseil des ministres doivent obligatoirement être examinés au préalable par le Coreper, sauf cas d'urgence. Le Coreper procède à une première discussion où chacun peut exprimer son point de vue. Il peut créer des groupes de travail pour assurer la préparation des travaux du Conseil.

En pratique, l'ordre du jour d'un Conseil est divisé en deux parties. La partie A comprend les points pour lesquels les représentants permanents ont constaté la réunion de la majorité nécessaire à l'adoption du texte, qui ne pose plus de problèmes techniques ni politiques. En commençant une session d'un Conseil des ministres, la présidence demande à ses partenaires s'il y a une difficulté sur un texte figurant en point A. Si aucune voix ne se fait entendre, les textes placés en point A sont considérés comme adoptés sans débat ni vote, ce qui permet d'alléger la charge du Conseil. Si une délégation conteste le classement d'un texte, ce dernier (retiré des points A) est renvoyé à l'examen d'un futur Coreper. La partie B comprend les textes où les difficultés techniques ou politiques sont telles que seul le Conseil peut trancher les différends. Il y a débat et vote, si la discussion a pu aboutir. Sinon, le texte est renvoyé au Coreper pour reprendre les discussions.

Le Coreper est donc un rouage central, dont la pratique n'a cessé de démontrer l'utilité, et qui permet de renforcer la capacité normative de l'Union. Environ 75 à 80% des textes adoptés par le Conseil le sont en partie A et donc sans vote des ministres.

C. Les règles de vote

a. LES TROIS MODALITÉS DE VOTE

227. En vertu de l'article 16, par. 3, du traité UE modifié, le Conseil «statue à la majorité qualifiée, sauf dans les cas où les traités en disposent autrement». Son calcul, qui, jusque-là, reposait sur une pondération de voix des membres du Conseil et sur la définition d'un seuil de majorité, a, en parallèle, été profondément modifié.

Les deux autres modalités de vote sont le vote à la majorité simple et l'unanimité.

Aux termes de l'article 238, par. 1, du traité FUE, «[p]our les délibérations qui requièrent la majorité simple, le Conseil statue à la majorité des membres qui le composent». Avec les élargissements successifs, cette modalité de vote, qui était considérée comme la règle de droit commun dans le traité de Rome, a progressivement perdu toute représentativité et a donc vu son périmètre fondre. Elle s'applique principalement pour les questions de procédure et l'adoption, par le Conseil, de son règlement intérieur (article 240, par. 3, TFUE).

L'unanimité, quant à elle, donne un droit de véto à chaque Etat membre, étant entendu que «les abstentions des membres présents ou représentés ne font pas obstacle à l'adoption des délibérations du Conseil qui requièrent l'unanimité» (article 238, par. 4, TFUE).

b. Le calcul de la majorité qualifiée

228. Lors des négociations du traité de Rome, la pondération des voix des membres du Conseil n'a pas été calculée d'une manière objective, en fonction de la population et/ou du poids économique des Etats mais a reflété un équilibre politique fonctionnel qui n'a été établi qu'au terme de longues négociations. La pondération retenue en définitive a donné une voix pour le Luxembourg, deux voix pour la Belgique et les Pays-Bas et quatre voix pour l'Allemagne, la France et l'Italie, soit un total de dix-sept voix. En d'autres termes, les Etats ont été divisés, en tenant compte de leur population, en trois grandes catégories : grands, moyens et petits, avec une parité au sein de chaque catégorie. La majorité qualifiée a été fixée à douze voix, soit 70,59% du total des voix. Tant les voix à attribuer aux Etats que le seuil de la majorité qualifiée ont été négociés puis arrêtés en tenant compte des alliances nécessaires pour former une majorité qualifiée mais aussi des possibles minorités de blocage[48]. Enfin,

---

[48] La minorité de blocage ne pouvait être détenue ni par les trois Etats du Benelux ni par un grand Etat agissant soit seul, soit avec le concours du seul

à l'origine, la majorité qualifiée n'impliquait pas une majorité numérique[49] mais, dans les cas exceptionnels où le Conseil ne statuait pas sur proposition de la Commission, les douze voix devaient représenter quatre Etats sur les six.

229. Ce système a été transposé sans difficulté lors du premier élargissement, en grande partie parce que, suite à la crise de la chaise vide et au compromis de Luxembourg, la majorité qualifiée avait été «mise au frigo». C'est seulement à partir du deuxième, et surtout du troisième élargissement, que sont apparues des difficultés dans l'extrapolation à une Europe élargie des règles imaginées par les auteurs du traité de Rome, en raison de la place grandissante prise par le vote à la majorité qualifiée, d'une part, et de l'augmentation potentielle du nombre de petits ou moyens Etats, d'autre part.

Les oppositions se sont concentrées sur le seuil de la majorité qualifiée et donc de la minorité de blocage; elles ont été résolues par un compromis appelé compromis de Ioannina, consistant à traiter dans une déclaration politique, de nature non juridique, des cas dans lesquels des Etats manquent de peu la minorité de blocage:

> «si des membres du Conseil représentant un total de 23 à 26 voix[50] indiquent leur intention de s'opposer à la prise d'une décision par le Conseil à la majorité qualifiée, le Conseil fera tout ce qui est en son pouvoir pour aboutir, dans un délai raisonnable (...) à une solution satisfaisante qui puisse être adoptée par 65 voix au moins...».

230. Conscients que ce compromis était un expédient qui ne saurait valoir pour les futurs élargissements de l'Union, les chefs d'Etat et de gouvernement ont voulu saisir l'occasion de la conférence intergouvernementale qui s'ouvrait en 1996 pour revoir le mécanisme de la majorité qualifiée mais aucune solution n'a pu être dégagée sur ce point dans le traité d'Amsterdam. C'est donc le traité de Nice qui a dû résoudre la question et, lors des négociations, la discussion de la majorité qualifiée au Conseil a été particulièrement longue et difficile à régler. Il y a eu évidemment le débat du poids respectif des petits et grands

---

Luxembourg. En revanche, elle pouvait résulter de l'association de deux grands Etats ou de l'association entre un grand Etat et un Etat moyen.

[49] Puisque les trois grands pouvaient mettre en minorité les trois petits.

[50] 26 voix étant la minorité de blocage puisque, dans l'Union à Quinze, la majorité qualifiée était de 62 voix sur 87.

Etats, rendu encore plus sensible par la perspective de l'élargissement à de nombreux petits Etats et l'abandon de la règle des deux commissaires pour les grands Etats. S'y est ajoutée la question du maintien ou non de groupes d'Etats avec parité de voix. Rien d'étonnant dans ces conditions à ce que le système adopté en définitive soit pour le moins compliqué. Il combine repondération des voix et nouveau calcul de la majorité qualifiée.

231. La nouvelle pondération des voix a donné les résultats suivants:

Allemagne, France, Italie, Royaume-Uni	29
Espagne, Pologne	27
Roumanie	14
Pays-Bas	13
Belgique, Grèce, Portugal, Hongrie, République tchèque	12
Autriche, Suède, Bulgarie	10
Danemark, Finlande, Irlande, Lituanie, Slovaquie	7
Luxembourg, Chypre, Estonie, Lettonie, Slovénie	4
Malte	3
Total	345

Dans ce compromis, les grands pays ont obtenu globalement gain de cause: ils ont vu leurs voix pratiquement tripler[51] et l'échelle des voix a quasiment doublé[52]. Globalement[53], le système de groupes d'Etats avec parité de voix a aussi été maintenu. En particulier, la présidence française a défendu avec âpreté la parité des voix avec Berlin qui a fini par abandonner son exigence[54]. Enfin, l'Espagne, avec 27 voix[55], a vu diminuer son «décrochage» par rapport au groupe des grands pays, la Pologne obtenant au passage le même nombre de voix. De l'avis général, ces deux pays ont été les «grands gagnants» de la repondération des voix.

232. Cette nouvelle pondération s'est accompagnée d'un nouveau calcul de la majorité qualifiée qui a multiplié les condi-

---

[51] 29 au lieu de 10.

[52] Auparavant, l'échelle était de 2 à 10 voix, alors qu'ici elle va de 3 à 29.

[53] Seule exception: les Pays-Bas qui, avec 13 voix, ont obtenu une différenciation «symbolique» par rapport au groupe des pays à 12 voix, dont la Belgique.

[54] La concession allemande a d'ailleurs eu un prix: à titre de compensation, l'Allemagne a conservé le même nombre de députés européens. Par ailleurs, le filet démographique analysé plus loin vient en atténuer les effets.

[55] A comparer à ses 8 voix sur un total de 87 voix dans l'Union à Quinze.

tions pour répondre aux exigences contradictoires des différents Etats membres.

Il y a d'abord, comme par le passé, la majorité en nombre de voix pondérées qui s'élève actuellement, avec l'entrée de la Bulgarie et de la Roumanie, à 255 voix sur un total de 345, soit une minorité de blocage de 91 voix. Mais le critère du nombre de voix n'est plus le seul à déterminer la majorité qualifiée, deux règles complémentaires étant ajoutées, qui donnent le sentiment qu'on a voulu donner satisfaction aussi bien aux petits qu'aux grands Etats.

233. D'abord, la majorité qualifiée n'est obtenue que si l'acte soumis au vote est, en tout état de cause, approuvé par une majorité d'Etats membres, ce seuil étant porté, comme dans le système antérieur, à deux tiers des Etats membres dans les hypothèses où le Conseil ne statue pas sur une proposition de la Commission. Les Etats les moins peuplés, qui ne voulaient à aucun prix que les nouvelles règles de pondération dans une Union élargie ne permettent aux grands Etats de les marginaliser, ont ainsi obtenu gain de cause.

234. Ensuite, une clause de vérification, encore appelée filet démographique, permet à tout Etat membre de demander, lors de la prise d'une décision par le Conseil à la majorité qualifiée, «qu'il soit vérifié que la majorité qualifiée représente au moins 62% de la population de l'Union. Si cette condition n'est pas remplie, la décision en cause ne sera pas adoptée». En d'autres termes, un groupe de pays représentant plus de 38% de la population a la capacité de bloquer une décision. Cette clause, qui a été obtenue par l'Allemagne en extrême fin de négociation, joue en faveur de cette dernière : représentant à elle seule 17% de la population de l'Union, elle pourra, plus facilement que tout autre Etat, réunir autour d'elle une minorité de blocage. Ainsi, il y a de fait une rupture de la règle de l'égalité entre «grands» Etats.

Ce système a très vite fait l'objet de critiques acerbes, soulignant qu'il aboutissait à alourdir et opacifier le processus de décision et qu'il risquait de favoriser la création de blocages, d'autant plus que les nouveaux pays n'ont pas l'habitude des procédures ni de la culture générale de la prise de décision dans l'Union.

235. Lors de la Convention sur l'avenir de l'Europe, une solution nettement plus simple a été proposée : la majorité qualifiée consisterait en la majorité des membres du Conseil représentant trois cinquièmes de la population de l'Union. Le système de la pondération des voix au Conseil imaginée lors des travaux préparatoires du traité de Rome était donc abandonné, au profit d'un système de double majorité. Cette solution a suscité l'objection des Etats auxquels le traité de Nice octroyait un nombre de voix plus que proportionnel à leur population, en particulier l'Espagne et la Pologne[56]. Un compromis avait pu être trouvé lors de la CIG de 2004, en grande partie suite à l'entrée en fonction du nouveau gouvernement socialiste en Espagne qui avait isolé la Pologne. La question a été remise sur le tapis lors de la CIG de 2007 : la Pologne a remis en cause ce compromis et obtenu de nouvelles concessions.

Le résultat de ces âpres discussions, commencées lors du Conseil européen de Bruxelles de juin 2007 et prolongées au Conseil européen informel de Lisbonne d'octobre 2007, est consigné à la fois dans le traité de Lisbonne, dans deux protocoles et dans une déclaration.

236. Selon l'article 16 du traité UE modifié, la majorité qualifiée se définit comme étant égale à 55 % des Etats représentant 65 % de la population de l'Union, étant précisé que la majorité devrait au moins comporter quinze Etats membres, ce qui est automatiquement le cas dans une Union à vingt-sept membres[57]. Pour éviter la faculté de blocage que confère aux grands Etats le seuil de 65 %, il a encore été prévu qu'une minorité de blocage devrait être composée de quatre Etats au moins. Trois grands Etats ne pourraient donc pas bloquer l'adoption d'un texte alors même qu'ils réuniraient plus de 35 % de la population. Cela signifie que le seuil de population est *de facto* abaissé lorsque trois Etats représentant plus de 35 % de la population s'opposent à la décision, encore qu'il leur suffira de rallier à leur cause un seul Etat, même petit, pour constituer une minorité de blocage.

Le principe d'une majorité qualifiée renforcée lorsque le Conseil ne statue pas sur proposition de la Commission[58] est maintenu : elle doit alors être égale à au moins 72 % des membres du

[56] En effet, avec une population cumulée proche de celle de l'Allemagne, ces deux pays totalisent ensemble 54 voix, pour 29 à l'Allemagne.
[57] Cette règle, qui figurait dans le traité constitutionnel, à une époque où l'Union comprenait seulement vingt-cinq membres et où la majorité de 55 % d'Etats pouvait être atteinte par quatorze Etats seulement, a été maintenue telle quelle dans le traité de Lisbonne.
[58] Ou du haut représentant dans la PESC.

Conseil, représentant des Etats membres réunissant au moins
65% de la population de l'Union.

Ce système ne sera cependant applicable qu'à partir du
1er novembre 2014. Les règles issues du traité de Nice continueront donc à s'appliquer jusqu'à cette date. Le protocole sur
les mesures transitoires, en son article 3, permet de plus à un
membre du Conseil de demander, entre le 1er novembre 2014
et le 31 mars 2017, que le calcul de la majorité qualifiée, pour
un vote particulier, continue à se faire en application des règles
issues du traité de Nice. Ceci risque d'être particulièrement
complexe à gérer.

237. En parallèle, la déclaration n° 7 annexée au traité de
Lisbonne prévoit qu'une décision dont le texte figure en annexe
de la déclaration, sera adoptée par le Conseil à la date de la
signature du traité de Lisbonne et entrera en vigueur en même
temps que ce traité.

Cette décision introduit une procédure inspirée du compromis
de Ioannina, en distinguant deux périodes : celle s'étendant entre
le 1er novembre 2014 et le 31 mars 2017 et celle postérieure au
1er avril 2017.

Au cours de la première période, si des membres représentant
les trois quarts de la minorité de blocage, en termes de population (soit 26,25% de la population) ou de nombre de membres
(soit neuf Etats), s'opposent à une décision, le Conseil doit, dans
un délai raisonnable, faire le nécessaire pour trouver une solution satisfaisante.

A partir d'avril 2017, sans doute en contrepartie de l'abandon
définitif des règles issues du traité de Nice, le seuil de déclenchement est abaissé : il suffira que des Etats représentant 55% de
la minorité de blocage, en termes de population (soit actuellement 19,25% de la population) ou de nombre de membres (soit
actuellement sept Etats), s'opposent à une décision pour que
s'impose la nécessité de trouver une solution satisfaisante.

La Pologne souhaitait qu'un délai minimum de discussion
supplémentaire soit inscrit dans la décision, mais elle s'est
heurtée à un refus unanime. La décision s'appliquera sans
préjudice des limites obligatoires de temps fixées par le droit de
l'Union et dans le respect du règlement intérieur du Conseil[59],
ce qui vient, heureusement, limiter sensiblement les capacités de

---

[59] Voy. à ce sujet *infra*, n°s 309, 329 et s.

blocage mises en place par ce mécanisme. Néanmoins, il reste difficile d'estimer aujourd'hui l'impact véritable qu'il aura sur le déroulement du vote à la majorité qualifiée au Conseil.

238. Enfin, le baroud d'honneur fait par la Pologne lors du Conseil européen de Lisbonne a conduit à l'adoption d'un protocole supplémentaire. La Pologne voulait que le compromis soit acté dans les traités eux-mêmes, ce qui l'aurait rendu pratiquement intangible. Elle n'a pas obtenu gain de cause mais elle a pu éviter l'application pure et simple de la majorité qualifiée pour l'abrogation de la décision actant le compromis obtenu à Lisbonne. Le protocole qu'elle a arraché en dernière minute rend plus difficile l'abrogation ou la modification, même indirecte, de cette décision en imposant qu'avant toute décision du Conseil sur ce point, le Conseil européen délibère sur le projet, en statuant par consensus[60].

c. LA PLACE DE LA MAJORITÉ QUALIFIÉE

239. Les négociateurs du traité de Rome avaient prévu que la majorité qualifiée devait devenir la règle pour la mise en œuvre des politiques communes – politique agricole commune, politique des transports, règles de concurrence et politique commerciale – lors du passage à la troisième et dernière étape de la période de transition en janvier 1966, sans pour autant se généraliser de manière absolue. En effet, et en revanche, l'unanimité continuerait à s'imposer pour les dispositions de nature constitutionnelle ou para-constitutionnelle, pour la mise en œuvre de la libre circulation des travailleurs, du droit d'établissement et de la libre prestation de services et d'une manière générale pour toutes les mesures de rapprochement des législations.

240. A la veille de l'échéance fixée par le traité de Rome pour l'entrée en vigueur effective de la majorité qualifiée, la crise de la chaise vide[61] est venue bouleverser la donne.

---

[60] Le compromis dégagé à Lisbonne va ainsi beaucoup plus loin que celui de la CIG de 2004. En effet, en 2004, il avait été convenu que la décision ne serait applicable que jusqu'en 2014, date après laquelle le Conseil pourrait l'abroger à la majorité qualifiée.

[61] Cette crise a fait suite au dépôt par la Commission d'un financement de la CEE par des ressources propres. Le gouvernement français s'est opposé à ce projet, qu'il considère comme beaucoup trop supranational, et, à partir du 30 juin 1965, il a décidé de ne plus participer au Conseil des ministres, d'où le nom de crise de la chaise vide. Il est vite apparu que les objectifs réels de la France à cette

Elle a pris fin par le «compromis de Luxembourg» du 29 janvier 1966 mais ce dernier n'a rien résolu. En effet, il a prévu que, lorsque des intérêts très importants d'un ou plusieurs Etats étaient en jeu, le Conseil devait s'efforcer de trouver une solution acceptable par tous, mais il a constaté «qu'une divergence subsistait sur ce qui devrait être fait au cas où la conciliation n'aboutirait pas complètement» et que «la délégation française estime que, lorsqu'il s'agit d'intérêts très importants, la discussion devra se poursuivre jusqu'à ce qu'on soit parvenu à un accord unanime». Accord sur un désaccord, il concluait que «cette divergence n'empêche pas la reprise, selon la procédure normale, des travaux de la Communauté».

Ce texte, bien que dépourvu de toute portée juridique, a eu des conséquences politiques considérables. En effet, à partir de cette date, le Conseil a abandonné la pratique du vote majoritaire au profit d'une stricte pratique de consensus, même pour des questions mineures. Le véto a progressivement ralenti voire paralysé le processus de décision.

241. Les choses ont commencé véritablement à évoluer dans le courant des années 1980. Dans le contexte de la crise provoquée par la question de la «contribution britannique» au budget communautaire où les autorités britanniques ont accompagné leurs revendications d'un chantage au Conseil, des brèches importantes ont été ouvertes dans la pratique systématique de l'unanimité et ont conduit à un certain retour au vote au sein du Conseil.

En 1986, avec l'adoption de l'Acte unique européen, on a assisté à une première avancée importante de la majorité qualifiée, rendue applicable pour l'adoption des mesures relatives au rapprochement des dispositions législatives, réglementaires et administratives des Etats membres qui ont pour objet l'établissement et le fonctionnement du marché intérieur, à l'exception de la fiscalité, de la libre circulation des personnes et des mesures relatives aux droits et intérêts des travailleurs salariés.

Après l'Acte unique européen, la tendance à recourir plus systématiquement au vote au sein du Conseil s'est confirmée, grâce notamment à une modification du règlement intérieur du

occasion étaient d'une part de réduire le rôle de la Commission et d'autre part d'empêcher la mise en application du vote à la majorité qualifiée au Conseil au 1er janvier 1966.

Conseil imposant au président du Conseil d'ouvrir une procédure de vote à la demande de la Commission ou d'un membre du Conseil, si une majorité simple des membres du Conseil y est favorable.

Les traités de Maastricht et d'Amsterdam ont conduit à une assez large avancée du vote à la majorité qualifiée, en tout cas pour le pilier communautaire. S'ils ont peu modifié la situation existante pour les compétences déjà reconnues à la Communauté – on peut citer l'exemple de l'environnement dans le traité de Maastricht et celui des programmes cadres en matière de recherche dans le traité d'Amsterdam –, ils ont largement ouvert à la majorité qualifiée les nouvelles compétences qui lui ont été dévolues. Le traité de Nice a continué le mouvement même si c'est de manière timide.

Les progrès se poursuivent avec le traité de Lisbonne, qui a fait de la majorité qualifiée la règle de droit commun, à part dans le domaine de la politique étrangère et de sécurité commune, où le traité UE prévoit que le Conseil statue à l'unanimité sauf «dans les cas où le présent chapitre en dispose autrement». Et cette affirmation de principe trouve un certain écho dans l'ajout d'une bonne vingtaine de nouveaux cas de recours à la majorité qualifiée. Le progrès est particulièrement sensible dans les matières qui relevaient auparavant du troisième pilier de l'Union. Dans un certain nombre de cas, l'introduction de la majorité qualifiée s'est accompagnée d'une procédure spécifique d'arbitrage du Conseil européen[62].

242. Il n'en demeure pas moins que l'unanimité conserve encore, même après l'entrée en vigueur du traité de Lisbonne, une place non négligeable : les principaux cas de maintien de l'unanimité, en dehors de la politique étrangère et de sécurité commune, se situent toujours dans des domaines que l'on peut qualifier de «quasi constitutionnels», mais aussi dans tous ceux, particulièrement sensibles, où les Etats membres ont voulu se garder un droit de véto : l'extension des droits liés à la citoyenneté de l'Union, la fiscalité, certains aspects de la politique sociale, la coopération policière opérationnelle, le régime linguistique, les sièges des institutions…

Le traité de Lisbonne instaure aussi une clause de passerelle qui permet au Conseil européen d'autoriser le passage du vote

---

[62] Voy. à ce sujet *supra*, n° 212.

à l'unanimité au vote à la majorité qualifiée[63]. Cette clause
s'applique dans les domaines couverts par le traité FUE et en
matière de politique étrangère et de sécurité commune, à l'exclusion cependant des décisions ayant des implications militaires
ou dans le domaine de la défense.

D. Attributions (vue générale)

243. Au départ, le Conseil était investi de l'essentiel du pouvoir
de décision mais cette affirmation a dû progressivement être
nuancée, compte tenu de la montée en puissance des autres institutions, en particulier du Parlement européen. L'article 16 du
traité UE modifié définit les compétences du Conseil dans les
termes suivants:

> «Le Conseil exerce, conjointement avec le Parlement européen, les
> fonctions législative et budgétaire. Il exerce des fonctions de défini-
> tion des politiques et de coordination conformément aux conditions
> prévues par les traités».

Ceci ne rend pas totalement compte de ses compétences, car il
faut y ajouter que, en matière de relations extérieures, le Conseil
dispose seul du pouvoir de conclure les accords au nom de
l'Union et que, sur le terrain de l'exécution, il conserve certaines
prérogatives.

4. La Commission

244. La Commission est, face au Conseil, l'institution qui représente et exprime l'intérêt général dans la Communauté et maintenant dans l'Union.

A. Composition

a. NOMBRE DE MEMBRES DE LA COMMISSION

245. A l'origine, l'article 157 du traité CEE, devenu article
213 du traité CE, prévoyait que la Commission était composée
«d'au moins un ressortissant de chaque Etat membre sans que
le nombre de membres ayant la nationalité d'un même Etat soit
supérieur à deux». Le Conseil pouvait modifier à l'unanimité le
nombre de membres de la Commission.

---

[63] Voy. à ce sujet *infra*, n° 419.

A chaque élargissement, la composition de la Commission a été modifiée par l'acte d'adhésion. Après l'adhésion de l'Autriche, de la Finlande et de la Suède, la Commission a été ainsi composée de vingt membres, les cinq Etats les plus importants – l'Allemagne, l'Espagne, la France, le Royaume-Uni et l'Italie – disposant de deux membres au sein de la Commission et les dix autres Etats, d'un seul.

246. Dans l'optique du dernier élargissement, la question du nombre de membres de la Commission a été au centre de vives discussions. Le traité d'Amsterdam n'a pu trouver de solution et la question a donc été reposée à Nice. Un protocole joint au traité de Nice a prévu que, lors de son entrée en fonction, la prochaine Commission ne compterait qu'un seul commissaire de chaque Etat membre et ce, jusqu'à ce que l'Union européenne compte vingt-sept membres. Il a ajouté qu'à partir de la première Commission qui serait nommée après que l'Union comptera vingt-sept Etats membres, le nombre de membres de la Commission serait inférieur au nombre d'Etats membres, les membres étant choisis sur la base d'une rotation égalitaire. Le nombre précis des membres et l'ordre de la rotation devaient être fixés par le Conseil statuant à l'unanimité après la signature du traité d'adhésion du vingt-septième Etat membre, en tenant compte de la nécessité, d'une part, que tous les Etats membres soient traités sur un strict pied d'égalité, d'autre part, que chaque collège reflète de manière satisfaisante les différentes caractéristiques démographiques et géographiques des Etats membres.
En pratique, à partir du 1er janvier 2007, la Commission a compté vingt-sept membres, conformément aux prévisions de l'acte d'adhésion de la Bulgarie et de la Roumanie[64].

247. Le traité de Lisbonne, reprenant en cela le texte du traité constitutionnel[65], a prévu que, durant une période transitoire,

---

[64] L'article 45 dispose que «[u]n ressortissant de chaque nouvel Etat membre est nommé à la Commission à compter de la date d'adhésion (…). Le mandat des membres ainsi nommés expire en même temps que celui des membres qui sont en fonction au moment de l'adhésion».
[65] La Convention sur l'avenir de l'Europe avait proposé une solution radicale et originale : la Commission aurait compté quinze membres avec droit de vote, y compris son président et le ministre des Affaires étrangères, et le collège aurait été complété par des commissaires sans droit de vote ayant la nationalité des Etats membres n'ayant pas de commissaire avec droit de vote. La CIG de 2004 a balayé cette proposition.

la Commission nommée entre la date de son entrée en vigueur et le 31 octobre 2014, serait composée d'un ressortissant de chaque Etat membre, y compris son président et le haut représentant de l'Union pour les affaires étrangères et la politique de sécurité. A partir du 1er novembre 2014, la Commission devrait être composée d'un nombre de membres, toujours y compris son président et le haut représentant, correspondant aux deux tiers du nombre d'Etats membres (soit dix-huit dans l'Union à Vingt-sept), à moins, ajoute l'article 17, par. 4, du traité UE modifié, que «le Conseil européen, statuant à l'unanimité, ne décide de modifier ce nombre».

248. L'article 17, par. 4, du traité UE modifié charge aussi le Conseil européen, statuant à l'unanimité, d'établir le système de rotation, conformément aux principes énoncés à l'article 244 du traité FUE : les Etats membres devront être «traités sur un strict pied d'égalité pour la détermination de l'ordre de passage et du temps de présence de leurs ressortissants au sein de la Commission ; en conséquence, l'écart entre les mandats détenus par les ressortissants de deux Etats membres ne pourra être supérieur à un». Cela implique que nul ne pourra exercer plus de deux mandats consécutifs. La rotation devra refléter de manière satisfaisante «l'éventail géographique et démographique des Etats membres», condition qui était déjà énoncée dans le traité de Nice.

249. La déclaration n° 10 annexée au traité de Lisbonne souligne la nécessité, lorsque la Commission ne comprendra plus des ressortissants de tous les Etats membres, que celle-ci accorde une attention particulière à la nécessité de garantir une transparence absolue dans ses relations avec l'ensemble des Etats membres. La Commission devra donc «rester en contact étroit avec tous les Etats membres, que ceux-ci comptent ou non un de leurs ressortissants parmi les membres de la Commission et (…) accorder une attention particulière à la nécessité de partager les informations avec tous les Etats membres et de les consulter». La Commission est enfin invitée «à prendre toutes les mesures utiles afin de garantir que les réalités politiques, sociales et économiques de tous les Etats membres, y compris ceux qui ne comptent pas de ressortissant parmi les membres de la Commission, sont pleinement prises en compte». Décidément, le cordon ombilical entre les Etats membres et les membres de la Commission est bien difficile à couper.

250. Cette réduction du nombre de membres de la Commission a d'ailleurs été une des raisons majeures invoquées par la population irlandaise pour justifier le non au référendum de juin 2008.

Lors de sa réunion des 11 et 12 décembre 2008, le Conseil européen a répondu à cette préoccupation, dans les termes suivants :

> «En ce qui concerne la composition de la Commission, le Conseil européen rappelle que les traités en vigueur exigent la réduction du nombre des membres de la Commission en 2009.
> Le Conseil européen convient que, à condition que le traité de Lisbonne entre en vigueur, une décision sera prise, conformément aux procédures juridiques nécessaires, pour que la Commission puisse continuer de comprendre un national de chaque Etat membre».

En d'autres termes, le Conseil européen a interprété le pouvoir que lui donne l'article 17, par. 4, du traité UE modifié, de «modifier» le nombre de membres de la Commission, comme lui permettant de maintenir un nombre de membres de la Commission égal au nombre d'Etats membres et s'est engagé à prendre, après l'entrée en vigueur du traité de Lisbonne, une décision en ce sens.

L'entrée en vigueur, le 1er décembre 2009, du traité de Lisbonne a permis d'éviter une réduction immédiate du nombre de membres de la Commission. Mais la nouvelle Commission n'a pu entrer en fonction le 1er novembre 2009 comme initialement prévu.

b. Désignation des membres de la Commission

251. Les membres de la Commission sont choisis «en raison de leur compétence générale» et, ajoute le traité de Lisbonne, «de leur engagement européen». Ils doivent en outre offrir «toutes garanties d'indépendance» (article 17, par. 3, TUE modifié).

252. S'agissant de la procédure conduisant à leur désignation, le traité de Rome prévoyait que les membres de la Commission étaient nommés «d'un commun accord des gouvernements des Etats membres». Dans les faits, la désignation des membres de la Commission procédait d'une série de décisions unilatérales et chaque gouvernement disposait d'une autonomie totale pour choisir son commissaire, ce qui était susceptible d'affecter l'indépendance de la Commission, chaque Etat considérant le commissaire de sa nationalité comme son représentant.

Le traité de Maastricht, et ensuite les traités d'Amsterdam, de Nice et de Lisbonne, ont modifié de façon importante ces règles en associant de manière de plus en plus étroite le Parlement européen à la procédure de nomination de la Commission. Au terme de cette évolution, la nomination des membres de la Commission relève aussi de la compétence du Conseil et du Conseil européen et non plus des gouvernements des Etats membres.

253. En vertu de l'article 17, par. 7, du traité UE modifié, la procédure commence par l'élection du président de la Commission européenne par le Parlement européen :

> «[e]n tenant compte des élections au Parlement européen, et après avoir procédé aux consultations appropriées, le Conseil européen, statuant à la majorité qualifiée, propose au Parlement européen un candidat à la fonction de président de la Commission. Ce candidat est élu par le Parlement européen à la majorité des membres qui le composent. Si ce candidat ne recueille pas la majorité, le Conseil européen, statuant à la majorité qualifiée, propose, dans un délai d'un mois, un nouveau candidat, qui est élu par le Parlement européen selon la même procédure».

La déclaration n° 11 annexée au traité de Lisbonne souligne que

> «[e]n vertu des dispositions des traités, le Parlement européen et le Conseil européen ont une responsabilité commune dans le bon déroulement du processus conduisant à l'élection du président de la Commission européenne. En conséquence, des représentants du Parlement européen et du Conseil européen procéderont, préalablement à la décision du Conseil européen, aux consultations nécessaires dans le cadre jugé le plus approprié.
>
> Ces consultations porteront sur le profil des candidats aux fonctions de président de la Commission (…). Les modalités de ces consultations pourront être précisées, en temps utile, d'un commun accord entre le Parlement européen et le Conseil européen».

L'élection du président de la Commission par le Parlement européen, couplée avec la nécessité pour lui de recueillir le soutien de la majorité des membres composant le Parlement européen[66] et de l'obligation de tenir compte des résultats des élections au Parlement européen, doit renforcer sa légitimité démocratique et donc son poids politique.

254. Ces règles diffèrent de celles issues du traité de Nice, selon lesquelles le Conseil réuni au niveau des chefs d'Etat ou de gouvernement désigne à la majorité qualifiée[67], avec l'approbation du Parlement européen, la personnalité qu'il envisage de nommer comme président de la Commission.

Le retard pris dans l'entrée en vigueur du traité de Lisbonne a donc compliqué la nomination du président de la Commission européenne qui devait prendre ses fonctions le 1er novembre 2009. Fallait-il appliquer les règles issues du traité de Nice ou celles issues du traité de Lisbonne? C'est en définitive une solution intermédiaire tout à fait originale qui a été appliquée :

– lors de la réunion du Conseil européen des 18 et 19 juin 2009, les chefs d'Etat et de gouvernement se sont entendus[68] sur le nom de José Manuel Barroso «comme étant la personnalité qu'ils envisagent de désigner en tant que président de la Commission européenne pour la période 2009-2014». Ils ont invité les Premiers ministres de la République tchèque et de la Suède à mener «des discussions avec le Parlement européen afin de déterminer si ce dernier est en mesure d'approuver cette désignation lors de sa séance plénière de juillet». Ils ont convenu que, à l'issue de ces discussions, le Conseil, réuni au niveau des chefs d'Etat ou de gouvernement, formaliserait, sur la base de l'article 214, du traité CE, sa décision relative à la désignation de la personnalité qu'il envisage de nommer président de la Commission ;
– le Parlement européen a décidé de mettre la question de la désignation de Monsieur Barroso à l'ordre du jour de sa session plénière de septembre. Et, le 16 septembre 2009, il a procédé à *l'élection* du nouveau président de la Commission, bien que le traité de

---

[66] Ce qui implique l'appui d'une coalition de plusieurs groupes politiques au sein du Parlement puisqu'aucun groupe n'est en mesure à lui seul de réunir cette majorité ; voy., pour le poids respectif des différents groupes politiques, *supra*, n° 188.

[67] Lors de la désignation de la première Commission Barroso, il n'avait pas été possible de mettre en œuvre cette possibilité entièrement neuve d'une majorité qualifiée pour le choix du président de la Commission et une solution de consensus avait dû être recherchée.

[68] A l'unanimité tiennent à préciser les conclusions.

Lisbonne ne soit pas encore en vigueur[69]. Cette élection a été acquise à une confortable majorité[70] ;

– le 17 septembre 2009, les chefs d'Etat ou de gouvernement ont adopté une déclaration dans laquelle ils se sont félicités de ce que le Parlement europeén ait approuvé la désignation de Monsieur Barroso pour un second mandat ;

– dans une décision du 2 décembre 2009, le Conseil a constaté que le Parlement europeén avait élu Monsieur Barroso.

255. Vient ensuite la procédure de désignation des autres membres de la Commission, qui n'a été modifiée qu'à la marge par le traité de Lisbonne. L'article 17, par. 7, du traité UE modifié dispose que le Conseil, d'un commun accord avec le président élu, adopte la liste des autres personnalités qu'il propose de nommer membres de la Commission[71]. Le choix de celles-ci s'effectue sur la base des suggestions faites par les Etats membres[72].

Le président, le haut représentant de l'Union pour les affaires étrangères et la politique de sécurité et les autres membres de la Commission sont alors soumis, en tant que collège, à un vote d'approbation du Parlement europeén. Enfin, sur la base de cette approbation, la Commission est nommée par le Conseil europeén, statuant à la majorité qualifiée[73].

256. Le vote du Parlement europeén apparaît bien comme un vote d'investiture, même si ce terme n'est pas utilisé par les

[69] A cette fin, il s'est fondé sur l'article 105 de son règlement intérieur, qui, dans sa version de juillet 2009, s'intitulait déjà élection du président de la Commission européenne, mais prévoyait que le Parlement approuve ou rejette la désignation proposée à la majorité des suffrages exprimés.

[70] 718 députés ont participé au vote. 382 députés ont voté pour, 219 contre et 117 se sont abstenus. La majorité des membres composant le Parlement europeén imposée par le traité de Lisbonne a donc été atteinte.

[71] Dans sa décision précitée du 2 décembre 2009, le Conseil a adopté, de commun accord avec le président de la Commission élu, la liste des autres personnalités qu'il propose de nommer membres de la Commission jusqu'au 31 octobre 2014.

[72] L'article 214 du traité CE indiquait que cette désignation se faisait conformément aux propositions faites par chaque Etat membre. La Convention sur l'avenir de l'Europe avait voulu révolutionner la procédure en permettant au président de la Commission de choisir les membres de la Commission sur une liste de trois personnes présentée par chaque Etat membre. La CIG de 2004 a cependant fait marche arrière.

[73] Le traité de Nice avait prévu que cette nomination était faite par le Conseil (des ministres).

traités, puisque l'approbation parlementaire est une condition nécessaire de la nomination des membres de la Commission.

S'il n'y a pas d'approbation individuelle des membres de la Commission autres que le président mais un vote global sur un collège pris dans son ensemble, le Parlement a décidé depuis 1995 de préparer l'approbation dans le cadre d'auditions des futurs commissaires par les différentes commissions parlementaires compétentes. Au cours de ces auditions, le Parlement évalue les commissaires désignés sur la base de leur compétence générale, de leur engagement européen et de leur indépendance personnelle. Il évalue la connaissance de leur portefeuille potentiel et leurs capacités de communication. Le Parlement tient compte en particulier de l'équilibre entre les genres. Il peut s'exprimer sur la répartition des portefeuilles par le président élu[74].

Lors de la nomination de la première Commission Barroso en 2004, le Parlement européen a fait savoir qu'il ne pouvait accepter la nomination de certains de ses membres. Le président élu a retiré la nouvelle Commission proposée au Parlement européen et fait une proposition de nouvelle Commission, dans laquelle ne figuraient plus les membres contestés, ce qui a permis au Parlement de donner son approbation à la nomination de la Commission.

La nomination de la deuxième Commission Barroso a aussi connu des difficultés. Suite aux critiques dont la candidate bulgare a fait l'objet lors de son audition par le Parlement européen, le gouvernement bulgare a décidé de la remplacer. La nouvelle équipe a reçu l'approbation parlementaire le 9 février 2010 et est officiellement entrée en fonction le lendemain.

c. INDÉPENDANCE DES MEMBRES DE LA COMMISSION

257. L'indépendance des membres de la Commission est considérée comme une condition essentielle.

Aux termes du paragraphe 3 de l'article 17 du traité UE modifié,

« [l]a Commission exerce ses responsabilités en pleine indépendance. Sans préjudice de l'article 18, par. 2[75], les membres de la Commission ne sollicitent ni n'acceptent d'instructions d'aucun gouverne-

---

[74] Comme le précise l'annexe XVII du règlement intérieur du Parlement européen.
[75] Ceci est une référence au statut spécifique du haut représentant, voy. à ce sujet *infra*, n° 269.

ment, institution, organe ou organisme. Ils s'abstiennent de tout acte incompatible avec leurs fonctions ou l'exécution de leurs tâches».

Cette disposition est complétée par l'article 245 du traité FUE, libellé comme suit :

> «Les membres de la Commission s'abstiennent de tout acte incompatible avec le caractère de leurs fonctions. Les Etats membres respectent leur indépendance et ne cherchent pas à les influencer dans l'exécution de leur tâche.
> Les membres de la Commission ne peuvent, pendant la durée de leurs fonctions, exercer aucune autre activité professionnelle, rémunérée ou non. Ils prennent, lors de leur installation, l'engagement solennel de respecter, pendant la durée de leurs fonctions et après la cessation de celles-ci, les obligations découlant de leur charge, notamment les devoirs d'honnêteté et de délicatesse quant à l'acceptation, après cette cessation, de certaines fonctions ou de certains avantages»[76].

d. Durée du mandat de la Commission

258. Le mandat de la Commission qui, à l'origine, était de quatre ans a été porté, depuis le traité de Maastricht, à cinq ans, afin de l'aligner sur la durée du mandat des députés européens. Cela concerne aussi le président de la Commission qui, auparavant, était choisi pour une période de deux ans seulement.

Il peut cependant y avoir cessation de fonction avant terme des membres de la Commission, qui peut être individuelle ou collective (article 246 TFUE, reprenant l'ancien article 215 CE), mais elle ne vient pas modifier la durée du mandat de la Commission. La Commission nommée en novembre 2004 est restée en fonction au-delà du terme normal de son mandat, le 31 octobre 2009, en raison du retard pris dans la désignation de la Commission qui devait lui succéder. Elle a continué à expédier les affaires courantes jusqu'à la désignation et à la prise de fonction du nouveau collège. La définition des affaires courantes est assez floue, la jurisprudence s'étant bornée à indiquer qu'elle exclut la prise d'initiatives politiques nouvelles[77].

259. Les fonctions de membre de la Commission prennent fin individuellement par démission volontaire ou d'office. La démis-

---

[76] Les articles 17 du traité UE et 245 du traité FUE reprennent en substance les termes de l'article 213 du traité CE.
[77] TPI, 6 mars 2003, *Westdeutsche Landesbank Girozentrale c. Commission*, T-228/99 et T-233/99, point 96.

sion d'office est prononcée par la Cour de justice, à la requête du Conseil et de la Commission, si le commissaire concerné ne remplit plus les conditions nécessaires à l'exercice de ses fonctions ou s'il a commis une faute grave (article 247 TFUE reprenant l'ancien article 216 CE).

Le traité de Lisbonne, dans la foulée du traité constitutionnel, donne au président de la Commission le pouvoir de démettre un membre de la Commission : «[u]n membre de la Commission présente sa démission si le président le lui demande» (article 17, par. 7, TUE modifié). Auparavant, selon l'article 217 du traité CE, tel que modifié par le traité de Nice, le président devait à cette fin obtenir l'approbation du collège.

260. Le membre démissionnaire ou décédé est remplacé, pour la durée du mandat restant à courir par un nouveau membre de la même nationalité nommé par le Conseil, statuant à la majorité qualifiée, d'un commun accord avec le président de la Commission, après consultation du Parlement européen. Le Conseil, statuant à l'unanimité, sur proposition du président de la Commission, peut décider qu'il n'y a pas lieu à remplacement, notamment lorsque la durée du mandat du membre de la Commission restant à courir est courte. Si c'est le président qui est décédé ou démissionnaire, son remplacement doit se faire en respectant la procédure applicable à sa nomination et aucune possibilité de non-remplacement n'est prévue (article 246 TFUE, qui vient apporter plusieurs précisions à l'ancien article 215 CE). L'article 215 du traité CE prévoyait encore en son paragraphe 4 que, sauf démission d'office, le membre démissionnaire restait en fonction jusqu'à son remplacement ou jusqu'à la décision du Conseil de ne pas procéder au remplacement. Cette disposition ne figure plus dans le traité de Lisbonne.

261. La cessation collective des fonctions de la Commission peut être la conséquence de l'adoption d'une motion de censure par le Parlement européen ou être une démission volontaire collective, comme celle intervenue le 16 mars 1999 après la remise du rapport des sages. Il est alors pourvu au remplacement de ses membres en respectant la procédure de nomination de la Commission, pour la durée du mandat restant à courir.

En cas de démission consécutive à une motion de censure, l'article 234 du traité FUE, reprenant les termes de l'ancien article 201 du traité CE, dispose que les membres de la Commission continuent à expédier les affaires courantes jusqu'à leur remplacement.

Le traité CE ne prévoyait pas l'hypothèse d'une démission collective volontaire et la question s'était donc posée de savoir si, dans un tel cas, les membres de la Commission conservaient la plénitude de leurs compétences ou si celles-ci étaient limitées à la gestion des affaires courantes[78]. Le traité de Lisbonne a mis fin à l'incertitude en prévoyant désormais explicitement le cas de figure de la démission collective en indiquant que, dans cette hypothèse, les membres de la Commission « restent en fonctions et continuent à expédier les affaires courantes jusqu'à ce qu'il soit pourvu à leur remplacement ».

B. Organisation et fonctionnement

a. LE PRÉSIDENT DE LA COMMISSION

262. La Commission forme un collège avec à sa tête un président et des vice-présidents, dont le nombre n'est plus fixé par les traités[79].

Conçu au départ comme un simple *primus inter pares*, le président de la Commission a vu ses compétences, sa position et son autorité se renforcer au fil du temps, et surtout avec les traités d'Amsterdam et de Nice. Ses prérogatives ont été confirmées par le traité de Lisbonne et figurent maintenant en partie au paragraphe 6 de l'article 17 du traité UE modifié et à l'article 248 du traité FUE, qui reprennent la teneur de l'ancien article 217 du traité CE. Son autorité est encore renforcée par le fait qu'il peut exiger, sans nécessité d'avoir l'aval du collège, la démission d'un membre de la Commission[80].

Aux termes de l'article 17, par. 6, du traité UE modifié, le président de la Commission

« a) définit les orientations dans le cadre desquelles la Commission exerce sa mission ;

---

[78] Le Tribunal avait considéré qu'une démission collective volontaire n'ayant pas été prévue par le traité CE devait donc s'analyser comme un série de démissions individuelles simultanées avec la conséquence que le paragraphe 4 de l'article 215 devait s'appliquer ; TPI, 17 décembre 2003, *British Airways c. Commission*, T-219/99, points 51 et s.

[79] Et ce depuis le traité de Nice.

[80] Voy. *supra*, n° 259.

b) décide de l'organisation interne de la Commission afin d'assurer la cohérence, l'efficacité et la collégialité de son action ;

c) nomme des vice-présidents, autres que le haut représentant de l'Union pour les affaires étrangères et la politique de sécurité, parmi les membres de la Commission ».

L'article 248 du traité FUE ajoute que

« les responsabilités incombant à la Commission sont structurées et réparties entre ses membres par le président (…). Le président peut remanier la répartition de ces responsabilités en cours de mandat. Les membres de la Commission exercent les fonctions qui leur sont dévolues par le président sous l'autorité de celui-ci ».

b. LE PRINCIPE DE COLLÉGIALITÉ ET SES AMÉNAGEMENTS

263. Le fonctionnement de la Commission est régi par le principe de collégialité[81], même si on peut craindre que ce principe soit de plus en plus difficile à mettre en œuvre, compte tenu de l'augmentation constante du nombre des membres de la Commission.

Selon une jurisprudence constante,

« le principe de collégialité repose sur l'égalité des membres de la Commission dans la participation à la prise de décision et implique notamment que les décisions soient délibérées en commun et que tous les membres du collège soient collectivement responsables, sur le plan politique, de l'ensemble des décisions arrêtées »[82].

Une interprétation stricte et étroite de la collégialité risquerait de mettre en cause les impératifs d'une bonne gestion administrative. Ce principe a donc dû être aménagé. En premier lieu, chaque commissaire dispose d'un domaine spécifique de compétence dans lequel il est responsable de la préparation et de l'exécution des décisions de la Commission. Ensuite, la Commission peut habiliter un ou plusieurs de ses membres à prendre en son nom et sous son contrôle des mesures de gestion ou d'administration clairement définies. Il faut souligner que la Cour de

---

[81] Explicitement visé à l'article 17, par. 6, du traité UE modifié, reprenant les termes de l'article 217, par. 1, du traité CE.

[82] Voy. notamment CJ, 23 septembre 1986, *Akzo chimie c. Commission*, 5/85 ; 15 juin 1994, *Commission c. BASF e.a.*, C-137/92 P ; 29 septembre 1998, *Commission c. Allemagne*, C-191/95 ; 13 décembre 2001, *Commission c. France*, C-1/00.

justice – et plus encore le Tribunal[83] – retiennent une interprétation très restrictive de cette notion, ce qui réduit la portée effective des habilitations que la Commission peut conférer.

c. L'ORGANISATION DES TRAVAUX DE LA COMMISSION

264. La Commission se réunit en règle générale une fois par semaine et chaque fois que son président ou ses membres le jugent nécessaire. Elle est convoquée par son président qui préside la séance et élabore son ordre du jour. La Commission ne peut siéger valablement que si la majorité de ses membres sont présents. Les débats sont confidentiels.

Aux termes de l'article 250 du traité FUE (reprenant l'article 219 du traité CE), « les délibérations de la Commission sont acquises à la majorité de ses membres ». L'article 250 du traité FUE ajoute, confirmant ainsi la pratique actuelle, que le règlement intérieur fixe le quorum.

265. La Commission dispose de services administratifs, répartis en quarante directions générales (DG) et services, qui sont eux-mêmes subdivisés en directions et ces directions, en unités. Ils comptent environ 38 000 fonctionnaires et autres agents, qui sont pour l'essentiel établis à Bruxelles et, pour une petite minorité d'entre eux, à Luxembourg.

C. Attributions (vue générale)

266. L'article 17, par. 1, du traité UE modifié fait une synthèse assez complète des attributions de la Commission dans les termes suivants :

> « La Commission promeut l'intérêt général de l'Union et prend les initiatives appropriées à cette fin. Elle veille à l'application des traités ainsi que des mesures adoptées par les institutions en vertu de ceux-ci. Elle surveille l'application du droit de l'Union sous le contrôle de la Cour de justice de l'Union européenne. Elle exécute le budget et gère les programmes. Elle exerce des fonctions de coordination, d'exécution et de gestion conformément aux conditions prévues par les traités. A l'exception de la politique étrangère et de sécurité commune et des autres cas prévus par les traités, elle assure la représentation extérieure de l'Union. Elle prend les initiatives de la

[83] Arrêts du 27 avril 1995, *ASPEC e.a. c. Commission*, T-435/93 (arrêts dits *Italgrani*).

programmation annuelle et pluriannuelle de l'Union pour parvenir à des accords interinstitutionnels ».

5. Le haut représentant de l'Union pour les affaires étrangères et la politique de sécurité

267. Une des principales innovations de la Constitution était la création du poste de ministre des Affaires étrangères de l'Union, qui devait cumuler les fonctions du secrétaire général/haut représentant pour la politique étrangère et de sécurité commune et celles du membre de la Commission chargé des relations extérieures. Ce nouveau personnage avait donc une double nature, du point de vue tant de sa position que de ses fonctions.

Lorsqu'il a fallu discuter des projets de relance après l'échec de la ratification de la Constitution, il est très vite apparu que le Royaume-Uni s'opposerait au maintien du titre de ministre. Il fut donc décidé d'y renoncer au profit de celui, plus modeste, de « haut représentant de l'Union pour les affaires étrangères et la politique de sécurité » (ci-après le haut représentant) mais aucune modification de substance n'a accompagné ce changement de dénomination.

A. Nomination et statut

268. Le haut représentant est nommé par le Conseil européen, statuant à la majorité qualifiée, avec l'accord du président de la Commission. Le Conseil européen peut mettre fin à son mandat selon la même procédure (article 18 TUE modifié). Le haut représentant est aussi vice-président de la Commission européenne et, dès lors, il fait partie de la Commission qui, en tant que collège, est soumise à un vote d'approbation du Parlement européen. L'article 17 du traité UE modifié le précise explicitement :

> « Le président, le haut représentant de l'Union pour les affaires étrangères et la politique de sécurité et les autres membres de la Commission sont soumis, en tant que collège, à un vote d'approbation du Parlement européen ».

L'article 5 du protocole sur les dispositions transitoires permet au Conseil européen de nommer provisoirement le haut représentant avec l'accord du président de la Commission européenne, en attendant l'entrée en fonction de la nouvelle

Commission[84]. Suite à l'accord intervenu lors de la réunion informelle du Conseil européen du 19 novembre 2009 sur la personne de Madame Catherine Ashton, jusque-là membre de la Commission européenne[85], le Conseil européen a adopté deux décisions, en accord avec le président de la Commission européenne, la première, datée du 1er décembre, portant nomination de Madame Ashton «pour la période allant du 1er décembre 2009 jusqu'à la fin du mandat de la Commission alors en exercice» et la seconde, datée du 4 décembre, portant nomination de cette dernière pour la période allant de la fin du mandat de la Commission alors en exercice jusqu'au 31 octobre 2014[86].

269. Dans l'exercice de ces responsabilités au sein de la Commission, et pour ces seules responsabilités, le haut représentant est soumis aux procédures qui régissent le fonctionnement de la Commission mais pour autant que cela soit compatible avec les autres fonctions qu'il assume.

Ainsi, si une motion de censure devait être votée par le Parlement, le haut représentant devrait «démissionner des fonctions qu'il exerce au sein de la Commission», mais il pourrait continuer à exercer ses autres fonctions. Le président de la Commission peut lui demander de donner sa démission mais seulement de commun accord avec le Conseil européen statuant à la majorité qualifiée.

L'interdiction, pour les membres de la Commission, de solliciter ou d'accepter «d'instructions d'aucun gouvernement, institution, organe ou organisme» ne s'applique pas au haut représentant lorsqu'il agit en tant que mandataire du Conseil des ministres pour la conduite de la politique étrangère et de sécurité commune.

270. Ce statut complexe, qui rend le haut représentant responsable à la fois devant le président de la Commission européenne,

---

[84] Cette disposition avait été introduite dans la perspective de l'entrée en vigueur du traité de Lisbonne au 1er janvier 2009, soit avant l'entrée en fonction de la Commission prévue pour le 1er novembre 2009. Elle a dû être mobilisée en raison du retard pris dans l'entrée en vigueur du traité de Lisbonne et donc dans la désignation de la nouvelle Commission.

[85] Cet accord politique a été acquis à l'unanimité même si la majorité qualifiée était possible.

[86] Le 2 décembre 2009, elle a eu «un échange de vues», avec la commission des affaires étrangères du Parlement européen. Elle a été auditionnée, en tant que future vice-présidente de la Commission européenne, le 11 janvier 2010.

devant le Conseil européen et devant le Parlement européen, soulève des questions délicates auxquelles seule l'expérience permettra d'apporter une réponse mais devrait renforcer son influence sur l'action extérieure de l'Union.

B. Attributions

271. La double appartenance du haut représentant se traduit aussi dans ses attributions.

272. Tout d'abord, le haut représentant

> «conduit la politique étrangère et de sécurité commune de l'Union. Il contribue par ses propositions à l'élaboration de cette politique et l'exécute en tant que mandataire du Conseil. Il agit de même pour la politique de sécurité et de défense commune» (article 18, par. 2, TUE modifié).

A ce titre, il préside le Conseil des affaires étrangères et participe aux travaux du Conseil européen. Il dispose du pouvoir d'initiative dans le domaine de la politique étrangère et de sécurité commune, soit seul, soit avec le soutien de la Commission (article 30, par. 1, UE modifié). Il exécute la politique étrangère et de sécurité commune avec les Etats membres, «en utilisant les moyens nationaux et ceux de l'Union» (article 26, par. 3, UE modifié)[87]. Enfin, il a un rôle important de représentation :

> «[il] représente l'Union pour les matières relevant de la politique étrangère et de sécurité commune. Il conduit au nom de l'Union le dialogue politique avec les tiers et exprime la position de l'Union dans les organisations internationales et au sein des conférences internationales» (article 26, par. 2, UE modifié).

Restera à savoir comment ce rôle se conciliera avec celui de président du Conseil européen en ce domaine.

273. Ensuite, en sa qualité de vice-président de la Commission, le haut représentant

> «est chargé, au sein de la Commission, des responsabilités qui incombent à cette dernière dans le domaine des relations extérieures et de

---

[87] Le haut représentant peut compter à cet égard sur l'appui d'un service européen pour l'action extérieure composé de fonctionnaires des services compétents du secrétariat général du Conseil et de la Commission ainsi que de personnel détaché des services diplomatiques nationaux. Voy. à ce sujet *infra*, nᵒˢ 1100 et s.

la coordination des autres aspects de l'action extérieure de l'Union »
(article 18, par. 4, UE modifié).

Ceci devrait l'amener à superviser l'action de l'ensemble des
commissaires et des directions générales de la Commission qui
gèrent des portefeuilles en lien direct avec les relations extérieures (notamment le commerce, le développement et l'élargissement). Ce rôle ne sera pas facile à assurer, dès lors que tous les
membres de la Commission sont égaux (le poste de vice-président étant purement honorifique) et que seul le président peut
exercer un pouvoir hiérarchique.

Il doit aussi jouer un rôle central dans la recherche et la garantie
d'une cohérence de l'action extérieure de l'Union. Il est chargé
de veiller, avec le Conseil, « à l'unité, à la cohérence et à l'efficacité de l'action de l'Union » et assiste le Conseil et la Commission dans leur coopération en vue d'assurer la cohérence entre
les différents domaines de l'action extérieure de l'Union et entre
ceux-ci et ses autres politiques. La coordination des aspects
externes des politiques de l'Union représentera une tâche aussi
considérable qu'essentielle.

Enfin, en tant que membre du collège, le haut représentant
peut toujours voter au sein de la Commission, quelle que soit
la nature de la question dont il s'agit, donc y compris sur les
dossiers ne relevant pas à proprement parler des relations extérieures.

6. La Cour de justice de l'Union européenne

274. Aux termes de l'article 19 du traité UE modifié,

> « [l]a Cour de justice de l'Union européenne comprend la Cour de
> justice, le Tribunal et des tribunaux spécialisés ».

Le traité de Nice a introduit une plus grande souplesse pour
adapter le système juridictionnel, souplesse encore renforcée
par le traité de Lisbonne. Les traités se bornent à fixer quelques
grands principes, qui doivent être mis en œuvre par le statut de
la Cour de justice de l'Union européenne (ci-après le statut).

275. Le protocole contenant le statut – à l'exception du titre I
qui traite du statut des juges et des avocats généraux et de l'article 64 relatif au régime linguistique – peut être modifié par les
institutions de l'Union, sans devoir passer par une révision des

traités. La modification est décidée par le Parlement européen et le Conseil conformément à la procédure législative ordinaire, sur demande de la Cour de justice et après consultation de la Commission, ou sur proposition de la Commission et après consultation de la Cour de justice (article 281 TFUE)[88].

A. La Cour de justice

276. La Cour de justice est composée d'un juge par Etat membre. Elle est assistée de huit avocats généraux. Si la Cour de justice le demande, le Conseil, statuant à l'unanimité, peut augmenter le nombre des avocats généraux. Aux termes de la déclaration n° 38 annexée au traité de Lisbonne, pour autant que la Cour en fasse la demande, le nombre d'avocats généraux peut être porté de huit à onze. Dans ce cas,

> «la Pologne, comme c'est déjà le cas pour l'Allemagne, la France, l'Espagne et le Royaume-Uni, aura un avocat général permanent et ne participera plus au système de rotation; par ailleurs le système actuel de rotation comprendra cinq avocats généraux au lieu de trois».

L'avocat général a pour rôle de présenter publiquement, en toute impartialité et en toute indépendance, des conclusions motivées sur les affaires qui, conformément au statut, requièrent son intervention.

277. Les juges et les avocats généraux sont choisis parmi les personnalités offrant toutes garanties d'indépendance et qui soit réunissent les conditions requises pour l'exercice dans leur pays des plus hautes fonctions juridictionnelles soit sont des jurisconsultes possédant des compétences notoires. La nomination est faite d'un commun accord entre les gouvernements des Etats membres.

Une innovation majeure du traité de Lisbonne, dans la foulée de la Constitution, est l'obligation de consulter un comité chargé de donner un avis sur l'adéquation des candidats à l'exercice des fonctions. Aux termes de l'article 255, al. 2, du traité FUE,

---

[88] Auparavant, en vertu de l'article 245 du traité CE, la modification était décidée par le Conseil statuant à l'unanimité après simple consultation du Parlement européen.

«[c]e comité est composé de sept personnalités choisies parmi d'anciens membres de la Cour de justice et du Tribunal, des membres des juridictions nationales suprêmes et des juristes possédant des compétences notoires, dont l'un est proposé par le Parlement européen».

Le mandat des juges et des avocats généraux est de six ans. Il est renouvelable. Un renouvellement partiel intervient tous les trois ans. Les juges désignent, parmi eux et pour trois ans, le président de la Cour de justice, dont le mandat est renouvelable. Les juges et les avocats généraux désignent, parmi ces derniers et pour une durée d'un an, un premier avocat général.
Les fonctions de juge et d'avocat général sont frappées d'un certain nombre d'incompatibilités destinées à garantir l'indépendance de leur titulaire.

278. La Cour constitue en son sein des chambres à trois ou cinq juges. Les juges élisent parmi eux les présidents de chambres. Les chambres sont chargées de procéder à certaines mesures d'instruction ou de juger certaines affaires. Depuis le traité de Nice, il existe aussi une «grande chambre» qui, actuellement, comprend treize juges (dont le président de la Cour et les présidents de chambres à cinq juges). La Cour siège en grande chambre lorsqu'un Etat membre ou une institution de l'Union qui est partie à l'instance le demande. Le jugement d'une affaire en assemblée plénière est réservé à des cas exceptionnels : démission d'office du médiateur, d'un membre de la Commission européenne, ou d'un membre de la Cour des comptes, ou affaires qui revêtent une «importance exceptionnelle» (article 16 du statut).

B. Le Tribunal

279. Un tribunal de première instance a été adjoint à la Cour de justice par une décision du Conseil du 24 octobre 1988, prise en application de l'Acte unique. Son existence a été consacrée par le traité sur l'Union européenne. Il a pris le nom de Tribunal lors de l'entrée en vigueur du traité de Lisbonne.
Il compte au moins un juge par Etat membre, le nombre des juges étant fixé par le statut de la Cour de justice de l'Union européenne. Aux termes de l'article 48 du statut, il est actuellement formé de vingt-sept juges. La procédure de nomination des juges et leur statut sont identiques à ceux des juges à la Cour.
Il n'y a pas d'avocat général, ce rôle pouvant si nécessaire être joué dans une affaire déterminée par un des juges, conformé-

ment à l'article 49 du statut. Selon l'article 255 du traité FUE, reprenant à l'identique l'ex-article 224 du traité CE, «le statut peut prévoir que le Tribunal est assisté d'avocats généraux».

Le Tribunal siège normalement en chambres composées de trois ou de cinq juges. Dans certains cas déterminés par le règlement de procédure, il peut siéger en formation plénière ou en chambre à juge unique.

Les compétences du Tribunal, dans un premier temps strictement délimitées par référence à certains contentieux spécifiques, se sont élargies au fil des révisions successives des traités. Il tend de plus en plus à devenir la juridiction de droit commun de l'Union européenne[89].

C. Les tribunaux spécialisés

280. Le traité de Nice a permis d'adjoindre au Tribunal de première instance des chambres juridictionnelles chargées de connaître en première instance de certaines catégories de recours formés dans des matières spécifiques par une décision prise par le Conseil statuant à l'unanimité sur proposition de la Commission et après consultation du Parlement européen et de la Cour ou sur demande de la Cour de justice et après consultation du Parlement européen et de la Commission.

Le traité de Lisbonne a transformé l'appellation de chambres juridictionnelles en «tribunaux spécialisés» et a rendu la procédure législative ordinaire applicable à leur création, toujours «soit sur proposition de la Commission et après consultation de la Cour de justice, soit sur demande de la Cour de justice et après consultation de la Commission» (article 257 TFUE).

La décision portant création d'une chambre juridictionnelle doit fixer les règles relatives à la composition de cette chambre et préciser l'étendue des compétences qui lui sont conférées. Les membres des tribunaux spécialisés sont choisis parmi des personnes offrant toutes les garanties d'indépendance et possédant la capacité requise pour l'exercice de fonctions juridictionnelles. Ils sont nommés par le Conseil, statuant à l'unanimité.

Actuellement, il existe un seul tribunal spécialisé : le Tribunal de la fonction publique créé par décision du Conseil du 2 novembre 2004, qui a commencé ses activités le 1er janvier 2006.

---

[89] Voy. *infra*, nos 473 et s.

D. Attributions (vue générale)

281. En vertu de l'article 19 du traité UE modifié, qui reprend la substance de l'article 220 du traité CE, la Cour de justice de l'Union européenne «assure le respect du droit dans l'interprétation et l'application des traités»[90].

7. La Banque centrale européenne

282. Les dispositions relatives à la Banque centrale européenne, qui, dans le traité CE, figuraient à l'article 107, dans le titre VII de la troisième partie, consacré à la politique économique et monétaire, sont déplacées par le traité de Lisbonne dans le titre I de la sixième partie, intitulé «Dispositions institutionnelles», où elles forment la section 6 du chapitre I consacré aux institutions. Elles sont complétées par le protocole sur les statuts du Système européen de banques centrales et de la Banque centrale européenne (ci-après les statuts).

La Banque centrale européenne a été mise en place le 1er juin 1998 et elle est devenue opérationnelle le 1er janvier 1999. Elle a son siège à Francfort. Elle a succédé à l'Institut monétaire européen, une institution temporaire mise en place au début de la deuxième phase de l'union économique et monétaire, dont la mission était essentiellement d'assurer la préparation de la troisième phase de l'union économique et monétaire.

A. Le Système européen de banques centrales et l'Eurosystème

283. Aux termes de l'article 282 du traité FUE et de l'article 1 des statuts,

> «[l]a Banque centrale européenne et les banques centrales nationales constituent le Système européen de banques centrales. La Banque centrale européenne et les banques centrales nationales des Etats membres dont la monnaie est l'euro[91] (…) constituent l'Eurosystème».

Le traité de Lisbonne introduit ainsi le terme «Eurosystème» dans les traités. Celui-ci est utilisé depuis le départ par la Banque

---

[90] Voy. *infra*, le contrôle juridictionnel dans l'Union, n°s 472 et s.
[91] Soit la Belgique, l'Allemagne, l'Autriche, l'Espagne, la Finlande, la France, l'Irlande, l'Italie, le Luxembourg, les Pays-Bas, le Portugal, la Grèce (le 1er janvier 2001), la Slovénie (le 1er janvier 2007), Chypre et Malte (le 1er janvier 2008) et la Slovaquie (le 1er janvier 2009). Voy. à ce sujet, *infra*, n°s 799 et s.

centrale et est lié au fait que les textes fondateurs supposaient que tous les Etats membres de l'Union européenne adopteraient l'euro et que le Système européen de banques centrales (ci-après SEBC) se chargerait par conséquent de toutes les tâches liées à la monnaie unique.

Tant que tous les Etats membres n'auront pas adopté l'euro, Eurosystème et SEBC coexisteront donc et c'est l'Eurosystème, en tant que sous-ensemble du SEBC, qui jouera le rôle d'acteur clé. Telle est la signification de l'article 282 du traité FUE qui dispose que « la Banque centrale européenne et les banques centrales nationales des Etats membres dont la monnaie est l'euro, qui constituent l'Eurosystème, conduisent la politique monétaire de l'Union ». Cette formule ne doit cependant pas faire oublier que c'est la Banque centrale qui a le pouvoir de décision dans le domaine de la politique monétaire.

C'est donc en pratique l'Eurosystème qui accomplit les missions fondamentales relevant du SEBC, définies dans les termes suivants par l'article 127 du traité FUE :

– définir et mettre en œuvre la politique monétaire de l'Union ;
– conduire les opérations de change ;
– détenir et gérer les réserves officielles de change des Etats membres ;
– promouvoir le bon fonctionnement des systèmes de paiement.

Le SEBC (comme d'ailleurs l'Eurosystème) est dirigé par les organes dirigeants de la Banque centrale européenne (article 129, par. 1, TFUE).

B. La Banque centrale européenne

a. LES ORGANES DE LA BANQUE CENTRALE EUROPÉENNE

284. La Banque centrale européenne est dirigée par trois organes : le conseil des gouverneurs, le directoire et le conseil général.

285. Le conseil des gouverneurs est l'organe de décision suprême de la Banque centrale européenne. Il se compose des six membres du directoire et des gouverneurs des banques centrales nationales des Etats membres dont la monnaie est l'euro. Il est présidé par le président de la Banque centrale européenne.

Chaque membre du conseil des gouverneurs dispose d'une voix mais, lorsque le conseil comptera plus de vingt et un membres, le nombre de voix sera limité à quinze, avec un système de rotation organisé par l'article 10 des statuts.

Le conseil des gouverneurs arrête les orientations et prend les décisions nécessaires à l'accomplissement des missions confiées au SEBC par les traités et les statuts. Il définit la politique monétaire de l'Union, y compris, le cas échéant, les décisions concernant les objectifs monétaires intermédiaires, les taux directeurs et l'approvisionnement en réserves dans le SEBC, et arrête les orientations nécessaires à leur exécution.

286. Le directoire de la Banque centrale européenne comprend le président, le vice-président ct quatre autres membres; tous sont nommés par le Conseil européen, statuant à la majorité qualifiée[92], sur recommandation du Conseil et après consultation du Parlement européen et du conseil des gouverneurs de la banque, parmi des personnes dont l'autorité et l'expérience professionnelle dans le domaine monétaire ou bancaire sont reconnues. Seuls participent au vote les chefs d'Etat ou de gouvernement des Etats membres dont la monnaie est l'euro. Le mandat des membres du directoire a une durée de huit ans et n'est pas renouvelable.

Le directoire est chargé de mettre en œuvre la politique monétaire définie par le conseil des gouverneurs et, dans ce cadre, il donne les instructions nécessaires aux banques centrales nationales. En outre, il prépare les réunions du conseil des gouverneurs et est responsable de la gestion courante de la Banque centrale européenne.

287. Le conseil général est le troisième organe de décision de la Banque centrale européenne, aussi longtemps que tous les Etats n'auront pas adopté l'euro. Il se compose du président et du vice-président de la Banque centrale européenne, ainsi que des gouverneurs des banques centrales nationales des vingt-sept Etats membres de l'Union européenne.

Le conseil général contribue aux fonctions consultatives et de coordination de la banque ainsi qu'aux préparatifs en vue d'un éventuel élargissement de la zone euro.

---

[92] Le traité CE prévoyait que cette nomination était faite de commun accord par les gouvernements des Etats membres au niveau des chefs d'Etat ou de gouvernement.

b. Le statut de la Banque centrale européenne

288. La Banque centrale européenne a été élevée au rang d'institution de l'Union et figure désormais dans la même liste que les autres institutions. Cette modification a suscité une réaction négative de la Banque centrale, qui a tenu à rappeler sa spécificité et son indépendance. Le changement est pour l'essentiel purement formel, même si, désormais, la Banque centrale sera explicitement soumise à l'obligation de coopération loyale entre les institutions.

Elle est indépendante dans l'exercice de ses pouvoirs et dans la gestion de ses finances. Aux termes de l'article 7 des statuts,

> « dans l'exercice des pouvoirs et dans l'accomplissement des missions et des devoirs qui leur ont été conférés par le traité et par les présents statuts, ni la BCE, ni une banque centrale nationale, ni un membre quelconque de leurs organes de décision ne peuvent solliciter ni accepter des instructions des institutions ou organes de l'Union, des gouvernements des Etats membres ou de tout autre organisme. Les institutions et organes de l'Union ainsi que les gouvernements des Etats membres s'engagent à respecter ce principe et à ne pas chercher à influencer les membres des organes de décision de la BCE ou des banques centrales nationales dans l'accomplissement de leurs missions ».

289. La Banque centrale européenne a la personnalité juridique et jouit, dans chacun des Etats membres, de la capacité juridique la plus large reconnue aux personnes morales par la législation nationale ; elle peut notamment acquérir ou aliéner des biens mobiliers et immobiliers et ester en justice.

Elle a son propre budget, distinct de celui de l'Union européenne. Son capital est souscrit et libéré par les banques centrales nationales. Les parts respectives des Etats membres dans le produit intérieur brut et dans la population de l'Union européenne servent à déterminer le montant de la souscription de chaque banque centrale nationale.

Les membres des organes de décision de la banque ont un mandat de longue durée. Ils ne peuvent être démis de leurs fonctions que s'ils ont commis une faute grave ou s'ils ne remplissent plus les conditions nécessaires à l'exercice de leurs fonctions.

c. Relations institutionnelles

290. Elles sont définies à l'article 284 du traité FUE :

« 1. Le président du Conseil et un membre de la Commission peuvent participer sans voix délibérative aux réunions du conseil des gouverneurs de la Banque centrale européenne.

Le président du Conseil peut soumettre une motion à la délibération du conseil des gouverneurs de la Banque centrale européenne.

2. Le président de la Banque centrale européenne est invité à participer aux réunions du Conseil lorsque celui-ci délibère sur des questions relatives aux objectifs et aux missions du SEBC.

3. La Banque centrale européenne adresse un rapport annuel sur les activités du SEBC et sur la politique monétaire de l'année précédente et de l'année en cours au Parlement européen, au Conseil et à la Commission, ainsi qu'au Conseil européen. Le président de la Banque centrale européenne présente ce rapport au Conseil et au Parlement européen, qui peut tenir un débat général sur cette base.

Le président de la Banque centrale européenne et les autres membres du directoire peuvent, à la demande du Parlement européen ou de leur propre initiative, être entendus par les commissions compétentes du Parlement européen ».

La Banque centrale européenne est invitée aussi à prendre part aux réunions de l'Eurogroupe (article 1 du protocole sur l'Eurogroupe). Par ailleurs, les gouverneurs des banques centrales nationales assistent aux réunions informelles du Conseil Ecofin. En outre, en vertu de l'article 127, par. 4, du traité FUE, la Banque centrale européenne est consultée sur tout acte de l'Union relevant de sa compétence[93] et peut, dans les domaines relevant de sa compétence, soumettre des avis aux institutions ou organes de l'Union[94].

8. La Cour des comptes

291. La Cour des comptes a été créée par le traité de Bruxelles du 22 juillet 1975. Sa création est la conséquence de l'accession du Parlement européen au rang d'autorité budgétaire et de l'attribution à ce dernier du pouvoir de contrôle et de décharge budgétaire. Elle est entrée en fonction en 1977. Son siège se trouve à Luxembourg. La Cour des comptes a été élevée

---

[93] Elle doit aussi être consultée par les autorités nationales.
[94] Ainsi qu'aux autorités nationales.

au rang d'institution par le traité sur l'Union européenne. Le traité d'Amsterdam a renforcé son rôle en tant qu'institution en lui accordant la possibilité de saisir la Cour pour défendre ses prérogatives.

A. Composition

292. La Cour des comptes est composée d'un national de chaque Etat membre. Les membres de la Cour des comptes sont choisis parmi des personnalités appartenant ou ayant appartenu dans leurs pays respectifs aux institutions de contrôle extrême ou possédant une qualification particulière pour cette fonction. Ils doivent offrir toutes garanties d'indépendance.

La liste des membres de la Cour des comptes, établie conformément aux propositions faites par chaque Etat membre, est adoptée par le Conseil, statuant à la majorité qualifiée après consultation du Parlement européen. La durée de leur mandat est de six ans renouvelable.

B. Organisation et fonctionnement

293. La Cour des comptes élit en son sein un président, pour une période de trois ans renouvelable. Le président convoque et préside les réunions du collège, il veille à l'exécution de ses décisions et représente la Cour des comptes dans ses relations avec l'extérieur.

Le fonctionnement de la Cour des comptes est régi, comme celui de la Commission, par le principe de collégialité. Celui-ci ne l'empêche pas d'être organisée en secteurs, dont chaque membre se voit confier la responsabilité et dans lequel il est chargé de la préparation et de l'exécution des délibérations de la Cour des comptes.

La Cour décide librement de l'organisation et du calendrier de ses contrôles ainsi que de la publication de ses rapports. Elle établit son règlement intérieur. Celui-ci est soumis à l'approbation du Conseil.

Les membres de la Cour des comptes sont soumis à une série d'incompatibilités destinées à assurer leur indépendance.

C. Attributions (vue générale)

294. Les fonctions de la Cour des comptes sont de deux ordres : il y a d'abord – et surtout – la fonction de contrôle des comptes de la totalité des recettes et dépenses de l'Union[95] et ensuite la fonction d'avis. La Cour est obligatoirement consultée avant l'adoption de certains projets de réglementation de l'Union à caractère financier. Les autres institutions de l'Union peuvent aussi la saisir pour avis.

II. LES ORGANES CONSULTATIFS

295. L'article 12, par. 3, du traité UE modifié et l'article 300 du traité FUE, formulés en termes identiques, disposent que

> «[l]e Parlement européen, le Conseil et la Commission sont assistés d'un Comité économique et social et d'un Comité des régions exerçant des fonctions consultatives».

Le Comité économique et social, qui permet à la «société civile» de s'exprimer, a été prévu dès l'origine par les traités. Le Comité des régions, quant à lui, est né lors des négociations du traité de Maastricht, en liaison avec la prise de conscience de la nécessité de prendre en compte le facteur régional dans la construction communautaire.

1. Composition

296. L'article 300 du traité FUE vient préciser les règles essentielles de composition des deux Comités :

> «Le Comité des régions est composé de représentants des collectivités régionales et locales qui sont soit titulaires d'un mandat électoral au sein d'une collectivité régionale ou locale, soit politiquement responsables devant une assemblée élue.
> (…) Le Comité économique et social est composé de représentants des organisations d'employeurs, de salariés et d'autres acteurs représentatifs de la société civile, en particulier dans les domaines socio-économique, civique, professionnel et culturel».

---

[95] Voy. à ce sujet, *infra*, n° 376.

Cette composition ne doit cependant pas être figée. Le paragraphe 4 de l'article 300 du traité FUE vient au contraire lui donner un caractère évolutif :

> «Les règles (...) relatives à la nature de la composition de ces Comités sont revues à intervalle régulier par le Conseil pour tenir compte de l'évolution économique, sociale et démographique dans l'Union. Le Conseil, sur proposition de la Commission, adopte des décisions à cet effet».

On relèvera la souplesse de la procédure permettant la révision de la composition des Comités puisqu'il suffira d'une décision adoptée à la majorité qualifiée par le Conseil.

Enfin, la nécessaire indépendance des membres des Comités est mise en exergue :

> «Les membres du Comité des régions et du Comité économique et social ne sont liés par aucun mandat impératif. Ils exercent leurs fonctions en pleine indépendance, dans l'intérêt général de l'Union».

297. Le nombre de membres des Comités ne peut dépasser trois cent cinquante (articles 301 et 305 TFUE, reprenant les articles 258 et 263 CE). Alors que le traité CE déterminait avec précision la répartition des sièges entre les Etats membres, le traité de Lisbonne est venu donner au Conseil, statuant à l'unanimité sur proposition de la Commission, le soin d'adopter une décision fixant la composition des deux Comités. La répartition des membres par Etat membre ne figure donc plus dans le traité FUE lui-même.

Cependant, le protocole sur les mesures transitoires joint au traité de Lisbonne, en ses articles 7 et 8, fixe la répartition qui s'appliquera jusqu'à l'adoption de cette décision et qui reprend la répartition telle qu'elle était prévue dans le traité CE :

Allemagne, France, Italie, Royaume-Uni	24
Espagne, Pologne	21
Roumanie	15
Autriche, Belgique, Bulgarie, Grèce, Hongrie, Pays-Bas, Portugal, République tchèque, Suède	12
Danemark, Finlande, Irlande, Lituanie, Slovaquie	9
Estonie, Lettonie, Slovénie	7
Chypre, Luxembourg	6
Malte	5

298. Dans le traité CE, les membres des Comités étaient nommés pour quatre ans renouvelables par le Conseil, statuant à la majorité qualifiée, conformément aux propositions faites par chaque Etat membre.

Leur mandat a été porté à cinq ans par le traité de Lisbonne, qui ne modifie pas le mode de nomination des membres des Comités, si ce n'est qu'il ajoute, s'agissant du Comité économique et social, que le Conseil «peut recueillir l'opinion des organisations européennes représentatives des différents secteurs économiques et sociaux et de la société civile, concernés par l'activité de l'Union».

2. Organisation

A. Le Comité économique et social

299. Le Comité est réparti en trois groupes :

- le groupe des employeurs est composé de membres issus des secteurs privé et public de l'industrie, des petites et moyennes entreprises, des chambres de commerce, du commerce de gros et de détail, de la banque et des assurances, du transport et de l'agriculture ;
- une très large majorité des membres du groupe des travailleurs provient d'organisations syndicales nationales qui adhèrent à la Confédération européenne des syndicats ; quelques-uns appartiennent à des syndicats affiliés à la Confédération européenne des cadres ;
- la présence du groupe des activités diverses permet la représentation au sein du Comité des diverses réalités sociales, professionnelles, économiques et culturelles de la société civile organisée. Il est constitué de catégories très diverses : agriculteurs, PME, artisanat, professions libérales, coopératives, mutuelles, associations de défense des consommateurs, associations pour la protection de l'environnement, associations des familles, des femmes, des handicapés, membres de la communauté scientifique et du corps enseignant, organisations non gouvernementales...

Le Comité désigne parmi ses membres, pour une durée de deux ans et demi, un bureau composé de trente-sept membres et comportant un président et deux vice-présidents. Le président est choisi alternativement au sein des trois groupes, les vice-présidents appartenant aux deux autres groupes. Le président assume les relations avec les institutions européennes, ainsi que la représentation extérieure du Comité.

Le Comité est organisé en six sections spécialisées, dont la tâche est de préparer les délibérations de l'assemblée plénière, qui adopte ses avis à la majorité simple. S'y ajoute la Commission consultative des mutations industrielles, qui est l'héritière du Comité consultatif CECA.

Le Comité est assisté d'un secrétariat général placé sous la direction d'un secrétaire général qui exerce ses fonctions sous l'autorité du président.

B. Le Comité des régions

300. Le Comité des régions est organisé en délégations nationales et en groupes politiques[96], qui doivent, ensemble, contribuer «de manière équilibrée à l'organisation des travaux du Comité».

Le Comité des régions désigne son président et son bureau pour une durée de deux ans et demi. Le bureau se compose du président, du premier vice-président, d'un vice-président par Etat membre, de vingt-sept autres membres et des présidents des groupes politiques. Sa composition doit refléter autant que possible l'équilibre géographique des Etats membres.

Le Comité des régions se réunit au moins une fois par trimestre en assemblée plénière. Le travail de l'assemblée plénière est préparé par sept commissions.

3. Attributions

301. Les Comités exercent exclusivement des activités consultatives. Ils sont obligatoirement consultés dans les cas prévus par les traités.

La consultation du Comité économique et social est obligatoire dans les domaines suivants : libre circulation des travailleurs, droit d'établissement, rapprochement des législations, application du principe d'égalité des chances, éducation, formation professionnelle et sport, protection du consommateur, industrie, recherche. Le Comité des régions doit être consulté en matière de culture. La consultation des deux Comités s'impose en matière de transports, d'emploi, de législation en matière

[96] Il y a actuellement quatre groupes politiques au Comité des régions.

sociale, de santé publique, de réseaux transeuropéens, de cohésion économique et sociale, de fonds structurels, d'environnement, et d'énergie.

A côté de ces consultations obligatoires, le Conseil et la Commission ou le Parlement européen peuvent consulter les Comités dans tous les cas où ils l'estiment opportun. S'ils l'estiment nécessaire, ils peuvent impartir au Comité un délai qui ne peut être inférieur à un mois pour rendre son avis. Chacun des Comités peut aussi prendre l'initiative d'émettre un avis dans les cas où il le juge opportun. Enfin, s'agissant du Comité des régions, l'article 307 du traité FUE, reprenant les termes de l'ex-article 265 du traité CE, stipule que

> «[l]orsque le Comité économique et social est consulté en application de l'article 304, le Comité des régions est informé par le Parlement européen, le Conseil ou la Commission de cette demande d'avis. Le Comité des régions peut, lorsqu'il estime que des intérêts régionaux spécifiques sont en jeu, émettre un avis à ce sujet».

III. La Banque européenne d'investissement

302. La Banque européenne d'investissement a été créée par le traité dès l'origine de la Communauté économique européenne. Au départ, les dispositions qui lui étaient consacrées figuraient dans la troisième partie du traité CEE intitulée «La politique de la Communauté». Le traité de Maastricht les a transférées parmi les dispositions institutionnelles. Elle fait maintenant l'objet des articles 308 et suivants du traité FUE.

1. Statut et organisation

303. La Banque européenne d'investissement a la personnalité juridique. Ses statuts font l'objet d'un protocole annexé aux traités. Elle a son siège à Luxembourg. Ses actionnaires sont les vingt-sept Etats membres de l'Union européenne. La participation des Etats membres au capital de la Banque est calculée selon le poids économique de chaque Etat dans l'Union européenne (en termes de PIB) lors de leur adhésion à l'Union européenne. Son capital s'élève actuellement à 164,8 milliards d'euros. Elle est dirigée par un conseil des gouverneurs, un conseil d'administration et un comité de direction.

2. Attributions

304. Aux termes de l'article 309 du traité FUE, qui reprend pour l'essentiel l'ex-article 267 du traité CE, la Banque européenne d'investissement

> « a pour mission de contribuer, en faisant appel aux marchés des capitaux et à ses ressources propres, au développement équilibré et sans heurt du marché intérieur dans l'intérêt de l'Union. A cette fin, elle facilite, par l'octroi de prêts et de garanties, sans poursuivre de but lucratif, le financement des projets visés ci-après, dans tous les secteurs de l'économie :
>
> a) projets envisageant la mise en valeur des régions moins développées ;
>
> b) projets visant la modernisation ou la conversion d'entreprises ou la création d'activités nouvelles induites par l'établissement ou le fonctionnement du marché intérieur, qui, par leur ampleur ou par leur nature, ne peuvent être entièrement couverts par les divers moyens de financement existant dans chacun des Etats membres ;
>
> c) projets d'intérêt commun pour plusieurs Etats membres, qui, par leur ampleur ou par leur nature, ne peuvent être entièrement couverts par les divers moyens de financement existant dans chacun des Etats membres.
>
> Dans l'accomplissement de sa mission, la Banque facilite le financement de programmes d'investissement en liaison avec les interventions des fonds structurels et des autres instruments financiers de l'Union ».

Bibliographie sélective

BIEBER Roland et HAAG Marcel, « Parlement européen », *Juris-classeur Europe*, fasc. 210 et 211.

CONSTANTINESCO Vlad, « Le Conseil des ministres, le Comité des représentants permanents », *Juris-classeur Europe*, fasc. 220.

COSTA Olivier et SAINT MARTIN Florent, *Le Parlement européen*, Paris, La documentation française, 2009,

DONY Marianne, « La majorité qualifiée au Conseil du traité de Nice au traité de Lisbonne », *in Mélanges en hommage à Georges Vandersanden*, Bruxelles, Bruylant, 2008.

DOUTRIAUX Yves, LEQUESNE Christian, *Les institutions de l'Union européenne*, 5e éd., Paris, La documentation française, 2005.

DUPONT Nicolas, « Les organes consultatifs : le Comité des régions et le Comité économique et social », *in* DONY Marianne et BRIBOSIA Emmanuelle (éd.), *Commentaire de la Constitution de l'Union européenne*, Bruxelles, Editions de l'Université de Bruxelles, 2005.

EKELMANS Marc, «Cour des comptes», *Répertoire Dalloz. Droit communautaire*.

GUILLOUD Laetitia, «Le Comité des régions, un organe paradoxal de l'Union européenne», *RMCUE*, 2009, p. 582.

JACQUÉ Jean-Paul, BIEBER Roland, HAAG Marcel, MARCHINI-CÀMIA Antonio, MARCHINI-CÀMIA Francesca, EKELMANS Marc, LOUIS Jean-Victor, FERAL Pierre-Alexis, MARCHEGIANI Giannangelo, LA MARCA Luigi, *Le Parlement européen. Le Conseil. La Commission. La Cour des comptes. Le Comité économique et social. Le Comité des régions. La Banque européenne d'investissement. Le Fonds européen d'investissement, Commentaire J. Mégret*, vol. 9, 2ᵉ éd, Bruxelles, Editions de l'Université de Bruxelles, 2000.

JACQUÉ Jean-Paul, LENAERTS Koen et MASELIS Ignace, «Les institutions», *in* DONY Marianne et BRIBOSIA Emmanuelle (éd.), *Commentaire de la Constitution de l'Union européenne*, Bruxelles, Editions de l'Université de Bruxelles, 2005.

JACQUÉ Jean-Paul, «Le Parlement européen», *Répertoire Dalloz. Droit communautaire*.

MESTRE Christian, «Conseil des ministres», *Répertoire Dalloz. Droit communautaire*.

PONZANO Paolo, «Les institutions de l'Union», *in* AMATO Giuliano, BRIBOSIA Hervé, DE WITTE Bruno (éd.), *Genèse et Destinée de la Constitution européenne/Genesis and Destiny of the European Constitution*, Bruxelles, Bruylant, 2007.

SORASIO Denise, «Commission», *Répertoire Dalloz. Droit communautaire*.

TAULÈGNE Béatrice, *Le Conseil européen*, Paris, PUF, 1993.

Section 2

Les procédures d'adoption des actes juridiques de l'Union

305. Le traité de Lisbonne, s'il abandonne l'expression loi, introduit une distinction entre actes législatifs et actes non législatifs, en même temps que la notion d'acte législatif : il pose le principe que les actes adoptés par «procédure législative» constituent des actes législatifs (article 289 TFUE). Cette distinction était antérieurement absente dans le traité CE, même si l'article 207, par. 3, du traité CE se référait aux hypothèses dans lesquelles le Conseil «agit en sa qualité de législateur».

C'est la Cour de justice qui, la première, s'est référée au «législateur communautaire» et au «processus législatif de la Communauté» et a fait la distinction entre les règles à caractère essentiel pour la matière envisagée, qui doivent être adoptées selon la procédure législative prévue à cet effet dans le traité et les dispositions d'exécution qui peuvent l'être suivant une procédure différente[97].

I. La procédure législative

306. A l'origine, la procédure législative était très simple : proposition de la Commission, consultation éventuelle du Parlement européen, décision du Conseil statuant à la majorité requise par l'article pertinent du traité CEE. L'Acte unique européen a introduit la procédure de coopération, supprimée par le traité de Lisbonne ; ensuite est venue, avec le traité de Maastricht, la procédure de codécision.

307. Le traité de Lisbonne établit une distinction entre la procédure législative ordinaire (2) et les procédures législatives spéciales (3), associant le Parlement européen, le Conseil et la Commission et confirme, dans les deux catégories de procédure, le monopole d'initiative de la Commission (1). Il exclut que le Conseil européen puisse exercer une fonction législative (article 15, par. 1, UE modifié) tout comme l'adoption d'actes législatifs est exclue explicitement dans le domaine de la politique étrangère et de sécurité commune (article 31, par. 1, UE modifié). Il instaure aussi une clause de passerelle, permettant au Conseil européen d'autoriser le passage d'une procédure législative spéciale à une procédure législative ordinaire[98].

1. Le monopole d'initiative de la Commission

308. L'article 17, par. 2, du traité UE modifié, dispose que

> «[u]n acte législatif de l'Union ne peut être adopté que sur proposition de la Commission, sauf dans les cas où les traités en disposent autrement».

Il s'agit là d'une confirmation du principe du monopole d'initiative de la Commission pour les actes législatifs. Il en résulte que, lorsqu'une disposition ne précise pas qui prend l'initiative

---

[97] L'arrêt de base en la matière est un arrêt du 17 décembre 1970, *Köster*, 25-70.
[98] Voy. à ce sujet *infra*, n° 419.

de l'adoption d'un acte législatif, celle-ci est adoptée sur proposition de la Commission.

309. Selon l'article 289, par. 4, du traité FUE,

> «[d]ans les cas spécifiques prévus par les traités, les actes législatifs peuvent être adoptés sur initiative d'un groupe d'Etats membres ou du Parlement européen sur recommandation de la Banque centrale européenne ou sur demande de la Cour de justice ou de la Banque européenne d'investissement».

Ainsi, l'initiative peut venir soit de la Commission, soit d'un quart des Etats membres pour l'adoption de mesures dans le domaine de la coopération judiciaire en matière pénale, de la coopération policière, et de la coopération administrative en vue de la réalisation de l'espace de liberté, de sécurité et de justice (article 76 TFUE).

C'est le Parlement européen qui élabore un projet en vue d'établir les dispositions nécessaires pour permettre l'élection de ses membres au suffrage universel direct selon une procédure uniforme dans tous les Etats membres ou conformément à des principes communs à tous les Etats membres (article 223 TFUE).

Les mesures de mise en œuvre de la politique monétaire prévues à l'article 129, par. 4, du traité FUE peuvent être adoptées soit sur proposition de la Commission et après consultation de la Banque centrale européenne, soit sur recommandation de la Banque centrale européenne et après consultation de la Commission.

La création de tribunaux spécialisés se fait sur proposition de la Commission et après consultation de la Cour de justice, ou sur demande de la Cour de justice et après consultation de la Commission (article 257 TFUE). Il en va de même pour la modification des dispositions du statut de la Cour de justice de l'Union européenne.

Enfin, la modification des statuts de la Banque européenne d'investissement se fait soit sur proposition de la Commission soit à la demande de la Banque européenne d'investissement (article 308 TFUE).

310. La Commission est maîtresse de l'initiative. Elle dispose d'une autonomie totale dans l'exercice de son droit d'initiative, car c'est la condition nécessaire d'une exécution correcte et efficace de sa mission. La Commission est cependant tenue de soumettre ses propositions à de larges consultations des parties concernées, avant de proposer un acte législatif, afin de s'assurer que tous les intérêts soient pris en considération[99]. Ces consultations prennent des formes très diverses : livres verts, livres blancs, communications, forums, ateliers, groupes consultatifs permanents ou encore consultations sur internet.

Le Conseil statuant à la majorité simple, peut demander à la Commission de procéder à toutes études qu'il juge opportunes pour la réalisation des objectifs communs et de lui soumettre toutes propositions appropriées (article 241 TFUE). Un droit similaire est reconnu au Parlement européen qui peut, à la majorité des membres qui le composent, demander à la Commission de soumettre toute proposition appropriée sur les questions qui lui paraissent nécessiter l'élaboration d'un acte de l'Union pour la mise en œuvre des traités (article 225 TFUE). La Commission n'est pas tenue de donner suite à ces demandes mais, si elle ne soumet pas de proposition, elle doit en communiquer les raisons.

Le traité de Lisbonne vient aussi consacrer un droit « d'initiative citoyenne » par lequel un million de citoyens pourront inviter la Commission à soumettre une proposition législative sur des questions pour lesquelles ces citoyens considèrent qu'un acte juridique de l'Union est nécessaire aux fins de l'application des traités[100].

311. La proposition de la Commission bénéficie d'une protection importante : il ne s'agit pas d'un simple projet que le législateur peut modifier à son gré. Les initiatives de la Commission s'imposent avec une force particulière au Conseil. En vertu de l'article 293 du traité FUE, reprenant les termes de la disposition équivalente du traité CE, le Conseil ne peut « amender la proposition que statuant à l'unanimité ». Cette disposition avait été introduite lors des négociations du traité de Rome, pour rassurer les petits Etats du Benelux en contrepartie du fait que la majorité qualifiée, à l'époque, pouvait être atteinte grâce aux seules voix des grands Etats.

Lorsque le Conseil statue en tout état de cause à l'unanimité, cette règle n'a aucune portée particulière mais il en va tout

---

[99] Cette obligation est affirmée en termes plus généraux par l'article 11, par. 2, du traité UE modifié ; voy. *supra*, n° 79.
[100] Voy. *supra*, n° 79.

autrement lorsque le vote du Conseil peut être acquis à la majorité qualifiée, ce qui devient – rappelons-le – la règle de droit
commun avec le traité de Lisbonne. Dans ce cas, elle vient
donner à la Commission un rôle central dans le débat législatif,
dont on peut se demander s'il reste encore justifié.

Cette protection de la proposition de la Commission disparaît
cependant dans la procédure législative au stade de la conciliation.

Il convient de souligner que, là où la Commission n'a pas le
monopole de l'initiative, l'auteur de l'initiative, de la recommandation ou de la demande ne bénéficie pas de la même protection.

312. La Commission peut aussi modifier sa proposition tout
au long de la procédure conduisant à l'adoption de l'acte.
Cette souplesse s'avère très utile pour contribuer à dégager des
compromis au sein du Conseil comme pour rapprocher les positions du Parlement européen et du Conseil.

Enfin, elle peut retirer purement et simplement sa proposition
si elle estime que celle-ci n'a plus d'intérêt ou n'est plus d'actualité. Ainsi, dans le cadre de l'initiative «Mieux légiférer», la
Commission a procédé à une réévaluation de toutes les propositions qu'elle avait adoptées avant 2004 et qui étaient encore en
examen devant le Parlement européen et le Conseil. Cet exercice
a conduit au retrait d'une soixantaine de directives. Le retrait
pourrait aussi être une arme entre les mains de la Commission
pour empêcher l'adoption d'un texte qui, par le jeu des amendements adoptés à l'unanimité par le Conseil, dénaturerait sa
proposition initiale.

Cependant, il faut noter à cet égard qu'une controverse existe
entre la Commission, d'une part, le Conseil et le Parlement
européen, d'autre part. Si tous s'accordent sur le droit pour la
Commission européenne de retirer sa proposition en première
lecture, le Parlement et le Conseil considèrent que, à partir du
moment où, dans la procédure de codécision (devenue la procédure législative ordinaire), le Conseil a adopté une position
commune, c'est cette position commune qui fonde la suite de la
procédure et non plus la proposition de la Commission, de sorte
que la Commission ne peut plus retirer un texte dont elle n'est
plus «propriétaire».

2. La procédure législative ordinaire

313. Le traité de Lisbonne, dans la foulée de la Constitution, a posé un principe : les actes législatifs sont normalement adoptés «conjointement par le Parlement européen et le Conseil[101], sur proposition de la Commission» (article 289, par. 1, TFUE). C'est la procédure législative ordinaire décrite à l'article 294 du traité FUE. Elle s'inspire très largement de la procédure de codécision telle qu'organisée par le traité d'Amsterdam, sous réserve de quelques aménagements visant à la rendre plus claire et à mieux refléter l'esprit de la codécision, telle qu'appliquée en pratique par les institutions de l'Union[102].

Pas moins de 87 bases juridiques prévoient l'application de la procédure législative ordinaire, pour 36 bases juridiques prévoyant la codécision dans le traité CE. Parmi les matières passant à la procédure législative ordinaire, mention doit être faite tout particulièrement de la politique agricole commune, de l'asile et de l'immigration, de la coopération judiciaire et policière en matière pénale (où le Parlement était simplement consulté actuellement) et de la politique commerciale commune (domaine dans lequel le Parlement européen ne jouait jusqu'au traité de Lisbonne aucun rôle).

A. Le déroulement de la procédure

314. L'article 294 du traité FUE distingue quatre étapes dans la procédure, qui commence bien entendu par une proposition de la Commission présentée au Parlement européen et au Conseil : la première lecture, la deuxième lecture, la conciliation et la troisième lecture.

315. La première lecture est décrite dans les termes suivants. Le Parlement européen se prononce en premier lieu : il arrête sa position en première lecture et la transmet au Conseil. Le Conseil se prononce alors sur la position du Parlement européen et non directement sur la proposition de la Commission.

Si le Conseil approuve la position du Parlement européen, l'acte concerné est adopté dans la formulation qui correspond à la position du Parlement européen.

---

[101] A la majorité qualifiée.
[102] Voy. à ce sujet le Guide de la codécision publié sur le site internet du Conseil à l'adresse suivante : http://www.consilium.europa.eu/uedocs/cmsUpload/Codec-Guide.FR.pdf.

Si le Conseil n'approuve pas la position du Parlement européen, il adopte sa position en première lecture et la transmet au Parlement européen, ce qui enclenche la deuxième lecture. Le Conseil informe pleinement le Parlement européen des raisons qui l'ont conduit à adopter sa position en première lecture. La Commission informe pleinement le Parlement européen de sa position.

Le Parlement adopte les amendements à la proposition de la Commission à la majorité des suffrages exprimés et le Conseil vote à la majorité qualifiée, sauf s'il souhaite modifier la proposition de la Commission. La Commission peut faciliter la recherche d'un consensus entre le Parlement et le Conseil en présentant au Conseil une proposition modifiée afin d'y intégrer les amendements du Parlement qui ont son aval. La première lecture n'est soumise à aucun délai.

316. Au contraire de la première lecture, la deuxième lecture est soumise à des délais stricts. Le Parlement européen dispose d'un délai de trois mois à dater de la transmission de la position commune du Conseil pour examiner celle-ci en deuxième lecture, délai qui peut être prolongé d'un mois. Le Parlement européen doit prendre position endéans ce délai et, à défaut, l'acte est réputé adopté conformément à la position du Conseil. Le vote peut conduire à trois résultats différents:

– approbation de la position commune: dans ce cas, l'acte concerné est réputé adopté dans la formulation qui correspond à la position du Conseil. Le Conseil ne doit plus, depuis le traité d'Amsterdam, arrêter l'acte. L'approbation du Parlement européen requiert la simple majorité des suffrages exprimés;

– rejet de la position commune: ce rejet, qui doit être acquis à la majorité des membres qui composent le Parlement européen, met fin à la procédure, l'acte étant réputé non adopté. L'examen du dossier ne pourra être repris que sur la base d'une nouvelle proposition de la Commission;

– proposition d'amendements: si des amendements à la position commune sont adoptés par le Parlement à la majorité des membres qui le composent, le texte ainsi amendé est transmis au Conseil et à la Commission, qui émet un avis sur ces amendements.

317. Commence alors la deuxième lecture du Conseil, qui dispose également d'un délai de trois mois, susceptible d'être prolongé d'un mois, pour prendre position sur les amendements du Parlement européen. Deux hypothèses sont possibles :

- soit le Conseil approuve tous les amendements du Parlement européen : l'acte est réputé adopté ;
- soit le Conseil n'approuve pas tous les amendements du Parlement européen : la phase de conciliation doit alors être enclenchée.

Le Conseil vote à la majorité qualifiée, sauf pour les amendements qui ont fait l'objet d'un avis négatif de la Commission, qu'il doit approuver à l'unanimité.

318. Si le Conseil n'a pas été en mesure d'approuver tous les amendements du Parlement européen, le président du Conseil, en accord avec le président du Parlement, doit convoquer le Comité de conciliation dans un délai de six semaines. Le Comité de conciliation a quant à lui un délai de six semaines pour mener à bien ses travaux. Ces délais peuvent être prolongés de deux semaines.

Le Comité de conciliation réunit les membres du Conseil ou leurs représentants (en règle générale les représentants des Etats membres au sein du Coreper) et autant de membres représentant le Parlement européen. Il a pour mission d'aboutir à un accord sur un projet commun à la majorité qualifiée des membres du Conseil ou de leurs représentants et à la majorité des membres représentant le Parlement européen. Dans la plupart des cas, la délégation du Parlement européen délibère par consensus.

La Commission, représentée en principe par le commissaire responsable du dossier, participe aux travaux de conciliation et prend toutes les initiatives nécessaires en vue de promouvoir un rapprochement des positions du Parlement européen et du Conseil. La position de la Commission n'a cependant pas d'influence sur les votes, la protection de ses propositions étant levée au stade des négociations en Comité de conciliation.

319. Le projet commun est élaboré «sur la base des positions du Parlement européen et du Conseil en deuxième lecture». L'article 251 CE indiquait quant à lui que, pour s'acquitter de sa mission, «le Comité de conciliation examine la position commune adoptée par le Conseil, sur la base des amendements

proposés par le Parlement ». La question a été posée de savoir
si le Comité de conciliation pouvait modifier des dispositions de
la position commune qui n'avaient pas fait l'objet d'un amendement du Parlement en deuxième lecture. La Cour[103] y a
répondu par l'affirmative ; elle a souligné que,

> « [e]n ayant recours au terme de « conciliation », les auteurs du traité
> ont entendu donner un effet utile à la procédure retenue et confier au
> Comité de conciliation un large pouvoir d'appréciation. En retenant
> un tel mode de règlement du désaccord, ils ont précisément cherché
> à ce que le rapprochement des points de vue du Parlement et du
> Conseil se fasse sur la base d'un examen de tous les aspects de ce
> désaccord, et avec la participation active de la Commission ».

On peut se demander si la nouvelle formulation retenue à l'article 294 du traité FUE, qui se réfère explicitement aux positions
« en deuxième lecture », amènera la Cour à revoir sa jurisprudence.
Si le Comité de conciliation n'approuve pas un projet commun
dans le délai qui lui est imparti par le traité, l'acte proposé est
réputé non adopté. Si un projet commun est approuvé, la troisième lecture peut commencer.

320. L'objet de la troisième lecture est d'adopter l'acte, conformément au projet commun, par le Parlement européen et le
Conseil. Ils doivent se prononcer dans un délai de six semaines.
Le Conseil vote à la majorité qualifiée et le Parlement européen
à la majorité des suffrages exprimés. En l'absence d'adoption
par l'une ou l'autre des deux institutions dans le délai visé, l'acte
proposé est réputé non adopté. Aucun amendement n'est plus
autorisé.

321. La procédure législative ordinaire est aménagée lorsqu'il
est fait exception au monopole d'initiative de la Commission
européenne. Le paragraphe 15, al. 1, de l'article 294 du traité
FUE prévoit que, dans ces cas, les dispositions relatives au
droit d'initiative de la Commission (paragraphe 2), à l'avis de la
Commission sur la position du Conseil (paragraphe 6, 2e phrase)
et à la participation de la Commission au Comité de conciliation
(paragraphe 9) ne sont pas applicables. Cependant, l'alinéa 2
permet au Parlement européen et au Conseil de demander l'avis

---

[103] CJ, 10 janvier 2006, *International Air Transport Association*, C-344/04,
point 58.

de la Commission tout au long de la procédure, avis que la Commission peut également émettre de sa propre initiative. Elle peut également décider de participer au Comité de conciliation.

B. Schéma de la procédure législative ordinaire

322. On peut synthétiser comme suit la procédure législative ordinaire :

Proposition de la Commission transmise au Parlement européen et au Conseil

Première lecture

Position du Parlement européen

Vote du Conseil (à la majorité qualifiée)

Conseil Approuve la position du Parlement européen	Conseil N'approuve pas la position du Parlement européen
Acte adopté dans la formulation qui correspond à la position du Conseil	Position commune soumise en deuxième lecture au Parlement européen

Deuxième lecture

Parlement européen

Approuve la position commune (majorité des suffrages exprimés)	Adopte des amendements (majorité de ses membres)		Rejette la position commune (majorité de ses membres)
ou ne se prononce pas	Deuxième lecture Conseil		
Acte réputé adopté dans la formulation qui correspond à la position du Conseil	Approbation de tous les amendements Adoption de la position commune	Pas approbation de tous les amendements Convocation du Comité de conciliation	Acte considéré comme rejeté

Conciliation

Approbation d'un projet commun	Pas de projet commun
Troisième lecture Adoption par le Conseil et le Parlement à la majorité des suffrages	Acte considéré comme rejeté

C. Bilan de la codécision à la veille de sa transformation en procédure législative ordinaire

323. La procédure de codécision, qui a été critiquée en raison de sa prétendue complexité, se résume en réalité à l'exigence de trouver un accord entre les deux branches de l'autorité législative que sont le Parlement européen et le Conseil. Dans l'ensemble, elle a, surtout depuis l'entrée en vigueur du traité d'Amsterdam qui en a simplifié le déroulement, fonctionné avec une efficacité incontestable, qui a été renforcée par la volonté affichée du Parlement européen, du Conseil et de la Commission de

> «[coopérer] loyalement tout au long de la procédure afin de rapprocher leurs positions dans la mesure du possible et, ce faisant, de préparer le terrain, le cas échéant, en vue de l'adoption de l'acte concerné à un stade précoce de la procédure»[104].

Cette coopération prend en règle générale la forme de réunions informelles réunissant les représentants des trois institutions (trilogues): la direction générale et le cabinet du ou des commissaire(s) compétent(s) pour la Commission européenne, la présidence en exercice pour le Conseil et le(s) rapporteur(s) ainsi que le cas échéant le(s) *«shadow»* rapporteur(s) pour le Parlement européen.

324. Au total, entre le 1er juillet 1999 et le 30 juin 2009, 916 procédures de codécision ont été menées à leur terme[105]. Seuls quatre échecs ont été constatés.
Le premier se situe au stade de la deuxième lecture: le Parlement européen a rejeté en juillet 2005 à une écrasante majorité (648 voix contre, 14 pour et 18 abstentions) la position commune du Conseil relative à une proposition de directive sur la brevetabilité des inventions mises en œuvre par ordinateur[106].
Le deuxième est intervenu lors de la phase de conciliation: le 29 avril 2009, les deux co-présidents du Comité de conciliation ont informé le Parlement et le Conseil de l'impossibilité de

---

[104] PARLEMENT EUROPÉEN, CONSEIL ET COMMISSION, Déclaration commune sur les modalités pratiques de la procédure de codécision, *JO*, n° C 145, 30 juin 2007, p. 5.
[105] Ces informations sont reprises du site internet du Conseil: http://www.consilium.europa.eu/uedocs/cmsUpload/090622-bilan_general.pdf.
[106] Procédure 2002/0047/COD.

dégager un accord sur un texte commun relatif à une proposition de directive sur l'organisation du temps de travail[107].

Les deux derniers sont survenus au moment de la troisième lecture, le Parlement européen n'étant pas parvenu à réunir une majorité pour adopter le projet commun du Comité de conciliation dans deux cas: la proposition de directive sur les offres publiques d'acquisition a été rejetée en juillet 2001 (le scrutin s'étant soldé par une stricte égalité des suffrages: 273 voix pour et 273 voix contre)[108]; la proposition de directive concernant l'accès au marché des services portuaires a subi le même sort en novembre 2003 (209 voix pour, 229 voix contre et 16 abstentions)[109].

On peut y ajouter un vote négatif intervenu en première lecture au Parlement européen à l'encontre de la nouvelle proposition de directive concernant l'accès au marché des services portuaires en janvier 2006 (512 voix contre, 120 voix pour et 25 abstentions), à la suite duquel la Commission a décidé de retirer sa proposition.

Un accord a été trouvé dans 537 cas en première lecture, dans 267 cas en deuxième lecture et dans 109 cas en troisième lecture. On constate une augmentation significative des accords en première lecture, rendus possibles par le traité d'Amsterdam: en effet, alors que la proportion était de 28% lors de la législature 1999-2004, elle est passée à 72% au cours de la législature 2004-2009. La première lecture dure en moyenne 15 à 16 mois; en cas de deuxième lecture, l'acte est adopté en moyenne après 32 à 34 mois et, dans l'hypothèse d'une troisième lecture, après 36 mois.

3. Les procédures législatives spéciales

325. Selon l'article 289, par. 2, du traité FUE,

«[d]ans les cas spécifiques prévus par les traités, l'adoption d'un règlement, d'une directive ou d'une décision par le Parlement européen avec la participation du Conseil ou par celui-ci avec la participation du Parlement européen constitue une procédure législative spéciale».

---

[107] Procédure 2004/0209/COD.
[108] Procédure 1995/0341/COD. La Commission a déposé une nouvelle proposition en octobre 2002 qui a été adoptée en première lecture (procédure 2002/0240/COD).
[109] Procédure 2001/0047/COD.

Pour connaître les modalités précises de chaque procédure législative spéciale, il faut référer, au cas par cas, à la base juridique pertinente.

326. S'agissant des actes législatifs adoptés par le Parlement européen au terme d'une procédure législative spéciale, ils concernent seulement trois hypothèses :

- le Parlement fixe de sa propre initiative le statut et les conditions générales d'exercice des fonctions de ses membres, après avis de la Commission et avec l'approbation du Conseil. Toute règle ou toute condition relatives au régime fiscal des membres ou des anciens membres relèvent de l'unanimité au sein du Conseil (article 223, par. 2, TFUE)[110] ;
- le Parlement détermine de sa propre initiative les modalités d'exercice du droit d'enquête après approbation du Conseil et de la Commission (article 226 TFUE)[111] ;
- le Parlement fixe de sa propre initiative le statut et les conditions générales d'exercice des fonctions du médiateur après avis de la Commission et avec l'approbation du Conseil (article 228, par. 4, TFUE)[112].

327. Les actes législatifs adoptés par le Conseil au terme d'une procédure législative spéciale sont quant à eux nettement plus nombreux, puisque près d'une trentaine de cas peuvent être recensés. Le plus souvent, le Conseil doit statuer à l'unanimité et il semble d'ailleurs que ce soit le maintien de l'exigence de l'unanimité au Conseil – peu compatible avec la codécision avec le Parlement européen – qui explique le plus souvent le recours à des actes législatifs du Conseil. Mais on peut relever quelques très rares actes législatifs du Conseil adoptés à la majorité qualifiée, tels que les mesures de coordination et de coopération nécessaires pour faciliter la protection diplomatique (article 23 TFUE) ou les programmes spécifiques en matière de recherche et de développement (article 182, par. 4, TFUE).

S'agissant du rôle du Parlement européen, la situation la plus fréquente est la simple consultation, même si son approbation[113] est parfois requise. Tel est le cas par exemple pour

---

[110] L'article 190, par. 5, du traité CE donnait déjà ce pouvoir au Parlement européen.
[111] Aux termes de l'article 193 du traité CE, elles étaient «déterminées d'un commun accord par le Parlement européen, le Conseil et la Commission».
[112] L'article 195 du traité CE prévoyait une procédure similaire.
[113] Nouveau nom donné à l'avis conforme par le traité de Lisbonne.

l'adoption des mesures en vue de combattre toute discrimination fondée sur le sexe, la race ou l'origine ethnique, la religion ou les convictions, un handicap, l'âge ou l'orientation sexuelle (article 19, par. 1, TFUE) ou des dispositions tendant à compléter les droits attachés à la citoyenneté de l'Union (article 25 TFUE).

Enfin, certains actes législatifs du Conseil ne peuvent entrer en vigueur qu'après leur approbation par les Etats membres selon leurs procédures constitutionnelles respectives. C'est notamment le cas pour les dispositions tendant à compléter les droits attachés à la citoyenneté de l'Union.

II. La procédure d'adoption des actes non législatifs

328. Cette catégorie est très vaste puisqu'elle regroupe tous les actes qui ne sont pas adoptés par procédure législative. Contrairement aux actes législatifs, ils sont adoptés sur proposition de la Commission seulement lorsque les traités le prévoient. Aucune autre condition générale de procédure n'est prévue pour l'adoption de ces actes. Dès lors, ici aussi, il faut se référer, au cas par cas, à chaque base juridique spécifique pour connaître les modalités d'adoption des actes non législatifs.

Des actes non législatifs peuvent être adoptés dans trois situations très différentes : soit ils mettent en œuvre directement les traités, soit il s'agit d'actes délégués, soit enfin ils constituent des actes d'exécution.

1. La procédure d'adoption des actes non législatifs mettant en œuvre directement les traités

329. Il y a d'abord les décisions que peut prendre le Conseil européen[(114)]. Les traités ne prévoient qu'une seule hypothèse où le Conseil européen peut statuer sur proposition de la Commission[(115)]. Le plus souvent, les traités ne précisent pas à l'initiative de qui agit le Conseil européen, de sorte qu'il peut agir de sa propre initiative. Le Conseil européen peut se prononcer, selon les cas, à l'unanimité, à la majorité qualifiée ou à la majorité

[(114)] Voy. *supra*, n° 214.
[(115)] Aux termes de l'article 7, par. 2, du traité UE modifié, le Conseil européen peut constater l'existence d'une violation grave et caractérisée des valeurs visées à l'article 2 de ce traité sur proposition d'un tiers des Etats membres ou de la Commission.

simple. Lorsqu'il statue à la majorité qualifiée, il s'agit de la majorité qualifiée renforcée visée à l'article 238, par. 2, du traité FUE, puisqu'il n'y a pas de proposition de la Commission.

330. C'est cependant principalement au Conseil qu'incombe la tâche d'adopter des actes non législatifs appliquant directement le traité. Tel est d'abord bien évidemment le cas dans la mise en œuvre de la politique étrangère et de sécurité commune, qui relève de la responsabilité du Conseil et du Conseil européen et où l'adoption d'actes législatifs est explicitement exclue par le traité sur l'Union européenne, dans sa version modifiée par le traité de Lisbonne. Mais le traité sur le fonctionnement de l'Union européenne comporte aussi de nombreuses dispositions prévoyant que le Conseil statue sans passer par une procédure législative spéciale, sans que les motifs de ce choix soient toujours très clairs.

331. Les modalités d'adoption de ces actes non législatifs sont très diverses. Dans le domaine de la politique étrangère et de sécurité commune, le Conseil agit à l'initiative d'un Etat membre, sur proposition du haut représentant de l'Union pour les affaires étrangères et la politique de sécurité, ou sur proposition du haut représentant avec le soutien de la Commission. Pour la mise en œuvre du traité FUE, le Conseil se prononce le plus souvent sur proposition de la Commission ou parfois sur recommandation de celle-ci, dans le domaine de l'union économique et monétaire[116]. L'initiative peut encore venir, d'une manière assez exceptionnelle, des Etats membres, comme dans le domaine de la coopération judiciaire en matière pénale, de la coopération policière et de la coopération administrative en vue de la réalisation de l'espace de liberté, de sécurité et de justice ou pour l'autorisation d'une aide d'Etat. Enfin, certaines bases juridiques permettent au Conseil d'agir de sa propre initiative. Il s'agit essentiellement de dispositions organiques, comme la nomination des membres du Comité économique et social et du Comité des régions, la fixation du statut des comités prévus par les traités, la fixation du statut pécuniaire d'un certain nombre de personnes ou encore la détermination du régime linguistique de l'Union.

---

[116] Il faut noter que la recommandation de la Commission ne bénéficie pas de la même protection que la proposition.

Le Conseil peut voter selon les cas, soit à la majorité simple, soit à la majorité qualifiée, soit encore à l'unanimité.

S'agissant du rôle du Parlement européen, il prend le plus souvent la forme d'une consultation. Dans de très rares cas, son approbation est requise. Parfois, au contraire, il est simplement informé, comme pour l'adoption des grandes orientations des politiques économiques (article 121, par. 2, TFUE), quand il n'est pas purement et simplement ignoré. Cette situation se rencontre surtout dans le domaine de la politique étrangère et de sécurité commune, mais aussi dans le cadre du traité FUE, par exemple pour la fixation des droits du tarif douanier commun (article 31 TFUE), ou, en matière d'agriculture et de pêche, pour l'adoption des mesures relatives à la fixation des prix, des prélèvements, des aides et des limitations quantitatives, et à la fixation et à la répartition des possibilités de pêche (article 43, par. 3, TFUE[117]).

332. Le pouvoir d'adopter des décisions ou règlements mettant directement en œuvre les traités appartient aussi, dans quelques cas limités, à la Commission, notamment pour l'application des règles de concurrence[118], et à la Banque centrale européenne, pour l'accomplissement des missions confiées au SEBC[119].

2. La procédure d'adoption des actes délégués

333. Il s'agit d'une nouveauté introduite par le traité de Lisbonne. L'article 290, par. 1, du traité FUE dispose que

> «[u]n acte législatif peut déléguer à la Commission le pouvoir d'adopter des actes non législatifs qui complètent ou modifient certains éléments non essentiels de l'acte législatif».

L'acte législatif de base devra déterminer clairement les objectifs, le contenu, la portée et la durée de cette délégation de compétence.

---

[117] Ici il s'agit d'un recul par rapport à l'article 37 du traité CE qui prévoyait la consultation du Parlement européen pour toutes les mesures de mise en œuvre de la politique agricole commune. En revanche, toutes les autres mesures de mise en œuvre de la politique agricole commune et de la politique de pêche relèvent de la procédure législative ordinaire.

[118] Voy. *infra*, n° 690 et s.

[119] Voy. *supra*, n° 283.

Les conditions d'exercice de cette délégation et donc la procédure d'adoption des actes délégués, qui relèvera de la compétence de la Commission, doivent être déterminées par l'acte législatif accordant la délégation.

Aux termes du paragraphe 2 de l'article 290, ces conditions peuvent être les suivantes :

> «a) le Parlement européen ou le Conseil peut décider de révoquer la délégation ;
> b) l'acte délégué ne peut entrer en vigueur que si, dans le délai fixé par l'acte législatif, le Parlement européen ou le Conseil n'exprime pas d'objections».

Le Parlement statue à la majorité des membres qui le composent et le Conseil à la majorité qualifiée. On notera que le pouvoir de contrôle peut être exercé par le Parlement européen et le Conseil chacun de manière autonome, ce qui renforce sensiblement les pouvoirs du Parlement européen sur la Commission.

Cette nouveauté est bienvenue car, comme l'a souligné le Parlement européen,

> «il devient de plus en plus nécessaire, pour la qualité de la législation, de déléguer à la Commission l'élaboration d'aspects non essentiels et plus techniques de la législation, ainsi que son adaptation rapide au progrès technologique et aux mutations économiques».

L'article 290 ne nécessite pas à proprement parler d'acte juridique contraignant de droit dérivé pour en assurer la mise en œuvre car il contient tous les éléments dont le législateur a besoin pour définir, au cas par cas, le champ d'application, le contenu et les modalités d'une délégation de pouvoir. La Commission a toutefois présenté le 9 décembre 2009 une communication au Parlement européen et au Conseil dans laquelle elle préconise la définition d'un cadre général dans lequel ces délégations de pouvoirs devraient s'inscrire[120].

334. La décision du Conseil du 17 juillet 2006[121] a, en quelque sorte, partiellement anticipé la création de cette nouvelle catégorie d'acte : elle a introduit dans la décision «comitologie»[122] une quatrième procédure dite de «réglementation

---

[120] COM (2009) 673 final.
[121] Décision 2006/512/CE, *JO*, n° L 200, 22 juillet 2006.
[122] Voy. à ce sujet *infra*, n° 337.

avec contrôle», applicable en cas d'adoption de «mesures quasi
législatives», à savoir lorsqu'un acte de base adopté en codécision[123]

> «prévoit l'adoption de mesures de portée générale ayant pour objet
> de modifier des éléments non essentiels de cet acte, y compris en
> supprimant certains de ces éléments, ou en le complétant par l'ajout
> de nouveaux éléments non essentiels».

La procédure mise en place est d'une très grande complexité.
Le point de départ, comme dans toute la comitologie, est l'obligation pour la Commission de soumettre un projet des mesures
à prendre à un comité composé de représentants des Etats
membres, appelé ici comité de réglementation avec contrôle.
Deux hypothèses sont alors distinguées.

– Si le Comité émet un avis favorable, la Commission doit soumettre
   sans tarder le projet de mesures au Parlement européen et au
   Conseil pour contrôle. Le Parlement européen, statuant à la majorité des membres qui le composent, ou le Conseil, statuant à la
   majorité qualifiée, peuvent, dans un délai de trois mois, s'opposer
   à l'adoption du projet pour une ou plusieurs des trois raisons
   suivantes: il excède les compétences d'exécution prévues dans
   l'acte de base, il n'est pas compatible avec le but ou le contenu
   de l'acte de base ou il ne respecte pas les principes de subsidiarité ou de proportionnalité. Si une telle objection est formulée, la
   Commission ne peut arrêter les mesures. Elle peut soumettre au
   comité un projet de mesures modifié ou présenter une proposition
   législative sur la base du traité.
   En l'absence d'objection, la Commission transforme son projet en
   acte.
– Si le Comité émet un avis négatif ou n'émet pas d'avis, la Commission doit soumettre sans tarder une proposition relative aux
   mesures à prendre au Conseil et la transmettre en même temps
   au Parlement européen. Si dans un délai de deux mois, le Conseil
   s'oppose à la majorité qualifiée aux mesures proposées, celles-ci ne
   sont pas arrêtées. Si le Conseil se propose d'approuver ces mesures
   ou s'il ne se prononce pas, le Parlement européen est alors saisi des
   mesures proposées et peut s'y opposer pour une des trois raisons

---

[123] Cette procédure ne s'applique donc pas si l'acte de base a été adopté par
le Conseil après simple consultation du Parlement européen ou même sur avis
conforme de celui-ci. L'article 290 du traité FUE vise des délégations données
par un acte législatif, que celui-ci soit adopté au terme d'une procédure législative
ordinaire ou spéciale.

précitées. En cas d'objection du Parlement européen, les mesures ne sont pas adoptées. La Commission peut soumettre au comité un projet de mesures modifié ou présenter une proposition législative sur la base du traité.

En l'absence d'objection du Parlement européen, les mesures proposées sont arrêtées, selon le cas, par le Conseil ou par la Commission.

Cette nouvelle procédure a cependant été saluée dans la mesure où elle permet de renforcer le contrôle du Parlement européen sur la mise en œuvre des actes adoptés en codécision.

Elle s'est appliquée dès l'entrée en vigueur de la décision de 2006 à tous les nouveaux actes adoptés en codécision. De plus, la Commission s'est engagée à procéder à un examen global de tous les actes existants, en vue de leur alignement à celle-ci[124].

Elle devra être revue suite à l'entrée en vigueur du traité de Lisbonne, dans la mesure où l'article 290 du traité FUE ne prévoit plus l'intervention d'un comité[125].

3. La procédure d'adoption des actes d'exécution et la comitologie

A. Les principes généraux

335. Aux termes de l'article 291, par. 1, du traité FUE, c'est aux États membres qu'il appartient de prendre « toutes les mesures de droit interne nécessaires pour la mise en œuvre des actes juridiquement contraignants de l'Union ». Il s'agit là d'un simple rappel d'une jurisprudence constante, suivant laquelle

« conformément aux principes généraux qui sont à la base du système institutionnel de la Communauté et qui régissent les relations entre la Communauté et les États membres, il appartient aux États membres, en vertu de l'article 5 du traité, d'assurer sur leurs territoires l'exécution des réglementations communautaires »[126].

---

[124] Déclaration du Parlement européen, du Conseil et de la Commission relative à la décision du Conseil du 17 juillet 2006 modifiant la décision 1999/468/CE fixant les modalités de l'exercice des compétences d'exécution conférées à la Commission, 2006/512/CE, *JO*, n° C 255, 21 octobre 2006, p. 1. Cet examen a concerné plus de 200 actes.

[125] Voy. la communication sur la mise en œuvre de l'article 290 du traité FUE, précitée.

[126] CJ, 21 septembre 1983, *Deutsche Milchkontor*, 205 à 215/82, point 17.

Il n'en va autrement, comme l'indique le paragraphe 2 de l'article 291 du traité FUE, que

> «lorsque des conditions uniformes d'exécution des actes juridiquement contraignants de l'Union sont nécessaires».

Dans un tel cas, les actes en cause confèrent des compétences d'exécution à la Commission ou, dans des cas spécifiques dûment justifiés ainsi que dans le domaine de la politique étrangère et de sécurité commune, au Conseil.

Ici aussi, le traité de Lisbonne reprend les enseignements de la jurisprudence qui, amenée à interpréter l'article 202 du traité CE, selon lequel «le Conseil confère à la Commission dans les actes qu'il adopte les compétences d'exécution des règles qu'il établit», et peut «se réserver, dans des cas spécifiques, d'exercer directement des compétences d'exécution», avait précisé que

> «le Conseil est tenu de dûment justifier, en fonction de la nature et du contenu de l'acte de base à mettre en œuvre une exception à la règle selon laquelle, dans le système du traité, lorsqu'il y a lieu de prendre, au niveau communautaire, des mesures d'exécution d'un acte de base, c'est à la Commission qu'il incombe normalement d'exercer cette compétence»[127].

336. Dès lors que la compétence d'exécution appartient normalement aux Etats membres, la pratique, validée par la jurisprudence et ensuite consacrée dans le traité CE par l'Acte unique européen, s'est développée d'encadrer l'action de la Commission par des comités composés de représentants des Etats membres, chargés de donner un avis sur les projets de mesures d'exécution qu'elle envisage d'adopter. C'est ce qu'on appelle la «comitologie» qui faisait l'objet de l'ex-article 202 du traité CE[128] maintenant remplacé par l'article 293, par. 3, du traité FUE aux termes duquel

---

[127] CJ, 18 janvier 2005, *Commission c. Conseil*, C-257/01. Dans cette affaire, où le Conseil s'était réservé, de manière transitoire, des pouvoirs d'exécution en ce qui concerne certaines dispositions détaillées et modalités pratiques relatives respectivement à l'examen des demandes de visa et à la mise en œuvre du contrôle et de la surveillance des frontières, la Cour s'est cependant contentée d'une motivation succincte et générale. Cela tient sans doute aux particularités de la matière qui venait juste d'être «communautarisée» par le traité d'Amsterdam.
[128] Selon l'ex-article 202 du traité CE, «le Conseil peut soumettre l'exercice par la Commission de ses compétences d'exécution à certaines modalités fixées conformément aux principes et règles que le Conseil aura préalablement arrêtées à l'unanimité sur proposition de la Commission et après avis du Parlement européen».

> «le Parlement européen et le Conseil, statuant par voie de règlements conformément à la procédure législative ordinaire, établissent au préalable les règles et principes généraux relatifs aux modalités de contrôle par les Etats membres de l'exercice des compétences d'exécution par la Commission».

337. Le traité de Lisbonne vient modifier les règles du traité CE sur plusieurs points.

D'abord, alors que l'article 202, par. 2, du traité CE confiait au seul Conseil le soin de fixer les principes et règles de la comitologie, ceux-ci sont désormais établis par le Parlement européen et le Conseil conformément à la procédure législative ordinaire. Ensuite la faculté du traité CE (le Conseil peut soumettre...) devient une obligation (le Parlement et le Conseil établissent). Enfin, le texte vient expliciter que le but de la comitologie est de permettre aux Etats de contrôler l'exercice par la Commission de ses compétences d'exécution. Ceci pourrait se traduire, à l'avenir, par un durcissement des procédures.

La Commission a annoncé qu'elle présenterait à brève échéance après l'entrée en vigueur du traité de Lisbonne une proposition de règlement du Parlement européen et du Conseil établissant les règles et principes généraux relatifs aux modalités de contrôle par les Etats membres de l'exercice des compétences d'exécution de la Commission qui viendra remplacer la décision du Conseil du 28 juin 1999[129] (ci-après la décision comitologie de 1999) pour l'encadrement des procédures de comitologie établies dans des actes juridiques adoptés postérieurement à l'entrée en vigueur du traité de Lisbonne. Cette nouvelle décision devra tenir compte de la création de la nouvelle catégorie des actes délégués[130].

B. Fonctionnement actuel de la comitologie

338. Les comités sont composés de représentants des Etats membres. Ceux-ci désignent, selon les cas, un ou deux représentants le plus souvent des hauts fonctionnaires ou des experts nationaux. Même si seuls les représentants des Etats membres sont membres des comités, la Commission joue un grand rôle dans leur fonctionnement : c'est elle qui préside chaque comité, en fixe l'ordre du jour et en assure le secrétariat ainsi que le suivi.

---

[129] Décision 1999/468/CE, *JO*, n° L 197, 18 juillet 1999.
[130] Voy. *supra*, n° 354.

Depuis avril 2008, la Commission européenne met à la disposition du public, sur Internet, un registre de la comitologie qui permet d'accéder aux ordres du jour, aux projets et aux décisions de l'ensemble des comités[131].

La décision comitologie de 1999 instaure trois catégories de procédure: la procédure consultative, la procédure de gestion et la procédure de réglementation[132]. Elle fixe aussi des règles indicatives pour le choix entre les différentes procédures. La Cour de justice a précisé que, si ces critères ne sont pas contraignants, le législateur communautaire avait cependant l'obligation de motiver sur ce point l'acte de base lorsqu'il s'écarte de ceux-ci[133].

a. LA PROCÉDURE CONSULTATIVE

339. Il s'agit de la procédure qui laisse la plus grande liberté d'action à la Commission. Celle-ci doit tenir «le plus grand compte» de l'avis du comité consultatif et informer ce dernier «de la façon dont elle a tenu compte de cet avis».

La décision comitologie de 1999 indique qu'il «convient de recourir à la procédure consultative dans tous les cas où elle est considérée comme la plus appropriée», lorsque les critères de recours aux deux autres procédures ne sont pas réunis. Cette formule très vague n'a pas suffi à faire de cette procédure la procédure de droit commun.

b. LA PROCÉDURE DE GESTION

340. Si les mesures arrêtées par la Commission ne sont pas conformes à l'avis émis par le comité de gestion, la Commission doit les communiquer au Conseil qui, à la majorité qualifiée, peut, dans un délai de trois mois, prendre une décision différente de la sienne. La Commission peut mais ne doit pas différer l'application de ces mesures, pour une durée ne dépassant pas trois mois.

---

[131] Disponible sur le site http://ec.europa.eu/transparency/regcomitology/index_fr.htm.

[132] Auxquels il faut ajouter la procédure de sauvegarde, dont l'application est exceptionnelle, et la procédure de réglementation avec contrôle introduite par la décision du 18 juillet 2006, qui s'applique en cas d'adoption d'actes quasi législatifs et qui devra être revue. Voy. *supra*, n° 334.

[133] CJ, 21 janvier 2003, *Commission c. Parlement et Conseil*, C-378/00, point 50.

Il convient de recourir à la procédure de gestion «pour les mesures de gestion telles que celles relatives à l'application de la politique agricole commune et de la politique commune de la pêche ou celles relatives à la mise en œuvre de programmes ayant des incidences budgétaires notables».

La Cour de justice a précisé ce qu'il fallait entendre par «mesures de gestion relatives à la mise en œuvre de programmes»: il s'agit,

> «d'une part, des mesures de portée individuelle adoptées à cette fin (...) et, d'autre part, des mesures de portée générale qui leur sont étroitement liées et qui s'insèrent dans un cadre suffisamment développé par l'acte de base même»[134].

c. LA PROCÉDURE DE RÉGLEMENTATION

341. La Commission ne peut adopter des mesures d'exécution que si elles sont conformes à l'avis émis à la majorité qualifiée des Etats membres réunis au sein du comité de réglementation. Si les mesures envisagées ne sont pas conformes à l'avis du comité, ou en l'absence d'avis, la Commission doit soumettre sans tarder au Conseil une proposition relative aux mesures à prendre. Le Conseil doit se prononcer sur la proposition dans un délai ne dépassant pas trois mois. Trois hypothèses sont alors possibles:

– le Conseil adopte la proposition à la majorité qualifiée;
– le Conseil s'oppose à la proposition à la majorité qualifiée: la Commission doit réexaminer sa proposition. Elle peut soumettre une proposition modifiée, soumettre à nouveau sa proposition ou proposer une proposition législative sur la base du traité;
– le Conseil ne s'est pas prononcé à l'expiration du délai: la Commission adopte les mesures envisagées.

Le Parlement européen doit aussi être informé par la Commission de la proposition qu'elle transmet au Conseil. Si les mesures envisagées sont destinées à mettre en œuvre un acte adopté en codécision, le Parlement peut indiquer par une résolution motivée qu'il considère que ces mesures excèdent les

---

[134] CJ, 23 février 2006, *Commission c. Parlement et Conseil*, C-122/04, point 41. La Cour a considéré qu'en l'espèce, le législateur communautaire n'avait fait que créer un cadre d'action large et général, de sorte que sa mise en œuvre ne relevait pas de la procédure de gestion.

compétences d'exécution prévues dans l'acte de base. Dans ce cas, la Commission est tenue de réexaminer sa proposition. Elle peut soumettre au comité un nouveau projet de mesures, poursuivre la procédure ou présenter au Parlement et au Conseil une proposition sur la base du traité.

La procédure de réglementation est normalement applicable pour l'adoption «des mesures de portée générale visant à mettre en application les éléments essentiels d'un acte de base, y compris les mesures concernant la protection de la santé ou de la sécurité des personnes, des animaux ou des plantes».

Bibliographie sélective

BERTRAND Geneviève, *La prise de décision dans l'Union européenne*, 2e éd., Paris, La Documentation française, Réflexe Europe, 2002.

BLUMANN Claude, *La fonction législative*, Paris, LGDJ, 1995.

JACQUÉ Jean-Paul, «Une vision réaliste de la codécision», *in Mélanges en l'honneur de Georges Vandersanden,* Bruxelles, Bruylant, 2008.

PORTINCASA Maria Francesca, «The extension of ordinary legislative procedure and the special legislative procedures», *in* DONY Marianne et ROSSI Lucia Serena, *Démocratie, cohérence et transparence: vers une constitutionnalisation de l'Union européenne?*, Bruxelles, Editions de l'Université de Bruxelles, 2008.

STANCANELLI Paolo, «Le système décisionnel», *in* AMATO Giuliano, BRIBOSIA Hervé, DE WITTE Bruno (éd.), *Genèse et Destinée de la Constitution européenne/Genesis and Destiny of the European Constitution*, Bruxelles, Bruylant, 2007.

VAN SOLINGE Alain, «Les procédures de décision», *in* DONY Marianne et BRIBOSIA Emmanuelle (éd.), *Commentaire de la Constitution de l'Union européenne*, Bruxelles, Editions de l'Université de Bruxelles, 2005.

Section 3
Procédure de conclusion des accords internationaux

342. Jusqu'à l'entrée en vigueur du traité de Lisbonne, la procédure de conclusion des accords internationaux était régie, d'une part, par l'article 24 du traité UE, lorsqu'il s'agissait d'un accord conclu dans le cadre du deuxième ou du troisième pilier; d'autre part, par plusieurs articles du traité CE, lorsque l'accord relevait du pilier communautaire: l'article 300 établissait la procédure de droit commun, à laquelle les articles 114 et 133

venaient respectivement apporter un certain nombre de dérogations pour les accords dans les domaines de la politique monétaire ou de la politique commerciale commune. Le traité de
Lisbonne a opéré un regroupement de toutes les dispositions des
traités relatives à l'action extérieure de l'Union, à l'exception
des dispositions spécifiques concernant la politique étrangère de
sécurité commune[135], dans la cinquième partie du traité sur le
fonctionnement de l'Union.

Le titre V de cette partie est intitulé « accords internationaux » et
comporte deux articles consacrés à la procédure de conclusion
des accords internationaux : l'article 218, qui décrit la procédure
de droit commun et l'article 219, qui établit des règles spécifiques pour les accords dans le domaine de la politique monétaire[136]. L'article 218 régit aussi les accords dans le domaine
de la politique étrangère et de sécurité commune mais cela ne
signifie pas qu'ils sont soumis aux mêmes règles de procédure
que les accords relevant des autres domaines. S'agissant des
accords relevant de la politique commerciale commune, l'article
218 s'applique sans préjudice des dispositions particulières de
l'article 206[137].

Nous examinerons successivement la négociation des accords
internationaux (I), la conclusion de ceux-ci (II), le vote au sein
du Conseil (III) et le rôle du Parlement européen (IV).

I. La négociation des accords internationaux

343. Le traité de Lisbonne apporte des modifications substantielles à la négociation des accords internationaux. Jusque-là,
cette négociation relevait, dans le pilier communautaire, de la
compétence de la Commission, et dans les deuxième et troisième
piliers, de la compétence de la présidence, assistée le cas échéant
par la Commission. L'ouverture des négociations devait être
autorisée par le Conseil, à qui – précisait l'article 300 du traité
CE – la Commission adressait les recommandations nécessaires
à cette fin.

---

[135] Qui sont l'objet quant à elles du chapitre II du titre V du traité sur l'Union
européenne modifié.
[136] En reprenant les dispositions de l'article 114 du traité CE. Voy. à ce sujet,
infra, n° 821.
[137] Voy. à ce sujet, *infra*, n° 1122.

344. L'article 218 du traité FUE stipule que la Commission ou le haut représentant de l'Union, «lorsque l'accord envisagé porte exclusivement ou principalement sur la politique étrangère et de sécurité commune», présente des recommandations au Conseil, qui adopte une décision autorisant l'ouverture des négociations.

Le rôle donné au haut représentant lorsque l'accord porte non seulement exclusivement mais aussi principalement sur la politique étrangère et de sécurité commune, en fait un concurrent sérieux potentiel de la Commission dans la négociation des accords internationaux.

Aux termes de l'article 218 du traité FUE, le Conseil désigne alors, en fonction de la matière de l'accord envisagé, le négociateur ou le chef de l'équipe de négociation de l'Union. Le Conseil dispose là d'une certaine marge d'appréciation.

La notion de négociateur ou d'équipe de négociation est la principale nouveauté du traité de Lisbonne. Le recours à une équipe de négociations se justifiera certainement lorsque l'accord est à cheval sur plusieurs politiques de l'Union. Encore faudra-t-il savoir comment se composera le cas échéant cette équipe et qui en sera le «chef».

345. Dans le traité de Lisbonne, comme auparavant, le Conseil arrête les directives de négociation qu'il adresse au négociateur et peut «désigner un comité spécial, les négociations devant être conduites en consultation avec ce comité» (article 218 TFUE reprenant en substance l'article 300 CE).

346. Lorsque l'accord négocié est un accord mixte, parce qu'il porte sur des domaines relevant pour partie de la compétence de l'Union, pour partie de celles des Etats membres, les négociations sont menées en étroite coordination entre le négociateur de l'Union et les Etats membres, en vertu du devoir de coopération loyale.

Dans ce cadre, il est possible que les Etats membres donnent mandat au négociateur de l'Union de négocier en leur nom aussi, de manière à ce que le bloc des Vingt-sept parle d'une seule voix.

II. La conclusion des accords internationaux

347. La conclusion des accords internationaux relève, dans le traité de Lisbonne comme dans les traités antérieurs, de la compétence du Conseil. La réserve contenue dans l'article 300 du traité CE des «compétences reconnues à la Commission dans ce domaine» a disparu dans l'article 218 du traité FUE. Il faut dire que la jurisprudence avait donné une interprétation extrêmement limitative de cette disposition comme visant les compétences «attribuées» par le traité à la Commission[138].

Lorsque les négociations sont terminées, le Conseil, sur proposition du négociateur, adopte une décision autorisant la signature de l'accord et, le cas échéant, son application provisoire avant l'entrée en vigueur.

Vient ensuite la conclusion de l'accord proprement dite. A cette fin, le Conseil adopte, toujours sur proposition du négociateur, une décision portant conclusion de l'accord[139].

Si l'accord est un accord mixte, il doit aussi être signé et ratifié par tous les Etats membres. En pratique, la décision de conclusion du Conseil n'est notifiée aux autres parties qu'au terme de ce processus de ratification, qui est susceptible de prendre un certain temps.

III. Le vote au Conseil

348. Selon l'article 318 du traité FUE, le Conseil statue, tout au long de la procédure, à la majorité qualifiée. Toutefois, l'unanimité est requise pour:

- les accords qui portent sur un domaine pour lequel l'unanimité est requise pour l'adoption d'un acte de l'Union[140]. L'extension du champ d'application de la majorité qualifiée devrait directement se répercuter en la matière, en particulier dans le domaine de l'espace de liberté, de sécurité et de justice;
- les accords d'association[141];

---

[138] CJ, 9 août 1994, *France c. Commission*, C-327/91.
[139] Avant le traité de Lisbonne, la forme de l'acte n'était pas précisée mais le Conseil recourait en pratique déjà presque toujours à la décision.
[140] Ce parallélisme des procédures était déjà prévu à l'article 300 du traité CE.
[141] L'unanimité était déjà imposée par l'article 310 du traité CE.

– les accords de coopération économique, financière et technique avec les Etats candidats à l'adhésion[142] ;
– l'accord portant adhésion de l'Union à la convention européenne de sauvegarde des droits de l'homme et des libertés fondamentales, la décision devant en outre recueillir l'approbation par les Etats membres, conformément à leurs règles constitutionnelles respectives[143].

IV. LE RÔLE DU PARLEMENT EUROPÉEN

349. Au départ, le rôle du Parlement européen en la matière était très limité : le traité de Rome se bornait à prévoir une consultation de ce dernier pour les accords d'association. Au fil des réformes successives des traités, son intervention s'est accrue. Ainsi, à la veille de l'entrée en vigueur du traité de Lisbonne, le Parlement européen était normalement consulté pour les accords conclus dans le pilier communautaire, sauf lorsque ces accords relevaient de la politique commerciale commune. Il devait donner son avis conforme dans les cas suivants : pour les accords d'association, les autres accords qui créent un cadre institutionnel spécifique en organisant des procédures de coopération, les accords ayant des implications budgétaires notables pour la Communauté et les accords impliquant une modification d'un acte adopté selon la procédure de codécision. Cependant, il ne jouait aucun rôle dans les accords relevant des deuxième et troisième piliers.

350. Le traité de Lisbonne continue en ce sens. Aux termes de l'article 318 du traité FUE, la consultation du Parlement n'est plus exclue que lorsque l'accord porte « exclusivement sur la politique étrangère et de sécurité commune ». En outre, son approbation est requise dans les cas suivants :

– accords d'association ;
– accord portant adhésion de l'Union à la convention européenne de sauvegarde des droits de l'homme et des libertés fondamentales ;

---

[142] Il s'agit d'une innovation du traité de Lisbonne. L'article 318 vient ainsi déroger à la règle selon laquelle la mise en œuvre de la coopération économique, technique et financière avec les pays tiers est soumise à la majorité qualifiée au Conseil.
[143] Il s'agit d'un recul par rapport au traité constitutionnel qui prévoyait la majorité qualifiée au Conseil.

– accords créant un cadre institutionnel spécifique en organisant des procédures de coopération;
– accords ayant des implications budgétaires notables pour
  l'Union;
– accords couvrant des domaines auxquels s'applique la procédure législative ordinaire ou la procédure législative spéciale
  lorsque l'approbation du Parlement européen est requise,
  indépendamment de la question de savoir si l'accord modifie
  ou non un acte législatif adopté selon la procédure législative
  ordinaire. Il s'agit là d'une extension considérable du rôle du
  Parlement européen dans le domaine de l'action extérieure de
  l'Union européenne, d'autant que le champ d'application de
  la procédure législative ordinaire a lui aussi été augmenté de
  manière importante.

De plus, le Parlement européen, qui avait à plusieurs reprises
exprimé le souhait d'être associé aux négociations, obtient
au moins partiellement gain de cause. Il doit désormais être
«immédiatement et pleinement informé à toutes les étapes de
la procédure».

Bibliographie sélective

DE WALSCHE Aline, «La procédure de conclusion des accords», in LOUIS
Jean-Victor et DONY Marianne, *Relations extérieures, Commentaire
J. Mégret*, vol. 12, 2ᵉ éd., Bruxelles, Editions de l'Université de
Bruxelles, 2005.

GOVAERE Inge et MUÑOZ Rodolphe, «Les accords internationaux», in
DONY Marianne et BRIBOSIA Emmanuelle (éd.), *Commentaire de la
Constitution de l'Union européenne*, Bruxelles, Editions de l'Univer-
sité de Bruxelles, 2005.

PASSOS Ricardo and MARQUARDT Stephan, «International agreements»,
in AMATO Giuliano, BRIBOSIA Hervé, DE WITTE Bruno (éd.), *Genèse
et Destinée de la Constitution européenne/Genesis and Destiny of the
European Constitution*, Bruxelles, Bruylant, 2007.

RIDEAU Joël, «Accords internationaux», *Répertoire Dalloz. Droit
communautaire*.

Section 4

Le régime financier de l'Union européenne

351. Nous examinerons successivement les principes généraux applicables au régime financier de l'Union (I), les ressources propres de l'Union (II), le cadre financier pluriannuel (III), le budget annuel de l'Union (IV) et le contrôle budgétaire (V).

I. LES PRINCIPES GÉNÉRAUX

352. Trois premiers principes ont trait aux ressources de l'Union. En vertu du principe d'autonomie, le budget de l'Union est «intégralement financé par des ressources propres» (article 311 TFUE, reprenant intégralement la disposition équivalente du traité CE). En application du principe d'adéquation des moyens, l'Union doit se doter «des moyens nécessaires pour atteindre ses objectifs et pour mener à bien ses politiques». Le principe de solidarité se traduit par l'intention, exprimée par les Etats membres dans le protocole sur la cohésion économique, sociale et territoriale, «de tenir davantage compte de la capacité contributive des différents Etats membres au système des ressources propres».

353. Le principe d'équilibre, spécifique au budget de l'Union, impose que ce budget, à la différence des budgets des Etats, comporte le même montant en recettes qu'en dépenses. Le règlement financier précise que le «budget doit être équilibré en recettes et en crédits de paiement». Ce principe s'explique par le fait que l'Union n'est pas autorisée à recourir à l'emprunt pour couvrir ses dépenses. Pour en assurer une correcte application, un cadre pluriannuel est adopté, visant «à assurer l'évolution ordonnée des dépenses de l'Union dans la limite de ses ressources propres».

Ce principe est complété par le principe de discipline budgétaire, consacré à l'article 310 du traité FUE, aux termes duquel

> «[e]n vue d'assurer la discipline budgétaire, l'Union n'adopte pas d'actes susceptibles d'avoir des incidences notables sur le budget sans donner l'assurance que les dépenses découlant de ces actes peuvent être financées dans la limite des ressources propres de l'Union et dans le respect du cadre financier pluriannuel».

354. Viennent ensuite des principes, assez classiques, relatifs au budget lui-même.

Selon le principe d'unité, l'ensemble des recettes et des dépenses de l'Union doit se trouver dans un seul et même document budgétaire. Avec le traité de Lisbonne, la suppression de la structure en piliers a pour conséquence que toutes les dépenses de l'Union sont à charge du budget, à l'exception, dans le domaine de la politique étrangère et de sécurité commune, « des dépenses afférentes à des opérations ayant des implications militaires ou dans le domaine de la défense, et des cas où le Conseil en décide autrement » (article 41, par. 2, du traité UE modifié).

Le principe d'universalité suppose que toutes les recettes du budget représentent une masse commune qui sert à financer indistinctement l'ensemble des dépenses. Il a aussi pour conséquence la non-affectation des recettes budgétaires à des dépenses précises et la non-contraction entre recettes et dépenses.

Le principe d'annualité signifie le rattachement des opérations à un exercice annuel qui, dans le cadre de l'Union, correspond à l'année civile. Toutefois, il est souvent nécessaire de mener des actions pluriannuelles et dans ce cas, on fait appel à la notion de crédits dissociés.

Le principe de spécialité implique que chaque crédit doit avoir une destination déterminée et être affecté à un but spécifique, afin d'éviter toute confusion entre les différents crédits lors de l'autorisation et de l'exécution du budget. Cependant, la Commission peut procéder, dans les conditions définies par le règlement financier, à des transferts d'une partie à l'autre du budget (article 317 TFUE).

355. Ces principes sont complétés par des principes liés plutôt à l'exécution du budget. Il y a d'abord le principe de l'acte de base. Ce principe, initialement inscrit dans les accords interinstitutionnels, figure désormais à l'article 310 du traité FUE. Il signifie que l'exécution de dépenses inscrites au budget requiert l'adoption préalable d'un acte juridiquement contraignant de l'Union qui donne un fondement juridique à son action et à l'exécution de la dépense correspondante. Le deuxième est le principe de bonne gestion financière auquel doivent se conformer l'exécution du budget et l'utilisation des crédits budgétaires. A cette fin, toute proposition législative susceptible d'avoir une incidence budgétaire doit être accompagnée d'une fiche financière et d'une évaluation.

II. LES RESSOURCES DE L'UNION EUROPÉENNE

356. Le traité de Rome avait posé le principe du financement du budget de la Communauté par des ressources propres après la mise en place du tarif douanier commun. A titre transitoire, il avait prévu que le financement serait assuré par un système de contributions versées par les Etats membres. Après l'échec d'une première tentative en 1965, qui a déclenché la crise de la chaise vide, le Conseil est arrivé en décembre 1969 à un accord sur la mise en place des ressources propres. Le financement intégral du budget communautaire par des ressources propres est devenu effectif au 1er janvier 1980.

1. La décision relative aux ressources propres

357. L'article 311 du traité FUE maintient en la matière une procédure en substance identique à celle prévue à l'ex-article 269 du traité CE. Le Conseil statue à l'unanimité, après consultation du Parlement européen. La décision «n'entre en vigueur qu'après approbation par les Etats membres conformément à leurs règles constitutionnelles respectives».
Le projet adopté par la Convention sur l'avenir de l'Europe avait, pour sa part, établi une distinction entre la création de nouvelles recettes et la fixation du plafond des ressources propres, relevant de cette procédure, et la détermination des modalités des ressources de l'Union, en particulier les règles d'assiette et de taux, qui aurait fait l'objet d'un vote à la majorité qualifiée au Conseil après approbation du Parlement européen et sans approbation par les Parlement nationaux. La CIG de 2004 et à sa suite celle de 2007 ont fait marche arrière et, aux termes de l'article 269 du traité FUE, seules les «mesures d'exécution du système de ressources propres» peuvent être adoptées par le Conseil à la majorité qualifiée, après approbation du Parlement européen, et ce pour autant seulement que le règlement sur les ressources propres le prévoie.

358. La création et la modification des ressources propres restent donc soumises à une procédure lourde et rigide, qui s'apparente plus à une procédure de révision qui ferait l'économie d'une conférence intergouvernementale qu'à une véritable procédure législative. Le Conseil conserve un monopole de décision, avec en outre cette situation paradoxale où ce sont en réalité les Parlements nationaux qui se prononcent sur les ressources propres lors de l'approbation de la décision européenne. De plus, l'unanimité reste la règle, ce qui traduit plus le souci de préserver les positions nationales que celui de renforcer les principes d'autonomie et de suffisance et ne contribue pas à améliorer l'efficacité du processus décisionnel.

L'article 269 FUE précise que la décision relative aux ressources propres peut établir de nouvelles catégories de ressources propres ou abroger une catégorie existante.

2. Les différentes ressources de l'Union

359. L'analyse des différentes ressources de l'Union conduit à relativiser la portée réelle du principe d'autonomie. Une véritable autonomie devrait permettre d'aboutir à une réelle indépendance financière se traduisant par l'exercice d'un pouvoir fiscal propre.

Or, actuellement, mis à part les droits de douane, les ressources «propres» s'apparentent en réalité plus, à tout le moins en ce qui concerne leur nature, à des contributions nationales déguisées.

Depuis 1984, les ressources propres sont de surcroît soumises à un plafond qui, dans la dernière décision ressources propres du 7 juin 2007, est maintenu à 1,24 % du montant total du revenu national brut des Etats membres de l'Union européenne, malgré l'augmentation des besoins financiers qui découle des derniers élargissements.

A. Les droits de douane et cotisations sucre

360. Les recettes des droits de douane proviennent de l'application du tarif douanier commun à la valeur en douane des marchandises importées de pays tiers et, en ce sens, elles sont donc l'expression d'un véritable pouvoir d'imposition appartenant à l'Union. Il convient cependant de ne pas surestimer l'autonomie de l'Union européenne dans la détermination des droits de douane dans le cadre du tarif douanier commun, compte tenu des obligations internationales liant l'Union européenne dans le cadre de l'OMC notamment. S'y ajoutent les cotisations et autres droits prévus dans le cadre de l'organisation commune des marchés dans le secteur du sucre.

Leur part dans le financement du budget de l'Union est en constante diminution (12% dans le budget 2010 pour encore près de 20% en 1996).

B. La ressource TVA

361. Elle n'est pas constituée par une taxe additionnelle à la TVA nationale facturée aux consommateurs, mais par un prélèvement que chaque Etat membre déduit de ses recettes nationales et rétrocède à l'Union. Ce prélèvement n'est pas effectué sur les recettes effectivement encaissées. En effet, dans ce cas, les Etats qui ont des taux plus élevés contribueraient davantage que les autres. Le prélèvement TVA résulte de l'application du taux fixé par la décision ressources propres à la matière imposable elle-même, c'est-à-dire à l'assiette TVA déterminée selon des règles uniformes. Cette détermination repose sur un simple calcul statistique[144] et non selon une méthode fiscale reposant sur les assiettes effectivement déclarées par les assujettis dans leurs déclarations.

362. Au départ, le taux maximum d'appel de la ressource TVA était fixé à 1%. Dans le contexte de la correction de la contribution britannique, il a été porté à 1,4% en 1985. Depuis la décision ressources propres du 31 décembre 1994, il est en constante réduction et n'atteint plus aujourd'hui que 0,30%[145]. De plus, depuis 1988, l'assiette de la TVA à prendre en compte pour chaque Etat membre est «écrêtée» et plafonnée à 50% de son PNB, afin de renforcer l'équité du système, en neutralisant les inégalités de la propension à consommer dans les différents Etats membres.

L'assiette TVA ainsi harmonisée et écrêtée n'a plus grand chose à voir avec l'assiette effective. Elle devient de plus en plus un simple paramètre fiscal pour répartir une charge entre Etats membres. Ceci a conduit la majorité des auteurs à souligner que la ressource TVA n'est pas à proprement parler une ressource propre.

---

[144] Elle est obtenue en divisant les recettes de TVA encaissées dans l'année par «le taux moyen pondéré» applicable, qui lui-même repose sur une estimation du taux moyen applicable aux différentes catégories d'opérations imposables.
[145] Pour la période 2007-2013 uniquement, le taux d'appel de la ressource TVA est fixé à 0,225% pour l'Autriche, à 0,15% pour l'Allemagne et à 0,10% pour les Pays-Bas et la Suède.

La ressource TVA a longtemps été la principale recette du budget communautaire mais sa place a sensiblement diminué. En 1996, elle représentait encore 51% du total des ressources propres, pour seulement 11% en 2010.

C. La ressource PNB

363. Créée en 1988, elle est qualifiée de ressource propre mais constitue en réalité une contribution financière fondée sur la somme des PNB de tous les Etats membres. La ressource PNB est obtenue par application d'un taux à fixer chaque année dans le cadre de la procédure budgétaire, à une assiette représentant la somme des produits nationaux bruts au prix du marché. La ressource est calculée par différence entre les dépenses et le produit des autres ressources propres. Elle présente donc la caractéristique d'être une ressource variable d'appoint, destinée à assurer l'équilibre entre recettes et dépenses, pour le solde non couvert par les autres ressources. Son mode de calcul vise à réaliser une meilleure progressivité du «système fiscal» de l'Union en rapprochant les contributions de chaque Etat membre de son niveau réel de prospérité.
Depuis 1999, elle est devenue la principale ressource propre de l'Union. Sa part dans le total des ressources propres est passée de 30% en 1996 à environ 76% en 2010.

3. Mise à disposition des ressources propres

364. La caractéristique fondamentale des ressources propres est qu'elles sont mises automatiquement à la disposition de l'Union, sans possibilité pour les Etats membres de s'y opposer. S'agissant des droits de douane et cotisations sucre, ils sont perçus par les Etats membres conformément aux dispositions législatives, réglementaires et administratives nationales. Ces ressources sont ensuite mises à la disposition de l'Union, mais les Etats membres sont autorisés à retenir un pourcentage au titre de remboursement forfaitaire des frais de perception. Ce pourcentage qui s'élevait à l'origine à 10% a été porté à 25%.
Quant aux ressources TVA et PNB, qui ne font pas l'objet en tant que telles d'une perception, elles sont mises à disposition de l'Union par les Etats membres, le premier jour ouvrable de chaque mois, à raison du douzième de leur montant prévi-

sionnel figurant dans le budget de l'Union. Ensuite, au 31 juillet de l'année suivante, intervient une régularisation du solde.

Le caractère impératif et automatique de la mise à disposition est garanti pour toutes les ressources propres par l'imposition d'intérêts moratoires en cas de retard dans le chef d'un Etat membre. De plus, en vertu d'une jurisprudence constante[146], une mise à disposition tardive de ressources ou le défaut de payer les intérêts de retard dus en application de la réglementation de droit dérivé portant application du système des ressources propres de l'Union sont constitutifs d'un manquement.

III. LE CADRE FINANCIER PLURIANNUEL

365. Il s'agit d'une des innovations les plus importantes en la matière: l'instrument conventionnel des accords interinstitutionnels contenant les perspectives financières (1) a été consacré dans le traité sous la nouvelle dénomination de «cadre financier pluriannuel» (2).

1. Les accords interinstitutionnels
contenant les perspectives financières

366. Si le premier «accord» conclu en matière budgétaire est la «déclaration commune» du Parlement européen, du Conseil et de la Commission du 30 juin 1982, c'est depuis 1988 que des accords interinstitutionnels ont été conclus entre le Parlement européen, le Conseil et la Commission dans les domaines budgétaire et financier.

Leur objet consiste à se mettre d'accord à l'avance, dans le cadre d'une programmation pluriannuelle, sur les grandes priorités budgétaires pour la période à venir, se traduisant par la mise en place d'un encadrement des dépenses communautaires, sous la forme des perspectives. Le système des perspectives financières constitue de la sorte un instrument au service du renforcement de la discipline budgétaire et de la maîtrise de l'augmentation des dépenses.

---

[146] Voy., par exemple, l'arrêt du 12 juin 2003, *Commission c. Italie*, C-363/00 ou encore les différents arrêts rendus par la Cour le 5 octobre 2006 dans les affaires *Commission c. Allemagne*, C-105/02, *Commission c. Belgique*, C-377/03, *Commission c. Belgique*, C-378/03, *Commission c. Belgique*, C-275/04, et *Commission c. Pays-Bas*, C-312/04.

Ces accords ont aussi établi des règles et codes de conduite visant à prévenir les nombreux conflits qui existent lors de la procédure budgétaire annuelle proprement dite. Comme nous le verrons, la source principale de ces conflits réside dans le fait que le traité CE avait réparti les compétences entre les deux branches de l'autorité budgétaire, selon la nature – obligatoire ou non – des dépenses inscrites au budget sans définir clairement la nature des dépenses. La solution à ces conflits répétés a été opérée par la voie pragmatique d'une classification, sur le plan politique, des dépenses par les trois institutions parties aux accords interinstitutionnels plutôt que par une définition juridique de celles-ci. Ces accords ont donc contribué à assurer un déroulement harmonieux de la procédure budgétaire.

367. Le dernier accord en date[147] comporte trois parties : le cadre financier pluriannuel pour la période 2007-2013, l'amélioration de la collaboration interinstitutionnelle au cours de la procédure budgétaire et des dispositions relatives à la bonne gestion financière des fonds de l'Union.

Le cadre financier pour la période 2007-2013 comprend six rubriques pour un total de 1 663 461 millions d'euros :

1. Croissance durable : 383 591 millions d'euros ou 44,4 % du total.
    1a. La compétitivité pour la croissance et l'emploi : 75 550 millions d'euros.
    1b. La cohésion pour la croissance et l'emploi : 308 041 millions d'euros.
2. Préservation et gestion des ressources naturelles, y compris le financement de la politique agricole commune : 369 837 millions d'euros ou 42 % du total.
    Dont dépenses de marché et paiements directs : 293 105.
3. Citoyenneté, liberté, sécurité et justice : 10 770 millions d'euros ou 1,2 % du total.
    3a. Liberté, sécurité et justice : 6 630 millions d'euros.
    3b. Citoyenneté : 4 140 millions d'euros.
4. L'Union européenne en tant qu'acteur mondial : 49 463 millions d'euros ou 5,7 % du total.
5. Administration : 49 800 millions d'euros ou 5,8 % du total.
6. Compensations : 800 millions d'euros ou 0,1 % du total.

---

[147] Publié au *JO*, n° C 139, 14 juin 2006, p. 1.

2. Le règlement fixant le cadre financier pluriannuel

368. En vertu de l'article 311 du traité FUE, un règlement établit le cadre financier, pour une période d'au moins cinq années, en fixant, par grande catégorie de dépenses pour les engagements et de manière globale pour les paiements, «les montants des plafonds annuels de crédits», de manière à «assurer l'évolution ordonnée des dépenses de l'Union». Par ailleurs, comme pour les anciens accords interinstitutionnels, le cadre financier peut également prévoir «toute autre disposition utile au bon déroulement de la procédure budgétaire annuelle». On retrouve ainsi le double objectif des accords interinstitutionnels conclus jusqu'ici.

Ce règlement est adopté, selon une procédure législative spéciale, par le Conseil statuant à l'unanimité sur proposition de la Commission, après approbation du Parlement européen, qui se prononce à la majorité des membres qui le composent. Le projet de la Convention prévoyait que le Conseil se prononce à la majorité qualifiée mais, lors de la CIG de 2004, l'unanimité a été retenue. Toutefois, une passerelle permet au Conseil, à l'unanimité, de décider de passer à la majorité qualifiée.

369. Le passage d'un accord interinstitutionnel à un règlement adopté par le Conseil après approbation du Parlement européen ne paraît pas de nature à diminuer la marge de manœuvre du Parlement européen dans le dialogue avec le Conseil. Compte tenu de ce que, dans la procédure d'adoption du règlement relative au cadre financier pluriannuel, aucune des deux branches de l'autorité budgétaire ne possède le pouvoir du dernier mot, celles-ci seront «condamnées» à s'entendre et donc à coopérer loyalement. Et, d'ailleurs, l'article 311, par. 5, stipule que «tout au long de la procédure conduisant à l'adoption du cadre financier, le Parlement européen, le Conseil et la Commission prennent toute mesure nécessaire pour faciliter l'aboutissement de la procédure». Enfin, la «constitutionnalisation» des accords interinstitutionnels permet de «bétonner» l'équilibre des forces acquis de manière conventionnelle.

IV. LE VOTE DU BUDGET ANNUEL DE L'UNION

370. Ici aussi, des modifications importantes résultent de l'entrée en vigueur du traité de Lisbonne.

Dans le traité CE, la répartition des compétences entre le Parlement européen et le Conseil reposait sur une distinction entre dépenses obligatoires et dépenses non obligatoires. Le Parlement européen avait le dernier mot à l'égard des dépenses non obligatoires tandis que le Conseil statuait définitivement vis-à-vis des dépenses obligatoires[148].

La définition des deux catégories de dépenses revêtait donc une importance considérable mais le traité CE n'avait pas défini clairement la nature des dépenses et se bornait à évoquer de manière sommaire «les dépenses découlant obligatoirement du traité ou des actes arrêtés en vertu de celui-ci» (ex-article 272, par. 4, CE) et «les dépenses autres que celles découlant obligatoirement du traité ou des actes arrêtés en vertu de celui-ci» (ex-article 272, par. 9, CE), ce qui ressemblait étrangement à une tautologie. Comme nous l'avons déjà indiqué, c'est par le biais des accords interinstitutionnels que les institutions ont tranché les différends qui les opposaient et c'est donc une approche purement politique qui a prévalu.

D'abord réduites à une simple portion congrue, les dépenses non obligatoires ont pris une place de plus en plus importante au fil des années, en liaison avec le poids grandissant du Parlement européen dans l'équilibre institutionnel et la diminution de la part de la politique agricole commune dans le budget : alors qu'elles ne représentaient que 8 % du budget dans les années 1970, elles constituent près de 70 % du budget 2010. Les principales dépenses obligatoires sont les dépenses agricoles tandis que les principales dépenses non obligatoires sont liées aux fonds structurels.

371. Le traité de Lisbonne met fin à cette distinction. Le budget est désormais adopté par le Parlement et le Conseil au terme d'une procédure législative spéciale organisée par l'article 314 du traité FUE, qui se rapproche de la procédure législative ordinaire, avec toutefois certaines particularités. Tout comme la procédure législative ordinaire, elle vise à dégager un accord global entre les deux branches de l'autorité budgétaire sur le budget.

372. La Commission présente, pour le 1er septembre au plus tard, un projet et non plus un avant-projet de budget au Parle-

---

[148] La procédure budgétaire faisait l'objet de l'ex-article 272 du traité CE.

ment européen et au Conseil, sous la forme d'une proposition. Le Conseil dispose d'un mois pour adopter sa position, qu'il transmet au Parlement européen. Le Conseil peut ici, à titre exceptionnel, amender la proposition de la Commission en statuant à la majorité qualifiée. Le Parlement procède alors, dans un délai de quarante-deux jours, à un examen du projet de budget en première lecture. Le budget est adopté si le Parlement approuve la position du Conseil ou s'il ne parvient pas à statuer. S'il adopte, à la majorité des membres qui le composent, des amendements, un comité de conciliation paritaire est convoqué, qui dispose d'un délai de vingt et un jours pour parvenir à un accord sur un texte commun, faute de quoi un nouveau projet de budget doit être présenté par la Commission.

Le projet commun est soumis au Parlement européen et au Conseil qui disposent d'un délai de quatorze jours pour se prononcer.

373. Là, pas moins de sept scénarios sont envisagés par l'article 314 du traité FUE.

Dans trois cas, le budget est adopté :

- – si les deux institutions approuvent le projet commun,
- – si elles ne parviennent pas à statuer,
- – ou encore si l'une des deux institutions approuve le projet commun, alors que l'autre ne parvient pas à statuer.

En revanche, dans trois autres hypothèses, le budget n'est pas adopté et un nouveau projet de budget doit être présenté par la Commission :

- – si les deux institutions le rejettent,
- – si l'une des deux institutions le rejette alors que l'autre ne parvient pas à statuer,
- – ou si le Parlement européen le rejette, alors que le Conseil l'approuve.

Reste la septième et dernière hypothèse, dans laquelle le Conseil rejette le projet commun, tandis que le Parlement l'approuve.

La procédure continue alors et le Parlement dispose d'un délai de quatorze jours pour confirmer tout ou partie de ses amendements, en statuant à la majorité des membres qui le composent et des trois cinquièmes des suffrages exprimés. En ce qui concerne les amendements non confirmés par le Parlement, la position agréée au sein du Comité de conciliation concernant la ligne budgétaire qui fait l'objet de cet amendement est retenue. Le budget est définitivement adopté sur cette base.

Le projet de la Convention avait prévu un pouvoir de dernier mot du Parlement européen en l'absence de projet commun du Comité de conciliation mais la CIG de 2004 a fait marche arrière. Il n'en reste pas moins que le Parlement acquiert un pouvoir de codécision sur l'ensemble des dépenses, ce qui représente un progrès indéniable par rapport à la situation antérieure.

Lorsque la procédure est achevée, le président du Parlement européen constate que le budget est définitivement adopté.

V. L'EXÉCUTION DU BUDGET ET LA DÉCHARGE

1. Le contrôle budgétaire interne

A. Les contrôleurs financiers

374. Au sein de chaque institution, un contrôleur financier doit être nommé, chargé du contrôle de l'engagement et de l'ordonnancement de toutes les dépenses ainsi que du contrôle de toutes les recettes.

Les contrôleurs financiers disposent d'une réelle indépendance à l'égard de leur institution, garantie par une série de mesures particulières ainsi que par la possibilité de saisir la Cour de justice de tout acte relatif à l'exercice de leurs fonctions.

Les contrôleurs exercent un contrôle préalable par l'apposition d'un visa sur toutes les opérations d'exécution du budget. L'autorité peut cependant, par une décision motivée prise sous sa seule responsabilité, passer outre à un refus de visa.

Le contrôleur financier qui joue le rôle le plus important est celui de la Commission, puisque en vertu de l'article 317 du traité FUE, c'est elle qui, en coopération avec les Etats membres – précise le traité de Lisbonne –, «exécute le budget, conformément aux dispositions des règlements pris en exécution de l'article 322, sous sa propre responsabilité et dans la limite des crédits alloués, conformément au principe de la bonne gestion financière».

B. L'office européen de lutte antifraude (OLAF)

375. L'OLAF a été créé par le règlement CE/1073/1999 du Parlement européen et du Conseil du 25 mai 1999. Il a succédé à la Task Force «Coordination de la lutte antifraude» (UCLAF) du secrétariat général de la Commission, créée en 1988. Il jouit d'une indépendance totale vis-à-vis des services de la Commission. Il a à sa tête un directeur désigné par la Commission pour une période de cinq ans, en concertation avec le Parlement européen et le Conseil, et à qui il est interdit de solliciter ou d'accepter d'instructions d'aucun gouvernement ni d'aucune institution (y compris la Commission).

L'OLAF est chargé d'effectuer des enquêtes administratives externes – dans les Etats membres et dans certains pays tiers avec lesquels la Communauté a conclu des accords de coopération – et internes – à l'intérieur des institutions –, dans le cadre de la lutte contre la fraude, contre la corruption et contre toute autre activité illégale portant atteinte aux intérêts financiers de l'Union. Un comité de surveillance exerce un contrôle régulier sur l'exécution de la fonction d'enquête de l'OLAF. A la fin d'une enquête, l'OLAF établit un rapport comprenant des recommandations sur les suites qu'il convient d'y donner. Ce rapport est communiqué selon le cas à l'institution ou aux Etats membres concernés.

L'OLAF est aussi chargé d'apporter le concours de la Commission à la coopération avec les Etats membres dans le domaine de la lutte antifraude ainsi que d'une mission de conception en matière de lutte antifraude.

2. Le contrôle budgétaire externe

A. La Cour des comptes

376. La Cour des comptes exerce un contrôle *a posteriori*, c'est-à-dire après l'exécution du budget, sur la totalité des recettes et dépenses de l'Union. Ce contrôle porte d'abord sur la légalité et la régularité des recettes et des dépenses du budget de l'Union européenne. La Cour des comptes s'assure également de la bonne gestion financière, c'est-à-dire qu'elle vérifie que les objectifs de gestion ont été atteints, en appréciant dans quelle mesure et à quel coût ils l'ont été.

Le contrôle a lieu sur pièces et au besoin sur place auprès des institutions de l'Union et/ou dans les Etats membres. Dans l'exercice de ses fonctions, la Cour des comptes peut demander tout document ou information utile et mener si nécessaire des contrôles «sur place auprès des autres institutions de l'Union, dans les locaux de tout organe ou organisme gérant des recettes ou des dépenses au nom de l'Union et dans les Etats membres, y compris dans les locaux de toute personne physique ou morale bénéficiaire de versements provenant du budget» (article 287 TFUE).

Le résultat des contrôles de la Cour des comptes est consigné dans un rapport annuel dont le projet est transmis au plus tard le 15 juillet aux institutions. Ces dernières peuvent exercer un droit de réponse aux observations de la Cour. Le rapport est ensuite publié au *Journal officiel*, avec les réponses des institutions. La Cour des comptes doit signaler toute irrégularité dans les recettes et les dépenses de l'Union au Parlement européen et au Conseil. La Cour publie également une déclaration d'assurance concernant la fiabilité des comptes ainsi que la légalité et la régularité des opérations sous-jacentes de l'exercice budgétaire précédent. Elle établit enfin des rapports annuels spécifiques concernant certains organismes de l'Union et des rapports spéciaux sur des thèmes d'intérêt particulier.

B. Le Parlement européen

377. Le contrôle budgétaire du Parlement s'exerce principalement à travers le vote de la décharge qui intervient après l'exercice. L'acte de décharge possède une double signification: il exprime, d'une part, le jugement politique de l'autorité budgétaire sur le comportement de la Commission, institution responsable de l'exécution du budget; il permet, d'autre part, sur un terrain purement technique, de clôturer définitivement les comptes.

Le pouvoir de décharge appartenait à l'origine au Conseil. Entre 1970 et 1975, il a été partagé entre le Conseil et le Parlement. Depuis 1975, c'est le Parlement européen seul qui en est titulaire.

La Commission soumet chaque année au Conseil et au Parlement européen les comptes de l'exercice écoulé et elle leur communique un bilan décrivant l'actif et le passif de la Communauté. Le Parlement se prononce sur la décharge en votant sur le projet de décision préparé par la commission du contrôle budgétaire. Il statue à la majorité absolue des suffrages exprimés, sur recommandation du Conseil prise à la majorité qualifiée. Il se fonde sur l'analyse du compte de gestion, du bilan et du rapport annuel de la Cour des comptes. Il peut demander à entendre la Commission. Le vote de la décharge peut être assorti d'observations, auxquelles la Commission doit donner suite. Le Parlement peut décider de différer la décharge soit pour demander à la Commission des documents supplémentaires, soit pour subordonner l'octroi de la décharge à certaines conditions, soit simplement pour disposer d'un délai supplémentaire. Il peut aussi refuser la décharge : cela ne s'est produit qu'une seule fois, en novembre 1984, pour l'exercice 1982.

La Commission est tenue de tout mettre en œuvre pour donner suite aux observations accompagnant tant la recommandation du Conseil que la décision du Parlement sur la décharge et de faire rapport sur les mesures prises.

Bibliographie sélective

BREHON Nicolas-Jean, *Le budget de L'Europe*, Paris, LGDJ, 1997.

DONY Marianne et RONSE Thierry, « Les finances de l'Union », in DONY Marianne et BRIBOSIA Emmanuelle (éd.), *Commentaire de la Constitution de l'Union européenne*, Bruxelles, Editions de l'Université de Bruxelles, 2005.

DONY Marianne, « La réforme des procédures financières au sein de l'Union européenne », in DONY Marianne et ROSSI Lucia Serena, *Démocratie, cohérence et transparence : vers une constitutionnalisation de l'Union européenne ?*, Bruxelles, Editions de l'Université de Bruxelles, 2008.

MARTINEZ IGLESIAS Maria Jose, « Les finances de l'Union », in AMATO Giuliano, BRIBOSIA Hervé, DE WITTE Bruno (éd.), *Genèse et Destinée de la Constitution européenne/Genesis and Destiny of the European Constitution*, Bruxelles, Bruylant, 2007.

RÉGNIER-HELDMAIER Catherine, JOURET Philippe, DE LECEA FLORES DE LEMUS Antonio, NUÑEZ Laurent, DISCORS Dominique, YATAGANAS Xenophon, *Les finances de l'Union européenne, Commentaire J. Mégret*, vol. 11, 2e éd., Bruxelles, Editions de l'Université de Bruxelles, 1999.

TRASCA Raluca, « La place de l'Office Européen de Lutte Antifraude dans la répression de la fraude au budget communautaire », *CDE*, 2008, p. 7.

Section 5

Le contrôle parlementaire

378. Le Parlement européen détient des pouvoirs de contrôle qui présentent à certains égards des correspondances avec ceux des Parlements nationaux et qui visent pour l'essentiel la Commission, ses pouvoirs étant fort limités vis-à-vis du Conseil. Une distinction est traditionnellement faite entre le contrôle-information (I) et le contrôle-sanction (II).

I. LE CONTRÔLE-INFORMATION

379. Ce type de contrôle a pour objet de permettre au Parlement européen d'obtenir de la Commission ou du Conseil les informations qu'il juge utiles et d'émettre le cas échéant une opinion, favorable ou défavorable, au sujet de ces informations. A cette fin, le Parlement européen peut poser des questions (1), recevoir des rapports (2) ou des pétitions (3) et constituer des commissions d'enquête (4).

1. Les questions

380. Les députés peuvent poser des questions écrites ou orales à la Commission mais aussi, même si les traités ne le prévoient pas explicitement, au Conseil et ce dans tous les domaines de compétences de l'Union, y compris la politique étrangère et de sécurité commune. Les questions écrites sont publiées avec les réponses dans le *Journal officiel*. Depuis 1973, « l'heure des questions »[149] permet, lors de chaque période de session, une succession de questions-réponses sur des sujets d'actualité entre députés et membres de la Commission ou du Conseil.

En 2008, le Parlement européen a adressé 7 322 questions à la Commission : 6 570 questions écrites, 659 questions orales avec débats et 93 pendant l'heure des questions. Il a posé 1 010 questions au Conseil : 547 questions écrites, 413 questions orales avec débats et 50 pendant l'heure des questions[150].

---

[149] Qui dure en réalité quatre-vingt-dix minutes.
[150] Selon le rapport général sur l'activité de l'Union pour l'année 2008.

2. Les rapports

381. Le Parlement exerce aussi son pouvoir de contrôle politique par l'examen des rapports que la Commission doit lui soumettre. Il y a d'abord le rapport général sur l'activité de l'Union européenne que la Commission a l'obligation de publier tous les ans en vertu de l'article 249 du traité FUE. De nombreux autres rapports sont venus s'ajouter à ce rapport général : rapport sur l'application du droit communautaire, rapport sur la politique de concurrence, rapport sur la situation de l'agriculture dans l'Union européenne, rapport sur la cohésion économique et sociale, rapports sur l'exécution du budget.

Le Parlement examine également le programme annuel de la Commission européenne ; il débat des programmes de travail et du bilan des présidences du Conseil, de la préparation et des résultats des Conseils européens.

3. L'examen des pétitions

382. Tout citoyen de l'Union européenne ou toute personne résidant dans un Etat membre peut adresser au Parlement européen, individuellement ou collectivement, une pétition au sujet d'une question relevant d'un domaine de compétence de l'Union européenne et le concernant directement. Les entreprises peuvent exercer ce droit de pétition, garanti par le traité, si elles ont leur siège dans l'Union.

La pétition peut prendre la forme d'une plainte ou d'une requête et peut porter sur des affaires d'intérêt public ou d'intérêt privé. Elle peut consister en une demande individuelle, une plainte ou une observation concernant l'application du droit de l'Union ou une incitation lancée au Parlement pour qu'il prenne position sur un sujet.

Plus de mille pétitions arrivent ainsi en moyenne chaque année au Parlement européen. Elles sont renvoyées à la commission des pétitions qui décide d'abord si la pétition est recevable, ce qui est le cas des deux tiers environ d'entre elles. La commission des pétitions demande en général à la Commission européenne de lui fournir des informations pertinentes ou son avis sur les points soulevés par le pétitionnaire. Elle peut aussi organiser des auditions ou envoyer des membres sur place pour constater les faits.

4. Les commissions temporaires d'enquête

383. Le Parlement européen peut constituer des commissions temporaires d'enquête à la demande d'un quart de ses membres. Elles examinent les allégations d'infraction ou de mauvaise administration dans l'application du droit de l'Union, sauf si les faits allégués sont en cause devant une juridiction et aussi longtemps que la procédure juridictionnelle n'est pas achevée. Leurs pouvoirs ne se limitent pas à l'activité des institutions de l'Union mais peuvent aussi porter sur l'action des Etats membres dans la mise en œuvre des politiques de l'Union. L'existence de la commission temporaire d'enquête prend fin par le dépôt de son rapport (article 226 TFUE). Le traité de Lisbonne confère aussi au Parlement le soin de déterminer lui-même, au terme d'une procédure législative spéciale, les modalités d'exercice du droit d'enquête après approbation du Conseil et de la Commission.

Quatre commissions temporaires d'enquête ont ainsi été constituées :

– sur le régime de transit communautaire (1996) ;
– sur l'épidémie d'encéphalopathie spongiforme bovine (1997) ;
– sur l'utilisation alléguée de pays européens par la CIA pour le transport et la détention illégale de prisonniers (2006) ;
– sur la débâcle financière de la compagnie «Equitable Life Assurance Society» (2007).

II. Le contrôle-sanction

384. Il s'exprime principalement, en dehors du refus du vote de la décharge du budget[151], par la motion de censure.

La Commission européenne est, en tant que collège, responsable devant le Parlement européen, qui peut adopter une motion de censure de la Commission (article 17, par. 8, du traité UE). Il n'y a en revanche aucune responsabilité individuelle des membres de la Commission devant le Parlement européen.

Cette procédure existe depuis le traité de Rome (ex-article 201 CE, devenu 234 TFUE). Elle nécessite un vote à la majorité des deux tiers des suffrages exprimés et à la majorité des membres composant l'assemblée. Le traité ne prévoit aucune condition

---

[151] Voy. à ce sujet *supra*, n° 347.

pour le dépôt d'une motion de censure mais le règlement intérieur du Parlement exige que celle-ci soit déposée par écrit par
au moins un dixième des membres du Parlement.

La motion de censure contraint la Commission à démissionner
en bloc mais celle-ci expédie les affaires courantes jusqu'à son
remplacement.

385. Depuis l'origine, sept motions de censure seulement ont fait
l'objet d'un vote et aucune n'a été adoptée. Cependant, le nombre
de voix en faveur de la censure a régulièrement augmenté. C'est
ainsi que la dernière motion – déposée dans le contexte de la
crise suscitée par les critiques adressées à certains commissaires
et d'une manière générale à la gestion de la Commission (vote
du 14 janvier 1999) – a recueilli 232 voix en faveur de la motion
contre 293 en défaveur et 27 abstentions. Le Parlement a en
définitive désigné un comité d'experts indépendants. Le rapport
déposé par ce comité évoquant la responsabilité collective de la
Commission et celles, individuelles, de plusieurs commissaires a
conduit à la démission collective volontaire de la Commission
Santer, pour éviter l'adoption vraisemblable d'une motion de
censure.

Bibliographie sélective

CHAUCHAT Mathias, *Le contrôle politique du Parlement européen sur les
    exécutifs communautaires*, Paris, LGDJ, 1989.
COSTA Olivier, *Le Parlement européen, assemblée délibérante*, Bruxelles,
    Editions de l'Université de Bruxelles, 2001.
MAGNETTE Paul, *Contrôler l'Europe, pouvoirs et responsabilités dans
    l'Union européenne*, Bruxelles, Editions de l'Université de Bruxelles,
    2003.

Section 6

Principes directeurs de la structure institutionnelle de l'Union

386. Plusieurs principes régissent l'organisation institutionnelle de l'Union européenne : il s'agit des principes de l'équilibre institutionnel (I), de l'autonomie institutionnelle (II), de
la coopération loyale entre les institutions (III) et de la transparence (IV).

I. LE PRINCIPE DE L'ÉQUILIBRE INSTITUTIONNEL

387. Ce principe est en rapport étroit avec l'article 7, par. 2, du traité UE modifié reprenant la teneur de l'ancien article 5 du traité UE, selon lequel

> «[c]haque institution agit dans les limites des attributions qui lui sont conférées dans les traités, conformément aux procédures, conditions et fins prévues par ceux-ci».

C'est déjà dans l'arrêt *Meroni*[(152)] que la Cour a affirmé que l'équilibre des pouvoirs était «caractéristique de la structure institutionnelle de la Communauté» (en l'occurrence la CECA). La Cour a souligné que

> «[les traités] ont mis en place un système de répartition des compétences entre les différentes institutions de la Communauté, qui attribue à chacune sa propre mission dans la structure institutionnelle de la Communauté et dans la réalisation des tâches confiées à celle-ci»[(153)].

Elle a ajouté que

> «[l]e respect de l'équilibre institutionnel implique que chacune des institutions exerce ses compétences dans le respect de celles des autres. Il exige aussi que tout manquement à cette règle, s'il vient à se produire, puisse être sanctionné»[(154)].

388. C'est ainsi que la Cour a examiné la compatibilité de la procédure du comité de gestion «avec la structure communautaire et l'équilibre institutionnel au regard tant des rapports entre institutions que de l'exercice de leurs pouvoirs respectifs»[(155)], qu'elle a consacré le droit du Parlement européen à être consulté comme constituant un «élément essentiel de l'équilibre institutionnel voulu par le traité»[(156)] ou qu'elle a consacré

[(152)] CJ, 13 juin 1958, 9/56.
[(153)] CJ, 21 mai 1990, *Parlement c. Conseil*, 70/88.
[(154)] *Idem.*
[(155)] CJ, 17 décembre 1970, *Köster*, 25/70; dans un arrêt du 10 mai 1995, *Parlement c. Conseil*, C-417/93, la Cour a jugé que l'équilibre global des compétences respectivement reconnues à la Commission et au Conseil n'était pas affecté de manière décisive par le choix entre les différents types de comités.
[(156)] CJ, 29 octobre 1980, *Roquette et Maïzena*, 138 et 139/79; 30 mars 1995, *Parlement c. Conseil*, C-65/93.

la légitimation active du Parlement européen pour des recours en annulation visant à sauvegarder ses prérogatives[157].

C'est toujours à l'équilibre entre les institutions que la Cour se réfère, pour interpréter strictement la phrase de l'article 300 du traité CE réservant « les compétences reconnues à la Commission européenne » dans le domaine de la conclusion des accords internationaux[158].

Enfin, la Cour, dans un arrêt du 6 mai 2008, a jugé que le principe de l'équilibre entre les institutions interdisait de « reconnaître à une institution la possibilité d'établir des bases juridiques dérivées, que ce soit dans le sens d'un renforcement ou dans celui d'un allégement des modalités d'adoption d'un acte »[159].

II. LE PRINCIPE DE L'AUTONOMIE DES INSTITUTIONS

389. Ce principe signifie que, dans le cadre de leurs attributions, les institutions ont le pouvoir d'organiser librement leurs travaux de la façon la plus adaptée à leur mission. C'est principalement à propos du Parlement européen que la Cour a été amenée à consacrer ce principe. La Cour a posé la règle que le Parlement disposait, en vertu du pouvoir d'organisation interne qui lui est reconnu par les traités, les mesures appropriées en vue d'assurer son bon fonctionnement et le déroulement de ses procédures. Elle a estimé que ce pouvoir comportait notamment le remboursement des frais de voyage et de séjour, exposés par les membres du Parlement dans l'exercice de leur mandat et que l'autonomie reconnue à cet égard au Parlement implique la compétence d'effectuer le remboursement des frais de voyage et de séjour de ses membres sur une base forfaitaire. Elle a ajouté que les autorités nationales, dans l'exercice de leurs compétences fiscales, devaient respecter cette compétence du Parlement et s'abstenir de toute intervention dans le fonctionnement interne du Parlement[160].

390. Cependant, ce pouvoir d'organisation interne connaît des limites. D'abord, il ne peut porter atteinte à l'équilibre institutionnel. C'est ainsi que la Cour a souligné que, à défaut de

---

[157] CJ, 21 mai 1990, précité.
[158] CJ, 9 août 1994, précité.
[159] CJ, 6 mai 2006, *Parlement c. Conseil*, C-133/06.
[160] CJ, 15 septembre 1981, *Lord Bruce of Donnington*, 208/80.

toute disposition des traités à cet égard, la fixation de la durée des sessions relève du pouvoir d'organisation interne reconnu au Parlement européen mais que la pratique du Parlement «ne saurait, dans le cadre de l'équilibre des pouvoirs entre les institutions prévu par les traités, enlever aux autres institutions une prérogative qui leur est attribuée par les traités eux-mêmes»[161]. Ensuite, il ne peut permettre à une institution d'empiéter sur les compétences des Etats membres. La question s'est particulièrement posée à propos des lieux de travail des institutions. La Cour a souligné que les décisions prises par le Parlement dans l'exercice de sa compétence en matière d'organisation interne devaient respecter la compétence des gouvernements des Etats membres de fixer le siège des institutions et les décisions déjà prises provisoirement à cet égard entre-temps[162]. Enfin, il doit s'exercer dans le cadre d'une coopération loyale entre institutions.

III. LE DEVOIR DE COOPÉRATION LOYALE

391. C'est la Cour qui, la première, a posé la règle que, dans le cadre du dialogue interinstitutionnel, prévalent les mêmes devoirs réciproques de coopération loyale que ceux qui régissent les relations entre les Etats membres et les institutions de l'Union[163]. Ce principe est désormais confirmé par l'article 13, par. 2, du traité UE tel que modifié par le traité de Lisbonne, qui dispose que «[l]es institutions pratiquent entre elles une coopération loyale».

392. La Cour a d'abord été amenée à développer cette jurisprudence dans le contexte des conflits interinstitutionnels résultant de la distinction entre dépenses obligatoires et non obligatoires qui, comme nous l'avons vu, ne font pas l'objet d'une définition dans le traité CE. Elle a souligné l'importance fondamentale des «relations» entre institutions dans les domaines financier et budgétaire, qui se traduisent par des procédures interinstitutionnelles et par un dialogue interinstitutionnel, en vue de dégager

---

[161] CJ, 10 juillet 1986, *Wybot c. Edgar Faure*, 49/85.
[162] CJ, 10 février 1983, *Luxembourg c. Parlement*, 230/81; 22 septembre 1988, *France c. Parlement*, 358/85 et 51/86; 28 novembre 1991, *Luxembourg c. Parlement*, C-213/88 et C-39/89.
[163] CJ, 27 septembre 1988, *Conseil c. Parlement*, 302/87; 30 mars 1995, *Parlement c. Conseil*, C-65/93.

les règles et principes devant compléter les règles du traité, ajoutant alors que ces relations sont gouvernées par le «principe de coopération loyale». Toujours dans le domaine budgétaire, la Cour a déduit du devoir de coopération loyale entre les institutions que le président du Parlement européen ne pouvait pas constater l'arrêt définitif du budget général de l'Union européenne pour un exercice donné alors que, à défaut d'accord entre les deux institutions concernées sur l'assiette à retenir pour le nouveau taux maximal d'augmentation, la procédure budgétaire n'était pas encore terminée[164].

393. La Cour en a fait une autre application remarquable dans le domaine de la procédure législative. Le Parlement, qui reprochait au Conseil d'avoir adopté un règlement sans attendre son avis, s'est vu débouté au motif qu'il n'avait pas respecté son devoir de coopération loyale vis-à-vis du Conseil. En l'espèce, le Conseil avait informé le président du Parlement de la nécessité d'adopter le règlement en cause avant la fin de l'année 1992, ce qui avait d'ailleurs conduit le Parlement à adopter la procédure d'urgence pour remettre son avis, mais le Parlement avait néanmoins décidé de lever la séance plénière du 18 décembre 1992 à la demande de quatorze députés, sans avoir débattu de la proposition de règlement. La Cour a considéré que le Parlement ne saurait valablement faire grief au Conseil de ne pas avoir attendu son avis pour adopter le règlement le 21 décembre 1992 car la méconnaissance de la formalité substantielle que constitue la consultation du Parlement trouve sa cause dans le manquement de cette institution à son devoir de coopération loyale vis-à-vis du Conseil.

394. Cette obligation de coopération loyale trouve sa traduction dans la conclusion d'accords interinstitutionnels. La technique de l'accord interinstitutionnel a été consacrée à l'article 295 du traité FUE:

> «Le Parlement européen, le Conseil et la Commission procèdent à des consultations réciproques et organisent d'un commun accord les modalités de leur coopération. A cet effet, ils peuvent, dans le respect des traités, conclure des accords interinstitutionnels qui peuvent revêtir un caractère contraignant».

[164] CJ, 7 décembre 1995, *Conseil c. Parlement*, C-41/95.

IV. LE PRINCIPE DE TRANSPARENCE

395. Une des toutes premières manifestations du principe de transparence figure dans la déclaration n° 17 jointe au traité de Maastricht relative au droit d'accès à l'information, qui souligne que «la transparence du processus décisionnel renforce le caractère démocratique des institutions, ainsi que la confiance du public envers l'administration».

Le traité d'Amsterdam consacre ce principe dans le corps même des traités. Il introduit dans l'article 1 du traité UE une référence au «principe d'ouverture» et insère un nouvel article 255 consacré à la transparence dans le traité CE. Cet article comporte une mention du droit à l'accès aux documents du Parlement européen, du Conseil et de la Commission par tout citoyen de l'Union européenne ainsi que par toute personne physique ou morale résidant ou ayant son siège dans un Etat membre et impose au Conseil et au Parlement de fixer selon la procédure de codécision, les principes généraux et les limites d'accès à ces documents (pour des raisons d'intérêts publics ou privés), au plus tard deux ans après l'entrée en vigueur du traité d'Amsterdam. Tel a été l'objet du règlement 1049/2001 du Conseil et du Parlement européen du 30 mai 2001. Enfin, en ce qui concerne plus particulièrement le Conseil, il a ajouté un troisième paragraphe à l'article 207, imposant à ce dernier de permettre l'accès aux documents qui sont liés à son activité de législateur. Au minimum, «les résultats et les explications des votes ainsi que les déclarations inscrites au procès-verbal, sont rendus publics».

396. La nécessité d'améliorer et d'assurer en permanence la transparence de l'Union était, avec la démocratie, au centre de la déclaration n° 23 annexée au traité de Nice comme de la déclaration de Laeken. Il n'est donc pas étonnant que le principe de transparence figure au premier plan dans le traité constitutionnel comme dans le traité de Lisbonne même si, s'agissant de ce dernier, il semble avoir perdu de vue que la transparence devait notamment se traduire par une simplification des «traités afin qu'ils soient plus clairs et mieux compris».

L'article 11 du traité UE modifié évoque, en son paragraphe 2, la nécessité pour les institutions de l'Union d'entretenir un «dialogue ouvert, transparent et régulier» avec les associations représentatives et la société civile et, en son paragraphe 3, l'obligation pour la Commission de procéder à de larges consultations des parties concernées pour assurer la transparence des actions de l'Union.

L'article 15 du traité sur le fonctionnement de l'Union est entièrement consacré aux principes d'ouverture et de transparence:

> «1. Afin de promouvoir une bonne gouvernance, et d'assurer la participation de la société civile, les institutions, organes et organismes de l'Union œuvrent dans le plus grand respect possible du principe d'ouverture.
>
> 2. Le Parlement européen siège en public, ainsi que le Conseil lorsqu'il délibère et vote sur un projet d'acte législatif.
>
> 3. Tout citoyen de l'Union et toute personne physique ou morale résidant ou ayant son siège statutaire dans un Etat membre a un droit d'accès aux documents des institutions, organes et organismes de l'Union, quel que soit leur support, sous réserve des principes et des conditions qui seront fixés conformément au présent paragraphe.
>
> Les principes généraux et les limites qui, pour des raisons d'intérêt public ou privé, régissent l'exercice de ce droit d'accès aux documents sont fixés par le Parlement européen et le Conseil, statuant conformément à la procédure législative ordinaire.
>
> Chaque institution, organe ou organisme assure la transparence de ses travaux et élabore dans son règlement intérieur des dispositions particulières concernant l'accès à ses documents, en conformité avec l'acte législatif visé au deuxième alinéa.
>
> La Cour de justice de l'Union européenne, la Banque centrale européenne et la Banque européenne d'investissement ne sont soumises au présent paragraphe que lorsqu'elles exercent des fonctions administratives.
>
> Le Parlement européen et le Conseil assurent la publicité des documents relatifs aux procédures législatives dans les conditions prévues par le règlement visé au deuxième alinéa».

Le paragraphe 8 de l'article 16 du traité UE modifié dispose quant à lui que

> «[l]e Conseil siège en public lorsqu'il délibère et vote sur un projet d'acte législatif. A cet effet, chaque session du Conseil est divisée en deux parties, consacrées respectivement aux délibérations sur les actes législatifs de l'Union et aux activités non législatives».

397. L'accès aux documents des institutions, organes et organismes de l'Union, tel qu'organisé par le règlement 1049/2001 du Conseil et du Parlement européen du 30 mai 2001, a fait l'objet d'une jurisprudence très abondante de la Cour de justice et du Tribunal. Il résulte de celle-ci que l'objet de ce règlement est de conférer le plus large effet possible au droit d'accès du public aux documents détenus par les institutions, que le droit d'accès aux documents n'en est pas moins soumis à certaines limites fondées sur des raisons d'intérêt public ou privé, mais que ces exceptions doivent être interprétées et appliquées strictement. De plus, l'institution concernée doit en principe procéder à un examen concret et individuel avant d'appliquer une exception[165].

Bibliographie sélective

CONSTANTINESCO Vlad, « L'équilibre institutionnel dans la Constitution de l'Union européenne», *in Le droit de l'Union européenne en principes: liber amicorum en l'honneur de Jean Raux*, Rennes, Apogée, 2006.

GAUTRON Jean-Claude, « Les accords interinstitutionnels dans l'ordre juridique communautaire», *in* AVRIL Pierre et VERPEAUX Michel (dir.), *Les règles et principes non écrits du droit public*, Paris, LGDJ, 2000.

JACQUÉ Jean-Paul, « La pratique des institutions communautaires et le développement de la structure institutionnelle communautaire», *in* BIEBER Roland et RESS Georg (dir.), *Die Dynamik des Europäischen Gemeinschaftsrechts*, Baden-Baden, Nomos Verlagsgesellschaft, 1987.

RIDEAU Joël (dir.), *La transparence dans l'Union européenne: mythe ou principe juridique*, Paris, LGDJ, 1999.

WALBROECK Michel et WALBROECK Denis, «Les déclarations communes en tant qu'instrument d'accroissement des compétences du Parlement européen», *in* LOUIS Jean-Victor et WALBROECK Denis (dir.), *Le Parlement européen dans l'évolution institutionnelle*, Bruxelles, Editions de l'Université de Bruxelles, 1988.

[165] Voy. TPI, 12 septembre 2007, aff. T-36/04, *Association de la presse internationale c. Commission*, qui résume la jurisprudence antérieure, et les décisions citées dans cet arrêt.

CHAPITRE III

L'ordre juridique
de l'Union européenne

398. Du fait de la disparition de la Communauté euro-péenne[(1)], l'ordre juridique communautaire est devenu, depuis l'entrée en vigueur du traité de Lisbonne, l'ordre juridique de l'Union européenne. Il n'est cependant pas totalement unifié : en effet, si l'ancien troisième pilier y est intégré, la politique étran-gère et de sécurité commune continue quant à elle à obéir à des règles spécifiques qui n'ont pas tous les attributs de cet ordre juridique.

Après avoir examiné les sources du droit de l'Union (section 1), nous nous pencherons sur les relations entre l'ordre juridique de l'Union et les droits nationaux (section 2) et l'ordre juridique international (section 3).

Section 1
Les sources du droit de l'Union

399. Le droit de l'Union est constitué d'un ensemble de règles qui ont quatre sources principales : le droit primaire (I), les prin-cipes généraux du droit (II), le droit dérivé comprenant tous les actes des institutions (III) et le droit conventionnel (IV).

[(1)] Mais pas, rappelons-le, de l'Euratom.

I. Le droit primaire

400. Le droit primaire est composé des traités fondateurs (1). Nous analyserons leur régime linguistique (2), leur champ d'application (3) et la procédure de révision de ceux-ci (4).

1. Le contenu du droit primaire

401. Les trois traités originaires sont le traité de Paris du 18 avril 1951 instituant la Communauté européenne du charbon et de l'acier (entré en vigueur le 23 juillet 1952 et venu à échéance le 22 juillet 2002) et les deux traités de Rome du 25 mars 1957 instituant la Communauté économique européenne et la Communauté européenne de l'énergie atomique (entrés en vigueur le 1er janvier 1958). Ils ont été modifiés par le traité de fusion des exécutifs, signé le 8 avril 1965 (entré en vigueur le 1er juillet 1967) et par l'Acte unique européen, signé les 17 et 28 février 1986 (entré en vigueur le 1er juillet 1987). Est venu ensuite le traité de Maastricht, signé le 7 février 1992 (entré en vigueur le 1er novembre 1993) qui était un traité hybride : partiellement traité neuf, partiellement traité modificatif des trois traités de base.
Les quatre traités ont encore été modifiés par le traité d'Amsterdam, signé le 2 octobre 1997 (entré en vigueur le 1er mai 1999)[2] et le traité de Nice signé le 26 février 2001 (entré en vigueur le 1er février 2003).

402. Avec la signature du traité établissant une Constitution pour l'Europe, cet écheveau complexe aurait dû être remplacé par un texte unique et cohérent mais, comme nous l'avons déjà indiqué, après l'échec de la ratification de ce traité, l'idée a été abandonnée et le traité de Lisbonne signé le 13 décembre 2007 (entré en vigueur le 1er décembre 2009) est seulement, comme l'indique explicitement son intitulé, un « traité modifiant le traité sur l'Union européenne et le traité instituant la Communauté européenne », qui vient ainsi ajouter une énième couche à cet écheveau, sans abroger les textes antérieurs. Cette démarche le rend très difficilement lisible car il prend la forme d'un catalogue d'amendements aux traités antérieurs, incompréhensible sans se reporter en même temps au texte de ces traités. De plus, une fois

---

[2] Qui a procédé à une renumérotation des articles du traité instituant la Communauté européenne et du traité sur l'Union européenne.

signé et ratifié, il a disparu en tant que tel, toutes ses dispositions s'intégrant dans les traités antérieurs[3].

403. Le traité sur l'Union européenne et le traité instituant la Communauté européenne, tels que modifiés par le traité de Lisbonne, s'appellent désormais respectivement le traité sur l'Union européenne et le traité sur le fonctionnement de l'Union européenne[4].

L'occasion aurait ainsi pu être saisie de faire une distinction entre un traité de base (le traité sur l'Union européenne) et un traité d'application (le traité sur le fonctionnement de l'Union européenne). L'articulation entre les deux traités n'est cependant pas claire.

Certes, le traité sur l'Union européenne, suite aux modifications introduites par le traité de Lisbonne, présente certaines caractéristiques d'un traité de base : lorsqu'il vient fixer les règles fondamentales relatives aux objectifs et compétences de l'Union, aux principes démocratiques, aux institutions, aux coopérations renforcées ou aux conditions de révision des traités et d'adhésion à l'Union. Mais il contient aussi, dans son titre V, des dispositions qui n'ont normalement pas leur place dans un traité de base, à savoir l'ensemble des règles spécifiques régissant la politique étrangère et de sécurité commune. Ces règles auraient logiquement dû figurer dans la partie du traité sur le fonctionnement de l'Union consacrée à l'action extérieure de l'Union, dont la politique étrangère et de sécurité commune ne constitue qu'un volet. Leur maintien dans le traité sur l'Union européenne ne s'explique que par la volonté ferme des Etats de consacrer le caractère spécifique – et intergouvernemental – de cette politique en la plaçant dans un traité distinct de celui qui régit les autres politiques. Mais il donne un caractère hybride au traité sur l'Union européenne.

De plus, les deux traités affirment solennellement, en leur article 1, qu'ils ont la même valeur juridique.

404. La Cour de justice a laissé entendre qu'il pourrait y avoir une certaine hiérarchie au sein du droit primaire.

---

[3] Une version consolidée des traités UE modifié et du traité FUE a été publiée au *JO*, n° C 115, 9 mai 2008.
[4] Le traité CEEA étant quant à lui modifié par le protocole n° 2 annexé au traité de Lisbonne.

Ainsi, dans son avis précité du 14 décembre 1991 relatif au projet d'accord créant l'Espace économique européen, la Cour, après avoir conclu que «le mécanisme juridictionnel prévu par l'accord porte atteinte à l'article 164 du traité CEE[5] et, plus généralement, aux fondements mêmes de la Communauté», a jugé que

> «l'article 238 du traité CEE[6] ne fournit aucune base pour instituer un système juridictionnel qui porte atteinte à l'article 164 de ce traité et, plus généralement, aux fondements mêmes de la Communauté»[7].

La Cour est revenue récemment sur la question dans son arrêt *Kadi* du 3 septembre 2008. En réponse à l'argument de plusieurs Etats membres invoquant l'article 207 du traité CE aux termes duquel «les droits et obligations résultant de conventions conclues antérieurement à l'entrée en vigueur du présent traité, entre un ou plusieurs Etats membres d'une part, et un ou plusieurs Etats tiers d'autre part, ne sont pas affectés par les dispositions du présent traité»[8], la Cour a souligné qu'il est certes vrai que l'article 307 pouvait, si ses conditions d'application étaient remplies, «permettre des dérogations même au droit primaire, par exemple à l'article 113 du traité CE, relatif à la politique commerciale commune» mais que cette disposition

> «ne pourrait en effet en aucun cas permettre la remise en cause des principes qui relèvent des fondements mêmes de l'ordre juridique communautaire, parmi lesquels celui de la protection des droits fondamentaux, qui inclut le contrôle par le juge communautaire de la légalité des actes communautaires quant à leur conformité avec ces droits fondamentaux».

405. Le droit primaire comprend encore les différents actes d'adhésion, ainsi que les «protocoles et annexes des traités» qui,

---

[5] Devenu article 220 du traité CE et maintenant repris au paragraphe 1 de l'article 19 du traité UE confiant à la Cour la mission d'assurer le respect du droit dans l'interprétation et l'application des traités.

[6] Devenu article 310 du traité CE, puis article 217 du traité FUE, consacrant la possibilité pour la Communauté (maintenant l'Union) de conclure des accords d'association.

[7] Point 71 de l'avis.

[8] La charte des Nations unies étant dans ce raisonnement un accord international conclu par les Etats membres antérieurement à l'entrée en vigueur du traité de Rome.

comme l'indique explicitement l'article 51 du traité UE modifié (reprenant la teneur de l'ex-article 311 du traité CE), «font partie intégrante» de ceux-ci et ont donc la même force impérative qu'eux, à la différence des déclarations que les différentes conférences intergouvernementales ont adoptées ou dont elles ont pris acte, lesquelles n'ont qu'une simple valeur politique.

2. Régime linguistique des traités

406. Alors que le français était la seule langue authentique du traité CECA, tous les traités ultérieurs ont été établis dans les langues de tous les Etats contractants et des versions authentiques ont ensuite été établies pour les nouveaux adhérents.

Ainsi, selon l'article 55, par. 1, du traité UE modifié, rendu applicable au traité FUE en vertu de l'article 358 de ce dernier traité, les traités sont rédigés «en un exemplaire unique, en langues allemande, anglaise, bulgare, danoise, espagnole, estonienne, finnoise, française, grecque, hongroise, irlandaise, italienne, lettone, lituanienne, maltaise, néerlandaise, polonaise, portugaise, roumaine, slovaque, slovène, suédoise et tchèque».

Nouvelle application du respect de l'identité nationale des Etats, l'article 55 du traité UE contient un paragraphe 2 autorisant la traduction des traités «dans toute autre langue déterminée par les Etats membres parmi celles qui, en vertu de l'ordre constitutionnel de ces Etats membres, jouissent du statut de langue officielle sur tout ou partie de leur territoire»[9].

407. Selon une jurisprudence constante[10], les différentes versions linguistiques des traités, ainsi que des textes de droit dérivé, doivent, par principe, se voir reconnaître la même valeur, laquelle ne saurait varier en fonction, notamment, de l'importance de la population des Etats membres qui pratique la langue en cause. Si une version linguistique déterminée est ambiguë, elle doit être interprétée dans un sens conforme aux autres

---

[9] Des langues régionales distinctes des langues énoncées à l'article 55, par. 1, du traité UE modifié existent notamment en Espagne, en Allemagne, au Royaume-Uni, en Suède et en Finlande. D'autres Etats reconnaissent des langues officielles différentes de la langue nationale mais il s'agit de langues nationales d'Etats voisins (ainsi l'allemand ou le français pour l'Italie, ou le danois pour l'Allemagne) pour lesquelles des versions linguistiques officielles des traités existent déjà.

[10] Voy. notamment CJ, 22 avril 1997, *Road Air*, C-310/95; 2 avril 1998, *EMU Tabac*, C-296/95; 30 janvier 2001, *Espagne c. Conseil*, C-36/98; 20 novembre 2003, *Kyocera Electronics Europe*, C-152/01.

versions linguistiques. En cas de divergences entre les différentes versions d'une disposition, il convient, afin de préserver l'unité d'interprétation du droit de l'Union, d'interpréter la disposition concernée en fonction de l'économie générale et de la finalité du traité en cause.

3. Champ d'application des traités

A. Champ d'application dans le temps

408. Si le traité instituant la CECA avait été conclu pour une période de cinquante ans, les traités de Rome ont été conclus pour une durée illimitée. Il en est allé de même pour tous les traités ultérieurs[11].

B. Champ d'application territorial

409. En vertu de l'article 52 du traité sur l'Union européenne tel que modifié par le traité de Lisbonne, les traités s'appliquent

> «au Royaume de Belgique, à la République de Bulgarie, à la République tchèque, au Royaume de Danemark, à la République fédérale d'Allemagne, à la République d'Estonie, à la République hellénique, au Royaume d'Espagne, à la République française, à l'Irlande, à la République italienne, à la République de Chypre, à la République de Lettonie, à la République de Lituanie, au Grand-Duché de Luxembourg, à la République de Hongrie, à la République de Malte, au Royaume des Pays-Bas, à la République d'Autriche, à la République de Pologne, à la République portugaise, à la Roumanie, à la République de Slovénie, à la République slovaque, à la République de Finlande, au Royaume de Suède et au Royaume-Uni de Grande-Bretagne et d'Irlande du Nord».

En utilisant ainsi l'appellation complète de chacun des Etats membres, sans la moindre mention des composantes géographiques de ceux-ci[12], cet article, qui reprend la teneur des anciens articles correspondants des traités CE et UE, a pour effet de se référer aux Etats en tant que tels et d'opérer un renvoi aux dispositions constitutionnelles explicites ou implicites déterminant le territoire de chaque Etat. Ainsi, le statut des départe-

---

[11] Voy. en dernier lieu les articles 53 du traité UE modifié et 312 du traité FUE.
[12] A la différence du traité Euratom qui déclare s'appliquer aux «territoires européens des parties contractantes».

ments d'outre-mer au sein de l'Union a été défini par référence à la Constitution française, aux termes de laquelle ils font partie intégrante de la République française[13]. De même, la réunification de l'Allemagne, décidée le 31 août 1990, a entraîné de manière automatique l'extension du champ d'application des traités CE et UE aux anciens Länder de l'Est.

410. L'article 355 du traité FUE apporte un certain nombre de précisions quant au champ d'application territorial des traités. Les traités ne s'appliquent pas aux îles Féroé, tandis que d'autres territoires ne sont soumis qu'à une application très limitée des traités : les zones de souveraineté du Royaume-Uni à Chypre, les îles Anglo-Normandes et l'île de Man, ainsi que les îles Åland.

Un régime d'association est organisé par la quatrième partie du traité sur le fonctionnement de l'Union européenne pour les pays et territoires non européens entretenant avec le Danemark, la France, les Pays-Bas et le Royaume-Uni des relations particulières. Ce régime vise notamment le Groenland, la Nouvelle-Calédonie, la Polynésie française, Mayotte, Saint-Pierre et-Miquelon, Aruba, les Antilles néerlandaises, Anguilla, les îles Cayman, les îles Falkland, Sainte-Hélène, les îles Turks et Caicos, les îles Vierges britanniques, les Bermudes...

411. Quant aux départements français d'outre-mer (Guadeloupe, Guyane française, Martinique, la Réunion), les Açores et Madère (régions autonomes du Portugal) et les îles Canaries (territoires espagnols) s'ils sont en principe intégralement soumis aux traités, ils sont réunis sous le vocable de régions ultra-périphériques de l'Union et soumis, depuis le traité d'Amsterdam, à un régime spécifique.

L'article 349 du traité FUE (ancien 299 du traité CE) tient compte de la situation économique et sociale structurelle de ces régions, qui est aggravée par leur éloignement, l'insularité, leur faible superficie, le relief et le climat difficiles, leur dépendance économique vis-à-vis d'un petit nombre de produits, facteurs dont la permanence et la combinaison nuisent gravement à leur développement. Il autorise le Conseil à adopter à leur égard des mesures spécifiques visant, en particulier, à fixer les conditions de l'application du présent traité à ces régions, y compris les

---

[13] CJ, 10 octobre 1978, *Hansen*, 148/77.

politiques communes, notamment dans le domaine des politiques douanières et commerciales, de la politique fiscale, des
zones franches, des politiques dans les domaines de l'agriculture
et de la pêche, des aides d'Etat, et des conditions d'accès aux
fonds structurels et aux programmes horizontaux de l'Union.
Le Conseil doit veiller à ne pas nuire à l'intégrité et à la cohérence de l'ordre juridique de l'Union, y compris le marché intérieur et les politiques communes.

412. Enfin, le territoire douanier de l'Union ne correspond pas
exactement au champ d'application des traités, parce qu'il a
fallu tenir compte des conventions internationales conclues par
certains Etats membres avant l'entrée en vigueur du traité CE
et qui ont pour effet soit de restreindre le territoire douanier
commun[14] soit de l'étendre, par exemple à la république de
Saint-Marin ou à la principauté de Monaco.

4. Révision des traités

A. Procédure de révision ordinaire

413. Aux termes de l'article 48 du traité sur l'Union européenne,
dans sa version antérieure au traité de Lisbonne, la révision des
traités CE et UE relevait de la compétence d'une conférence
des représentants des Etats membres (CIG) qui devait négocier
et arrêter de commun accord les modifications à apporter aux
traités. Ces modifications étaient alors coulées dans un traité de
révision qui devait, pour entrer en vigueur, être ratifié par tous
les Etats membres en conformité avec leurs règles constitutionnelles respectives.

La méthode d'une négociation diplomatique au sein d'une
conférence intergouvernementale a clairement montré ses
limites, surtout lors de la négociation des traités d'Amsterdam
et de Nice : les gouvernements ont été accusés de ne défendre
que leurs intérêts particuliers et d'ignorer les préoccupations des
opinions publiques.

De plus, les soucis de ratification qu'avaient rencontrés les traités
de Maastricht et de Nice avaient démontré que, aussi longtemps

---

[14] Sont ainsi exclus, pour l'Allemagne, l'île d'Helgoland et le territoire de
Büsingen et, pour l'Italie, les communes de Livigno et Campione d'Italia ainsi
que les eaux nationales du lac de Lugano comprises entre la rive et la frontière
politique de la zone située entre Ponte Tresa et Porto Ceresio.

que l'entrée en vigueur d'un traité nécessiterait une ratification par tous les Etats membres, les risques de blocages étaient élevés et ce d'autant plus que le nombre d'Etats membres augmentait.

414. Il a été tenu compte de la première critique lors de l'élaboration du traité établissant une Constitution pour l'Europe, qui a été confiée à la Convention sur l'avenir de l'Europe. De composition mixte et délibérant en public, elle se distinguait de la pratique des conférences intergouvernementales antérieures. Suite à l'échec de la ratification de la Constitution, les gouvernements sont cependant revenus à la méthode classique de la conférence intergouvernementale pour négocier le traité de Lisbonne.

415. La méthode de la Convention est retenue à l'avenir comme méthode normale de révision des traités : aux termes de l'article 48, par. 2, du traité UE, tel que modifié par le traité de Lisbonne, le président du Conseil européen convoque une «Convention composée de représentants des Parlements nationaux, des chefs d'Etat ou de gouvernement des Etats membres, du Parlement européen et de la Commission», qui «examine les projets de révision et adopte par consensus une recommandation à une Conférence des représentants des gouvernements des Etats membres...».

Toutefois, le Conseil européen peut «décider à la majorité simple, après approbation du Parlement européen, de ne pas convoquer de Convention lorsque l'ampleur des modifications ne le justifie pas»[15]. Dans ce dernier cas, «le Conseil européen établit le mandat pour une Conférence des représentants des gouvernements des Etats membres».

416. En revanche, aussi bien dans le traité constitutionnel que dans le traité de Lisbonne, il n'a pas été possible de faire marche arrière par rapport à la nécessité d'une ratification unanime par tous les Etats membres pour l'entrée en vigueur d'une révision des traités.

Une déclaration jointe au traité constitutionnel prévoyait bien que le Conseil européen se saisirait de la question, si, dans un délai de deux ans à compter de la signature du traité, les quatre

---

[15] C'est à cette forme simplifiée de réforme que les Etats membres souhaitent pouvoir recourir pour augmenter de manière transitoire le nombre de membres du Parlement européen de 751 à 754. Voy. à ce sujet *supra*, n° 179.

cinquièmes des Etats l'avaient ratifié mais qu'«un ou plusieurs Etats rencontraient des difficultés» pour procéder à cette ratification. Mais cela n'était guère éclairant sur ce qui adviendrait et sur ce que pourrait faire le Conseil européen et il n'est donc pas étonnant que cette déclaration n'ait pas permis de sortir de la crise créée par le non français et néerlandais.

Le traité de Lisbonne n'a rien prévu pour sa propre entrée en vigueur et, pour l'avenir, il se borne à inscrire dans le corps même du traité sur l'Union européenne le texte de la déclaration jointe au traité constitutionnel.

B. Procédures de révision simplifiées

417. Un apport non négligeable du traité de Lisbonne, qui reprend en cela les dispositions du traité constitutionnel, est d'avoir introduit des procédures de révision simplifiées.

a. LA RÉVISION SIMPLIFIÉE DE LA TROISIÈME PARTIE DU TRAITÉ SUR LE FONCTIONNEMENT DE L'UNION EUROPÉENNE

418. Aux termes de l'article 48, par. 6, du traité UE, tel que modifié par le traité de Lisbonne, les dispositions de la troisième partie du traité sur le fonctionnement de l'Union, relatives aux politiques et actions internes de l'Union, peuvent être modifiées par une décision du Conseil européen. Le Conseil européen, qui peut être saisi par un Etat membre, le Parlement européen ou la Commission, statue à l'unanimité, après consultation du Parlement européen et de la Commission ainsi que de la Banque centrale européenne dans le cas de modifications institutionnelles dans le domaine monétaire. Mais, comme dans la procédure de révision ordinaire, cette décision n'entre en vigueur qu'après son approbation par (tous) les Etats membres, conformément à leurs règles constitutionnelles respectives. De plus, la décision du Conseil européen ne peut pas accroître les compétences attribuées à l'Union dans les traités.

Il s'agit donc simplement de faire l'économie de la convocation d'une Conférence intergouvernementale.

b. LES CLAUSES DITES DE PASSERELLE

419. Les clauses de passerelle, organisées par le paragraphe 7 de l'article 48 du traité UE, tel que modifié par le traité de

Lisbonne, portent sur la modification des procédures décision-nelles au sein de l'Union européenne. Elles permettent soit de transformer une procédure législative spéciale en procédure législative ordinaire soit de passer, au sein du Conseil, du vote à l'unanimité au vote à la majorité qualifiée, sans nécessiter l'approbation formelle de tels changements par chaque Etat selon ses règles constitutionnelles.

Le Conseil européen doit prendre une décision, à l'unanimité, après approbation du Parlement européen qui doit s'exprimer à la majorité des membres qui le composent. Toute initiative prise par le Conseil européen à cet égard doit être transmise aux Parlements nationaux. Chaque Parlement national peut, le cas échéant, dans un délai de six mois, s'opposer à l'adoption d'une telle décision. En l'absence d'opposition, le Conseil européen peut adopter la décision[16].

Cette procédure ne peut s'appliquer «aux décisions ayant des implications militaires ou dans le domaine de la défense».

La Cour constitutionnelle allemande, dans son arrêt du 30 juin 2009 relatif au traité de Lisbonne, a jugé ces clauses de passerelle problématiques au regard de la loi fondamentale allemande, et ce d'autant qu'elles peuvent concerner le domaine sensible de la justice et des affaires étrangères. La Cour constitutionnelle allemande a imposé que la loi de ratification du traité de Lisbonne prévoie que le gouvernement allemand ne pourra donner son accord à l'utilisation d'une de ces clauses passerelles qu'en vertu d'une loi.

II. LES PRINCIPES GÉNÉRAUX DE DROIT

420. Les principes généraux de droit, qui ont été progressive-ment dégagés par la Cour de justice, apportent une contribu-tion importante à la formation du droit de l'Union. Ils sont de plusieurs ordres.

---

[16] On mentionnera aussi les clauses passerelles des articles 153 et 192 du traité FUE, permettant au Conseil, d'étendre le champ d'application de la procédure législative ordinaire dans les domaines de la politique sociale et de la protection de l'environnement par une décision unanime sans droit de véto des Parlements nationaux, ainsi que la clause passerelle de l'article 311 du traité FUE autorisant le Conseil à décider de passer de l'unanimité à la majorité qualifiée pour adoption du règlement fixant le cadre financier pluriannuel.

1. Les principes de droit international

421. La jurisprudence fait preuve à leur égard d'une certaine prudence, en vérifiant s'ils sont compatibles avec la nature juridique et la structure institutionnelle de l'Union européenne. Ainsi, la Cour a posé le principe que l'économie du traité CE impliquait l'interdiction pour les Etats membres de se faire justice eux-mêmes[17].

En revanche, d'autres principes ont reçu application, tels que :

– le principe qui s'oppose à ce qu'un Etat refuse à ses propres ressortissants le droit d'avoir accès à son territoire et d'y séjourner ou le principe de territorialité[18] ;
– le principe de la continuité en matière de succession d'Etat ;
– le principe de bonne foi[19].

2. Les principes inhérents à la nature de l'Union

A. Le principe d'égalité ou de non-discrimination

422. Il s'agit d'un principe fondamental du droit de l'Union, dont le traité de Lisbonne vient encore confirmer et renforcer l'importance, notamment par la mention, à l'article 2, par. 1 du traité CE modifié, de l'égalité dans les valeurs communes de l'Union.

Les traités en contiennent plusieurs applications particulières.

Il y a d'abord l'interdiction de toute discrimination fondée sur la nationalité inscrite à l'article 18 du traité FUE (ex-article 12 CE) et, d'une manière plus spécifique dans le domaine de la libre circulation des travailleurs, à l'article 45 du traité FUE (ex-article 39 CE). Vient ensuite l'égalité entre hommes et femmes, qui s'est d'abord traduite par la règle, inscrite dès l'origine dans le traité de Rome, de l'égalité des rémunérations entre hommes et femmes, maintenant consacrée par l'article 157 du traité FUE (ex-article 141 CE). Ces deux applications se sont vu reconnaître un effet direct[20].

L'article 2, par. 2, du traité UE modifié mentionne la non-discrimination et l'égalité entre les femmes et les hommes parmi les caractéristiques du « modèle de société » européen et l'article 3 de

---

[17] CJ, 13 novembre 1964, *Commission c. Luxembourg et Belgique*, 90 et 91/63.
[18] CJ, 4 décembre 1974, *Van Duyn*, 41/74.
[19] TPI, 22 janvier 1997, *Opel Austria c. Conseil*, T-115/94.
[20] Voy. à ce sujet *infra*, n° 456.

ce traité fixe notamment comme objectif à l'Union de combattre les discriminations et de promouvoir la justice sociale et l'égalité entre les femmes et les hommes».

L'article 19 du traité FUE (ex-article 13 CE) habilite le Conseil à «prendre les mesures nécessaires en vue de combattre toute discrimination fondée sur le sexe, la race ou l'origine ethnique, la religion ou les convictions, un handicap, l'âge ou l'orientation sexuelle»[21] tandis que l'article 10 de ce traité fait de la lutte contre toute discrimination un objectif horizontal que l'Union doit viser à atteindre dans la définition et la mise en œuvre de ses politiques et actions.

423. La charte des droits fondamentaux comporte un chapitre «Egalité», qui commence par un article affirmant que «[t]outes les personnes sont égales en droit» et reprend l'interdiction de toute discrimination fondée notamment sur le sexe, la race, la couleur, les origines ethniques ou sociales, les caractéristiques génétiques, la langue, la religion ou les convictions, les opinions politiques ou toute autre opinion, l'appartenance à une minorité nationale, la fortune, la naissance, un handicap, l'âge ou l'orientation sexuelle, mais aussi l'interdiction de la discrimination fondée sur la nationalité et l'égalité entre les femmes et les hommes, qui doit être assurée dans tous les domaines, y compris en matière d'emploi, de travail et de rémunération.

424. Selon une jurisprudence constante, le principe de non-discrimination ou d'égalité de traitement s'oppose à ce que des situations comparables soient traitées de manière différente, sauf si la différence de traitement est objectivement et raisonnablement justifiée par un objectif légitime[22].

B. Les principes de liberté et d'unité du marché

425. Un des objectifs de l'Union européenne est d'établir un marché intérieur, c'est-à-dire un espace sans frontières inté-

---

[21] Deux directives ont été adoptées sur cette base: la directive 2000/43/CE du Conseil du 29 juin 2000 relative à la mise en œuvre du principe de l'égalité de traitement entre les personnes sans distinction de race ou d'origine ethnique et la directive 2000/78/CE du Conseil du 27 novembre 2000 portant création d'un cadre général en faveur de l'égalité de traitement en matière d'emploi et de travail.
[22] CJ, 8 octobre 1980, *Peter Überschär*, 810/79; 17 mai 1984, *Denkavit*, 15/83; 29 avril 2004, *Novartis*, C-106/01; TPI, 14 septembre 1995, *Lefebvre e. a. c. Commission*, T-571/93.

rieures dans lequel la libre circulation des marchandises, des personnes, des services et des capitaux est assurée (article 26 TFUE)[23], ainsi qu'un espace de liberté, de sécurité et de justice sans frontières intérieures, au sein duquel est assurée la libre circulation des personnes (article 3 UE modifié)[24].

Dans le traité constitutionnel, une des dispositions de la première partie, l'article I-4, était consacrée aux «libertés fondamentales» et affirmait: «La libre circulation des personnes, des services, des marchandises et des capitaux, ainsi que la liberté d'établissement, sont garanties par l'Union et à l'intérieur de celle-ci, conformément à la Constitution». Cette disposition a disparu dans le traité de Lisbonne.

C. Le principe de solidarité

426. Moins souvent invoqué et évoqué, ce principe n'en est pas moins fondamental. La Cour a ainsi souligné que

> «en permettant aux Etats membres de profiter des avantages de la Communauté, le traité CE leur fait aussi l'obligation d'en respecter les règles et qu'en rompant unilatéralement l'équilibre entre les charges et les avantages découlant de celui-ci, un Etat met en cause l'égalité des Etats membres et de leurs ressortissants devant le droit communautaire et manque aux devoirs de solidarité qui incombent aux Etats membres»[25].

Le devoir de solidarité entre les Etats a été, comme nous l'avons déjà indiqué, renforcé dans le traité de Lisbonne[26].

3. Les principes communs aux droits des Etats membres

427. Cette catégorie regroupe notamment:

- le principe de sécurité juridique et les principes qui lui sont liés comme la confiance légitime et le respect des droits acquis;
- le respect des droits de la défense[27];

---

[23] Voy. *infra*, nᵒˢ 556 et s.
[24] Voy. *infra*, nᵒˢ 731 et s.
[25] CJ, 7 février 1973, *Commission c. Italie*, 39/72.
[26] Voy. *supra*, nᵒ 110.
[27] Voy. *infra*, nᵒ 492.

– le principe de proportionnalité, qui a pris une importance déterminante comme principe devant être respecté par l'Union dans l'exercice de ses compétences[28].

III. LE DROIT DÉRIVÉ

428. L'expression «droit dérivé» désigne l'ensemble des actes qu'adoptent les institutions de l'Union pour la mise en œuvre des traités.

L'article 249 du traité CE énumérait et définissait plusieurs actes juridiques susceptibles d'être adoptés par les institutions, à savoir les règlements, les directives et les décisions. Le traité constitutionnel avait entendu mettre fin à cette terminologie en introduisant les notions de loi et loi cadre, actes législatifs, qui s'opposaient aux actes non législatifs qu'étaient le règlement et la décision.

Comme nous l'avons déjà indiqué, la notion de loi a disparu dans le traité de Lisbonne, dans la foulée de l'abandon de toute approche de type constitutionnel, de sorte que les anciennes notions de règlement, de directive et de décision ont été maintenues. Néanmoins, ce traité introduit une distinction entre les actes législatifs et les actes non législatifs, et consacre l'existence d'actes délégués[29] et d'actes d'exécution[30]. Mais ces catégories viennent se superposer aux notions de règlement et de directive et non les remplacer : par conséquent, un règlement ou une directive peut, selon le cas, être un acte législatif mais aussi un acte délégué ou d'exécution, les mots «délégué» ou «d'exécution» devant alors être insérés dans son libellé.

L'important effort de clarification et de systématisation des instruments juridiques entrepris par le traité constitutionnel a ainsi été abandonné.

429. En revanche, le traité de Lisbonne a conservé le parti que le traité constitutionnel avait su tirer de la disparition de la structure en piliers, en supprimant tous les actes spécifiques aux deuxième et troisième piliers qu'étaient, dans le cadre de la politique étrangère et de sécurité commune, les «orienta-

---

[28] Voy. *supra*, n°s 147 et s.
[29] Voy. *supra*, n°s 333 et s.
[30] Voy. *supra*, n°s 335 et s

tions générales», les «stratégies communes», les «actions communes» ou les «positions communes» et, dans celui de la coopération policière et judiciaire en matière pénale, les «positions communes», les «décisions cadres», les «décisions» ou les «conventions».

1. Les principaux actes de droit dérivé

A. Le règlement

430. La définition du règlement, telle qu'elle figurait à l'article 249, al. 2, du traité CE demeure inchangée à l'article 288, al. 2, du traité FUE:

> «Le règlement a une portée générale. Il est obligatoire dans tous ses éléments et il est directement applicable dans tout Etat membre».

Le règlement est l'acte le plus complet et le plus efficace dans la panoplie des instruments qui sont à la disposition des institutions de l'Union. Il se distingue par deux propriétés tout à fait exceptionnelles en droit international:

– sa capacité de créer un même droit dans toute l'Union européenne sans tenir compte des frontières, en étant valable uniformément et intégralement dans tous les Etats membres. C'est ainsi qu'il est interdit aux Etats membres d'appliquer de manière incomplète les dispositions d'un règlement ou de procéder à une sélection parmi celles-ci;

– son applicabilité directe dans tous les Etats membres. Il faut souligner le terme «*dans*» utilisé par le traité et non «*par*». Cela signifie que, sans nécessité d'aucune mesure portant réception dans le droit national, il a une validité automatique dans l'Union et est, comme tel, apte à conférer des droits et/ou imposer des obligations aux Etats membres, à leurs organes et aux particuliers, comme le fait la loi nationale. La Cour de justice a d'une manière constante condamné toute pratique de reprise d'un règlement par une disposition du droit national: d'une part, une telle pratique porterait atteinte à son application uniforme et simultanée dans l'ensemble de l'Union; d'autre part, elle dissimulerait l'origine «communautaire» du droit ou de l'obligation. Ce caractère directement applicable n'empêche cependant pas que le règlement habilite une institution de l'Union ou les Etats membres à prendre des mesures d'application. Mais les objectifs et les dispositions substantielles du règlement s'imposent même si les mesures d'exécution n'ont pas été prises.

Le règlement a une portée générale. De nature essentiellement normative, il s'adresse non pas à des destinataires limités, désignés ou identifiables, mais à des catégories de personnes envisagées de manière générale et abstraite.

431. L'auteur d'un règlement peut être le Parlement européen et le Conseil, si le règlement est adopté au terme d'une procédure législative ordinaire, le Conseil, au terme d'une procédure législative spéciale ou en cas d'acte non législatif, le Parlement européen au terme d'une procédure législative spéciale, la Commission, dans le cadre de ses (rares) pouvoirs normatifs autonomes ou dans le cadre de ses compétences d'exécution, ou encore la Banque centrale européenne.

B. La directive

432. La directive, selon l'article 288, al. 3, du traité FUE, reprenant les termes de l'article 249, al. 3,

> « lie tout Etat membre destinataire quant au résultat à atteindre, tout en laissant aux instances nationales la compétence quant à la forme et aux moyens ».

La directive constitue un instrument de législation indirecte. Elle cherche à concilier la recherche de l'indispensable unité du droit de l'Union et la préservation de la diversité des particularités nationales. Elle a pour destinataires les Etats membres, à qui elle fixe un résultat à atteindre mais à qui elle laisse le choix de la forme et des moyens qu'ils adopteront pour réaliser les objectifs de l'Union dans le cadre de leur ordre juridique interne. Cette façon de lier les Etats membres est le reflet d'une volonté d'atténuer les interventions de l'Union dans les systèmes juridiques et administratifs nationaux. Les Etats membres peuvent ainsi tenir compte des spécificités nationales lors de la réalisation des objectifs de l'Union. Les dispositions d'une directive ne remplacent pas automatiquement les règles juridiques nationales, mais imposent aux Etats membres l'obligation d'adapter leur droit national aux dispositions de l'Union.

433. La compétence des Etats membres est cependant double-ment liée:

- quant au délai: la directive fixe un délai déterminé aux instances nationales pour sa transcription;
- quant aux modalités: même si les Etats membres sont, en principe, libres quant à la forme et aux moyens de la trans-position, la liberté des autorités nationales n'est pas entière: les moyens et formes mis en œuvre doivent être conformes au but recherché.

La transposition doit permettre de déterminer, de manière suffi-samment claire et précise, les droits et les obligations découlant des dispositions d'une directive, afin que le citoyen de l'Union ait la possibilité de s'en prévaloir ou de s'y opposer devant les tribunaux nationaux. En général, il est nécessaire d'adopter des actes juridiques nationaux contraignants, voire d'annuler ou de modifier des dispositions législatives, réglementaires et/ou administratives existantes. Une simple pratique administrative ne suffit pas, étant donné qu'elle peut, par nature, être modifiée à volonté par les autorités concernées et qu'elle ne bénéficie pas d'une publicité suffisante.

434. La marge de manœuvre des Etats destinataires dépend de la précision de la directive. Les institutions de l'Union peuvent définir le résultat à atteindre de manière si précise qu'il ne reste plus aux Etats membres la moindre marge de manœuvre pour apporter des adaptations sur le fond. Il faut reconnaître que certaines directives sont parfois très détaillées et contiennent une réglementation de fond qui ne laisse plus que le choix d'une transcription pure et simple. Cette tendance tient en partie à la méfiance des Etats membres qui craignent qu'une trop grande liberté laissée à leurs partenaires ne crée des distorsions de concurrence. L'approche nouvelle adoptée dans le livre blanc de la Commission de 1985 sur le marché intérieur en matière de rapprochement des législations, fondée sur la reconnais-sance mutuelle des législations nationales après harmonisation de quelques règles essentielles, a cependant permis un certain renversement de cette tendance.

La mise en œuvre des directives est surveillée par la Commis-sion et, pour lui permettre d'exercer ce contrôle, toutes les direc-tives comportent une mention selon laquelle les Etats membres doivent communiquer à la Commission, les mesures nationales prises en exécution de la directive.

435. La directive peut avoir pour auteur le Parlement européen et le Conseil, si elle est adoptée au terme d'une procédure législative ordinaire, le Conseil, au terme d'une procédure législative spéciale ou en cas d'acte non législatif, ou encore la Commission dans le cadre de ses (rares) pouvoirs normatifs autonomes ou dans le cadre de ses compétences d'exécution.

C. La décision

436. La définition de la décision telle qu'elle figurait à l'article 249, par. 4, du traité CE, a, en revanche, été modifiée de manière importante par le traité de Lisbonne.

Alors que l'article 249, par. 4, du traité CE, faisait de la décision un acte à portée individuelle, qui devait avoir des destinataires déterminés ou déterminables, liés de manière individuelle et à qui elle pouvait conférer des droits ou imposer des obligations, l'article 288, al. 4, du traité FUE définit la décision dans les termes suivants :

> « La décision est obligatoire dans tous ses éléments. Lorsqu'elle désigne des destinataires, elle n'est obligatoire que pour ceux-ci ».

La décision perd ainsi son caractère d'acte exclusivement individuel, ce qui permet de faire entrer dans la catégorie des décisions un nombre beaucoup plus important d'actes que par le passé, notamment tous les actes adoptés dans le cadre de la politique étrangère et de sécurité commune, ainsi qu'une série de « décisions » *sui generis.*

437. Le traité de Lisbonne autorise l'adoption d'une décision soit en tant qu'acte législatif par le Parlement européen et le Conseil au terme d'une procédure législative ordinaire ou par le Conseil au terme d'une procédure législative spéciale, soit en tant qu'acte non législatif, par le Conseil européen, par le Conseil, par la Commission ou par la Banque centrale européenne[31].

---

[31] Le traité constitutionnel faisait de la décision un acte non législatif.

D. Les avis et recommandations

438. Enfin, il y a les recommandations et les avis, qui, aux termes de l'article 288, al. 5, du traité FUE (reprenant l'ex-article 249, al. 5, du traité CE) «ne lient pas». Cette dernière catégorie d'actes permet aux institutions de l'Union de se prononcer de manière non contraignante – c'est-à-dire sans obligation juridique pour les destinataires – à l'égard des Etats membres et, dans certains cas, également à l'égard des citoyens de l'Union.

Les recommandations suggèrent aux destinataires un certain comportement sans pour autant leur imposer d'obligation légale. Ainsi, lorsqu'il y a lieu de craindre que l'adoption ou la modification d'une disposition législative ou administrative d'un Etat membre ne fausse les conditions de concurrence sur le marché commun, la Commission peut recommander à l'Etat intéressé les mesures appropriées pour éviter la distorsion en cause (article 117 du traité FUE, ex-article 97 du traité CE).

Les avis sont émis par les institutions de l'Union lorsqu'il y a lieu d'apprécier une situation actuelle ou certains faits dans l'Union ou dans les Etats membres.

439. Si ces actes n'ont pas de caractère obligatoire, cela ne signifie pas pour autant qu'ils soient dépourvus de tout effet juridique. Ainsi, dans la procédure en constatation de manquement, le non-respect d'un avis motivé de la Commission habilite celle-ci à saisir la Cour de justice. De même, lorsque, face à des distorsions de concurrence liées à des disparités de législations, la Commission recommande aux Etats membres les mesures nécessaires, elle peut, si ces recommandations ne sont pas suivies d'effet, transmettre au Conseil une proposition de directive.

Enfin, la Cour de justice a souligné que le juge national était tenu de prendre une recommandation en considération lorsqu'elle était de nature à éclairer l'interprétation d'autres dispositions nationales ou des institutions de l'Union[32].

E. Les autres actes

440. La pratique a révélé l'existence, à côté des actes expressément visés à l'article 249 du traité CE et maintenant à l'article 288 du traité FUE, d'un certain nombre d'actes dits «innommés» ou «atypiques», adoptés par les institutions de

---

[32] CJ, 13 décembre 1989, *Grimaldi*, C-322/88.

l'Union qui, pour des raisons diverses, sortent du cadre défini par cette disposition.

Quatre catégories d'actes méritent plus particulièrement d'être mentionnées :

– les actes qui concernent la vie interne des institutions comme les règlements intérieurs : ils ne sont pas dépourvus de tout effet juridique. Ainsi, la Cour de justice a-t-elle annulé une directive du Conseil pour violation du règlement intérieur de cette institution, car elle avait été adoptée par la voie de la procédure écrite malgré l'opposition du Royaume-Uni sur cette procédure, alors que le règlement intérieur exige l'accord de tous les membres pour le recours à la procédure écrite[33] ;

– les résolutions, programmes d'action ou communications : ils sont essentiellement destinés à manifester des intentions ou des orientations politiques sans être sources de droits et d'obligations. On peut citer en particulier les livres blancs publiés par la Commission qui sont des documents contenant des propositions d'action de l'Union dans un domaine spécifique. Ils s'inscrivent parfois dans le prolongement de livres verts dont le but est de lancer un processus de consultation au niveau européen sur un sujet particulier (politique sociale, monnaie unique, télécommunications…) ;

– les déclarations communes ou accords interinstitutionnels du Parlement européen, du Conseil et de la Commission, qui sont le plus souvent une expression de l'obligation de coopération loyale qui pèse sur les institutions[34]. Les institutions ont aussi adopté des déclarations communes dans d'autres domaines, comme celui des droits de l'homme et de la lutte contre le racisme et la xénophobie ;

– les déclarations dans le cadre de la politique étrangère et de sécurité commune : elles traduisent une ligne politique mais ne sont pas contraignantes

---

[33] CJ, 23 février 1988, *Royaume-Uni c. Conseil*, 68/86.
[34] Voy. à ce sujet, *supra*, n°s 391 et s.

2. Le régime juridique des actes de droit dérivé

A. Motivation

441. En vertu de l'article 296, al. 2, du traité FUE, reprenant la teneur de l'ex-article 253 du traité CE,

> «[l]es actes juridiques sont motivés et visent les propositions, initiatives, recommandations, demandes ou avis prévus par les traités».

L'obligation de motivation a pour objectif, selon la Cour de justice, de donner aux parties la possibilité de défendre leurs droits, de permettre à la Cour d'exercer son contrôle et aux Etats membres comme à tout ressortissant intéressé de connaître les conditions dans lesquelles il a été fait application du traité. Le traité n'apportant aucune indication ni quant à la forme ni quant à l'étendue de l'obligation de motivation, la Cour a précisé que la motivation devait fournir les indications indispensables sur les éléments de droit et de fait qui ont conditionné son adoption[35].

La Cour apprécie «*in concreto*» si ces conditions sont remplies, en fonction des circonstances de l'espèce, notamment du contenu et de la nature de l'acte, de la nature des motifs invoqués, de l'intérêt que les destinataires ou d'autres personnes concernées directement et individuellement par l'acte peuvent avoir à recevoir des explications ainsi que de l'ensemble des règles juridiques régissant la matière concernée[36]. Elle a également précisé que le fait qu'un acte s'écarte d'une norme plus générale renforce normalement l'exigence de motivation en ce que les destinataires de l'acte doivent être à même d'apprécier les raisons qui ont amené l'institution concernée à s'écarter de la norme en question ainsi que l'ampleur et la portée de la dérogation à celle-ci[37].

---

[35] Jurisprudence constante et abondante, inaugurée par un arrêt du 4 juillet 1963, *Allemagne c. Commission*, 24/62.
[36] Voy. par exemple, CJ, 5 juillet 2001, *Italie c. Conseil et Commission*, C-100/99 ; 19 septembre 2002, *Espagne c. Commission*, C-113/00 ; TPI, 29 septembre 2000, *International Potash Company c. Conseil*, T-87/98.
[37] CJ, 25 octobre 2001, *Italie c. Conseil*, C-120/99.

B. Publicité et entrée en vigueur

442. L'article 297 du traité FUE, adaptant la disposition de l'article 266 du traité CE, prévoit que

> « 1. Les actes législatifs adoptés conformément à la procédure législative ordinaire sont signés par le président du Parlement européen et par le président du Conseil.
> Les actes législatifs adoptés conformément à une procédure législative spéciale sont signés par le président de l'institution qui les a adoptés.
> Les actes législatifs sont publiés dans le *Journal officiel de l'Union européenne*. Ils entrent en vigueur à la date qu'ils fixent ou, à défaut, le vingtième jour suivant leur publication.
> 2. Les actes non législatifs adoptés sous la forme de règlements, de directives et de décisions, lorsque ces dernières n'indiquent pas de destinataire, sont signés par le président de l'institution qui les a adoptés.
> Les règlements, les directives qui sont adressées à tous les Etats membres, ainsi que les décisions, lorsqu'elles n'indiquent pas de destinataire, sont publiés dans le *Journal officiel de l'Union européenne*. Ils entrent en vigueur à la date qu'ils fixent ou, à défaut, le vingtième jour suivant leur publication.
> Les autres directives, ainsi que les décisions qui désignent un destinataire, sont notifiées à leurs destinataires et prennent effet par cette notification ».

IV. LES ACCORDS INTERNATIONAUX

443. Les accords conclus par l'Union européenne dans le cadre de ses relations extérieures lient les institutions de l'Union et les Etats membres. Ils font donc partie intégrante de l'ordre juridique de l'Union et doivent à ce titre être appliqués et interprétés par la Cour de justice. Cette règle vaut aussi bien pour les accords conclus uniquement par l'Union européenne que pour les accords dits mixtes, auxquels aussi bien l'Union européenne que ses Etats membres sont parties.

Les accords internationaux occupent une place particulière dans l'ordre juridique de l'Union européenne. Ils sont subordonnés aux traités et l'article 218 du traité FUE, tout comme l'ex-article 300 du traité CE, organise une procédure de contrôle préventif[38], mais ils ont primauté sur le droit dérivé de l'Union[39].

Section 2

Droit de l'Union et droit national

444. Comme l'a souligné la Cour dans son avis précité du 14 décembre 1991, les traités communautaires ont institué un nouvel ordre juridique dont les caractéristiques essentielles sont en particulier sa primauté par rapport aux droits des Etats membres (I) et l'effet direct de toute une série de dispositions (II). Ces deux principes, qui présentent des liens étroits entre eux, ont pour conséquence la possible mise en cause de la responsabilité des Etats pour violation du droit de l'Union (III).

I. LA PRIMAUTÉ DU DROIT DE L'UNION

1. Fondement de la primauté

445. C'est dans son célèbre arrêt *Costa c. Enel*[40] que la doctrine a établi sa doctrine de la primauté du droit communautaire devenu droit de l'Union.

La Cour a commencé par souligner que, «à la différence des traités internationaux ordinaires, le traité de la CEE a institué un ordre juridique propre, intégré au système juridique des Etats membres (…) qui s'impose à leurs juridictions». Elle a relevé quelques caractéristiques de cet ordre juridique:

> «en instituant une Communauté de durée illimitée, dotée d'insti-
> tutions propres, de la personnalité, de la capacité juridique, d'une
> capacité de représentation internationale et plus particulièrement de

---

[38] Selon l'article 218, par. 6, du traité FUE, «un Etat membre, le Parlement européen, le Conseil ou la Commission peut recueillir l'avis de la Cour de justice sur la compatibilité d'un accord envisagé avec les traités. En cas d'avis négatif de la Cour, l'accord envisagé ne peut entrer en vigueur, sauf modification de celui-ci ou révision des traités». Avant l'entrée en vigueur du traité de Lisbonne, cette procédure ne pouvait s'appliquer qu'aux accords conclus par la Communauté et non aux accords conclus dans le cadre des deuxième et troisième piliers.

[39] Même si les cas d'annulation d'un acte de droit dérivé pour violation d'un accord international sont extrêmement rares. On peut citer l'arrêt du Tribunal du 22 janvier 1997, *Opel Austria c. Conseil*, T-115/94, qui concerne l'accord EEE.

[40] CJ, 15 juillet 1964, 6/64.

> pouvoirs réels issus d'une limitation de compétence ou d'un transfert d'attributions des Etats à la Communauté, ceux-ci ont limité, bien que dans des domaines restreints, leurs droits souverains et créé ainsi un corps de droit applicable à leurs ressortissants et à eux-mêmes».

La Cour a énoncé ensuite le corollaire essentiel de ces considérations, qui est «l'impossibilité pour les Etats membres de faire prévaloir contre un ordre juridique accepté par eux sur une base de réciprocité une mesure nationale ultérieure, qui ne saurait lui être opposable». Elle en a conclu que, issu d'une source autonome, le droit né du traité ne peut en raison de sa nature spécifique se voir opposer un texte interne, quel qu'il soit, sans perdre son caractère communautaire et sans que soit mise en cause la base juridique de la Communauté elle-même.

La Cour a ainsi clairement affirmé que c'est de sa nature propre que le droit communautaire tirait sa primauté et que celle-ci ne résultait d'aucune concession de la part du droit constitutionnel des Etats membres.

446. Le traité constitutionnel affirmait, en son article I-6, que

> «[l]a Constitution et le droit adopté par les institutions de l'Union, dans l'exercice des compétences qui sont attribuées à celle-ci, priment le droit des Etats membres».

La consécration du principe de primauté dans la Constitution et, plus encore, son inscription dans les premières dispositions de la Constitution, qui renforce sa visibilité, avaient suscité l'opposition du Royaume-Uni, qui avait obtenu l'adoption d'une déclaration constatant que les dispositions de cet article reflètent «la jurisprudence existante de la Cour de justice».

Il n'est donc pas étonnant que, lors de la négociation du traité de Lisbonne, cet article ait été abandonné pour être remplacé par une simple déclaration, qui vient rappeler que, «selon une jurisprudence constante de la Cour de justice (…) les traités et le droit adopté par l'Union sur la base des traités priment le droit des Etats membres, dans les conditions définies par ladite jurisprudence». Cette déclaration est accompagnée d'un avis du service juridique du Conseil selon lequel

> «[i]l découle de la jurisprudence de la Cour de justice que la primauté du droit communautaire est un principe fondamental dudit droit. Selon la Cour, ce principe est inhérent à la nature particulière de la Communauté européenne. A l'époque du premier arrêt de cette

jurisprudence constante (…) la primauté n'était pas mentionnée dans le traité. Tel est toujours le cas actuellement. Le fait que le principe de primauté ne soit pas inscrit dans le futur traité ne modifiera en rien l'existence de ce principe ni la jurisprudence en vigueur de la Cour de justice».

2. La portée du principe

447. La Cour a posé le principe que la primauté est une règle absolue qui bénéficie à la totalité des normes du droit de l'Union – les traités eux-mêmes, les principes généraux du droit de l'Union, droit dérivé et les accords internationaux – vis-à-vis de l'ensemble des normes internes quel que soit leur rang, même, par conséquent, s'il s'agit d'une règle constitutionnelle.

En particulier, en même temps qu'elle a reconnu que les droits fondamentaux font partie des principes généraux du droit de l'Union dont elle assure le respect, la Cour a affirmé clairement que l'invocation d'atteintes portées soit aux droits fondamentaux, tels qu'ils sont formulés par la Constitution d'un Etat membre, soit aux principes d'une structure institutionnelle ne sauraient affecter la validité d'un acte de l'Union ou son effet sur le territoire de cet Etat.

448. Cependant, certaines cours constitutionnelles nationales sont réticentes à accepter la prééminence du droit de l'Union sur leur droit constitutionnel national, en particulier en ce qui concerne les dispositions constitutionnelles garantissant les droits fondamentaux[41]. Ce n'est qu'à partir du moment où la protection des droits fondamentaux dans l'ordre juridique communautaire a atteint un niveau correspondant, pour l'essentiel, à celui des constitutions nationales qu'elles ont accepté de ne plus exercer leur juridiction sur l'applicabilité du droit dérivé de l'Union.

Et encore, la Cour constitutionnelle allemande, dans son arrêt du 12 octobre 1993 relatif au traité sur l'Union européenne, a clairement établi qu'elle n'avait en aucun cas «renoncé» à sa compétence juridictionnelle en ce qui concerne l'applicabilité du droit communautaire dérivé en Allemagne, même si elle a

---

[41] Principalement les cours constitutionnelles allemande et italienne.

précisé qu'elle exercerait cette compétence exclusivement «en coopération» avec la Cour de justice[42].

Dans son arrêt du 30 juin 2009 relatif au traité de Lisbonne, elle a réaffirmé qu'il lui appartenait toujours de veiller à ce que la primauté d'application du droit de l'Union ne vaille que sur la base et dans le cadre de l'habilitation de droit constitutionnel en vigueur et, à ce titre, de veiller au respect du contenu du noyau intangible de l'identité constitutionnelle allemande, tout en répétant que la garantie du respect du noyau intangible s'exercera conformément au principe d'ouverture de la loi fondamentale vis-à-vis du droit européen. Elle a ajouté qu'il ne sera pas exclu qu'elle puisse être amenée à «constater l'inapplicabilité» d'un acte européen en Allemagne si l'identité constitutionnelle devait être violée.

La Cour constitutionnelle allemande a également, dans cet arrêt, clairement marqué les limites acceptables du processus d'intégration : la loi fondamentale ne saurait donner aux autorités agissant au nom de l'Allemagne le pouvoir d'abandonner le droit d'auto-détermination du peuple allemand sous la forme de la souveraineté allemande dans l'ordre international, en rejoignant un Etat fédéral. Un référendum serait indispensable pour franchir un tel pas.

449. La primauté du droit de l'Union ne vaut pas seulement dans les relations entre Etats et institutions, notamment devant la Cour, mais également, ce qui est essentiel, dans les ordres juridiques nationaux où elle s'impose aux juridictions nationales. Cela implique, a précisé la Cour, que, en présence d'une contradiction entre le droit de l'Union et une règle constitutionnelle, légale, réglementaire ou administrative de son propre droit, le juge national doit faire prévaloir le droit communautaire, en écartant, au besoin de sa propre autorité, la règle de droit national contraire à celui-ci[43].

Cela conduit naturellement à la question de l'effet direct du droit de l'Union européenne.

---

[42] D. Hanf, « Le jugement de la Cour constitutionnelle fédérale allemande sur la constitutionnalité du traité de Maastricht», *RTDE*, 1994, p. 391.
[43] CJ, 9 mars 1978, *Simmenthal*, 106/77.

II. L'EFFET DIRECT

1. La notion d'effet direct

A. Définition de l'effet direct

450. L'effet direct vise la capacité du droit de l'Union à être source de droit sur le territoire des Etats membres, à conférer directement des droits et à imposer directement des obligations non seulement aux institutions de l'Union et aux Etats membres, mais aussi aux citoyens de l'Union et à pouvoir être invoqué par ces derniers notamment devant le juge national pour en tirer un droit.

Comme l'a souligné le président Lecourt,

> «ou bien la Communauté est, pour les particuliers, une séduisante mais lointaine abstraction intéressant seulement les gouvernements qui leur appliquent discrétionnairement les règles ; ou bien elle est pour eux une réalité et, par conséquent, créatrice de droits» [44].

L'effet direct peut être d'une intensité variable. On distingue

– l'«effet direct vertical», en vertu duquel les ressortissants d'un Etat membre ont le droit d'invoquer des normes de droit de l'Union dans leurs rapports avec l'autorité publique ;
– l'«effet direct horizontal», plus complet, qui implique le droit d'invoquer une disposition du droit de l'Union non seulement à l'égard d'une autorité publique mais aussi dans les relations entre particuliers.

B. Fondement de l'effet direct

451. Le fondement de l'effet direct a été établi par la Cour de justice dans son célèbre arrêt *Van Gend & Loos* [45]. Cette entreprise de transport néerlandaise avait introduit devant un tribunal des Pays-Bas une action contre l'administration des douanes néerlandaises, au motif que celle-ci avait perçu un droit de douane majoré à l'importation d'un produit chimique en provenance de la République fédérale d'Allemagne. L'issue du litige dépendait en dernier ressort de la question de savoir si un particulier pouvait se prévaloir de l'article 12 du traité CEE (aujourd'hui abrogé) qui interdisait expressément aux Etats

---

[44] *L'Europe des juges*, Bruxelles, 1976, p. 248.
[45] CJ, 5 février 1963, 26/62.

membres d'introduire de nouveaux droits de douane ou d'augmenter des droits de douane existant dans le marché commun.
Contre l'avis de nombreux gouvernements et de son avocat
général, la Cour s'est prononcée pour une possible applicabilité immédiate des dispositions communautaires, eu égard à la
nature et aux objectifs de la Communauté, devenue maintenant
Union.

452. Dans ses motifs, la Cour de justice a rappelé que l'objet du
traité CEE était de créer un marché commun et qu'un marché
commun ne peut se constituer ou fonctionner avec la seule participation des Etats membres mais exige la participation de tous
les opérateurs économiques appelés à y intervenir. Elle a aussi
souligné que le traité n'est pas un simple accord créant seulement des obligations entre les Etats membres signataires mais
concerne nécessairement les ressortissants de ces Etats. Elle en
a conclu que

> «la Communauté constitue un nouvel ordre juridique (...) dont les
> sujets sont non seulement les Etats membres, mais également leurs
> ressortissants; que, partant, le droit communautaire, indépendant
> de la législation des Etats membres, de même qu'il crée des charges
> dans le chef des particuliers, est aussi destiné à engendrer des droits
> qui entrent dans leur patrimoine juridique; que ceux-ci naissent non
> seulement lorsqu'une attribution explicite en est faite par le traité,
> mais aussi en raison d'obligations que le traité impose d'une manière
> bien définie tant aux particuliers qu'aux Etats membres et aux insti-
> tutions communautaires».

2. L'effet direct des différentes normes de droit de l'Union

453. Il reste à déterminer quelles dispositions du droit de
l'Union disposent de l'effet direct et avec quelle intensité. La
portée du principe varie selon les différents types d'actes.

A. Le traité CE[46]

454. Un effet direct a été reconnu par la Cour de justice à de
nombreuses dispositions du traité CE, notamment aux principales dispositions de ce dernier relatives au marché intérieur.

---

[46] Les solutions dégagées par la Cour à propos des différentes dispositions du
traité CE s'appliquent bien entendu aux dispositions correspondantes du traité
FUE.

Tel a été en premier lieu le cas pour les dispositions imposant une obligation d'abstention, comme l'article 12 du traité CEE qui était au centre de l'arrêt *Van Gend & Loos*.

La Cour a ensuite estimé, à propos de l'article 90 du traité CE (devenu article 100 TFUE), qui prohibe les impositions internes discriminatoires vis-à-vis des produits importés, que l'interdiction de discrimination ainsi énoncée constitue «une obligation claire et inconditionnelle». Elle a reconnu que le traité imposait aux Etats membres une obligation d'éliminer ou de corriger les discriminations existant dans leur droit national, mais a considéré que, dès le moment où le délai pour exécuter cette obligation était expiré, seule subsiste l'interdiction de discrimination, dotée dès lors d'un effet direct[47]. Ainsi la Cour a transformé une obligation de faire (éliminer ou corriger les discriminations) en une obligation d'abstention (ne pas discriminer), à l'expiration du délai pour s'acquitter de l'obligation positive.

455. Et c'est en se basant sur l'expiration de la période de transition que la Cour a reconnu l'effet direct des dispositions du traité relatives au droit d'établissement et à la libre prestation de services. Le traité CEE, dans sa version originaire, prévoyait que les restrictions au droit d'établissement et à la libre prestation de services devaient être «progressivement supprimées au cours de la période de transition», par des directives que le Conseil devait adopter pour la mise en œuvre d'un programme général. La Cour a considéré que ces dispositions devaient s'interpréter comme fixant une obligation de résultat qui était la réalisation effective de ces deux libertés au plus tard à la fin de la période de transition, que l'adoption de directives en vue de la mise en œuvre du programme général visait à assurer une certaine progressivité dans l'exécution de cette obligation mais que la circonstance que cette progressivité n'a pas été respectée laissait entière l'obligation elle-même, dès la fin de la période de transition[48].

De même, dans le cadre de la libre circulation des marchandises, la Cour a estimé que l'interdiction des restrictions quantitatives et des mesures d'effet équivalent[49] était «impérative, explicite

---

[47] CJ, 16 juin 1966, *Lütticke*, 57/65.
[48] CJ, 21 juin 1974, *Reyners*, 2/74, à propos du droit d'établissement, et CJ, 3 décembre 1974, *Van Binsbergen*, 33/74 à propos de la libre prestation. Voy. à ce sujet *infra*, n° 636.
[49] Voy. *infra* n°s 571 et s.

et ne nécessite, pour sa mise en œuvre, aucune intervention ultérieure des Etats membres ou des institutions communautaires», pour conclure que «cette interdiction a un effet direct et engendre, pour les particuliers, des droits que les juridictions doivent sauvegarder, et cela au plus tard à l'expiration de la période de transition»[50].

456. S'agit-il d'un effet direct vertical ou horizontal? Dans le domaine de la libre circulation des marchandises, la Cour n'a évoqué qu'un effet direct vertical, dans la mesure où les dispositions en cause ont pour objet de créer des droits pour les particuliers à l'encontre des seuls Etats membres.

En revanche, les dispositions relatives à l'abolition de toute discrimination fondée sur la nationalité en ce qui concerne les activités salariées et indépendantes s'appliquent aussi aux conventions et règlements n'émanant pas des autorités publiques, comme par exemple le règlement d'une organisation sportive[51]. De même, à propos du principe de l'égalité des rémunérations entre les travailleurs masculins et féminins pour un même travail, la Cour a jugé qu'il «s'impose non seulement à l'action des autorités publiques mais s'étend également à toutes conventions visant à régler de façon collective le travail salarié ainsi qu'aux contrats entre particuliers»[52].

Un effet direct horizontal a aussi été reconnu aux articles du traité CE instituant les règles de concurrence applicables aux entreprises, qui désignent expressément les particuliers comme les destinataires des droits et obligations qu'elles engendrent et qui sont donc susceptibles d'être invoquées par une entreprise contre une autre devant les juridictions nationales[53].

457. Il y a en revanche des dispositions du traité CE auxquelles la Cour a refusé l'effet direct.

La Cour a jugé en premier lieu que certaines dispositions créent des obligations qui ne dépassaient pas le cadre des relations entre les Etats membres et la Communauté.

C'est le cas, a estimé la Cour dans son arrêt *Costa c. Enel*, de l'article 97 du traité CE (devenu article 117 TFUE) qui impose à un Etat membre de consulter la Commission lorsqu'il y a

---

[50] CJ, 22 mars 1977, *Ianelli*, 74/76.
[51] CJ, 12 décembre 1974, *Walrave*, 36/74.
[52] CJ, 8 avril 1976, *Defrenne II*, 43/75.
[53] CJ, 6 avril 1962, *Bosch*, 13/61.

lieu de craindre que l'intervention d'une disposition législative provoque une distorsion de concurrence ou de l'article 88 du traité CE (devenu article 108 TFUE) qui organise une procédure de contrôle des aides d'Etat[54].

Selon la Cour, en vertu de ces dispositions,

> «les Etats ont contracté envers la Communauté un engagement qui les lie en tant qu'Etat mais n'engendre pas dans les chefs des justiciables des droits que les juridictions internes devraient sauvegarder».

La Cour a néanmoins reconnu l'effet direct de certaines obligations procédurales prévues par le traité CE à charge des Etats membres. Tel est le cas de l'article 88, par. 3, dernière phrase CE, qui impose aux Etats de notifier leurs projets d'aides à la Commission et de s'abstenir de les mettre en œuvre avant leur examen par celle-ci[55].

458. Ensuite, elle a posé le principe que l'existence d'une faculté d'appréciation dans le chef des Etats ou des institutions était incompatible avec l'attribution d'un effet direct d'une disposition du traité CE. Ainsi, elle a refusé l'effet direct à l'article 67 du traité CEE, maintenant abrogé qui, avant l'entrée en vigueur du traité de Maastricht, régissait la libération des capitaux, en relevant que l'obligation de libérer les mouvements de capitaux n'était pas absolue et inconditionnelle mais n'était imposée que «dans la mesure nécessaire au bon fonctionnement du marché commun». Il appartenait donc au Conseil de juger de la nécessité de la libération d'un mouvement déterminé de capitaux et, en l'absence de décision de sa part, les restrictions de capitaux ne pouvaient être considérées comme supprimées[56]. C'est encore sur l'existence d'une faculté d'appréciation dans le chef de la Commission et du Conseil que la Cour s'est fondée pour refuser aux particuliers le droit de se prévaloir de l'incompatibilité avec le marché commun d'une aide d'Etat[57].

459. Sont enfin dénuées d'effet direct les dispositions du traité à caractère purement «programmatique», auxquelles seule l'action des institutions est susceptible de conférer un contenu: cela

---

[54] Voy. *infra*, nos 726 et s.
[55] CJ, 11 décembre 1973, *Lorenz*, 120/73, voy. *infra*, no 727.
[56] CJ 11 novembre 1981, *Casati*, 203/80.
[57] CJ, 22 mars 1977, précité.

vise en particulier les articles 136 et 137 du traité CE (devenus articles 151 et 153 TFUE) fixant les objectifs de la politique sociale de l'Union[58]), les articles 158 à 162 du traité CE (devenus articles 174 à 178 TFUE) relatifs à la cohésion économique et sociale[59], l'article 153 du traité CE (devenu article 169 TFUE) en matière de protection du consommateur[60] ou encore les articles 174 et 175 du traité CE (devenus articles 191 et 192 TFUE) relatifs à la protection de l'environnement[61].

B. Le droit dérivé

460. Comme nous l'avons vu, le traité de Rome a expressément prévu, dès l'origine, que les règlements étaient «directement applicables dans tout Etat membre». Les règlements sont donc sources directes de droit dans les Etats et susceptibles à ce titre de bénéficier d'un effet direct aussi bien vertical qu'horizontal. Selon une jurisprudence constante,

> «en raison de sa nature même et de sa fonction dans le système des sources du droit communautaire, il produit des effets immédiats et est, comme tel, apte à conférer aux particuliers des droits que les juridictions nationales ont l'obligation de protéger»[62].

La Cour en a déduit notamment que, lorsqu'un règlement communautaire accordait des primes, en l'occurrence pour l'abattage de vaches, un exploitant agricole qui remplit les conditions fixées par le règlement pour le versement des primes, avait le droit d'exiger le paiement de celles-ci, sans que l'Etat membre puisse tirer argument de sa législation ou de sa pratique administrative pour s'opposer à un tel payement[63]. Cette affaire montre le lien étroit entre primauté et effet direct : en faisant découler le droit à la prime directement du règlement, la Cour a en effet affirmé la primauté du règlement sur les dispositions

---

[58] CJ, 15 juin 1978, *Defrenne III*, 149/77. La Cour en déduit qu'en l'absence de dispositions mettant en œuvre ces dispositions, elle ne peut interpréter l'article 141 du traité CE comme s'étendant au-delà de l'égalité des rémunérations à l'égalité dans les conditions de travail.

[59] CJ, 23 novembre 1999, *Portugal c. Conseil*, C-149/96.

[60] CJ, 7 mars 1996, *El Corte Ingles*, C-192/94.

[61] CJ, 14 juillet 1994, *Peralta*, C-179/92.

[62] CJ, 14 décembre 1971, *Politi*, 43/71, formule reprise ensuite dans une abondante jurisprudence.

[63] CJ, 17 mai 1972, *Leonesio*, 93/71.

de la Constitution italienne imposant l'adoption d'une loi pour autoriser ce type de dépenses.

461. Fallait-il déduire de la reconnaissance explicite d'un effet direct au règlement dans l'article 249 du traité CE, devenu article 288 TFUE, que, *a contrario*, les autres actes de droit dérivé, en particulier les directives et les décisions, étaient dénuées de tout effet direct?

La Cour n'a pas accepté un tel raisonnement : il ne peut résulter des dispositions de l'article 249 du traité CE relatives au règlement que «d'autres catégories d'actes visés par cet article ne peuvent jamais produire des effets analogues»[64].

S'agissant des dispositions de décisions adressées aux Etats membres, la Cour a ainsi admis qu'elles pouvaient avoir un effet direct, dès lors qu'elles «imposent aux Etats une obligation inconditionnelle et suffisamment claire et précise»[65].

462. Mais c'est à propos des directives que le débat a été le plus animé, dans la mesure où la technique même de la directive, imposant des mesures nationales de transposition, semblait incompatible avec la théorie de l'effet direct. La Cour a néanmoins consacré la possibilité pour une disposition d'une directive de bénéficier de l'effet direct[66]. Elle a considéré qu'il serait incompatible avec l'effet contraignant que l'article 249 du traité CE reconnaît à la directive d'exclure en principe que l'obligation qu'elle impose puisse être invoquée par les personnes physiques ou morales, ajoutant que,

> «dans les cas où les autorités communautaires auraient, par directive, obligé les Etats membres à adopter un comportement déterminé, l'effet utile d'un tel acte se trouverait affaibli si les justiciables étaient empêchés de s'en prévaloir en justice…».

Ici aussi, la clé de l'existence d'un effet direct est l'existence d'une

> «obligation inconditionnelle et suffisamment précise, qui implique l'absence d'une marge d'appréciation dans le chef des Etats membres»[67].

---

[64] CJ, 4 décembre 1974, *Van Duyn*, 41/74, point 12.
[65] CJ, 6 octobre 1970, *Grad*, 9/70 ; 12 décembre 1990, *Kaefer et Procacci*, C-100 et 101/89.
[66] CJ, 4 décembre 1974 précité.
[67] CJ, 7 juillet 1981, *Rewe*, 158/80.

463. Mais la Cour a aussi souligné le caractère spécifique de l'effet direct des directives. Elle a rappelé que l'exécution des directives communautaires doit normalement être assurée par des mesures d'application appropriées prises par les Etats membres. Dès lors, dans tous les cas où une directive est correctement mise en œuvre, ses effets atteignent les particuliers par l'intermédiaire des mesures d'application adoptées par l'Etat concerné.

En revanche, des problèmes peuvent se poser, que l'effet direct peut permettre de résoudre, lorsque l'Etat membre n'a pas correctement exécuté une directive, soit qu'il aurait omis de prendre des mesures d'exécution soit qu'il aurait procédé à une transposition incorrecte[68].

La Cour a d'abord reconnu aux particuliers le droit d'invoquer les dispositions d'une directive pour faire vérifier si les mesures d'application adoptées par les autorités nationales sont compatibles avec la directive. Dans ce cas, le juge national doit rechercher si les autorités nationales compétentes sont, dans l'exercice de la liberté qui leur est réservée de choisir la forme et les moyens de mise en œuvre de la directive, restées dans les limites d'appréciation tracées dans la directive. Le contrôle exercé par le juge dépend donc de la marge d'appréciation laissée aux Etats membres.

Elle a ensuite posé le principe qu'un Etat membre, qui n'a pas pris dans les délais les mesures d'exécution imposées par une directive, ne peut opposer aux particuliers le non-accomplissement par lui-même des obligations qu'elle comporte. En d'autres termes, pour autant bien entendu que les dispositions d'une directive soient inconditionnelles et suffisamment précises, ces dispositions peuvent être invoquées, à défaut de mesures nationales, comme engendrant des droits que les particuliers sont en mesure de faire valoir à l'égard de l'Etat.

464. Enfin, la Cour a clairement exclu qu'une directive puisse avoir un quelconque effet horizontal. Elle considère en effet qu'une directive n'impose, de par sa nature, d'obligations

---

[68] CJ, 6 mai 1980, *Commission c. Belgique*, 102/79. La Cour en déduit que «cette garantie minimale (…) ne saurait servir de justification à un Etat membre pour se dispenser de prendre, en temps utile, des mesures d'application adéquates à l'objet de chaque directive».

qu'aux Etats membres[69] et que, par conséquent, elle ne peut pas par elle-même, aussi longtemps qu'elle n'a pas été transposée en droit national, créer d'obligations dans le chef d'un particulier[70].

La Cour a cependant apporté certains tempéraments à l'absence d'effet direct horizontal, notamment par le biais de l'interprétation conforme du droit national[71] et la théorie de la responsabilité des Etats membres[72].

465. La jurisprudence relative à l'effet direct des directives explique sans doute pourquoi, lorsque les auteurs du traité d'Amsterdam avaient voulu améliorer l'efficacité de la coopération policière et judiciaire pénale en autorisant le «rapprochement, en tant que de besoin, des règles de droit pénal des Etats membres», ils avaient créé à cette fin un instrument juridique spécifique, la décision cadre, dont la définition était identique à celle de la directive mais à propos de laquelle ils avaient pris soin de préciser qu'elle ne peut «entraîner d'effet direct»[73]. Avec le traité de Lisbonne, les décisions cadres ont disparu, pour être remplacées par l'instrument de la directive.

C. Les accords internationaux

466. Ici, il n'y a pas de présomption en faveur de l'effet direct, car il est impossible de faire abstraction de l'origine internationale des dispositions : conformément aux principes du droit international, les institutions de l'Union, qui sont compétentes pour négocier et conclure un accord avec des pays tiers, sont libres de convenir avec ceux-ci des effets que les dispositions de l'accord doivent produire dans l'ordre interne des parties contractantes. Ce n'est que si cette question n'a pas été réglée par l'accord qu'il incombe aux juridictions compétentes et en

---

[69] Parallèlement, la Cour a donné une interprétation extensive à la notion d'autorité publique pour donner le maximum d'extension à la notion de l'effet direct vertical.
[70] CJ, 26 février 1986, *Marshall*, 152/84, confirmé ensuite par une jurisprudence constante, malgré les critiques de la doctrine.
[71] Jurisprudence inaugurée par un arrêt du 10 avril 1984, *von Colson*, 14/83.
[72] Voy. *infra*, nos 468 et s.
[73] Cela n'a pas empêché la Cour de poser en règle que le juge national a l'obligation de se référer au contenu d'une décision cadre lorsqu'il interprète les règles pertinentes de son droit national (principe de l'interprétation conforme), en se fondant sur le caractère contraignant des décisions cadres, qui «lient les Etats membres quant au résultat à atteindre», CJ, 16 juin 2005, *Pupino*, C-105/03.

particulier à la Cour, dans le cadre de sa compétence en vertu du traité, de la trancher au même titre que toute autre question d'interprétation relative à l'application de l'accord dans l'Union[74]. Etant donné qu'il est extrêmement rare que les parties à un accord se prononcent expressément sur l'effet direct ou l'absence d'effet des dispositions de celui-ci, la « volonté » des parties devra en règle générale être déduite du système de l'accord international.

La Cour[75] a systématisé sa jurisprudence dans les termes suivants :

> « une disposition d'un accord conclu par la Communauté avec des pays tiers doit être considérée comme étant d'application directe lorsque, eu égard à ses termes ainsi qu'à l'objet et à la nature de l'accord, elle comporte une obligation claire et précise qui n'est subordonnée, dans son exécution ou dans ses effets, à l'intervention d'aucun acte ultérieur ».

Il y a donc un double test à effectuer : d'abord analyser la disposition de l'accord, afin de vérifier si elle consacre une obligation dans des termes clairs, précis et inconditionnels, et ensuite vérifier si cette conclusion n'est pas infirmée par l'examen de l'objet et de la finalité de l'accord dans le cadre duquel cette disposition doit être interprétée. La Cour a ainsi, sur ce fondement, reconnu l'effet direct d'une série de dispositions d'accords d'association conclus par l'Union européenne.

467. La Cour a été saisie en particulier de la question de savoir si l'accord GATT de 1947 et les accords OMC qui lui ont succédé en 1994 étaient susceptibles de bénéficier d'un effet direct. Elle a refusé de reconnaître un effet direct à l'accord GATT, dans un arrêt du 12 décembre 1972[76], en soulignant qu'il est fondé sur le principe de négociations entreprises sur une base de réciprocité et d'avantages mutuels et caractérisé par la grande souplesse de ses dispositions, notamment celles qui concernent les possibilités de dérogation, les mesures susceptibles d'être prises en présence de difficultés exceptionnelles et le règlement des différends entre les parties contractantes. La Cour est arrivée à la même conclusion à propos des accords OMC, en dépit du fait

---

[74] CJ, 26 octobre 1982, *Kupferberg*, 104/81.
[75] CJ, 30 septembre 1987, *Demirel*, 12/86, formule reprise ensuite dans de nombreux arrêts ultérieurs.
[76] *International Fruit Company*, 21 à 24/72.

qu'ils comportent des différences notables par rapport aux dispositions du GATT de 1947, notamment en raison du renforcement du régime de sauvegarde et du mécanisme de règlement des différends[77], et ce même dans l'hypothèse où l'organe de règlement des différends a adopté une décision constatant l'incompatibilité de certaines mesures avec les règles de l'OMC[78].

III. LA RESPONSABILITÉ DE L'ETAT MEMBRE
DU FAIT DE VIOLATIONS DU DROIT DE L'UNION

468. Dans son arrêt *Francovich* du 19 novembre 1991[79], la Cour a affirmé que

> « le principe de la responsabilité de l'Etat pour des dommages causés aux particuliers par des violations du droit communautaire qui lui sont imputables est inhérent au système du traité ».

Elle a ajouté que

> « [l]a possibilité de réparation à charge de l'Etat membre est particulièrement indispensable lorsque (…) le plein effet des normes communautaires est subordonné à la condition d'une action de la part de l'Etat et que, par conséquent, les particuliers ne peuvent pas, à défaut d'une telle action, faire valoir devant les juridictions nationales les droits qui leur sont reconnus par le droit communautaire ».

Compte tenu de cette précision, la question s'est posée de savoir si l'obligation de réparation ne s'imposait qu'en cas de violation d'une disposition dénuée d'effet direct, afin de combler une lacune du système de garantie des droits des particuliers.

La Cour y a répondu de manière négative dans un arrêt du 5 mars 1996[80], qui s'inscrit dans le prolongement des arrêts antérieurs de la Cour sur la primauté du droit de l'Union et sur l'effet direct. La Cour a posé en principe que l'obligation de réparation peut s'appliquer quand bien même la norme concernée serait revêtue de l'effet direct, car la faculté offerte aux justiciables d'invoquer devant les juridictions nationales les dispositions directement applicables « ne constitue qu'une garantie minimale » et le droit à réparation renforce considé-

---

[77] CJ, 23 novembre 1999, *Portugal c. Conseil*, C-149/96.
[78] CJ, 1er mars 2005, *Van Parys*, C-377/02.
[79] C-6/90 et C-9/90.
[80] Dans les affaires jointes *Brasserie du pêcheur*, C-46/93, *Factortame*, C-48/93.

rablement les possibilités offertes aux particuliers d'obliger les autorités nationales à respecter et à appliquer la législation de l'Union. Mais elle peut aussi être un substitut à l'absence d'effet direct ou au caractère limité de cet effet direct (absence d'effet direct horizontal par exemple).

La Cour a encore précisé dans cet arrêt que cette obligation de réparation vaut «quel que soit l'organe de l'Etat membre dont l'action ou l'omission est à l'origine du manquement», de sorte que ni le législateur, ni le juge[81] ne jouissent d'une quelconque immunité à cet égard.

469. Cette responsabilité est reconnue dès lors que trois conditions sont réunies[82].

En premier lieu, la règle de droit violée doit avoir pour objet de conférer des droits aux particuliers. Le concept ne coïncide pas avec celui d'effet direct. Il importe peu que la règle de droit violée bénéficie de l'effet direct du moment qu'elle confère des droits. De plus, la condition relative aux droits conférés semble devoir recevoir une interprétation large, comme l'indique un arrêt ayant accepté la possibilité d'une indemnisation du préjudice causé par l'omission d'une étude d'incidence[83].

En second lieu, la violation doit être suffisamment caractérisée. A cet égard, le critère est celui de la méconnaissance manifeste et grave, par un Etat membre, des limites qui s'imposent à son pouvoir d'appréciation. Cette appréciation revient aux juridictions nationales.

La Cour donne cependant à ces dernières des orientations:

> «Parmi les éléments que la juridiction compétente peut être amenée à prendre en considération figurent le degré de clarté et de précision de la règle violée, l'étendue de la marge d'appréciation que la règle enfreinte laisse aux autorités nationales ou communautaires, le caractère intentionnel ou involontaire du manquement commis ou du préjudice causé, le caractère excusable ou inexcusable d'une éventuelle erreur de droit, la circonstance que les attitudes prises par une institution communautaire ont pu contribuer à l'omission, à l'adoption ou au maintien de mesures ou de pratiques nationales contraires au droit communautaire.

---

[81] Voy. au sujet d'une responsabilité pour une violation du droit communautaire commise par une juridiction, CJ, 30 septembre 2003, *Köbler*, C-204/01.

[82] Ces conditions sont sensiblement analogues à celles applicables à l'Union dans une situation comparable; voy., à ce sujet, *infra*, nos 508 et s.

[83] CJ, 7 janvier 2004, *Wells*, C-201/02.

(...) En tout état de cause, une violation du droit communautaire est manifestement caractérisée lorsqu'elle a perduré malgré le prononcé d'un arrêt constatant le manquement qu'elle a constitué, d'un arrêt préjudiciel ou d'une jurisprudence bien établie de la Cour en la matière, desquels résulte le caractère infractionnel du comportement en cause»[84].

Aux termes de la troisième condition, enfin, il doit exister un lien de causalité direct entre la violation de l'obligation qui incombe à l'Etat et le dommage subi par les personnes lésées.

Section 3

Les relations entre l'ordre juridique de l'Union et l'ordre juridique international

470. Dans son avis 1/91 précité sur le projet d'accord sur l'Espace économique européen, la Cour a remis en cause le mécanisme juridictionnel mis en place par le projet d'accord, consistant en la création d'une Cour EEE. Elle a relevé que la Cour EEE pourrait être amenée à statuer sur les compétences respectives de la Communauté et de ses Etats membres pour les matières régies par les dispositions de l'accord et estimé qu'une telle compétence

«est susceptible de porter atteinte à l'ordre des compétences défini par les traités et, partant, à l'autonomie du système juridique communautaire dont la Cour de justice assure le respect».

Mais c'est dans son arrêt *Kadi* que la Cour affirmé le plus nettement l'autonomie de l'ordre juridique de l'Union vis-à-vis de l'ordre juridique international. La question était posée de savoir si, comme l'avait décidé le Tribunal dans ses deux arrêts du 21 septembre 2005[85], les actes communautaires mettant en œuvre une résolution adoptée par le Conseil de sécurité au titre du chapitre VII de la charte des Nations unies échappaient en principe au contrôle juridictionnel des juridictions de l'Union européenne.

[84] CJ, 5 mars 1996, précité, points 56 et 57.
[85] Dans les affaires *Kadi c. Conseil et Commission*, T-315/01 et *Yusuf et Al Barakaat International Foundation c. Commission et Conseil*, T-306/01.

Le Tribunal était arrivé à cette conclusion au motif que les résolutions en cause ont un effet obligatoire pour les Etats membres, qui sont tenus de prendre toute mesure nécessaire pour en assurer la mise en œuvre et «peuvent, et même doivent, laisser inappliquée toute norme de droit communautaire, fût-elle une disposition de droit primaire ou un principe général du droit communautaire, qui ferait obstacle à la bonne exécution des obligations contractées en vertu de ladite charte (...)». Il a ajouté que

> «la Communauté ne peut violer les obligations incombant à ses Etats membres en vertu de la charte des Nations unies ni entraver l'exécution de celles-ci et (...) est tenue, en vertu même du traité par lequel elle a été instituée, d'adopter, dans l'exercice de ses compétences, toutes les dispositions nécessaires pour permettre à ses Etats membres de se conformer à ces obligations».

471. La Cour n'a pas suivi le Tribunal. Elle commence par rappeler que la Communauté est une communauté de droit et qu'un accord international ne saurait porter atteinte à l'ordre des compétences fixé par les traités et, partant, à l'autonomie du système juridique communautaire, pour en affirmer que

> «les obligations qu'impose un accord international ne sauraient avoir pour effet de porter atteinte aux principes constitutionnels du traité CE, au nombre desquels figure le principe selon lequel tous les actes communautaires doivent respecter les droits fondamentaux».

La Cour ajoute qu'en l'espèce, son contrôle porte «sur l'acte communautaire visant à mettre en œuvre l'accord international en cause, et non sur ce dernier en tant que tel» et qu'

> «un éventuel arrêt d'une juridiction communautaire par lequel il serait décidé qu'un acte communautaire visant à mettre en œuvre une telle résolution est contraire à une norme supérieure relevant de l'ordre juridique communautaire n'impliquerait pas une remise en cause de la primauté de cette résolution au plan du droit international».

Elle tient en même temps à souligner que «les compétences de la Communauté doivent être exercées dans le respect du droit international» et en particulier «dans le respect des engagements pris dans le cadre des Nations unies et des autres organisations internationales». Mais elle relève que, contrairement à ce qu'avait considéré le Tribunal, «la charte des Nations unies n'impose pas le choix d'un modèle déterminé pour la mise en œuvre des résolutions adoptées par le Conseil de sécurité au titre du chapitre VII de cette charte, cette mise en œuvre devant intervenir conformément aux modalités applicables à cet égard dans l'ordre juridique interne de chaque membre de l'ONU».

La Cour conclut que le Tribunal a commis une erreur de droit en jugeant

«qu'il découle des principes régissant l'articulation des rapports entre l'ordre juridique international issu des Nations unies et l'ordre juridique communautaire que le règlement litigieux, dès lors qu'il vise à mettre en œuvre une résolution adoptée par le Conseil de sécurité au titre du chapitre VII de la charte des Nations unies ne laissant aucune marge à cet effet, doit bénéficier d'une immunité juridictionnelle quant à sa légalité interne...».

Bibliographie sélective

Louis Jean-Victor et Ronse Thierry, *L'ordre juridique de l'Union européenne*, Bâle, Genève, Munich, 2005.

Simon Denys, *Le Système juridique communautaire*, 3ᵉ éd., Paris, PUF, 2001.

Sur les sources de droit

Boulouis Jean, «Principes généraux», *Répertoire Dalloz. Droit communautaire*.

Govaere Inge et Muñoz Rodolphe, «Les accords internationaux», in Dony Marianne et Bribosia Emmanuelle (éd.), *Commentaire de la Constitution de l'Union européenne*, Bruxelles, Editions de l'Université de Bruxelles, 2005.

Hernu Rémy, *Principe d'égalité et principe de non-discrimination dans la jurisprudence de la Cour de justice des Communautés européennes*, Paris, LGDJ, 2003.

Kovar Robert, «Ordre juridique communautaire, Sources non écrites», *Juris-classeur Europe*, fasc. 411.

Louis Jean-Victor, «Les actes des institutions», in Louis Jean-Victor, Vandersanden Georges, Waelbroeck Denis, Waelbroeck Michel, *La Cour de justice. Les actes des institutions, Commentaire J. Mégret*, vol. 10, 2ᵉ éd., Bruxelles, Editions de l'Université de Bruxelles, 1993.

Kovar Robert, «Les actes juridiques unilatéraux», *Répertoire Dalloz. Droit communautaire*.

Papadopoulou Rebecca-Emmanuela, *Principes généraux du droit et du droit communautaire*, Bruxelles, Bruylant, 1996.

Rideau Joël, « Ordre juridique de l'Union européenne, Sources écrites », *Juris-classeur Europe*, fasc. 190.

Simon Denys, *La directive européenne*, Paris, Dalloz, 1997.

Triantafyllou Dimitris, « Les procédures d'adoption et de révision du traité constitutionnel », *in* Amato Giuliano, Bribosia Hervé, De Witte Bruno (éd.), *Genèse et Destinée de la Constitution européenne/ Genesis and Destiny of the European Constitution*, Bruxelles, Bruylant, 2007.

Van Raepenbusch Sean, « Les instruments juridiques de l'Union européenne », *in* Dony Marianne et Bribosia Emmanuelle (éd.), *Commentaire de la Constitution de l'Union européenne*, Bruxelles, Editions de l'Université de Bruxelles, 2005.

Sur les relations entre le droit de l'Union et les droits nationaux

Isaac Guy, « Effet direct du droit communautaire », *Répertoire Dalloz. Droit communautaire*.

Isaac Guy, « Primauté du droit communautaire », *Répertoire Dalloz. Droit communautaire*.

Louis Jean-Victor, « L'insertion des accords dans l'ordre juridique communautaire et des Etats membres », *in* Louis Jean-Victor et Dony Marianne, *Relations extérieures, Commentaire J. Mégret*, vol. 12, 2ᵉ éd., Bruxelles, Editions de l'Université de Bruxelles, 2005.

Louis Jean-Victor, « Droit communautaire et droit national », *in* Louis Jean-Victor, Vandersanden Georges, Waelbroeck Denis, Waelbroeck Michel, *La Cour de justice. Les actes des institutions*, *Commentaire J. Mégret*, vol. 10, 2ᵉ éd., Bruxelles, Editions de l'Université de Bruxelles, 1993.

Manin Philippe, « L'invocabilité des directives, quelques interrogations », *RTDE*, 1990, p. 669.

Rideau Joël, « Accords internationaux », *Répertoire Dalloz. Droit communautaire*.

Senkovic Petra, *L'évolution de la responsabilité de l'Etat législateur sous l'influence du droit communautaire*, Bruxelles, Bruylant, 2000.

Simon Denys, « Les exigences de la primauté du droit communautaire, continuité ou métamorphose », *in L'Europe et le droit, Mélanges en hommage à J. Boulouis*, Paris, Dalloz, 1991.

Vandersanden Georges et Dony Marianne, *La responsabilité des Etats membres en cas de violation du droit communautaire*, Bruxelles, Bruylant, 1997.

Sur les relations entre l'ordre juridique de l'Union et l'ordre juridique international

D'Argent Pierre, « Arrêt « Kadi » : le droit communautaire comme droit interne », *JDE*, 2008, p. 265.

JACQUÉ Jean-Paul, «Primauté du droit international versus protection des droits fondamentaux», *RTDE*, 2009, p. 161.
THOUVENIN Jean-Marc, «Le choc du droit communautaire et du droit international, encore l'arrêt Kadi», *RMCUE*, 3009, p. 30.

CHAPITRE IV

Le contrôle juridictionnel dans l'Union européenne

472. L'Union européenne est «une communauté de droit», en ce que «ni ses Etats membres ni ses institutions n'échappent au contrôle de la conformité de leurs actes à la charte constitutionnelle de base qu'est le traité». A cet effet, le traité CE devenu traité FUE a mis en place un système très complet de recours que l'on peut classer de diverses manières.

Nous avons retenu une division en trois catégories[1] : le contentieux de la légalité des actes des institutions de l'Union européenne (section 2), le contentieux des manquements des Etats membres (section 3) et les renvois préjudiciels (section 4).

Ces différents recours peuvent, selon les cas, être soumis soit à la Cour de justice, soit au Tribunal[2], soit encore à un tribunal spécialisé[3], les trois juridictions étant regroupées dans le traité de Lisbonne sous le vocable de «Cour de justice de l'Union européenne» (section 1).

La suppression du système des piliers a pour conséquence une augmentation importante des compétences de la Cour de justice

---

[1] Il faut y ajouter qu'en vertu de l'article 218, par. 11, du traité FUE, reprenant la teneur de l'article 300, par. 6, du traité CE, «[u]n Etat membre, le Parlement européen, le Conseil ou la Commission peut recueillir l'avis de la Cour de justice sur la compatibilité d'un accord envisagé avec les traités. En cas d'avis négatif de la Cour de justice, l'accord envisagé ne peut entrer en vigueur, sauf modification de celui-ci ou révision des traités».

[2] Rappelons que le traité de Lisbonne abandonne l'expression «Tribunal de première instance», au profit de celle de «Tribunal». Dans la version anglaise, the «Court of First Instance» devient the «General Court».

[3] Rappelons que le traité de Lisbonne remplace l'expression «juridiction spécialisée» par celle de «tribunal spécialisé».

de l'Union européenne, sauf dans les domaines relevant de la politique étrangère et de sécurité commune, où sa compétence est en principe exclue, en dehors des exceptions mentionnées à l'article 24 du traité UE modifié[4].

Dans le domaine de la coopération judiciaire et policière en matière pénale, il n'y a plus qu'une seule exception à sa compétence : la Cour de justice de l'Union européenne ne pourra « vérifier la validité ou la proportionnalité d'opérations menées par la police ou d'autres services répressifs dans un Etat membre, ni pour statuer sur l'exercice des responsabilités qui incombent aux Etats membres pour le maintien de l'ordre public et la sauvegarde de la sécurité intérieure » (article 276 FUE).

Section 1

Répartition des compétences entre la Cour, le Tribunal et les tribunaux spécialisés

473. Au départ, le traité CEE avait confié au Conseil le soin de déterminer les compétences transférées au Tribunal de première instance, tout en fixant certaines limites. L'Acte unique européen avait ainsi interdit au Tribunal de « connaître des affaires soumises par des Etats membres ou des institutions », ainsi que des questions préjudicielles mais, dans le traité sur l'Union européenne, seules les questions préjudicielles ont été exclues des compétences du Tribunal, ce qui permettait au Conseil d'attribuer au Tribunal certaines affaires soumises par les Etats membres ou les institutions. Cependant, le Conseil n'avait, à l'époque, pas fait usage de cette possibilité.

En application d'une décision du Conseil du 8 juin 1993, le Tribunal est simplement devenu compétent pour connaître, en première instance, de tous les recours en annulation, en carence ou en indemnité, formés par des personnes physiques et morales. Le traité de Nice, entièrement repris sur ce point par le traité de Lisbonne, a tout à fait redéfini la répartition des compétences entre la Cour de justice et le Tribunal[5]. Cette répartition a

---

[4] Voy., au sujet de ces exceptions qui ne concernent que les recours en annulation, *infra*, n° 481.
[5] En même temps qu'il prévoit la possibilité de créer des chambres juridictionnelles devenues tribunaux spécialisés.

été désormais organisée par le traité lui-même, dans un nouvel article 225 du traité CE, devenu article 256 du traité FUE, une certaine souplesse étant introduite grâce à la possibilité d'ajuster cette délimitation de compétence par le statut[6].

474. Aux termes de l'article 256 TFUE, le Tribunal devient le juge de droit commun pour connaître en première instance des recours en annulation (visés à l'article 263 TFUE, ex-article 230 TCE), des recours en carence (visés à l'article 265 TFUE, ex-article 232 TCE), des recours en indemnité (visés à l'article 268 TFUE, ex-article 235 TCE), du contentieux des agents de l'Union (visé à l'article 270 TFUE, ex-article 236 TCE) et des clauses compromissoires (visées à l'article 272 TFUE, ex-article 238 TCE), à l'exception de ceux qui sont attribués à un tribunal spécialisé et de ceux que le statut réserve à la Cour de justice[7]. L'article 256, par. 1, du traité FUE ajoute que les décisions du Tribunal au titre de ce paragraphe peuvent faire l'objet d'un pourvoi devant la Cour de justice, limité aux questions de droit, dans les conditions et limites prévues par le statut.

475. L'article 51 du statut a réservé à la Cour les recours en annulation ou en carence introduits par les Etats membres, contre un acte ou une abstention de statuer du Parlement européen ou du Conseil, ou de ces deux institutions statuant conjointement, sauf dans les trois cas suivants :

– les décisions adoptées par le Conseil en application de l'article 108 du traité FUE (aides d'Etat) ;
– les actes du Conseil adoptés en vertu d'un règlement du Conseil relatif aux mesures de défense commerciale au sens de l'article 207 du traité FUE ;
– les actes adoptés par le Conseil dans le cadre de ses compétences d'exécution.

Quant aux recours en annulation ou en carence introduits par les Etats membres à l'encontre d'un acte ou d'une abstention de la Commission, ils relèvent normalement du Tribunal mais la Cour reste seule compétente lorsque ces recours concernent

---

[6] Rappelons que le statut peut, en vertu du traité de Lisbonne, être modifié selon la procédure législative ordinaire. Voy. à ce sujet *supra*, n° 274.
[7] Le transfert de compétences de la Cour vers le Tribunal est devenu effectif le 1er juillet 2004.

une décision prise par la Commission au titre de l'article 331 du traité FUE sur la participation d'un Etat à une coopération renforcée.

Enfin, les recours en annulation ou en carence introduits par une institution à l'encontre d'un acte ou d'une abstention d'une autre institution restent du ressort de la Cour de justice.

476. Le seul tribunal spécialisé créé jusqu'à présent, le Tribunal de la fonction publique, connaît en première instance des litiges entre l'Union et ses agents en vertu de l'article 270 du traité FUE, y compris les litiges entre tout organe ou organisme et son personnel.

477. L'article 256, par. 1, du traité FUE ajoute que le statut peut prévoir que le Tribunal de première instance est compétent pour d'autres catégories de recours, notamment les recours en manquement (visés à l'article 260 TFUE, ex-article 226 TCE). Il n'a toutefois pas été fait usage de cette possibilité.

478. Le paragraphe 2 de l'article 256 du traité FUE donne encore compétence au Tribunal pour connaître des recours qui sont formés contre les décisions des tribunaux spécialisés, sans préciser la nature de ces recours. S'agissant du Tribunal de la fonction publique, le statut indique que le recours est limité aux seules questions de droit. Les décisions rendues par le Tribunal peuvent exceptionnellement faire l'objet d'un réexamen par la Cour de justice, dans les conditions et limites prévues par le statut, en cas de risque sérieux d'atteinte à l'unité ou à la cohérence du droit de l'Union.

479. Enfin, s'agissant des questions préjudicielles visées à l'article 234 du traité CE, devenu article 267 du traité FUE, l'article 256, par. 3, du traité FUE dispose que le Tribunal pourra connaître de celles-ci «dans des matières spécifiques déterminées par le statut», avec cependant deux garde-fous.

Tout d'abord, lorsque le Tribunal estime que l'affaire appelle une décision de principe susceptible d'affecter l'unité ou la cohérence du droit de l'Union, il peut renvoyer l'affaire devant la Cour de justice afin qu'elle statue. Ensuite, les décisions rendues par le Tribunal sur des questions préjudicielles peuvent exceptionnellement faire l'objet d'un réexamen par la Cour de justice, dans les conditions et limites prévues par le statut, en cas de risque sérieux d'atteinte à l'unité ou à la cohérence du droit de l'Union[8].

Jusqu'à présent, cependant, les questions préjudicielles restent de la compétence de la Cour de justice et il semble que le transfert prochain d'une compétence préjudicielle au Tribunal ne soit pas à l'ordre du jour. En effet, aucune des deux institutions disposant d'un droit d'initiative pour modifier les dispositions du statut – à savoir la Cour de justice et la Commission – ne considère, à l'heure actuelle, un tel transfert opportun.

Section 2
Le contentieux de la légalité des actes des institutions

480. Le contrôle de la légalité des actes des institutions de l'Union peut s'exercer par plusieurs voies : d'une manière directe d'abord, par la voie du recours en annulation (I), du recours en carence (II) et du recours en indemnité (III) ; d'une manière plus indirecte et incidente ensuite, par le biais de l'exception d'illégalité (IV) ou de l'appréciation de validité. Cette dernière voie de droit, qui passe par les tribunaux nationaux, sera étudiée dans le cadre des renvois préjudiciels.

I. LE RECOURS EN ANNULATION

481. Le recours en annulation est la voie de droit principale qui permet à la Cour de justice de l'Union européenne d'assurer son contrôle de la légalité des actes des institutions. Avec le traité de Lisbonne, le recours est désormais ouvert dans tous les domaines du droit de l'Union européenne, à l'exception de celui de la politique étrangère et de sécurité commune, où, en vertu de l'article 24 du traité UE modifié et de l'article 275 du traité FUE, il est limité à deux hypothèses précises.

La Cour de justice de l'Union européenne peut d'abord contrôler le respect de l'article 40 du traité UE, aux termes duquel

> « [l]a mise en œuvre de la politique étrangère et de sécurité commune n'affecte pas l'application des procédures et l'étendue respective des

---

[8] Les conditions et modalités de ce réexamen font l'objet des articles 62, 62*bis* et 62*ter* du statut. Le réexamen est effectué à la demande du premier avocat général et il n'est pas suspensif.

attributions des institutions prévues par les traités pour l'exercice des compétences de l'Union visées aux articles 3 à 6 du traité sur le fonctionnement de l'Union européenne»[9].

Elle peut aussi contrôler la légalité des décisions prévoyant des mesures restrictives à l'encontre de personnes physiques ou morales adoptées par le Conseil au titre de l'article 215 du traité FUE.

La première hypothèse était déjà prévue par le traité UE dans sa version antérieure au traité de Lisbonne[10] et, dans un arrêt du 20 mai 2008, la Cour s'est ainsi reconnue compétente pour connaître d'un recours dirigé contre une décision du Conseil prise au titre de la politique étrangère et de sécurité commune, dès lors que le moyen d'annulation de cette décision est fondé sur un empiètement des compétences de la Communauté européenne[11].

Nous examinerons les conditions de recevabilité du recours (1), les moyens d'annulation (2) et les effets de l'arrêt de la Cour (3).

1. Conditions de recevabilité du recours

A. Les actes susceptibles d'annulation

482. Aux termes de l'article 263 du traité FUE (ex-article 230 TCE),

«[l]a Cour contrôle la légalité des actes législatifs, des actes du Conseil, de la Commission et de la Banque centrale européenne, autres que les recommandations et les avis, et des actes du Parlement européen et du Conseil européen destinés à produire des effets juridiques à l'égard des tiers. Elle contrôle aussi la légalité des actes des organes ou organismes de l'Union destinés à produire des effets juridiques à l'égard des tiers».

---

[9] Il faut noter que l'alinéa 2 de l'article 40 contient une disposition miroir selon laquelle «[d]e même, la mise en œuvre des politiques visées auxdits articles n'affecte pas l'application des procédures et l'étendue respective des attributions des institutions prévues par les traités pour l'exercice des compétences de l'Union au titre du présent chapitre».

[10] L'ancien article 46 du traité UE permettait à la Cour de vérifier le respect de l'article 47, aux termes duquel «aucune disposition du présent traité n'affecte les traités instituant les Communautés européennes ni les traités et actes subséquents qui les ont modifiés ou complétés».

[11] *Commission c. Conseil*, C-91/05.

A l'origine, le traité de Rome ne prévoyait pas de recours contre les actes du Parlement européen, mais la Cour de justice a consacré cette possibilité par son arrêt précité du 23 avril 1986, en soulignant que l'exclusion des actes du Parlement de tout recours aboutirait à un résultat contraire à l'esprit du traité. Cette solution jurisprudentielle a été confirmée par le traité sur l'Union européenne.

La possibilité d'un recours contre des actes du Conseil européen est une innovation du traité de Lisbonne. Elle est une conséquence logique de la reconnaissance du statut d'institution de ce dernier et de sa capacité à adopter des actes juridiques.

Quant aux actes des organes ou organismes de l'Union, la Cour n'avait pas encore tranché la question de la recevabilité d'un recours en annulation à leur encontre.

483. S'agissant de la nature des actes susceptibles de recours, il s'agit de toutes les mesures, sous quelque forme que ce soit, qui produisent des effets juridiques obligatoires de nature à affecter les intérêts du requérant en modifiant la situation juridique de celui-ci. La Cour s'attache à examiner quelle est la vraie nature ou substance de l'acte, pour vérifier si celui-ci a des effets juridiques, sans s'arrêter à sa seule dénomination[12].

Certains actes ne remplissent pas ces critères et ne sont donc pas attaquables ; outre les avis et recommandations, expressément exclus par l'article 262 du traité FUE, il y a les actes préparatoires : en vertu d'une jurisprudence constante, en cas d'actes ou de décisions dont l'élaboration s'effectue en plusieurs phases, notamment au terme d'une procédure interne, ne constituent des actes attaquables que les mesures qui fixent définitivement la position de l'institution au terme de cette procédure, à l'exclusion des mesures intermédiaires dont l'objectif est de préparer la décision finale[13], à moins qu'ils ne produisent en eux-mêmes déjà certains effets juridiques propres[14]. S'y ajoutent les actes

---

[12] A titre d'exemple, dans un arrêt du 16 juin 1993, *France c. Commission*, C-325/91, la Cour a considéré que, dans les circonstances particulières de l'espèce, une communication de la Commission était un acte attaquable. Dans la foulée, elle a d'ailleurs annulé cette communication au motif que l'acte aurait dû être adopté sous la forme d'une directive.

[13] Pour un exemple récent, voy. TPI, 7 octobre 2009, *Vischim c. Commission*, T-420/05.

[14] Ainsi, la Cour a jugé que, si l'ouverture d'une procédure formelle d'examen d'une aide d'Etat est normalement un acte préparatoire, il n'en allait pas de même dans la mesure où la décision d'ouverture qualifiait l'aide en tant qu'aide nouvelle

informatifs[15], les actes purement confirmatifs d'une décision antérieure non attaquée dans les délais et les actes qui présentent le caractère d'une mesure interne[16].

B. Délais de recours

484. Dans l'intérêt de la sécurité juridique, le recours en annulation, pour être recevable, ne peut être intenté que dans un délai de deux mois à compter, suivant le cas, de la publication de l'acte, de sa notification au requérant ou, à défaut, du jour où celui-ci en a eu connaissance. En vertu du règlement de procédure, le délai démarrant à partir de la publication de l'acte est à compter à partir de la fin du quatorzième jour suivant la date de la publication de l'acte au *Journal officiel de l'Union européenne*. Selon une jurisprudence constante, le critère de la date de prise de connaissance présente un caractère subsidiaire par rapport à ceux de la publication ou de la notification de l'acte. Lorsque des actes font, selon une pratique constante de l'institution concernée, l'objet d'une publication au *Journal officiel*, c'est la date de la publication qui doit être prise en considération, même si cette publication n'est pas une condition de leur applicabilité, de sorte que le critère de la date de prise de connaissance n'est pas applicable[17].

C. Le requérant

a. LES ETATS MEMBRES ET LES INSTITUTIONS ET ORGANES DE L'UNION

485. Depuis l'origine, les Etats membres, le Conseil et la Commission sont considérés comme requérants privilégiés, ayant à ce titre toujours qualité pour agir en annulation, contre tous types d'actes attaquables et sans devoir démontrer un intérêt à agir.

(CJ, 30 juin 1992, *Espagne c. Commission*, C-312/90). Voy. à ce sujet, *infra*, n° .727 et s.

[15] Voy., pour un exemple récent, TPI, 17 avril 2008, *Cestas c. Commission*, T-260/04, à propos d'une «note de débit».

[16] Tel est le cas des actes du Parlement européen relatifs à la désignation des membres et à l'élection des présidents des délégations interparlementaires, qui ne concernent que l'organisation interne de ses travaux, CJ, ordonnance du 22 mai 1990, *Blot et Front national c. Parlement européen*, C-68/90.

[17] TPI, ordonnance du 21 novembre 2005, *Tramarin c. Commission*, T-426/04.

S'agissant du Parlement européen, il n'était au départ pas mentionné parmi les personnes ayant qualité pour agir. Dans un premier temps, la Cour en déduit qu'un recours en annulation introduit par le Parlement était irrecevable, au motif que le Parlement européen exerçait un rôle de nature essentiellement politique qui s'accordait mal avec la possibilité d'introduire un recours juridictionnel. La Cour est revenue ensuite sur sa position et elle a admis que le Parlement était recevable à la saisir d'un recours dans la mesure où ce recours ne tendait qu'à la sauvegarde des prérogatives du Parlement et ne se fondait que sur des moyens tirés de la violation de celles-ci (requérant semi-privilégié). Le traité de Maastricht est venu consacrer cette solution jurisprudentielle. Ensuite, avec le traité de Nice, le Parlement européen s'est vu accorder les mêmes possibilités de recours que le Conseil ou la Commission.

La Banque centrale européenne (en vertu du traité de Maastricht), la Cour des comptes (en vertu du traité d'Amsterdam) et le Comité des régions (en vertu du traité de Lisbonne) sont considérés comme requérants «semi-privilégiés», comme l'était auparavant le Parlement européen, et peuvent donc former des recours en annulation tendant à la sauvegarde de leurs prérogatives[18].

Enfin, en vertu du protocole sur l'application des principes de subsidiarité et de proportionnalité annexé au traité de Lisbonne, la Cour peut connaître d'un recours en annulation pour violation, par un acte législatif, du principe de subsidiarité, transmis par un Etat membre, conformément à son ordre juridique au nom de son Parlement national ou d'une chambre de celui-ci, ou formés par le Comité des régions contre des actes législatifs pour l'adoption desquels le traité FUE prévoit sa consultation.

b. LES PARTICULIERS

486. L'article 173 du traité CEE, devenu sans modification l'article 230 du traité CE avait accordé un droit de recours aux particuliers (personnes physiques ou morales) mais uniquement

---

[18] Dans sa jurisprudence relative à la recevabilité d'un recours du Parlement européen à l'époque où elle était soumise elle aussi à cette condition, la Cour a considéré qu'une contestation de la base juridique concernait la sauvegarde de prérogatives (CJ, 7 mars 1996, *Parlement c. Conseil*, C-360/93) mais pas un recours pour défaut de motivation (CJ, 13 juillet 1995, *Parlement c. Commission*, C-156/93).

contre les décisions dont ils sont destinataires ou contre les décisions qui, bien que prises sous l'apparence d'un règlement ou d'une décision adressée à une autre personne, les concernent directement et individuellement.

Cette condition semblait exclure automatiquement tout recours contre les actes à portée générale. La jurisprudence a cependant évolué en ce sens qu'elle a mis l'accent sur la condition suivant laquelle le requérant doit être «directement et individuellement concerné» par l'acte qu'il attaque, plutôt que sur la nature de cet acte[19].

Le traité de Lisbonne a codifié cette évolution en disposant que toute personne physique ou morale «peut former un recours contre les *actes* dont elle est le destinataire ou qui la concernent directement et individuellement»[20] (article 263, al. 4, TFUE).

487. Néanmoins, il s'est avéré presque impossible pour un particulier de prouver qu'il était individuellement concerné par un acte à portée générale. En effet, selon une jurisprudence constante, pour que des personnes physiques ou morales puissent être considérées comme individuellement concernées, il faut qu'elles soient atteintes dans leur position juridique en raison de certaines qualités qui leur sont particulières ou d'une situation de fait qui les caractérise par rapport à toute autre personne et de ce fait, les individualise d'une manière analogue à celle d'un destinataire[21].

Il est vrai que, le plus souvent, la condition de l'intérêt «direct» n'était pas non plus remplie dans le cas des actes à portée générale, puisque ceux-ci, en règle générale, sont mis en œuvre au niveau soit de l'Union, soit des Etats membres par des mesures qui peuvent quant à elles faire l'objet d'un recours devant une juridiction nationale. Dès lors, les particuliers n'étaient pas totalement dépourvus de protection juridictionnelle, puisque, à l'occasion de ce recours, ils pouvaient contester la validité de l'acte communautaire lui-même[22].

---

[19] CJ, 18 mai 1994, *Codorniu c. Conseil*, C-309/89.
[20] Nous soulignons.
[21] Voy. notamment, les arrêts de la Cour du 15 juillet 1963, *Plaumann c. Commission*, 25/62, et du 2 avril 1998, *Greenpeace Council e.a. c. Commission*, C-321/95 P, point 7.
[22] Par application de l'exception d'illégalité, analysée *infra*, n°s 514 et s. Cette solution avait cependant l'inconvénient de multiplier les recours.

488. Il est toutefois apparu qu'il pouvait exister des actes communautaires à portée générale susceptibles de concerner directement des particuliers, sans nécessiter un acte national ou communautaire d'exécution[23]. Le Tribunal avait considéré que, dans de telles situations, les particuliers ne bénéficiaient pas d'une protection juridictionnelle adéquate, ce qui était contraire et à la charte des droits fondamentaux et à la notion de «communauté de droit». Le Tribunal avait donc donné une définition plus large de la notion de personne individuellement concernée au sens de l'article 230 du traité CE, selon laquelle un particulier est individuellement concerné par un acte communautaire de portée générale si cet acte affecte, d'une manière certaine et actuelle, sa situation juridique en restreignant ses droits ou en lui imposant des obligations[24].

Cependant, quelques mois plus tard, dans l'affaire *Unión de Pequeños Agricultores*[25], la Cour de justice a rejeté catégoriquement l'interprétation de la notion de «personne individuellement concernée» retenue par le Tribunal. Elle a affirmé en substance que, s'il est vrai que la condition selon laquelle un particulier doit être individuellement concerné par l'acte communautaire de portée générale dont il conteste la légalité doit être interprétée à la lumière du principe d'une protection juridictionnelle effective, une telle interprétation ne saurait aboutir à écarter la condition en cause, qui est expressément prévue par le traité, sans excéder les compétences attribuées par celui-ci aux juridictions communautaires. Elle a ajouté qu'un autre système de contrôle de la légalité des actes communautaires de portée générale est certes possible mais qu'il nécessiterait une révision des dispositions du traité selon la procédure prévue à l'article 48 du traité UE.

489. C'est dans ce contexte que l'article 263, al. 4, du traité FUE, directement issu de l'article III-365, par. 4, du traité constitutionnel, doit être compris. Cette disposition énonce que

> «[t]oute personne physique ou morale peut former (…) un recours
> contre les actes dont elle est le destinataire ou qui la concernent

[23] Tel est le cas d'un règlement interdisant dans certaines zones maritimes l'utilisation de tout filet d'un maillage inférieur à une certaine taille, qui était en cause dans l'affaire *Jégo-Quéré*.
[24] TPI, 3 mai 2002, *Jégo-Quéré c. Commission*, T-177/01.
[25] CJ, 25 juillet 2002, *Unión de Pequeños Agricultores c. Conseil*, C-50/00 P. L'interprétation du Tribunal fut aussi rejetée par la Cour sur pourvoi dans l'affaire *Jégo-Quéré* dans son arrêt du 1er avril 2004, *Commission c. Jégo-Quéré*, C-263/02 P.

directement et individuellement, ainsi que contre les actes réglementaires qui la concernent directement et qui ne comportent pas de
mesures d'exécution».

On notera que la notion d'acte réglementaire n'est pas définie.
Dans la typologie des actes tels que définis par le traité constitutionnel, il avait été précisé qu'elle visait les actes non législatifs, à savoir les règlements et les décisions à portée générale. Il
avait d'ailleurs été regretté que l'élargissement des conditions de
recours des particuliers ne soit pas étendu aux lois européennes.
Mais, comme nous l'avons déjà vu[26], cette typologie a été
abandonnée dans le traité de Lisbonne: la notion de loi a été
supprimée et les anciennes appellations de règlement, directive
et décision ont été maintenues, en venant se superposer à la
notion d'acte législatif. Il appartiendra donc à la Cour de définir
quels règlements ou décisions[27] peuvent être qualifiés d'«actes
réglementaires». Dès lors que la qualification d'acte législatif est
liée à la procédure d'adoption de l'acte, considérera-t-elle que
sont réglementaires les règlements et décisions adoptés au terme
d'une procédure non législative ou s'attachera-t-elle plutôt à
l'objet de l'acte en cause?

2. Moyens d'annulation

490. L'article 263 du traité FUE énonce quatre moyens d'annulation, assez semblables aux cas classiques du contrôle de l'excès
de pouvoir en droit administratif français ou belge: incompétence, violation des formes substantielles, violation des traités
ou de toute règle de droit relative à leur application et détournement de pouvoir.

A. L'incompétence

491. Le moyen tiré de l'incompétence de l'auteur de l'acte est un
moyen d'ordre public qui peut être soulevé d'office par le juge. Il
peut y avoir deux formes différentes d'incompétence:

– soit l'acte a été adopté dans un domaine qui ne relève pas
    de la compétence de l'Union. A titre d'exemple, dans l'af-

---

[26] Voy. *supra*, n° 428.
[27] S'agissant des directives, cette nouvelle disposition ne modifie rien puisque,
par définition, elles nécessitent des mesures d'exécution.

faire *Les Verts c. Parlement européen*[28], la Cour de justice
a annulé une décision du Parlement européen relative au
remboursement des dépenses électorales des partis politiques
au motif que, en l'absence de décision sur une procédure électorale uniforme, cette matière appartenait encore à la compétence des Etats membres ;
– soit l'acte a été adopté par une institution de l'Union dans un
domaine relevant de la compétence d'une autre institution.
Ce moyen d'annulation concerne surtout les actes adoptés
par la Commission qui empiéteraient sur les attributions du
Conseil. Ainsi, la Cour de justice a annulé un accord signé
par la Commission et le gouvernement des Etats-Unis, en
violation des pouvoirs conférés au Conseil par l'article 300
du traité CE[29].

B. La violation des formes substantielles

492. On peut définir comme étant une forme substantielle toute
formalité qui doit être respectée soit préalablement à l'acte,
soit au moment de son adoption et dont la violation apparaît
de nature à exercer une influence sur le contenu de l'acte ou à
avoir une influence préjudiciable sur les droits des tiers ou des
personnes visées par l'acte.

Les formalités dont le non-respect est susceptible d'entraîner
l'annulation d'un acte peuvent être de plusieurs ordres :

– la violation par une institution de son règlement intérieur :
ainsi, la Cour a jugé que, dès lors que le règlement intérieur
du Conseil imposait l'accord de tous les Etats membres
pour l'adoption d'un acte par procédure écrite, le Conseil
ne saurait s'écarter de la règle qu'il s'est lui-même fixée sans
modifier le règlement intérieur[30] ;
– la violation des obligations légales de consultation :
lorsqu'une norme impose à l'autorité compétente de recueillir

---

[28] CJ, 23 avril 1986, 294/83.
[29] CJ, 9 août 1994 précité, voy. à ce sujet, *supra*, n° 347.
[30] CJ, 23 février 1988, précité. Ce moyen ne peut toutefois pas systématiquement être invoqué par un particulier à l'appui de son recours ; il doit pour cela
prouver que les règles violées ne visent pas uniquement à sauvegarder les prérogatives de chacun des membres de l'institution mais sont créatrices de droits et
facteur de sécurité juridique pour les particuliers : voy. TPI, 27 février 1992, *BASF
e. a. c. Commission*, T-79/89, T-84/89, T-85/89, T-86/89, T-89/89, T-91/89, T-92/89,
T-94/89, T-96/89, T-98/89, T-102/89 et T-104/89.

un certain nombre d'avis avant de prendre sa décision, l'absence de consultation des organismes visés entraîne l'annulation de l'acte en cause. Le contrôle juridictionnel porte sur l'existence de la consultation mais aussi sur ses modalités[31];

– le non-respect des droits de la défense : selon une jurisprudence constante, le respect des droits de la défense constitue une forme substantielle dont la violation peut être soulevée d'office. La Cour de justice a érigé le respect des droits de la défense en principe fondamental de droit de l'Union, s'imposant même en l'absence de dispositions expresses, dans toute procédure ouverte à l'encontre d'une personne et susceptible d'aboutir à un acte faisant grief. Ses applications les plus fréquentes se situent dans les domaines de la fonction publique, de l'application des règles de concurrence et des mesures de défense commerciale contre le dumping ou les subventions. Le respect des droits de la défense implique l'obligation d'entendre les intéressés avant d'adopter une décision de nature à léser leurs intérêts[32];

– le défaut de motivation[33].

C. La violation des traités ou de toute règle de droit relative à leur application

493. Les règles de droit dont la Cour assure le respect sont les traités, les actes des institutions, les principes généraux de droit, ainsi que les accords internationaux pour autant que, en raison de leur esprit, de leur économie et de leurs termes, ils soient aptes à engendrer pour les justiciables le droit de s'en prévaloir en justice[34].

Le contrôle de légalité se traduit essentiellement par

– un contrôle de l'erreur de droit : l'auteur de l'acte est-il resté dans le cadre légal fixé par la règle de droit qu'il applique ;
– un contrôle de l'erreur de fait : l'auteur de l'acte s'est-il fondé sur des faits matériellement exacts ;

---

[31] CJ, 29 octobre 1980, *Roquette c. Conseil*, 138/79.
[32] Voy. par exemple, TPI, 10 mai 2001, *Kaufring e.a. c. Commission*, T-186/97, T-187/97, T-190/97 à T-192/97, T-210/97, T-211/97, T-216/97, T-217/97, T-218/97, T-279/97, T-280/97, T-293/97 et T-147/99 et les références citées.
[33] Voy. à ce sujet *supra*, n° 441.
[34] Voy. à ce sujet *supra*, n°s 466 et s.

– un contrôle de qualification : l'auteur de l'acte a-t-il correctement inséré les faits dans la règle de droit.

La Cour de justice exerce ces trois types de contrôle. Mais, comme tous les juges de l'excès de pouvoir, elle se heurte à certaines difficultés dans son contrôle de l'action des institutions, en particulier lorsque l'exercice de leurs pouvoirs par les institutions implique des appréciations complexes en matière économique. La Cour a posé le principe que, dans ces circonstances, l'autorité disposait d'un pouvoir d'appréciation discrétionnaire et que seule une erreur manifeste d'appréciation pouvait donner lieu à une censure de sa part[35].

Un contentieux qui prend une place grandissante est celui de la base juridique. En effet, comme l'a rappelé la Cour dans un arrêt du 1er octobre 2009[36], le choix de la base juridique des actes revêt une importance constitutionnelle dès lors que, d'une part, elle fixe la répartition des compétences entre l'Union et ses Etats membres[37] ; d'autre part, elle détermine les prérogatives des institutions de l'Union concernées par la procédure d'adoption d'un acte, qu'il s'agisse des modalités de vote au Conseil ou de l'intervention du Parlement européen[38].

---

[35] Jurisprudence inaugurée par la Cour dans un arrêt du 25 mai 1978, *Racke*, 136/77, et encore rappelée récemment par le Tribunal : voy. TPI, 27 septembre 2006, *GlaxoSmithKline Services c. Commission*, T-168/01 ; 12 février 2008, *BUPA e.a.* c. Commission, T-289/03.

[36] *Commission c. Conseil*, C-370/07.

[37] Voy. à titre d'exemple, CJ, 5 octobre 2000, *Allemagne c. Parlement et Conseil*, C-376/98, annulant la directive 98/43/CE du Parlement européen et du Conseil, du 6 juillet 1998, concernant le rapprochement des dispositions législatives, réglementaires et administratives des Etats membres en matière de publicité et de parrainage en faveur des produits du tabac, au motif que cette directive s'était fondée à tort sur l'article 100A du traité CE et que le recours à cette base juridique ne saurait être utilisé pour contourner l'exclusion expresse de toute harmonisation énoncée à l'article 129, par. 4, premier tiret, du traité CE relatif à la politique de protection de la santé.

[38] Voy. à titre d'exemple, CJ, 3 septembre 2009, *Parlement c. Conseil*, C-166/07, annulant le règlement 1968/2006 du Conseil, du 21 décembre 2006 concernant les contributions financières de la Communauté au Fonds international pour l'Irlande, au motif que ce règlement avait été fondé sur l'article 308 du traité CE, alors qu'au vu de ses objectifs, il aurait dû avoir pour base juridique l'article 159 du traité CE, qui habilite la Communauté à mener des «actions spécifiques» en dehors de Fonds structurels, en vue d'atteindre l'objectif de cohésion économique et sociale. Le Parlement avait été dépossédé de son pouvoir de codécision par le recours à l'article 308 du traité CE, qui de surcroît avait imposé l'unanimité au Conseil.

D. Détournement de pouvoir

494. Le détournement de pouvoir est le fait pour une autorité d'avoir usé de ses pouvoirs dans un tout autre but que celui en vue duquel ils lui avaient été conférés. Selon une jurisprudence constante, une décision n'est entachée de détournement de pouvoir que si elle apparaît, sur la base d'indices objectifs, pertinents et concordants, avoir été prise dans le but exclusif, ou tout au moins déterminant, d'atteindre des fins autres que celles excipées[39]. Comme la recherche des mobiles qui ont inspiré l'auteur d'un acte est une tâche très difficile, la Cour, chaque fois qu'elle a la possibilité d'annuler un acte pour d'autres motifs, évite de se prononcer sur le détournement de pouvoirs.

3. Portée des arrêts statuant sur les recours en annulation

495. L'arrêt peut soit rejeter le recours, soit annuler l'acte. L'annulation peut être totale ou seulement partielle, si la partie de l'acte entachée d'illégalité est détachable des autres dispositions de l'acte.

L'arrêt d'annulation a autorité *erga omnes* et agit rétroactivement. Cependant, l'article 174 du traité CEE, devenu sans modification l'article 231 du traité CE, donnait à la Cour de justice la possibilité de limiter les effets dans le temps de l'annulation d'un *règlement*. La Cour, dans le souci d'assurer la sécurité juridique au sein de la Communauté, a donné une portée très extensive à cette possibilité et l'a interprétée comme s'appliquant à l'ensemble des actes communautaires à portée générale, comme par exemple les directives, ou encore à une décision relative à la conclusion d'un accord international[40]. Cette interprétation large a été confirmée par l'article 264 du traité FUE, selon lequel la Cour «indique, si elle l'estime nécessaire, ceux des effets de l'*acte* annulé qui doivent être considérés comme définitifs»[41]. La Cour a également permis aux institutions de l'Union de continuer à prendre des mesures d'exécution d'un

---

[39] Voy. notamment, CJ, 13 juillet 1995, précité; TPI, 15 janvier 1997, *SFEI e.a. c. Commission*, T-77/95; CJ, 22 novembre 2001, *Pays-Bas c. Conseil*, C-301/97; TPI, 4 février 2009, *Omya c. Commission*, T-145/06.

[40] CJ, 7 mars 1996, *Parlement c. Conseil*, C-360/93, à propos d'un accord concernant la passation de marchés publics.

[41] Nous soulignons.

règlement annulé dans l'attente d'un nouveau règlement[42]. Elle est même allée, dans certaines affaires, jusqu'à priver de tout effet son arrêt d'annulation.

En vertu de l'article 266 du traité FUE (ex-article 233 du traité CE), c'est à l'institution, l'organe ou l'organisme dont émane l'acte annulé qu'il appartient de prendre toutes les mesures que comporte l'exécution de l'arrêt d'annulation. La Cour ne peut se substituer à eux ni leur adresser des injonctions. Toutefois, il arrive souvent que la Cour soit très précise dans les motifs de l'arrêt sur les conditions dans lesquelles l'arrêt devra être exécuté.

II. LE RECOURS EN CARENCE

496. Le recours en carence est destiné à permettre de sanctionner l'inertie d'une institution et d'obliger à agir. Dans le système antérieur au traité de Lisbonne, ce recours n'était ouvert que dans le cadre du premier pilier et pas, à la différence du recours en annulation, dans les matières relevant de la coopération policière et judiciaire pénale. La disparition du système des piliers rend le recours en carence applicable dans tous les domaines, à l'exception de ceux relevant de la politique étrangère et de sécurité commune.

1. Conditions de recevabilité

A. L'auteur de la carence

497. Dans sa formulation initiale, l'article 175 du traité CEE ne visait que le Conseil et la Commission, et non le Parlement européen. Cette lacune a été comblée par le traité sur l'Union européenne, qui a étendu le recours en carence à la Banque centrale européenne (ex-article 232 TCE). Le traité de Lisbonne y a ajouté le Conseil européen et les organes et organismes de l'Union (article 265 TFUE).

---

[42] CJ, 28 mai 1998, *Parlement c. Conseil*, C-22/96, maintenant les effets d'une décision du Conseil concernant la contribution communautaire à l'échange télématique de données entre administrations dans la Communauté ; 3 septembre 2009 précité, maintenant les effets du règlement annulé « jusqu'à l'entrée en vigueur, dans un délai raisonnable, d'un nouveau règlement arrêté sur une base juridique appropriée ».

B. Le requérant

498. Le recours est ouvert à toutes les institutions de la Communauté (et maintenant de l'Union) ainsi qu'aux Etats membres. Le droit du Parlement européen d'introduire un recours en carence a été un moment contesté au nom du fait qu'il exerçait essentiellement un contrôle politique mais la Cour a rejeté cette interprétation en relevant que l'article 175 du traité CEE, devenu sans modification l'article 232 du traité CE puis l'article 265 du traité FUE,

> «prévoit une même faculté d'intenter un recours pour toutes les institutions et qu'on ne saurait donc restreindre pour l'une d'entre elles l'exercice de cette faculté sans porter atteinte à sa position institutionnelle voulue par le traité»[43].

Il l'est aussi aux personnes physiques et morales, si elles font grief à une institution

> «d'avoir manqué de [leur] adresser un acte autre qu'une recommandation ou un avis».

Cette expression a suscité une controverse: fallait-il en déduire que les personnes privées ne peuvent exercer un recours en carence qu'en vue d'obtenir l'adoption d'un acte dont ils seraient les destinataires?
La Cour de justice, après un certain nombre d'hésitations, n'a pas retenu une interprétation aussi restrictive: elle a souligné que le recours en annulation et le recours en carence formaient l'expression d'une seule et même voie de droit visant à assurer le contrôle de la légalité de l'(in)action de l'Union, pour en déduire que le recours en carence était possible même si le requérant n'était pas le destinataire potentiel de l'acte, à partir du moment où il aurait été concerné directement et individuellement par cet acte et aurait donc pu intenter un recours en annulation à son encontre[44].

C. La saisine préalable de l'institution

499. Le recours en carence n'est recevable que si le requérant a, au préalable, saisi l'institution concernée en vue de l'inviter à

---

[43] CJ, 22 mai 1985, *Parlement c. Conseil*, 13/83.
[44] CJ, 26 novembre 1996, *T. Port*, C-68/95.

agir. La saisine doit être explicite et elle doit laisser clairement apparaître qu'à défaut de réponse dans le délai, l'institution s'expose à faire l'objet du recours[45]. La saisine a aussi pour effet de délimiter le cadre du recours qui pourra être introduit ultérieurement. Ce dernier doit porter sur les mêmes demandes et être intenté par la même personne[46].

Le traité n'impose aucun délai pour cette saisine préalable mais la Cour a posé le principe que, lorsqu'il est manifeste que l'institution est déterminée à ne pas agir, la procédure de carence doit être mise en œuvre dans un délai raisonnable.

Si, à l'expiration d'un délai de deux mois à compter de la saisine, l'institution n'a pas pris position, un recours en carence peut alors être formé dans un nouveau délai de deux mois. Si l'institution prend explicitement position dans le délai de deux mois, le requérant peut attaquer cette prise de position par la voie du recours en annulation s'il la juge illégale.

Dans le cas où l'acte dont l'omission fait l'objet du litige a été adopté après l'introduction du recours, mais avant le prononcé de l'arrêt, tout comme dans celui où l'institution a réagi à l'invitation dans le délai de deux mois, l'objet du recours a disparu, de sorte qu'il n'y a plus lieu de statuer[47].

La circonstance que cette prise de position de l'institution ne donne pas satisfaction à la partie requérante est à cet égard indifférente[48].

2. Moyens de recours

500. L'article 265 du traité FUE permet de fonder le recours en carence sur toute «violation des traités». Cette expression doit être entendue au sens large comme visant l'ensemble des textes et principes qui constituent l'ordre juridique de l'Union européenne. La violation consiste dans le fait pour l'institution ou l'organe concerné de s'abstenir de statuer dans une situation où il ou elle était tenu(e) d'agir.

---

[45] TPI, 3 juin 1999, *TF1 c. Commission*, T-17/96.
[46] TPI, ordonnance du 6 février 1997, *de Jorio c. Conseil*, T-64/96.
[47] CJ, 12 juillet 1988, *Parlement c. Conseil*, 377/87, jurisprudence confirmée par de nombreux arrêts ultérieurs.
[48] CJ, 24 novembre 1992, *Buckl e.a. c. Commission*, C-15/91 et C-108/91; TPI, 19 février 2004, *SIC c. Commission*, T-297/01 et T-298/01. Dans une telle situation, un recours en annulation est possible.

Il en résulte que la carence ne peut être constatée lorsque l'institution dispose d'un pouvoir discrétionnaire quant à l'action à mener. C'est ainsi qu'est systématiquement jugé irrecevable un recours en carence fondé sur l'absence d'introduction par la Commission d'une procédure en constatation de manquement contre un Etat membre[49]. Mais la Cour a précisé que, chaque fois que le traité fixait un but à atteindre, même s'il laissait un certain pouvoir d'appréciation à l'institution concernée quant aux moyens d'atteindre ce but, elle pouvait constater la carence de l'institution si elle s'abstenait de prendre les mesures nécessaires pour atteindre ce but[50].

3. L'arrêt se prononçant sur le recours

501. En vertu de l'article 265 du traité FUE, la Cour est appelée à constater que l'abstention de l'institution, organe ou organisme concerné constitue une violation des traités. Alors que l'arrêt d'annulation fait disparaître rétroactivement l'acte annulé, l'arrêt constatant la carence n'entraîne pas un tel changement. Il crée uniquement l'obligation pour cette institution d'adopter un acte. Comme en matière d'annulation, la Cour ne peut se substituer à elle ou lui donner d'injonction pour remplir cette obligation[51].

III. LE RECOURS EN INDEMNITÉ

502. La responsabilité extracontractuelle de la Communauté[52], et maintenant de l'Union européenne, pour les dommages causés par une de ses institutions ou par un de ses agents dans l'exercice de leurs fonctions, relève de la compétence exclusive de la Cour de justice de l'Union européenne (article 268 TFUE, ex-article 235 CE). Le régime juridique de cette responsabilité doit être déterminé «conformément aux principes généraux

---

[49] CJ, 14 février 1989, *Star Fruit c. Commission*, 247/87, qui a été suivi par une abondante jurisprudence.

[50] CJ, 22 mai 1985, précité.

[51] Voy. notamment TPI, 10 mai 2006, *Air One c. Commission*, T-395/04.

[52] Sous l'empire des traités CE et UE, dans leur version antérieure au traité de Lisbonne, la Cour n'était pas compétente pour connaître d'un recours en indemnité ni dans le cadre de la politique étrangère et de sécurité commune, ni dans celui de la coopération policière et judiciaire en matière pénale: CJ, 27 février 2007, *Gestoras Pro Amnistía c. Commission*, C-354/04 P.

communs aux Etats membres» (article 340 TFUE, ex-article 288 CE).

L'Union peut également voir sa responsabilité contractuelle engagée. Celle-ci est alors régie par la loi applicable au contrat et relève – sauf attribution expresse de compétence à la Cour dans le contrat – de la compétence des tribunaux nationaux. Cette responsabilité ne sera pas examinée.

1. Conditions de recevabilité

503. Toute personne physique ou morale possédant un intérêt légitime, peut agir en réparation. Il faut toutefois que le requérant ait lui-même subi un dommage. Ainsi la Cour a déclaré irrecevable une action en indemnité introduite par un syndicat ou une association pour le préjudice subi par ses membres. Les Etats membres ne sont pas exclus mais jusqu'à présent, aucune action d'un Etat membre n'a été portée devant la Cour.

504. L'action est intentée contre l'Union, telle que représentée par l'institution à laquelle le fait générateur de responsabilité est reproché[53]. La Cour a cependant précisé que le terme institution ne doit pas être pris au sens strict et qu'il visait tous les autres organismes institués par le traité et destinés à contribuer à la réalisation des objectifs de l'Union : ainsi la Cour a admis qu'une action puisse être dirigée contre la Banque européenne d'investissement[54] ou contre le médiateur européen[55]. A cet égard, on peut regretter que l'article 340 TFUE n'ait pas été reformulé pour viser explicitement les organes et organismes de l'Union. Plusieurs institutions peuvent être mises en cause, par exemple lorsque le dommage résulte d'un acte adopté par le Conseil sur proposition de la Commission.

505. Les politiques de l'Union requièrent souvent pour leur mise en œuvre l'intervention des autorités nationales. De ce fait, la question se pose de savoir dans ce cas si la victime d'un dommage doit poursuivre la responsabilité de l'Union devant la Cour ou celle de l'Etat devant les tribunaux nationaux. Le principe fondamental est celui de la répartition des responsabi-

---

[53] CJ, 13 novembre 1973, *Werhahn Hansamuehle e.a. c. Conseil*, 63 à 69/72.
[54] CJ, 2 décembre 1992, *SGEEM et Etroy c. BEI*, C-370/89.
[55] CJ, 23 mars 2004, *Médiateur c. Lamberts*, C-234/02 P, confirmant TPI, 10 avril 2002, *Lamberts c. Médiateur*, T-209/00.

lités et il convient donc de déterminer si c'est le comportement d'une institution de l'Union ou celui d'un Etat membre qui est à l'origine du dommage invoqué, ce qui n'est pas toujours facile à établir[56].

506. Enfin, l'action se prescrit par cinq ans à compter du fait qui y donne lieu. Il faut entendre par là non le moment où survient le fait ou l'acte dommageable mais le moment où le préjudice s'est concrétisé[57]. Cette prescription n'est interrompue que par la requête formée devant la Cour ou par la demande préalable que la victime peut adresser à l'institution compétente de l'Union.

2. Autonomie du recours en indemnité

507. La Cour considère le recours en indemnité comme une voie de recours autonome à l'égard du recours en annulation[58] ou du recours en carence[59]. Ainsi, un particulier peut engager une action en responsabilité contre l'Union du fait d'un règlement, même s'il n'est pas recevable à demander l'annulation de ce règlement. De même, il est possible de demander réparation d'un préjudice causé par un acte non préalablement annulé ou par une carence non préalablement constatée.

3. Les conditions de fond

508. La responsabilité de l'Union suppose la réunion d'un ensemble de conditions tenant à l'illégalité du comportement reproché aux institutions de l'Union et à l'existence d'un lien de causalité entre ce comportement et le préjudice allégué.

A. Le comportement illégal

509. La responsabilité de l'Union peut être engagée pour de simples comportements matériels mais ces cas sont assez rares. Compte tenu de la nature de l'activité de l'Union, ce sont le plus souvent des actes décisionnels qui sont mis en cause. L'apprécia-

---

[56] CJ, 10 juin 1982, *Interagra c. Commission*, 217/81.
[57] CJ, 27 janvier 1982, *De Franceschi c. Conseil et Commission*, 51/81; voy., pour une application récente, CJ, 11 juin 2009, *Transports Schiocchet-Excursions c. Commission*, C-335/08 P.
[58] CJ, 2 décembre 1971, *Zuckerfabrik Schoeppenstedt c. Conseil*, 5/71.
[59] CJ, 28 avril 1971, *Lütticke c. Commission*, 4/69.

tion de la responsabilité se greffe donc en règle générale sur un examen de la légalité de ces actes et la responsabilité ne peut être engagée que si l'illégalité de ces actes est établie.

Cependant, cette illégalité, si elle est toujours une condition nécessaire, n'est pas une condition suffisante à partir du moment où l'acte incriminé est un acte normatif qui implique des choix de politique économique. Dans ce cas, la responsabilité de l'Union suppose, selon une jurisprudence constante, qu'il y ait dans le chef de l'institution une violation suffisamment caractérisée d'une « règle supérieure de droit protégeant les particuliers »[60]. A la lumière de la jurisprudence, des principes tels que la non-discrimination, la protection de la confiance légitime, le respect des droits acquis ou encore la liberté du commerce des produits agricoles font partie des « règles supérieures de droit protégeant les particuliers ». En revanche, dans un arrêt du 13 mars 1992[61], la Cour a jugé que le système de répartition entre les différentes institutions avait pour but d'assurer le respect du principe de l'équilibre institutionnel prévu par le traité et non la protection des particuliers.

Il faut en outre que ces règles aient été violées d'une manière suffisamment caractérisée. La Cour a interprété cette exigence d'une manière particulièrement stricte. L'institution doit avoir méconnu de manière grave et manifeste les limites qui s'imposent à l'exercice de son pouvoir discrétionnaire en commettant des erreurs d'une telle gravité que son comportement confine à l'arbitraire.

510. La Cour exige enfin que l'institution ait méconnu les intérêts d'un groupe restreint et nettement délimité d'opérateurs économiques[62]. Cela exclut toute indemnisation chaque fois que la mesure touche des catégories très larges d'opérateurs et que son incidence n'a pas dépassé les risques inhérents à l'exercice de toute activité économique. Il n'est pas étonnant dans

---

[60] CJ, 25 mai 1978, *Bayerische HNL c. Conseil et Commission*, 83/76 et 94/76, 4/77, 15/77 et 40/77 ; 19 mai 1992, *Mulder e.a. c. Conseil et Commission*, C-104/89 et C-37/90, qui est un des rares arrêts à avoir admis la responsabilité de la Communauté.

[61] CJ, 13 mars 1992, *Industrie- en Handelsonderneming Vreugdenhil BV c. Commission*, C-282/90.

[62] TPI, 14 septembre 1995, *Antillean Rice Mills e.a. c. Commission*, T-480/93 et T-483/93 ; 9 décembre 1997, *Quiller et Heusmann c. Conseil et Commission*, T-195/94 et T-202/94.

ces conditions que la responsabilité de l'Union du fait d'actes normatifs dans le domaine économique ne soit qu'exceptionnellement retenue.

511. La question a été posée de savoir si une responsabilité sans faute de l'Union est également susceptible d'être invoquée. Le Tribunal avait estimé que

> «lorsque (...) l'illégalité du comportement imputé aux institutions communautaires n'est pas établie, il n'en résulte pas que les entreprises devant, en tant que catégorie d'opérateurs économiques, supporter une part disproportionnée des charges résultant d'une restriction de l'accès à des marchés d'exportation ne peuvent en aucun cas obtenir une compensation en engageant la responsabilité non contractuelle»[63].

La Cour[64] n'a pas suivi le Tribunal. Elle a relevé que, s'il existait

> «une convergence de ces ordres juridiques dans la consécration d'un principe de responsabilité en présence d'une action ou d'une omission illégale de l'autorité, y compris d'ordre normatif, il n'en va nullement de même en ce qui concerne l'existence éventuelle d'un principe de responsabilité en présence d'un acte ou d'une omission licites de l'autorité publique, en particulier lorsque ceux-ci sont d'ordre normatif».

Elle en a conclu que,

> «en l'état actuel du droit communautaire, il n'existe pas de régime de responsabilité permettant d'engager la responsabilité de la Communauté du fait d'un comportement relevant de la sphère de compétence normative de celle-ci dans une situation dans laquelle l'éventuelle non-conformité d'un tel comportement avec les accords OMC ne peut pas être invoquée devant le juge communautaire»[65].

B. Le préjudice

512. C'est au requérant qu'il appartient de faire la preuve du préjudice qu'il prétend avoir subi. Ce préjudice doit être certain,

---

[63] Le Tribunal s'est prononcé en ce sens dans une série d'arrêts identiques rendus le 14 décembre 2005, voy. à titre d'exemple *Groupe Fremaux et Palais Royal c. Conseil et Commission*, T-301/00.

[64] CJ, 9 septembre 2008, *FIAMM et FIAMM Technologies c. Conseil et Commission*, C-120/06 P et C-121/06 P, points 175 et 176.

[65] Voy. au sujet de l'invocabilité des règles de l'OMC, *supra*, n° 467.

réel, actuel et démontrable. L'action est irrecevable s'il s'agit seulement d'un préjudice qui risque d'être subi dans l'avenir sauf s'il est imminent et prévisible avec une certitude suffisante. Le dommage moral comme le dommage matériel peut donner lieu à réparation. Celle-ci peut également englober le manque à gagner et comporter le paiement d'intérêts moratoires.

C. Un lien de causalité

513. Le requérant doit établir un lien de causalité direct et immédiat entre l'acte dommageable et le préjudice qu'il invoque[66]. Ce lien peut être rompu par la faute de la victime elle-même ou par l'intervention d'un tiers. Toutefois, la responsabilité de l'Union peut être engagée, même si l'acte dommageable n'est pas la seule cause du dommage.

IV. L'EXCEPTION D'ILLÉGALITÉ

514. L'exception d'illégalité, organisée par l'article 277 du traité FUE (ex-article 241 CE), permet de soulever l'illégalité d'un acte normatif en utilisant les moyens prévus par le recours en annulation, à l'occasion d'un recours qui n'est pas dirigé contre cet acte.

Elle a pour objectif de remédier à une double lacune dans la protection juridictionnelle assurée par l'article 263 du traité FUE (ex-article 230 CE) à l'égard des actes normatifs : d'une part, l'impossibilité pratique pour les particuliers d'exercer un recours direct en annulation contre les actes à portée générale dont ils subissent ainsi les conséquences sans avoir été en mesure d'en demander l'annulation[67]; d'autre part, la difficulté de

---

[66] Voy. pour un exemple récent, TPI, 27 novembre 2007, *Pitsiorlas c. Conseil et BCE*, T-3/00 et T-337/00. Le requérant invoquait que le refus du Conseil et de la BCE de lui donner accès à certains documents avait bouleversé le calendrier de rédaction de sa thèse de doctorat, entraînant un retard de plus de trois ans, ce qui l'avait empêché de déposer sa thèse dans les délais requis, entraînant la perte des revenus qu'il aurait perçus en faisant un usage raisonnable et approprié du titre de docteur qu'il aurait pu obtenir. Le Tribunal a considéré que le préjudice allégué était lié au non-dépôt dans les délais requis de la thèse; que le requérant n'avait pas établi que ce non-dépôt était la conséquence directe des refus contestés, antérieurs de plus de deux ans à cette date limite et que ce dernier aurait dû prendre les mesures nécessaires pour achever sa thèse «nonobstant ce qui pouvait être perçu par lui comme une absence de complétude de son travail de recherche».

[67] Voy. à ce sujet, *supra*, nos 486 et s.

mesurer avec précision les effets de ces actes avant l'écoulement du délai de recours.

1. Conditions de recevabilité

A. Actes à l'égard desquels elle peut être envisagée

515. L'article 241 du traité CE ne visait explicitement que les règlements, mais la Cour de justice a admis la possibilité d'invoquer l'exception d'illégalité contre tout acte de portée générale qui produit des effets analogues à ceux créés par un règlement[68]. Cette évolution a été consacrée à l'article 277 du traité FUE, qui évoque la possible «mise en cause d'un acte de portée générale adopté par une institution, un organe ou un organisme de l'Union».

Pour que l'exception d'illégalité soit recevable, il faut que la mesure individuelle ait un lien juridique direct avec l'acte à portée générale à l'encontre duquel l'exception est soulevée, ce qui est le cas notamment parce que cet acte lui sert de base juridique[69].

L'exception d'illégalité ne peut en revanche être soulevée à l'encontre d'une décision qui aurait pu faire l'objet d'un recours mais que le requérant n'a pas attaquée dans les délais requis et est donc devenue définitive à son égard[70].

B. Parties pouvant l'invoquer

516. L'article 277 du traité FUE ouvre ce droit à «toute partie». Par conséquent, si cette exception a pour but principal de pallier l'impossibilité pour les particuliers d'agir contre les actes à portée générale, elle est ouverte également aux Etats membres[71] ou même aux institutions[72], et ce même s'ils n'ont pas attaqué cet acte à portée générale dans les délais requis.

---

[68] CJ, 6 mars 1979, *Simmenthal c. Commission*, 92/78.

[69] TPI, 26 octobre 1993, *Reinarz c. Commission,* T-6/92 et T-52/92. Voy. pour une application récente, Tribunal de la fonction publique, 8 octobre 2008, *Barbin c. Parlement*, F-44/07.

[70] TPI, 13 septembre 1995, *TWD c. Commission*, T-244/93 et T-486/93. Il en va de même si un règlement est devenu définitif pour un particulier à l'égard duquel il doit être regardé comme une décision individuelle dont il aurait pu sans aucun doute demander l'annulation, CJ, 2 juillet 2009, *Bavaria et Bavaria Italia*, C-343/07.

[71] Voy. à titre d'exemple, CJ, 15 mai 2008, *Espagne c. Conseil*, C-442/04.

[72] Voy. à ce titre d'exemple, CJ, 10 juillet 2003, *Commission c. BCE*, C-11/00.

La Cour a souligné à cet égard que, dès lors que le droit des Etats membres de former un recours en annulation contre un règlement n'est pas restreint, interdire à un Etat d'exciper de l'illégalité d'un règlement après l'expiration du délai de recours, dès lors qu'il pouvait demander l'annulation de celui-ci dans ce délai, reviendrait à dénier aux Etats membres le droit de discuter à l'occasion d'un litige la légalité d'un règlement pour invoquer devant la Cour son inapplicabilité[73].

C. Procédures à l'occasion desquelles elle peut être invoquée

517. A ce jour, c'est dans le cadre de recours en annulation que l'exception d'illégalité a été le plus souvent invoquée. La Cour a admis qu'elle pouvait jouer également de l'appui d'un recours en carence, si l'institution justifie son inaction par référence à un acte de portée générale, ou d'un recours en indemnité. Rien ne s'oppose non plus à ce que les parties invoquent l'exception d'illégalité devant les juridictions nationales à qui il appartient, le cas échéant, de poser une question préjudicielle sur la validité de la réglementation en cause[74].

2. *Effet de l'arrêt se prononçant sur l'exception*

518. L'objet de l'exception est de faire déclarer inapplicable l'acte général, dont l'annulation ne peut être poursuivie. Cette constatation pourra, selon les cas, entraîner l'annulation de la décision individuelle fondée sur cet acte, obliger une institution à adopter un acte ou fonder une action en responsabilité. De plus, il appartient à l'institution dont l'acte a été déclaré illégal de prendre les mesures nécessaires pour le retirer ou l'abroger[75].

Section 3

Les manquements des Etats membres

519. L'application du droit de l'Union repose, dans une large mesure, sur l'action des Etats membres. C'est pourquoi le traité de Rome a, dès l'origine, instauré une procédure permettant à la

---

[73] CJ, 15 mai 2008 précité.
[74] Voy. pour un exemple récent, CJ, 2 juillet 2009 précité.
[75] CJ, 20 mars 1984, *Zazzouk et Beydoun c. Commission*, 75 et 117/82.

fois de confronter les actes et les omissions des Etats membres aux exigences du droit de l'Union et de préciser les obligations des Etats membres en cas de divergences d'interprétation. La procédure en constatation de manquement dépasse de loin les règles communément admises en droit international classique pour assurer l'exécution des obligations des Etats. Elle fait actuellement l'objet de l'article 260 du traité FUE (ex-article 226 CE).

Avant l'entrée en vigueur du traité de Lisbonne, cette procédure ne s'appliquait que dans le cadre du pilier communautaire. Elle s'étend désormais à tous les domaines d'action de l'Union, à l'exception de la politique étrangère et de sécurité commune.

520. La procédure en manquement comprend deux phases successives : une procédure précontentieuse dont la responsabilité est confiée à la Commission et une procédure contentieuse qui se déroule devant la Cour.

En principe, l'initiative d'introduire une procédure en manquement contre un Etat membre appartient exclusivement à la Commission qui dispose d'un pouvoir d'appréciation de l'opportunité d'une telle action[76]. Aucun recours en annulation ou en carence n'est envisageable, si elle refuse explicitement ou implicitement d'engager la procédure. Le monopole dont dispose la Commission au titre de l'article est cependant compensé par l'existence d'une procédure particulière qui permet aux Etats membres de saisir la Commission et ensuite la Cour d'un manquement (article 261 FUE, ex-article 227 CE)[77].

---

[76] Dans un arrêt du 10 septembre 2009, *Commission c. Malte*, C-76/08, la Cour en a notamment déduit que lorsqu'une directive prévoit l'obligation pour les Etats membres d'envoyer un rapport annuel sur l'utilisation faite d'une dérogation qu'elle autorise, la recevabilité d'une action en manquement de la Commission pour violation de cette directive ne saurait être contestée au motif que l'Etat membre concerné n'a pas envoyé le rapport en question.

[77] Cette possibilité n'a été que très exceptionnellement utilisée par les Etats membres. Un exemple est fourni par l'arrêt précité de la Cour de justice du 12 septembre 2006, relatif au droit de vote au Parlement européen des résidents de Gibraltar, où l'action émanait de l'Espagne.

I. Le manquement

1. Sources des obligations des Etats

521. Bien que l'article 260 du traité FUE évoque uniquement, comme le faisait l'article 226 du traité CE, un manquement à une «obligation incombant aux Etats membres en vertu des traités», il est unanimement admis que cette expression englobe tout le droit de l'Union, à savoir également le droit dérivé, les accords internationaux conclus par l'Union[78], ainsi que des principes généraux du droit.

2. Nature du manquement

522. Le manquement peut consister aussi bien en une abstention qu'en un comportement positif. Il peut s'agir d'un retard mis à exécuter un règlement ou une directive comme de l'adoption ou même du maintien d'un texte voire d'une pratique contraire au droit de l'Union.

Le recours en manquement a un caractère objectif. Il en résulte d'abord qu'il ne faut établir aucune faute dans le chef de l'Etat. Une erreur commise de bonne foi dans l'application du droit de l'Union peut donner lieu à constatation de manquement au même titre qu'une violation délibérée ou une résistance systématique. Une autre conséquence du caractère objectif du recours est qu'il n'existe aucune règle *de minimis*. Un manquement dont les conséquences pratiques sont négligeables reste un manquement.

Enfin, l'existence du manquement doit être appréciée en fonction de la situation de l'Etat membre telle qu'elle se présentait au terme du délai fixé dans l'avis motivé et les changements intervenus par la suite ne sauraient être pris en compte par la Cour[79].

Les Etats membres ne sauraient exciper ni de dispositions, pratiques ou situations de leur ordre juridique interne, ni de difficultés administratives pour justifier le non-respect des obligations et délais résultant des normes du droit de l'Union[80].

---

[78] En ce compris les accords dits mixtes conclus par l'Union et ses Etats membres, CJ, 7 octobre 2004, *Commission c. France*, C-239/03.

[79] CJ, 2 mai 1996, *Commission c. Belgique*, C-133/94; 17 septembre 1996, *Commission c. Italie*, C-289/94; 18 décembre 1997, *Commission c. Espagne*, C-360/95.

[80] Voy. en dernier lieu, CJ, 13 novembre 2008, *Commission c. France*, C-214/07.

523. Selon une jurisprudence constante, il incombe à la Commission d'établir l'existence du manquement allégué, sans préjudice de l'obligation des Etats membres, en vertu de l'article 10 du traité CE devenu article 4 du traité UE modifié, de faciliter l'accomplissement de la mission de la Commission. C'est donc elle qui doit apporter à la Cour les éléments nécessaires à la vérification par celle-ci de l'existence de ce manquement, sans pouvoir se baser sur une présomption quelconque[81]. Cependant, lorsque la Commission a fourni suffisamment d'éléments faisant apparaître que les autorités d'un Etat membre ont développé une pratique répétée et persistante qui est contraire aux dispositions d'une directive, il incombe à cet Etat membre de contester de manière substantielle et détaillée les données ainsi présentées et les conséquences qui en découlent[82].

3. L'auteur du manquement

524. La Cour de justice a posé le principe que le manquement est imputable à l'Etat en tant que tel, représenté par son gouvernement, quel que soit l'organe de l'Etat dont l'action ou l'inaction est à l'origine du manquement, même s'il s'agit d'une institution constitutionnellement indépendante[83]. En particulier, l'Etat est responsable des manquements commis par des autorités fédérales, régionales ou décentralisées. La Cour a souligné à cet égard que

> «[s]i chaque Etat membre est libre, en effet, de répartir, comme il l'entend, les compétences normatives sur le plan interne, il n'en demeure pas moins que, en vertu de l'article 226 CE, il reste seul responsable, à l'égard de la Communauté, du respect des obligations qui résultent du droit communautaire»[84].

Une jurisprudence nationale incompatible avec la jurisprudence de la Cour de justice est également susceptible de constituer un manquement[85].

---

[81] CJ, 25 mai 1982, *Commission c. Pays-Bas*, 96/81 ; 11 janvier 2007, *Commission c. Irlande*, C-183/05.
[82] CJ, 19 mars 2009. *Commission c. Grèce*, C-489/06.
[83] CJ, 9 décembre 2003, *Commission c. Italie*, C-129/00.
[84] CJ, 16 décembre 2004, *Commission c. Autriche*, C-358/03.
[85] CJ, 9 décembre 2003, précité.

II. LA PHASE PRÉCONTENTIEUSE

525. L'engagement de la procédure se traduit par l'envoi à l'Etat membre d'une mise en demeure, identifiant la violation alléguée et fixant à l'Etat membre destinataire un délai pour formuler ses observations. La mise en demeure, destinée à garantir les droits de la défense de l'Etat auquel un manquement est reproché, est considérée par la Cour comme une formalité substantielle dont l'inobservation entraîne l'irrecevabilité du recours qui serait intenté par la suite devant la Cour.

La mise en demeure ouvre une phase de conciliation qui permet en pratique de résoudre à l'amiable la majorité des différends, avant toute procédure contentieuse. Si aucun accord ne se réalise au cours de la procédure précontentieuse, parce que l'Etat ne présente pas d'observations, qu'il conteste avoir commis un manquement ou encore que, tout en reconnaissant le manquement, il omet d'y mettre fin, la Commission émet un avis motivé au sujet du manquement qu'elle reproche à l'Etat membre.

526. L'avis doit être motivé de façon suffisante : cela implique qu'il expose de manière cohérente les raisons qui ont amené la Commission à la conviction qu'il y a manquement. L'avis doit en outre faire part au gouvernement de l'Etat membre des mesures que la Commission estime nécessaires pour mettre fin au manquement.

Enfin, la procédure précontentieuse a pour but de donner à l'Etat membre concerné l'occasion, d'une part, de se conformer à ses obligations découlant du droit de l'Union et, d'autre part, de faire utilement valoir ses moyens de défense à l'encontre des griefs formulés par la Commission. Ce double objectif impose à la Commission de laisser un délai raisonnable à l'Etat membre pour répondre à la lettre de mise en demeure et pour se conformer à un avis motivé ou, le cas échéant, pour préparer sa défense[86].

III. LA PHASE CONTENTIEUSE

527. Si l'Etat membre ne se conforme pas à l'avis motivé dans le délai imparti, la Commission a le pouvoir de saisir la Cour de justice d'un recours visant à la constatation judiciaire du

---

[86] CJ, 2 juillet 1996, *Commission c. Luxembourg*, C-473/93.

manquement. Il s'agit là d'une faculté relevant du pouvoir d'appréciation discrétionnaire de la Commission, qui ne peut être contrainte de saisir la Cour[87].

La Commission doit indiquer dans sa requête les griefs précis sur lesquels Cour est appelée à se prononcer ainsi que les éléments essentiels de droit et de fait sur lesquels les griefs sont fondés.

528. L'objet d'un recours en manquement est circonscrit par la procédure précontentieuse. En effet, la possibilité pour l'État concerné de présenter ses observations constitue une garantie essentielle voulue par le traité et une forme substantielle de la régularité de la procédure destinée à constater un manquement d'un Etat membre. Dès lors, la requête ne peut être fondée sur des griefs autres que ceux indiqués dans l'avis motivé.

Ainsi, après avoir reproché, lors de la procédure précontentieuse et dans la requête, à un Etat membre la non-transposition d'une directive, la Commission ne peut pas, après avoir reçu communication de la législation nationale en vigueur dans le domaine faisant l'objet de la directive, lui faire grief, lors de la procédure devant la Cour, de n'avoir assuré qu'une transposition incomplète et, partant, défectueuse de ladite directive. L'appréciation du bien-fondé de ce grief supposerait, en effet, un examen détaillé de ladite législation nationale, qui ne peut être opéré par la Cour, dès lors que, durant la procédure précontentieuse, l'Etat membre en cause ne s'est pas vu offrir la possibilité de prendre position sur la prétendue inadéquation d'une législation à laquelle il n'était fait nulle référence[88].

Le traité ne prévoit aucun délai pour l'intentement du recours. C'est à la Commission qu'il appartient d'apprécier le moment qu'elle juge opportun pour porter l'affaire devant la Cour[89]. Elle peut décider de saisir la Cour, même si, au moment de l'introduction du recours, le prétendu manquement a virtuellement pris fin[90].

---

[87] Ordonnance du 16 septembre 1997, *Koelman c. Commission*, C-59/96 P.
[88] CJ, 25 avril 1996, *Commission c. Luxembourg*, C-274/93.
[89] CJ, 10 décembre 1968, *Commission c. Italie*, 7/68.
[90] CJ, 9 juillet 1970, *Commission c. France*, 26/69.

IV. L'ARRÊT EN CONSTATATION DE MANQUEMENT

1. Exécution

529. La Cour de justice, si elle fait droit au recours, constate le manquement. Elle ne peut condamner l'Etat à des dommages et intérêts ni annuler ou déclarer invalide la mesure nationale contestée. C'est à l'Etat membre qu'il appartient de prendre les mesures nécessaires en vue de faire cesser la violation du traité, avec effet rétroactif. La Cour ne peut prescrire des mesures déterminées à prendre par l'Etat membre pour éliminer le manquement.

2. Autorité

530. L'arrêt qui constate le manquement bénéficie de l'autorité de la chose jugée. Il peut être invoqué par les particuliers devant les tribunaux internes en vue de faire déclarer inapplicables les dispositions nationales reconnues incompatibles avec le traité, ou en vue d'introduire une action en responsabilité contre l'Etat pour violation du droit de l'Union.

En outre, comme l'une des fonctions de la procédure en constatation est de faire trancher par la Cour des divergences d'interprétation entre la Commission et un ou plusieurs Etats membres sur le sens ou la portée à donner à une norme du droit de l'Union, l'interprétation délivrée par la Cour à l'occasion d'une procédure en manquement s'impose aux institutions et aux autres Etats membres.

3. Sanctions

531. A l'origine, le traité de Rome n'avait prévu aucun moyen de contrainte à l'égard des Etats membres qui n'exécutent pas leurs obligations. Le seul remède – dont l'efficacité était toute relative – consistait dans l'introduction d'un nouveau recours en constatation de manquement, fondé sur la méconnaissance de l'arrêt.

Devant l'augmentation du nombre d'arrêts non exécutés, le traité sur l'Union européenne a, sur suggestion de la Cour, introduit une possibilité de sanctions financières à l'encontre des Etats membres. A cette fin, il a permis à la Commission, lorsqu'elle constate qu'un Etat membre n'a pas pris les mesures que comporte l'exécution d'un arrêt de la Cour, de saisir à nouveau la Cour et de demander à celle-ci de condamner l'Etat à payer une somme forfaitaire ou une astreinte (article 262 TCE). La Cour a, pour la première fois, fait application de cette disposition dans un arrêt du 4 juillet 2000[91]. Après avoir constaté que la Grèce n'avait pas pris les mesures indispensables que comporte l'exécution de l'arrêt en constatation de manquement qu'elle avait rendu le 7 avril 1992, elle a condamné celle-ci à payer à la Commission, sur le compte «ressources propres de la CE», une astreinte de vingt mille euros par jour de retard dans la mise en œuvre des mesures nécessaires pour se conformer à cet arrêt.

532. Dans un arrêt du 12 juillet 2005, la Cour de justice a interprété très largement le libellé de l'article 262 du traité CE. Alors que ce texte évoque le payement d'une somme forfaitaire *ou* d'une astreinte, la Cour a estimé possible le cumul d'une astreinte et d'une somme forfaitaire «notamment lorsque le manquement, à la fois, a perduré une longue période et tend à persister».

Dans le cas d'espèce, elle a condamné la France, outre à une astreinte, à une somme forfaitaire de 20 millions d'euros, pour ne pas avoir pris les mesures nécessaires pour se conformer à l'arrêt qu'elle avait rendu le 11 juin 1991 «eu égard au fait que le manquement a persisté pendant une longue période depuis l'arrêt qui l'a initialement constaté et eu égard aux intérêts publics et privés en cause».

533. Au total, la Cour a rendu à ce jour huit arrêts condamnant quatre pays à payer des astreintes ainsi que le cas échéant des sommes forfaitaires[92]. Dans deux cas, elle a rejeté la demande de la Commission[93].

---

[91] *Commission c. Grèce*, C-387/97.
[92] Soit, outre les deux arrêts évoqués plus haut : CJ, 25 novembre 2003, *Commission c. Espagne,* C-278/01 (astreinte) ; 14 mars 2006, *Commission c. France*, C-177/04 (astreinte) ; 10 janvier 2008, *Commission c. Portugal*, C-70/06 (astreinte) ; 9 décembre 2008, *Commission c. France*, C-121/07 (astreinte et somme forfaitaire) ; 4 juin 2009, *Commission c. Grèce*, C-109/08 (astreinte et somme forfaitaire) ; 7 juillet 2009, *Commission c. Grèce*, C-369/07 (astreinte et somme forfaitaire).
[93] CJ, 18 juillet 2006, *Commission c. Italie*, C-119/04 ; 10 septembre 2009, *Commission c. Portugal*, C-457/07.

534. Le traité de Lisbonne renforce sensiblement les pouvoirs de la Cour et de la Commission européenne en la matière (article 260 TFUE).

Tout d'abord, lorsque le manquement consiste dans la non-communication des mesures de transposition d'une directive adoptée conformément à une procédure législative, la Commission

> «peut, lorsqu'elle le considère approprié, indiquer le montant d'une somme forfaitaire ou d'une astreinte à payer par cet Etat, qu'elle estime adapté aux circonstances.
> Si la Cour constate le manquement, elle peut infliger à l'Etat membre concerné le paiement d'une somme forfaitaire ou d'une astreinte dans la limite du montant indiqué par la Commission»[94].

L'obligation de paiement prend effet à la date fixée par la Cour dans son arrêt.

Dans les autres cas, l'imposition d'une sanction pécuniaire présuppose toujours une première condamnation par la Cour de justice et la non-exécution de l'arrêt de la Cour par l'Etat membre concerné. Mais la procédure du «deuxième» recours est simplifiée par la suppression de la phase de l'avis motivé de la procédure préalable à la saisine de la Cour. Ainsi, lorsque la Commission estime que l'Etat membre n'a pas pris les mesures que comporte l'exécution de l'arrêt constatant le manquement concerné, elle pourra immédiatement saisir la Cour en vue de voir imposer une sanction pécuniaire, après avoir mis l'Etat en mesure de présenter ses observations.

Section 4

Les renvois préjudiciels

535. Etant donné que l'application du droit de l'Union est pour une large part laissée entre les mains des juridictions nationales, il était important d'instituer un mécanisme permettant d'éviter l'apparition de divergences de jurisprudence et d'assurer l'interprétation uniforme du droit de l'Union. Tel est l'objet de l'ar-

---

[94] Ce faisant, les auteurs du traité de Lisbonne se sont écartés dans ce nouveau cas de figure de la jurisprudence de la Cour de justice qui ne s'estime pas liée par les propositions de la Commission concernant le montant de l'astreinte, qui ne sont à ses yeux qu'une base de référence utile.

ticle 267 du traité FUE (ex-article 234 CE) qui prévoit que les juridictions nationales peuvent – ou, pour certaines d'entre elles, doivent – soumettre à la Cour de justice les questions d'interprétation ou d'appréciation de validité du droit de l'Union soulevées devant elles, si elles estiment qu'une décision sur ce point est nécessaire pour rendre leur jugement.

536. Le traité de Lisbonne rend la procédure préjudicielle applicable dans tous les domaines du droit de l'Union, à l'exception de la politique étrangère et de sécurité commune. C'est dans l'espace de liberté, de sécurité et de justice que le changement sera le plus important. Les traités UE et CE, dans leur version antérieure au traité de Lisbonne, avaient déjà reconnu une certaine compétence à la Cour pour connaître de questions préjudicielles en ce domaine mais à des conditions très strictes[95] qui ont été levées.

L'article 267 du traité FUE ajoute que lorsqu'une question préjudicielle est soulevée dans une affaire pendante devant une juridiction nationale concernant une personne détenue, la Cour statue dans les meilleurs délais.

Nous traiterons ensemble l'appréciation de validité et l'interprétation, sauf pour les points où une analyse séparée se justifie.

I. La procédure devant les juridictions nationales

1. La notion de juridiction

537. La notion de juridiction relève du droit de l'Union et c'est donc à la Cour de justice qu'il appartient d'en préciser les contours.

Les différentes institutions considérées comme des instances judiciaires au sens des législations des Etats membres doivent naturellement être considérées comme juridictions. Mais la

---

[95] L'ex-article 68, par. 1, du traité CE limitait aux juridictions dont les décisions ne sont pas susceptibles d'un recours juridictionnel de droit interne la possibilité de renvoyer à la Cour une question préjudicielle relative à un acte pris sur la base du titre « Visas, asile, immigration et autres politiques liées à la libre circulation des personnes » du traité CE. Quant à la compétence préjudicielle pour les actes pris sur la base des « dispositions relatives à la coopération policière et judiciaire en matière pénale » du traité UE, elle dépendait d'une déclaration d'acceptation des Etats membres, qui pouvait ouvrir cette faculté à toutes les juridictions nationales ou la réserver aux juridictions dont les décisions ne sont pas susceptibles d'un recours juridictionnel de droit interne (ancien article 35, par. 3, du traité UE).

Cour reconnaît également ce statut à d'autres autorités, au terme d'une analyse à la fois organique et fonctionnelle[96] :

- l'élément organique renvoie au statut de l'autorité, statut qui doit assurer son indépendance et son impartialité ;
- l'élément fonctionnel a trait à la tâche spécifique de l'autorité, qui doit consister à trancher en droit des contestations qui lui sont soumises.

La Cour a ainsi qualifié de juridiction une commission fédérale de surveillance de la passation des marchés[97], ainsi qu'un tribunal saisi d'un appel formé contre une décision d'un tribunal inférieur chargé de la tenue d'un registre refusant de faire droit à une telle demande d'inscription et ce nonobstant l'absence de caractère contradictoire de la procédure devant ce tribunal[98]. Elle a en revanche refusé cette qualification à une commission de droit fiscal qui exerce essentiellement une fonction administrative[99], à un directeur des contributions qui, par ses liens avec l'administration qui établit la taxation, n'a pas l'indépendance requise[100] ou encore aux prud'hommes de pêcheurs, soumis à la tutelle de l'administration[101]. Enfin, la Cour refuse de répondre à des questions posées par des juridictions arbitrales[102].

2. Caractère facultatif ou obligatoire du renvoi

A. Une faculté pour toutes les juridictions

538. Toutes les juridictions nationales disposent, aux termes de la jurisprudence de la Cour de justice, de la faculté la plus étendue de saisir la Cour de justice si elles considèrent qu'une affaire qui leur est soumise nécessite une interprétation ou une appréciation de validité de dispositions du droit de l'Union. Par conséquent, toute juridiction interne peut saisir la Cour sans qu'il soit nécessaire que les parties en fassent la demande et à n'importe quel stade de la procédure. La Cour a cependant indiqué qu'il pourrait être avantageux dans certains cas que les

---

[96] CJ, 12 novembre 1998, *Victoria Film*, C-134/97.
[97] CJ, 17 septembre 1997, *Dorsch Consult*, C-54/96.
[98] CJ, 16 décembre 2008, *Cartesio*, C-210/06.
[99] CJ, 12 novembre 1998, précité.
[100] CJ, 30 mars 1993, *Corbiau*, C-24/92.
[101] CJ, ordonnance du 14 mai 2008, *Pilato*, C-109/07.
[102] CJ, 23 mars 1982, *Nordsee*, 102/81. Cette jurisprudence a encore été rappelée par la Cour dans un arrêt du 27 janvier 2005, *Denuit et Cordenier*, C-125/04.

faits de l'affaire soient établis et que les problèmes de pur droit interne soient tranchés au moment du renvoi de l'affaire devant la Cour de justice afin qu'elle puisse connaître tous les éléments de fait et de droit importants pour l'interprétation qu'elle est appelée à donner du droit de l'Union.

Il faut souligner que c'est au juge national et non aux parties au litige principal qu'il appartient de saisir la Cour[103].

B. Une obligation pour les juridictions statuant en dernier ressort

539. Cette faculté devient une obligation chaque fois que la juridiction nationale rend une décision qui n'est pas susceptible d'un recours juridictionnel de droit interne. Cette notion a suscité des difficultés d'interprétation : faut-il l'apprécier de manière concrète, au regard de chaque cas particulier ou d'une manière plus abstraite, au regard de la place de la juridiction dans la hiérarchie des cours et tribunaux ? La Cour semblait d'abord s'être ralliée à la première conception puisqu'elle avait considéré qu'un juge de paix qui, en vertu de son droit national, statue en premier et dernier ressort des litiges de faible importance devait recourir à la procédure de renvoi[104]. Cependant, dans un arrêt du 4 juin 2002, la Cour a dit pour droit que

> «[les] décisions d'une juridiction nationale d'appel qui peuvent être contestées par les parties devant une Cour suprême n'émanent pas d'une «juridiction nationale dont les décisions ne sont pas susceptibles d'un recours juridictionnel de droit interne», au sens de l'article 234 CE. La circonstance que l'examen au fond de telles contestations soit subordonné à une déclaration préalable de recevabilité par la Cour suprême n'a pas pour effet de priver les parties de voie de recours»[105].

Même si le traité n'impose une obligation de renvoi qu'aux juridictions statuant en dernier ressort, d'autres règles peuvent imposer aux juridictions inférieures de saisir la Cour. Tel est le cas pour l'appréciation de validité : les juridictions nationales ne peuvent déclarer non valide un acte du droit de l'Union, sans en référer au préalable à la Cour de justice[106].

---

[103] CJ, 15 juin 1972, *Grassi*, 5/72.
[104] CJ, 27 mars 1963, *Da Costa en Schaake e.a.*, 28/62 à 30/62.
[105] *Lyckeskog*, 99/00. La Cour a confirmé cette jurisprudence dans son arrêt précité du 16 décembre 2008.
[106] CJ, 22 octobre 1987, *Fotofrost*, 314/85.

C. La théorie de l'acte clair

540. Certaines juridictions, notamment le Conseil d'Etat français, se retranchent régulièrement derrière la théorie dite de l'acte clair pour refuser le renvoi devant la Cour au motif qu'il n'y a pas de difficulté d'interprétation à leurs yeux.

Si cette attitude est contestable, car l'objectif de la procédure préjudicielle est d'assurer une interprétation uniforme du droit communautaire, cela ne signifie pas pour autant que l'obligation de renvoi imposée aux juridictions statuant en dernier ressort doit être comprise comme rendant le renvoi automatique, sans que la juridiction concernée dispose d'aucun pouvoir d'appréciation.

541. Les juridictions nationales peuvent toutefois considérer que le renvoi n'est pas nécessaire, essentiellement dans trois hypothèses:

– lorsqu'il est inutile de se prononcer sur l'interprétation ou la validité du droit de l'Union, parce que le litige peut être résolu sur la seule base du droit interne;
– lorsque la question soulevée est matériellement identique à une question ayant déjà fait l'objet d'une décision préjudicielle dans une espèce analogue ou, plus largement, que le problème de droit soulevé a été résolu par une jurisprudence établie de la Cour;
– lorsque l'application correcte du droit de l'Union s'impose avec une évidence telle qu'elle ne laisse place à aucun doute raisonnable sur la manière de résoudre la question posée. Il faut cependant, a ajouté la Cour de justice, que la juridiction nationale soit convaincue que la même évidence s'imposerait aux juridictions des autres Etats membres et à la Cour. De plus, la juridiction nationale doit tenir compte des caractéristiques du droit communautaire et en particulier des méthodes spécifiques d'interprétation du droit communautaire qui diffèrent de celles du droit interne[107]. Ces conditions strictes font que l'application de cette dernière exception est extrêmement rare.

---

[107] CJ, 2 octobre 1982, *Cilfit*, 283/81. Il faut bien entendu parler du droit de l'Union et non plus du droit communautaire.

542. La Cour a tenu à préciser que cette jurisprudence, développée dans le cadre de l'interprétation du droit de l'Union, ne saurait en aucun cas être étendue à des questions relatives à la validité d'actes de l'Union. Elle a souligné que «des divergences entre les juridictions des Etats membres quant à la validité des actes communautaires seraient susceptibles de compromettre l'unité même de l'ordre juridique communautaire et de porter atteinte à l'exigence fondamentale de la sécurité juridique» et que «la possibilité pour le juge national de statuer sur l'invalidité d'un acte communautaire ne serait pas davantage conciliable avec la nécessaire cohérence du système de protection juridictionnelle institué par le traité CE». Elle en a conclu qu'une juridiction nationale était tenue de saisir la Cour d'une question relative à la validité de dispositions d'un règlement même lorsque la Cour a déjà déclaré invalides des dispositions correspondantes d'un règlement comparable[108].

II. La procédure devant la Cour

1. La saisine de la Cour

543. C'est la juridiction nationale qui saisit la Cour en lui communiquant, généralement de greffe à greffe, une ou plusieurs questions. Les parties au procès devant la juridiction nationale ne peuvent saisir directement la Cour d'une question ni modifier la teneur des questions soumises à la Cour.

2. L'objet du renvoi

544. Les renvois préjudiciels ont pour objet de demander à la Cour de statuer sur l'interprétation des traités ou sur la validité et l'interprétation des actes pris par les institutions, organes ou organismes de l'Union.

A. La demande d'interprétation

a. La nature de l'opération d'interprétation

545. La Cour de justice ne peut connaître que des seules questions relatives à l'interprétation du droit de l'Union. Elle ne saurait ni appliquer cette règle de droit à un cas d'espèce déter-

---

[108] CJ, 6 décembre 2005, *Gaston Schul Douane-expéditeur*, C-461/03.

miné ni se prononcer sur le sens, la portée ou la validité d'une disposition de droit national.

Cet aspect est souvent négligé dans les demandes préjudicielles adressées à la Cour. Il arrive souvent que des juridictions nationales posent des questions axées directement sur la conformité d'une disposition nationale avec une disposition du droit de l'Union ou sur l'application concrète d'une disposition spécifique du droit de l'Union à une procédure engagée auprès d'elles. Normalement, ces demandes ne sont pas recevables.

Mais, lorsqu'elle est saisie de questions de ce type, la Cour essaie en règle générale de dégager du libellé «imparfaitement formulé» par la juridiction nationale, les seules questions relevant de l'interprétation du droit de l'Union pour fournir à la juridiction nationale tous les éléments d'interprétation qui peuvent permettre à cette dernière soit d'appliquer le droit de l'Union au cas d'espèce, soit de juger de la compatibilité du droit national avec le droit de l'Union[109].

b. LES DISPOSITIONS SUSCEPTIBLES D'INTERPRÉTATION

546. Elles sont définies très largement : il peut s'agir des textes des traités ou des actes d'adhésion, de toutes les dispositions de droit dérivé, mais aussi des accords internationaux liant l'Union, des principes généraux de droit ou encore des arrêts de la Cour elle-même.

Il n'est pas nécessaire que les actes en cause aient effet direct ou même qu'il s'agisse d'actes produisant des effets juridiques obligatoires. Ainsi, la Cour accepte-t-elle d'interpréter des recommandations ou des résolutions du Conseil.

B. La demande d'appréciation de validité

a. LA NATURE DE L'EXAMEN

547. La Cour de justice a posé le principe que l'examen de validité ressortissait à sa mission de «contrôle de légalité». Par conséquent, tous les moyens susceptibles d'être invoqués à l'appui d'une action en annulation peuvent être invoqués également dans le cadre de l'appréciation de validité.

[109] Voy., pour un exemple récent, CJ, 16 décembre 2008, *Michaniki*, C-213/07.

b. Les actes soumis à l'examen

548. Il s'agit de tous les actes pris par les institutions de l'Union. Cette notion a suscité des difficultés d'interprétation, en particulier pour les actes qui ne sont pas susceptibles de recours en annulation parce qu'ils ne produisent pas d'effets juridiques obligatoires pour les tiers. Une partie de la doctrine estimait que les actes ne peuvent pas non plus faire l'objet d'une appréciation de validité mais la Cour n'a pas été aussi restrictive ; elle a accepté d'examiner la validité d'une recommandation, en soulignant qu'elle n'était pas dépourvue de tout effet juridique.

c. Rapports avec l'action en annulation

549. La Cour a posé en règle que les conditions restrictives posées par l'article 230 du traité CE (devenu article 263 TFUE) pour les recours en annulation introduits par les particuliers n'étaient pas applicables à l'appréciation de validité. Ainsi, les particuliers peuvent invoquer l'illégalité d'un règlement et ils ne doivent pas démontrer qu'ils sont directement et immédiatement concernés par l'acte en cause.

En revanche, la Cour de justice a posé le principe que, lorsqu'un requérant a négligé d'exercer un recours direct en annulation qu'il était indiscutablement en droit de former contre un acte communautaire et qu'il a été informé qu'il était en droit de former un tel recours, le principe de sécurité juridique s'oppose à ce qu'il puisse, à l'expiration du délai de recours en annulation, remettre cet acte en cause par le biais d'une question préjudicielle en appréciation de validité[110].

3. Cas où la Cour refuse de répondre à une question

550. En principe, il appartient aux seules juridictions nationales d'apprécier la pertinence des questions à poser à la Cour de justice, sans que la Cour puisse substituer son appréciation à celle des juridictions nationales.

Pourtant, dans certaines circonstances exceptionnelles, la Cour se réserve le droit de refuser de répondre à la question posée :

– lorsqu'il apparaît, sur la base d'une interprétation du droit de l'Union, que la disposition sur laquelle porte la question n'est pas

---

[110] CJ, 9 mars 1994, *TWD c. Bundesrepublik Deutschland*, C-188/92.

applicable à l'espèce ou que cette espèce ne soulève aucune question de droit communautaire[111];
– lorsque la question est trop imprécise : la Cour exige que les juridictions nationales expliquent sans équivoque les raisons pour lesquelles elles estiment qu'une réponse à leurs questions est nécessaire à la solution du litige[112];
– lorsqu'une question est posée à la Cour à l'occasion d'un litige qui a été artificiellement construit devant les juridictions d'un Etat membre en vue d'obtenir une déclaration quant à l'incompatibilité avec le traité de la législation d'un autre Etat membre[113].

III. L'ARRÊT PRÉJUDICIEL

1. L'arrêt interprétatif

A. Force obligatoire

551. L'interprétation donnée en vertu de l'article 267 du traité FUE lie les juridictions nationales saisies du litige dans lequel la décision est intervenue. Mais la Cour de justice a posé clairement le principe que l'autorité de ses arrêts dépasse le cadre des litiges à l'occasion duquel l'interprétation a été donnée. Les autres juridictions nationales sont tenues de respecter l'autorité des décisions d'interprétation de la Cour.

Si elles se rallient à cette interprétation, elles sont, lorsqu'elles statuent en dernier ressort, dispensées de poser une question à la Cour. Si elles ont des doutes quant au bien-fondé de l'interprétation donnée antérieurement, elles peuvent interroger à nouveau la Cour. Mais elles ne peuvent en aucun cas donner de leur propre initiative une interprétation différente à la disposition en cause.

B. Effets dans le temps

552. La règle de droit interprétée par la Cour doit être considérée comme ayant eu, dès l'origine, la portée et la signification que lui donne la Cour. Par conséquent, la règle ainsi interprétée

---

[111] Jurisprudence constante, illustrée notamment par les arrêts du 12 décembre 1996, *RTI e.a.*, C-320/94, C-328/94, C-329/94, C-337/94, C-338/94 et C-339/94 ; 21 janvier 1999, *Bagnasco e.a.*, C-215/96 et C-216/96.
[112] Jurisprudence constante, illustrée notamment par deux arrêts du 14 juillet 1998, *Safety Hi-Tech*, C-284/95 et *Bettati*, C-341/95.
[113] CJ, 11 mars 1980, *Foglia c. Novello*, 104/79.

peut et doit être appliquée aux rapports juridiques nés avant l'arrêt statuant sur l'interprétation. Toutefois, à titre exceptionnel, la Cour de justice s'est reconnu le pouvoir de limiter les effets rétroactifs de ses arrêts interprétatifs, lorsque cette limitation lui paraissait nécessaire pour des considérations impérieuses de sécurité juridique[114]. Dans plusieurs autres arrêts, la Cour a en revanche refusé d'user de cette possibilité[115].

2. L'arrêt statuant sur la validité

A. Effet de la déclaration d'invalidité

553. L'arrêt déclarant un acte non valide n'équivaut pas à une annulation. Il implique seulement que le juge national ne peut appliquer l'acte déclaré non valide dans l'espèce dont il est saisi. Mais cet arrêt a également des effets en dehors de l'affaire qui a donné lieu au renvoi. D'abord les institutions, qui sont tenues de respecter le droit, ont l'obligation de prendre toutes les mesures nécessaires pour remédier à l'illégalité ainsi constatée. Ensuite, un arrêt constatant l'invalidité d'un acte d'une institution constitue une raison suffisante pour tout autre juge de considérer cet acte comme non valide pour les besoins d'une décision qu'il doit prendre[116].

La Cour, au terme d'un raisonnement par analogie avec les pouvoirs dont elle dispose en cas d'annulation d'un acte, s'est déclarée compétente pour limiter dans le temps les effets de l'invalidité d'un règlement[117].

B. Effets de l'arrêt rejetant les moyens d'invalidité

554. Lorsque la Cour rejette les moyens d'invalidité soulevés contre un acte d'une institution de l'Union, elle utilise une formule négative : « il n'est apparu aucun élément de nature

---

[114] Voy. à titre d'exemple, CJ, 15 décembre 1995, *Bosman*, C-415/93, qui a décidé que « l'effet direct de l'article 48 du traité ne peut être invoqué à l'appui de revendications relatives à une indemnité de transfert, de formation ou de promotion qui, à la date du présent arrêt, est déjà payée ou est encore due en exécution d'une obligation née avant cette date, exception faite pour les justiciables qui ont, avant cette date, engagé une action en justice ou soulevé une réclamation équivalente selon le droit national applicable ».

[115] Voy. à titre d'exemple, CJ, 19 octobre 1995, *Richardson,* C-137/94 ; 6 octobre 2005, *MyTravel*, C-291/03.

[116] CJ, 19 octobre 1977, *Ruckdeschel et Ströh*, 117/76 et 16/77.

[117] CJ, 15 octobre 1980, *Maiseries de Beauce*, 109/79.

à affecter la validité». Par conséquent, un tel arrêt ne fait pas obstacle à ce qu'une nouvelle question soit posée à la Cour, si d'autres moyens d'invalidité sont soulevés.

Bibliographie sélective

BOULOUIS Jean, DARMON Marco, HUGLO Jean Guy, *Contentieux communautaire*, 3e éd., Paris, Dalloz, 2004.

LENAERTS Koen et ARTS Dirk, *Procedural Law of the European Union*, Londres, Sweet & Maxwell, 1999.

LENAERTS Koen et MASELIS Ignace, «Le système juridictionnel de l'Union», *in* DONY Marianne et BRIBOSIA Emmanuelle (éd.), *Commentaire de la Constitution de l'Union européenne*, Bruxelles, Editions de l'Université de Bruxelles, 2005.

MBONGO Pascal et VAUCHEZ Antoine (dir.), *Dans la fabrique du droit européen: Scènes, acteurs et publics de la Cour de justice des Communautés européennes*, Bruxelles, Bruylant, 2009.

MOLINIER Joël et LOTARSKI Jaroslaw, *Droit du contentieux européen*, 2e éd., Paris, LGDJ, 2009.

PASSOS Ricardo, «Le système juridictionnel de l'Union européenne», *in* AMATO Giuliano, BRIBOSIA Hervé, DE WITTE Bruno (éd.), *Genèse et Destinée de la Constitution européenne/Genesis and Destiny of the European Constitution*, Bruxelles, Bruylant, 2007.

PERTEK Jacques, *La pratique du renvoi préjudiciel en droit communautaire*, Paris, Litec, 2001.

RIDEAU Joël et PICOD Francis, *Code des procédures juridictionnelles de l'Union européenne*, 2e éd., Paris, Litec, 2002.

SAURON Jean-Luc, *Droit et pratique du contentieux communautaire*, 3e éd., Paris, La Documentation française, 2004.

VAN WAEYEMBERGE Arnaud et PECHO Peter, «L'arrêt Unibet et le traité de Lisbonne – Un pari sur l'avenir de la protection juridictionnelle effective», *CDE*, 2008, p. 123.

WAELBROECK Michel et WAELBROECK Denis, «La Cour de justice», *in* LOUIS Jean-Victor, VANDERSANDEN Georges, WAELBROECK Denis, WAELBROECK Michel, *La Cour de justice. Les actes des institutions*, *Commentaire J. Mégret*, vol. 10, 2e éd., Bruxelles, Editions de l'Université de Bruxelles, 1993.

LES POLITIQUES
DE L'UNION

555. Dans cette deuxième partie, nous analyserons les règles dites de droit matériel régissant les politiques et actions de l'Union européenne. Nous avons choisi de diviser notre analyse de la manière suivante : le régime juridique du marché intérieur (chapitre I), l'espace de liberté, de sécurité et de justice (chapitre II), les politiques à caractère économique (chapitre III), les politiques à caractère non économique (chapitre IV) et l'action extérieure de l'Union (chapitre V).

CHAPITRE I

Le régime juridique du marché intérieur

556. Le marché intérieur, expression qui, depuis l'entrée en vigueur du traité de Lisbonne, a définitivement supplanté celle de marché commun, est définie à l'article 26, par. 2, du traité FUE (ex-article 14 CE) comme «un espace sans frontières intérieures dans lequel la libre circulation des marchandises, des personnes, des services et des capitaux est assurée» (section 1). Sa réalisation peut nécessiter l'adoption de mesures relatives au rapprochement des législations des Etats membres (section 2). Il s'accompagne d'un système garantissant que la concurrence n'est pas faussée (section 3).

Section 1

Les grandes libertés du marché intérieur

557. Nous distinguerons quatre grandes libertés : la liberté de circulation des marchandises (I), la liberté de circulation et de séjour (II), la liberté professionnelle (III) et la liberté de circulation des capitaux (IV).

I. LA LIBERTÉ DE CIRCULATION DES MARCHANDISES

558. La liberté de circulation des marchandises a, depuis l'origine, été au cœur du projet communautaire, qui s'est créé en tant qu'union douanière. Elle vise aussi bien les importations que les exportations entre Etats membres.

La libre circulation des marchandises suppose, pour les produits qui en bénéficient (1), la suppression des droits de douane et taxes d'effet équivalent (2), des taxations intérieures discriminatoires (3) et des restrictions quantitatives et mesures d'effet équivalent (4).

Si les droits de douane et contingents ont rapidement disparu, la liberté de circulation des marchandises n'en est pas pour autant devenue une réalité, car elle s'est alors heurtée à un ensemble d'entraves indirectes, liées notamment à l'absence d'harmonisation des réglementations nationales. Des progrès substantiels ont cependant été enregistrés à partir de l'Acte unique européen[1].

1. Produits bénéficiaires

559. Conséquence de ce que l'Union européenne est une union douanière, la libre circulation bénéficie, aux termes de l'article 28, par. 2, du traité TFUE (ex-article 23 CE) tant aux produits originaires des Etats membres qu'aux produits en provenance des pays tiers qui se trouvent en libre pratique dans les Etats membres, c'est-à-dire les produits pour lesquels les formalités d'importation ont été accomplies et les droits de douane et taxes d'effet équivalent exigibles ont été perçus dans un des Etats membres (article 29 TFUE, ex-article 24 CE).

La notion de marchandises a été interprétée largement par la Cour, comme visant tous les produits appréciables en argent et susceptibles comme tels d'être l'objet de transactions commerciales[2]. La notion recouvre des biens aussi divers que les biens culturels, comme des œuvres d'art[3] ou des œuvres cinématographiques[4], les déchets[5] ou l'électricité[6].

2. La prohibition des droits de douane et taxes d'effet équivalent

560. Cette prohibition fait l'objet de l'article 30 du traité FUE (ex-article 24 CE). Elle s'applique aux redevances unilatéralement décidées par un Etat membre mais non à des mesures prises, à titre transitoire, par les institutions de l'Union pour

---

(1) Voy. à ce sujet *supra*, n°s 9 et s.
(2) CJ, 10 décembre 1968, *Commission c. Italie*, 7/68.
(3) *Ibid.*
(4) CJ, 11 juillet 1985, *Cinéthèque*, 60/84.
(5) CJ, 9 juillet 1992, *Commission c. Belgique*, C-2/90.
(6) CJ, 23 octobre 1997, *Commission c. Italie*, C-158/94.

parer par exemple à certaines difficultés résultant pour la politique agricole commune de l'instabilité monétaire[7] ou de l'adhésion de dix nouveaux Etats à l'Union européenne[8].

La notion de «droits de douane» n'entraîne pas de difficulté particulière d'appréhension : il s'agit d'une charge liée au passage d'une frontière, établie sur la base d'un pourcentage et qui figure sur un tarif. En revanche, les contours de la notion de «taxe d'effet équivalent», dont le traité de Rome ne donnait aucune définition, ont dû être déterminés par la Cour de justice.

A. La notion de taxe d'effet équivalent

561. L'interdiction des taxes d'effet équivalent marque la volonté de prohiber non seulement les mesures ostensibles revêtues de la forme douanière classique mais aussi celles qui, présentées sous d'autres appellations ou introduites par d'autres biais, ont la même incidence sur la libre circulation des produits[9].

La taxe d'effet équivalent est définie selon une jurisprudence constante comme étant

> «une charge pécuniaire, même minime, abstraction faite de sa dénomination et de sa structure, imposée unilatéralement sur les marchandises nationales ou étrangères en raison du fait qu'elles passent la frontière, même si elle n'est pas un droit de douane proprement dit, même si elle n'est pas perçue au profit de l'Etat, si elle n'a aucun effet discriminatoire ou protectionniste et si le produit frappé n'est pas en concurrence avec un produit national similaire»[10].

Si la taxe est due en raison du franchissement d'une frontière, le lieu géographique de la perception de la taxe n'a aucune importance. En raison de la suppression des contrôles physiques aux frontières, la taxe peut très bien être perçue à l'intérieur d'un Etat membre.

La Cour a considéré que la frontière pouvait être une frontière locale, comme le montre l'affaire de l'octroi de mer appliqué à l'occasion de l'entrée de marchandises dans les départements

---

[7] CJ, 25 mai 1978, *Racke*, 136/77.

[8] TPI, 10 juin 2009, *Pologne c. Commission*, T-257/04.

[9] CJ, 14 décembre 1962, *Commission c. Belgique et Luxembourg*, 2 et 3/62 (affaire dite *du pain d'épice*).

[10] CJ, 1ᵉʳ juillet 1969, *Commission c. Italie*, 24/68, et *Sociaal Fonds voor de diamantarbeiders*, 2 et 3/69 ; formule reprise ensuite dans une abondante jurisprudence ; voy. par exemple TPI, 22 janvier 1997, *Opel Austria c. Conseil*, T-115/94.

français d'outre-mer et ce en dépit du fait que ce droit frappait également les marchandises introduites dans cette région en provenance d'autres régions de France. Selon la Cour, une taxe perçue à une frontière régionale porte une atteinte aussi grave à l'unicité du territoire douanier de l'Union européenne qu'une taxe perçue à la frontière nationale[11].

Il en va de même d'une taxe proportionnelle au poids d'une marchandise, perçue seulement dans une commune d'un Etat membre et frappant une catégorie de marchandises en raison de leur transport au-delà des limites territoriales communales[12].

B. Les exceptions

562. Il n'y a pas taxe d'effet équivalent dans trois hypothèses.

a. LA RÉMUNÉRATION D'UN SERVICE RENDU

563. Lorsque la charge imposée constitue la rémunération d'un service rendu à un importateur ou un exportateur, elle est la contrepartie d'une prestation utile et ne vise pas à restreindre la liberté de circulation des marchandises. Cette dérogation est interprétée de manière restrictive. Il faut démontrer l'existence d'un service effectivement rendu justifiant une contrepartie. Ce service doit bénéficier à l'importateur (ou à l'exportateur) et être facultatif, et non résulter d'une réglementation prescrite dans l'intérêt général, telle qu'une législation de contrôle sanitaire[13]. Enfin, la contrepartie doit être proportionnée à la valeur du service rendu[14].

b. LA CHARGE LIÉE À UN CONTRÔLE PRÉVU PAR LE DROIT DE L'UNION[15]

564. Ici aussi prévaut une interprétation stricte : les contrôles en cause doivent être imposés par le droit de l'Union dans l'intérêt

---

[11] CJ, 16 juillet 1992, *Legros*, C-163/90 ; 9 août 1994, *Lancry*, C-363/93, C-407/93, C-408/93, C-409/93, C-410/93 et C-411/93.

[12] CJ, 9 septembre 2004, *Carbonati Apuani*, C-72/03.

[13] CJ, 15 décembre 1976, *Simmenthal*, 35/76 ; 20 mars 1984, *Commission c. Belgique*, 314/82.

[14] CJ, 14 décembre 1972, *Marimex c. Amministrazione delle finanze dello Stato*, 29/72 ; 11 juillet 1989, *Ford España*, 170/88.

[15] Rappelons que, puisque la Communauté est devenue l'Union avec l'entrée en vigueur du traité de Lisbonne, l'expression «communautaire» doit désormais être

général de l'Union et non décidés unilatéralement par les Etats membres, ils doivent avoir un caractère obligatoire et uniforme pour l'ensemble des produits concernés dans l'Union et les charges ne peuvent dépasser le coût réel des contrôles à l'occasion desquels elles sont perçues[16].

c. LA TAXE RELEVANT D'UN SYSTÈME GÉNÉRAL D'IMPOSITIONS INTÉRIEURES

565. Une même imposition ne saurait, dans le système du traité, appartenir simultanément à la catégorie des taxes d'effet équivalant à un droit de douane et à celle des impositions intérieures,

> «étant donné que les articles 9 et 12, interdisent, entre les Etats membres, la perception de droit de douane à l'importation et à l'exportation ou de taxes d'effet équivalent, tandis que l'article 95 se borne à interdire la discrimination à l'encontre des produits des autres Etats membres par le moyen d'impositions intérieures»[17].

La caractéristique essentielle d'une taxe d'effet équivalent, qui la distingue d'une imposition intérieure, réside dans la circonstance que la première frappe exclusivement le produit importé en tant que tel, en raison du franchissement de la frontière de l'Etat membre qui l'a instaurée tandis que la seconde représente un élément de la politique fiscale interne d'un Etat et appréhende systématiquement les produits nationaux et les produits importés selon des critères objectifs, sans normalement se préoccuper de l'origine des produits[18].

566. Pour relever d'un système général d'impositions intérieures, la charge à laquelle est soumis un produit importé doit frapper un produit intérieur et un produit importé identique d'un même impôt, au même stade de commercialisation, et le fait générateur de l'impôt doit, lui aussi, être identique pour les deux produits.

Il ne suffit donc pas que l'imposition frappant le produit importé ait pour but de compenser une charge frappant le produit inté-

---

remplacée par «de l'Union» (article 2 du traité de Lisbonne).
[16] CJ, 25 janvier 1977, *Bauhuis*, 46/76; 27 septembre 1988, *Commission c. Allemagne*, 18/87; 27 février 2003, *Commission c. Allemagne*, C-389/00.
[17] CJ, 22 mars 1977, *Steinike & Weinlig*, 78/76.
[18] CJ, 3 février 1981, *Commission c. France*, 90/79; 29 avril 2004, *Weigel*, C-387/01; 15 juin 2006, *Air Liquide*, C-393/05 et C-41/05.

rieur similaire – ou ayant frappé ce produit ou un produit dont il est dérivé – à un stade de production ou de commercialisation antérieur à celui auquel est appréhendé le produit importé[19].

La Cour a encore jugé qu'une taxe perçue indistinctement sur les produits nationaux et sur les produits importés constitue une taxe d'effet équivalent à un droit de douane si son produit est destiné à financer des activités dont bénéficient les seuls produits nationaux imposés et que les avantages qui en découlent compensent intégralement la charge qui pèse sur eux. En revanche, si le produit de la taxe est affecté à des activités qui bénéficient aux deux types de production, elle ne relève pas de l'interdiction des taxes d'effet équivalent mais est une imposition intérieure, qui pourra le cas échéant être considérée comme discriminatoire et être interdite par l'article 90 du traité CE (devenu l'article 110 TFUE)[20].

3. La prohibition des taxes intérieures discriminatoires

567. L'article 110 du traité FUE (ex-article 90 CE) est un complément des dispositions relatives à la suppression des droits de douane et taxes d'effet équivalent. Il a pour objet d'assurer la libre circulation des marchandises entre Etats membres dans des conditions normales de concurrence par l'élimination de toute forme de protection pouvant résulter d'impositions intérieures discriminatoires à l'égard des produits importés. Il entend donc garantir la parfaite neutralité des impositions intérieures au regard de la concurrence entre produits nationaux et produits importés.

568. En présence de deux produits similaires, l'un national et l'autre importé, l'Etat membre ne peut, en vertu de l'alinéa 1 de cette disposition,

> «frapper directement ou indirectement le produit importé d'impositions intérieures supérieures à celles qui frappent le produit national».

---

[19] CJ, 31 mai 1979, *Denkavit*, 132/78; jurisprudence constante, voy. aussi CJ, 21 septembre 2000, *Michaïlidis*, C-441/98 et C-442/98, à propos cette fois d'une taxe à l'exportation.

[20] CJ, 17 septembre 1997, *Fazenda Pública*, C-347/95; 23 avril 2002, *Nygård*, C-234/99; 8 juin 2006, *Koornstra*, C-517/04.

La Cour a donné une interprétation très large à cette interdiction puisqu'elle a considéré qu'un système de taxation n'était compatible avec l'article 90 du traité CE que

> «s'il est de nature à exclure en toute hypothèse que les produits importés soient taxés plus lourdement que les produits nationaux similaires»[21].

Quant à la notion de produit similaire, la Cour, au départ, se référait simplement à la classification tarifaire des produits[22]. Mais elle a par la suite fondé le rapport de similitude sur des critères non plus d'identité rigoureuse mais d'analogie et de comparabilité des produits aux yeux du consommateur dans leur utilisation actuelle ou potentielle[23]. Elle a ainsi considéré que les cigarettes brunes et les cigarettes blondes étaient des produits similaires ; dans la foulée, elle a jugé qu'il était discriminatoire de fixer un minimum de perception du droit de consommation plus élevé pour les cigarettes blondes, qui sont essentiellement des produits importés, que pour les cigarettes brunes, qui sont quasi exclusivement fabriquées en France[24].

569. Lorsqu'il n'existe pas de produit national similaire mais simplement un produit national concurrent, c'est l'alinéa 2 qui s'applique et il n'exige plus une égalité de traitement fiscal mais interdit simplement les mesures protectionnistes. Le rapport de concurrence peut être partiel, indirect ou potentiel et repose essentiellement sur la notion de substitution, d'alternance de choix pour le consommateur. Ainsi la Cour a-t-elle admis que la bière et le vin de table[25] ou la banane et les fruits de table de production locale[26] pouvaient se trouver dans un rapport de concurrence au moins partielle.

La Cour a, de plus en plus, considéré l'article 90 du traité CE «dans son ensemble» pour condamner un système de taxes dès lors qu'il a «un effet discriminatoire ou protecteur»[27].

---

[21] Jurisprudence constante, illustrée notamment par un arrêt du 15 mars 2001, *Commission c. France*, C-265/99.

[22] CJ, 4 avril 1968, *Finck-Frucht*, 27/67.

[23] CJ, 27 février 1980, *Commission c. France*, 168/78, et *Commission c. Italie*, 169/78.

[24] CJ, 15 mars 2001, précité.

[25] CJ, 9 juillet 1987, *Commission c. Belgique,* 356/85.

[26] CJ, 7 mai 1987, *Commission c. Italie*, 184/85.

[27] CJ, 17 septembre 1987, *Feldain*, 433/85.

570. Elle a, par ailleurs, tenu à souligner à de multiples reprises que le droit de l'Union ne restreint pas, en l'état actuel de son évolution, la liberté de chaque Etat membre d'établir un système de taxation différenciée pour certains produits, en fonction de critères objectifs, tels que la nature des matières premières utilisées ou les procédés de production appliqués.

Mais elle a ajouté que

> «de telles différenciations ne sont compatibles avec le droit communautaire que si elles poursuivent des objectifs de politique économique compatibles, eux aussi, avec les exigences du traité et du droit dérivé et si leurs modalités sont de nature à éviter toute forme de discrimination, directe ou indirecte, à l'égard des importations en provenance des autres Etats membres, ou de protection en faveur de productions nationales concurrentes»[28].

4. La prohibition des restrictions quantitatives et des mesures d'effet équivalent

571. Elle est posée par l'article 34 du traité FUE (ex-article 28 CE). La Cour a jugé que les restrictions quantitatives sont les mesures ayant le caractère de prohibition, totale ou partielle, d'importation[29] ou d'exportation selon le cas, tandis que les mesures d'effet équivalent

> «sont non seulement celles se présentant sous la forme de prohibition ainsi caractérisée, mais aussi d'entraves, quelle que soit leur appellation ou leur technique, ayant le même effet»[30].

Elle a aussi affirmé que l'interdiction des restrictions quantitatives, ainsi que des mesures d'effet équivalent, vaut «non seulement pour les mesures nationales, mais également pour les mesures émanant des institutions communautaires»[31].

La notion de mesure d'effet équivalent s'est, à l'instar de celle de taxe d'effet équivalent, révélée difficile à cerner (A). Mais, à la différence des taxes d'effet équivalent, les mesures d'effet équivalent ne font pas l'objet d'une prohibition absolue (B).

---

[28] CJ, 8 novembre 2007, *Stadtgemeinde Frohnleiten*, C-221/06, reprenant une jurisprudence constante inaugurée par CJ, 14 janvier 1981, *Chemial Farmaceutici*, 140/79.

[29] Voy. pour un exemple, une mesure interdisant en Suède aux particuliers d'importer des boissons alcoolisées : CJ, 5 juin 2007, *Rosengren*, C-170/04 ; 4 octobre 2007, *Commission c. Suède*, C-186/05.

[30] CJ, 12 juillet 1973, *Geddo*, 2/73.

[31] CJ, 13 septembre 2001, *Schwarzkopf*, C-169/99.

A. La notion de mesures d'effet équivalent

572. La notion de mesures d'effet équivalent est susceptible de s'appliquer aussi bien aux importations qu'aux exportations.

573. Dans le domaine des exportations, elle a reçu une définition assez restrictive comme visant

> « les mesures nationales qui ont pour objet ou pour effet de restreindre spécifiquement les courants d'exportation et d'établir ainsi une différence de traitement entre le commerce intérieur d'un Etat membre et son commerce d'exportation, de manière à assurer un avantage particulier à la production nationale ou au marché intérieur de l'Etat intéressé »[32].

La jurisprudence de la Cour semble cependant évoluer, comme en témoigne un arrêt du 16 décembre 2008[33], où était en cause l'interdiction imposée au fournisseur dans une vente à distance d'exiger un acompte ou un paiement quelconque avant l'expiration du délai de rétractation.

La Cour est arrivée à la conclusion qu'une telle interdiction constituait une mesure d'effet équivalent à une restriction quantitative à l'exportation. A cet effet, après avoir rappelé la formule consacrée reprise ci-dessus, elle a ajouté:

> « il y a lieu de considérer que, même si une interdiction, comme celle en cause au principal, est applicable à tous les opérateurs agissant sur le territoire national, elle affecte toutefois en fait davantage la sortie des produits du marché de l'Etat membre d'exportation que la commercialisation des produits sur le marché national dudit Etat membre ».

574. S'agissant des mesures d'effet équivalent à des restrictions quantitatives à l'importation, la Cour en a très tôt donné une interprétation très large dans son célèbre arrêt *Dassonville*[34], où était en cause la difficulté d'obtenir le certificat d'authenticité de l'appellation d'origine d'un produit (en l'occurrence le Scotch whisky), en posant le principe que

> « toute réglementation commerciale des Etats membres susceptible d'entraver directement ou indirectement, actuellement ou potentiel-

---

[32] CJ, 15 décembre 1982, *Oosthoek*, 286/81.
[33] *Gysbrechts et Santurel Inter*, C-205/07.
[34] CJ, 11 juillet 1974, 8/74.

lement, le commerce intracommunautaire est à considérer comme mesure d'effet équivalant à des restrictions quantitatives».

575. Seules ces dernières seront analysées ici[35]. La Cour a distingué trois hypothèses : les mesures spécifiquement applicables aux produits importés (a), les mesures, même indistinctement applicables à tous les produits, nationaux et importés, relatives aux conditions auxquelles doivent répondre des marchandises (b) et les réglementations régissant les modalités de vente de certains produits (c). Elle semble cependant, dans sa jurisprudence la plus récente, en revenir au seul critère de l'entrave aux échanges (d).

a. LES MESURES SPÉCIFIQUEMENT APPLICABLES
   AUX PRODUITS IMPORTÉS OU DISCRIMINATOIRES

576. Les mesures qui règlent différemment la situation des produits nationaux et celle des produits importés ou qui défavorisent, de quelque façon que ce soit, l'écoulement sur le marché des produits importés par rapport aux produits nationaux sont en principe contraires au droit de l'Union[36].
La jurisprudence de la Cour en fournit de multiples exemples :

- l'insertion par un organisme public, dans le dossier d'appel d'offres relatif à un marché public de travaux, d'une clause imposant que les matériaux à utiliser aient été certifiés conformes à une norme technique nationale[37] ;
- le maintien, dans les rapports intracommunautaires, de l'exigence, fût-elle purement formelle, de licences d'importation ou tout autre procédé similaire[38] ;

---

[35] A propos des mesures d'effet équivalent à des restrictions quantitatives à l'exportation, voy., outre l'arrêt précité de la Cour du 16 décembre 2008, CJ, 7 février 1984, *Duphar,* 238/82 ; 9 juin 1992, *Delhaize,* C-47/90 ; 16 mai 2000, *Belgique c. Espagne,* C-388/95, à propos de la réglementation nationale applicable aux vins portant une appellation d'origine, qui limite la quantité de vin susceptible d'être exportée en vrac alors qu'elle autorise les ventes de vin en vrac à l'intérieur de la région de production. Dans cette dernière affaire, la Cour a conclu que cette mesure devrait être considérée comme conforme au droit communautaire, malgré ses effets restrictifs sur les échanges, s'il était démontré qu'elle constitue un moyen nécessaire et proportionné de nature à préserver la grande réputation dont jouit incontestablement la dénomination d'origine Rioja.
[36] CJ, 10 janvier 1985, *Leclerc,* 229/83.
[37] CJ, 22 septembre 1988, *Commission c. Irlande,* 45/87.
[38] CJ, 15 décembre 1976, *Donckerwolke,* 41/76.

- le fait de réserver un tarif postal préférentiel aux publications imprimées sur le territoire national[39];
- l'introduction, par un Etat membre d'une réglementation des prix spécifique aux produits pharmaceutiques importés des autres Etats membres, faisant référence aux prix franco-usine habituellement pratiqués pour les produits destinés à la consommation sur le territoire de l'Etat membre de production, alors que la réglementation applicable à la production nationale est basée sur un simple gel du niveau des prix à une certaine date de référence[40];
- l'interdiction par un Etat membre, même pour des quantités ne dépassant pas les besoins personnels normaux, des importations effectuées par un particulier de médicaments qui, délivrés uniquement sur ordonnance dans l'Etat membre d'importation, ont été prescrits par un médecin et achetés en pharmacie dans un autre Etat membre[41];
- une législation française réservant l'usage d'une bouteille de forme déterminée à certains producteurs de vins nationaux[42];
- une réglementation française qui réserve l'utilisation de la dénomination «montagne» aux seuls produits fabriqués sur le territoire national et élaborés à partir de matières premières nationales[43];
- la soumission par les Pays-Bas de tous les véhicules de plus de trois ans d'âge précédemment immatriculés dans d'autres Etats membres à un contrôle de leur état physique, préalablement à leur immatriculation aux Pays-Bas, d'une manière générale et systématique sans tenir aucunement compte d'éventuels contrôles déjà effectués dans les autres Etats membres[44].

577. A cet égard, la jurisprudence a précisé que, lorsqu'elle a un champ d'application territorial limité parce qu'elle ne s'applique que sur une partie du territoire national, une mesure étatique ne saurait échapper à la qualification de mesure discriminatoire ou protectrice au sens des règles relatives à la libre circulation des marchandises, au prétexte qu'elle affecte aussi bien l'écoulement des produits provenant des autres parties du territoire national que celui des produits importés des autres Etats membres. Pour qu'elle puisse être qualifiée de discriminatoire ou protectrice, il n'est donc pas nécessaire que cette mesure ait pour effet de favoriser l'ensemble des produits nationaux ou de ne défavoriser

[39] CJ, 14 mars 1985, *Commission c. France*, 269/83.
[40] CJ, 29 novembre 1983, *Roussel*, 181/82.
[41] CJ, 8 avril 1992, *Commission c. Allemagne*, C-62/90.
[42] CJ, 13 mars 1984, *Prantl*, 16/83.
[43] CJ, 7 mai 1997, *Pistre*, C-321/94, C-322/94, C-323/94 et C-324/94.
[44] CJ, 20 septembre 2007, *Commission c. Pays Bas*, C-297/05.

que les seuls produits importés à l'exclusion des produits nationaux[45]. C'est ainsi qu'a été qualifié de mesure d'effet équivalent le fait pour un Etat de réserver à des entreprises implantées dans certaines régions du territoire national un pourcentage des marchés publics de fournitures[46].

b. Les règles relatives aux conditions auxquelles doivent répondre certaines marchandises

578. Les mesures indistinctement applicables aux produits nationaux et aux produits importés ont suscité plus de difficultés. Fallait-il les considérer comme des mesures d'effet équivalent à des restrictions quantitatives, malgré leur caractère non discriminatoire ?

La Cour a répondu à ces questions dans son célèbre arrêt *Cassis de Dijon*[47]. Le Cassis de Dijon, fabriqué et commercialisé licitement en France, ne pouvait être importé en Allemagne au motif que la législation allemande imposait pour les liqueurs de fruits une teneur alcoolique minimale de 25%.

L'Allemagne soutenait que ce type de législation, indistinctement applicable aux produits nationaux et aux produits importés, n'entrait pas dans la notion de mesure d'effet équivalent et que l'entrave aux échanges qui en résultait ne pouvait être éliminée que par la voie de l'harmonisation des législations. Cet argument a été rejeté par la Cour.

Elle a posé la règle que, certes, les Etats membres conservent le pouvoir, en l'absence d'une réglementation communautaire, de régler chacun sur leur territoire la production ou la commercialisation de telle ou telle marchandise. Mais les réglementations nationales en question ne peuvent échapper au champ d'application des règles relatives à la libre circulation des marchandises. En particulier, les Etats ne peuvent appliquer leurs législations aux marchandises légalement produites dans d'autres Etats membres et entraver ainsi leur importation sur leur territoire, sauf si cela est justifié par des exigences impératives[48].

---

[45] CJ, 25 juillet 1991, *Aragonesa de Publicidad Exterior*, C-1/90 et C-176/90.
[46] CJ, 20 mars 1990, *Du Pont de Nemours*, C-21/88.
[47] CJ, 20 février 1979, *Rewe-Zentral*, 120/78.
[48] Voy. à ce sujet *infra*, nos 589 et s.

579. Les exemples fourmillent en la matière :

- loi sur la pureté de la bière en Allemagne[49] ;
- interdiction en Italie de vendre des pâtes obtenues à partir de blé tendre ou d'un mélange de blé tendre et dur[50] ;
- obligation imposée par la législation belge de vendre la margarine dans un emballage cubique[51] ;
- appellation de vinaigre réservée aux seuls vinaigres de vin en Italie[52] ;
- interdiction en France pour les yaourts surgelés d'utiliser la dénomination « yaourt »[53] ;
- quantité de matière sèche d'un pain fixée à l'intérieur d'une fourchette de valeurs déterminées aux Pays-Bas[54] ;
- interdiction de commercialiser en Allemagne une marchandise portant sur son emballage une mention publicitaire « + 10 % »[55] ;
- interdiction de la commercialisation sur le marché allemand des succédanés du lait[56] ;
- interdiction de l'importation et de la commercialisation en Allemagne d'un produit classé et présenté comme cosmétique au motif que ce produit porte la dénomination « Clinique »[57] ;
- prohibition de la commercialisation en France d'un fromage dépourvu de croûte sous la dénomination « emmenthal »[58] ;
- réglementation française relative aux exigences de qualité et de composition des préparations à base de foie gras aux produits importés[59] ;
- exigence d'une autorisation de mise sur le marché en tant que médicament d'une préparation à base d'ail sous forme de gélules, alors que cette préparation ne répond pas à la définition communautaire du médicament[60] ;
- réglementation de la région flamande soumettant l'importation, la détention et la vente d'oiseaux nés et élevés en captivité, qui ont été légalement mis sur le marché dans d'autres Etats membres, à des conditions restrictives imposant aux opérateurs concernés du

---

[49] CJ, 12 mars 1987, *Commission c. Allemagne*, 178/84.
[50] CJ, 14 juillet 1988, *Zoni*, 90/86.
[51] CJ, 10 novembre 1982, *Rau*, 261/81.
[52] CJ, 9 décembre 1981, *Commission c. Italie*, 193/80.
[53] CJ, 14 juillet 1988, *Smanor*, 298/87.
[54] CJ, 19 février 1981, *Kelderman*, 130/80.
[55] CJ, 6 juillet 1995, *Mars*, C-470/93.
[56] CJ, 11 mai 1989, *Commission c. Allemagne*, 76/86.
[57] CJ, 2 février 1994, *Clinique Laboratoires et Estée Lauder*, C-315/92.
[58] CJ, 5 décembre 2000, *Guimont*, C-448/98.
[59] CJ, 22 octobre 1998, *Commission c. France*, C-184/96.
[60] CJ, 15 novembre 2007, *Commission c. Allemagne*, C-319/05.

marché de modifier le marquage des oiseaux pour qu'il réponde aux conditions spécifiquement requises par cette réglementation et n'admettant pas le marquage accepté dans d'autres Etats membres[61].

580. Il faut souligner que, dans tous ces cas, ce n'est pas la réglementation en tant que telle qui est contestée mais l'extension de son application aux produits importés d'un autre Etat membre, où ils sont légalement produits et commercialisés. En effet, cette extension représente pour eux une entrave, dans la mesure où leur commercialisation soit est purement et simplement interdite dans l'Etat concerné, soit est rendue plus difficile ou onéreuse.

Ainsi, dans son arrêt précité du 2 février 1994, la Cour a souligné que l'interdiction de mettre en circulation en Allemagne des produits cosmétiques sous la même dénomination que celle où ils sont commercialisés dans d'autres Etats membres contraignait l'entreprise concernée à poursuivre dans ce seul Etat membre la commercialisation de ses produits sous une autre dénomination et à supporter des frais supplémentaires de conditionnement et de publicité, ce qui démontrait que cette mesure portait atteinte à la liberté des échanges.

De même, dans son arrêt précité du 6 juillet 1995, elle a mis en exergue que

> « bien qu'indistinctement applicable à tous les produits, une interdiction comme celle en cause au principal, qui vise la mise en circulation dans un Etat membre de produits portant les mêmes mentions publicitaires que celles utilisées légalement dans d'autres Etats membres, est de nature à entraver le commerce intracommunautaire. Elle peut en effet contraindre l'importateur à aménager de façon différente la présentation de ses produits en fonction du lieu de commercialisation, et à supporter par conséquent des frais supplémentaires de conditionnement et de publicité ».

Dans l'affaire de l'emmenthal, le gouvernement français faisait valoir que la réglementation en cause n'était pas appliquée dans la pratique aux produits importés. La Cour a rejeté l'argument après avoir relevé que la règle était, selon son libellé, indistinctement applicable aux produits français et aux produits importés et qu'à ce titre, elle pouvait avoir des effets entravant indirectement et potentiellement le commerce intracommunautaire.

---

[61] CJ, 10 septembre 2009, *Commission c. Belgique*, C-100/08.

581. Le règlement 764/08 du Parlement européen et du Conseil du 9 juillet 2008[62] fixe les règles et procédures à respecter par les autorités compétentes des Etats membres lorsqu'elles prennent ou ont l'intention de prendre une décision qui pourrait entraver la libre circulation d'un produit légalement commercialisé dans un autre Etat membre, en ayant pour effet l'interdiction de mise sur le marché d'un produit, la modification du produit ou la réalisation d'essais supplémentaires sur celui-ci avant sa mise sur le marché ou encore le retrait du marché.

Il impose aussi à chaque Etat membre de désigner un ou plusieurs points de contact produit sur son territoire et d'en communiquer les coordonnées à la Commission et aux autres Etats membres. Ceux-ci ont pour mission de fournir des informations concernant notamment les règles techniques applicables sur le territoire où il est établi, les coordonnées des autorités compétentes et les moyens de recours disponibles.

582. La Cour a encore jugé que, si un prix maximal indistinctement applicable aux produits nationaux et importés ne constitue pas en lui-même une mesure d'effet équivalent, il peut cependant sortir un tel effet lorsqu'il est fixé à un niveau tel que l'écoulement des produits importés devient, soit impossible, soit plus difficile que celui des produits nationaux.

Tel est le cas lorsqu'il est fixé à un niveau tellement bas que – compte tenu de la situation générale des produits importés comparée à celle des produits nationaux – les opérateurs désirant importer le produit dont il s'agit dans l'Etat membre concerné, ne pourraient le faire qu'à perte[63].

c. LES MODALITÉS DE VENTE

583. La Cour a limité la portée de la jurisprudence *Cassis de Dijon* dans son arrêt *Keck et Mithouard* du 24 novembre 1993[64], rendu dans une affaire où deux directeurs d'hypermarchés, poursuivis pour vente à perte, soutenaient que la législation française était constitutive d'une mesure d'effet équivalent.

---

[62] *JO*, n° L 218, 13 août 2008, p. 21. Ce règlement a remplacé, à dater du 13 mai 2009, la décision 3052/CE du Parlement européen et du Conseil du 13 décembre 1995.

[63] CJ, 26 février 1976, *Tasca*, 65/75.

[64] C-267 et C-268/91.

La Cour, après avoir relevé que les opérateurs économiques invoquaient de plus en plus l'article 28 du traité CE «pour contester toute espèce de réglementations qui ont pour effet de limiter leur liberté commerciale, même si elles ne visent pas les produits en provenance d'autres Etats membres», a estimé «nécessaire de réexaminer et de préciser sa jurisprudence en la matière».

584. Elle a alors opéré une distinction entre les réglementations portant sur les conditions relatives aux produits, d'une part, et celles qui limitent certaines modalités de vente, d'autre part. Elle a jugé que ces dernières échappent d'emblée à la notion de mesure d'effet équivalent

> «pourvu qu'elles s'appliquent à tous les opérateurs concernés, exer- çant leur activité sur le territoire national et pourvu qu'elles affectent de la même manière, en droit comme en fait, la commercialisation des produits nationaux et de ceux en provenance d'autres Etats membres».

S'agissant de cette dernière condition, la Cour[65] a précisé qu'il y était satisfait

> «lorsqu'il n'apparaît pas que la réglementation a pour objet de régir les échanges de marchandises entre Etats membres ou que, considérée dans son ensemble, elle peut entraîner une inégalité de traitement entre produits nationaux et produits importés en ce qui concerne leur accès au marché».

Elle a ajouté :

> «A cet égard, (...) le fait qu'une législation nationale est susceptible de restreindre, sur un plan général, le volume des ventes et, par consé- quent, celui des produits en provenance d'autres Etats membres ne suffit pas pour qualifier ladite législation de mesure d'effet équivalant à une restriction quantitative à l'importation».

La Cour a cependant entendu circonscrire cette jurisprudence dans des limites très strictes.

---

[65] CJ, 20 juin 1996, *Semeraro Casa Uno e.a.*, C-418/93, C-419/93, C-420/93, C-421/93, C-460/93, C-461/93, C-462/93,C-464/93, C-9/94, C-10/94, C-11/94, C-14/94, C-15/94, C-23/94, C-24/94 et C-332/94.

585. D'abord, comme elle a tenu à le rappeler dans un arrêt du 23 octobre 1997[66], cette jurisprudence vise seulement

> « des modalités de vente et non des législations nationales qui ont pour objet de régir les échanges de marchandises entre les Etats membres ou qui sont relatives aux conditions auxquelles doivent répondre les marchandises en question ».

Ainsi, la Cour a qualifié de « dispositions limitant ou interdisant des modalités de vente » des dispositions concernant le lieu et les horaires de vente de certains produits[67] ou certaines méthodes de commercialisation[68] mais pas des dispositions nationales qui, tout en réglant certains aspects de la mise en vente de produits, requièrent une modification de ceux-ci[69], la nécessité d'adapter les produits en question aux règles en vigueur dans l'Etat membre de commercialisation excluant qu'il s'agisse d'une modalité de vente[70].

A titre d'exemple, la Cour a refusé de considérer comme une modalité de vente une réglementation allemande qui interdit la vente et la cession par correspondance de vidéogrammes qui n'ont pas fait l'objet, par une autorité nationale compétente ou un organisme national d'autorégulation volontaire, d'un contrôle ainsi que d'une classification aux fins de la protection des mineurs et qui ne comportent pas d'indication, émanant de cette autorité ou de cet organisme, de l'âge à partir duquel ils peuvent être vus. En effet, a souligné la Cour, cette réglementation

> « n'interdit pas la vente par correspondance de vidéogrammes. Elle prévoit que, pour pouvoir être commercialisés par ce moyen, ceux-ci doivent faire l'objet d'une procédure nationale de contrôle et de classification aux fins de la protection des mineurs, et ce indépendamment de la question de savoir si une procédure analogue a déjà eu lieu dans l'Etat membre d'exportation desdits vidéogrammes. En outre, cette réglementation fixe une condition à laquelle ces derniers doivent satisfaire, à savoir celle relative à leur marquage ».

De même, elle a estimé que l'interdiction de détenir sur l'île de Læsø des abeilles n'appartenant pas à l'espèce des abeilles brunes de Læsø ne saurait être considérée comme une réglementation en

---

[66] C-158/94, *Commission c. Italie*.

[67] CJ, 20 juin 1996, précité.

[68] CJ, 2 juin 1994, *Tankstation 't Heukske et Boermans*, C-401/92 et C-402/92.

[69] CJ, 3 juin 1999, *Colim*, C-33/97 ; 16 janvier 2003, *Commission c. Espagne*, C-12/00.

[70] CJ, 14 février 2008, *Dynamic Medien*, C-244/06.

matière de modalités de vente, étant donné qu'elle porte sur les caractéristiques intrinsèques des espèces animales en cause[71].

586. Ensuite, la Cour vérifie soigneusement que des dispositions nationales limitant ou interdisant certaines modalités de vente ne sont pas de nature à empêcher l'accès au marché des produits en provenance d'un autre Etat membre ou à le gêner davantage qu'elles ne gênent celui des produits nationaux.
Elle a estimé que tel était le cas pour

- une réglementation nationale, qui prévoit que les boulangers, bouchers et commerçants en produits alimentaires ne peuvent pratiquer la vente ambulante dans une circonscription administrative donnée que s'ils exercent aussi leur activité commerciale dans un établissement fixe, dans lequel ils proposent également les marchandises offertes à la vente ambulante, situé dans cette circonscription administrative ou dans une commune limitrophe[72],. En effet, une telle réglementation impose aux boulangers, bouchers et commerçants en produits alimentaires ayant déjà un établissement fixe dans un autre Etat membre, qui souhaitent commercialiser leurs marchandises par la vente ambulante dans une circonscription administrative donnée, d'ouvrir ou d'acquérir un autre établissement fixe dans cette circonscription administrative ou dans une commune limitrophe, alors que les opérateurs économiques locaux, eux, répondent déjà au critère de l'établissement fixe;
- une loi suédoise, qui interdit toute diffusion de messages publicitaires en faveur de boissons alcooliques en direction des consommateurs, à quelques exceptions près qui sont négligeables, constitue une entrave au commerce entre les Etats membres[73]. En effet, l'interdiction de toute publicité, s'agissant de produits, comme les boissons alcooliques, dont la consommation est liée à des pratiques sociales traditionnelles ainsi qu'à des habitudes et des usages locaux, est de nature à gêner davantage l'accès au marché des produits originaires d'autres Etats membres que celui des produits nationaux, avec lesquels le consommateur est spontanément mieux familiarisé;
- une interdiction de vendre des médicaments par correspondance ou internet. En effet, pour les pharmacies établies en Allemagne, la mesure les prive d'un moyen supplémentaire ou alternatif d'atteindre le marché allemand des consommateurs finals de médica-

[71] CJ, 3 décembre 1998, *Bluhme*, C-67/97.
[72] CJ, 13 janvier 2000, *TK/Heimdienst*, C-254/98.
[73] CJ, 8 mars 2001, *Gourmet International Products*, C-405/98.

ments, mais elles conservent la possibilité de vendre les médicaments dans leurs officines[74].

A propos d'une réglementation interdisant la vente et la collecte de commandes de bijoux en argent par voie de démarchage à domicile, la Cour[75] a estimé qu'elle n'était pas en mesure de se prononcer et a laissé le soin à la juridiction nationale de déterminer si l'interdiction de vente à domicile affecte plus lourdement la commercialisation des produits originaires d'Etats membres autres que l'Autriche que celle des produits provenant de cet Etat membre.

Elle a relevé que la vente à domicile de bijoux de faible valeur peut apparaître plus appropriée et plus efficace qu'une vente dans le cadre d'une structure commerciale fixe et que, pour les opérateurs économiques spécialisés dans des bijoux d'une telle valeur, la vente dans le cadre d'une structure commerciale fixe est susceptible d'engendrer des coûts proportionnellement très élevés. Mais elle a ajouté que le fait qu'une méthode de commercialisation se révèle plus efficace et plus économique ne constitue pas un élément suffisant pour qualifier la disposition nationale l'interdisant de mesure d'effet équivalent si l'exclusion de la méthode de commercialisation concernée n'affecte pas davantage les produits provenant d'autres Etats membres que les produits nationaux. Enfin, elle a souligné, sans expliciter les conséquences à en tirer, que cette interdiction ne concerne pas toutes les formes de commercialisation des marchandises concernées mais seulement l'une d'entre elles, n'excluant pas, dès lors, la possibilité de vendre les marchandises en cause sur le territoire national par d'autres méthodes.

d. Vers un critère unique :
   l'entrave au détriment des produits importés ?

587. Saisie d'un recours en manquement de la Commission à l'encontre de l'Italie, pour avoir adopté une réglementation interdisant à tous les motocycles de tirer une remorque, la Cour a estimé, dans un arrêt du 10 février 2009[76], nécessaire de faire précéder l'analyse du manquement reproché d'«observations liminaires». Dans celles-ci, elle a commencé par rappeler la

---

[74] CJ, 11 décembre 2003, *Deutscher Apothekerverband*, C-322/01.
[75] CJ, 23 février 2006, *A-Punkt Schmuckhandels*, C-441/04.
[76] *Commission c. Italie*, C-110/05.

définition de la mesure d'effet équivalent telle qu'elle résulte de l'arrêt *Dassonville*. Elle a ajouté :

> « il ressort d'une jurisprudence constante que l'article 28 CE reflète l'obligation de respecter les principes de non-discrimination et de reconnaissance mutuelle des produits légalement fabriqués et commercialisés dans d'autres Etats membres, ainsi que celle d'assurer aux produits communautaires un libre accès aux marchés nationaux ».

Elle a alors repris les enseignements respectifs de ses arrêts *Cassis de Dijon* (au point 35 de l'arrêt) et *Keck et Mithouard* (au point 36 de l'arrêt), pour conclure :

> « Par conséquent, doivent être considérées comme des mesures d'effet équivalent à des restrictions quantitatives à l'importation au sens de l'article 28 CE les mesures prises par un Etat membre qui ont pour objet ou pour effet de traiter moins favorablement des produits en provenance d'autres Etats membres, ainsi que les mesures visées au point 35 du présent arrêt. Relève également de la même notion *toute autre mesure qui entrave l'accès au marché d'un Etat membre des produits originaires d'autres Etats membres* »[(77)].

588. La Cour est ensuite passée à l'examen de la question de savoir si la réglementation italienne contestée par la Commission pouvait être qualifiée de mesure d'effet équivalent. Elle a souligné que bien que la réglementation italienne porte sur l'interdiction d'utiliser ensemble, sur le territoire italien, un motocycle et une remorque, cette disposition doit être examinée sous l'angle de la restriction qu'elle peut constituer à la libre circulation des remorques.

> « En effet, s'il n'est pas contesté que les motocycles peuvent facilement être utilisés sans une remorque, il n'en demeure pas moins que cette dernière ne présente qu'une faible utilité sans un véhicule à moteur pouvant la tracter ».

La Cour a établi une distinction entre les remorques selon qu'elles sont ou non spécialement conçues pour les motocycles. S'agissant des remorques spécialement conçues pour les motocycles, la Cour constate qu'

> « une interdiction d'utilisation d'un produit sur le territoire d'un Etat membre a une influence considérable sur le comportement des

---

(77) Nous soulignons.

consommateurs, lequel affecte, à son tour, l'accès de ce produit au
marché de cet Etat membre.

(…) En effet, les consommateurs, sachant qu'il leur est interdit
d'utiliser leur motocycle avec une remorque spécialement conçue
pour celui-ci, n'ont pratiquement aucun intérêt à acheter une telle
remorque.

[Cette réglementation] empêche qu'une demande ne puisse exister
sur le marché en cause pour de telles remorques, entravant donc
l'importation de celles-ci».

La Cour conclut à l'existence d'une mesure d'effet équivalent
dans la mesure où la réglementation en cause

«a pour effet d'entraver l'accès au marché italien des remorques
spécialement conçues pour les motocycles et qui sont légalement
produites et commercialisées dans des Etats membres autres que la
République italienne»[78].

Dans un arrêt du 4 juin 2009[79], la Cour a tenu un raisonnement identique à propos d'une réglementation suédoise n'autorisant l'utilisation des véhicules nautiques à moteur que dans
les couloirs publics de navigation et dans les zones spécialement
ouvertes à la circulation de tels véhicules.

B. Les dérogations à la prohibition des mesures d'effet équivalent

589. Dans le domaine des restrictions quantitatives et mesures
d'effet équivalent, les Etats membres ont le droit d'invoquer
certaines raisons d'intérêt général pour échapper à l'interdiction
énoncée à l'article 34 du traité FUE.

a. LA NATURE DES RAISONS D'INTÉRÊT GÉNÉRAL SUSCEPTIBLES D'ÊTRE INVOQUÉES

590. Tout d'abord, l'article 36 du traité FUE (ex-article 30 CE)
stipule que

«les obstacles aux importations et aux exportations peuvent être
justifiés pour des raisons de moralité publique, d'ordre public, de
sécurité publique, de protection de la santé et de la vie des personnes

---

[78] Pour les remorques non spécialement conçues pour les motocycles, la Cour
conclut en revanche que la Commission n'a pas établi que la réglementation en
cause entrave l'accès au marché de ce type de remorques.

[79] *Mickelsson et Roos*, C-142/05.

et des animaux, ou de préservation des végétaux, de protection des trésors nationaux ayant une valeur artistique, historique ou archéologique ou de protection de la propriété industrielle et commerciale ».

Lorsqu'une réglementation nationale revêt un caractère discriminatoire à l'encontre des marchandises importées des autres Etats membres, elle ne peut trouver, le cas échéant, une justification que dans l'un des motifs ainsi limitativement énoncés[80].

591. Ensuite, pour ce qui est des réglementations indistinctement applicables, la Cour, dans l'arrêt *Cassis de Dijon*, a admis que

« [l]es obstacles à la circulation intracommunautaire résultant des disparités des législations nationales relatives à la commercialisation [de] produits (…) doivent être acceptés dans la mesure où ces prescriptions peuvent être reconnues comme étant nécessaires pour satisfaire à des exigences impératives, tenant notamment à l'efficacité des contrôles fiscaux, à la protection de la santé publique, à la loyauté des transactions et à la défense des consommateurs ».

Ici, la liste est beaucoup plus longue, puisque, aux quatre catégories d'exigences impératives évoquées par cet arrêt, sont venues s'ajouter au fil de la jurisprudence d'autres valeurs : la protection de l'environnement[81], la conservation de la biodiversité, la défense de certaines valeurs culturelles[82], le maintien du pluralisme de la presse[83], la garantie de la sécurité routière[84], ou encore la nécessité d'assurer la protection d'un droit fondamental, à savoir le droit d'expression et la liberté de réunion pacifique[85] ou la protection de l'enfant[86].

Dans ses arrêts précités du 10 février et du 4 juin 2009, la Cour a aussi reconnu la possibilité, pour les réglementations nationales en cause qualifiées de mesures d'effet équivalent,

« d'être justifiées par l'une des raisons d'intérêt général énumérées à l'article 30 CE ou par des exigences impératives ».

---

[80] CJ, 17 juin 1981, *Commission c. Irlande*, 113/80 ; 7 mai 1997, précité.
[81] CJ, 14 décembre 2004, *Commission c. Allemagne*, C-463/01 ; 15 novembre 2005, *Commission c. Autriche*, C-320/03 ; 4 juin 2009, précité.
[82] CJ, 15 juillet 1985, précité.
[83] CJ, 26 juin 1997, *Vereinigte Familiapress*, C-368/95.
[84] CJ, 12 octobre 2000, *Snellers auto's*, C-314/98 ; 10 février 2009, précité.
[85] CJ, 22 juin 2003, *Schmidberger*, C-112/00.
[86] CJ, 14 février 2008, précité.

592.   La santé publique, qui figure aussi bien dans la liste de l'article 30 CE que dans les exigences impératives, a été à l'origine d'une jurisprudence abondante.

La Cour accueille assez largement les législations substantielles destinées à protéger la santé. Ainsi, elle a admis que l'interdiction de la vente de sucreries sans emballage dans les distributeurs automatiques est justifiée par des motifs de protection de la santé publique parce qu'elle augmente considérablement la sécurité des denrées alimentaires en question[87].

Elle a encore considéré que

> « les mesures de préservation d'une population animale indigène qui présente des caractéristiques distinctes contribuent à maintenir la biodiversité en garantissant la subsistance de la population concernée. Ce faisant, elles visent à protéger la vie de ces animaux »[88].

La Cour a aussi posé en principe qu'il appartient aux Etats membres, à défaut d'harmonisation, de décider du niveau auquel ils entendent assurer la protection de la santé et de la vie des personnes, tout en tenant compte de l'exigence de la libre circulation des marchandises[89]. Elle a souligné que ce pouvoir d'appréciation relatif à la protection de la santé publique est particulièrement important lorsqu'il est démontré que des incertitudes subsistent en l'état actuel de la recherche scientifique quant à certaines substances. Elle en a déduit que « le droit communautaire ne s'oppose pas, à ce que la réglementation d'un Etat membre, en application du principe de précaution, interdise, sauf autorisation préalable, la commercialisation de denrées alimentaires lorsque des substances nutritives autres que celles dont l'adjonction est déclarée licite par ladite réglementation, y ont été ajoutées ». Mais elle a ajouté :

> « [u]ne décision d'interdire la commercialisation d'une denrée alimentaire enrichie, qui constitue, d'ailleurs, l'entrave la plus restrictive aux échanges concernant les produits légalement fabriqués et commercialisés dans d'autres Etats membres, ne saurait être adoptée que si le risque réel allégué pour la santé publique apparaît comme suffisamment établi sur la base des données scientifiques les plus récentes qui sont disponibles à la date de l'adoption d'une telle décision. Dans un tel contexte, l'évaluation du risque que l'Etat

---

[87] CJ, 24 novembre 2005, *Schwarz*, C-366/04.
[88] CJ, 3 décembre 1998, précité.
[89] CJ, 25 juillet 1991, précité ; 27 avril 1993, *Commission c. Grèce*, C-375/90.

membre est tenu d'effectuer a pour objet l'appréciation du degré de
probabilité des effets néfastes de l'adjonction de certaines substances
nutritives aux denrées alimentaires pour la santé humaine et de la
gravité de ces effets potentiels»[90].

b. Les conditions auxquelles les Etats peuvent invoquer ces raisons d'intérêt général

593. En premier lieu, il faut tenir compte de l'existence éventuelle de normes de l'Union harmonisant les mesures nécessaires
pour assurer la protection des intérêts en cause. Si l'harmonisation est totale, les Etats ne peuvent plus intervenir[91] tandis
que, si elle est partielle, ils gardent une marge de manœuvre, à
condition de respecter les dispositions harmonisées[92].

594. Ensuite, les mesures ne peuvent «constituer ni un moyen
de discrimination arbitraire ni une restriction déguisée dans le
commerce entre Etats membres». A titre d'exemple, dans l'affaire dite «des dindes de Noël», la Cour a constaté que l'objet
véritable des mesures sanitaires adoptées par les autorités britanniques était de bloquer, pour des raisons commerciales et économiques, les importations en provenance d'autres Etats membres
et qu'il n'avait pu être démontré que, pour des raisons tenant à
la protection de la santé des animaux, elles n'avaient pas d'autre
choix que d'appliquer les mesures en question. Elle en a conclu
que ces mesures constituaient des restrictions déguisées[93].

595. Enfin, la réglementation restrictive doit être nécessaire pour
atteindre l'objectif qu'elle déclare poursuivre; elle doit être strictement proportionnée et non excessive par rapport à l'objectif
visé et il ne doit exister aucune solution alternative permettant
d'atteindre cet objectif en restreignant moins les échanges[94].
Ces trois critères sont au centre du contrôle des mesures restrictives et leur respect est vérifié strictement, conduisant d'ailleurs

---

[90] CJ, 2 décembre 2004, *Commission c. Pays-Bas*, C-41/02; voy. dans le même
sens, à propos de plantes médicinales destinées à la consommation humaine, CJ,
5 mars 2009, *Commission c. Espagne*, C-88/07.
[91] CJ, 5 octobre 1994, *Centre d'insémination de la Crespelle*, C-323/93;
12 novembre 1998, *Commission c. Allemagne*, C-102/96.
[92] CJ, 24 novembre 2005, précité.
[93] CJ, 15 juillet 1982, *Commission c. Royaume-Uni*, 40/82. Les autorités britanniques invoquaient une contamination potentielle, mais non avérée, des dindes
importées par la maladie de Newcastle.
[94] CJ, 21 mars 1991, *Delattre*, C-369/88; 4 octobre 1991, *Richardt*, C-367/89.

le plus souvent à la conclusion que les mesures adoptées n'y satisfont pas.

Un exemple topique est fourni par les mesures que les autorités entendent justifier par la protection du consommateur. La Cour a posé le principe que le «consommateur de référence» est un consommateur moyen, normalement informé et raisonnablement attentif et avisé, dont la protection peut donc être suffisamment assurée par des mesures d'étiquetage ou d'information appropriées, pour en déduire que des mesures prohibant l'importation de produits également fabriqués ou commercialisés dans un autre Etat membre ne sauraient être justifiées par la circonstance que le consommateur pourrait être trompé sur la nature, la composition ou les propriétés du produit concerné[95].

596. Dans ses deux arrêts précités du 10 février et 4 juin 2009, la Cour a cependant semblé donner une plus grande marge de manœuvre aux Etats membres. En effet, après avoir relevé qu'il n'est pas exclu, dans le cas d'espèce, que des mesures autres que l'interdiction absolue prévue par la réglementation en cause puissent assurer un certain niveau respectivement de sécurité routière et de protection de l'environnement, elle a ajouté qu'il n'en demeure pas moins qu'il ne saurait être dénié aux Etats membres la possibilité de réaliser un objectif tel que la sécurité routière ou la protection de l'environnement «par l'introduction des règles générales qui sont, d'une part, nécessaires du fait des particularités géographiques de l'Etat membre concerné et, d'autre part, facilement gérées et contrôlées par les autorités nationales», pour conclure que les réglementations en cause étaient justifiées par une exigence impérative[96].

II. LA LIBERTÉ DE CIRCULATION ET DE SÉJOUR

597. Les règles régissant la liberté de circulation et de séjour ont connu une très profonde évolution. Cette liberté est devenue, avec le traité sur l'Union européenne, un des droits attachés à

---

[95] CJ, 6 novembre 2003, *Commission c. Espagne*, C-358/01 ; 14 septembre 2006, *Alfa Vita Vassilopoulos*, C-158/04 et C-159/04 ; 5 mars 2009, précité.

[96] Dans son arrêt du 4 juin 2009, la Cour a cependant indiqué que les autorités nationales devaient adopter, dans un délai raisonnable, les mesures de mise en œuvre prévues par la réglementation afin de désigner des zones en dehors des couloirs publics de navigation dans lesquels des véhicules nautiques à moteur peuvent être utilisés.

la citoyenneté européenne, mais «sous réserve des limitations et conditions prévues par les traités et par les dispositions prises pour leur application».

Elle est aujourd'hui organisée par la directive 2004/38 du Parlement européen et du Conseil du 29 avril 2004 «relative au droit des citoyens de l'Union et aux membres de leur famille de circuler librement sur le territoire des Etats membres»[97], qui devait être transposée dans les Etats membres pour le 30 avril 2006. Les bénéficiaires de cette liberté se sont élargis (1), de même que les droits qui y sont attachés (2), tandis que la réserve d'ordre public est de mieux en mieux encadrée (3).

1. Les bénéficiaires

598. Dans le traité CEE d'origine, les personnes n'étaient pas traitées en tant que telles mais seulement en tant que leur circulation intéressait la réalisation du marché commun. La liberté de circulation et de séjour n'était donc reconnue qu'aux seuls ressortissants d'un des Etats membres exerçant une activité économique ainsi qu'à leur famille. Le traité CEE évoquait ainsi «le droit de se déplacer librement sur le territoire des Etats membres afin de répondre à des emplois effectivement offerts»[98], de séjourner dans un des Etats membres afin d'y exercer un emploi et d'y demeurer après y avoir occupé un emploi.

Progressivement, on est passé de la libre circulation des travailleurs à la libre circulation des citoyens européens, reconnue par l'article 18, par. 1, du traité CE devenu article 21 TFUE.

La Cour[99] a jugé à cet égard que le droit de séjour «est reconnu directement à tout citoyen de l'Union par une disposition claire et précise du traité» et qu'en «sa seule qualité de ressortissant d'un Etat membre, et partant de citoyen de l'Union, [une personne] a le droit de se prévaloir de l'article 18, par. 1, CE».

---

[97] *JO*, n° L 58, 30 avril 2004, ci-après la directive 2004/38.
[98] La Cour y a très rapidement ajouté le droit pour les ressortissants des Etats membres de circuler librement sur le territoire des autres Etats membres et d'y séjourner aux fins d'y rechercher un emploi, dans un délai raisonnable. Dans la foulée, elle a estimé que la Belgique violait le principe de la libre circulation des travailleurs en obligeant les ressortissants des autres Etats membres qui cherchent un emploi sur son territoire à quitter automatiquement ce dernier après l'expiration d'un délai de trois mois, CJ, 20 février 1997, *Commission c. Belgique*, C-344/95.
[99] CJ, 19 octobre 2004, *Zhu et Chen*, C-200/02.

Elle a ajouté que la jouissance de ce droit ne saurait être subordonnée à une condition d'âge minimal.

599. Aux termes de son article 3, la directive 2004/38 s'applique « à tout citoyen de l'Union qui se rend ou séjourne dans un Etat membre autre que celui dont il a la nationalité, ainsi qu'aux membres de sa famille », quelle que soit leur nationalité. Les ressortissants de pays tiers, dont la liberté de circulation et de séjour relève normalement des règles adoptées par l'Union dans le cadre de la politique commune d'immigration[100], peuvent ainsi bénéficier des dispositions de la directive 2004/38 en leur qualité de membres de la famille d'un citoyen européen.

Les droits conférés par la directive 2004/38 aux ressortissants de pays tiers, membres de la famille d'un citoyen de l'Union européenne, ont été au centre d'un arrêt de la Cour du 25 juillet 2008[101]. L'Irlande, dans sa législation nationale transposant la directive, avait soumis le bénéfice des droits découlant de celle-ci à l'exigence que les ressortissants des pays tiers concernés aient au préalable séjourné légalement dans un autre Etat membre de l'Union, avant leur arrivée en Irlande.

La Cour a jugé qu'une telle exigence n'était pas compatible avec la directive 2004/3 dès lors qu'aucune disposition de la directive ne prévoit une telle condition.

En effet, a souligné la Cour,

> « si les citoyens de l'Union n'étaient pas autorisés à mener une vie de famille normale dans l'Etat membre d'accueil, l'exercice des libertés qui leurs sont garanties par le traité serait sérieusement entravé ».

C'est donc au législateur de l'Union qu'il appartient de

> « régler les conditions d'entrée et de séjour des membres de la famille d'un citoyen de l'Union sur le territoire des Etats membres lorsque l'impossibilité pour le citoyen de l'Union d'être accompagné de sa famille ou rejoint par elle dans l'Etat membre d'accueil serait de nature à porter atteinte à sa liberté de circulation en le dissuadant d'exercer ses droits d'entrée et de séjour dans cet Etat membre ».

De plus, a relevé la Cour,

> « reconnaître aux Etats membres une compétence exclusive pour accorder ou refuser l'entrée et le séjour sur leur territoire aux ressor-

---

[100] Voy. à ce sujet, *infra*, n°s 752 et s.
[101] *Metock e. a.*, C-127/08.

tissants de pays tiers, membres de la famille de citoyens de l'Union,
qui n'ont pas déjà séjourné légalement dans un autre Etat membre,
aurait pour effet que la liberté de circulation des citoyens de l'Union
dans un Etat membre dont ils n'ont pas la nationalité varierait d'un
Etat membre à l'autre, en fonction des dispositions de droit national
en matière d'immigration, certains Etats membres autorisant l'entrée et le séjour des membres de la famille d'un citoyen de l'Union,
d'autres Etats membres les refusant».

Ceci serait incompatible avec l'objectif de réalisation d'un
marché intérieur caractérisé par l'abolition entre Etats membres
des obstacles à la libre circulation des personnes.

600. L'article 2 de la directive définit «les membres de la
famille» dans les termes suivants :

«a) le conjoint ;
b) le partenaire avec lequel le citoyen de l'Union a contracté un
    partenariat enregistré, sur la base de la législation d'un Etat
    membre, si, conformément à la législation de l'Etat membre
    d'accueil, les partenariats enregistrés sont équivalents au
    mariage, et dans le respect des conditions prévues par la législa-
    tion pertinente de l'Etat membre d'accueil ;
c) les descendants directs qui sont âgés de moins de vingt et un ans
    ou qui sont à charge, et les descendants directs du conjoint ou du
    partenaire tel que visé au point b) ;
d) les ascendants directs à charge et ceux du conjoint ou du parte-
    naire tel que visé au point b)».

L'article 3, par. 2, ajoute que

«[s]ans préjudice d'un droit personnel à la libre circulation et au
séjour de l'intéressé, l'Etat membre d'accueil favorise, conformément
à sa législation nationale, l'entrée et le séjour des personnes suivantes :
a) tout autre membre de la famille, quelle que soit sa nationalité,
    qui n'est pas couvert par la définition figurant à l'article 2, point
    2), si, dans le pays de provenance, il est à charge ou fait partie
    du ménage du citoyen de l'Union bénéficiaire du droit de séjour
    à titre principal, ou lorsque, pour des raisons de santé graves, le
    citoyen de l'Union doit impérativement et personnellement s'oc-
    cuper du membre de la famille concerné ;
b) le partenaire avec lequel le citoyen de l'Union a une relation
    durable, dûment attestée.
L'Etat membre d'accueil entreprend un examen approfondi de la
situation personnelle et motive tout refus d'entrée ou de séjour visant
ces personnes».

601. Dans la définition de la famille, la directive 2004/38 tient ainsi compte de l'évolution des mœurs, mais dans le strict respect de la diversité des conceptions nationales.

S'agissant des ascendants, la directive 2004/38, comme les directives antérieures, n'évoque que les «ascendants à charge» du citoyen européen. Il faut cependant tenir compte de l'apport de la jurisprudence. En effet, la Cour, dans son arrêt précité du 19 octobre 2004, après avoir reconnu qu'une enfant en bas âge, née en Irlande et ayant à ce titre la nationalité irlandaise, avait le droit de séjourner en Grande-Bretagne, a aussi reconnu un droit de séjour à la mère (de nationalité chinoise) de cette enfant, qui en avait la garde et n'était évidemment pas à sa charge, au motif que

«la jouissance du droit de séjour par un enfant en bas âge implique nécessairement que cet enfant ait le droit d'être accompagné par la personne assurant effectivement sa garde et, dès lors, que cette personne soit en mesure de résider avec lui dans l'Etat membre d'accueil pendant ce séjour».

2. Droits garantis par la liberté de circulation et de séjour

602. Ils sont au nombre de trois : la liberté de déplacement (A), le droit de séjour (B) et l'égalité de traitement (C).

A. La liberté de déplacement

603. Elle comporte deux aspects : le droit d'entrer dans un Etat et le droit de sortir d'un Etat.

604. Le droit de sortie implique que

«tout citoyen de l'Union muni d'une carte d'identité ou d'un passeport en cours de validité, ainsi que les membres de sa famille qui n'ont pas la nationalité d'un Etat membre munis d'un passeport en cours de validité, ont le droit de quitter le territoire d'un Etat membre en vue de se rendre dans un autre Etat membre» (article 4 de la directive 2004/38).

Tout visa de sortie ou obligation équivalente est interdit. Les Etats membres ont l'obligation, en conformité avec leur législation, de délivrer à leurs ressortissants une carte d'identité ou un passeport indiquant leur nationalité.

605. En vertu du droit d'entrée sur le territoire d'un autre Etat membre, «les Etats membres admettent sur leur territoire le citoyen de l'Union muni d'une carte d'identité ou d'un passeport en cours de validité ainsi que les membres de sa famille qui n'ont pas la nationalité d'un Etat membre et qui sont munis d'un passeport en cours de validité» (article 5 de la directive).

Aucun visa d'entrée ou obligation équivalente ne peuvent être imposés au citoyen de l'Union[102]. Cette règle avait déjà été affirmée de longue date à propos de la libre circulation des travailleurs par la Cour de justice[103], qui en avait notamment déduit que les autorités néerlandaises ne pouvaient imposer aux ressortissants d'un Etat membre

«de répondre aux questions des fonctionnaires chargés de la surveillance des frontières, concernant l'objet et la durée de leur voyage ainsi que les moyens financiers dont ils disposent pour effectuer ce voyage, avant d'être autorisés à accéder au territoire néerlandais»[104].

Cependant, l'Etat membre d'accueil peut demander à l'intéressé de signaler sa présence sur son territoire dans un délai raisonnable et non discriminatoire.
A cela s'ajoute qu'à l'intérieur de l'espace Schengen[105], il n'y a plus de contrôles systématiques lors du franchissement des frontières intérieures.

B. Le droit de séjour

606. La directive 2004/38 distingue trois hypothèses: le séjour d'une durée n'excédant pas trois mois, le séjour d'une durée supérieure à trois mois et le droit de séjour permanent.

---

[102] Pour les membres de la famille non ressortissants de l'Union européenne, ils sont soumis, en vertu de l'article 5, par. 2, à l'obligation de visa d'entrée, à moins qu'ils ne soient en possession de la carte de séjour en cours de validité visée à l'article 10 de la directive. Dans son arrêt précité du 25 juillet 2008, la Cour a souligné que la circonstance que l'article 5, par. 2, «prévoit l'entrée dans l'Etat membre d'accueil de membres de la famille d'un citoyen de l'Union dépourvus de carte de séjour met en évidence que la directive 2004/38 est également susceptible de s'appliquer aux membres de la famille qui ne séjournaient pas déjà légalement dans un autre Etat membre».
[103] CJ, 8 avril 1976, *Royer*, 48/75.
[104] CJ, 30 mai 1991, *Commission c. Pays-Bas*, C-65/89.
[105] Voy. à ce sujet *infra*, n°s 743 et s.

a. Le séjour de moins de trois mois

607. Le régime est celui du droit d'entrée: il suffit, pour en bénéficier, d'être en possession d'une carte d'identité ou d'un passeport en cours de validité (article 6). Ce droit s'étend aux «membres de la famille munis d'un passeport en cours de validité qui n'ont pas la nationalité d'un Etat membre et qui accompagnent ou rejoignent le citoyen de l'Union».

Cependant il faut, pour que le droit soit maintenu, que le citoyen ou les membres de sa famille «ne deviennent pas une charge déraisonnable pour le système d'assistance sociale de l'Etat membre d'accueil» (article 14, par. 1).

b. Le séjour d'une durée supérieure à trois mois

608. Le droit de séjour pour une période supérieure à trois mois reste soumis à condition. Aux termes de l'article 7 de la directive 2004/38, trois catégories de citoyens sont susceptibles d'en bénéficier, ainsi que les membres de leur famille:

- le travailleur salarié ou non salarié[106];
- l'inactif (sans profession) qui dispose de ressources suffisantes afin de ne pas devenir une charge pour l'assistance sociale de l'Etat membre d'accueil pendant son séjour et d'une assurance maladie complète dans l'Etat membre d'accueil;
- l'étudiant inscrit dans un établissement privé ou public, agréé ou financé par l'Etat membre d'accueil pour y suivre à titre principal des études, y compris une formation professionnelle, aux mêmes conditions que l'inactif. En ce qui concerne les étudiants, le regroupement familial n'est ouvert qu'au conjoint, au partenaire enregistré et aux enfants à charge.

609. La condition afférente aux ressources et à l'assurance maladie, qui figurait dans les directives antérieures, est donc maintenue. La directive 2004/38 précise que les Etats membres ne peuvent fixer le montant des ressources qu'ils considèrent comme suffisantes, mais qu'ils doivent tenir compte de la situation personnelle de la personne concernée. En toute hypothèse, ce montant ne peut dépasser le niveau en dessous duquel les ressortissants de l'Etat d'accueil peuvent bénéficier d'une assis-

---

[106] Le paragraphe 3 énonce un certain nombre d'hypothèses dans lesquelles le citoyen de l'Union qui n'exerce plus d'activité salariée ou non salariée conserve la qualité de travailleur salarié ou de non-salarié.

tance. La Cour, quant à elle, a déjà condamné l'Etat belge pour avoir seulement pris en considération les ressources personnelles du citoyen de l'Union qui sollicite le bénéfice du droit de séjour ou celles du conjoint ou d'un enfant de ce citoyen, à l'exclusion des ressources provenant d'une tierce personne, notamment d'un partenaire avec lequel il n'a aucun lien juridique[107].

610. La carte de séjour pour les citoyens de l'Union est supprimée. Toutefois, les Etats membres peuvent demander au citoyen de se faire enregistrer auprès des autorités compétentes dans un délai de trois mois minimum à compter de son arrivée. Les membres de la famille qui ne sont pas ressortissants d'un Etat membre sont soumis à des formalités spécifiques énoncées à l'article 9 ; ils se voient délivrer une «carte de séjour de membre de la famille d'un citoyen de l'Union» (article 10).

611. Le décès ou le départ du citoyen de l'Union ainsi que la rupture du lien matrimonial ou du partenariat n'entraînent pas automatiquement la perte du droit de séjour des membres de la famille, pour autant qu'ils remplissent eux-mêmes les conditions de l'octroi de ce droit[108].

c. LE DROIT DE SÉJOUR PERMANENT

612. Il s'agit d'une des principales innovations de la directive 2004/38. Les citoyens de l'Union acquièrent le droit de séjour permanent dans l'Etat membre d'accueil après y avoir légalement résidé durant une période ininterrompue de cinq ans, pour autant qu'ils n'aient pas fait l'objet d'une mesure d'éloignement. Il en va de même pour les membres de la famille qui n'ont pas la nationalité d'un Etat membre et qui ont séjourné légalement pendant une période ininterrompue de cinq ans avec le citoyen de l'Union[109] dans l'Etat membre d'accueil (article 16). Le droit de séjour permanent est aussi accordé aux travailleurs salariés ou non salariés qui atteignent l'âge de la pension s'ils ont exercé leur activité dans l'Etat membre d'accueil pendant les douze derniers mois au moins et y ont résidé sans interruption depuis plus de trois ans, ainsi qu'au travailleur salarié ou non

---

[107] CJ, 23 mars 2006, *Commission c. Belgique*, C-408/03.
[108] Voy. pour ces conditions du maintien du droit de séjour, les articles 12 et 13 de la directive.
[109] Un séjour de cinq ans dans l'Etat d'accueil suffit en cas de maintien du droit de séjour par application des articles 12 ou 13.

salarié qui, séjournant d'une façon continue dans l'Etat membre d'accueil depuis plus de deux ans, cesse d'y exercer son activité à la suite d'une incapacité permanente de travail (article 17).

613. Le droit de séjour permanent n'est plus soumis à aucune condition d'activité, de ressources ou d'assurance maladie. Une fois acquis, le droit de séjour permanent ne se perd que par des absences d'une durée supérieure à deux ans consécutifs de l'Etat membre d'accueil. Grâce au droit de séjour permanent, les membres de la famille acquièrent ainsi un véritable droit autonome de séjour.

C. L'égalité de traitement

614. En vertu de l'article 24 de la directive, tout

> «citoyen de l'Union qui séjourne sur le territoire de l'Etat membre d'accueil en vertu de la présente directive bénéficie de l'égalité de traitement avec les ressortissants de cet Etat membre dans le domaine d'application du traité. Le bénéfice de ce droit s'étend aux membres de la famille, qui n'ont pas la nationalité d'un Etat membre et qui bénéficient du droit de séjour ou du droit de séjour permanent».

De plus, les membres de la famille du citoyen de l'Union, quelle que soit leur nationalité, qui bénéficient du droit de séjour ou du droit de séjour permanent dans un Etat membre, ont le droit d'y entamer une activité lucrative à titre de travailleur salarié ou de non-salarié (article 23).

615. La directive 2004/38 vient ainsi confirmer le principe général de non-discrimination fondée sur la nationalité, reconnue tant par l'article 12 que par l'article 39 du traité CE (respectivement devenus article 19 et article 45 TFUE), dont les contours ont été définis par une jurisprudence abondante, aux termes de laquelle le citoyen de l'Union qui a exercé son droit de se déplacer dans l'Union doit bénéficier dans l'Etat d'accueil de conditions d'existence comparables à celles qui sont offertes aux nationaux :

- droit aux études pour les enfants, incluant le droit aux aides financières dans les mêmes conditions qu'aux nationaux[110] ;

---

[110] CJ, 3 juillet 1974, *Casagrande*, 9/74 ; 12 mai 1998, *Martenez Sala*, C-85/96.

– droit à des cartes de famille nombreuse donnant accès à des réductions sur le prix des transports[111] ;

– accès aux avantages fiscaux et sociaux accordés aux nationaux pour lui-même et les membres de sa famille ; notamment le droit aux prestations sociales garantissant un revenu minimum[112]. A cet égard, la Cour a indiqué que « si les Etats membres peuvent conditionner le séjour d'un citoyen de l'Union économiquement non actif à la disponibilité de ressources suffisantes, il n'en découle pas pour autant qu'une telle personne ne peut pas bénéficier, pendant son séjour légal dans l'Etat membre d'accueil, du principe fondamental relatif à l'égalité de traitement[113] ;

– droit à la protection contre les risques d'agression et à une indemnisation par le trésor public en cas d'agression commise par des personnes non identifiées[114] ;

– interdiction de subordonner l'exercice du droit d'acheter ou d'exploiter des biens immobiliers par les ressortissants des autres Etats membres à des restrictions non prévues pour les nationaux[115].

616. La directive ne vise ainsi que les discriminations dont un citoyen de l'Union ferait l'objet dans l'Etat d'accueil, mais la Cour[116] a ajouté que

« [d]ans la mesure où un citoyen de l'Union doit se voir reconnaître dans tous les Etats membres le même traitement juridique que celui qui est accordé aux ressortissants de ces Etats membres se trouvant dans la même situation, il serait incompatible avec le droit de la libre circulation qu'il puisse se voir appliquer dans l'Etat membre dont il est ressortissant un traitement moins favorable que celui dont il bénéficierait s'il n'avait pas fait usage des facilités ouvertes par le traité en matière de circulation ».

Elle en a notamment déduit que le droit de l'Union s'oppose à ce qu'un Etat membre refuse à l'un de ses ressortissants, étudiant à la recherche d'un premier emploi, l'octroi des allocations d'attente au seul motif que cet étudiant a terminé ses études

---

[111] CJ, 30 septembre 1975, *Cristini*, 32/75.

[112] CJ, 27 mars 1985, *Hoeckx*, 249/83.

[113] CJ, 7 septembre 2004, *Trojani*, C-456/02.

[114] CJ, 2 février 1989, *Cowan*, 186/87. En l'espèce, il s'agissait d'un touriste anglais en vacances à Paris qui, blessé à la suite d'un attentat s'était vu refuser une indemnisation, au motif qu'il n'était pas titulaire d'une carte de résident.

[115] CJ, 30 mai 1989, *Commission c. Grèce*, 305/87.

[116] CJ, 11 juillet 2002, *D'Hoop*, C-224/98 ; 23 octobre 2007, *Morgan*, C-11/06 et C-12/06 ; 17 janvier 2008, *Commission c. Allemagne*, C-152/05.

secondaires dans un autre Etat membre[117], qu'un Etat membre exclue les logements situés dans un autre Etat membre du bénéfice de la subvention à la propriété immobilière accordée aux personnes intégralement assujetties à l'impôt sur le revenu[118] ou encore que les autorités d'un Etat membre, en appliquant le droit national, refusent de reconnaître le nom patronymique d'un enfant tel qu'il a été déterminé et enregistré dans un autre Etat membre où cet enfant est né et réside depuis lors et qui, à l'instar de ses parents, ne possède que la nationalité du premier Etat membre[119].

617. La Cour a encore précisé que l'interdiction de toute discrimination fondée sur la nationalité vise des situations

> «dans lesquelles un ressortissant d'un Etat membre subit un traitement discriminatoire par rapport aux nationaux d'un autre Etat membre sur le seul fondement de sa nationalité et n'a pas vocation à s'appliquer dans le cas d'une éventuelle différence de traitement entre les ressortissants des Etats membres et ceux des Etats tiers»[120].

618. La directive 2004/38 introduit une dérogation à la règle de l'égalité de traitement: ainsi, les Etats ne sont pas obligés d'accorder le droit à une prestation d'assistance sociale pendant les trois premiers mois de séjour. Ils ne sont pas non plus tenus, avant l'acquisition du droit de séjour permanent, d'octroyer des aides d'entretien aux études, y compris pour la formation professionnelle, sous la forme de bourses d'études ou de prêts, à des personnes autres que les travailleurs salariés, les travailleurs

---

[117] CJ, 11 juillet 2002, précité; 15 septembre 2005, *Ioannidis*, C-258/04.

[118] CJ, 17 janvier 2008, précité.

[119] CJ, 14 octobre 2008, *Grunkin et Paul*, C-353/06. La Cour souligne que le fait d'être obligé de porter, dans l'Etat membre dont l'intéressé possède la nationalité, un nom différent de celui déjà attribué et enregistré dans l'Etat membre de naissance et de résidence est de nature à engendrer pour l'intéressé de sérieux inconvénients, notamment dans le domaine tant public que privé du fait que, n'ayant qu'une seule nationalité, il se verra délivrer par l'Etat dont il est ressortissant, seul compétent à cet effet, un passeport dans lequel figurera un nom différent de celui reçu dans l'Etat de naissance et de résidence. L'intéressé risque en effet de devoir dissiper des doutes concernant son identité et d'écarter des soupçons de fausse déclaration suscités par la divergence entre les deux noms patronymiques à chaque fois qu'il devra prouver son identité dans l'Etat membre de résidence.

[120] CJ, 4 juin 2009, *Vatsouras et Koupatantze*, C-22/08 et C-23/08, à propos d'une réglementation nationale qui excluait les ressortissants des Etats membres du bénéfice de prestations d'assistance sociale octroyées aux immigrés clandestins, nationaux d'Etats tiers.

non salariés, les personnes qui gardent ce statut, ou les membres de leur famille[121].

3. L'encadrement de la réserve d'ordre public

619. Aux termes de l'article 45 du traité FUE (ex-article 39 CE), la libre circulation s'exerce « sous réserve des limitations justifiées par des raisons d'ordre public, de sécurité publique et de santé publique ». Si la portée des notions ainsi évoquées ne saurait être déterminée unilatéralement par chacun des Etats membres sans contrôle des institutions de l'Union, il n'en demeure pas moins que, s'agissant de la défense d'intérêts que l'Etat considère comme essentiels à la sauvegarde de la société, « il convient de reconnaître aux autorités nationales compétentes une marge d'appréciation dans les limites imposées par le traité »[122]. Très rapidement, il est apparu nécessaire d'encadrer les pouvoirs que détiennent à ce titre les Etats membres. La première directive adoptée à cet effet a été la directive 64/221 du Conseil du 25 février 1964. Les principes contenus dans cette directive ont été repris et actualisés dans la directive 2004/38, qui établit des garanties de fond (A) et des garanties de procédure (B).

A. Les garanties de fond

620. Elles ont trait tant aux raisons susceptibles d'être invoquées qu'aux mesures susceptibles d'être adoptées.
Les raisons d'ordre public et de sécurité publique doivent être fondées exclusivement sur le comportement personnel de l'individu concerné, elles ne peuvent être invoquées à des fins économiques. Le comportement de la personne concernée doit représenter une menace réelle, actuelle et suffisamment grave pour un intérêt fondamental de la société. Des justifications non directement liées au cas individuel concerné ou tenant à des raisons de prévention générale ne peuvent être retenues. L'existence de condamnations pénales antérieures ne peut à elle seule motiver des mesures d'ordre public et de sécurité publique.
Lorsque la mesure est une décision d'éloignement du territoire, l'Etat membre d'accueil tient compte notamment de la durée

---

[121] La directive fait ainsi sienne l'enseignement de l'arrêt de la Cour de justice du 15 mars 2005, *Bidar*, C-209/03.
[122] CJ, 4 décembre 1974, *Van Duyn*, précité.

du séjour de l'intéressé sur son territoire, de son âge, de son état de santé, de sa situation familiale et économique, de son intégration sociale et culturelle dans l'Etat membre d'accueil et de l'intensité de ses liens avec son pays d'origine. Si l'intéressé bénéficie d'un droit de séjour permanent, la mesure doit être fondée sur des raisons impérieuses d'ordre public ou de sécurité publique. Aucune mesure d'éloignement ne peut être prise si l'intéressé a séjourné pendant les dix années précédentes dans l'Etat d'accueil ou, en principe, s'il est mineur.

Pour ce qui est des raisons de santé publique, la directive 2004/38 se réfère uniquement aux maladies potentiellement épidémiques, telles que définies par l'OMS et prévoit que l'Etat d'accueil peut ajouter les maladies infectieuses ou parasitaires contagieuses qui font l'objet de dispositions de protection à l'égard de ses ressortissants pour justifier des mesures restrictives de la circulation.

B. Garanties de procédure

621. Ces garanties ont encore été renforcées par la directive 2004/38 :

- les raisons de la décision prise à son égard doivent être notifiées à l'intéressé sauf si la sûreté de l'Etat s'y oppose. Cette notification doit être suffisamment précise et détaillée pour permettre à l'intéressé de «défendre ses intérêts»;
- l'intéressé doit avoir droit aux recours juridictionnels et administratifs et avoir en principe la possibilité de se défendre en personne;
- la décision doit, sauf urgence, donner au moins un délai d'un mois pour quitter le territoire;
- l'intéressé doit avoir la possibilité de demander la levée de l'interdiction d'accès au territoire, après un délai raisonnable et en tout cas après trois ans.

III. LA LIBERTÉ PROFESSIONNELLE : LIBERTÉ DE CIRCULATION DES TRAVAILLEURS, LIBERTÉ D'ÉTABLISSEMENT ET LIBERTÉ DE PRESTATION DE SERVICES

622. La liberté de circulation des travailleurs, la liberté d'établissement et la liberté de prestation de services recouvrent plusieurs types différents de situations qui procèdent de l'idée essentielle selon laquelle un ressortissant d'un Etat membre doit pouvoir accéder sans entraves à une activité professionnelle dans un autre Etat membre.

L'accès à une activité professionnelle peut consister dans l'occupation d'un emploi salarié garantie par la liberté de circulation des travailleurs (1) ou prendre la forme d'une activité indépendante, objet de la liberté d'établissement et de prestation de services (2). Si, au départ, l'objectif était la suppression des discriminations, le droit de l'Union s'est progressivement aussi intéressé aux entraves non discriminatoires (3). Dans le domaine des services, la suppression de ces entraves a fait l'objet de la directive relative aux services dans le marché intérieur (4). L'exercice des libertés professionnelles implique aussi une reconnaissance des qualifications professionnelles (5), ainsi qu'un aménagement des mécanismes de protection sociale destiné à assurer le maintien, en cas de déplacement, d'une protection sociale (6).

1. La liberté de circulation des travailleurs

A. Bénéficiaires

623. Le travailleur est une personne qui « accomplit des prestations ayant une valeur économique certaine en faveur d'une autre personne et sous la direction de celle-ci, en contrepartie desquelles elle touche une rémunération »[123], à l'exclusion d'activités tellement réduites qu'elles se présentent comme purement marginales et accessoires[124].

Encore faut-il, pour que les dispositions relatives à la libre circulation des travailleurs s'appliquent, qu'il ne s'agisse pas d'une activité dont tous les éléments se cantonnent à l'intérieur d'un seul Etat membre[125]. Tel est le cas du recrutement d'un ressortissant d'un Etat membre par une entreprise de cet Etat pour un emploi localisé sur le territoire national[126].

La situation perd cependant son caractère purement interne dès lors qu'une personne veut se prévaloir de qualifications profes-

---

[123] CJ, 26 février 1992, *Raulin*, C-357/89.
[124] CJ, 4 juin 2009, précité, C-22/08 et C-23/08, qui ajoute que ni le niveau limité de la rémunération ni la courte durée de l'activité professionnelle ne permettent d'exclure automatiquement la qualification de travailleur.
[125] CJ, 16 décembre 1992, *Koua Poirrez*, C-206/91 ; 31 mars 1993, *Kraus*, C-19/92 ; 16 décembre 2004, *My*, C-293/03, à propos d'un ressortissant italien arrivé en Belgique à l'âge de neuf ans, qui a accompli l'ensemble de sa carrière professionnelle sur le territoire belge, dans un premier temps, en qualité de salarié de différentes sociétés belges, dans un second temps et jusqu'à l'âge de la retraite, en tant que fonctionnaire au secrétariat général du Conseil de l'Union européenne.
[126] CJ, 28 janvier 1992, *Steen*, C-332/90.

sionnelles acquises dans un Etat membre autre que celui dont elle possède la nationalité[127]. De même, tout ressortissant de l'Union européenne, indépendamment de son lieu de résidence et de sa nationalité, qui a fait usage du droit à la libre circulation et qui a exercé une activité professionnelle dans un autre Etat membre, relève des règles relatives à la libre circulation des travailleurs[128].

Enfin, la libre circulation des travailleurs ne bénéficie en principe qu'aux ressortissants des Etats membres. Toutefois, les membres de la famille d'un ressortissant d'un Etat membre qui a fait usage de son droit de libre circulation et qui bénéficient du droit de séjour dans un autre Etat membre, ont le droit d'y entamer une activité lucrative à titre de travailleur salarié ou de non-salarié, qu'ils soient ou non ressortissants d'un Etat membre de l'Union[129].

B. Le traitement national

624. La règle du traitement national, affirmée à l'article 39 du traité CE, devenu article 45 TFUE, implique que les ressortissants des autres Etats membres ne peuvent être traités de manière discriminatoire par rapport aux nationaux. Cela vise toutes les formes de discriminations fondées sur la nationalité, qu'elles découlent d'une mesure étatique ou de conventions ou règlements de droit privé visant à réglementer le travail salarié. Ainsi elle

«s'oppose à ce que les clauses contenues dans les règlements des associations sportives limitent le droit des ressortissants d'autres Etats membres de participer, en tant que joueurs professionnels, à des rencontres de football»[130].

625. A côté des discriminations ostensibles qui peuvent prendre la forme d'exclusions au détriment de ressortissants d'autres Etats membres, de réservations ou de régimes préférentiels en faveur des nationaux, le droit communautaire tente aussi de détecter les discriminations déguisées qui, par application

---

[127] CJ, 31 mars 1993, précité. Sur la problématique de la reconnaissance des qualifications professionnelles, voy. *infra*, n°s 652 et s.
[128] CJ, 1er avril 2008, *Gouvernement de la Communauté française et Gouvernement wallon*, C-212/06.
[129] Voy. *supra*, n° 614.
[130] CJ, 15 décembre 1995, *Bosman*, C-415/93.

d'autres critères de distinction, aboutissent au même résultat. C'est ainsi que la Cour de justice a condamné des restrictions frappant des lecteurs de langue étrangère, en relevant que ces lecteurs étaient en règle générale ressortissants de l'Etat dont ils enseignent la langue[131]. Il en va de même pour le refus de prendre en considération une ancienneté acquise à l'étranger[132].

626. Le travailleur migrant doit disposer des mêmes droits et avantages que les travailleurs nationaux en ce qui concerne «l'emploi, la rémunération et les autres conditions de travail». Ces droits ont été précisés par un règlement du Conseil du 15 octobre 1968[133].

Tout ressortissant d'un Etat membre a le droit d'accéder à une activité salariée et de l'exercer sur le territoire d'un autre Etat membre, conformément à la réglementation nationale pertinente applicable aux travailleurs nationaux. Il doit bénéficier, sur le territoire d'un autre Etat membre, de la même priorité que les ressortissants de cet Etat dans l'accès aux emplois disponibles et recevoir la même assistance que celle que les bureaux de main-d'œuvre accordent à leurs ressortissants à la recherche d'un emploi. Son recrutement ne peut dépendre de critères médicaux, professionnels ou autres, discriminatoires en raison de la nationalité et il doit bénéficier des mesures de formation, réorientation ou réadaptation professionnelles.

Le règlement a étendu l'égalité de traitement non seulement aux conditions de travail proprement dites, comme le licenciement et la rémunération, mais aussi pour les droits et avantages sociaux. Les avantages sociaux ont été définis comme tous les avantages qui, liés ou non à un contrat d'emploi, sont généralement reconnus aux travailleurs nationaux, en raison de leur qualité objective de travailleurs ou du simple fait de leur résidence sur le territoire national[134]. Le travailleur migrant doit encore disposer des même droits en matière d'exercice des droits syndicaux, y compris le droit de vote, l'accès aux postes d'administration ou de direction d'une organisation syndicale, ou le

---

[131] CJ, 30 mai 1989, *Allué*, 33/88.
[132] CJ, 23 février 1994, *Scholz*,C-441/92.
[133] *JO*, n° L 257, 19 octobre 1968.
[134] CJ, 6 juin 1985, *Frascogna*, 157/84. Cette règle d'égalité de traitement s'est ensuite étendue à tous les citoyens de l'Union séjournant dans un autre Etat membre; voy. à ce sujet, *supra*, n°s 614 et s.

droit d'éligibilité aux organes de représentation des travailleurs dans l'entreprise[135].

627. Dans son arrêt précité du 4 juin 2009[136], la Cour a été amenée à préciser l'articulation entre l'égalité de traitement des travailleurs établie à l'ex-article 39 du traité CE (devenu article 45 TFUE) et la dérogation au principe d'égalité de traitement établie par l'article 24 de la directive 2004/38[137]. Elle a posé la règle que «les ressortissants d'un Etat membre à la recherche d'un emploi dans un autre Etat membre relèvent du champ d'application de l'article 39 CE» et qu'il n'est plus possible d'exclure du champ d'application du principe de non-discrimination établi par le paragraphe 2 de cette disposition «une prestation de nature financière destinée à faciliter l'accès à l'emploi sur le marché du travail d'un Etat membre», pour autant que le demandeur d'emploi établisse un lien réel avec le marché de l'emploi de cet Etat. Elle en a déduit que

«les ressortissants des Etats membres à la recherche d'un emploi dans un autre Etat membre qui ont établi des liens réels avec le marché du travail de cet Etat peuvent se prévaloir de l'article 39, par. 2, CE afin de bénéficier d'une prestation de nature financière destinée à faciliter l'accès au marché de l'emploi».

La Cour rappelle alors que la disposition de l'article 24 de la directive doit être interprétée en conformité avec l'article 39, par. 2, du traité CE, de sorte que

«[n]e sauraient être considérées comme «prestations d'assistance sociale», au sens de l'article 24, par. 2, de la directive 2004/38, les prestations de nature financière qui, indépendamment de leur qualification dans la législation nationale, sont destinées à faciliter l'accès au marché du travail».

C. Exception

628. Selon le paragraphe 4 de l'article 45 du traité FUE (ex-article 39 CE), «les dispositions du présent article ne sont pas applicables aux emplois dans l'administration publique».

---

[135] CJ, 4 juillet 1991, *ASTI*, C-213/90.
[136] C-22/08 et C-23/08.
[137] Voy. à ce sujet, *supra*, n° 618.

Selon une jurisprudence constante[138], la notion d'administration publique

> « doit recevoir une interprétation et une application uniformes dans l'ensemble de la Communauté et ne saurait dès lors être laissée à la totale discrétion des Etats membres ».

Cette notion n'englobe pas des emplois au service d'un particulier ou d'une personne morale de droit privé, quelles que soient les tâches qui incombent à l'employé[139].
Tous les emplois relevant d'un organisme public ne sont pas visés mais seulement

> « ceux qui impliquent une participation directe ou indirecte à l'exercice de la puissance publique et aux fonctions qui ont pour objet la sauvegarde des intérêts généraux de l'Etat ou des autres collectivités publiques »[140].

Entrent dans cette catégorie des emplois dans des domaines tels que la police, la justice, la défense, l'administration fiscale ou les relations extérieures, mais non ceux qui relèvent de fonctions sociales comme par exemple l'enseignement[141], la recherche[142] ou la santé[143], et des fonctions économiques comme la poste, les chemins de fer[144] ou l'électricité[145].
La Cour a eu à se prononcer sur la situation spécifique des capitaines de navire[146]. Elle a relevé que la plupart des législations nationales des Etats membres confèrent aux capitaines des navires de pêche battant pavillon national

> « des prérogatives liées au maintien de la sécurité et à l'exercice de pouvoirs de police, notamment en cas de danger à bord, assorties, le cas échéant, de pouvoirs d'enquête, de coercition ou de sanction, allant au-delà de la simple contribution au maintien de la sécurité publique à laquelle tout individu peut être tenu ».

---

[138] Jurisprudence inaugurée par CJ, 12 février 1974, *Sotgiu*, 152/73.
[139] CJ, 31 mai 2001, *Commission c. Italie*, C-283/99.
[140] CJ, 17 décembre 1980, *Commission c. Belgique*, 149/79.
[141] CJ, 2 juillet 1996, *Commission c. Luxembourg,* C-473/93.
[142] CJ, 16 juin 1987, *Commission c. Italie*, 225/85.
[143] CJ, 3 juin 1986, *Commission c. France*, 307/84, à propos des emplois du cadre infirmier dans les hôpitaux publics ; voy. aussi CJ, 9 septembre 2003, *Burbaud*, C-285/01.
[144] CJ, 26 mai 1982, *Commission c. Belgique*, 149/79.
[145] CJ, 30 mai 1989, *Allué et Coonan*, 33/88.
[146] CJ, 30 septembre 2003, *Anker e.a.*, C-47/02.

Selon la Cour, ces fonctions «constituent une participation à l'exercice de prérogatives de puissance publique aux fins de la sauvegarde des intérêts généraux de l'Etat du pavillon», et

> «[l]a circonstance que les capitaines sont employés par une personne physique ou morale de droit privé n'est pas, en tant que telle, de nature à écarter l'applicabilité de l'article 39, par. 4, CE dès lors qu'il est établi que, pour l'accomplissement des missions publiques qui leur sont dévolues, les capitaines agissent en qualité de représentants de la puissance publique, au service des intérêts généraux de l'Etat du pavillon».

Mais elle a ajouté qu'il faut que ces prérogatives soient effectivement exercées de façon habituelle par leur titulaire et ne représentent pas une part très réduite de leurs activités, ce qui n'est pas le cas pour

> «les emplois de capitaine de navires pratiquant la petite pêche hauturière, qui consistent pour l'essentiel à diriger des bateaux de petite taille, comportant un équipage réduit, et à participer directement à la pêche et à la transformation des produits de la pêche, constituent des emplois dans lesquels la fonction de représentation de l'Etat du pavillon occupe, en pratique, une place insignifiante».

D. Situation des travailleurs des Etats membres entrés dans l'Union en 2004 et 2007

629. Lors des élargissements de 2004 et de 2007, les actes d'adhésion ont prévu des dispositions dérogatoires en matière de libre circulation des travailleurs[147].

Pendant une première période de deux ans, les anciens Etats membres ont pu continuer à appliquer leur droit national et imposer aux travailleurs en provenance des nouveaux Etats membres un permis de travail pour accéder au marché du travail. A l'issue de ces deux ans, les restrictions à la libre circulation des travailleurs peuvent être maintenues par les anciens Etats membres, pour autant qu'ils les notifient à la Commission. Les nouveaux Etats membres sont libres d'imposer des restric-

---

[147] Annexes sur les mesures transitoires des actes relatifs aux conditions d'adhésion de la République tchèque, l'Estonie, la Lettonie, la Lituanie, la Hongrie, Malte, la Pologne, la Slovénie et la Slovaquie, *JO*, n° L 236, 23 septembre 2003, et de l'acte relatif aux conditions d'adhésion de la République de Bulgarie et de la Roumanie, *JO*, n° 157, 21 juin 2005. Des mesures transitoires avaient aussi été adoptées lors de l'entrée de l'Espagne et du Portugal en 1986.

tions réciproques aux travailleurs originaires des anciens Etats membres ayant décidé de telles mesures. Enfin, après cette période de cinq ans, qui a expiré le 1er mai 2009 pour les Etats entrés dans l'Union européenne en 2004, les anciens Etats membres peuvent prolonger les mesures restrictives, pour une ultime période de deux ans, mais seulement s'ils constatent l'existence ou un risque de graves perturbations sur leur marché de l'emploi.

2. L'exercice d'une activité indépendante : la liberté d'établissement et de prestation de services

A. Bénéficiaires

630. Le droit d'établissement consacré par l'article 49 du traité FUE (ex-article 43 CE) et la libre prestation de services consacrée par l'article 56 du traité FUE (ex-article 49 CE) visent «l'exercice d'activités non salariées dans le secteur de l'industrie, du commerce, de l'artisanat, de l'agriculture ou au titre de profession libérale».

Ces activités doivent avoir un caractère économique, c'est-à-dire être fournies en échange d'une contrepartie économique. Ainsi, dans le domaine du sport, la jurisprudence a fait une distinction entre le sport professionnel ou semi-professionnel qui entre dans le champ d'application du traité et le sport amateur qui y échappe[148]. Dans le domaine de l'enseignement, elle a considéré que les cours dispensés dans le cadre du système d'éducation nationale ne peuvent être qualifiés de services au sens du traité CE devenu traité FUE, y compris les cours dispensés dans un institut d'enseignement supérieur dont le financement est assuré, pour l'essentiel, par des fonds publics[149]. En revanche, les cours dispensés dans des établissements d'enseignement financés pour l'essentiel par des fonds privés, notamment par les étudiants ou leurs parents, et qui cherchent à réaliser un bénéfice commercial relèvent de la notion de service[150].

631. Comme le souligne le considérant 33 de la directive services, les services regroupent

> «une grande variété d'activités en constante évolution parmi lesquelles on retrouve les services aux entreprises tels que les services

---

[148] Voir CJ, 12 décembre 1974, *Walrave et Koch*, 36/74 ; 15 décembre 1995, précité ; 11 avril 2000, *Deliège*, C-51/96 et C-191/97.
[149] CJ, 27 septembre 1988, *Humbel*, 263/86, et 7 décembre 1993, *Wirth*, C-109/92.
[150] CJ, 7 décembre 1993, précité.

de conseil en management et gestion, les services de certification et d'essai, de gestion des locaux et notamment d'entretien des bureaux, les services de publicité ou liés au recrutement ou encore les services des agents commerciaux. Les services couverts englobent également les services fournis à la fois aux entreprises et aux consommateurs, tels que les services de conseil juridique ou fiscal, les services liés à l'immobilier, comme les agences immobilières, ou à la construction, y compris les services des architectes, la distribution, l'organisation des foires commerciales, la location de voitures et les agences de voyage. Les services aux consommateurs sont également compris, notamment ceux dans le domaine du tourisme, y compris les guides touristiques, les services de loisir, les centres sportifs et les parcs d'attraction ainsi que, dans la mesure où ils ne sont pas exclus du champ d'application de la directive, les services à domicile, comme le soutien aux personnes âgées. Ces activités peuvent concerner à la fois des services qui nécessitent une proximité entre prestataire et destinataire, des services qui impliquent un déplacement du destinataire ou du prestataire et des services qui peuvent être fournis à distance, y compris via l'internet».

632. Le droit d'établissement et la libre prestation de services sont accordés non seulement aux personnes physiques, mais aussi aux personnes morales que sont les sociétés. Pour ce qui est des sociétés, il doit s'agir de sociétés constituées en conformité de la législation d'un Etat membre et qui ont leur siège, leur administration centrale ou leur principal établissement à l'intérieur de l'Union européenne (article 54 TFUE, ex-article 48 CE). S'agissant des personnes physiques, il s'agit des «ressortissants d'un Etat membre». Toutefois, les membres de la famille d'un ressortissant d'un Etat membre qui a fait usage de son droit de libre circulation et qui bénéficient du droit de séjour dans un autre Etat membre, ont le droit d'y entamer une activité lucrative à titre de travailleur salarié ou de non-salarié, qu'ils soient ou non ressortissants d'un Etat membre de l'Union[151]. Pour bénéficier de la libre prestation de service, le prestataire de services doit, en outre, avoir un lien avec un Etat membre, dans lequel il exerce son activité à titre principal.

Comme les règles en matière de libre circulation des travailleurs, les règles relatives à la liberté d'établissement et de prestation de services ne s'appliquent pas à des situations dont tous les

---

[151] Voy. *supra*, n° 614.

éléments se cantonnent à l'intérieur d'un seul Etat membre, telle que celle d'un litige entre une société de conseil en recrutement allemande et une entreprise allemande, concernant le recrutement d'un ressortissant allemand[152]. Ici aussi, la circonstance que le prestataire de service a acquis ses qualifications professionnelles dans un autre Etat membre suffit à exclure la présence d'une situation purement interne.

B. Distinction entre établissement et libre prestation de services

633. L'établissement implique la possibilité pour un ressortissant de l'Union de participer, de façon stable et continue, à la vie économique d'un Etat membre autre que son Etat d'origine. Il suppose l'exercice effectif d'une activité économique au moyen d'une infrastructure stable et pour une durée indéterminée[153]. L'établissement peut être un établissement à titre principal ou à titre secondaire, ce qui implique le droit de posséder plus d'un centre d'activité dans l'Union, notamment, dans le cas des sociétés, par la création d'agences, de succursales ou de filiales et, dans le cas des membres des professions libérales, par la création d'un deuxième domicile professionnel[154].

La libre prestation de services se caractérise quant à elle par l'absence de caractère stable et continu de la participation à la vie économique de l'Etat membre d'accueil[155].

634. Comme il ressort de la jurisprudence constante de la Cour, la distinction entre établissement et prestation de services est à apprécier au cas par cas, en prenant en compte non seulement la durée de la prestation, mais également sa fréquence, sa périodicité ou sa continuité[156]. Aucune limite de temps générale ne peut être fixée pour distinguer entre établissement et prestation de services[157]. De plus, le caractère temporaire de la prestation n'exclut pas la possibilité pour le prestataire de se doter, dans l'Etat d'accueil, d'une certaine infrastructure (y compris un

---

[152] CJ, 23 avril 1991, *Höfner*, C-41/90.
[153] CJ, 25 juillet 1991, *Factortame*, C-221/89.
[154] CJ, 7 juillet 1988, *Wolf*, 154 et 155/87.
[155] CJ, 13 février 2003, *Commission c. Italie*, C-131/01.
[156] CJ, 30 novembre 1995, *Gebhard*, C-55/94; 11 décembre 2003, *Schnitzer*, C-215/01.
[157] CJ, 11 décembre 2003, précité; 11 septembre 2007, *Schwarz*, C-76/05, qui précise «qu'il n'est pas nécessaire que ce financement privé soit assuré principalement par les élèves ou leurs parents».

bureau, cabinet ou étude) dans la mesure où cette infrastructure est nécessaire aux fins de l'accomplissement de la prestation en cause[158].

635. Le traité d'origine avait accordé une attention particulière aux prestations de services qui se traduisent par un déplacement du professionnel dans l'Etat où il doit accomplir sa prestation. Mais la libre prestation de services s'applique aussi lorsque la prestation est fournie à l'occasion du déplacement du destinataire de services et inclut donc la liberté des destinataires des services de se rendre dans un autre Etat membre pour y bénéficier d'un service[159], ou lorsque c'est le service lui-même qui «franchit» la frontière sans déplacement des parties (par exemple les émissions de télévision).

C. L'égalité de traitement

636. Elle implique l'élimination de toutes les discriminations fondées sur la nationalité mais également, pour la libre prestation de services, sur le lieu de résidence. En particulier, il est interdit d'exiger une résidence permanente sur le territoire où la prestation doit être fournie, ce qui constituerait la négation même de cette liberté.

A cette fin, le traité d'origine avait prévu une suppression progressive des restrictions au cours de la période de transition, avec la mise en place de programmes généraux de libération mais, à la fin de la période de transition, ces programmes n'avaient pas encore été adoptés. Cette carence a été palliée par la Cour de justice. Elle a en effet considéré que la règle de traitement national consacrée par les dispositions relatives au droit d'établissement et à la libre prestation de services avait effet direct et pouvait donc être invoquée devant les juridictions nationales[160]. Cela a permis d'écarter toutes les mesures discriminatoires entravant le droit d'établissement ou la libre prestation de services, même en l'absence d'harmonisation des législations nationales. Comme cette suppression a été réalisée, l'article 49 du traité FUE (ex-article 43 CE) et l'article 56 du traité FUE (ex-article 49 CE) se bornent désormais à prévoir

---

[158] CJ, 30 novembre 1995 et 11 décembre 2003, précités.

[159] CJ, 31 janvier 1984, *Luisi et Carboni*, 286/82 et 26/83.

[160] Voy. *supra*, n° 455.

que les restrictions à la liberté d'établissement et à la libre prestation de services « sont interdites ».

637. A côté des discriminations ostensibles, sont prohibées
toutes les formes dissimulées de discrimination qui, par application d'autres critères de distinction, aboutissent en fait au même
résultat. Tel est le cas de règles selon lesquelles seules les entreprises détenues par des ressortissants nationaux peuvent exercer
une activité de service donnée ou imposant que les gérants d'une
société résident sur le territoire national[161].
Sont visées les discriminations dans l'accès à une activité comme
dans l'exercice de celle-ci. Sont donc interdites les règles rendant
l'exercice d'une activité plus contraignant pour les prestataires
étrangers que pour les opérateurs domestiques en imposant des
exigences discriminatoires à l'accès à des biens ou équipements
nécessaires à la prestation du service[162].

D. Exception

638. Ne bénéficient pas du droit d'établissement et de la liberté
de prestation de services les « activités participant dans un Etat
membre, même à titre occasionnel, à l'exercice de l'autorité
publique » (article 51 TFUE, ex-article 45 CE). Cette notion est
interprétée strictement par la Cour de justice, qui a refusé de
l'appliquer aux activités des avocats[163], des entreprises de sécurité[164] et des commissaires agréés auprès des entreprises d'assurances[165]. La question est en revanche posée et non résolue
pour les notaires ou les huissiers.

3. Du traitement national à la suppression des entraves
aux libertés professionnelles reconnues par le traité

639. La réalisation effective des libertés professionnelles ne
suppose pas seulement la suppression des mesures de discrimi-

---

[161] CJ, 27 novembre 1997, *Commission c. Grèce*, C-62/96; 29 octobre 1998,
Commission c. Espagne, C-114/97.
[162] CJ, 18 juin 1985, *Steinhauser*, 197/84 : la ville de Biarritz permettait uniquement aux ressortissants nationaux de demander l'attribution d'un local appartenant à son domaine public pour l'exposition et la vente de leurs produits artisa-
naux.
[163] CJ, 21 juin 1974, *Reyners*, 2/74.
[164] CJ, 31 mai 2001, précité; 26 janvier 2006, *Commission c. Espagne*, C-514/03.
[165] CJ, 13 juillet 1993, *Thijssen*, C-42/92.

nation. En effet, selon une jurisprudence constante, les règles consacrant ces libertés visent à faciliter, pour les ressortissants de l'Union européenne, l'exercice d'activités professionnelles de toute nature sur l'ensemble du territoire de l'Union et s'opposent aux mesures qui pourraient défavoriser ces ressortissants lorsqu'ils souhaitent exercer une activité économique sur le territoire d'un autre Etat membre, même si elles s'appliquent indépendamment de la nationalité des travailleurs concernés[166]. Comme l'a rappelé la Cour dans un arrêt du 15 septembre 2005[167], elles

> «n'interdi[sen]t pas seulement toute discrimination, directe ou indirecte, fondée sur la nationalité, mais également les réglementations nationales qui, bien qu'applicables indépendamment de la nationalité des travailleurs concernés, comportent des entraves à la libre circulation de ceux-ci».

La Cour[168] en a déduit que

> «les ressortissants des Etats membres disposent en particulier du droit, qu'ils tirent directement du traité, de quitter leur Etat d'origine pour se rendre sur le territoire d'un autre Etat membre et y séjourner afin d'y exercer une activité économique».

640. C'est dans le domaine de la liberté d'établissement et de prestation de services que le problème s'est le plus posé, en raison de la présence de nombreuses règles régissant l'accès aux activités indépendantes et leur exercice dans les différents Etats membres. Le traité prévoit, depuis l'origine, l'adoption de directives visant «une coordination des dispositions nationales relatives à l'accès aux professions non salariées et à leur exercice» (article 53 TFUE, ex-article 47 CE).

Le Conseil a ainsi adopté des directives d'harmonisation dans plusieurs domaines: activités médicales et paramédicales, services financiers[169] ou encore transports[170]. Mais qu'en est-il en l'absence de directives d'harmonisation?

---

[166] Voy., dans le domaine de la liberté de circulation des travailleurs, CJ, 7 juillet 1992, *Singh*, C-370/90; 15 juin 2000, *Sehrer*, C-302/98; 12 décembre 2002, *De Groot*, C-385/00; 2 octobre 2003, *Van Lent*, C-232/01; dans le domaine de la liberté d'établissement et de prestation de services, CJ, 30 novembre 1995, précité.
[167] *Commission c. Danemark*, C-464/02; voy. aussi CJ, 1er avril 2008 précité.
[168] CJ, 11 janvier 2007, *ITC*, C-208/05, et la jurisprudence citée.
[169] Voy. *infra*, n°s 822 et s.
[170] Voy. *infra*, n°s 846 et s.

641. S'agissant du droit d'établissement, la Cour a rendu un arrêt de principe le 30 novembre 1995[171] dont voici les principaux enseignements :

> « La possibilité pour un ressortissant d'un Etat membre d'exercer son droit d'établissement et les conditions de son exercice doivent être appréciées en fonction des activités qu'il entend pratiquer sur le territoire de l'Etat d'accueil.
>
> Lorsque l'accès à une activité spécifique n'est soumis à aucune réglementation dans l'Etat d'accueil, le ressortissant de tout autre Etat membre a le droit de s'établir sur le territoire du premier Etat et d'y exercer cette activité. En revanche, lorsque l'accès à une activité spécifique, ou l'exercice de celle-ci, est subordonné dans l'Etat membre d'accueil à certaines conditions, le ressortissant d'un autre Etat membre, entendant exercer cette activité, doit en principe y répondre ».

Toutefois, ajoute la Cour,

> « [l]es mesures nationales susceptibles de gêner ou de rendre moins attrayant l'exercice des libertés fondamentales garanties par le traité doivent remplir quatre conditions : qu'elles s'appliquent de manière non discriminatoire, qu'elles se justifient par des raisons impérieuses d'intérêt général, qu'elles soient propres à garantir la réalisation de l'objectif qu'elles poursuivent et qu'elles n'aillent pas au-delà de ce qui est nécessaire pour l'atteindre ».

642. Le considérant 40 de la directive services résume la notion de « raisons impérieuses d'intérêt général », telle qu'elle a été définie par la jurisprudence, et qui couvre au moins les justifications suivantes :

> « l'ordre public, la sécurité publique et la santé publique (…), le maintien de l'ordre social, des objectifs de politique sociale, la protection des destinataires de services, la protection des consommateurs, la protection des travailleurs, y compris la protection sociale des travailleurs, le bien-être des animaux, la préservation de l'équilibre financier du système de sécurité sociale, la lutte contre la fraude, la lutte contre la concurrence déloyale, la protection de l'environnement et de l'environnement urbain, y compris l'aménagement du territoire, la protection des créanciers, la protection de la bonne administration de la justice, la sécurité routière, la protection de la propriété intellectuelle, des objectifs de politique culturelle, y compris la sauvegarde de la liberté d'expression de différentes

(171) *Gebhard* précité.

composantes, notamment les valeurs sociales, culturelles, religieuses et philosophiques de la société, la nécessité de garantir un niveau élevé d'éducation, le maintien du pluralisme de la presse et la promotion de la langue nationale, la préservation du patrimoine historique et artistique national, et la politique vétérinaire».

643. Dans le domaine de la liberté de prestation de services, il convient selon la jurisprudence de tenir compte aussi de la nature spécifique de la prestation de services. La réalisation de la prestation en libre prestation ne saurait être subordonnée à l'observation de toutes les conditions requises en vue de l'établissement, sous peine de priver de tout effet utile les dispositions du traité destinées précisément à assurer la libre prestation de services[172]. Par conséquent, la législation applicable aux ressortissants d'un Etat et visant normalement une activité permanente des entreprises établies dans celui-ci ne doit pas nécessairement être appliquée intégralement à des activités de caractère temporaire exercées par des entreprises établies dans d'autres Etats membres. Cela signifie que les Etats membres doivent, le cas échéant, admettre l'activité sur leur territoire de prestataires qui seront soumis à des exigences moindres que celles qui sont imposées aux personnes et aux entreprises établies sur leur territoire[173].

La Cour a cependant établi une réserve importante, pour ce qui concerne les exigences justifiées par l'intérêt général, notamment les règles d'organisation, de qualification, de déontologie, de contrôle et de responsabilité, incombant à toute personne établie sur le territoire de l'Etat où la prestation est fournie[174].

644. Cette spécificité de la libre prestation de services est reconnue dans une directive du Parlement et du Conseil du 7 septembre 2005[175]. Elle pose en effet en principe qu'un ressortissant de l'Union légalement établi dans un Etat membre peut prester des services de façon temporaire et occasionnelle dans un autre Etat membre sous son titre professionnel d'origine, sans devoir demander la reconnaissance de ses qualifications.

---

[172] CJ, 26 février 1991, *Commission c. France*, C-154/89.
[173] CJ, 9 juillet 1997, *Parodi*, C-222/95; 23 novembre 1999, *Arblade e.a*, C-369/96 et C-376/96.
[174] CJ, 17 décembre 1981, *Webb*, 279/80.
[175] *JO*, n° L 255, 30 septembre 2005, p. 22. L'objet principal de cette directive est la reconnaissance mutuelle des qualifications professionnelles; voy. à ce sujet *infra*, n°s 652 et s.

Toutefois, le prestataire doit en outre justifier de deux années d'expérience professionnelle lorsque la profession en cause n'est pas réglementée dans l'Etat où il est établi à titre principal.

L'Etat membre d'accueil doit dispenser les prestataires de services établis dans un autre Etat membre des exigences imposées aux professionnels établis sur son territoire relatives à l'inscription ou l'affiliation à une organisation professionnelle ou à un organisme professionnel. Il peut cependant exiger que, lorsque le prestataire se déplace d'un Etat membre à l'autre pour la première fois pour fournir des services, il en informe préalablement l'autorité compétente de l'Etat membre d'accueil par une déclaration écrite, renouvelée le cas échéant annuellement.

Enfin, la directive dispose que

> «[s]'il se déplace, un prestataire est soumis aux règles de conduite de caractère professionnel, réglementaire ou administratif en rapport direct avec les qualifications professionnelles telles que la définition de la profession, l'usage des titres et les fautes professionnelles graves qui ont un lien direct et spécifique avec la protection et la sécurité des consommateurs, ainsi qu'aux dispositions disciplinaires applicables dans l'Etat membre d'accueil aux professionnels qui y exercent la même profession».

4. La directive relative aux services dans le marché intérieur[176]

645. Cette directive, qui devait être transposée pour le 28 décembre 2009, a pour objectif de faciliter la liberté d'établissement et de prestation de services au sein de l'Union européenne, tout en renforçant les droits des destinataires des services et en promouvant la qualité des services. Elle établit aussi une coopération administrative plus efficace entre les Etats membres.

La directive exclut de son champ d'application de nombreux services : les services financiers, les services de communications électroniques et les services audiovisuels, les services de transport, les services des agences de travail intérimaire, les services de soins de santé, les activités de jeux d'argent, les services sociaux relatifs au logement social, à la garde d'enfants et à l'aide aux personnes dans le besoin, les services de sécurité privée et les services fournis par les notaires et les huissiers de justice.

---

[176] Directive 2006/123/CE du Parlement européen et du Conseil, du 12 décembre 2006, *JO*, n° L 376, 27 décembre 2006, p. 68, ci-après la directive services.

A. Liberté d'établissement et liberté de prestation de services

646. Les Etats membres doivent examiner et, le cas échéant, simplifier les procédures et formalités applicables pour accéder à une activité de services et l'exercer. En particulier, la directive prévoit la mise en place de guichets uniques auprès desquels un prestataire pourrait accomplir toutes les formalités nécessaires pour exercer son activité et l'obligation de rendre possible l'accomplissement de ces procédures par voie électronique.

647. Pour faciliter la liberté d'établissement, la directive prévoit :

– l'obligation d'évaluer la compatibilité des régimes d'autorisation à la lumière des principes de non-discrimination, de nécessité et de proportionnalité et de respecter certains principes quant aux conditions et procédures d'autorisation applicables aux activités de services ;
– l'interdiction de certaines exigences juridiques subsistant dans les législations de certains Etats membres et ne pouvant être justifiées, telles que des exigences fondées directement ou indirectement sur la nationalité, des exigences limitant l'établissement de prestataires de services à un seul Etat membre ou limitant le choix du prestataire de services entre un établissement à titre principal ou secondaire, des conditions de réciprocité, des tests économiques ou encore l'intervention d'opérateurs concurrents dans les décisions des autorités compétentes ;
– l'obligation d'évaluer la compatibilité d'un certain nombre d'autres exigences juridiques, susceptibles d'être justifiées par des raisons impérieuses d'intérêt général[177], à la lumière des principes de non-discrimination, de nécessité et de proportionnalité. Cela concerne principalement les exigences consistant en des limites quantitatives ou territoriales, l'obligation d'être constitué sous une forme juridique particulière, l'obligation de disposer d'un capital minimum, des règles réservant la prestation de certains services à des prestataires particuliers, l'obligation de disposer d'un nombre minimum de salariés…

648. Afin de renforcer la libre prestation de services, la proposition initiale de la Commission avait prévu de soumettre celle-ci

---

[177] Voy. *supra*, n° 642, la liste des exigences impérieuses.

au «principe du pays d'origine» mais cette proposition a soulevé une levée de boucliers.

Dans sa version définitive, la directive telle qu'adoptée par le Parlement européen et le Conseil impose seulement aux Etats membres de «garantir le libre accès à l'activité de service ainsi que son libre exercice sur leur territoire» et de ne pas subordonner l'accès à une activité de service ou son exercice sur leur territoire à des exigences qui ne satisfont pas aux principes de non-discrimination, de nécessité et de proportionnalité. Mais, après avoir donné quelques exemples d'exigences interdites, elle ajoute que ses dispositions

> «n'empêchent pas l'Etat membre dans lequel le prestataire de services se déplace d'imposer le respect de ses propres exigences lorsque ces exigences sont justifiées pour des raisons relatives à l'ordre public, la sécurité publique, la santé publique ou la protection de l'environnement».

En d'autres termes, l'Etat d'accueil ne peut imposer le respect de ses exigences que si celles-ci sont justifiées par l'une des quatre raisons ainsi énumérées. Il n'est pas question ici de la longue liste des raisons impérieuses d'intérêt général, applicables en matière de liberté d'établissement et on n'est pas très loin du principe de départ si décrié, rebaptisé reconnaissance mutuelle. Toutefois, les dispositions de la directive n'empêchent pas l'Etat d'accueil «d'appliquer, conformément au droit communautaire, ses règles en matière de conditions d'emploi, y compris celles énoncées dans des conventions collectives». Elles réservent aussi l'application de la directive sur le détachement des travailleurs, ainsi que la directive sur la reconnaissance mutuelle des diplômes. Enfin, les services d'intérêt économique général ne sont pas concernés[178].

B. Droits des destinataires de services

649. Les Etats membres ne peuvent imposer au destinataire de services ni des exigences qui restreignent l'utilisation d'un service fourni par un prestataire ayant son établissement dans un autre Etat membre, notamment l'obligation d'obtenir une autorisation de leurs autorités compétentes ou de faire une déclaration auprès de celles-ci, ni des limites à l'octroi d'aides

---

[178] Voy. à ce sujet *infra*, n°s 712 et s

financières, pour des raisons liées à l'Etat où le prestataire est établi ou au lieu où le service est fourni. Ils doivent aussi veiller à ce que le destinataire ne soit pas soumis à des exigences ou conditions discriminatoires fondées sur sa nationalité ou son lieu de résidence.

Le destinataire de services doit avoir accès dans l'Etat membre dans lequel il réside à une information sur les prestataires et leurs services ainsi qu'à des informations générales sur les exigences applicables dans les autres Etats membres quant à l'accès aux activités de services et à leur exercice, en particulier celles qui ont trait à la protection des consommateurs et sur les voies de recours disponibles en cas de litiges entre un prestataire et un destinataire.

C. Qualité du service

650. La directive vise à renforcer la qualité des services en encourageant par exemple la certification volontaire des activités ou l'élaboration de chartes de qualité et à encourager l'élaboration de codes de conduite européens, en particulier par des organismes ou associations professionnels.

D. Coopération administrative

651. La directive impose l'obligation pour les Etats membres de coopérer avec les autorités d'autres Etats membres afin d'assurer un contrôle efficace des activités de services au sein de l'Union tout en évitant une multiplication des contrôles. Elle crée un mécanisme d'alerte entre Etats membres en cas de circonstances ou faits graves et précis en rapport avec une activité de service, susceptibles de causer un préjudice grave à la santé ou à la sécurité des personnes ou à l'environnement.

5. *Reconnaissance des qualifications professionnelles*

652. Pour faciliter le droit d'établissement et la libre prestation de services, le traité de Rome avait prévu l'adoption de directives visant à une reconnaissance mutuelle des diplômes, certificats et autres titres (article 53 TFUE, ex-article 47 CE).

Deux types de directives ont vu le jour sur cette base : d'une part, des directives sectorielles concernant les professions de la santé et la profession d'architecte ; d'autre part, des directives générales. Elles ont été remplacées par la directive 2005/36/CE du Parlement européen et du Conseil du 7 septembre 2005, qui devait être transposée pour le 20 octobre 2007.

Sur nombre de points, cette directive reprend les dispositions antérieures, tout en visant à encourager une plus grande automaticité dans la reconnaissance des qualifications et à simplifier les procédures administratives. Elle s'applique à tout ressortissant d'un Etat membre voulant exercer une profession réglementée dans un Etat membre autre que celui où il a acquis ses qualifications professionnelles soit à titre indépendant, soit à titre salarié.

A. Régime général

653. Ce régime s'applique à toutes les professions qui ne font pas l'objet de règles de reconnaissance spécifiques. Il repose sur le principe de reconnaissance mutuelle, sans préjudice de l'application de mesures de compensation, sous forme d'un stage d'adaptation ou d'une épreuve d'aptitude, en cas de différences substantielles entre la formation acquise par l'intéressé et celle exigée dans l'Etat membre d'accueil. Le choix entre les deux formes de compensation appartient normalement au demandeur.

654. Lorsque, dans un Etat membre d'accueil, l'accès à une profession ou son exercice est réglementé, c'est-à-dire soumis à la possession de qualifications professionnelles déterminées, l'autorité compétente de cet Etat membre permet l'accès à cette profession et son exercice dans les mêmes conditions que pour les nationaux aux demandeurs qui possèdent l'attestation de compétences ou le titre de formation qui est prescrit par un autre Etat membre pour accéder à cette même profession sur son territoire ou l'y exercer, dès lors que ce titre de formation ou cette attestation de connaissance atteste d'un niveau de formation au moins équivalent au niveau immédiatement inférieur à celui exigé dans l'Etat membre d'accueil. Si, dans l'Etat membre d'origine du demandeur, l'accès à une profession ou son exercice n'est pas soumis à la possession de qualifications professionnelles déterminées, celui-ci doit, afin de pouvoir accéder à la profession dans un Etat membre d'accueil qui réglemente cette profession, justifier de deux années d'expérience professionnelle à temps plein au cours des dix années précédentes en plus du titre de formation.

655. Une nouveauté de la directive est d'établir une distinction entre cinq niveaux de qualifications professionnelles, à savoir :

- l'attestation de compétences délivrée par une autorité compétente de l'Etat membre d'origine qui atteste soit d'une formation générale du niveau de l'enseignement primaire ou secondaire attestant que son titulaire possède des connaissances générales, soit d'une formation ne faisant pas partie d'un certificat ou d'un diplôme, soit d'un examen spécifique sans formation préalable, soit d'une expérience professionnelle de trois années ;
- le certificat qui correspond à une formation du niveau de l'enseignement secondaire soit technique ou professionnel, soit général, complété par un cycle professionnel ;
- le diplôme sanctionnant une formation du niveau de l'enseignement postsecondaire, d'une durée minimale d'un an, ou une formation de niveau professionnel comparable en termes de responsabilités et fonctions ;
- le diplôme sanctionnant une formation du niveau de l'enseignement supérieur ou universitaire, d'une durée minimale de trois ans et n'excédant pas quatre ans ;
- le diplôme sanctionnant une formation du niveau de l'enseignement supérieur ou universitaire, d'une durée minimale de quatre ans.

B. Activités industrielles, commerciales et artisanales

656. Les activités industrielles, artisanales et commerciales énumérées dans la directive font l'objet d'une reconnaissance automatique des qualifications attestées par l'expérience professionnelle, qui doit répondre à des conditions de durée et de forme. La formation préalable est également prise en considération et peut réduire la durée de l'expérience professionnelle exigée.

C. Professions de médecin, d'infirmier, de dentiste, de vétérinaire, de sage-femme, de pharmacien et d'architecte

657. Ces professions font l'objet, comme dans les directives sectorielles antérieures, d'une reconnaissance automatique des titres de formation sur la base d'une coordination des conditions minimales de formation, y compris quant à la durée minimale d'études.

6. *Les prestations de sécurité sociale*

658. Pour permettre l'exercice de la liberté de circulation des travailleurs des Etats membres, il est indispensable que ces derniers bénéficient, en cas de déplacement, du maintien d'une protection sociale. A cette fin, l'article 42 du traité CE disposait que

> «le Conseil statuant à l'unanimité sur proposition de la Commission adopte, dans le domaine de la sécurité sociale, les mesures nécessaires pour l'établissement de la libre circulation des travailleurs».

L'article 48 du traité FUE en reprend la teneur mais en rendant la procédure législative ordinaire applicable; il confirme aussi que les règles en matière de sécurité sociale visent les travailleurs migrants salariés et non salariés. Les règlements adoptés en application de cette disposition visent la coordination des régimes nationaux de sécurité sociale, leur harmonisation s'avérant impossible, compte tenu de leurs nombreuses divergences.

659. Le règlement de base est le règlement 1408/71 du 14 juin 1971 du Conseil, modifié à de très nombreuses reprises, et «relatif à l'application des régimes de sécurité sociale aux travailleurs salariés, aux travailleurs non salariés, ainsi qu'aux membres de leur famille qui se déplacent à l'intérieur de la Communauté». Il vise toutes les législations relatives aux branches de sécurité sociale qui concernent: les prestations de maladie et de maternité, les prestations d'invalidité, les prestations de vieillesse, les prestations des survivants, les prestations d'accident du travail et de maladie professionnelle, les allocations de décès, les prestations de chômage, les prestations familiales.

A. Egalité de traitement

660. Les bénéficiaires du règlement qui résident sur le territoire de l'un des Etats membres sont soumis aux obligations et sont admis au bénéfice de la législation de tout autre Etat membre dans les mêmes conditions que les ressortissants de celui-ci.

B. Non-cumul des prestations

661. Le règlement ne confère ni ne maintient le droit de bénéficier de plusieurs prestations de même nature se rapportant à une même période d'assurance obligatoire (sauf invalidité, vieillesse, décès, maladies professionnelles). Cette règle vise à éviter le cumul injustifié de prestations de même nature pour la même période.

C. Unicité de la législation

662. La personne qui exerce une activité salariée ou non salariée sur le territoire d'un Etat membre est soumise à la législation de cet Etat membre, même si elle réside sur le territoire d'un autre Etat membre. La législation applicable est celle du lieu où le travailleur exerce son activité.

La Cour a jugé que, dès lors que l'article 42 du traité CE prévoit «une coordination des législations des Etats membres, et non leur harmonisation, les différences de fond et de procédure entre les régimes de sécurité sociale de chaque Etat membre, et partant, dans les droits des personnes y affiliées», ne peuvent être considérées comme une violation du droit de libre circulation des citoyens de l'Union garantie par l'article 18 du traité CE (devenu article 21 TFUE)[179].

D. Totalisation des périodes

663. Lorsqu'une législation nationale subordonne l'acquisition, le maintien ou le recouvrement du droit aux prestations à l'accomplissement de périodes d'assurances, d'emploi ou de résidence, il est tenu compte desdites périodes accomplies sous la législation de tout autre Etat membre, comme s'il s'agissait de périodes accomplies sous la législation nationale.

IV. La liberté de circulation des capitaux

664. La liberté de circulation des capitaux, qui constitue la quatrième liberté du marché intérieur, est totale (1). Néanmoins, des mesures de protection peuvent être décidées vis-à-vis des capitaux des pays tiers (2) et des mesures restrictives peuvent également être prévues dans le cadre de la politique étrangère et de sécurité commune (3).

---

[179] CJ, 16 juillet 2009, *von Chamier-Glisczinski*, C-208/07.

1. La libération complète des capitaux

665. L'article 63 du traité FUE (ex-article 56 CE) établit le principe de la liberté totale des mouvements de capitaux et des paiements entre les Etats membres – ce qui apparaît évident, s'agissant d'une liberté fondamentale – mais aussi avec les pays tiers. Le régime de libération avec les pays tiers est identique à celui entre Etats membres.

Une distinction est établie entre les mouvements de capitaux, qui sont des opérations financières de placement ou d'investissement et les paiements, qui sont la contrepartie à une prestation fournie (prestation sous-jacente). Tous deux doivent être libérés, ce qui implique la suppression de toutes restrictions aux mouvements de capitaux et l'abolition de toute mesure empêchant la conclusion de la prestation sous-jacente.

La Cour a ainsi jugé que l'interdiction faite par un Etat membre aux personnes résidant sur son territoire d'acquérir des titres d'emprunts émis à l'étranger constitue une restriction à la libre circulation des capitaux[180]. Elle a aussi estimé que des mesures nationales qui réglementent l'acquisition de la propriété foncière aux fins d'interdire l'installation de résidences secondaires dans certaines zones, au nom d'impératifs d'aménagement du territoire, sont soumises au respect des dispositions concernant la liberté des mouvements de capitaux, car le droit d'acquérir, d'exploiter et d'aliéner des biens immobiliers sur le territoire d'un autre Etat membre, qui constitue le complément nécessaire de la liberté d'établissement, génère, lorsqu'il est exercé, des mouvements de capitaux[181].

666. La libération totale des capitaux ne porte pas atteinte à certains droits des Etats membres, surtout dans le domaine fiscal, en vue notamment de la lutte contre la fraude fiscale (article 65 TFUE, ex-article 58 CE).

Ainsi, les Etats membres peuvent appliquer les dispositions pertinentes de leur législation fiscale qui établissent une distinction entre les contribuables qui ne se trouvent pas dans la même situation en ce qui concerne leur résidence ou le lieu où leurs

---

[180] CJ, 26 septembre 2000, *Commission c. Belgique*, C-478/98.
[181] CJ, 5 mars 2002, *Reisch*, C-515/99, C-519/99 à C-524/99 et C-526/99 à C-540/99.

capitaux sont investis[182]. Ils peuvent aussi prendre toutes dispositions pour lutter contre la fraude fiscale ; établir des règles de contrôle prudentiel des établissements financiers ; prévoir des procédures de déclaration de mouvements de capitaux à des fins d'information ou de statistiques ou encore prendre des mesures justifiées par des motifs liés à l'ordre public ou à la sécurité publique[183]. Ils peuvent encore appliquer des restrictions en matière de droit d'établissement et relatives aux capitaux et aux paiements, à condition qu'elles soient compatibles avec le droit de l'Union.

Ces mesures ne peuvent évidemment pas être une restriction déguisée à la liberté de circulation des capitaux ni être un moyen de discrimination arbitraire.

2. Les restrictions autorisées à l'égard de mouvements de capitaux avec les pays tiers

667. Elles font l'objet de l'article 64 du traité FUE (ex-article 57 CE). Le paragraphe 1 autorise le maintien des restrictions existant le 31 décembre 1993[184], en vertu du droit national ou du droit de l'Union,

> «en ce qui concerne les mouvements de capitaux à destination ou en provenance de pays tiers, lorsqu'ils impliquent des investissements directs, y compris les investissements immobiliers, l'établissement, la prestation de services financiers ou l'admission de titres sur les marchés des capitaux ne concernant que les pays tiers».

Le paragraphe 2 permet l'adoption de nouvelles mesures en matière d'investissements directs, par le Conseil et le Parlement européen conformément à la procédure législative ordinaire[185].

---

[182] La Cour a estimé, dans un arrêt du 15 juillet 2004, *Lenz*, C-315/02, que cette disposition ne permettait pas de justifier une réglementation d'un Etat membre qui permet aux seuls titulaires de revenus de capitaux d'origine nationale de choisir entre l'impôt à caractère libératoire au taux de 25% et l'impôt ordinaire sur le revenu avec application d'un taux réduit de moitié, alors qu'elle prévoit que les revenus de capitaux originaires d'un autre Etat membre sont obligatoirement soumis à l'impôt ordinaire sur le revenu sans réduction de taux.

[183] Voy., pour un exemple, CJ, 14 mars 2000, *Eglise de scientologie*, C-54/99.

[184] Ou le 31 décembre 1999, en ce qui concerne les restrictions existant en vertu des lois nationales en Bulgarie, en Estonie et en Hongrie.

[185] Dans l'ex-article 57 du traité CE, ces mesures étaient adoptées par le seul Conseil, à la majorité qualifiée, sans même la consultation du Parlement européen.

Toutefois, toute mesure qui constituerait « un pas en arrière dans le droit de l'Union en ce qui concerne la libération des mouvements de capitaux à destination ou en provenance de pays tiers » est prise par le seul Conseil statuant à l'unanimité, après consultation du Parlement européen, ajoute le paragraphe 3.

668. Par ailleurs, un paragraphe 4 a été ajouté à l'article 65 du traité FUE, aux termes duquel

« [e]n l'absence de mesures en application de l'article 64, par. 3, la Commission, ou, en l'absence d'une décision de la Commission dans un délai de trois mois à compter de la demande de l'Etat membre concerné, le Conseil peut adopter une décision disposant que les mesures fiscales restrictives prises par un Etat membre à l'égard d'un ou de plusieurs pays tiers sont réputées conformes aux traités, pour autant qu'elles soient justifiées au regard de l'un des objectifs de l'Union et compatibles avec le bon fonctionnement du marché intérieur. Le Conseil statue à l'unanimité, sur demande d'un Etat membre ».

669. Enfin, aux termes de l'article 66 du traité FUE, reprenant à l'identique l'ex-article 59 CE,

« lorsque, dans des circonstances exceptionnelles, des mouvements de capitaux en provenance ou à destination de pays tiers causent ou menacent de causer des difficultés graves pour le fonctionnement de l'Union économique et monétaire, le Conseil, statuant à la majorité qualifiée sur proposition de la Commission, après consultation de la Banque centrale européenne, peut prendre des mesures de sauvegarde à l'égard des pays tiers pour une durée n'excédant pas six mois ».

3. La liberté de circulation des capitaux et la politique étrangère et de sécurité commune

670. Avec le traité de Lisbonne, les dispositions de l'article 60 du traité CE ont été transférées, avec celles de l'article 301 de ce traité, dans la cinquième partie du traité FUE consacrée à l'action extérieure de l'Union, où elles forment le titre IV intitulé « mesures restrictives », composé d'un seul article, l'article 215 TFUE[186].

L'ex-article 60 du traité CE permettait, si le Conseil n'avait pas statué sur la mise en œuvre d'une décision communau-

---

[186] Voy. *infra*, nᵒˢ 1115 et s.

taire, l'adoption par un Etat membre de mesures unilatérales en matière de liberté de circulation des capitaux pour des raisons politiques graves et en cas d'urgence. Cette possibilité qui n'avait jamais été utilisée a été supprimée par le traité de Lisbonne.

Bibliographie sélective

AUBRY-CAILLAUD Florence, *La libre circulation des marchandises, nouvelle approche et normalisation européenne*, Paris, Pedone, 1998.

CARLIER Jean-Yves et GUILD Elspeth (dir.), *L'avenir de la libre circulation des personnes dans l'UE*, Bruxelles, Bruylant, 2006.

CATALA Nicole, «Union européenne: libre circulation des travailleurs», *Juris-classeur Europe*, fasc. 601.

GAVALDA Christian, «Etablissement», *Répertoire Dalloz. Droit communautaire*.

HAMMAMOUN Saïd, NEUWAHL, Nanette, «Le droit de séjour du conjoint non communautaire d'un citoyen de l'Union dans le cadre de la directive 2004/38», *RTDE*, 2009, p. 91.

HANF Dominik et MUÑOZ Rodolphe (dir.), *La libre circulation des personnes: Etats des lieux et perspectives*, Bruxelles, Peter Lang, 2007.

HUGLO Jean-Guy, «Droit d'établissement et libre prestation de services», *Juris-classeur Europe*, fasc. 710.

MASCLET Jean-Claude, «Libre circulation des marchandises», *Juris-classeur Europe*, fasc. 550 et 551.

MOLINIER Joël et DE GROVE-VALDEYRON Nathalie, *Droit du marché intérieur européen*, 2e éd., Paris, LGDJ, 2008.

OLIVER Peter, *Free Movement of Goods in the European Community*, London, Sweet and Maxwell Publishing, 2003.

PARLÉANI Gilbert, «Prestation de services», *Répertoire Dalloz. Droit communautaire*.

PERTEK Jacques, «La libre circulation des personnes», *in* DEFALQUE Lucette, PERTEK Jacques, STEINFELD Philippe, VIGNERON Philippe, *Libre circulation des personnes et des capitaux. Rapprochement des législations, Commentaire J. Mégret*, 3e éd., Bruxelles, Editions de l'Université de Bruxelles, 2006.

RODRIGUES Stéphane, «Chronique de Jurisprudence communautaire – Marché intérieur – Marchandises, Services et Capitaux (2007-2008)», *CDE*, 2009, p. 217.

VIGNERON Philippe et STEINFELD Philippe, «La libre circulation des capitaux», *in* DEFALQUE Lucette, PERTEK Jacques, STEINFELD Philippe, VIGNERON Philippe, *Libre circulation des personnes et des capitaux. Rapprochement des législations, Commentaire J. Mégret*, 3e éd., Bruxelles, Editions de l'Université de Bruxelles, 2006.

Section 2

Le rapprochement des législations

671. Le traité CE comportait deux dispositions spécifiquement consacrées au rapprochement des législations : l'article 94, qui figurait déjà dans le traité d'origine et l'article 95 introduit par l'Acte unique européen. Ces deux dispositions ont été maintenues presqu'inchangées dans le traité FUE mais leur ordre est inversé, l'article 95 TCE devenant l'article 114 TFUE et l'article 94 TCE, l'article 115 TFUE. Ces dispositions s'attachent à préciser les procédures à suivre et les instruments à disposition des institutions de l'Union (I) et une protection des Etats membres est assurée en cas de recours à l'article 114 TFUE (II). Leur périmètre a dû être précisé par la jurisprudence (III). Enfin, elles sont laconiques quant à la nature et au degré d'harmonisation susceptible d'être réalisée par leur biais (IV).

I. Les procédures et instruments de réalisation du rapprochement des législations

672. La procédure législative ordinaire est applicable pour la mise en œuvre de l'article 114 du traité FUE, tandis que l'article 115 prévoit une procédure législative spéciale, avec une décision unanime du Conseil, après consultation du Parlement européen. S'agissant des instruments juridiques, l'article 115 du traité FUE permet seulement l'utilisation de directives, alors que l'article 114 autorise le recours à des «mesures» de rapprochement, ce terme générique permettant l'utilisation d'autres actes que la directive, notamment le règlement ou la décision. Le législateur de l'Union n'a cependant fait que très rarement usage de cette possibilité, en raison d'une grande réticence des Etats membres qui invoquent le principe de subsidiarité pour privilégier l'instrument de la directive.

II. La protection des Etats membres organisée à l'article 114 TFUE

673. Outre la référence à un niveau de protection élevé (1), cette protection est assurée essentiellement par un dispositif de sauvegarde, qui peut se traduire par l'application de dispositions nationales (2) ou l'adoption de mesures provisoires (3).

1. Le niveau de protection élevé

674. La Commission est tenue, dans ses propositions en matière de santé, de sécurité, de protection de l'environnement et des consommateurs, de prendre pour base un niveau élevé de protection, en tenant compte notamment de toute nouvelle évolution basée sur des faits scientifiques. Dans le cadre de leurs compétences respectives, le Parlement européen et le Conseil s'efforcent également d'atteindre cet objectif.

2. L'application de dispositions nationales

675. Le dispositif initial prévu par l'Acte unique européen a été sensiblement revu par le traité d'Amsterdam ; il a ensuite été maintenu inchangé dans le traité FUE. Il est contenu aux paragraphes 4, 5 et 6 de l'article 114 TFUE et établit une distinction selon que les dispositions notifiées sont des dispositions nationales préexistant à l'harmonisation ou des dispositions nationales que l'Etat membre concerné souhaite introduire.

676. Selon le paragraphe 4, un Etat membre peut estimer nécessaire de maintenir des dispositions nationales existantes après l'adoption d'une mesure d'harmonisation. Dans une telle hypothèse, il doit notifier les mesures envisagées à la Commission en les justifiant par des exigences importantes visées à l'article 36 TFUE (ex-article 30 CE) ou relatives à la protection de l'environnement ou du milieu de travail. Il ne doit démontrer l'existence ni d'un problème qui lui est spécifique, ni de preuves scientifiques nouvelles, ces conditions n'étant applicables que dans le cadre du paragraphe 5[187].

677. Le paragraphe 5, quant à lui, est relatif à l'introduction, après l'harmonisation, de dispositions nationales nouvelles. Les dispositions nationales doivent être notifiées par l'Etat membre concerné à la Commission et être « basées sur des preuves scientifiques nouvelles relatives à la protection de l'environnement

---

[187] CJ, 20 mars 2003, *Danemark c. Commission*, C-3/00, rendu sur conclusions contraires de l'avocat général Tizzano.

ou du milieu de travail[188] en raison d'un problème spécifique de cet Etat membre, qui surgit après l'adoption de la mesure d'harmonisation». Les conditions d'application de la clause de sauvegarde figurant au paragraphe 5 sont donc beaucoup plus restrictives que celles qui figurent au paragraphe 4.

678. Dans ces deux cas, les mesures en cause doivent être notifiées à la Commission qui les approuve ou les rejette «après avoir vérifié qu'elles ne sont pas un moyen de discrimination arbitraire ou une restriction déguisée dans le commerce entre Etats membres». Selon une jurisprudence constante, les conditions applicables aux clauses de sauvegarde figurant aux paragraphes 4 et 5 sont cumulatives et «doivent toutes être remplies sous peine de rejet des dispositions nationales dérogatoires par la Commission»[189]. La Commission doit se prononcer dans un délai de six mois. En l'absence de décision dans ce délai, les dispositions nationales notifiées sont réputées approuvées. En l'absence de danger pour la santé humaine, la Commission peut toutefois prolonger la période de réflexion d'une nouvelle période pouvant aller jusqu'à six mois.

3. Les mesures provisoires

679. Enfin, le paragraphe 10 de l'article 114 TFUE vient rappeler que les mesures d'harmonisation peuvent comporter «une clause de sauvegarde autorisant les Etats membres à prendre, pour une ou plusieurs des raisons non économiques figurant à l'article 36, des mesures provisoires soumises à une procédure de contrôle de l'Union».

III. LE CHAMP D'APPLICATION DES ARTICLES 114 ET 115 DU TRAITÉ FUE

680. Il convient de se pencher sur la délimitation des domaines respectifs des articles 114 et 115 (1) et sur les conditions d'application de l'article 114 (2).

---

[188] Les motifs visés à l'article 36 TFUE ne sont pas susceptibles d'être invoqués ici.
[189] CJ, 21 janvier 2003, *Allemagne c. Commission*. C-512/99; TPI, 5 octobre 2005, *Land Oberösterreich et Autriche c. Commission*, T-366/03 et T-235/04.

1. Les domaines respectifs des articles 114 et 115 du traité FUE

681. Sous l'empire du traité CE, l'article 95 était défini comme dérogatoire à l'article 94 mais, dans la pratique, la hiérarchie était renversée puisque les institutions communautaires avaient privilégié la base juridique de l'article 95 CE, qui présentait le double avantage de l'efficacité grâce à la majorité qualifiée et de la légitimité avec la codécision, et ne recouraient plus à l'article 94 CE que lorsque l'application de l'article 95 n'était pas possible, s'agissant notamment des «dispositions fiscales, [des] dispositions relatives à la libre circulation des personnes et (…) celles relatives aux droits et intérêts des travailleurs salariés» (exclues du champ de l'application de l'article 95 CE par le paragraphe 2 de cette disposition).

Cet état de fait est consacré par le traité sur le fonctionnement de l'Union, qui intervertit l'ordre des dispositions et fait de l'article 115 une disposition s'appliquant «sans préjudice de l'article 114».

2. Les conditions d'application de l'article 114 du traité FUE

682. La Cour de justice a consacré une jurisprudence abondante aux conditions d'application de l'article 95 du traité CE dont la teneur est reprise par l'article 114 du traité FUE. Cette jurisprudence restera donc d'application. Selon ses propres termes, l'article 114 TFUE est la base juridique générale pour «les mesures relatives au rapprochement des dispositions législatives, réglementaires et administratives des Etats membres qui ont pour objet l'établissement et le fonctionnement du marché intérieur» et ce «sauf si les traités en disposent autrement».

Cela signifie que, lorsque le traité contient une base juridique spécifique pour l'harmonisation des législations dans un certain domaine, seule cette base juridique spécifique pourra être utilisée à l'exclusion de l'article 114 TFUE[190].

683. En outre, les mesures relatives au rapprochement doivent avoir pour objet l'établissement et le fonctionnement du marché intérieur. Cette condition d'application de l'article 95 CE avait été interprétée de manière large par la Cour de justice jusqu'à

---

[190] Conclusions de l'avocat général Siegbert Alber dans l'affaire C-338/01, *Commission c. Conseil.*

l'arrêt *tabac* rendu le 5 octobre 2000[191] : il suffisait qu'existent des disparités entre les législations nationales, susceptibles soit d'affecter les échanges, soit de créer ou de maintenir des distorsions de concurrence, même de manière potentielle, pour que l'article 95 CE puisse servir de base juridique. De manière systématique, la Cour avait confirmé l'utilisation de l'article 95 CE comme base juridique générale en matière de rapprochement, sauf lorsque le traité CE prévoyait une base juridique spécifique appropriée[192].

684. Au contraire, dans l'arrêt *tabac*, la Cour de justice a considéré que la compétence d'attribution de la Communauté devenue Union requiert que la notion d'établissement et de fonctionnement du marché intérieur soit interprétée de manière restrictive, avec comme conséquence que l'article 95 CE ne donne pas au législateur communautaire une compétence générale de réglementation du marché intérieur.

Depuis lors, la Cour a posé en règle que la simple constatation de disparités entre les réglementations nationales ne suffit pas pour justifier le recours à l'article 95 CE[193]. Les mesures d'harmonisation doivent effectivement avoir pour objet d'éliminer les entraves à la libre circulation des marchandises ou à la libre prestation des services ou encore à la suppression de distorsions de concurrence. Elle a ajouté que l'harmonisation pouvait avoir pour objet la prévention d'obstacles futurs aux échanges, mais à condition que ceux-ci soient vraisemblables[194].

La Cour a aussi jugé que, lorsque les conditions du recours à l'article 95 CE sont remplies, le législateur communautaire ne saurait être empêché de se fonder sur cette base juridique du fait que la protection de la santé publique est déterminante dans les choix à faire[195]. On peut présumer que le même raisonnement s'applique aux autres valeurs énoncées maintenant au paragraphe 3 de l'article 114 du traité FUE, à savoir la sécurité, la protection de l'environnement et des consommateurs.

---

[191] *Allemagne c. Parlement et Conseil*, C-376/98.
[192] CJ, 13 juillet 1995, *Espagne c. Conseil*, C-350/92 ; 11 juin 1991, *Commission c. Conseil* (arrêt dit *dioxyde de titane*), C-300/89 ; 9 août 1994, *Allemagne c. Conseil*, C-359/92.
[193] CJ, 12 juillet 2005, *Alliance for Natural Health*, C-154/04 et C-155/04.
[194] CJ, 10 décembre 2002, *British American Tobacco*, C-491/01.
[195] CJ, 5 décembre 2000 et 10 décembre 2002, précités.

IV. La nature et le degré d'harmonisation
susceptible d'être réalisée

685. Les articles 114 et 115 du traité FUE permettent au législateur de l'Union de choisir le degré d'harmonisation qu'il juge nécessaire pour l'établissement ou le bon fonctionnement du marché intérieur dans le domaine considéré. Différentes méthodes sont ainsi utilisées.

Jusqu'à la «nouvelle approche» contenue dans le livre blanc sur le marché intérieur de la Commission européenne, l'harmonisation totale, qui prévoit la substitution des règles communes aux règles nationales, était privilégiée. Cette approche, combinée à l'exigence d'unanimité posée par la seule base juridique applicable à l'époque, s'est révélée paralysante.

La nouvelle approche, s'inscrivant dans la ligne de l'arrêt *Cassis de Dijon*, est fondée sur le principe de la reconnaissance mutuelle des réglementations nationales, ce qui permet de limiter l'harmonisation aux «exigences essentielles» admises par la Cour et aux intérêts protégés par l'article 30 CE (devenu article 36 TFUE). Les directives «nouvelle approche» ne comportent plus de règles détaillées mais se contentent de fixer les exigences essentielles en matière, par exemple, de sécurité ou de santé, les questions techniques étant réglées par la méthode du renvoi aux normes internationales, européennes ou à défaut, nationales. On a parlé, à leur propos, d'harmonisation non normative.

L'harmonisation minimale, quant à elle, est souvent utilisée dans les directives relatives à la protection des consommateurs ou à la protection de l'environnement. Elle laisse aux Etats membres la faculté d'adopter des mesures plus strictes sur certains points. Il va de soi que les Etats membres ne peuvent se servir de telles clauses pour établir ou maintenir des entraves à la libre circulation ou créer des distorsions de concurrence.

Bibliographie sélective

DEFALQUE Lucette, «Théorie générale du rapprochement des législations», *in* DEFALQUE Lucette, PERTEK Jacques, STEINFELD Philippe, VIGNERON Philippe, *Libre circulation des personnes et des capitaux. Rapprochement des législations, Commentaire J. Mégret*, 3e éd., Bruxelles, Editions de l'Université de Bruxelles, 2006.

Section 3

Le droit de la concurrence

686. L'Union européenne, attachée au système de l'économie du marché, a mis en place un dispositif destiné à rendre effective la concurrence entre opérateurs économiques. Le traité constitutionnel avait mentionné dans les objectifs de l'Union européenne, l'établissement «d'un marché intérieur où la concurrence est non faussée». Le traité de Lisbonne ne reprend plus cette mention mais un protocole vient rappeler que le marché intérieur «comprend un système garantissant que la concurrence n'est pas faussée»[196].

Les menaces pesant sur le maintien d'une libre concurrence peuvent avoir plusieurs origines. Elles peuvent être le fait des opérateurs économiques eux-mêmes (II) ou provenir de l'intervention des Etats membres octroyant des aides à certains opérateurs économiques (III). Encore faut-il, pour rendre applicable le droit communautaire de la concurrence, que l'on se trouve en présence d'entreprises (I).

I. L'ENTREPRISE, SUJET DU DROIT DE LA CONCURRENCE

687. Le droit de la concurrence s'applique aux entreprises mais le traité FUE, pas plus que le traité CE, ne définit la notion d'entreprise.

Selon une jurisprudence aujourd'hui bien établie, «la notion d'entreprise comprend toute entité exerçant une activité économique, indépendamment du statut juridique de cette entité et de son mode de financement» et «constitue une activité économique toute activité consistant à offrir des biens ou des services sur un marché donné»[197].

Peu importe qu'il s'agisse d'une personne physique ou morale, d'une personne de droit public ou de droit privé, d'une personne poursuivant ou non un but lucratif ou d'un groupement ne disposant pas de la personnalité juridique[198]. En effet, le critère

---

[196] Voy. à ce sujet *supra*, n° 54.
[197] CJ, 23 avril 1991, *Höfner*, C-41/90 ; 12 septembre 2000, *Pavlov*, C-180/98 à C-184/98 ; 25 octobre 2001, *Ambulanz Glöckner*, C-475/99.
[198] CJ, 28 juin 2005, *Dansk Rørindustri*, C-189/02 P, C-202/02 P, C-205/02 P à C-208/02 P et C-213/02 P.

retenu de l'entreprise n'est pas organique mais matériel, à savoir le caractère économique de l'activité concernée.

Sont considérées comme des activités non économiques les activités qui relèvent de l'exercice de la puissance publique (1) ou les activités purement sociales (2).

1. Activités relevant des prérogatives traditionnelles de l'Etat

688. Dans un arrêt du 19 janvier 1994[199], la Cour a relevé qu'Eurocontrol assume «des missions d'intérêt général dont l'objet est de contribuer au maintien et à l'amélioration de la sécurité de la navigation aérienne» et que ces activités, «par leur objet et par les règles auxquelles elles sont assujetties», se rattachent à des «prérogatives relatives au contrôle et à la police de l'espace aérien, qui sont typiquement des prérogatives de puissance publique».

De même, dans un arrêt du 18 mars 1997[200], elle a estimé qu'une entité chargée d'assurer une surveillance antipollution du domaine maritime, exerce une mission d'intérêt général qui relève des fonctions essentielles de l'Etat en matière de protection de l'environnement. Dans les deux affaires, la Cour a conclu que «de telles activités ne présentent pas une activité économique justifiant l'application des règles de concurrence».

Si l'entité en cause exerce à la fois des activités économiques et des activités d'autorité publique, les dispositions du traité en matière de concurrence restent applicables aux activités économiques, dans la mesure où elles sont détachables de celles qu'elle exerce en tant qu'autorité publique[201].

2. Activités des organismes dont la fonction est exclusivement sociale

689. La Cour a posé le principe que les organismes qui remplissent une «fonction de caractère exclusivement social»[202] n'exercent pas une activité économique. Tel est le cas d'un organisme gérant un régime obligatoire de sécurité sociale, financé par des cotisations proportionnelles aux revenus, les prestations

---

[199] *Eurocontrol*, C-364/92.
[200] *Diego Cali*, C-343/95.
[201] Voy. pour l'application de ces principes aux différentes activités d'Eurocontrol, TPI, 12 décembre 2006, *SELEX, Sistemi Integrati c. Commission*, T-155/04.
[202] CJ, 17 février 1993, *Poucet et Pistre*, C-159/91 et C-160/91.

ne sont pas proportionnelles aux cotisations, les prestations peuvent être octroyées même sans versement de cotisations et il existe des mécanismes de compensation entre les régimes[203]. Il en va de même des caisses de maladie en Allemagne qui sont «légalement contraintes d'offrir à leurs affiliés des prestations obligatoires, pour l'essentiel identiques, qui sont indépendantes du montant de cotisations» et entre lesquelles a été instauré un mécanisme de péréquation des coûts et des risques[204] ou du système national de santé espagnol, qui fonctionne «conformément au principe de solidarité dans son mode de financement par des cotisations sociales et autres contributions étatiques et dans sa prestation gratuite de services à ses affiliés sur la base d'une couverture universelle»[205].

II. LES RÈGLES APPLICABLES
AUX COMPORTEMENTS DES ENTREPRISES

690. Les règles de concurrence visant les comportements des entreprises comprennent l'interdiction des ententes (1) ainsi que de l'abus de position dominante (2). Un contrôle des concentrations (3) complète ces règles applicables aux entreprises privées mais aussi publiques (4), sous réserve de la situation spécifique des entreprises chargées de la gestion d'un service d'intérêt économique général (5).

1. Les ententes

691. Le régime applicable aux ententes repose sur un principe d'interdiction (A), assorti d'une possibilité d'exemption (B). Depuis l'entrée en vigueur du règlement 1/2003 du 16 décembre 2002, le contrôle des ententes est décentralisé (C).

---

[203] *Idem*. En revanche, lorsqu'un organisme de sécurité sociale fonctionne selon le principe de capitalisation, les prestations dépendant des cotisations, il exerce une activité économique, CJ, 16 novembre 1995, *FFSA*, C-244/94.
[204] CJ, 16 mars 2004, *AOK-Bundesverband*, C-264/01, C-306/01, C-354/01 et C-355/01.
[205] TPI, 4 mars 2003, *Fenin*, T-319/99.

A. Le principe de l'interdiction des ententes

a. Définition des ententes

692. L'article 101, par. 1, du traité FUE qui reprend à l'identique l'ex-article 81 CE, vise «les accords entre entreprises, les décisions d'associations d'entreprises et pratiques concertées».

Pour qu'il y ait accord, il faut et il suffit que «les entreprises en cause aient exprimé leur volonté commune de se comporter sur le marché d'une manière déterminée»[206]. La preuve de l'accord et la forme de l'accord ne sont soumises à aucune exigence particulière. Par décisions d'associations d'entreprises, il faut aussi entendre les statuts et les règlements des associations. Les pratiques concertées appréhendent toutes les formes de coordination entre entreprises qui, sans avoir été poussée jusqu'à la conclusion d'une convention, substitue sciemment une coopération pratique entre elles aux risques de la concurrence[207]. La pratique concertée suppose non seulement un comportement parallèle mais aussi une coordination volontaire, ce qui suppose au moins des prises de contact ou des échanges d'informations[208].

b. Atteinte portée à la concurrence et l'affectation du commerce entre Etats membres

693. Sont incompatibles avec le marché intérieur les ententes «qui ont pour objet ou pour effet d'empêcher, de restreindre ou de fausser le jeu de la concurrence à l'intérieur du marché intérieur». Cette condition présente un caractère alternatif et non cumulatif.

Les effets d'un accord ne doivent pas être pris en considération s'il a pour objet de porter atteinte à la concurrence. A l'inverse, l'élément intentionnel n'est pas indispensable, l'article 101 du traité TFUE visant non seulement l'objet mais également l'effet des accords.

L'article 101 du traité TFUE énumère cinq exemples non limitatifs d'ententes interdites, celles qui portent sur :

- la fixation d'un prix d'achat ou de vente ou d'autres conditions du contrat ;
- la limitation sur le contrôle de la production ou des débouchés ;

---

[206] TPI, 24 octobre 1991, *Petrofina*, T-2/89.
[207] CJ, 15 décembre 1975, *Suiker Unie*, 40/73.
[208] CJ, 14 juillet 1981, *Züchner*, 172/80.

- l'application des conditions inégales à des prestations équivalentes;
- la répartition de marchés ou de sources d'approvisionnement;
- les contrats couplés subordonnant la conclusion d'un contrat à l'acceptation par les partenaires de prestations complémentaires, sans lien avec l'objet de ces contrats.

694. Seules les ententes susceptibles d'affecter le commerce entre les Etats membres sont visées. Le commerce entre Etats membres est affecté dès lors que l'entente est susceptible de modifier les courants d'échanges entre les Etats membres d'une manière qui nuit à la réalisation ou au fonctionnement du marché unique, notamment en cloisonnant le marché de certains produits ou services. Un accord où toutes les parties sont situées dans un même Etat membre peut entrer dans le cadre de l'article 101 du traité FUE.

Si l'accord ne porte pas atteinte aux échanges à l'intérieur de l'Union, il est alors soumis aux règles nationales de concurrence.

c. Les accords non concernés par l'interdiction

695. D'une part, dans trois arrêts rendus le 21 septembre 1999[209], la Cour a jugé que des accords collectifs conclus entre organisations représentatives des employeurs et des travailleurs pour la mise en place d'un régime de pension complémentaire, bien que comportant certains effets restrictifs de concurrence, ne relevaient pas de l'article 81 du traité CE devenu article 101 TFUE «en raison de leur nature et de leur objet».

696. D'autre part, selon une jurisprudence constante de la Cour de justice, cette disposition ne s'applique pas lorsque l'incidence de l'accord sur les échanges entre Etats membres ou sur la concurrence n'est pas sensible. Aux termes d'une communication de la Commission[210], il s'agit des accords entre des entreprises dont la part de marché ne dépasse pas les seuils de 10% pour les accords entre concurrents et de 15% pour les accords

---

[209] *Albany*, C-67/96; *Brentjens*, C-115/97 à C-117/97, et *Drijvende Bokken*, C-219/97.
[210] *JO*, n° C 368, 22 décembre 2001.

entre non-concurrents[211], ainsi que de tous les accords entre petites et moyennes entreprises[212].

B. L'exemption

697. L'article 101, par. 3, du traité FUE permet de rendre le paragraphe 1 inapplicable à certaines ententes. Pour bénéficier d'une exemption, les ententes doivent répondre à quatre conditions[213].

Il y a d'abord deux conditions positives :

- les accords doivent contribuer à améliorer la production ou la distribution des produits (ou des services) ou à promouvoir le progrès technique ou économique (gains d'efficacité) : tel est le cas par exemple des accords de spécialisation, des accords de distribution exclusive ou des accords de recherche en commun ;
- les accords doivent réserver aux utilisateurs une part équitable du profit qui en découle par une diminution du prix, l'amélioration de la qualité ou une plus grande régularité des approvisionnements.

Suivent deux conditions négatives :

- les accords ne doivent pas imposer aux entreprises intéressées des restrictions non indispensables pour atteindre ces objectifs ;
- les accords ne doivent pas donner à ces entreprises la possibilité d'éliminer la concurrence : les tiers doivent encore pouvoir offrir des produits aux services comparables. Dès lors, plus est grande la part de marché détenue par les participants, moins l'exemption a des chances d'être accordée.

C. Mise en œuvre du contrôle des ententes

698. Le règlement 17/62 avait mis en place un système de contrôle centralisé selon lequel les ententes susceptibles de restreindre et d'affecter le commerce entre Etats membres

---

[211] Le seuil est ramené à 5% pour les accords entraînant un effet anticoncurrentiel cumulatif. De plus, la communication précise quelles clauses ne peuvent figurer dans l'accord.

[212] Voy. *infra*, n° 903 la définition des petites et moyennes entreprises.

[213] Communication de la Commission, «Lignes directrices concernant l'application de l'article 81, paragraphe 3, du traité», *JO* n° C 101, 27 avril 2004, p. 97.

devaient, pour bénéficier d'une exemption, être notifiées à la Commission, qui disposait d'une compétence exclusive pour l'autorisation d'accords restrictifs de la concurrence remplissant les conditions énoncées au paragraphe 3[214].

Le règlement 1/2003 a modifié de manière substantielle les règles de mise en œuvre de l'article 81 CE et remplacé ce régime par un régime d'exception légale, reconnaissant aux autorités de concurrence et aux juridictions des Etats membres le pouvoir d'appliquer non seulement le paragraphe 1 de l'article 81 CE, devenu 101 TFUE, directement applicable en vertu de la jurisprudence de la Cour de justice, mais aussi le paragraphe 3 de cette disposition.

Les ententes qui ne remplissent pas les conditions du paragraphe 3 sont interdites, sans qu'une décision préalable soit nécessaire à cet effet. Celles qui remplissent les conditions du paragraphe 3 ne sont pas interdites, sans qu'une décision préalable soit nécessaire à cet effet. L'article 101 TFUE peut être appliqué par la Commission, les autorités nationales de concurrence et les juridictions nationales, en étroite collaboration.

La Commission dispose d'importants pouvoirs d'investigation, de contrôle et de vérification mis en œuvre par le règlement 1/2003.

Enfin, elle peut imposer une amende pouvant aller jusqu'à 10% du chiffre d'affaire réalisé par l'entreprise durant l'exercice précédent[215]. La Commission a mis en place une politique de clémence visant à inciter les entreprises parties à une entente à en dénoncer les pratiques auprès des autorités de concurrence[216].

2. L'abus de position dominante

699. L'article 102 du traité FUE reprenant à l'identique l'ex-article 82 CE, interdit quant à lui d'exploiter de façon abusive une position dominante sur le marché intérieur ou dans une partie substantielle de celui-ci.

---

[214] La Commission est aussi habilitée à adopter des règlements d'exemption par catégorie. Voy. par exemple le règlement 772/04 de la Commission du 7 avril 2004 concernant certaines catégories d'accords de transfert de technologie.

[215] Communication de la Commission, «Lignes directrices pour le calcul des amendes infligées en application de l'article 23, paragraphe 2, sous a), du règlement (CE) n° 1/2003», *JO*, n° C 210, 1er septembre 2006.

[216] Communication de la Commission sur l'immunité d'amendes et la réduction de leur montant dans les affaires portant sur des ententes, *JO*, n° C 298, 8 décembre 2006.

A. La position dominante

a. DÉFINITION DE LA POSITION DOMINANTE

700. La position dominante, à la différence d'une situation de monopole ou de quasi-monopole, n'exclut pas l'existence d'une certaine concurrence. Selon une jurisprudence constante, il s'agit de la situation de puissance économique détenue par une entreprise, lui donnant le pouvoir de faire obstacle au maintien d'une concurrence effective sur le marché en cause[217]. Elle met l'entreprise qui en bénéficie en mesure sinon de décider, tout au moins d'influencer notablement les conditions dans lesquelles cette concurrence se développera et lui fournit la possibilité de comportements indépendants, dans une mesure appréciable, vis-à-vis de ses concurrents, de ses clients et, finalement, des consommateurs[218].

L'existence d'une position dominante résulte en général de la réunion de plusieurs facteurs, qui, pris isolément, ne seraient pas nécessairement déterminants. La part de marché détenue par l'entreprise constitue un facteur particulièrement important. La Cour et le Tribunal considèrent que, lorsqu'elle atteint 70 à 80 %, elle est automatiquement constitutive d'une telle position[219].

Quand la part de marché est moins importante, il faut prendre en considération d'autres éléments comme le rapport entre la part de marché de l'entreprise et celle de ses concurrents, l'avance technologique dont elle dispose, la réputation ou l'image de marque attachée au produit qu'elle vend, l'existence d'un réseau commercial particulièrement performant ou la maîtrise de l'accès aux ressources[220] ou encore la dispersion des opérateurs sur le marché concerné et l'absence d'alternative crédible d'approvisionnement pour ces opérateurs[221]. Peu importe que l'entreprise appartienne à un Etat membre de l'Union ou à un pays tiers, dès lors qu'elle détient une position dominante sur le marché de l'Union.

---

[217] CJ, 14 février 1978, *United Brand c. Commission*, 27/76 ; 13 février 1979, *Hoffmann-La Roche c. Commission*, 85/76.
[218] Voy. en dernier lieu, CJ, 30 janvier 2007, *France Télécom c. Commission*, T-340/03.
[219] CJ, 13 février 1979, précité.
[220] TPI, 6 octobre 1994, *Tetra Pak II*, T-83/91.
[221] TPI, 23 février 2006, *Cementbouw Handel & Industrie c. Commission*, T-282/02.

b. Détermination du marché

701. La délimitation du marché en cause est d'une importance essentielle[222]. Le marché sera déterminé en termes géographiques d'une part, en termes de produits ou de services, d'autre part. Un produit ou groupe de produits sont considérés comme constituant l'objet d'un marché spécifique à partir du moment où, en fonction de leurs caractéristiques particulières, ils se différencient des autres produits au point qu'ils sont peu interchangeables avec eux et qu'ils ne subissent leur concurrence que d'une manière peu sensible[223]. Il faut pour cela tenir compte des caractéristiques objectives des produits en vertu desquelles ils sont particulièrement aptes à satisfaire les besoins constants des consommateurs, mais aussi des conditions de concurrence et de la structure de la demande et de l'offre sur le marché.

A titre d'exemple, la banane a été considérée comme constituant un marché distinct de celui des autres fruits, sur la base d'un raisonnement se fondant à la fois sur la spécificité des régions de production et sur les habitudes des consommateurs pour lesquels la banane et d'autres fruits ne sont pas substituables[224]. De même, le Tribunal est arrivé à la conclusion que le marché des emballages aseptiques constitue un marché distinct des emballages non aseptiques[225] et le marché des systèmes d'exploitation pour serveurs de groupe de travail, un marché distinct de celui des systèmes d'exploitation pour ordinateurs personnels clients[226].

En revanche, la Cour a considéré qu'il n'était pas démontré que les emballages métalliques légers destinés aux conserves de viande et de poisson formaient un marché spécifique tant qu'il n'était pas démontré que les concurrents dans d'autres secteurs du marché des emballages métalliques légers ne peuvent pas, par une simple adaptation, se présenter sur ce marché avec une force suffisante pour constituer un contrepoids sérieux[227].

---

[222] Communication de la Commission sur la définition du marché en cause aux fins du droit communautaire de la concurrence, *JO*, n° C 372, 9 décembre 1997.
[223] CJ, 9 novembre 1983, *Michelin c. Commission*, 122/81.
[224] CJ, 14 février 1978, précité.
[225] TPI, 6 octobre 1994, précité.
[226] TPI, 17 septembre 2007, *Microsoft c. Commission*, T-201/04.
[227] CJ, 21 décembre 1973, *Continental Can c. Commission*, 6/72.

B. La prohibition de l'abus de position dominante

702. La position dominante n'est pas interdite en soi; seul son abus l'est. L'existence d'une position dominante n'implique en soi aucun reproche à l'égard de l'entreprise concernée. Elle signifie seulement qu'il incombe à celle-ci, indépendamment des causes d'une telle position, une responsabilité particulière de ne pas porter atteinte par son comportement à une concurrence effective et non faussée dans le marché intérieur.

L'article 102 du traité FUE ne définit pas l'abus mais se borne à donner une liste non limitative d'exemples d'abus de position dominante. On y trouve:

- l'imposition de prix ou d'autres conditions de transactions non équitables. La jurisprudence a précisé qu'un prix était excessif dès lors qu'il était sans rapport raisonnable avec la valeur de la prestation fournie[228]. Un prix abusif peut aussi consister en un prix prédateur, c'est-à-dire une baisse de prix pratiquée pour éliminer un concurrent d'un marché[229];
- la limitation de la production, des débouchés ou du développement technique au préjudice des consommateurs: un exemple classique est le refus de vente;
- l'application de conditions inégales à des prestations équivalentes, comme les prix discriminatoires pratiqués par l'association européenne du sucre à l'égard des opérateurs ayant acheté des produits chez un producteur non membre de l'association[230], des prix discriminatoires à l'égard des utilisateurs établis dans des Etats membres différents[231] ou encore le refus d'une entreprise de livrer ses produits dans un Etat membre à des grossistes qui exportent ces produits vers d'autres Etats membres[232];
- les contrats couplés[233].

703. La jurisprudence a développé une conception objective de l'abus qui s'attache plus aux effets du comportement de l'entreprise sur la structure du marché qu'aux buts poursuivis par

---

[228] CJ, 4 mai 1998, aff. 30/87, *Bodson*.
[229] CJ, 3 juillet 1991, *AKZO c. Commission*, C-62/86; voy. récemment, TPI, 10 avril 2008, *Deutsche Telekom c. Commission*, T-271/03.
[230] CJ, 16 décembre 1975, *Suiker Unie e.a. c. Commission*, 40 à 48, 50, 54 à 56, 111, 113 et 114/73.
[231] TPI, 6 octobre 1994 précité.
[232] CJ, 16 septembre 2008, *Sot. Lélos kai Sia*, C-468/06 à C-478/06.
[233] TPI, 17 septembre 2007, précité.

cette entreprise. L'abus ne recouvre aucune notion de faute. Est un abus le

> « recours à des moyens différents de ceux qui gouvernent une compétition normale des produits ou services sur la base des prestations des opérateurs économiques, dont l'effet est de réduire encore la concurrence sur un marché où celle-ci est déjà affaiblie par la présence de l'entreprise en question ».

L'entreprise en position dominante se voit donc interdire tout comportement de nature à faire obstacle au maintien ou au développement du degré de concurrence existant encore sur un marché où, à la suite précisément de sa présence, la concurrence est déjà affaiblie[234].

C. Sanctions

704. Si l'infraction est établie, la Commission prend une décision ordonnant à l'entreprise d'y mettre fin et peut, le cas échéant, lui infliger une amende. Les tribunaux nationaux peuvent aussi constater l'existence de l'abus. Il faut noter qu'il n'y a pas en matière d'abus de position dominante de possibilité d'exemption comme en matière d'entente.

Quant aux conséquences civiles, il appartient aux tribunaux nationaux d'apprécier les conséquences des pratiques abusives constatées sur la validité des contrats ou de certaines de leurs clauses, ou encore d'octroyer des dommages et intérêts aux victimes de l'abus.

3. Les concentrations

705. Le traité de Rome ne contenait aucune disposition relative à la concentration d'entreprises, alors que l'article 66 du traité CECA, aujourd'hui venu à expiration, soumettait à autorisation préalable de la Haute Autorité toute concentration d'entreprises.

La Commission, de manière constante, a considéré que la concentration d'entreprises pouvait être une forme d'exploitation abusive d'une position dominante au sens de l'article 86 du traité CEE, devenu article 82 du traité CE et maintenant 102 TFUE.

---

[234] Jurisprudence inaugurée par CJ, 13 février 1979, précité et rappelée encore tout récemment par TPI, 9 septembre 2009, *Clearstream c. Commission*, T-301/04.

Dans son arrêt précité *Continental Can*, la Cour de justice a approuvé cette analyse, estimant que le traité CEE ne pouvait admettre comme licite au regard de l'article 86 que des entreprises, après avoir réalisé une unité organique, «puissent atteindre une puissance dominante telle que toute chance sérieuse de concurrence serait substantiellement écartée». Ensuite, la Cour a aussi admis qu'une concentration puisse être examinée au regard des règles applicables aux ententes[235].

La soumission prétorienne des accords de concentration aux règles de concurrence a conduit à la mise en place par le Conseil d'un contrôle préventif des concentrations grâce au règlement 4064/89 du 21 décembre 1989, qui a été remplacé par le règlement 139/2004 du 20 janvier 2004.

A. La définition de la concentration

706. Aux termes de l'article 3 du règlement 139/2004, la concentration se définit comme

«un changement durable dans le contrôle (qui) résulte
a) de la fusion de deux ou de plusieurs entreprises ou parties de telles entreprises, ou
b) de l'acquisition, par une ou plusieurs personnes détenant déjà le contrôle d'une entreprise au moins ou par une ou plusieurs entreprises, du contrôle direct ou indirect de l'ensemble ou de parties d'une ou de plusieurs autres entreprises, que ce soit par prise de participations au capital achat d'éléments d'actifs, contrat ou tout autre moyen».

Sous l'empire du règlement de 1989, les entreprises communes avaient été source de difficultés. Le règlement de 2004 prévoit que la création d'une entreprise commune accomplissant de manière durable toutes les fonctions d'une entité économique autonome est une concentration. Mais il ajoute

«si la création de l'entreprise commune a pour objet ou pour effet la coordination du comportement concurrentiel d'entreprises qui restent indépendantes, cette coordination est appréciée selon les critères de l'article 81, par. 1 et 3, du traité en vue d'établir si la concentration est compatible ou non avec le marché commun».

---

[235] CJ, 17 novembre 1987, *BAT et Reynolds c. Commission* (affaire *Philip Morris*), 142 et 156/84.

B. La dimension «communautaire» de la concentration

707. Le contrôle des concentrations s'effectue selon le principe du guichet unique. Une seule autorité est compétente: soit la Commission, soit les autorités nationales.

Le contrôle de la Commission s'opère à l'égard des opérations de concentration de dimension «communautaire»[236].

Pour définir celles-ci, le premier critère est que chacune des entreprises concernées ne peut réaliser plus des deux tiers de son chiffre d'affaires total dans l'Union à l'intérieur d'un seul et même Etat membre. Ensuite, il y a des seuils en termes de chiffres d'affaires: le chiffre d'affaires total réalisé sur le plan mondial par l'ensemble des entreprises concernées doit représenter un montant supérieur à 5 milliards d'euros et le chiffre d'affaires total réalisé individuellement dans l'Union par au moins deux des entreprises concernées doit représenter un montant supérieur à 250 millions d'euros.

Ces seuils sont abaissés lorsque l'opération concerne la concentration d'entreprises qui sont actives sur le marché d'au moins trois Etats membres, pour éviter les notifications multiples aux autorités nationales de la concurrence: ils sont respectivement ramenés à 2,5 milliards et 100 millions d'euros. Mais s'y ajoute alors un double seuil supplémentaire concernant au moins trois Etats: dans chacun de ces trois Etats, le chiffre d'affaires total réalisé par toutes les entreprises concernées doit être supérieur à 100 millions d'euros et le chiffre d'affaires total réalisé individuellement par au moins deux des entreprises concernées, supérieur à 25 millions d'euros.

Le règlement organise aussi un système complexe de renvoi de la Commission à un ou plusieurs Etats membres ou des Etats membres à la Commission.

C. L'obligation de notifier et la procédure de contrôle

708. Les concentrations de dimension communautaire doivent être notifiées à la Commission avant leur réalisation et après la conclusion de l'accord, l'offre publique d'achat ou d'échange ou l'acquisition d'une participation de contrôle.

L'examen de la concentration par la Commission, qui a pour effet de suspendre la réalisation de l'opération, s'opère en deux

---

[236] Restera à savoir ce que deviendra cette expression après la disparition de la Communauté européenne.

phases : la première phase, d'une durée normale de 25 jours ouvrables doit permettre à la Commission de vérifier si l'opération entre dans le champ du règlement 139/2004 et soulève des doutes sérieux quant à sa compatibilité avec le marché intérieur. La Commission peut négocier, au cours de cette première phase, les engagements de nature à lui permettre de constater que la concentration est compatible avec le marché intérieur et à assortir sa décision de conditions. Si la Commission constate que la concentration notifiée soulève des doutes sérieux quant à sa compatibilité avec le marché commun, s'ouvre alors la deuxième phase, dite procédure formelle. La Commission dispose alors de 90 jours ouvrables pour arrêter sa décision.

D. L'objet du contrôle

709. L'objet du contrôle est défini à l'article 2 du règlement de 2004. Il s'agit pour la Commission de vérifier que la concentration qui lui est soumise n'entraverait pas

> « de manière significative une concurrence effective dans le marché commun, ou une partie substantielle de celui-ci, notamment du fait de la création ou du renforcement d'une position dominante ».

Si une telle entrave significative est établie, la concentration doit être déclarée incompatible avec le marché intérieur, tandis que si elle n'est pas établie, la concentration doit être déclarée compatible.
A cette fin, l'article 2 énumère les facteurs dont la Commission doit tenir compte dans son appréciation.
Le premier concerne les objectifs du contrôle, soit

> « la nécessité de préserver et de développer une concurrence effective dans le marché intérieur, au vu notamment de la structure de tous les marchés en cause et de la concurrence réelle ou potentielle d'entreprises situées à l'intérieur ou à l'extérieur de la Communauté ».

Le deuxième consiste en une liste de facteurs apparaissant comme autant d'étapes dans le raisonnement que la Commission est censée mener lors de l'examen d'un projet de concentration. Il s'agit

> « de la position sur le marché des entreprises concernées et de leur puissance économique et financière, des possibilités de choix des fournisseurs et des utilisateurs, de leur accès aux sources d'appro-

visionnement ou aux débouchés, de l'existence en droit ou en fait de barrières à l'entrée, de l'évolution de l'offre et de la demande des produits et services concernés, des intérêts des consommateurs intermédiaires et finals ainsi que de l'évolution du progrès technique et économique pour autant que celle-ci soit à l'avantage des consommateurs et ne constitue pas un obstacle à la concurrence».

Les concentrations déclarées incompatibles avec le marché intérieur sont très rares puisque, sur les 4 090 cas notifiés à la Commission au 30 avril 2009, seuls 20 ont fait l'objet d'une interdiction, soit 0,5% environ.

4. Les entreprises publiques

710. L'article 345 du traité FUE (ex-article 295 CE) dispose que «les traités ne préjugent en rien le régime de la propriété dans les Etats membres». Cette disposition vise au premier chef le régime public ou privé de la propriété des biens de production et établit donc un principe de neutralité, en vertu duquel le droit communautaire laisse aux Etats membres l'entière responsabilité de l'aménagement de la propriété des biens de production. Ainsi les Etats membres et les collectivités publiques ont la faculté d'intervenir activement dans le domaine économique.

La reconnaissance du secteur public économique s'accompagne d'un corollaire essentiel qu'exprime l'article 106 du traité FUE (ex-article 86 CE): c'est la soumission des entreprises publiques au droit commun et en particulier aux règles de concurrence énoncées par le traité. Donc, si la création des entreprises publiques est laissée à la discrétion des Etats membres, leur activité doit s'inscrire dans le respect du droit commun.

711. Il en résulte d'abord que les entreprises publiques sont soumises, au même titre que les entreprises privées, aux articles 101 et 102 du traité FUE (ex-articles 81 et 82 CE), ainsi qu'au règlement sur les concentrations.

Ensuite, en vertu de l'article 106, par. 1, du traité FUE (ex-article 86, par. 1, CE), les Etats membres ne peuvent pour leur part adopter à l'égard des entreprises publiques aucune mesure contraire aux règles du traité. Cela signifie qu'ils doivent respecter les règles de concurrence dans leurs rapports avec les entreprises publiques et assurer une parfaite égalité de traitement entre entreprises publiques et entreprises privées.

Cette disposition a eu pour conséquence de remettre en cause la licéité de la plupart des monopoles ou droits exclusifs dont bénéficiaient les entreprises publiques[237]. C'est ce qu'on appelle la libéralisation ou dérégulation qui est la conséquence de la mise en œuvre du marché intérieur.

En effet, tous les monopoles existants étaient des monopoles nationaux qui s'arrêtent aux frontières nationales et constituent donc des obstacles aux libertés fondamentales, et notamment à la libre circulation des produits et des services[238].

5. Les services d'intérêt général et le droit de la concurrence

712. Si le traité de Rome ne conférait aucune compétence particulière aux institutions communautaires en ce qui concerne le fonctionnement des services d'intérêt général – puisque la construction communautaire était essentiellement économique –, les services d'intérêt général ont été affectés par les règles de ce traité, en particulier les règles de concurrence, en tout cas dans la mesure où ces services entrent dans le champ d'application des compétences communautaires parce qu'ils exercent une activité économique[239].

Depuis l'origine, le traité de Rome contenait une disposition reconnaissant la spécificité des entreprises chargées de la gestion d'un service d'intérêt général : l'article 90, par. 2, du traité CEE, devenu article 86 CE, et maintenant article 106 TFUE, dispose en effet, dans son paragraphe 2, que

> « les entreprises chargées de la gestion de services d'intérêt économique général ou présentant le caractère d'un monopole fiscal sont soumises aux règles des traités, notamment aux règles de concurrence, dans les limites où l'application de ces règles ne fait pas échec à l'accomplissement en droit ou en fait de la mission particulière qui leur a été impartie ».

---

[237] Dans un arrêt du 19 mars 1991, *France c. Commission*, C-202/88, la Cour a ainsi indiqué que si l'article 86, par. 1, du traité CE présuppose l'existence de droits exclusifs, il ne peut être compris en ce sens que lesdits droits seraient nécessairement compatibles avec le traité.

[238] Voy. notamment directive 2003/54/CE du Parlement européen et du Conseil, du 26 juin 2003, concernant des règles communes pour le marché intérieur de l'électricité ; directive 2003/55/CE du Parlement européen et du Conseil du 26 juin 2003 concernant des règles communes pour le marché intérieur du gaz naturel.

[239] Voy. à ce sujet *supra*, n°s 687 et s.

713. Pendant les premières décennies de la construction européenne, les institutions communautaires ont fait en quelque sorte « l'impasse » sur les services d'intérêt économique général, et, par voie de conséquence, cette disposition est restée en veilleuse. L'Acte unique européen, en 1986, a modifié profondément cette situation car, dans sa foulée, s'est engagé un processus d'ouverture à la concurrence touchant certains des services d'intérêt général à caractère économique, jusqu'alors caractérisés par la prépondérance ou même la présence exclusive de monopoles publics.

C'est dans ce contexte que l'article 86 du traité CE a servi de fondement pour la recherche nécessaire mais difficile d'un équilibre entre, d'une part, l'intérêt de la Communauté (l'Union) au respect des règles de concurrence et à la préservation de l'unité du marché intérieur et, d'autre part, l'intérêt des Etats à utiliser les services d'intérêt général en tant qu'instrument de politique économique ou sociale[240] et donc la sauvegarde des missions de service public ou d'intérêt général.

A. Notion de service d'intérêt économique général

714. La notion de service d'intérêt économique général suppose l'existence d'une mission d'intérêt économique général précisément définie par l'autorité publique et confiée par elle à une ou plusieurs entreprises par un acte unilatéral ou par voie contractuelle[241], sans devoir obligatoirement à cet effet recourir à une procédure d'appel d'offres[242].

Les Etats membres ont un large pouvoir d'appréciation quant à la définition de ce qu'ils considèrent comme des services d'intérêt économique général, le contrôle des institutions de l'Union se bornant à vérifier l'absence d'une erreur manifeste d'appréciation[243].

Cette mission peut, selon la jurisprudence de la Cour, consister notamment en :

- la production d'émissions de radiotélévision[244] ;

---

[240] Formule figurant dans plusieurs arrêts de la Cour de justice, notamment l'arrêt précité du 19 mars 1991 et l'arrêt du 23 octobre 1997, *Commission c. Pays-Bas*, C-157/94.
[241] CJ, 21 mars 1974, *BRT/SABAM*, 127/73.
[242] TPI, 26 juin 2008, *SIC c. Commission*, T-442/03.
[243] TPI, 12 février 2008, *BUPA e.a. c. Commission*, T-289/03.
[244] CJ, 30 avril 1974, *Sacchi*, 155/73 ; 18 juin 1991, *ERT*, C-260/89.

– la gestion de systèmes de télécommunications sur le territoire d'un Etat et la mise à disposition des usagers d'un réseau public de téléphone[245] ;
– l'activité de placement de demandeurs d'emploi[246] ;
– l'exploitation par des transporteurs aériens de lignes qui ne sont pas rentables du point de vue commercial, mais dont l'exploitation est nécessaire pour des raisons d'intérêt général[247] ;
– la «fourniture ininterrompue d'énergie électrique, sur l'intégralité du territoire concédé, à tous les consommateurs, distributeurs locaux ou utilisateurs finals, dans les quantités demandées à tout moment, à des tarifs uniformes et à des conditions qui ne peuvent varier que selon des critères objectifs applicables à tous les clients»[248] ;
– l'obligation «d'assurer la collecte, le transport et la distribution du courrier, au profit de tous les usagers, sur l'ensemble du territoire de l'Etat membre concerné, à des tarifs uniformes et à des conditions de qualité similaires, sans égard aux situations particulières et au degré de rentabilité économique de chaque opération individuelle»[249] ;
– le transport d'urgence de personnes malades ou blessées, qui doit «être assuré en permanence par les organisations sanitaires sur l'ensemble du territoire concerné, à des tarifs uniformes et à des conditions de qualité similaires, sans égard aux situations particulières ou au degré de rentabilité économique de chaque opération individuelle»[250].

B. Les dérogations admises

715. La Cour a posé le principe que les règles de concurrence restent applicables en ce qui concerne le comportement des entreprises en cause sur le marché tant qu'il n'est pas démontré qu'elles sont incompatibles avec l'exercice de la mission particulière dont elles sont chargées. Elle a toutefois estimé qu'il ne fallait pas pour autant que l'existence même de l'entreprise

---

[245] CJ, 20 mars 1985, *British Telecom,* 41/83.
[246] CJ, 23 avril 1991, précité.
[247] CJ, 11 avril 1989, *Ahmed Saeed Flugreisen,* 66/86.
[248] CJ, 27 avril 1994, *Commune d'Almelo,* C-393/92.
[249] CJ, 19 mai 1993, *Corbeau,* C-320/91 ; 17 mai 2001, *Poste Italiane,* C-340/99. Le Tribunal de première instance, dans un arrêt du 27 février 1997, *Fédération française des sociétés d'assurances,* T-106/95, a identifié une autre mission d'intérêt dont peut être chargé un organisme postal, à savoir les contraintes de desserte de l'ensemble du territoire et l'obligation de maintenir une présence postale et des services publics non rentables en milieux ruraux.
[250] CJ, 25 octobre 2001, *Ambulanz Glöckner,* C-475/99.

chargée de la mission soit menacée et que cette entreprise devait pouvoir accomplir cette mission dans des conditions d'équilibre économique.

Ainsi, la Cour, dans son arrêt précité du 13 mai 1993, a admis que la mission d'intérêt économique confiée à la Poste pouvait justifier une limitation de la concurrence de la part d'entrepreneurs particuliers au niveau des secteurs économiquement rentables. En effet, ces derniers ont la faculté de se concentrer sur les secteurs rentables et, partant, d'y offrir des tarifs plus avantageux que la Poste. En revanche, l'exclusion de la concurrence ne se justifie plus lorsque deux conditions sont remplies. Il faut d'abord être en présence de services spécifiques, dissociables du service d'intérêt général, qui répondent à des besoins particuliers d'opérateurs économiques et qui exigent des prestations supplémentaires que l'entreprise en monopole n'est pas en mesure d'offrir. Il faut ensuite que ces services, compte tenu de leur nature et des conditions dans lesquelles ils sont offerts, ne mettent pas en cause l'équilibre économique du service d'intérêt économique général assuré par le titulaire du droit exclusif[251].

La jurisprudence et la pratique de la Commission autorisent aussi, à certaines conditions, le financement par les pouvoirs publics des coûts afférents à l'accomplissement par une entreprise de ses missions d'intérêt économique général[252].

III. LES RÈGLES RELATIVES AUX AIDES D'ETAT

716. L'interférence des pouvoirs publics dans le libre jeu de la concurrence est *a priori* appréhendée négativement. En effet, dans le cadre d'une économie de marché ouverte où la concurrence est libre, les entreprises doivent aborder le marché sur la base de leurs forces propres. La concurrence entre elles ne peut être faussée par l'octroi, par les Etats, d'aides à certaines entreprises ou productions.

---

[251] Voy. la directive 97/67/CE du Parlement européen et du Conseil du 15 décembre 1997 concernant des règles communes pour le développement du marché intérieur des services postaux de la Communauté et l'amélioration de la qualité du service modifiée par la directive 2002/39/CE du Parlement européen du 10 juin 2002. Le monopole des opérateurs postaux a pris fin au 31 décembre 2008.
[252] CJ, 24 juillet 2003, *Altmark,* C-280/00 ; décision 2005/842/CE de la Commission du 28 novembre 2005, *JO,* n° L 312, 29 novembre 2005, p. 67 ; encadrement communautaire des aides d'Etat sous forme de compensations de service public, *JO,* n° C 297, 29 novembre 2005, p. 4.

Cela explique que le traité de Rome a posé comme principe de base l'incompatibilité avec le marché intérieur des aides d'Etat. Toutefois, cette incompatibilité n'est ni absolue, ni inconditionnelle. Les auteurs du traité de Rome ont en effet reconnu que les aides d'Etat constituaient un des principaux instruments des politiques économiques nationales, auxquelles les Etats n'étaient pas prêts à renoncer, et qu'elles pouvaient parfois constituer des outils efficaces pour réaliser des objectifs d'intérêt général ou en cas de défaillance du marché.

La réglementation européenne relative aux aides d'Etat comprend d'abord des dispositions de fond, établies par article 107 du traité FUE (ex-article 87 CE) et ensuite des règles de procédures particulières, énoncées à l'article 108 du traité FUE (ex-article 88 CE).

1. Les règles de fond

A. La notion d'aide

717. L'aide est caractérisée par quatre éléments[253].

718. La mesure doit d'abord avoir une origine étatique, ce qui comporte deux volets, à savoir que la mesure doit être le résultat d'un comportement imputable à l'Etat et être financée au moyen de ressources d'Etat[254]. Il ne doit pas nécessairement y avoir un «transfert de ressources d'Etat»: l'utilisation des ressources étatiques peut aussi prendre une forme négative, lorsque l'intervention conduit à une perte de ressources qui auraient dû être versées au budget de l'Etat, sous la forme par exemple d'une exonération totale ou partielle d'une contribution fiscale ou sociale.

719. En deuxième lieu, il faut un avantage pour l'entreprise bénéficiaire se traduisant par un allégement sous des formes diverses des charges qui normalement grèvent le budget de cette dernière.

---

[253] CJ, 24 juillet 2003, précité, qui évoque pour la première fois explicitement la nécessité que *toutes* les conditions soient remplies; 23 mars 2006, *Enirisorse*, C-237/04; 15 juin 2006, *Air Liquide*, C-393/04 et C-41/05.
[254] La notion d'Etat doit être prise au sens large, comme visant non seulement l'Etat central mais aussi toutes les collectivités territoriales et les organismes publics.

Les aides d'Etat peuvent prendre des formes très variées : à côté des subventions proprement dites, on relève des bonifications ou restitutions d'intérêt, des réductions d'impôts, des prises en charge par les pouvoirs publics de cotisations de sécurité sociale, ou encore des conditions favorables pour la vente de terrains et immeubles industriels.

Un critère de plus en plus souvent utilisé pour apprécier si l'entreprise bénéficiaire a reçu un avantage économique qu'elle n'aurait pas obtenu dans des conditions normales de marché, consiste à comparer le comportement du pouvoir public à celui qu'aurait eu un opérateur privé avisé d'une taille comparable dans les mêmes circonstances[255]. Développé au départ pour apprécier l'existence d'une aide dans les interventions des pouvoirs publics au capital des entreprises en difficulté[256], ce critère s'applique désormais dans un nombre croissant de domaines : prêts[257] ou garanties des pouvoirs publics[258], comportement du créancier public[259], privatisations ou encore vente de terrains[260].

720. La troisième condition est l'octroi de cet avantage de manière sélective à certaines entreprises ou productions, l'aide s'opposant ainsi aux mesures dites générales qui relèvent quant à elles de la coordination des politiques générales ou de l'harmonisation des législations. Pour apprécier la sélectivité d'une mesure,

> « il convient d'examiner si, dans le cadre d'un régime juridique donné, ladite mesure constitue un avantage pour certaines entreprises par rapport à d'autres se trouvant dans une situation factuelle et juridique comparable »[261].

721. Enfin, la qualification d'une mesure comme aide suppose une affectation de la concurrence et des échanges entre Etats membres. La distorsion de concurrence apparaît comme une

---

[255] CJ, 21 mars 1991, *Italie c. Commission*, C-305/89 (aides à Alfa Roméo).
[256] CJ, 10 juillet 1986, *Belgique c. Commission*, 234/84 et 40/85 ; 21 mars 1990, *Belgique c. Commission*, C-142/87.
[257] CJ, 5 octobre 2000, *Allemagne c. Commission*, C-288/96.
[258] Communication sur l'application des articles 87 et 88 CE aux aides d'Etat sous forme de garanties, *JO*, n° C 71, 11 mars 2000, p. 14.
[259] CJ, 29 avril 1999, *Espagne c. Commission*, C-342/96.
[260] Communication de la Commission concernant les éléments d'aide d'Etat contenus dans des ventes de terrains et de bâtiments par les pouvoirs publics, *JO*, n° C 209, 10 juillet 1997, p. 3.
[261] CJ, 6 septembre 2006, *Portugal c. Commission*, C-88/03.

conséquence constante et nécessaire d'un avantage octroyé, de manière sélective, à certaines entreprises ou productions. Par conséquent, sauf dans des cas exceptionnels où ses effets sont si minimes ou si indirects qu'ils sont à peine perceptibles, l'octroi d'une aide fausse ou menace de fausser la concurrence. Dans la foulée, la Cour a établi le lien entre distorsion de concurrence et affectation des échanges, dans les termes suivants :

> « Lorsqu'une aide financière accordée par l'Etat renforce la position d'une entreprise par rapport à d'autres entreprises concurrentes dans les échanges intracommunautaires, ces derniers doivent être considérés comme influencés par l'aide »[262].

La jurisprudence retient une définition particulièrement large de la notion d'affectation des échanges : il suffit que l'entreprise bénéficiaire d'une aide se trouve en concurrence avec des produits d'autres Etats membres, pour que cette aide puisse affecter les échanges, même si l'entreprise ne participe pas elle-même aux exportations[263].

Cependant, la Commission a développé une règle dite *de minimis*, qui consiste en une quantification *a priori* de certaines aides qui, compte tenu de leur importance réduite, ne remplissent pas la condition d'affectation des échanges. Il s'agit des aides dont le montant total ne dépasse pas 200 000 euros sur une période de trois ans[264].

B. Les dérogations

722. L'article 107 du traité FUE (ex-article 87 CE) prévoit, dans ses paragraphes 2 et 3, un large nombre de dérogations au principe de l'incompatibilité des aides avec le marché intérieur. Ces dérogations ont fait l'objet d'une mise en œuvre assez libérale, au point que, dans la pratique, la règle d'incompatibilité apparaît davantage comme étant l'exception que la règle, compte tenu de ce que la Commission déclare compatibles la très grande majorité des aides d'Etat qui lui sont soumises, seules 5 % des aides étant déclarées incompatibles.

---

[262] CJ, 17 septembre 1980, *Philip Morris c. Commission*, 730/79.
[263] CJ, 13 juillet 1988, *France c. Commission*, 102/87.
[264] Règlement 1998/2006 de la Commission du 15 décembre 2006.

a. Dérogations obligatoires

723. Ces dérogations sont automatiques, en ce sens que la Commission est tenue d'autoriser l'aide si les conditions de la dérogation sont remplies, sans disposer d'un pouvoir d'appréciation. Leur portée pratique est assez limitée, car elles visent des situations qui sont relativement rares.

Il s'agit

– des aides d'Etat à caractère social accordées aux consommateurs individuels, à condition que celles-ci le soient sans discrimination liée à l'origine des produits : c'est essentiellement dans le domaine des transports que ce type d'aide se rencontre ;

– les aides destinées à compenser les dommages directement causés par des calamités naturelles, telles que des tremblements de terre, avalanches, glissements de terrains, inondations, tempêtes présentant un caractère exceptionnel, ou d'autres événements extraordinaires, comme des accidents industriels ou incendies graves, pollutions consécutives à une marée noire ou encore des attentats ;

– les aides aux régions allemandes affectées par la division de l'Allemagne : la jurisprudence a posé en règle que cette dérogation ne peut servir à compenser le retard économique dont souffrent les nouveaux Länder[265]. Le traité de Lisbonne permet au Conseil, cinq ans après son entrée en vigueur, de mettre fin à cette dérogation par un vote à la majorité qualifiée.

b. Les dérogations facultatives

724. Tout autre est l'importance des dérogations visées par le paragraphe 3 et pour lesquelles la Commission dispose d'un large pouvoir d'appréciation. Elles concernent

– les aides destinées à favoriser le développement économique de régions dans lesquelles le niveau de vie est anormalement bas ou dans lesquelles sévit un grave sous-emploi ;

---

[265] CJ, 30 septembre 2003, *Allemagne c. Commission*, C-301/96.

- les aides destinées à promouvoir la réalisation d'un projet important d'intérêt européen commun ou à remédier à une perturbation grave de l'économie d'un Etat membre[266];
- les aides au développement de certaines régions ou activités, pour autant qu'elles n'affectent pas les échanges dans une mesure contraire à l'intérêt commun;
- les aides destinées à promouvoir la culture et la conservation du patrimoine dans les mêmes conditions.

Cette disposition permet principalement à la Commission d'autoriser des aides à finalité régionale, des aides sectorielles et des aides dites horizontales, qui poursuivent un objet d'intérêt général de nature plus transversale. Celle-ci a estimé nécessaire d'adopter des lignes directrices ou encadrements développant les conditions que les aides doivent remplir pour qu'elle puisse les déclarer compatibles[267]. Elle a aussi, dans son plan d'action en matière d'aides d'Etat[268], souligné l'importance de procéder à une analyse économique pour apprécier la compatibilité des aides avec le marché intérieur, au travers d'un «bilan coûts-avantages».

725. L'article 109 du traité FUE (ex-article 89 CE) autorise le Conseil à adopter tous règlements utiles en vue de l'application des articles 107 et 108 du traité FUE (ex-articles 87 et 88 CE). Le Conseil a adopté sur cette base un règlement[269], habilitant la Commission à décider que certaines catégories d'aides, si elles remplissent certaines conditions, sont automatiquement compatibles avec le marché intérieur.

---

[266] C'est cette disposition qui a été mobilisée par la Commission européenne afin d'encadrer les diverses mesures d'aides adoptées par les Etats membres pour répondre à la crise économique et financière qui a frappé l'Union européenne, comme le reste du monde, à partir de l'automne 2008.

[267] Les divers encadrements actuellement en vigueur concernent les aides à la recherche et à l'innovation, les aides à la protection de l'environnement, les aides à la construction navale, les aides d'Etat au sauvetage et à la restructuration d'entreprises en difficulté, le financement des aéroports et les aides d'Etat au démarrage pour les compagnies aériennes au départ d'aéroports régionaux, les aides à finalité régionale, les aides visant à promouvoir les investissements en capital investissement dans les petites et moyennes entreprises, et les aides à la recherche au développement et à l'innovation.

[268] «Des aides d'Etat moins nombreuses et mieux ciblées: une feuille de route pour la réforme des aides d'Etat 2005-2009», COM (2005) 107 final.

[269] Règlement 994/98 du Conseil du 7 mai 1998.

Les catégories visées par le règlement 994/98 sont :

- d'une part, diverses catégories d'aides horizontales, en faveur des petites et moyennes entreprises, de la recherche et du développement, de la protection de l'environnement, de l'emploi et de la formation ;
- d'autre part, les aides respectant la carte approuvée par la Commission pour chaque Etat membre pour l'octroi des aides à finalité régionale.

La Commission a d'abord adopté quatre règlements relatifs aux aides à la formation[270], aux aides en faveur des petites et moyennes entreprises (y compris certaines aides à la recherche et au développement)[271], aux aides à l'emploi[272] et aux aides nationales à l'investissement à finalité régionale[273]. Ces différents règlements ont été ensuite remplacés par le règlement général d'exemption par catégorie[274], qui couvre également les aides à la création de petites entreprises par des femmes, les aides pour la protection de l'environnement, les aides à la recherche, au développement et à l'innovation et les aides sous forme de capital investissement.

2. Les règles de procédure

726. La reconnaissance de l'incompatibilité éventuelle d'une aide avec le marché intérieur ne peut résulter que d'une procédure appropriée dont la mise en œuvre relève de la compétence de la seule Commission et non des tribunaux nationaux. La Cour de justice a en effet refusé de reconnaître un effet direct à l'article 87 du traité CE, en soulignant que l'interdiction des aides n'était ni absolue ni inconditionnelle et que le traité a accordé à la Commission un large pouvoir d'appréciation pour admettre des aides par dérogation à cette interdiction générale[275]. Cette exclusivité s'explique par la nécessité d'assurer la cohérence de la politique suivie en matière d'autorisation des

---

[270] Règlement 68/2001 de la Commission du 12 janvier 2001, tel que modifié par le règlement 363/2004 de la Commission du 25 février 2004.
[271] Règlement 70/2001 de la Commission du 12 janvier 2001, tel que modifié par le règlement 364/2004 de la Commission du 25 février 2004.
[272] Règlement 2204/2002 de la Commission du 5 décembre 2002.
[273] Règlement 1628/2006 de la Commission du 24 octobre 2006.
[274] Règlement 800/2008 de la Commission du 6 août 2008.
[275] CJ, 22 mars 1977, *Ianelli*, 74/76, repris ensuite par une jurisprudence abondante. Sur l'effet direct, voy. *supra*, n°s 450 et s.

aides et de veiller à ce que les aides nationales ne portent pas atteinte à l'intérêt général de l'Union[276].

Les règles de procédure en matière d'aides d'Etat ont été codifiées et clarifiées dans le règlement 659/1999 du Conseil du 22 mars 1999 dit règlement de procédure.

Le contrôle de la Commission comprend deux phases : un examen des aides par la Commission et une procédure contentieuse. Il s'exerce d'une part sur les aides existantes, d'autre part sur les projets de création ou de modification d'aides.

A. Projets d'aides nouvelles

727. La Commission exerce un contrôle *a priori* à leur égard : tout projet d'octroi d'une aide nouvelle doit être notifié en temps utile à la Commission par l'Etat membre concerné, qui est obligé de fournir tous les renseignements nécessaires pour permettre à la Commission de prendre une décision. Toute aide devant être notifiée n'est mise en exécution que si la Commission a pris, ou est réputée avoir pris, une décision l'autorisant (clause de suspension)[277].

La Cour a estimé que l'obligation ainsi faite aux Etats membres de notifier leurs projets d'aide à la Commission et de s'abstenir de les mettre en application avant leur examen par la Commission avait effet direct. Elle a reconnu que les particuliers peuvent invoquer la violation de ces obligations devant leurs juridictions nationales, pour faire constater l'illégalité[278].

728. La Commission commence par procéder à un examen préliminaire du projet. Cet examen peut la conduire à conclure que la mesure en cause n'est pas une aide ou qu'elle est compatible avec le marché intérieur. Si la Commission constate, lors de cet examen préliminaire, que la mesure notifiée suscite des

---

[276] KLEINER Thibaut et ALEXIS Alain, « Politique des aides d'Etat : une analyse économique plus fine au service de l'intérêt commun », *Concurrences*, 2005/4, p. 45, soulignent que les aides d'Etat peuvent avoir des effets néfastes non seulement au niveau des entreprises mais aussi au niveau des Etats : déplacement d'activités économiques, transfert de chômage, hausses de prix...

[277] Les aides qui répondent aux critères des règlements d'exemption sont exonérées de cette obligation de notification. La possibilité pour la Commission de définir des catégories d'aides susceptibles d'être ainsi exonérées est confirmée explicitement par le traité de Lisbonne.

[278] CJ, 11 décembre 1973, *Lorenz*, 120/73, repris ensuite par une jurisprudence abondante.

doutes quant à sa compatibilité avec le marché intérieur, elle doit ouvrir la procédure formelle d'examen prévue au paragraphe 2 de l'article 108 du traité FUE[(279)]. Cette décision doit récapituler les éléments pertinents de fait et de droit, inclure une évaluation préliminaire, par la Commission, de la mesure proposée et exposer les raisons qui incitent à douter de sa compatibilité avec le marché intérieur. L'État membre concerné ainsi que les parties intéressées peuvent présenter leurs observations dans un délai qui ne dépasse pas un mois, qui peut être prolongé par la Commission.

La procédure formelle d'examen est clôturée par voie de décision. La Commission peut constater :

– que la mesure notifiée ne constitue pas une aide ;
– que les doutes concernant la compatibilité de la mesure notifiée avec le marché intérieur sont levés et que l'aide est compatible avec le marché intérieur (décision positive). Cette décision peut être assortie de conditions lui permettant de reconnaître cette compatibilité, ainsi que d'obligations lui permettant de contrôler le respect de sa décision (décision conditionnelle) ;
– que la mesure notifiée est incompatible avec le marché intérieur et ne peut être mise à exécution (décision négative).

729. Lorsque la Commission a en sa possession des informations concernant une éventuelle aide illégale, quelle qu'en soit la source, elle examine ces informations sans délai. Elle peut demander à l'État membre concerné de lui fournir des renseignements.

En cas de décision négative concernant une aide illégale, la Commission décide que l'État membre concerné doit prendre toutes les mesures nécessaires pour récupérer l'aide auprès de son bénéficiaire (décision de récupération). La Commission n'exige pas la récupération de l'aide si, ce faisant, elle allait à l'encontre d'un principe général du droit de l'Union.

Les pouvoirs de la Commission en matière de récupération de l'aide sont soumis à un délai de prescription de dix ans.

[(279)] Article 8 du règlement de procédure, confirmant une jurisprudence constante.

B. Aides existantes

730. La Commission, aux termes de l'article 108, par. 1, du traité FUE, procède avec les Etats membres à leur examen permanent. A cette fin, la Commission obtient tous les renseignements nécessaires de l'Etat membre concerné.

Si la Commission parvient à la conclusion qu'un régime d'aides existant n'est pas, ou n'est plus, compatible avec le marché intérieur, elle adresse à l'Etat membre concerné une recommandation proposant l'adoption de mesures utiles.

Cette recommandation peut tendre, en particulier:

– à introduire un certain nombre d'exigences procédurales;
– à modifier sur le fond le régime d'aides en question, sans effet rétroactif;
– à supprimer le régime d'aides en question toujours sans effet rétroactif.

Les Etats membres doivent communiquer à la Commission des rapports annuels sur tous les régimes d'aides existants qui ne sont pas soumis à une obligation spécifique de présentation de rapports par une décision de la Commission.

Bibliographie sélective

BAUBY Pierre, COING Henri, DE TOLÉDO Alain (dir.), *Les services publics en Europe pour une régulation démocratique*, Paris, Publisud, 2007.

BERLIN Dominique, *Contrôle des concentrations, Commentaire J. Mégret*, 3e éd., Bruxelles, Editions de l'Université de Bruxelles, 2009.

DONY Marianne et SMITS Catherine (éd.), *Aides d'Etat*, Bruxelles, Editions de l'Université de Bruxelles, 2005.

DONY Marianne, en collaboration avec RENARD François et SMITS Catherine, *Contrôle des aides d'Etat, Commentaire J. Mégret*, 3e éd., Bruxelles, Editions de l'Université de Bruxelles, 2007.

GRYNFOGEL Catherine, *Droit communautaire de la concurrence*, Paris, LGDJ, 2008.

Idot Laurence, *Droit communautaire de la concurrence – Le nouveau système communautaire de mise en œuvre des articles 81 et 82 CE*, Bruxelles, Bruylant, 2004.

KEPPENNE Jean-Paul, *Guide des aides d'Etat en droit communautaire*, Bruxelles, Bruylant, 1999.

LOUIS Jean-Victor et RODRIGUES Stéphane, *Les services d'intérêt économique général et l'Union européenne*, Bruxelles, Bruylant, 2006.

MALAURIE-VIGNAL Marie, *Droit de la concurrence interne et communautaire*, Paris, Dalloz-Sirey, 2008.

MALAURIE-VIGNAL Marie, *L'abus de position dominante*, Paris, LGDJ, 2003.

MEROLA Massimo, « Evolution of EC Merger Control from the Original Proposal to Regulation No. 139/2004 », *in* DEMARET Paul, GOVAERE Inge et HANF Dominik (ed.), *30 Years of European Legal Studies at the College of Europe/30 ans d'études juridiques européennes au Collège d'Europe: Liber Professorum 1973/74 – 2003/04*, Bruxelles, Peter Lang, 2005.

VAN BAEL Ivo et BELLIS Jean-François, *Competition Law of the European Community*, 4ᵉ éd., The Hague, Kluwer Law International, 2005.

WAELBROECK Michel et FRIGNANI Aldo, *Concurrence, Commentaire J. Mégret*, vol. 4., 2ᵉ éd., Bruxelles, Editions de l'Université de Bruxelles, 1997.

CHAPITRE II

L'espace de liberté, de sécurité et de justice

731. L'espace de liberté, de sécurité et de justice est un des domaines du droit de l'Union européenne qui a connu l'évolution la plus remarquable, dont le traité de Lisbonne constitue une dernière étape essentielle (section 1). Il comporte plusieurs volets qui sont les politiques relatives aux contrôles aux frontières, à l'asile et à l'immigration (section 2), la coopération judiciaire en matière civile (section 3), et la coopération policière et judiciaire en matière pénale (section 4). Plusieurs protocoles viennent réserver un statut particulier à certains pays, à savoir le Danemark, le Royaume-Uni et l'Irlande (section 5).

Section 1
De la coopération politique à l'espace de liberté, de sécurité et de justice

732. Une coopération intergouvernementale dans les domaines de l'immigration, du droit d'asile et de la coopération policière et judiciaire débute en 1975, dans le cadre de la coopération politique européenne et non dans le cadre juridique de la Communauté. Des groupes de travail sont créés, dont le principal est le groupe Trevi (Terrorisme, radicalisme, extrémisme et violence internationale), dont les compétences sont élargies en 1985 à l'immigration clandestine et la criminalité organisée. Les ministres de l'Intérieur et de la Justice des Etats membres commencent à se rencontrer tous les six mois à partir de 1984.

733. Dans la foulée de l'adoption de l'Acte unique européen prévoyant la création d'un «espace sans frontières intérieures dans lequel la libre circulation (…) *des personnes* est assurée»[1], les accords de Schengen (accord cadre du 14 juin 1985, suivi d'une convention d'application, signée le 19 juin 1990 et entrée en vigueur le 26 mars 1995), ont prévu la suppression des contrôles systématiques aux frontières intérieures de l'espace Schengen avec une série de mesures compensatoires portant sur :

– le renforcement des contrôles aux frontières extérieures de l'espace Schengen et une politique commune des visas ;
– la coopération policière et judiciaire pour lutter contre le trafic de stupéfiants, le grand banditisme et les trafics illicites.

Signés au départ par la France, l'Allemagne et les pays du Benelux, les accords de Schengen, liaient, lors de leur intégration dans le cadre de l'Union[2], quinze pays, à savoir treize des quinze Etats membres de l'Union de l'époque (mais pas le Royaume-Uni et l'Irlande), l'Islande et la Norvège.

734. Le traité de Maastricht a instauré une «coopération en matière de justice et d'affaires intérieures», en tant que troisième pilier de l'Union, portant sur neuf questions d'intérêt commun :

– l'asile,
– le franchissement des frontières extérieures,
– l'immigration,
– la lutte contre la drogue et la toxicomanie,
– la lutte contre la fraude de dimension internationale,
– la coopération en matière civile,
– la coopération en matière pénale,
– la coopération douanière et
– la coopération policière.

Dès lors que l'unanimité était la règle pour la prise de décision et que les accords de Schengen sont restés d'application, le troisième pilier de l'Union européenne est largement resté une «coquille vide».

735. La situation évolue avec le traité d'Amsterdam, qui assigne à l'Union européenne l'objectif de réaliser un «espace de liberté,

[1] Nous soulignons.
[2] Voy. à ce sujet *infra*, n° 735.

de sécurité et de justice», expression remplaçant désormais celle de «justice et affaires intérieures». L'ambition est vaste: il s'agit d'assurer, dans un délai de cinq ans (article 67, par. 1, CE),

> «la libre circulation des personnes, en liaison avec des mesures appropriées en matière de contrôle des frontières extérieures, d'asile, d'immigration ainsi que de prévention de la criminalité et de lutte contre ce phénomène» (article 2 du traité UE).

Les «questions d'intérêt commun» sont développées et divisées en deux catégories. Un nouveau titre est inséré dans le traité CE, intitulé «Visas, asile, immigration et autres politiques liées à la libre circulation des personnes», et reprend les mesures concernant le contrôle des frontières extérieures, l'asile, l'immigration et la coopération judiciaire en matière civile, qui sont donc «communautarisées».

La coopération policière et judiciaire en matière pénale, à laquelle le traité d'Amsterdam ajoute la prévention et la lutte contre le racisme et la xénophobie, reste dans un troisième pilier aminci et rénové.

Parallèlement, les conventions de Schengen et les mesures prises pour leur application (l'«acquis Schengen») ont été intégrées dans le cadre de l'Union européenne (premier ou troisième pilier, selon le cas), avec un statut dérogatoire accordé au Danemark, au Royaume-Uni et à l'Irlande.

736. Un des principaux mérites du traité de Lisbonne, qui reprend en cela l'acquis du traité constitutionnel, est d'avoir réinstauré l'unité des matières qui relevaient, sous l'empire du traité de Maastricht, de «la coopération en matière de justice et d'affaires intérieures» et qu'il regroupe, sous l'intitulé d'«espace de liberté, de sécurité et de justice», dans un titre unique, le titre V de la troisième partie du traité FUE. Ce titre débute par un article 67 disposant que

> «[l]'Union constitue un espace de liberté, de sécurité et de justice dans le respect des droits fondamentaux et des différents systèmes et traditions juridiques des Etats membres»[3].

---

[3] Voy. aussi l'article, par. 2, du traité sur l'Union européenne, tel que modifié par le traité de Lisbonne, aux termes duquel l'Union «offre à ses citoyens un espace de liberté, de sécurité et de justice…».

De plus, il procède à une rénovation significative de nombre de dispositions applicables en la matière, particulièrement s'agissant de la coopération judiciaire et policière pénale.

La Commission européenne a publié le 10 juin 2009 une communication intitulée « Un espace de liberté, de sécurité et de justice au service des citoyens – Une liberté plus grande dans un environnement plus sûr », dans laquelle elle décline ses priorités pour les années à venir[4].

Bibliographie sélective

BARBE, Emmanuel, en collaboration avec BOULLANGER, Hervé, *Justice et affaires intérieures dans l'Union européenne: un espace de liberté, de sécurité et de justice*, Paris, La documentation française, 2002.

Section 2

Politiques relatives aux contrôles aux frontières, à l'asile et à l'immigration

737. Le traité de Lisbonne vient mettre en place, là où le traité d'Amsterdam n'avait envisagé que de simples « mesures », une politique commune, comportant trois axes: la politique des frontières (I), la politique d'asile (II) et la politique d'immigration (III). Ces trois politiques qui, dans le traité d'Amsterdam, étaient explicitement liées à la libre circulation des personnes, voient leur autonomie consacrée. Leur mise en œuvre est facilitée par la généralisation de la procédure législative ordinaire, dans la prolongation de l'effort déjà accompli en ce sens par le traité de Nice et par la décision 2004/927/CE du Conseil du 22 décembre 2004, prise en application de l'article 67, par. 2, du traité CE[5].

---

[4] COM (2009) 262 final.
[5] Aux termes duquel cinq ans après l'entrée en vigueur du traité d'Amsterdam, « le Conseil, statuant à l'unanimité après consultation du Parlement européen, prend une décision en vue de rendre la procédure visée à l'article 251 applicable à tous les domaines couverts par le présent titre ou à certains d'entre eux ».

I. La politique des frontières

1. Les objectifs

738. L'article 77 du traité FUE assigne trois objectifs à la politique des frontières :

- « assurer l'absence de tout contrôle des personnes, quelle que soit leur nationalité, lorsqu'elles franchissent les frontières intérieures ». Cet objectif renvoie à l'« espace sans frontières intérieures », dont l'origine remonte à l'Acte unique européen en 1986, mais il est à noter que cette expression, habituellement reliée au marché intérieur, est, dans l'article 3 du traité UE tel que modifié par le traité de Lisbonne, accolée à l'espace de liberté, de sécurité et de justice ;
- « assurer le contrôle des personnes et la surveillance efficace du franchissement des frontières extérieures » : cet objectif était présent mais formulé de manière plus vague dans le traité d'Amsterdam ;
- « mettre en place progressivement un système intégré de gestion des frontières extérieures », ce qui constitue incontestablement l'objectif le plus novateur.

2. Les compétences

739. Deux domaines d'action doivent être distingués : les visas (A) et les contrôles (B).

A. Les visas

740. Le point a) de l'article 77 du traité FUE évoque « la politique commune des visas et d'autres titres de séjour de courte durée ». On saluera la simplification bienvenue par rapport au texte issu du traité d'Amsterdam qui évoquait quatre compétences précises :

- l'établissement d'une liste des pays tiers dont les ressortissants seront soumis à obligation de visa pour le franchissement des frontières extérieures et de ceux dont les ressortissants seront exemptés de cette obligation ;
- la définition des procédures et conditions de délivrance des visas par les Etats membres ;
- l'établissement d'un modèle type de visa, dont tous les Etats membres se serviront pour délivrer un visa aux ressortissants des pays tiers ;
- la définition de règles communes en matière de délivrance des visas par les Etats membres.

La nouvelle formulation constitue une base juridique extrêmement large qui devrait permettre à l'Union d'adopter toute mesure qu'elle juge nécessaire en la matière et notamment d'envisager la création, comme cela est d'ailleurs projeté dans le programme de La Haye de novembre 2004, de «bureaux communs de délivrance des visas». Restera à définir ce que sont les «autres titres de séjour de longue durée».

741. Plusieurs mesures ont déjà été adoptées jusqu'à présent, en particulier:

- un modèle type de visa[6];
- une liste de pays tiers dont les ressortissants doivent être munis d'un visa lors du franchissement des frontières extérieures des Etats membres[7];
- un modèle uniforme de feuillet pour l'apposition d'un visa[8];
- un système d'information sur les visas (VIS), créé par une décision du Conseil de juin 2004[9], complétée par un règlement, qui définit l'objet et les fonctionnalités du VIS ainsi que les responsabilités y afférentes, et précise les conditions et les procédures d'échange de données entre les Etats membres[10]. La mise en service du VIS semble cependant avoir pris un retard important[11];
- un code des visas[12], adopté par le Parlement européen et le Conseil le 13 juillet 2009 et applicable à partir du 5 avril 2010, qui intègre dans un document unique toutes les dispositions régissant la délivrance de visas à court terme, en les modifiant sur certains points, notamment en améliorant les garanties procédurales des personnes demandant un visa[13].

---

[6] Règlement CE/1683/95 du Conseil du 29 mai 1995, modifié par le règlement CE/334/2002 du Conseil du 18 février 2002.
[7] Règlement CE/574/99 du Conseil du 12 mars 1999, modifié en dernier lieu par le règlement 1932/2006 du Conseil du 21 décembre 2006.
[8] Règlement CE/333/2002 du Conseil du 18 février 2002.
[9] Décision 2004/512/CE du Conseil du 8 juin 2004.
[10] Règlement CE/767/2008 du Parlement européen et du Conseil du 9 juillet 2008 concernant le système d'information sur les visas (VIS) et l'échange de données entre les Etats membres sur les visas de court séjour.
[11] Résolution du Parlement européen du 22 octobre 2009 sur l'état d'avancement du système d'information Schengen de deuxième génération et du système d'information sur les visas.
[12] Règlement 810/2009 du Parlement européen et du Conseil du 13 juillet 2009 établissant un code communautaire des visas.
[13] La Commission devrait aussi adopter des instructions sur l'application pratique du code des visas.

742. L'Union doit aussi définir «les conditions dans lesquelles les ressortissants des pays tiers peuvent circuler librement dans l'Union pendant une courte durée» (le texte antérieur visait les visas d'une durée maximale de trois mois). Cette compétence est intimement liée à celle en matière de visas puisqu'elle est la concrétisation de la valeur européenne du visa de court séjour qui permet au détenteur qui l'a obtenu d'un Etat membre de circuler pendant sa durée de validité sur le territoire de l'ensemble des autres Etats membres participant à la politique commune de visas.

B. Les contrôles

743. Le point b) de l'article 77 du traité FUE évoque les «contrôles auxquels sont soumises les personnes franchissant les frontières extérieures». Il doit être mis en relation avec «l'absence de contrôle des personnes, quelle que soit leur nationalité, lorsqu'elles franchissent les frontières intérieures», mentionné au point e), qui est une simple reprise de l'objectif énoncé au point a) du premier paragraphe, si ce n'est que l'adjectif «tout» a disparu avant le terme «contrôle». Cela va bien plus loin que la fixation des «normes et modalités» à respecter par les Etats membres pour les contrôles concernant le franchissement des frontières extérieures de l'Union européenne, évoquée dans le traité d'Amsterdam.

Le Parlement européen et le Conseil ont adopté le 15 mars 2006 «le code communautaire relatif au régime de franchissement des frontières par les personnes», qui «prévoit l'absence de contrôle aux frontières des personnes franchissant les frontières intérieures entre les Etats membres de l'Union européenne» et «établit les règles applicables au contrôle aux frontières des personnes franchissant les frontières extérieures des Etats membres de l'Union européenne»[14]. Ce texte est complété par des règles spécifiques «pour le petit trafic frontalier»[15].

744. Le contrôle des frontières extérieures incombe aux Etats membres et c'est certainement parce que les Etats membres localisés au Sud et à l'Est depuis le dernier élargissement supportent

---

[14] Règlement CE/562/2006 du Parlement européen et du Conseil du 15 mars 2006.

[15] Règlement CE/1931/2006 du Parlement européen et du Conseil du 20 décembre 2006.

l'essentiel de la charge du contrôle et de la surveillance de frontières extérieures devenues communes pour le compte de l'ensemble des Etats membres que l'impératif de solidarité a été mis en exergue. D'ores et déjà, des mesures ont été adoptées pour mettre en œuvre cet objectif. Le Parlement et le Conseil ont créé, dans le cadre du programme général Solidarité et gestion des flux migratoires, un « Fonds pour les frontières extérieures 2007-2013 », qui est la première structure à allouer des ressources financières substantielles à ces domaines d'action[16].

745. La principale nouveauté, comme dans les objectifs, consiste dans la possibilité d'adopter « toute mesure nécessaire pour l'établissement progressif d'un système intégré de gestion des frontières extérieures ». Cette nouvelle base juridique, formulée en termes larges, devrait permettre à l'Union de mettre en œuvre une politique commune pour prêter main forte aux Etats dans le contrôle de leurs frontières extérieures. Les auteurs du traité auraient cependant encore pu aller plus loin et adopter les bases légales nécessaires pour créer un véritable corps européen de garde-frontières.

746. Des premiers pas en ce sens ont déjà été enregistrés. Le Conseil a adopté une décision portant création d'une Agence européenne pour la gestion de la coopération opérationnelle aux frontières extérieures des Etats membres de l'Union européenne (Frontex)[17]. A suivi en 2007 la mise en place d'un mécanisme visant à fournir, pour une durée limitée et à la demande de l'Etat concerné, une assistance opérationnelle rapide, sous la forme d'équipes d'intervention rapide aux frontières, à un Etat membre confronté à une situation le soumettant à des pressions urgentes et exceptionnelles, spécialement en cas d'arrivée en certains points des frontières extérieures d'un grand nombre de ressortissants de pays tiers tentant d'entrer clandestinement sur le territoire de cet Etat (Rabit)[18].
La Commission a présenté deux communications le 13 février 2008. La première, intitulée « Préparer les prochaines évolutions de la gestion des frontières dans l'Union européenne »[19]

---

[16] Décision 574/2007/CE du Parlement européen et du Conseil du 23 mai 2007.
[17] Décision 2007/2004/CE du Conseil du 26 octobre 2004.
[18] Règlement CE/863/2007 du Parlement européen et du Conseil du 11 juillet 2007.
[19] COM (2008) 69 final.

préconise l'élaboration d'une stratégie de gestion intégrée des frontières, qu'elle définit comme «une combinaison de mécanismes de contrôle et d'outils, qui varie en fonction des flux de personnes qui se rendent dans l'Union». La deuxième[20] porte sur le développement d'un système européen de surveillance des frontières (EUROSUR), axé dans un premier temps sur les frontières extérieures méridionale et orientale de l'Union.

II. LA POLITIQUE D'ASILE

1. Les objectifs

747. Les objectifs en la matière sont plus diffus. Le paragraphe 1 de l'article 78 du traité FUE affirme que la politique commune d'asile vise «à offrir un statut approprié à tout ressortissant d'un pays tiers nécessitant une protection internationale»; il doit être lu en liaison avec le paragraphe 2 qui vise, outre une politique commune d'asile, la création d'un «système européen commun d'asile». S'y ajoute l'obligation, pour la politique commune d'«être conforme à la convention de Genève du 28 juillet 1951 et au protocole du 31 janvier 1967 relatifs au statut des réfugiés, ainsi qu'aux autres traités pertinents».

2. Les compétences

748. Le nouveau texte distingue plus clairement les différentes formes de protection internationale apparues au niveau européen que ne le faisait le texte antérieur: l'asile proprement dit ouvert aux réfugiés couverts par la convention de Genève du 28 juillet 1951, la protection subsidiaire pour les ressortissants des pays tiers qui, sans obtenir l'asile européen, ont besoin d'une protection internationale et la protection temporaire dont peuvent bénéficier les personnes déplacées en cas d'afflux massif.

749. De plus, l'élargissement des compétences est important puisqu'il est désormais question d'une «politique commune d'asile». Pas de changement réel s'agissant de définition des «critères et mécanismes de détermination de l'Etat responsable de l'examen d'une demande d'asile ou de protection subsidiaire». En revanche, en ce qui concerne les conditions d'accueil

---

[20] COM (2008) 68 final.

des demandeurs d'asile et – ajoute le traité de Lisbonne – d'une protection subsidiaire, les normes minimales doivent faire place à des normes tout court. Et, surtout, l'Union devra établir un «statut uniforme» pour l'asile et la protection subsidiaire. Ce terme «uniforme» implique un statut plus ou moins identique dans tous les Etats membres de l'Union européenne, et donc une harmonisation élevée de leur contenu[21]. La protection temporaire devra quant à elle faire l'objet d'un «système commun». Enfin, les procédures menant aux divers statuts devront être «communes».

750. Une dernière nouveauté est «le partenariat et la coopération avec des pays tiers pour gérer les flux de personnes demandant l'asile ou une protection subsidiaire ou temporaire». On peut toutefois se demander pourquoi il n'en est fait mention qu'en matière d'asile et pas comme objectif global de la politique de contrôles des frontières, d'asile et d'immigration, d'autant que la politique d'immigration se prête mieux que la politique d'asile à la «gestion des flux de personnes».

751. Parmi les textes adoptés par le Conseil en la matière, on relèvera

- le règlement dit Dublin II établissant les critères et mécanismes de détermination de l'Etat membre responsable de l'examen d'une demande d'asile[22];
- une directive «concernant les normes minimales relatives aux conditions que doivent remplir les ressortissants des pays tiers ou les apatrides pour pouvoir prétendre au statut de réfugié ou les personnes qui, pour d'autres raisons, ont besoin d'une protection internationale et relatives au contenu de ces statuts»[23];
- une directive «relative à des normes minimales pour l'accueil des demandeurs d'asile»[24];
- une directive relative à des normes minimales concernant la procédure d'octroi et de retrait du statut de réfugié dans les Etats membres[25].

---

[21] L'idée d'un «statut valable dans toute l'Union», qui figurait dans les conclusions du Conseil européen de Tampere, a disparu, ce qui posera inévitablement la question de savoir quelle valeur la décision d'accorder l'asile ou la protection subsidiaire prise par un Etat membre pourra avoir dans les autres Etats membres.
[22] Règlement 343/2003 du Conseil du 18 février 2003.
[23] Directive 2004/83/CE du Conseil du 29 avril 2004.
[24] Directive 2003/9/CE du Conseil du 27 janvier 2003.
[25] Directive 2005/85/CE du Conseil du 1er décembre 2005.

Il est vraisemblable que ces différents textes devront être revus, compte tenu de la très (trop?) large marge de manœuvre qu'ils laissent aux Etats membres. S'y ajoute la décision du Conseil de créer un Fonds européen pour les réfugiés[26], qui vise à assurer une «solidarité durable» entre les Etats membres, et à soutenir et encourager les efforts consentis par les Etats membres pour accueillir des réfugiés et des personnes déplacées.

La Commission a publié le 6 juin 2007 un livre vert sur «le futur régime d'asile européen commun»[27], suivi, le 17 juin 2008, par une communication intitulée «Plan d'action en matière d'asile – Une approche intégrée de la protection au niveau de l'Union»[28]. Le 18 février 2009, elle a déposé une proposition de règlement du Parlement européen et du Conseil portant création d'un Bureau européen d'appui en matière d'asile[29].

III. LA POLITIQUE D'IMMIGRATION

1. Les objectifs

752. La politique commune d'immigration poursuit trois objectifs, qui sont d'assurer

- «une gestion efficace des flux migratoires», à «tous les stades» (pays d'origine, pays de transit et pays de destination);
- «un traitement équitable des ressortissants de pays tiers en séjour régulier dans les Etats membres»;
- «une prévention de l'immigration illégale et de la traite des êtres humains et une lutte renforcée contre celles-ci».

2. Les compétences

753. S'agissant des mesures susceptibles d'être adoptées[30], l'article 79 du traité FUE mélange, dans un savant désordre, aspects relatifs à l'immigration légale (A) et à l'immigration illégale (B).

---

[26] Décision 2004/904/CE du Conseil du 2 décembre 2004. Ce fonds est établi pour la période 2005-2010.
[27] COM (2007) 301 final.
[28] COM (2008) 360 final.
[29] COM (2009) 66 final.
[30] Voy. sur la mise en œuvre de ces compétences, la communication de la Commission du 17 juin 2008 intitulée «Une politique commune de l'immigration pour l'Europe: principes, actions et instruments», COM (2008) 359 final.

A. L'immigration légale

754. L'admission pour les séjours de longue durée fait l'objet du point a) du paragraphe 2 de l'article 79, qui est une paraphrase de la disposition, pourtant peu claire, de l'ex-article 63, par. 3, point a), du traité CE et vise l'adoption de mesures concernant

> «les conditions d'entrée et de séjour, ainsi que les normes concernant la délivrance par les Etats membres de visas et de titres de séjour de longue durée, y compris aux fins du regroupement familial».

Il doit se lire en liaison avec le paragraphe 5 de cette même disposition, aux termes duquel

> «le présent article n'affecte pas le droit des Etats membres de fixer les volumes d'entrée des ressortissants de pays tiers, en provenance de pays tiers, sur leur territoire dans le but d'y rechercher un emploi salarié ou non salarié».

Cette réserve de compétence des Etats membres ne concerne cependant que la première admission d'un ressortissant de pays tiers dans l'Union européenne aux fins d'accéder à un emploi salarié ou indépendant et non l'accès à l'emploi des ressortissants de pays tiers déjà admis dans l'Union européenne à d'autres fins ou la mobilité aux fins d'emploi de ressortissants de pays tiers déjà admis sur le territoire de l'Union européenne.

755. Les droits des ressortissants des pays tiers en séjour régulier font l'objet du point b) du paragraphe 2 de l'article 79, qui évoque les droits de ceux-ci dans leur pays d'accueil mais aussi «les conditions régissant la liberté de circulation et de séjour dans les autres Etats membres». L'expression «liberté de circulation et de séjour», remplaçant les «conditions dans lesquelles ils pourront séjourner dans les autres Etats membres» mérite d'être soulignée car elle pourrait s'opposer à l'adoption par les Etats membres de mesures mettant en cause la substance même de la liberté ainsi reconnue. De plus, cette matière, qui, dans la décision du Conseil du 22 décembre 2004, n'avait pas été soumise à la procédure de codécision, est désormais soumise à la procédure législative ordinaire.

756. Le Conseil a adopté plusieurs textes en ce domaine :

– un règlement «établissant un modèle uniforme de titre de séjour pour les ressortissants de pays tiers[31], une directive relative au droit au regroupement familial»[32],
– une directive «relative au statut des ressortissants de pays tiers résidents de longue durée (reconnu après cinq années ininterrompues de séjour sur le territoire d'un Etat membre»[33],
– une directive établissant les conditions d'entrée et de séjour des ressortissants de pays tiers aux fins d'un emploi hautement qualifié[34].

S'y ajoute une proposition de directive déposée par la Commission le 23 octobre 2007 établissant une procédure de demande unique en vue de la délivrance d'un permis unique autorisant les ressortissants de pays tiers à résider et à travailler sur le territoire d'un Etat membre et établissant un socle commun de droits pour les travailleurs issus de pays tiers qui résident légalement dans un Etat membre[35]. Le Conseil a déjà tenu plusieurs débats politiques sur cette proposition, qui, du fait de l'entrée en vigueur du traité de Lisbonne, devra être adoptée par le Parlement européen et le Conseil conformément à la procédure législative ordinaire[36].

757. Le paragraphe 4 de l'article 79 introduit aussi une nouvelle base pour l'adoption de mesures favorisant l'intégration des ressortissants de pays tiers, mais qui ne pourront consister qu'en des mesures d'appui, de coordination ou de complément des actions des Etats membres, à l'exclusion de toute harmonisation des législations.

---

[31] Règlement CE/1030/2002 du Conseil du 13 juin 2002.
[32] Directive 2003/86/CE du Conseil du 22 septembre 2003.
[33] Directive 2003/109/CE du Conseil, du 25 novembre 2003. La Cour de justice, dans un arrêt du 27 juin 2006, *Parlement c. Conseil*, C-40/03, a rejeté le recours en annulation introduit par le Parlement européen à l'encontre de cette directive. La Commission a publié le 8 octobre 2008 un rapport sur l'application de la directive, COM (2008) 610 final.
[34] Directive 2009/50/CE du Conseil du 25 mai 2009.
[35] COM (2007) 638 final.
[36] Communication de la Commission, «Conséquences de l'entrée en vigueur du traité de Lisbonne sur les procédures décisionnelles interinstitutionnelles en cours», COM (2009) 665 final.

B. L'immigration illégale

758. Les mesures susceptibles d'être adoptées par l'Union ont trait à «l'immigration clandestine et [au] séjour irrégulier» ainsi qu'à «l'éloignement et [au] rapatriement des personnes en séjour irrégulier» (article 79, par. 2, point c), TFUE). Une nouvelle compétence est ajoutée: «la lutte contre la traite des êtres humains, en particulier des femmes et des enfants» qui est évoquée au point d)[37], mais qui ne vise que les aspects relevant de la politique d'immigration et non de la coopération policière ou judiciaire pénale.

Enfin, le paragraphe 3 indique que

> «l'Union peut conclure avec des pays tiers des accords visant la réadmission, dans les pays d'origine ou de provenance, de ressortissants de pays tiers qui ne remplissent pas ou qui ne remplissent plus les conditions d'entrée, de présence ou de séjour sur le territoire de l'un des Etats membres».

759. Plusieurs textes ont d'ores et déjà été adoptés en ce domaine, d'abord par le Conseil seul, puis par le Parlement européen et le Conseil:

- une directive «relative à la reconnaissance mutuelle des décisions d'éloignement des ressortissants des pays tiers»[38];
- une directive harmonisant les sanctions pécuniaires imposées aux transporteurs acheminant sur le territoire de l'Union des ressortissants des pays tiers sans document de voyage ou sans visa[39];
- une directive «définissant l'aide à l'entrée, au transit et au séjour irréguliers»[40];
- une directive «relative au titre de séjour délivré aux ressortissants de pays tiers qui sont victimes de la traite des êtres humains ou ont fait l'objet d'une aide à l'immigration clandestine et qui coopèrent avec les autorités compétentes»[41];

---

[37] La formulation est plus étroite que celle retenue lors de la définition des objectifs de la politique d'immigration qui ajoute la prévention à la lutte.
[38] Directive 2001/40/CE du Conseil du 28 mai 2001. Le terme «éloignement» qui ne figurait pas dans le traité d'Amsterdam a été explicitement ajouté après celui de rapatriement dans le traité de Lisbonne.
[39] Directive 2001/51/CE du Conseil du 28 juin 2001.
[40] Directive 2002/90/CE du Conseil du 28 novembre 2002. Il est intéressant de noter que le traité de Lisbonne ne mentionne pas pour sa part le «transit irrégulier».
[41] Directive 2004/81/CE du Conseil du 29 avril 2004. Cette directive est accompagnée d'une décision cadre qui prévoit que ces infractions doivent être passibles de sanctions effectives, proportionnées et dissuasives. Elle montre que les institutions de l'Union n'avaient pas attendu la refonte du texte par le traité de Lisbonne pour prendre des mesures en la matière.

– une directive concernant l'obligation pour les transporteurs de communiquer les données relatives aux passagers[42] ;
– une décision relative à l'organisation de vols communs pour l'éloignement, à partir du territoire de deux Etats membres ou plus, de ressortissants de pays tiers faisant l'objet de mesures d'éloignement sur le territoire de deux Etats membres ou plus[43] ;
– une directive aux normes et procédures communes applicables dans les Etats membres au retour des ressortissants de pays tiers en séjour irrégulier[44] ;
– une directive prévoyant des normes minimales concernant les sanctions et les mesures à l'encontre des employeurs de ressortissants de pays tiers en séjour irrégulier[45].

Bibliographie sélective

CARLIER Jean-Yves et DE BRUYCKER Philippe (dir.), *Actualité du droit européen de l'immigration et de l'asile*, Bruxelles, Bruylant, 2004.

DE BRUYCKER Philippe, *L'émergence d'une politique européenne d'immigration*, Bruxelles, Bruylant, 2002.

DE BRUYCKER Philippe, « Les politiques relatives aux contrôles aux frontières, à l'asile et à l'immigration », *in* DONY Marianne et BRIBOSIA Emmanuelle (dir.), *Commentaire de la Constitution de l'Union européenne*, Bruxelles, Editions de l'Université de Bruxelles, 2005.

DIAS URBANO DE SOUSA Constança (dir.), *L'émergence d'une politique européenne d'asile*, Bruxelles, Bruylant, 2003.

DUEZ Denis, *L'Union européenne et l'immigration clandestine. De la sécurité intérieure à la construction de la communauté politique*, Bruxelles, Editions de l'Université de Bruxelles, 2008.

EDSTRÖM Örjan, JULIEN-LAFERRIÈRE François et LABAYLE Henri (dir.), *La politique européenne d'immigration et d'asile cinq ans après le Traité d'Amsterdam : bilan critique*, Bruxelles, Bruylant, 2005.

MARTUCCI Francesco, « La directive « retour » : la politique européenne d'immigration face à ses paradoxes », *RTDE*, 2009, p. 47.

MICHEL Valérie, « La difficile formalisation des compétences. L'exemple des politiques relatives aux contrôles aux frontières, à l'asile et à l'immigration », *in Mélanges en l'honneur de Philippe Manin*, Paris, Editions Pedone, 2009 (sous presse).

---

[42] Directive 2004/82/CE du Conseil du 29 avril 2004.
[43] Décision 2004/573/CE du Conseil du 29 avril 2004.
[44] Directive 2008/115/CE du Parlement européen et du Conseil du 16 décembre 2008.
[45] Directive 2009/52/CE du Parlement européen et du Conseil du 18 juin 2009.

Section 3

La coopération judiciaire civile

760. Régie d'abord par des conventions internationales[46] adoptées sur le fondement de l'article 293 du traité CE, abrogé par le traité de Lisbonne, la coopération judiciaire en matière civile a été inscrite dans le traité de Maastricht comme l'une des «questions d'intérêt commun» sur lesquelles pouvait porter la coopération dans les domaines de la justice et des affaires intérieures. Le traité d'Amsterdam a fait entrer la coopération judiciaire civile dans les compétences de la Communauté européenne, en l'intégrant dans le nouveau titre IV du traité CE, intitulé «Visas, asile, immigration et autres politiques liées à la libre circulation des personnes». Elle fait désormais l'objet, dans le traité sur le fonctionnement de l'Union européenne, du chapitre 3 du titre consacré à l'espace de liberté, de sécurité et de justice.

761. S'agissant des objectifs de la coopération judiciaire civile, l'article 67, par. 4, du traité FUE se réfère uniquement à la «reconnaissance mutuelle des décisions judiciaires et extrajudiciaires en matière civile» qui doit faciliter «l'accès à la justice», tandis que l'article 81 dispose quant à lui que

> «[l]'Union développe une coopération judiciaire dans les matières civiles ayant une incidence transfrontière, fondée sur le principe de reconnaissance mutuelle des décisions judiciaires et extrajudiciaires. Cette coopération peut inclure l'adoption de mesures de rapprochement des dispositions législatives et réglementaires des Etats membres».

Le rapprochement des législations fait son apparition et la reconnaissance mutuelle, déjà bien présente avant le traité de Lisbonne, est confirmée comme élément central, tout comme d'ailleurs dans la coopération judiciaire pénale[47].

---

[46] Au premier rang desquelles la convention de Bruxelles du 27 septembre 1968 concernant la compétence judiciaire et l'exécution des décisions en matière civile et commerciale et la convention de Rome du 19 juin 1980 sur la loi applicable aux obligations contractuelles.
[47] Voy. au sujet de la reconnaissance mutuelle dans la coopération pénale, *infra*, nos 768 et s.

762. Les compétences de l'Union en la matière sont définies par le paragraphe 2 de l'article 81 du traité FUE qui liste huit domaines dans lesquels des mesures sont susceptibles d'être adoptées. Certains figuraient déjà dans le traité CE tel que modifié par le traité d'Amsterdam mais voient leur formulation améliorée, tandis que d'autres sont des nouveautés.

Sont ainsi visés :

- la reconnaissance mutuelle entre les Etats membres des décisions judiciaires et extrajudiciaires, et leur exécution ;
- la signification et la notification transfrontières des actes judiciaires et extrajudiciaires ;
- la compatibilité des règles applicables dans les Etats membres en matière de conflit de lois et de compétence ;
- la coopération en matière d'obtention des preuves ;
- un accès effectif à la justice ;
- l'élimination des obstacles au bon déroulement des procédures civiles, au besoin en favorisant la compatibilité des règles de procédure civile applicables dans les Etats membres ;
- le développement de méthodes alternatives de résolution des litiges ;
- un soutien à la formation des magistrats et des personnels de justice.

763. Les mesures peuvent être arrêtées, selon la phrase introductive du paragraphe 3, « notamment lorsque cela est nécessaire au bon fonctionnement du marché intérieur ». Le lien avec le marché intérieur, qui existait déjà dans l'article 65 du traité CE, avait été supprimé dans le texte adopté par la Convention sur l'avenir de l'Europe ; il fait sa réapparition dans le traité constitutionnel, repris tel quel par le traité de Lisbonne, mais assorti de l'adverbe « notamment », qui ne va pas sans poser question : s'agit-il d'une référence facultative ? Une telle interprétation aurait le mérite de permettre l'adoption d'instruments ayant comme but premier l'élaboration d'un espace judiciaire européen.

764. Enfin, on peut regretter que le droit de la famille soit soumis à une procédure législative spéciale, maintenant, comme dans le traité CE, l'exigence de l'unanimité au Conseil et la simple consultation du Parlement européen, même si une clause passerelle permet au Conseil, par une décision adoptée à l'unanimité, de rendre la procédure législative ordinaire applicable aux « aspects du droit de la famille ayant une incidence transfrontière» qu'il détermine. Ceci s'explique certainement par le caractère sensible de la matière mais risque de paralyser le processus de rapprochement des législations dans ce domaine, pourtant étroitement lié à la citoyenneté et à la libre circulation des personnes.

765. De nombreux textes ont déjà été adoptés en ces domaines :

- un règlement relatif aux procédures d'insolvabilité[48];
- un règlement sur la compétence, la reconnaissance et l'exécution des décisions en matière civile et commerciale (Bruxelles I)[49];
- un règlement relatif à la coopération entre les juridictions des Etats membres dans le domaine de l'obtention des preuves en matière civile ou commerciale[50];
- un règlement relatif à la compétence, la reconnaissance et l'exécution des décisions en matière matrimoniale et en matière de responsabilité parentale (Bruxelles II)[51];
- une directive visant à améliorer l'accès à la justice dans les affaires transfrontalières par l'établissement de règles minimales communes relatives à l'aide judiciaire accordée dans le cadre de telles affaires[52];
- un règlement portant création d'un titre exécutoire européen pour les créances incontestées[53];
- une directive relative à l'indemnisation des victimes de la criminalité[54];
- un règlement instituant une procédure européenne d'injonction de payer[55];
- un règlement sur la loi applicable aux obligations non contractuelles (Rome II)[56];
- un règlement instituant une procédure européenne de règlement des petits litiges[57];

---

[48] Règlement CE/1346/2000 du Conseil du 29 mai 2000.
[49] Règlement CE/44/2001 du Conseil du 22 décembre 2000.
[50] Règlement CE/1206/2001 du Conseil du 28 mai 2001.
[51] Règlement CE/2201/2003 du Conseil du 27 novembre 2003. Ce règlement abroge le règlement CE/1347/2000 du Conseil du 29 mai 2000.
[52] Directive 2003/8/CE du Conseil du 27 janvier 2003.
[53] Règlement CE/805/2004 du Parlement européen et du Conseil du 21 avril 2004.
[54] Directive 2004/80/CE du Conseil du 29 avril 2004.
[55] Règlement CE/1896/2006 du Parlement européen et du Conseil, du 12 décembre 2006.
[56] Règlement CE/864/2007 du Parlement européen et du Conseil du 11 juillet 2007.
[57] Règlement CE/861/2007 du Parlement européen et du Conseil du 11 juillet 2007.

- un règlement relatif à la signification et à la notification dans les Etats membres des actes judiciaires et extrajudiciaires en matière civile et commerciale[58] ;
- un règlement relatif à la compétence, la loi applicable, la reconnaissance et l'exécution des décisions et la coopération en matière d'obligations alimentaires[59] ;
- une directive sur certains aspects de la médiation en matière civile et commerciale[60].

Bibliographie sélective

CANDELA SORIANO Mercedes (éd.), *Espace judiciaire européen: Acquis et enjeux en matière civile*, Bruxelles, Bruylant, 2006.

JAULT-SESEKE, Fabienne, LELIEUR Juliette, PIGACHE Christian (dir.), *L'espace judiciaire européen civil et pénal: regards croisés*, Paris, Dalloz-Sirey, 2009.

WATTÉ Nadine et TUBŒUF Caroline, « La coopération judiciaire civile », in DONY Marianne et BRIBOSIA Emmanuelle (dir.), *Commentaire de la Constitution européenne*, Bruxelles, Editions de l'Université de Bruxelles, 2005.

Section 4

Coopération policière et judiciaire en matière pénale

766. C'est en cette matière que les progrès réalisés par le traité de Lisbonne sont les plus importants. La coopération policière et judiciaire en matière pénale fait désormais l'objet des chapitres 4 et 5 du titre du traité sur le fonctionnement de l'Union consacré à l'espace de liberté, de sécurité et de justice. Il est ainsi mis fin au troisième pilier de l'Union européenne et à l'essentiel de ses particularités, même si la spécificité de la coopération entre autorités de police continue à être reconnue, et spécialement la coopération opérationnelle, qui reste soumise à une procédure législative spéciale impliquant l'unanimité au Conseil et la simple consultation du Parlement européen[61].

---

[58] Règlement CE/1393/2007 du Parlement européen et du Conseil du 13 novembre 2007. Ce règlement abroge le règlement CE/1348/2000 du Conseil du 29 mai 2000.

[59] Règlement CE/4/2009 du Conseil du 18 décembre 2008.

[60] Directive 2008/52/CE du Parlement européen et du Conseil du 18 mai 2008.

[61] Toutefois, si cette unanimité ne peut être réunie, la coopération opérationnelle pourra faire l'objet d'une coopération renforcée, sous réserve de ce qui relève

767. Aux termes de l'article 67, par. 4, du traité FUE,

> «[l]'Union œuvre pour assurer un niveau élevé de sécurité par des mesures de prévention de la criminalité, du racisme et de la xénophobie, ainsi que de lutte contre ceux-ci, par des mesures de coordination et de coopération entre autorités policières et judiciaires et autres autorités compétentes ainsi que par la reconnaissance mutuelle des décisions judiciaires en matière pénale et, si nécessaire, par le rapprochement des législations pénales».

Quatre thèmes émergent particulièrement en la matière : la reconnaissance mutuelle (I), le rapprochement des législations (II), Europol et Eurojust (III) et l'échange d'informations (IV).

I. LA RECONNAISSANCE MUTUELLE

768. L'article 82 du traité FUE affirme que «la coopération judiciaire en matière pénale dans l'Union est fondée sur le principe de reconnaissance mutuelle des jugements et décisions judiciaires». Le traité constitutionnel venait ajouter qu'elle devait reposer sur «la confiance mutuelle entre les autorités compétentes des Etats membres». Cet élément, qui pourtant avait été mis en avant par la Cour de justice notamment dans un arrêt du 11 février 2003[62], n'est plus mentionné explicitement dans le traité de Lisbonne.

Plusieurs facteurs doivent faciliter la reconnaissance mutuelle et la confiance mutuelle : des mesures de rapprochement des législations[63]; la mise en place, par l'article 70 du traité FUE, d'un mécanisme d'évaluation par les pairs de la mise en œuvre, par les autorités des Etats membres, des politiques de l'Union dans le domaine de la justice et des affaires intérieures; l'adoption de mesures destinées à soutenir la formation des magistrats et des personnels de justice et enfin la charte des droits fondamentaux[64].

769. Ce principe de reconnaissance mutuelle a d'ores et déjà été mis en œuvre dans divers domaines :

– mandat d'arrêt européen[65];

du développement de l'acquis de Schengen (article 87, par. 3, TFUE).
[62] CJ, 11 février 2003, *Gözütok*, C-385/01 et C-187/01.
[63] Voy. à ce sujet *infra*, n°s 770 et s.
[64] Voy. à ce sujet, *supra*, n°s 84 et s.
[65] Décision cadre 2002/584/JAI du Conseil du 13 juin 2002.

- décisions de gel de biens ou d'éléments de preuve[66];
- sanctions pécuniaires[67];
- décisions de confiscation[68];
- jugements et décisions de probation[69];
- mandat européen d'obtention de preuves visant à recueillir des objets, des documents et des données en vue de leur utilisation dans le cadre de procédures pénales[70].

La question s'est posée de savoir si le juge de l'Etat d'exécution peut subordonner l'exécution de la décision judiciaire d'un autre Etat membre à la vérification préalable de sa compatibilité avec les droits fondamentaux. Les approches des Etats membres divergent sur ce point, ce qui est de nature à menacer la dynamique du principe de reconnaissance mutuelle.

II. Le rapprochement des législations

770. Aux termes de l'article 82 du traité FUE, la coopération judiciaire pénale «inclut le rapprochement des dispositions législatives et réglementaires des Etats membres», dans deux domaines: la procédure pénale (1) et le droit matériel (2). Ce rapprochement des législations se fera désormais par le biais de directives[71], l'instrument juridique de la décision cadre ayant disparu en même temps que le troisième pilier.

1. La procédure pénale

771. Le rapprochement des procédures est expressément mentionné, ce qui est un élément nouveau, mais seuls trois domaines sont expressément évoqués: l'admissibilité des preuves entre les Etats membres, les droits des personnes dans la procédure pénale et les droits des victimes de la criminalité. D'autres composantes de la procédure pénale pourraient faire l'objet d'un rapprochement mais ils doivent avoir été préalablement identifiés par une décision adoptée à l'unanimité par le Conseil après approbation du Parlement européen.

---

[66] Décision cadre 2003/577/JAI du Conseil du 22 juillet 2003.
[67] Décision cadre 2005/214/JAI du Conseil du 24 février 2005.
[68] Décision cadre 2006/783/JAI du Conseil du 6 octobre 2006.
[69] Décision cadre 2008/947/JAI du Conseil du 27 novembre 2008.
[70] Décision cadre 2008/978/JAI du Conseil du 18 décembre 2008.
[71] Voy. à ce sujet *supra*, n°s 432 et s.

La réticence des Etats reste cependant évidente. Ce rapprochement n'est envisagé que

> «dans la mesure où cela est nécessaire pour faciliter la reconnaissance mutuelle des jugements et décisions judiciaires ainsi que la coopération policière et judiciaire dans les matières pénales ayant une dimension transfrontière».

Il doit prendre la forme de règles minimales, qui doivent tenir compte «des différences entre les traditions et systèmes juridiques des Etats membres» et ne peuvent empêcher les Etats membres «de maintenir ou d'instituer un niveau de protection plus élevé pour les personnes». Enfin, un Etat membre qui estime qu'un projet porte atteinte à des aspects fondamentaux de son système de justice pénale peut saisir le Conseil européen[72].

772. Peu de réalisations sont à relever en ce domaine, en dehors des décisions cadres portant application du principe de reconnaissance mutuelle. Le Conseil a seulement adopté une décision cadre relative au statut des victimes dans le cadre de procédures pénales[73]. La Commission a déposé le 28 avril 2004 une proposition de décision cadre relative à certains droits procéduraux accordés dans le cadre des procédures pénales dans l'Union européenne[74], sur laquelle le Conseil, à la date de l'entrée en vigueur du traité de Lisbonne, n'était toujours pas parvenu à un consensus. Cette proposition est donc devenue caduque et devrait normalement être officiellement retirée et remplacée par une nouvelle proposition, de directive cette fois, qui sera soumise à une procédure législative ordinaire[75].

2. Le droit pénal matériel

773. En ce qui concerne le droit pénal matériel, les domaines de la criminalité où est prévu un rapprochement des incriminations et des sanctions doivent être, aux termes de l'article 83, par. 1, du traité FUE, «des domaines de criminalité particulièrement

---

[72] Voy. au sujet de cette procédure, *supra*, n° 212.
[73] Décision cadre 2001/220/JAI.
[74] COM (2004) 328 final. Cette proposition faisait suite à un livre vert intitulé «garanties procédurales accordées aux suspects et aux personnes mises en cause dans des procédures pénales dans l'Union européenne», COM (2003) 75 final.
[75] Communication de la Commission, «Conséquences de l'entrée en vigueur du traité de Lisbonne sur les procédures décisionnelles interinstitutionnelles en cours», précitée.

grave revêtant une dimension transfrontière résultant du caractère ou des incidences de ces infractions ou d'un besoin particulier de les combattre sur des bases communes».

Dix domaines sont ainsi évoqués : le terrorisme, la traite des êtres humains et l'exploitation sexuelle des femmes et des enfants, le trafic illicite de drogues, le trafic illicite d'armes, le blanchiment d'argent, la corruption, la contrefaçon de moyens de paiement, la criminalité informatique et la criminalité organisée.

774. De nouveaux domaines pourraient être identifiés par une décision du Conseil prise à l'unanimité après approbation du Parlement européen, à condition qu'ils remplissent les critères fixés par l'article 83. S'y ajoute la possibilité de rapprocher les législations pénales lorsqu'un tel rapprochement «s'avère indispensable à la mise en œuvre efficace d'une politique de l'Union dans un domaine ayant fait l'objet de mesures d'harmonisation».

Ici aussi, seules des règles minimales peuvent être adoptées et une possibilité de saisine du Conseil européen est ouverte à un Etat qui estime qu'un projet porte atteinte à des aspects fondamentaux de son système de justice pénale.

775. Plusieurs instruments juridiques réalisant un rapprochement des incriminations et des sanctions ont déjà été adoptés, entre autres dans les domaines de

– la protection de l'euro contre le faux-monnayage[76] ;
– la lutte contre le terrorisme[77] ;
– la traite des êtres humains[78],;
– la lutte contre le trafic de drogue[79] ;
– la lutte contre certaines formes et manifestations de racisme et de xénophobie[80].

---

[76] Décision cadre 2000/383/JAI du Conseil du 29 mai 2000.
[77] Décision cadre 2002/475/JAI du Conseil du 13 juin 2002.
[78] Décision cadre 2002/629/JAI du Conseil du 19 juillet 2002.
[79] Décision cadre 2004/757/JAI du Conseil du 25 octobre 2004.
[80] Décision cadre 2008/913/JAI du Conseil du 28 novembre 2008.

III. EUROPOL ET EUROJUST

776. La mission d'Europol[81] et d'Eurojust[82] qui, dans les traités antérieurs, relevait essentiellement du domaine de la coordination et du soutien à la coopération des autorités nationales pourrait, avec le traité de Lisbonne, devenir plus opérationnelle.

Certes, Eurojust et Europol continuent à avoir pour mission

– «d'appuyer et de renforcer la coordination et la coopération entre les autorités nationales chargées des enquêtes et des poursuites relatives à la criminalité grave affectant deux ou plusieurs Etats membres ou exigeant une poursuite sur des bases communes» (pour Eurojust)[83];
– «d'appuyer et de renforcer l'action des autorités policières et des autres services répressifs des Etats membres ainsi que leur collaboration mutuelle dans la prévention de la criminalité grave affectant deux ou plusieurs Etats membres, du terrorisme et des formes de criminalité qui portent atteinte à un intérêt commun qui fait l'objet d'une politique de l'Union, ainsi que la lutte contre ceux-ci» (pour Europol)[84].

777. Mais le nouveau traité ouvre la perspective d'un élargissement de leurs tâches par le biais d'un règlement adopté conformément à la procédure législative ordinaire. Il est ainsi expressément précisé que les tâches d'Eurojust peuvent englober «le déclenchement d'enquêtes pénales ainsi que la proposition de déclenchement de poursuites conduites par les autorités nationales compétentes» et la coordination de ces enquêtes et poursuites. Europol, quant à lui, pourra se voir attribuer «la coordination, l'organisation et la réalisation d'enquêtes et d'actions opérationnelles, menées conjointement avec les autorités compétentes des Etats membres ou dans le cadre d'équipes conjointes d'enquête...». Toutefois, toute action opérationnelle d'Europol devra «être menée en liaison et en accord avec les autorités du ou des Etats membres dont le territoire est concerné». Enfin, les actes officiels de procédure judiciaire comme l'application de

---

[81] Europol a été créé par une convention adoptée le 26 juillet 1995, entrée en vigueur le 1ᵉʳ juillet 1999. Une proposition de remplacement de la convention par une décision du Conseil (COM (2006) 817 final) a fait l'objet d'un accord politique au Conseil JAI du 18 avril 2008.
[82] Créé par la décision 2002/187/JAI du Conseil du 28 février 2002.
[83] Article 85 TFUE.
[84] Article 88 TFUE.

mesures de contrainte continueront à relever exclusivement des autorités nationales compétentes.

778. Une avancée importante pourrait consister dans la création d'un « parquet européen, à partir d'Eurojust », ouvrant ainsi la voie à l'instauration de véritables organes européens intégrés. Toutefois, il ne s'agit que d'une faculté, dont la mise en œuvre reste très incertaine puisqu'elle doit être décidée à l'unanimité par le Conseil et approuvée par le Parlement européen[85]. De plus, ses missions seront, en tout cas dans un premier temps, limitées aux « infractions portant atteinte aux intérêts financiers de l'Union ». Une extension à la « lutte contre la criminalité grave ayant une dimension transfrontière » est possible mais elle requerra, elle aussi, une décision unanime du Conseil avec l'approbation du Parlement européen[86].

779. Des règlements devront fixer les modalités de l'association du Parlement européen et des Parlements nationaux à l'évaluation des activités d'Eurojust[87] et au contrôle des activités d'Europol[88]. On peut regretter en revanche qu'aucun contrôle d'Europol par Eurojust n'ait été organisé par le traité de Lisbonne.

IV. L'ÉCHANGE D'INFORMATIONS

780. De tous les secteurs de la coopération pénale, il s'agit de l'un de ceux qui connaissent les développements les plus importants, en particulier suite à l'adoption du programme de La Haye par le Conseil européen des 4 et 5 novembre 2004.

L'article 87, par. 2, point a), du traité FUE[89] permet l'adoption de « mesures relatives à la collecte, au stockage, au traitement, à l'analyse et à l'échange d'informations pertinentes », ce qui figurait déjà dans les traités antérieurs, mais en rendant la

---

[85] Signalons que si l'unanimité ne peut être réunie, la création du parquet européen pourra se faire par le biais d'une coopération renforcée.
[86] Ici aucune coopération renforcée n'est envisagée, de sorte que l'extension des compétences du parquet européen devra être décidée à l'unanimité de tous les Etats membres, même si la création de ce parquet fait, elle, l'objet d'une coopération renforcée.
[87] Article 85 TFUE.
[88] Article 88 TFUE.
[89] Voy. aussi l'article 88, par. 2, point a), TFUE à propos des tâches d'Europol en la matière.

procédure législative ordinaire applicable, sous réserve de ce qui relèverait de la coopération policière opérationnelle.

781. Parmi les différentes mesures adoptées en la matière, nous épinglerons trois domaines : les bases de données communes (1), l'échange bilatéral d'information (2) et la protection des données personnelles (3).

1. Les bases communes de données

782. Le plus connu est le «système d'information Schengen» (SIS), développé au départ dans le cadre de la convention de Schengen. Il s'agit d'une base de données commune permettant aux autorités de chaque Etat membre de disposer, grâce à une procédure d'interrogation automatisée, de signalements sur des personnes ou des objets. Le SIS est une interconnexion de fichiers nationaux rassemblant des données communes, alimentée et consultée par les autorités des différents Etats membres. L'architecture technique du système, son mode de fonctionnement et ses conditions d'utilisation ont été revus[90], et la migration du SIS I vers le nouveau SIS II a été organisée[91]. L'entrée en service du SIS II, initialement prévue pour la fin septembre 2009, a pris un retard important et n'est désormais plus envisagée avant la fin de l'année 2011[92].

Il y a aussi le système d'information sur les visas (VIS)[93], qui pourra, lorsqu'il sera opérationnel, être consulté par les autorités désignées des Etats membres ainsi que par Europol[94].

---

[90] Règlement CE/1987/2006 du Parlement européen et du Conseil du 20 décembre 2006 et décision 2007/533/JAI du Conseil du 12 juin 2007.

[91] Règlement CE/1104/2008 du Conseil et décision 2008/839/JAI du Conseil du 24 octobre 2008.

[92] Résolution du Parlement européen du 22 octobre 2009 sur l'état d'avancement du système d'information Schengen de deuxième génération et du système d'information sur les visas, précitée.

[93] Voy. à ce sujet *supra*, n° 741.

[94] Voy. la décision 2008/633/JAI du Conseil du 23 juin 2008 concernant l'accès en consultation au système d'information sur les visas (VIS) par les autorités désignées des Etats membres et par l'Office européen de police (Europol) aux fins de la prévention et de la détection des infractions terroristes et des autres infractions pénales graves, ainsi qu'aux fins des enquêtes en la matière. Dans sa résolution du 22 octobre 2009 sur l'état d'avancement du système d'information Schengen de deuxième génération et du système d'information sur les visas précitée, le Parlement européen souligne et regrette le retard pris également par le VIS.

2. L'échange bilatéral d'informations

783. Une décision cadre[95] est venue simplifier l'échange d'informations et de renseignements entre les services répressifs des Etats membres de l'Union européenne. Le programme de La Haye a développé, à propos de l'échange d'informations, le principe dit de disponibilité, selon lequel

> «tout agent des services répressifs d'un Etat membre qui a besoin de certaines informations dans l'exercice de ses fonctions peut les obtenir d'un autre Etat membre, les services répressifs de l'autre Etat membre qui détient ces informations les mettant à sa disposition aux fins indiquées, en tenant compte des exigences des enquêtes en cours dans cet autre Etat».

784. L'amélioration de l'échange de données a été au centre du traité de Prüm, conclu entre sept Etats[96] et relatif à l'approfondissement de la coopération transfrontalière notamment en vue de lutter contre le terrorisme, la criminalité transfrontalière et la migration illégale. Ce traité permet notamment aux Etats signataires de s'accorder mutuellement des droits d'accès à leurs fichiers automatisés d'analyses ADN, à leurs systèmes automatisés d'identification dactyloscopique et à leurs registres d'immatriculation des véhicules. Il a été intégré dans l'ordre juridique de l'Union, sur initiative des sept pays signataires, par une décision relative à l'approfondissement de la coopération transfrontalière, notamment en vue de lutter contre le terrorisme et la criminalité transfrontalière[97]

3. La protection des données personnelles

785. Comme le soulignait déjà l'article 30 du traité UE dans sa version issue du traité d'Amsterdam, la collecte et l'échange d'informations doit se faire «sous réserve des dispositions appropriées relatives à la protection des données à caractère personnel», ce que vient rappeler l'article 16 du traité FUE. Le Conseil a adopté une décision cadre relative à la protection des

---

[95] Décision cadre 2006/960/JAI du Conseil du 18 décembre 2006.
[96] Allemagne, Autriche, Belgique, Espagne, France, Luxembourg, Pays-Bas.
[97] Décision 2008/615/JAI du Conseil du 23 juin 2008. La Commission avait aussi soumis au Conseil, le 12 octobre 2005, une proposition de décision cadre du Conseil relative à l'échange d'informations en vertu du principe de disponibilité, COM (2005) 490 final. Cette proposition est devenue caduque suite à l'entrée en vigueur du traité de Lisbonne.

données à caractère personnel traitées dans le cadre de la coopération policière et judiciaire en matière pénale[98].

Bibliographie sélective

BARBE Emmanuel, *L'espace judiciaire européen*, Paris, La Documentation française 2007.

DE KERCHOVE Gilles et WEYEMBERGH Anne (dir.), *La confiance mutuelle
dans l'espace pénal européen/Mutual Trust in the European Criminal
Area*, Bruxelles, Editions de l'Université de Bruxelles, 2005.

DE KERCHOVE Gilles et WEYEMBERGH Anne (dir.), *L'espace pénal européen: enjeux et perspectives,* Bruxelles, Editions de l'Université de
Bruxelles, 2002.

DE KERCHOVE Gilles et WEYEMBERGH Anne, «Quelle Europe pénale
dans la Constitution?», *in* DONY Marianne et BRIBOSIA Emmanuelle (dir.), *Commentaire de la Constitution de l'Union européenne*,
Bruxelles, Editions de l'Université de Bruxelles, 2005.

DE KERCHOVE Gilles et WEYEMBERGH Anne (dir.), *Quelles réformes
pour l'espace pénal européen?*, Bruxelles, Editions de l'Université de
Bruxelles, 2003.

GARCIA-JOURDAN Sophie, *L'émergence d'un espace européen de liberté,
de sécurité et de justice*, Bruxelles, Bruylant, 2005.

JAULT-SESEKE, Fabienne, LELIEUR Juliette, PIGACHE Christian (dir.),
L'espace judiciaire européen civil et pénal: regards croisés, Paris,
Dalloz-Sirey, 2009.

VERNIMMEN-VAN TIGGELEN Gisèle, SURANO Laura, WEYEMBERGH Anne
(éd.), *The future of mutual recognition in criminal matters in the
European Union/L'avenir de la reconnaissance mutuelle en matière
pénale dans l'Union européenne*, Bruxelles, Editions de l'Université
de Bruxelles, 2009.

WEYEMBERGH Anne, *L'harmonisation des législations: condition de l'espace pénal européen et révélateur de ses tensions*, Bruxelles, Editions
de l'Université de Bruxelles, 2004.

Section 5

Pays dotés d'un statut spécifique

786. Plusieurs pays ont obtenu un statut dérogatoire: le
Royaume-Uni et l'Irlande (I), d'une part et le Danemark (II),
d'autre part. Ce statut a été modifié par les protocoles joints au
traité de Lisbonne.

---

[98] Décision cadre 2008/977/JAI du 27 novembre 2008.

I. Le Royaume-Uni et l'Irlande

787. Lors de l'adoption du traité d'Amsterdam, la position de ces deux pays avait fait l'objet de deux protocoles.

788. Le protocole sur la position du Royaume-Uni et de l'Irlande prévoyait, en son article 1, que «le Royaume-Uni et l'Irlande ne participent pas à l'adoption par le Conseil des mesures proposées relevant du titre IV du traité instituant la Communauté européenne». Toutefois, ils pouvaient demander soit à participer à l'adoption d'une mesure soit à appliquer cette mesure (article 3). Enfin, l'article 8 de ce protocole permettait à l'Irlande de notifier par écrit au président du Conseil son souhait de ne plus relever des dispositions du protocole, auquel cas, les dispositions normales des traités devaient s'appliquer à l'Irlande.

789. Le protocole intégrant l'acquis de Schengen dans le cadre de l'Union européenne permettait quant à lui, en son article 4, à l'Irlande et au Royaume-Uni de demander de participer à tout ou partie de l'acquis Schengen. L'autorisation devait être donnée à l'unanimité des membres ayant souscrit à l'acquis Schengen. Selon l'article 5, si l'Irlande ou le Royaume-Uni n'avaient pas notifié, dans un délai raisonnable, leur intention de participer à cet acquis, les autres Etats étaient supposés avoir été autorisés à mettre en œuvre une coopération renforcée.
L'Irlande et le Royaume-Uni ont introduit une demande de participation partielle à l'acquis Schengen, couvrant essentiellement les matières relevant du troisième pilier de l'Union européenne et le système d'information Schengen, qui a été autorisée par le Conseil[99]. Cette décision d'autorisation prévoyait que l'Irlande et le Royaume-Uni étaient réputés avoir notifié irrévocablement au président du Conseil, conformément à l'article 5 du protocole Schengen, qu'il(s) souhaite(nt) «participer à toutes les propositions et initiatives fondées sur l'acquis de Schengen» visé à l'article 1 de la décision (c'est-à-dire les parties de l'acquis Schengen auxquelles ils ont demandé à participer). Cela impliquait que l'Irlande et le Royaume-Uni étaient tenus de participer à tout le développement de l'acquis Schengen.

---

[99] Décision 2000/365/CE du Conseil du 29 mai 2000 en ce qui concerne le Royaume-Uni; décision 2002/192/CE du Conseil du 28 février 2002 pour ce qui concerne l'Irlande.

790. La nouvelle version du protocole sur la position du Royaume-Uni et de l'Irlande étend le régime dérogatoire de ces deux pays à l'intégralité du titre relatif à l'espace de liberté, de sécurité et de justice, y compris l'ensemble de la coopération judiciaire et policière en matière pénale. Il s'agit d'une conséquence de la suppression du troisième pilier et de son caractère intergouvernemental. Ensuite, ces deux pays ont obtenu – ce qui est une nouveauté – la possibilité de ne pas participer à des mesures qui modifient ou développent une mesure à laquelle ils avaient antérieurement participé. Mais ce choix pourrait s'avérer lourd de conséquences car le Conseil pourrait décider, à la majorité qualifiée, que la non-participation du Royaume-Uni ou de l'Irlande à la version modifiée rend celle-ci inopérante. Dans ce cas, il pourrait contraindre le pays qui ne participerait pas à renoncer à la mesure dans son intégralité et pas seulement aux amendements. Le Conseil pourrait également décider que l'Etat membre tenu de se retirer de la mesure, devrait aussi supporter les conséquences financières de ce retrait.

791. De son côté, la nouvelle version du protocole sur l'acquis Schengen intégré modifie la situation du Royaume-Uni et de l'Irlande par rapport au développement de cet acquis. Comme indiqué ci-dessus, ils étaient réputés, en acceptant une partie de l'acquis de Schengen, avoir, en même temps, accepté irrévocablement de participer au développement de cette partie de l'acquis. Le protocole leur donne cependant la possibilité, par le biais d'une déclaration spécifique, d'indiquer qu'ils ne souhaitent pas participer à une initiative déterminée. Dans ce cas, une procédure est mise en place, qui peut aboutir à un retrait partiel de l'autorisation de participation qui leur a été donnée auparavant, étant entendu que le Conseil doit chercher «à conserver la plus grande participation possible de l'Etat membre concerné sans que cela porte gravement atteinte au fonctionnement pratique des différentes composantes de l'acquis de Schengen et en respectant leur cohérence».

792. On le voit, les deux protocoles organisent ainsi deux régimes différents selon qu'une initiative est une simple modification d'une disposition antérieure dans le domaine de l'espace de liberté, de sécurité ou de justice ou qu'elle est plus spécifiquement un développement de l'acquis Schengen.

793. Enfin, le Royaume-Uni a obtenu la possibilité, lorsque le contrôle de la Cour de justice deviendra applicable aux mesures relatives à la coopération judiciaire et policière en matière pénale prises avant l'entrée en vigueur du traité de Lisbonne[100], de ne pas accepter d'être soumis à ce contrôle. Dans ce cas, les mesures en cause cessent de lui être applicables.

II. Le Danemark

794. Aux termes d'un protocole joint au traité d'Amsterdam, ce pays ne participait pas à l'adoption par le Conseil des mesures proposées relevant du titre IV du traité instituant la Communauté européenne, à l'exception des mesures déterminant les pays tiers dont les ressortissants doivent être munis d'un visa lors du franchissement des frontières extérieures des Etats membres ni aux mesures relatives à l'instauration d'un modèle type de visa.

Toutefois, le Danemark pouvait, vis-à-vis des mesures constituant un développement de l'acquis Schengen, décider, dans un délai de six mois après toute décision arrêtée par le Conseil, s'il transposera cette mesure dans sa législation nationale. S'il décide de le faire, cette décision crée une obligation de droit international entre le Danemark et les autres Etats membres liés par cette mesure. S'il décide de ne pas appliquer une mesure, les Etats membres liés par cette mesure et le Danemark doivent alors examiner les mesures appropriées à prendre.

795. Ce protocole a aussi été modifié à Lisbonne. D'un côté, comme pour l'Irlande et le Royaume-Uni et pour les mêmes raisons, le statut dérogatoire du Danemark s'applique désormais à tout l'espace de liberté, de sécurité et de justice avec la même exception des visas. De l'autre, le protocole constate que ce statut dérogatoire restreint considérablement la participation du Danemark dans d'importants domaines de coopération de l'Union. Un nouvel article 8 et une annexe ont donc été introduits, permettant au Danemark de choisir d'avoir un régime dérogatoire similaire à celui applicable au Royaume-Uni et à

---

[100] Aux termes du protocole sur les mesures transitoires, la Cour de justice conserve ses compétences, telles qu'elles résultent du traité d'Amsterdam, durant une période de cinq ans, vis-à-vis des actes adoptés avant l'entrée en vigueur du traité de Lisbonne, aussi longtemps que ces actes n'ont pas été modifiés (article 10).

l'Irlande. Ce choix aurait deux conséquences : d'une part, le Danemark pourrait décider de participer à toutes les mesures prises dans le cadre de l'espace de liberté, de sécurité et de justice, et pas seulement à celles qui constituent un développement de l'acquis Schengen ; d'autre part, ce pays ne serait plus lié par les mesures auxquelles il participe par une obligation de droit international mais au titre du droit de l'Union.

CHAPITRE III

Les politiques à caractère économique

796. Les politiques à caractère économique peuvent se classer en plusieurs catégories : l'union économique et monétaire (section 1), les politiques sectorielles (section 2), les politiques destinées à favoriser la compétitivité de l'économie européenne (section 3) et la cohésion économique et sociale (section 4). Plusieurs de ces politiques font désormais partie intégrante de la stratégie de Lisbonne pour la croissance et l'emploi en Europe devenue stratégie Europe 2020 (section 5).

Section 1
L'union économique et monétaire

797. L'union économique et monétaire, qui est un des principaux acquis du traité de Maastricht et a fait l'objet d'une réalisation progressive (I), comporte deux volets très asymétriques : la politique économique (III) et la politique monétaire (IV). Toutefois, tous les Etats n'ont pas encore adopté la monnaie unique (II). Elle s'accompagne d'une intégration de plus en plus poussée des marchés financiers (V).

I. Réalisation progressive de l'union économique et monétaire

798. Le traité de Maastricht a prévu que la réalisation de l'union économique et monétaire se ferait en trois étapes, dont la première avait d'ailleurs commencé, ainsi que l'avait décidé le Conseil européen de Madrid en juin 1989, avant même l'entrée en vigueur du traité, le 1er juillet 1990, à l'occasion de l'entrée en vigueur de la directive de juin 1988 sur la libre circulation des capitaux[1]. Il a fixé la date du 1er janvier 1994, sans nécessité d'une décision particulière, pour le passage à la deuxième phase, qui devait permettre aux Etats membres de faire des progrès significatifs dans la convergence de leurs politiques économiques. Il a aussi prévu une procédure pour le passage à la troisième phase, qui devait avoir lieu au plus tard le 1er janvier 1999 et qui devait marquer le passage à la monnaie unique.

Le protocole (n° 10) annexé au traité CE «sur le passage à la troisième phase de l'union économique et monétaire affirmait solennellement que

> «la signature des nouvelles dispositions du traité relatives à l'union économique et monétaire confère à la marche de la Communauté vers la troisième phase de l'union économique et monétaire un caractère irréversible (…) [et doit] permettre à la Communauté d'entrer irrévocablement dans la troisième phase le 1er janvier 1999».

L'abrogation de ce protocole par le traité de Lisbonne ne modifie pas ce caractère irréversible, eu égard au caractère exclusif de la compétence de l'Union en ce domaine.

II. LES ETATS DONT LA MONNAIE EST L'EURO

799. L'automatisme pour le passage à la troisième phase ne signifie pas pour autant que les Etats membres, s'ils font tous partie de l'union économique et monétaire, ont tous adopté l'euro comme monnaie.

En effet, et en premier lieu, le Royaume-Uni et le Danemark ont obtenu, par des protocoles joints au traité de Maastricht, un statut dérogatoire, qui leur permettait de notifier qu'ils ne participeraient pas à la troisième phase de l'union économique et monétaire et donc à la monnaie unique. Ils ont tous deux fait usage de cette faculté.

Ensuite, l'adoption de la monnaie unique est subordonnée au respect, par les Etats membres, de plusieurs conditions énoncées maintenant à l'article 140 du traité FUE (qui remplace l'article 121, par. 1, CE).

---

[1] Voy. au sujet de la libre circulation des capitaux, *supra*, n°^{os} 664 et s.

800. D'un côté, leur législation nationale, y compris les statuts de leur banque centrale nationale, doit être conforme aux traités et au statut du SEBC et de la BCE, et doit en particulier assurer l'indépendance de la banque centrale nationale. La Suède a délibérément omis de procéder à cette mise en conformité de sa législation nationale pour éviter d'adopter l'euro.

De l'autre, les Etats doivent respecter les critères économiques dits de convergence, qui sont au nombre de quatre :

- inflation : ne pas dépasser de plus de 1,5 % les taux des trois Etats membres présentant les meilleurs résultats en matière de stabilité des prix ;
- stabilité des taux de change : respect des marges normales de fluctuation prévues par le mécanisme de change sans tensions graves ni dévaluation pendant une période de deux ans ;
- taux d'intérêt à long terme : ne pas dépasser de plus de 2 points de pourcentage les taux des trois Etats membres présentant les meilleurs résultats en matière d'inflation ;
- finances publiques : absence d'un déficit public excessif.

Si les trois premiers critères ont été quantifiés de manière précise et purement mathématique, le dernier, relatif aux déficits publics, le plus controversé et le plus délicat à atteindre, a été libellé de manière telle qu'il laisse une certaine marge d'interprétation, donc de souplesse, dans l'appréciation de son respect par les Etats membres. Deux valeurs de référence ont été fixées en ce qui concerne le rapport entre le déficit public annuel d'une part, la dette publique accumulée d'autre part, et le produit intérieur brut : respectivement 3 % et 60 %. Mais ces chiffres n'ont pas une valeur absolue et mathématique, l'essentiel étant que les rapports soient en diminution substantielle et constante, de manière à atteindre un niveau proche de ces valeurs de référence.

801. Le 1er mai 1998, sur la base de la recommandation du Conseil Ecofin, et suite à l'avis du Parlement européen, le Conseil, réuni au niveau des chefs d'Etat ou de gouvernement, a décidé à l'unanimité que onze Etats membres – à savoir la Belgique, l'Allemagne, l'Espagne, la France, l'Irlande, l'Italie, le Luxembourg, les Pays-Bas, l'Autriche, le Portugal et la Finlande –, remplissaient les conditions nécessaires pour l'adoption de la monnaie unique au 1er janvier 1999.

Les Etats au sujet desquels le Conseil n'a pas, à cette date, décidé qu'ils remplissaient les conditions nécessaires pour l'adoption de l'euro ont été dénommés «Etats membres faisant l'objet d'une dérogation». La procédure destinée à leur permettre d'adopter l'euro est décrite à l'article 140, par. 3, du traité FUE (ex-article 122 CE). Tous les deux ans au moins, ou à la demande d'un de ces Etats, la Commission et la Banque centrale européenne doivent faire rapport au Conseil sur les progrès faits par les différents Etats membres faisant l'objet d'une dérogation dans l'accomplissement de leurs obligations pour la réalisation de l'union économique et monétaire. Sur la base de ces rapports, et après consultation du Parlement européen et discussion au sein du Conseil européen[2], le Conseil, statuant à la majorité qualifiée sur proposition de la Commission, décide quels Etats membres faisant l'objet d'une dérogation remplissent les conditions nécessaires et met fin à la dérogation. Le traité de Lisbonne vient ajouter que «le Conseil statue après avoir reçu une recommandation émanant d'une majorité qualifiée de ses membres représentant les Etats membres dont la monnaie est l'euro».

La Grèce a rejoint la zone euro le 1er janvier 2001, la Slovénie, le 1er janvier 2007, Chypre et Malte, le 1er janvier 2008, et la Slovaquie, le 1er janvier 2009.

III. LA POLITIQUE ÉCONOMIQUE

802. Aux termes de l'article 119 du traité FUE,

> «l'action des Etats membres et de l'Union comporte (...) l'instauration d'une politique économique fondée sur l'étroite coordination des politiques économiques des Etats membres, sur le marché intérieur et sur la définition d'objectifs communs, et conduite conformément au respect du principe d'une économie de marché ouverte où la concurrence est libre»[3].

Cette politique repose d'une part sur la définition des grandes orientations de politique économique (1), d'autre part sur une discipline budgétaire (2). Le traité de Lisbonne instaure la possi-

---

[2] L'ex-article 122 CE attribuait cette compétence au Conseil réuni au niveau des chefs d'Etat et de gouvernement.
[3] L'article 5 du traité FUE retient une formulation bien plus prudente voire timide en disposant que «les Etats membres coordonnent leurs politiques économiques au sein de l'Union. A cette fin, le Conseil adopte des mesures, notamment les grandes orientations de ces politiques».

bilité d'une coopération renforcée entre les membres de la zone euro (3).

1. Les grandes orientations des politiques économiques

803. Selon l'article 120 TFUE (ex-article 98 CE), les Etats membres considèrent leurs politiques économiques comme une question d'intérêt commun et les coordonnent au sein du Conseil. A cette fin, l'article 121 du traité FUE (ex-article 99 CE) prévoit l'adoption de grandes orientations des politiques économiques des Etats membres et de l'Union.

Au départ, ces orientations étaient définies chaque année mais elles sont devenues pluriannuelles. De plus, dans le cadre de la stratégie de Lisbonne pour la croissance et l'emploi, des lignes directrices intégrées comprennent les grandes orientations des politiques économiques et les lignes directrices pour l'emploi. Les dernières lignes directrices intégrées, adoptées le 14 mai 2008, couvrent la période 2008-2010[4].

804. La procédure d'adoption de ces grandes orientations est assez complexe et porte les décisions principales au plus haut niveau politique de l'Union, à savoir le Conseil européen : le Conseil, sur recommandation et non sur proposition de la Commission[5], élabore un projet et en fait rapport au Conseil européen. Le Conseil européen, sur la base du rapport du Conseil, débat d'une conclusion sur les grandes orientations. Sur la base de cette conclusion, le Conseil adopte, à la majorité qualifiée, une recommandation fixant ces grandes orientations. Le Parlement européen est, même sous l'empire du traité de Lisbonne, simplement informé par le Conseil[6].

805. Les grandes orientations ne font pas l'objet d'un instrument juridique à caractère obligatoire mais d'une simple recommandation. Cependant, le Conseil est chargé de surveiller l'évolution économique dans chacun des Etats membres et dans

---

[4] Voy. à ce sujet, *infra*, nos 965 et s.
[5] La principale différence est que la recommandation ne bénéficie pas de la protection assurée à la proposition, en ce sens que le Conseil peut l'amender sans devoir réunir l'unanimité. Voy. à ce sujet, *supra*, n° 311.
[6] Toutefois en pratique, la Commission européenne mène de larges consultations, y compris auprès du Parlement européen avant de remettre sa recommandation au Conseil.

l'Union, ainsi que la conformité des politiques économiques avec les grandes orientations.

Cette procédure de surveillance multilatérale est organisée par l'article 121 du traité FUE (ex-article 99 CE). Le traité de Lisbonne est venu apporter quelques innovations utiles dans son déroulement.

Elle commence par un ensemble d'informations que les Etats doivent transmettre à la Commission[7] pour les besoins de la surveillance multilatérale. La Commission peut – et ceci est une innovation du traité de Lisbonne –, de sa propre initiative et sous sa seule responsabilité, adresser un avertissement à l'Etat membre dont elle considère que les politiques économiques ne sont pas conformes aux grandes orientations de politique économique ou risquent de compromettre le bon fonctionnement de l'union économique et monétaire. De son côté, le Conseil peut adopter, sur recommandation de la Commission, les recommandations nécessaires à l'Etat concerné et décider, sur proposition de la Commission cette fois, de publier ces recommandations[8]. Le Conseil statue à la majorité qualifiée, avec la précision bienvenue que l'Etat membre concerné ne participe pas au vote. Le président du Conseil et la Commission doivent faire rapport au Parlement sur les résultats de la surveillance multilatérale.

Aux termes du paragraphe 6 de l'article 121 du traité FUE, les «modalités de la procédure de surveillance multilatérale» peuvent être arrêtées par le Parlement européen et le Conseil conformément à la procédure législative ordinaire[9].

806. En vertu du règlement 1466/97 du Conseil du 7 juillet 1997 «relatif au renforcement de la surveillance des positions budgétaires ainsi que de la surveillance et de la coordination des politiques économiques», qui fait partie du pacte de stabilité et de croissance[10], les Etats membres doivent présenter

---

[7] A savoir des informations sur les «mesures importantes» qu'ils ont prises dans le domaine de la politique économique ainsi que «toute autre information qu'ils jugent nécessaire».

[8] Cette menace de publicité constituait aux yeux des auteurs du traité de Maastricht l'arme la plus importante à la disposition du Conseil.

[9] Le traité CE prévoyait l'application de la procédure dite de coopération abrogée par le traité de Lisbonne.

[10] Voy. à ce sujet, *infra*, nos 807 et s.

chaque année au Conseil et à la Commission un programme de stabilité (pour les Etats membres ayant adopté la monnaie unique) ou un programme de convergence (pour les autres Etats membres). Le contenu de ces programmes est défini respectivement aux articles 3 et 7 du règlement. Tous les programmes doivent comporter l'objectif budgétaire à moyen terme d'une position budgétaire proche de l'équilibre ou excédentaire. Ils sont examinés par le Conseil qui, sur recommandation de la Commission, peut inviter un Etat membre à adapter son plan, s'il estime que ses objectifs et son contenu devraient être renforcés.

Un «mécanisme d'alerte rapide» permet aussi au Conseil de suivre, dans le cadre de la surveillance multilatérale des politiques économiques nationales, la mise en œuvre des programmes. Si un dérapage significatif est constaté par rapport à l'objectif budgétaire à moyen terme, le Conseil peut, sur recommandation de la Commission, adresser à l'Etat membre concerné des recommandations et décider de les rendre publiques, si le dérapage persiste ou s'aggrave.

2. La discipline budgétaire et les déficits excessifs

807. La discipline budgétaire se traduit d'abord par un ensemble d'interdictions du financement monétaire, de l'accès privilégié des pouvoirs publics aux institutions financières et de la garantie (par l'Union ou par un autre Etat membre) des engagements des pouvoirs publics consacrées respectivement, dans une formulation clairement contraignante par les articles 123, 124 et 125 du traité FUE (ex-articles 101, 102 et 103 CE). S'y ajoute la règle formulée, d'une manière bien plus prudente, par l'article 126 du traité FUE (ex-article 104 CE) selon laquelle «les Etats membres évitent les déficits excessifs». Les critères et la procédure concernant les déficits excessifs font l'objet, outre de l'article 126 du traité FUE, du «protocole sur la procédure concernant les déficits excessifs», du règlement 3605/93 du 22 novembre 1993 «relatif à l'application du protocole sur la procédure concernant les déficits excessifs annexé au traité instituant la Communauté européenne», arrêté sur la base de l'article 104, par. 14, TCE (devenu article 126, par. 14, TFUE) ainsi que du «pacte de stabilité et de croissance» adopté par le Conseil européen d'Amsterdam, les 16 et 17 juin 1997 et mis en œuvre par les règlements 1466/97[11] et 1467/97 du Conseil du 7 juillet 1997, qui a fait l'objet d'une réforme en 2005[12].

808. Lors de la CIG de 2004, la question avait été abordée de savoir si ce pacte devait ou non être intégré dans le traité constitutionnel. Il a en définitive été décidé de le laisser en dehors du traité, tout en lui consacrant une déclaration qui est désormais la déclaration n° 30 jointe au traité de Lisbonne.

La conférence y a marqué son attachement au pacte qui constitue «le cadre dans lequel doit s'effectuer la coordination des politiques budgétaires des Etats membres», soulignant qu'il met en place «un système fondé sur des règles», qui est, à ses yeux, «le meilleur moyen de garantir le respect des engagements et une égalité de traitement pour tous les Etats membres». Mais, en même temps, la conférence réaffirme «son attachement aux objectifs de la stratégie de Lisbonne: création d'emplois, réformes structurelles et cohésion sociale». Elle invite enfin les Etats membres «à tirer parti des périodes de reprise économique et de forte croissance pour adopter un comportement vertueux» et en profiter pour consolider leurs finances publiques, afin de faire face à un éventuel retournement conjoncturel.

809. Les valeurs de référence pour évaluer l'existence d'un déficit excessif sont

> «3% pour le rapport entre le déficit public prévu ou effectif et le produit intérieur brut au prix du marché; 60% pour le rapport entre la dette publique et le produit intérieur brut aux prix du marché».

La Commission est chargée de surveiller l'évolution de la situation budgétaire et du montant de la dette publique dans les Etats membres et d'examiner, notamment, si la discipline budgétaire a été respectée. Elle doit élaborer un rapport, qui ne doit pas se limiter à une simple évaluation mathématique du respect des critères, mais doit tenir compte «de critères complémentaires», notamment en cas de «dépassement exceptionnel

---

[11] Voy. *supra*, n° 806.
[12] Le Conseil européen des 22 et 23 mars 2005 a entériné et publié, en annexe aux conclusions de la Présidence, un rapport du Conseil Ecofin «Améliorer la mise en œuvre du pacte de stabilité et de croissance». Ce rapport s'ajoute, sans l'abroger, à la résolution de 1997. Dans la foulée, les règlements 1466/97 et 1467/97 ont été modifiés respectivement par les règlements 1055/2005 et 1056/2005 du Conseil du 27 juin 2005.

et temporaire». Le pacte de stabilité indique à cet égard que la Commission doit vérifier

> «s'il résulte d'une circonstance inhabituelle indépendante de la volonté de l'Etat membre concerné et ayant des effets sensibles sur la situation financière des administrations publiques ou *s'il est consécutif à une grave récession économique*»[13].

Lors de la réforme du pacte en 2005, une longue liste de facteurs pertinents à prendre à considération par la Commission a été élaborée.

810. Si, dans son rapport, la Commission conclut à l'existence d'un déficit excessif ou d'un risque de déficit dans un Etat membre, «elle adresse un avis à l'Etat membre concerné et elle en informe le Conseil». Le droit pour la Commission d'adresser un avis à l'Etat membre est une innovation du traité de Lisbonne. C'est au Conseil, sur proposition de la Commission[14] et compte tenu des observations éventuelles de l'Etat membre concerné, qu'il appartient de décider, après une évaluation globale, s'il y a ou non un déficit excessif. En cas de déficit excessif constaté, le Conseil adopte, cette fois sur recommandation de la Commission et, ajoute le traité de Lisbonne, sans délai injustifié, les recommandations qu'il adresse à l'Etat membre concerné afin que celui-ci mette un terme à cette situation dans un délai donné. La publication des recommandations du Conseil ne peut être décidée que si le Conseil constate «qu'aucune action suivie d'effets n'a été prise en réponse à ses recommandations dans le délai prescrit». Le Conseil statue à la majorité qualifiée.

811. Depuis le début de la troisième phase, le Conseil peut prendre des mesures plus rigoureuses si un Etat – ayant adopté l'euro – persiste à ne pas donner suite aux recommandations[15]. Il peut

---

[13] Nous soulignons. Il y a récession économique en présence «d'un taux de croissance annuel négatif du PIB ou d'une baisse cumulative de la production pendant une période prolongée de croissance annuelle très faible par rapport au potentiel de croissance».

[14] Le traité CE prévoyait une recommandation de la Commission.

[15] Dans un arrêt du 13 juillet 2004, *Commission c. Conseil*, C-27/04, la Commission a eu à connaître d'une décision du Conseil de «tenir en suspens pour le moment la procédure» pour déficit excessif à l'encontre de la France et de l'Allemagne, qui avait fait l'objet d'une décision constatant un déficit excessif. La Cour

«décider de mettre cet Etat en demeure de prendre, dans un délai déterminé, des mesures visant à la réduction du déficit jugée nécessaire par le Conseil pour remédier à la situation (...) [et] demander à l'Etat membre concerné de présenter des rapports selon un calendrier précis, afin de pouvoir examiner les efforts d'ajustement consentis par cet Etat membre» (article 126, par. 8, TFUE)[16].

Le paragraphe 11 de l'article 126 du traité FUE énumère les sanctions susceptibles d'être adoptées par le Conseil, sur recommandation de la Commission[17]:

«– exiger de l'Etat membre concerné qu'il publie des informations supplémentaires, à préciser par le Conseil, avant d'émettre des obligations et des titres,
  – inviter la Banque européenne d'investissement à revoir sa politique de prêts à l'égard de l'Etat membre concerné,
  – exiger que l'Etat membre concerné fasse, auprès de l'Union, un dépôt ne portant pas intérêt, d'un montant approprié, jusqu'à ce que, de l'avis du Conseil, le déficit excessif ait été corrigé,
  – imposer des amendes d'un montant approprié».

Les sanctions sont de type financier et non politique. Les auteurs du traité ont aussi voulu éviter de sanctionner directement les ressortissants et les entreprises de l'Etat membre en cause.
Aux termes du règlement 1467/97, les sanctions peuvent varier entre 0,2 et 0,5 % du PIB, en fonction du degré de dépassement de la valeur de référence de 3 %. Dans un premier temps, elles prennent la forme d'un dépôt non rémunéré qui est converti en amende après deux ans si le déficit n'est pas corrigé.

812. La question a été posée de l'adéquation de cette stricte interdiction des déficits budgétaires face à la crise, financière, économique et enfin sociale, traversée par les Etats membres de l'Union depuis octobre 2008.
Le Conseil européen, lors de sa réunion des 11 et 12 décembre 2008, a certes souligné, au point 13 des conclusions de la prési-

---

a annulé cette décision au motif que le Conseil ne saurait «s'affranchir des règles édictées par l'article 104 CE et de celles qu'il s'est lui-même imposées dans le règlement 1467/97» et ainsi recourir à une procédure alternative pour adopter un acte prévu par ces règles.
[16] En cas de non-respect de ces obligations, l'Etat membre ne peut cependant faire l'objet d'une action en manquement en application des articles 258 et 259 du traité FUE.
[17] Ici aussi le Parlement européen est simplement informé par le Conseil des décisions prises.

dence, que le pacte demeurait «la pierre angulaire du cadre budgétaire de l'UE» mais il a aussi mis en exergue la flexibilité introduite dans le pacte en 2005, qui doit selon lui permettre «la mise en œuvre de l'ensemble des mesures du plan de relance». Le Conseil européen «conscient que ces dernières creuseront temporairement les déficits», a réaffirmé

> «son plein engagement en faveur de finances publiques soutenables et appel[é] les Etats membres à revenir dès que possible, conformément au pacte, et au rythme du redressement économique, vers leurs objectifs budgétaires de moyen terme».

Ainsi, lors de sa réunion du 2 décembre 2009, le Conseil a constaté que plus de la moitié des Etats membres, à savoir l'Allemagne, l'Autriche, la Belgique, l'Espagne, la France, la Grèce, l'Irlande, l'Italie, les Pays-Bas, le Portugal, la République tchèque, le Royaume-Uni, la Slovénie et la Slovaquie, connaissaient des déficits publics excessifs. Tout en rappelant la nécessité pour les Etats membres concernés d'adopter des mesures pour ramener leurs déficits sous le seuil de 3% du PIB, il a cependant

> «estimé que des circonstances particulières liées aux répercussions de la crise économique mondiale, permettraient que le déficit soit corrigé à moyen terme (plutôt qu'à court terme)»[18].

3. La coopération renforcée des membres de la zone euro et l'Eurogroupe

813. Le traité de Lisbonne reconnaît la spécificité de la situation des Etats membres de la zone euro, qui font l'objet, aux termes du chapitre IV du titre du traité FUE consacré à la politique économique et monétaire, de «dispositions propres».

814. Aux termes de l'article 136 du traité FUE, le Conseil, «afin de contribuer au bon fonctionnement de l'union économique et monétaire», adopte des mesures pour renforcer la coordination et la surveillance de la discipline budgétaire des Etats membres de la zone euro et élaborer, pour ce qui les concerne, les orientations de politique économique, en veillant à ce qu'elles soient compatibles avec celles qui sont adoptées pour l'ensemble de

---

[18] Un calendrier tenant compte de la situation de chaque Etat et s'étalant entre 2012 et 2015 a ainsi été fixé.

l'Union, et en assurer la surveillance, mais il n'a pas la possibilité de modifier ou remplacer le protocole sur la procédure concernant les déficits excessifs (paragraphe 1). Ces mesures doivent être prises «conformément aux dispositions pertinentes des traités». Ceci implique que les Etats membres de la zone euros sont tenus par les bases juridiques figurant dans les traités et ne sont pas autorisés, par exemple, à changer le caractère des grandes orientations de politique économique pour en faire des actes obligatoires.

815. Le paragraphe 2 précise que, pour l'adoption de ces mesures, seuls prennent part au vote les Etats membres de la zone euro, la majorité qualifiée étant adaptée en conséquence (paragraphe 2).
L'article 139 du traité FUE, dans le chapitre sur les dispositions transitoires, prévoit quant à lui que les dispositions relatives à l'«adoption des parties des grandes orientations des politiques économiques qui concernent la zone euro d'une façon générale» ne s'appliquent pas aux Etats membres faisant l'objet d'une dérogation, avec la conséquence que les droits de vote de ces Etats sont suspendus de l'adoption par le Conseil des mesures en cause. Il résulte de la formulation ainsi retenue que ces mesures sont prises au sein du Conseil Ecofin ordinaire et non pas par l'Eurogroupe auquel se réfère l'article 137 du traité FUE.

816. L'Eurogroupe fait l'objet d'un protocole qui consacre son existence mais en tant que simple réunion informelle des ministres des Finances des Etats de la zone euro. Aucune compétence n'est reconnue à ce groupe qui pourra simplement «discuter», si nécessaire, de questions liées aux responsabilités spécifiques qu'ils partagent en matière de monnaie unique. Il est doté d'un président nommé pour une période de deux ans et demi, qui est actuellement le Premier ministre luxembourgeois Jean-Claude Juncker.

IV. La politique monétaire

817. Aux termes de l'article 119, par. 2, du traité TUE, qui paraphrase en l'adaptant l'article 4, par. 2 du traité CE, l'action de l'Union et des Etats membres en vue de réaliser l'union économique et monétaire «comporte une monnaie unique, l'euro, ainsi que la définition et la conduite d'une politique monétaire et d'une politique de change uniques» (1). Nous examinerons les objectifs de la politique monétaire (2) et la question de la représentation externe de la zone euro qui fait, quant à elle, l'objet de l'article 130 du traité FUE (3).

1. La monnaie unique

818. La monnaie unique a fait d'emblée partie du projet d'union monétaire. Il a été jugé qu'en raison de son irréversibilité et de sa symbolique, elle comportait un avantage qualitatif indéniable par rapport à un simple système de parités irrévocablement fixées.

L'euro[19] est devenu la monnaie unique, et la seule monnaie légale, pour les premiers Etats membres de la zone euro, depuis le 1er janvier 1999 et, pour les autres membres, dès leur entrée dans la zone.

Les billets et les pièces en euro ont été mis en circulation le 1er janvier 2002. La Banque centrale européenne est seule habilitée à autoriser l'émission de billets de banque en euros dans l'Union. Les billets sont émis soit par la Banque centrale européenne soit par les banques centrales nationales. Les pièces sont émises par les Etats membres sous réserve de l'approbation, par la Banque centrale européenne, du volume de l'émission.

Un «nouveau mécanisme des taux de change» lie à l'euro les monnaies de certains Etats membres non participants depuis le 1er janvier 1999. L'adhésion à ce mécanisme se fait sur une base volontaire. Y participent actuellement le Danemark, l'Estonie, la Lituanie et la Lettonie. Des fluctuations de 15% par rapport au taux de change central d'une monnaie par rapport à l'euro sont autorisées, mais le Danemark s'est fixé une limite de 2,5%.

2. Les objectifs de la politique monétaire

819. Le traité fixe deux objectifs à la politique monétaire (articles 119, par. 2, et 127, par. 1, TFUE, articles 4 et 105 TCE):

- le premier et principal est le maintien de la stabilité des prix ou, en d'autres termes, un taux d'inflation le plus bas possible;

---

[19] Le traité de Lisbonne introduit dans le corps même des traités le terme «euro», alors que le traité de Maastricht avait retenu celui d'écu, rapidement remplacé par celui d'«euro» dans les faits.

– le second, qui ne peut porter préjudice au premier, est un soutien aux politiques économiques générales dans l'Union en vue de la réalisation des objectifs de l'Union.

La politique monétaire doit être menée «conformément au principe d'une économie de marché ouverte où la concurrence est libre, en favorisant une allocation efficace des ressources», dans le respect des principes suivants: prix stables, finances publiques et conditions monétaires saines et balance des paiements stable.

3. La représentation externe de la zone euro

820. Elle fait l'objet de l'article 130 du traité FUE, qui a succédé à l'article 111 CE, et a été placé dans le chapitre contenant les dispositions propres aux Etats membres dont la monnaie est l'euro.

Le paragraphe 1 traite de la définition des positions communes nécessaires pour «assurer la place de l'euro dans le système monétaire international»: ces positions communes font l'objet d'une décision adoptée à la majorité qualifiée par le Conseil, sur proposition de la Commission, et après consultation de la Banque centrale, et elles portent sur «les questions qui revêtent un intérêt particulier pour l'union économique et monétaire au sein des institutions et des conférences financières internationales compétentes».

Le paragraphe 2, quant à lui, comporte une habilitation[20] du Conseil pour adopter, toujours à la majorité qualifiée, sur proposition de la Commission et après consultation de la Banque centrale, les mesures appropriées pour assurer une «représentation unifiée au sein des institutions et conférences financières internationales». Il n'est pas certain que ceci suffira pour vaincre les réticences des partenaires de l'Union au sein des organisations internationales.

Enfin, le paragraphe 3 vient préciser que seuls les membres du Conseil représentant les Etats membres dont la monnaie est l'euro prennent part au vote sur les mesures visées aux paragraphes 1 et 2, la majorité qualifiée étant adaptée en conséquence.

---

[20] Il prévoit en effet que le Conseil «peut adopter» là où le texte de l'article 111 du traité CE utilisait l'indicatif «décide», qui pouvait induire une obligation.

821. L'article 219 du traité FUE (ex-article 119 CE) est relatif quant à lui à la procédure de conclusion des accords internationaux dans le domaine de l'union monétaire. Le paragraphe 3 de cette disposition met en place une procédure dérogatoire à celle instaurée à l'article 218 du traité FUE (ex-article 300 CE)[21] :

> «[p]ar dérogation à l'article 218, au cas où des accords sur des questions se rapportant au régime monétaire ou de change doivent faire l'objet de négociations entre l'Union et un ou plusieurs Etats tiers ou organisations internationales, le Conseil, sur recommandation de la Commission et après consultation de la Banque centrale européenne, décide des arrangements relatifs aux négociations et à la conclusion de ces accords. Ces arrangements doivent assurer que l'Union exprime une position unique. La Commission est pleinement associée aux négociations».

V. L'INTÉGRATION DES MARCHÉS FINANCIERS

822. L'intégration totale des marchés financiers constitue un complément naturel et logique de l'intégration monétaire. Tout comme l'avènement de la monnaie unique n'a été rendu possible que parce qu'un certain niveau d'intégration des marchés financiers existait, la poursuite de cette intégration a été une condition nécessaire au bon fonctionnement de l'union monétaire.

En raison du rôle qu'ils jouent dans l'économie, et plus particulièrement de la nécessité d'assurer la stabilité financière et une protection adéquate des consommateurs, les marchés et les services financiers sont traditionnellement fortement réglementés. L'action de l'Union européenne a donc consisté à mettre en place un cadre juridique et réglementaire favorisant l'intégration des marchés, qui supprime les obstacles et définisse des règles de base communes, permettant ainsi de passer outre à la diversité des systèmes juridiques des Etats membres et à la disparité des législations. Un droit européen des marchés et des services financiers s'est ainsi progressivement développé et enrichi.

823. Le premier domaine dans lequel le législateur européen est intervenu est celui des établissements de crédit[22]. La légis-

---

[21] Voy. à ce sujet, *supra*, n°s 342 et s.
[22] La première directive de coordination bancaire date en effet de 1977. Une refonte a été réalisée avec la directive 2006/48/CE du Parlement et du Conseil du 14 juin 2006 concernant l'accès à l'activité des établissements de crédit et son exercice.

lation européenne harmonise les conditions relatives à l'accès et à l'exercice de l'activité bancaire, sur la base d'un agrément unique, assorties de règles prudentielles. La spécificité des établissements de crédit a aussi conduit à édicter des règles particulières pour les procédures d'assainissement et de liquidation de ces entités, ainsi que la protection des déposants[23]. En revanche, les règles adoptées en ce qui concerne les opérations de crédit demeurent très parcellaires.

Le secteur de l'assurance, qui occupe une position importante au sein du marché financier européen, a également très tôt retenu l'attention du législateur européen[24]. Plusieurs directives se sont succédé permettant une harmonisation assez large des conditions d'accès et d'exercice de ces activités reposant ici aussi sur le principe de la licence unique. Dans le même temps, ces directives comportent une série de mesures destinées à fournir des garanties suffisantes au consommateur qui aurait recours, pour ses besoins d'assurance, à une entreprise originaire d'un Etat membre autre que le sien.

Les marchés d'instruments financiers sont, quant à eux, régis par la directive dite MiFID[25] qui, à côté des règles détaillant les conditions dans lesquelles les entreprises d'investissement et les établissements de crédit peuvent exercer des activités sur valeurs mobilières, autorise de nouveaux modes de négociation et d'exécution des ordres.

L'insuffisance de ces mesures a cependant été mise en lumière par la crise financière d'octobre 2008. Le Parlement européen et le Conseil ont été saisis d'un ensemble de propositions visant à réformer le cadre européen de surveillance des marchés de la banque, de l'assurance et des valeurs mobilières[26].

L'intervention du législateur européen dans le domaine des services de paiement est plus récente mais elle a conduit à l'éta-

---

[23] Directive 94/19/CE du 30 mai 1994 relative aux systèmes de garantie des dépôts et directive 2001/24/CE du Parlement européen et du Conseil du 4 avril 2001 concernant l'assainissement et la liquidation des établissements de crédit.

[24] Les premières directives remontent à 1973 pour l'assurance non vie et à 1979 pour l'assurance-vie. Elles sont maintenant remplacées par la directive 92/49/CE du Conseil du 18 juin 1992 pour l'assurance non vie et par la directive 2002/83/CE du Parlement européen et du Conseil du 5 novembre 2002 pour l'assurance-vie.

[25] Directive 2004/39/CE du Parlement européen et du Conseil du 21 avril 2004 concernant les marchés d'instruments financiers.

[26] Détaillées dans la communication de la Commission du 27 mai 2009, « Surveillance financière européenne », COM (2009) 252 final.

blissement à la fois d'un statut européen pour les établissements de paiement et d'un véritable droit matériel des paiements couvrant tous les instruments de paiement; elle a également fourni la base juridique nécessaire à la création d'un espace unique de paiement en euros, connu sous l'acronyme SEPA[27]. On peut encore citer les règles relatives aux organismes de placement collectif en valeurs mobilières[28], aux institutions de retraite professionnelle[29] et aux conglomérats financiers[30].

La réalisation d'un marché financier intégré suppose encore le respect d'un certain nombre d'obligations en matière d'éthique, d'intégrité et de transparence des marchés. Le législateur européen s'est ainsi préoccupé des informations contenues dans les prospectus d'émission et d'admission à la cotation ou d'offre publique de valeurs mobilières[31], de la répression des abus de marché[32] ou encore de la transparence des marchés[33].

Bibliographie sélective

ANGEL Benjamin, *L'union économique et monétaire: manuel général*, Paris, Ellipses, 2006.

BRIBOSIA Hervé, «La politique économique et monétaire», *in* AMATO Giuliano, BRIBOSIA Hervé, DE WITTE Bruno (éd.), *Genèse et destinée de la Constitution européenne/Genesis and Destiny of the European Constitution*, Bruxelles, Bruylant, 2007.

CREEL J., «Par delà le pacte de stabilité et de croissance, La coordination des politiques budgétaires?», *in* BEAUD Olivier, LECHEVALIER Arnaud, PERNICE Ingolfe et STRUDEL Sylvie (dir.), *L'Europe en voie de Constitution*, Bruxelles, Bruylant, 2004.

JACOUD Gilles, *L'Europe monétaire. Zone euro: une monnaie, une pluralité de défis*, Paris, Armand Colin, 2006.

KOENIG Gilbert (dir.), *L'euro, vecteur d'identité européenne*, Strasbourg, Presses universitaires de Strasbourg, 2002.

---

[27] Directive 2007/64/CE du Parlement européen et du Conseil du 17 novembre 2007 concernant les services de paiement dans le marché intérieur.

[28] Directive 2001/107/CE du Parlement européen et du Conseil du 21 janvier 2002.

[29] Directive 2003/41/CE du Parlement européen et du Conseil du 13 mai 2003 concernant les activités et la surveillance des institutions de retraite professionnelle, en abrégé la «directive».

[30] Directive 2002/87/CE du Parlement européen et du Conseil du 16 décembre 2002.

[31] Directive 2003/71/CE du Parlement et du Conseil du 4 novembre 2003.

[32] Directive 2003/6/CE du Parlement et du Conseil du 28 janvier 2003.

[33] Directive 2004/109/CE du Parlement et du Conseil du 15 décembre 2004.

Louis Jean-Victor, *L'Union européenne et sa monnaie, Commentaire J. Mégret*, 3ᵉ éd., Bruxelles, Editions de l'Université de Bruxelles, 2009.

Louis Jean-Victor et Dony Marianne, «L'union économique et monétaire», *in* Dony Marianne et Bribosia Emmanuelle (éd.), *Commentaire de la Constitution de l'Union européenne*, Bruxelles, Editions de l'Université de Bruxelles, 2005.

Servais Dominique (dir.), *Intégration des marchés financiers, Commentaire J. Mégret*, 3ᵉ éd., Bruxelles, Editions de l'Université de Bruxelles, 2007.

Section 2

Les politiques sectorielles

824. Les deux premières politiques sectorielles mises en place par les auteurs du traité de Rome étaient des politiques étroitement liées à la réalisation du marché commun, devenu marché intérieur : il s'agit de la politique agricole commune (I) et de la politique commune des transports (II). Deux nouvelles politiques sectorielles sont consacrées par le traité de Lisbonne, en matière d'énergie (III) et de tourisme (IV).

I. La politique agricole commune[34]

825. La politique agricole commune, la plus ancienne et longtemps seule politique commune, résulte d'un choix délibéré des auteurs du traité de Rome (1). Elle a connu une mutation

---

[34] Il convient de noter que le traité de Lisbonne vient remplacer le titre «Agriculture» par celui d'«Agriculture et pêche». La politique commune de la pêche est cependant une politique autonome, qui a ses propres objectifs et son propre financement (le Fonds européen pour la pêche, créé par le règlement 1198/2006 du Conseil du 27 juillet 2006). L'article 38, par. 1, du traité FUE indique d'ailleurs qu'il convient d'avoir «égard aux caractéristiques particulières de ce secteur». La protection des ressources halieutiques et du milieu marin est devenue un des objectifs clés de la politique commune de la pêche, qui comporte aussi trois autres volets, à savoir une organisation commune de marché, une restructuration de la flotte de pêche et la conclusion d'accords de pêche avec les pays tiers. La Commission a publié le 22 avril 2009 un livre vert intitulé «réforme de la politique commune de la pêche», COM (2009) 163 final mais de nouvelles propositions législatives ne sont pas prévues avant 2011. Cette politique ne sera pas plus amplement étudiée ici.

considérable en cinquante ans[35], qui a conduit à une réforme complète tant de la politique de marché (2) que de la politique des structures, rebaptisée politique de développement rural (3).

1. Une politique commune résultant d'un choix délibéré des auteurs du traité de Rome

826. Les problèmes spécifiques du secteur agricole avaient amené la plupart des Etats européens à développer des mesures spécifiques à l'égard des agricultures nationales, reposant à la fois sur une fermeture du marché national par tout un arsenal de défense et sur des mesures d'intervention et de soutien des revenus sur le marché intérieur.

Lors de la négociation du traité de Rome, une double question s'est posée : fallait-il sauvegarder ces politiques nationales ou intégrer l'agriculture dans le marché commun ? Et, en cas de démantèlement des politiques nationales, fallait-il remplacer celles-ci par une politique commune ou simplement laisser agir les lois du marché, quitte à introduire un régime d'aides aux agriculteurs ?

Les auteurs du traité ont fait le double choix d'une extension du marché commun, devenu marché intérieur aux produits agricoles (A) et de l'instauration d'une politique agricole commune (B), dotée d'un financement commun (C) et avec des objectifs ambitieux (D).

A. L'inclusion de l'agriculture dans le marché intérieur

827. *A priori*, rien ne semblait prédisposer l'agriculture à une telle intégration, compte tenu de facteurs tels que le caractère familial des agricultures européennes, la mauvaise insertion de l'agriculture dans le monde économique, le retard accusé par le secteur agricole par rapport aux autres secteurs de l'économie, les différences importantes entre les agricultures des Six, enfin le caractère très cloisonné des marchés protégés par la puissance publique et essentiellement tournés vers la consommation locale. Pourtant, les auteurs du traité de Rome ont estimé qu'il était impossible de laisser l'agriculture en dehors du marché commun

---

[35] La réforme n'est d'ailleurs pas encore totalement achevée. En effet, la Commission a présenté en novembre 2007 une communication intitulée « Préparer le « bilan de santé » de la PAC réformée », COM (2007) 722 final, sur laquelle le Conseil est arrivé à un accord politique en novembre 2008.

naissant. La pression politique en ce sens est venue surtout des pays qui avaient les agricultures les plus fortes, en particulier la France qui voyait dans la perspective d'un écoulement plus large et plus facile des produits agricoles une contrepartie nécessaire à l'ouverture de son marché aux pays forts industriellement, comme l'Allemagne. En outre, l'inclusion de l'agriculture dans le marché commun était considérée comme une condition importante de l'équilibre des échanges puisque l'agriculture était étroitement liée à l'ensemble de l'économie.

Le principe de l'inclusion de l'agriculture dans le marché intérieur devrait impliquer l'application des grandes libertés de circulation ainsi que des règles de concurrence. Toutefois les modalités d'application des unes et des autres sont très différentes : si les règles relatives aux grandes libertés s'appliquent « sauf dispositions contraires » des articles du titre relatif à l'agriculture[36] (article 38, par. 2, TFUE, ex-article 32 CE), les règles de concurrence n'ont été rendues applicables que « dans la mesure déterminée par le Conseil » (article 42 TFUE, ex-article 36 CE), avec la conséquence qu'en réalité, il y a un régime de concurrence largement spécifique dans le secteur agricole.

B. Etablissement d'une politique agricole commune

828. Les auteurs du traité de Rome ont également décidé que le développement du marché commun devait s'accompagner de l'établissement d'une politique agricole commune reprenant à l'échelle européenne les mesures qui avaient jusque-là été adoptées à l'échelle nationale, et comprenant deux volets : une politique des marchés, régissant la production et la commercialisation des produits agricoles, et une politique des structures, s'attachant non plus aux produits mais aux exploitations agricoles et aux facteurs de production.

Le traité de Rome avait prévu que les mesures de mise en œuvre de la politique agricole commune seraient adoptées par le Conseil statuant à la majorité qualifiée après consultation du Parlement européen.

Cette procédure est restée inchangée jusqu'au traité de Lisbonne, qui vient renforcer sensiblement le rôle du Parlement européen en rendant applicable la procédure législative ordinaire, sauf

---

[36] Or la quasi-totalité des règles dérogatoires ont disparu depuis la fin de la période de transition.

pour ce qui concerne «les mesures relatives à la fixation des prix, des prélèvements, des aides et des limitations quantitatives»[37] (article 43, par. 2 et 3, TFUE, remplaçant les dispositions de l'ex-article 37 CE).

C. Le financement commun de la politique agricole commune

829. La politique agricole commune reposant sur un principe de solidarité financière, son financement devait se faire d'une manière également commune. A cette fin, le traité de Rome a prévu la possibilité de créer «un ou plusieurs fonds d'orientation et de garantie agricole».

En 1962, le Conseil, estimant que la fragmentation en plusieurs fonds ôtait les avantages de l'unité de caisse et de budget, a décidé la constitution d'un fonds unique, prenant en charge toutes les dépenses relatives à la politique agricole commune. Ce fonds a ensuite été divisé en deux sections : la section garantie pour les dépenses relatives à la politique de marché et la section orientation pour les dépenses de la politique de structure.

En 2005, le FEOGA a été remplacé par deux nouveaux fonds : le Fonds européen agricole de garantie (FEAGA) et le Fonds européen agricole pour le développement rural (FEADER)[38].

D. Les objectifs de la politique agricole commune

830. Les objectifs de la politique agricole commune sont demeurés inchangés depuis l'origine. Aux termes de l'article 39 du traité FUE (article 33 CE), la politique agricole commune, poursuit cinq objectifs, d'ordre économique, social et politique. Au plan économique, il s'agit :

– d'accroître la productivité de l'agriculture notamment par le développement du progrès technique,
– de stabiliser les marchés, c'est-à-dire de les mettre à l'abri de perturbations brutales, en agissant sur les quantités offertes ou sur les prix, d'une part ; et aux frontières ou sur le marché intérieur, d'autre part.

---

[37] Ces mesures sont adoptées par le Conseil sur proposition de la Commission, sans consultation du Parlement européen. La même procédure s'applique aux mesures relatives à la fixation et à la répartition des possibilités de pêche.
[38] Règlement CE/1290/2005 du Conseil du 21 juin 2005 relatif au financement de la politique agricole commune

Les objectifs à caractère social concernent à la fois les agriculteurs et les consommateurs et visent à :

- assurer un niveau de vie équitable à la population agricole, en relevant le revenu individuel des agriculteurs au niveau de celui des autres catégories socioprofessionnelles ;
- assurer des prix raisonnables aux consommateurs, ce qui ne veut pas dire les prix les plus bas possibles.

Enfin, le dernier objectif, de nature politique, s'explique par le fait qu'à sa création, la Communauté européenne souffrait encore de grands déficits et qu'on se trouvait encore en pleine guerre froide : il s'agit de la garantie de la sécurité des approvisionnements.

La Cour a jugé d'une manière constante que c'est aux institutions de l'Union qu'il appartient d'assurer la conciliation permanente que peuvent exiger des contradictions éventuelles entre ces différents objectifs considérés isolément, et elles peuvent le cas échéant accorder à tel ou tel d'entre eux la prééminence temporaire selon les circonstances économiques, en disposant à cet effet d'un large pouvoir d'appréciation[39].

A côté de ces objectifs spécifiques, la politique agricole commune doit également tenir compte d'autres objectifs comme les objectifs horizontaux que sont la protection de l'environnement, la protection de la santé publique ou encore le bien-être des animaux. Leur influence sur la politique agricole commune est grandissante.

2. Une politique de marché profondément réformée

831. Au départ, c'est le soutien des prix qui a été principalement utilisé pour garantir un niveau de vie équitable pour les agriculteurs (A) mais les soutiens directs au revenu ont, au fil des réformes successives de cette politique, pris une importance croissante (B).

---

[39] Jurisprudence illustrée notamment par CJ, 24 octobre 1973, *Balkan*, 7/73 ; 5 octobre 1994, *Crispoltoni*, C-133/93, C-300/93 et C-362/93.

A. Le déclin du soutien des prix par le biais des organisations communes de marchés

832. Au fil des années, la plupart des produits agricoles ont été placés progressivement sous une organisation commune de marchés. Jusqu'en 2007, ces organisations étaient sectorielles, mais elles doivent être progressivement[40] remplacées par une organisation commune des marchés unique[41]. Le principal volet de toute organisation commune de marché est constitué par l'intervention sur le marché (a); dans certains secteurs, il existe aussi des normes relatives à la commercialisation et à la production des produits agricoles (b); ces mesures sur le marché intérieur sont encore complétées par des mesures relatives aux échanges avec les pays tiers (c).

a. L'INTERVENTION SUR LE MARCHÉ

833. Au départ, lors de la mise en place des premières organisations communes de marché, les prix agricoles européens ont été fixés à un prix largement supérieur à la moyenne mondiale afin d'être suffisamment rémunérateurs pour les agriculteurs[42]. Ces prix trop élevés ont été une des causes des excédents agricoles et de l'explosion des dépenses agricoles. De plus, il est apparu que les principaux bénéficiaires de la politique agricole commune avaient été une petite minorité d'exploitations et que la politique agricole commune n'avait pas empêché une stagnation des revenus des agriculteurs, principalement des petites exploitations, ni un exode rural en constante augmentation.

Il n'est donc pas étonnant qu'à partir de la première réforme importante de la politique agricole commune, qui n'a cependant pu être réalisée qu'en 1992, les institutions communau-

---

[40] Vingt et une organisations sectorielles de marché ont d'ores et déjà été remplacées par l'organisation commune unique. Les secteurs des fruits et légumes et du vin, qui doivent encore faire l'objet d'une réforme profonde restent, dans une première phase, soumis à des organisations spécifiques et seront intégrés dans l'organisation commune unique dans une deuxième étape.

[41] Règlement CE/1234/2007 du Conseil du 22 octobre 2007 portant organisation commune des marchés dans le secteur agricole et dispositions spécifiques en ce qui concerne certains produits de ce secteur.

[42] Ce régime de prix ne s'appliquait cependant pas, loin s'en faut, à tous les produits agricoles, mais seulement pour les céréales, le lait et les produits laitiers, le riz, le sucre ainsi que les viandes bovine, caprine, ovine et porcine. Il avait été souligné qu'il s'agissait là des grandes productions traditionnelles des six Etats fondateurs de la CEE.

taires se soient lancées dans une réduction drastique des prix agricoles, pour les rapprocher des prix mondiaux. C'est dans le domaine des céréales que la baisse a été la plus spectaculaire en 1992 puisqu'elle a atteint 29% sur une période de trois ans. La tendance se poursuit depuis lors.

834. Les prix agricoles s'accompagnent de mesures d'intervention destinées à soutenir leur niveau. Les principales mesures consistent dans des achats effectués par des organismes publics d'intervention, à un prix dit d'intervention, proche du prix de référence. A l'origine, ces achats étaient automatiques et offraient donc aux producteurs une garantie illimitée, qui a été une des sources des excédents agricoles. Progressivement, ils ont été limités à certaines périodes de l'année et liés au respect de diverses conditions.

Les produits achetés par les organismes publics d'intervention peuvent être ensuite revendus sur le marché dans des conditions ne venant pas perturber celui-ci ou mis à la disposition de certains organismes désignés en vue de permettre la distribution de denrées alimentaires aux personnes les plus démunies de l'Union dans le cadre d'un plan annuel.

Pour certains produits, l'intervention publique est remplacée ou complétée par une aide au stockage privé.

835. Enfin, des mesures de maîtrise de la production ont assez rapidement dû être adoptées, afin de tenter de rétablir un équilibre entre l'offre et la demande. Applicables à la quasi-totalité des produits agricoles avant la réforme de 1992, elles ne concernent plus actuellement que le sucre et le lait. Dans ces deux secteurs, des quotas nationaux de production sont fixés, qui sont ensuite répartis par les Etats membres entre les différentes entreprises productrices. Chaque année, en cas de dépassement des quotas, les Etats membres perçoivent auprès des agriculteurs un prélèvement pouvant atteindre jusqu'à 100% du prix sur les quantités additionnelles produites.

La question du maintien ou non de ces systèmes de quotas est âprement discutée aujourd'hui. En novembre 2008, le Conseil a approuvé le principe d'une augmentation progressive des quotas laitiers de 1% par an entre 2009 et 2013, avec une suppression programmée pour 2015. Face à l'effondrement du marché laitier à partir de la mi-2008, nombre de voix se sont élevées, surtout dans les milieux agricoles, pour exiger un maintien des quotas laitiers. La Commission, sans changer de cap à cet égard, a chargé un «groupe à haut niveau sur le lait» de l'aider à étudier les mesures à mettre en œuvre pour assurer l'avenir à long terme du secteur laitier.

b. LES NORMES DE COMMERCIALISATION ET DE PRODUCTION

836. Dans un certain nombre de secteurs agricoles, tels que les fruits et légumes, le vin ou les produits de la pêche, le législateur européen a fixé des normes de commercialisation et de production. Elles consistent essentiellement en un classement des produits en plusieurs catégories, correspondant à des règles particulières de marquage, d'emballage, de poids, de taille, de conditionnement… Les produits qui ne correspondent pas aux exigences minimales de la catégorie inférieure ne peuvent être commercialisés. De plus, les mesures d'intervention sont, en règle générale, limitées aux produits de qualité supérieure.

S'y ajoute une politique de qualité qui repose sur deux règlements. Le premier permet à des produits agricoles destinés à l'alimentation humaine ou des denrées alimentaires d'être enregistrés comme «spécialités traditionnelles garanties», à condition d'être produits à partir de matières premières traditionnelles et de se caractériser par une composition traditionnelle ou par un mode de production et/ou de transformation correspondant à un type de production et/ou de transformation traditionnelle[43]. Le second organise une protection des appellations d'origine et des indications géographiques pour les produits agricoles destinés à l'alimentation humaine et les denrées alimentaires[44]. Il faut aussi tenir compte, à côté des règles inscrites dans les organisations communes de marchés, des dispositions contenues dans les directives d'harmonisation des législations, dans le domaine agro-alimentaire, qui visent la santé des personnes et des animaux – en particulier la sécurité alimentaire[45] – ou la protection des consommateurs.

---

[43] Règlement 509/2006 du Conseil du 20 mars 2006.
[44] Règlement 510/2006 du Conseil du 20 mars 2006.
[45] Voy. le règlement CE/178/2002 du Parlement européen et du Conseil, du 28 janvier 2002, établissant les principes généraux et les prescriptions générales de la législation alimentaire, instituant l'Autorité européenne de sécurité des aliments et fixant des procédures relatives à la sécurité des denrées alimentaires.

c. Les mesures relatives aux échanges des pays tiers

837. Au départ, pour protéger les prix agricoles à l'intérieur de la Communauté européenne, largement supérieurs aux prix mondiaux, un mécanisme de prélèvements variables à l'importation empêchait les produits issus du marché mondial d'entrer sur le marché européen en dessous d'un prix appelé prix de seuil, qui était dérivé du prix applicable sur ce marché. Les critiques des principaux partenaires commerciaux de l'Europe ont fini par avoir raison de ce système qui a été remplacé par un droit de douane classique, ne pouvant normalement dépasser, depuis l'an 2000, un montant de 36%, même si l'Union s'est réservé le droit de fixer des droits d'importation additionnels en cas de perturbation du marché.

838. Des aides, dénommées restitutions à l'exportation, procèdent d'une même logique et sont destinées à faciliter l'écoulement des produits agricoles européens sur le marché mondial. Leur application est cependant facultative. A la différence des prélèvements à l'importation, elles n'ont pas été supprimées mais l'Union européenne s'est engagée à les diminuer. De plus, la baisse des prix pratiqués à l'intérieur de l'Union, assortie de la hausse des prix mondiaux, a pour effet d'en réduire l'impact.

839. Enfin, des certificats d'importation et d'exportation, délivrés par les Etats membres, doivent accompagner en principe toutes les entrées et sorties de produits agricoles de l'Union. Pour obtenir le certificat, l'opérateur économique doit s'engager à réaliser l'opération pour laquelle le certificat est demandé, cet engagement étant garanti par le versement d'une caution.
Les opérateurs économiques ont tenté de contester la légitimité de ce mécanisme mais la Cour n'a pas accueilli leurs arguments, y voyant au contraire un moyen à la fois nécessaire et approprié en vue de permettre aux autorités compétentes de déterminer de la manière la plus efficace leurs interventions sur les marchés agricoles[46].

B. L'essor du soutien direct des revenus

840. Les régimes de soutien ont fait leur apparition en 1992 lors de la première réforme de la politique agricole commune,

---

[46] CJ, 17 décembre 1970, *Internationale Handelsgesellschaft*, 11-70.

pour compenser la perte de revenus liée à la baisse des prix agricoles et, depuis lors, ils prennent une importance de plus en plus grande.

Ils font maintenant l'objet d'un règlement du Conseil du 29 septembre 2003[47], dont les principes de base sont le découplage des aides (a), la conditionnalité (b) et la dégressivité des aides (c).

a. Le découplage des aides

841. Il s'agit de l'idée maîtresse de la réforme de 2003 : les mesures de soutien direct, appelées paiements directs, sont totalement découplées de la production. Tout agriculteur européen y a droit et le montant des paiements directs a été calculé sur la base des droits des agriculteurs durant une période de référence historique 2000-2002. Les paiements ont comme but principal d'assurer une plus grande stabilité de revenus aux agriculteurs. Ceux-ci peuvent décider ce qu'ils veulent produire sans perdre les aides. Ils peuvent ainsi adapter l'offre à la demande, ce qui, espèrent les institutions de l'Union, devrait permettre d'améliorer la compétitivité de l'agriculture européenne et d'éviter la surproduction.

b. La conditionnalité

842. Pour bénéficier d'un paiement direct, l'agriculteur est tenu de respecter certaines exigences réglementaires en matière de gestion, qui ont trait à la santé publique, à la santé des animaux et des végétaux, au respect de l'environnement et au bien-être des animaux ainsi que des règles relatives au maintien de toutes les terres agricoles, en particulier celles qui ne sont plus exploitées à des fins de production, dans de «bonnes conditions agricoles et environnementales».

Lorsque l'agriculteur, par négligence, ne se conforme pas à ces règles, les paiements directs peuvent être réduits de 5% au maximum. En cas de non-respect délibéré, les paiements sont

---

[47] Règlement CE/1782/2003 du Conseil du 29 septembre 2003 établissant des règles communes pour les régimes de soutien direct dans le cadre de la politique agricole commune et établissant certains régimes de soutien en faveur des agriculteurs. Le nouveau système d'aides directes est connu sous le nom de «régime de payement unique».

réduits d'au moins 20% et l'agriculteur peut être exclu totalement du bénéfice de l'aide.

c. LA DÉGRESSIVITÉ

843. Entre 2005 et 2012, les paiements directs, à l'exception de
ceux destinés aux agriculteurs des régions ultrapériphériques et
des îles de la mer Egée, sont réduits chaque année : la réduction
a été de 3% en 2005, de 4% en 2006, et est, pour les années
suivantes, de 5% par an.
Les sommes ainsi épargnées conformément à cette «modu-
lation» sont réparties entre les Etats membres et allouées aux
mesures de développement rural soutenues par le FEADER.

3. De la politique des structures agricoles
au développement rural

844. La mise en place d'une politique des structures agricoles
était prévue dès l'origine. En effet, le traité CEE précisait qu'il
fallait tenir compte

> «du caractère particulier de l'activité agricole découlant de la struc-
> ture sociale de l'agriculture et des disparités structurelles et naturelles
> entre les diverses régions agricoles».

La politique des structures agricoles a eu longtemps du mal à
s'affirmer en tant que telle. Les premières mesures ont seulement été adoptées en 1972 ; il s'agissait d'actions horizontales,
d'application uniforme sur tout le territoire de la Communauté,
relatives à la modernisation des exploitations agricoles, à l'encouragement de la cessation de l'activité ainsi qu'à la création
d'informations socio-économiques et à des actions de qualifications professionnelles. Au fil des années, cependant, cette politique n'a cessé de monter en puissance.
A la fin des années 1980, elle a pris son indépendance par rapport
à la politique des marchés pour se rapprocher de la politique de
cohésion économique et sociale.
Ensuite, elle a été, dans le cadre de l'agenda 2000 destiné à
préparer l'élargissement de 2004, dénommée politique de
développement rural et est, dans le même temps, redevenue le
deuxième pilier de la politique agricole.

845. Le Conseil a adopté en 2005 un règlement fixant les règles
fondamentales régissant la politique de développement rural

pour la période 2007-2013, ainsi que les instruments politiques dont disposent les Etats membres et les régions[48].

La politique de développement rural doit se développer autour de trois axes thématiques:

– amélioration de la compétitivité des secteurs agricole et forestier;
– amélioration de l'environnement et du paysage rural;
– amélioration de la qualité de vie en milieu rural et encouragement de la diversification de l'économie rurale.

Un accent tout particulier est mis sur la cohérence de la stratégie de développement rural au niveau de toute l'Union, et ce grâce à des plans stratégiques nationaux, qui doivent être fondés sur les orientations stratégiques de l'Union[49].

II. La politique commune des transports

846. Les transports ont une importance primordiale: ils sont les supports matériels de la liberté de circulation des marchandises et des personnes et partant du développement de l'économie; ils interviennent dans l'établissement d'une concurrence loyale, les frais de transport étant inclus dans le calcul du prix de revient des produits; ils sont enfin, en eux-mêmes, représentatifs d'une activité économique importante qui doit être organisée.

Il n'est donc pas étonnant que l'article 80 du traité FUE (ex-article 70 CE), prévoie la mise en œuvre d'une politique commune des transports.

Cette politique, pourtant déjà inscrite dans le traité de 1957, a connu un développement relativement tardif. Il a en effet fallu attendre, pour voir l'adoption des premières mesures de mise en œuvre, que le Parlement, soutenu par la Commission, introduise en 1983 un recours en carence contre le Conseil, et que la Cour, par un arrêt du 22 mai 1985[50], juge que

«le Conseil s'est abstenu en violation du traité, d'assurer la libre prestation de services en matière de transports internationaux et de fixer les conditions de l'admission des transporteurs non résidents, aux transports nationaux dans un Etat membre».

[48] Règlement CE/1698/2005 du Conseil du 20 septembre 2005 concernant le soutien au développement rural par le Fonds européen agricole pour le développement rural.
[49] Contenues dans la décision 2006/144/CE du Conseil du 20 février 2006.
[50] *Parlement c. Conseil*, 13/83.

847. Les règles de la politique commune des transports, qui reposent sur quelques principes généraux communs (1), s'appliquent au transport terrestre (2), tandis que des «dispositions appropriées» peuvent être adoptées pour la navigation maritime (3) et aérienne (4). Le transport combiné (5) devrait être appelé à se développer à l'avenir.

1. Les principes communs

848. A la différence de la politique agricole commune ou de la politique commerciale commune, la politique commune des transports ne s'est pas vu assigner des objectifs précis. Le traité FUE, reprenant les termes du traité CE, se borne à définir les mesures relevant de la politique commune de transport (A), ainsi que quelques principes de base (B).

A. Les mesures relevant de la politique commune des transports

849. Trois domaines sont plus particulièrement évoqués à l'article 91 du traité FUE (ex-article 71 CE):

- des règles communes, termes bien vagues, mais qui s'appliquent «aux transports internationaux exécutés au départ ou à destination du territoire d'un Etat membre, ou traversant le territoire d'un ou de plusieurs Etats membres», en d'autres termes aux transports intracommunautaires;
- les conditions d'admission de transporteurs non résidents aux transports nationaux dans un Etat membre, en d'autres termes aux transports intérieurs d'un Etat membre;
- les mesures permettant d'améliorer la sécurité des transports[51].

Le législateur européen est également habilité à adopter «toutes autres dispositions utiles».

850. Ces mesures sont adoptées normalement par le biais d'une procédure législative ordinaire. Le traité de Lisbonne a fait reculer l'unanimité. La principale modification concerne les mesures

> «dont l'application serait susceptible d'affecter gravement le niveau de vie et l'emploi dans certaines régions, ainsi que l'exploitation des équipements de transport».

[51] Il s'agit d'un ajout du traité de Maastricht.

Dans le traité CE, ces mesures devaient être arrêtées par le Conseil, statuant à l'unanimité sur proposition de la Commission et après consultation du Parlement européen et du Comité économique et social (article 71, par. 3, CE). Désormais, ces mesures pourront, elles aussi, être adoptées conformément à la procédure législative ordinaire, mais le Parlement européen et le Conseil sont invités à attacher une «attention particulière» aux cas dans lesquels les mesures adoptées pourraient avoir un tel effet (article 91, par. 3, TFUE).

B. Les principes de base de la politique commune

851. L'organisation de chaque secteur des transports doit avoir pour objet de garantir un libre accès au marché et des conditions de concurrence loyale. Deux aspects ont particulièrement retenu l'attention : les tarifs et les aides d'Etat.

a. LES TARIFS

852. L'article 95 du traité FUE (ex-article 74 CE) invite à prendre en compte «la situation économique des transporteurs» lors de l'adoption de «toute mesure dans le domaine des prix et conditions de transport».
Une application spécifique du principe de non-discrimination figure à l'article 95 du traité TUE (ex-article 75 CE), qui interdit

> «les discriminations consistant à appliquer à un transporteur, pour les mêmes marchandises, pour les mêmes destinations, des prix et conditions de transports différents en raison du pays d'origine ou de destination des produits transportés».

Elle doit être mise en œuvre par le Conseil statuant à la majorité qualifiée (pour la réglementation) et par la Commission (pour l'examen des cas de discrimination).
Enfin, l'article 96 FUE (ex-article 76 CE) prohibe l'application de «prix et conditions comportant tout élément de soutien et de protection dans l'intérêt d'une ou de plusieurs entreprises ou industries particulières», tout en habilitant la Commission à autoriser des tarifs de soutien, en tenant compte, d'une part, «des exigences d'une politique économique régionale appropriée, des besoins des régions sous-développées, ainsi que des problèmes des régions gravement affectées par les circonstances

politiques» mais aussi, d'autre part, «des effets de ces prix et conditions sur la concurrence entre les modes de transports».

b. Les aides d'État

853. En vertu de l'article 73 du traité CE, devenu article 93 TFUE, sont compatibles avec les traités «les aides qui répondent aux besoins de coordination des transports ou qui correspondent au remboursement de certaines servitudes inhérentes à la notion de service public».

Cet article est actuellement mis en œuvre par le règlement 1370/2007 du Parlement européen et du Conseil du 23 octobre 2007 relatif aux services publics de transport de voyageurs par chemin de fer et par route. Ce règlement impose la conclusion d'un «contrat de service public», sauf si une autorité locale décide de fournir elle-même des services de transport public ou de les confier à un opérateur interne sur lequel elle exerce un contrôle comparable à celui qu'elle exerce sur leurs services. Cependant, les obligations de service public «qui visent à établir des tarifs maximaux pour l'ensemble des voyageurs ou pour certaines catégories de voyageurs» peuvent aussi faire l'objet de règles générales. Le contenu obligatoire des contrats de services et des règles générales est détaillé à l'article 4 du règlement, tandis que l'article 5 précise les modalités d'attribution des contrats, qui doivent normalement faire l'objet d'une procédure ouverte et transparente. Une très longue période de transition est ménagée jusqu'en décembre 2019, pour permettre aux Etats membres de se conformer progressivement au règlement.

Il faut noter que la Commission avait déposé en 2000 une proposition de règlement relatif aux aides accordées pour la coordination des transports par chemin de fer, par route et par voie navigable mais elle a retiré cette proposition en 2005.

2. *Le transport terrestre*

854. Ce vocable regroupe les transports routier (A), ferroviaire (B) et fluvial (C).

A. Le transport routier

a. L'accès au transport international

855. En vertu du règlement 881/92 du Conseil du 26 mars 1992, un transporteur établi dans un Etat de l'Union peut librement transporter des marchandises vers un autre Etat membre sur la base d'une licence communautaire de transport. Toutefois, cette activité transnationale ne doit pas conduire à des perturbations graves du marché des transports. C'est pourquoi le Conseil a mis en place un système de surveillance pouvant conduire à des mesures de sauvegarde des marchés perturbés. Le transport international de voyageurs a été libéralisé avec le règlement 684/92 du Conseil du 16 mars 1992 établissant des règles communes en matière de transport international de passagers par autocar et par autobus qui instaure également une licence communautaire. Un régime d'autorisation est cependant maintenu pour les services réguliers et les services de navette sans hébergement.

b. L'ACCÈS AUX TRANSPORTS NATIONAUX

856. Il a fait l'objet du règlement 3118/93 du Conseil du 25 octobre 1993 fixant les conditions de l'admission de transporteurs non résidents aux transports nationaux de marchandises par route dans un Etat membre et du règlement 12/98 du 11 décembre 1997, fixant les conditions de l'admission des transporteurs non résidents aux transports nationaux de voyageurs par route dans un Etat membre. Pour les marchandises, le cabotage est entièrement libéralisé depuis le 1er juillet 1998. La libéralisation du cabotage s'est accompagnée de l'adoption de mesures d'encadrement des taxes autoroutières, afin de permettre la taxation de l'utilisation d'infrastructures, mais en assurant que cette taxation se fasse sur des bases non discriminatoires. Pour le transport de passagers, le cabotage est limité à certains types de transport définis par le règlement.

c. LA SÉCURITÉ ROUTIÈRE

857. La très délicate question du temps de conduite fait maintenant l'objet du règlement 561/2006 du Parlement européen et du Conseil du 15 mars 2006, tandis que des règles uniformes de sécurité pour les transports de marchandises dangereuses par route sont fixées dans la directive 94/55/CE du Conseil du 21 novembre 1994.

B. Le transport ferroviaire

858. La libéralisation du transport ferroviaire a été très difficile à mettre en place, en raison tant de l'existence de monopoles dans la plupart des Etats membres que des nombreuses
contraintes de service public imposées à ce mode de transports.
Les premières mesures ont été adoptées par la directive 91/440/
CEE du Conseil du 29 juillet 1991 et elles ont eu pour objectif
de faciliter l'adaptation des chemins de fer aux exigences du
marché unique et d'accroître leur efficacité. Elles ont été suivies
par la directive 95/18/CE du Conseil du 19 juin 1995 déterminant les critères de délivrance par les Etats membres d'une
licence d'exploitation, dont la validité s'étend sur l'ensemble du
territoire de l'Union.
L'ouverture des marchés a été plus facile à mettre en place pour
le transport de marchandises que pour le transport de voyageurs. Elle s'accompagne d'une séparation de plus en plus nette
entre l'infrastructure ferroviaire et l'exploitation des services
de transport assortie de règles régissant l'accès aux infrastructures et d'une certification des conducteurs de train assurant la
conduite de locomotives et de trains sur le système ferroviaire de
l'Union européenne[52].

a. LE TRANSPORT DE MARCHANDISES

859. S'agissant du transport de marchandises, les entreprises
ferroviaires titulaires d'une licence d'exploitation se sont d'abord
vu reconnaître, avec la directive 2001/12/CE du Parlement et du
Conseil du 26 février 2001, un droit d'accès, à des conditions
équitables, aux lignes principales, appelées à former un « réseau
transeuropéen de fret ferroviaire » aux fins de l'exploitation de
services de fret internationaux (premier paquet ferroviaire).
Avec la directive 2004/51/CE du 29 avril 2004, ce droit d'accès a
été étendu à l'ensemble du réseau pour les services de fret ferroviaire internationaux à partir du 1er janvier 2006 et pour tout
type de services de fret ferroviaire à partir du 1er janvier 2007
(deuxième paquet ferroviaire)[53].

---

[52] Directive 2007/59/CE du Parlement européen et du Conseil du 23 octobre 2007.
[53] La Commission avait aussi déposé une proposition de règlement concernant
les compensations en cas de non-respect des exigences de qualité contractuelles
applicables aux services de fret ferroviaire (COM (2004) 144 final) mais cette
proposition qui avait été rejetée par le Parlement européen en première lecture en
octobre 2005 a été retirée par la Commission le 25 mars 2009.

b. Le transport de voyageurs

860. Il a fallu attendre l'adoption par le Parlement européen et le Conseil du troisième paquet ferroviaire le 23 octobre 2007 pour que la libéralisation atteigne le transport de voyageurs. Aux termes de la directive 2007/58/CE, l'ouverture du marché pour les services internationaux de transport de voyageurs à l'intérieur de l'Union européenne[54] doit être réalisée pour le 1er janvier 2010[55]. Pour les trajets qui comportent des arrêts intermédiaires, l'ouverture à la concurrence devra inclure le droit de prendre et de déposer des voyageurs dans toute gare située sur le trajet d'un service international, y compris dans des gares situées dans un même Etat membre. Toutefois les Etats membres auront le droit de limiter ce droit, s'il compromet l'équilibre économique des contrats de service public qu'ils auraient conclus pour assurer des services de transport de voyageurs par rail[56].

Le troisième paquet comprend aussi un règlement dont l'objet est de renforcer les droits des voyageurs ferroviaires et d'améliorer la qualité et l'efficacité des services ferroviaires de voyageurs, afin d'aider à accroître la part du transport ferroviaire par rapport aux autres modes de transport[57].

c. La séparation entre infrastructure ferroviaire
   et services ferroviaires et l'accès aux infrastructures

861. En 1991, une simple séparation des comptes a été exigée. En 2001, cette séparation est devenue une séparation de gestion. Toutes les compétences considérées comme déterminantes pour garantir un accès équitable et non discriminatoire à l'infrastructure – à savoir la répartition des capacités, la tarification de l'infrastructure et l'octroi de licences aux entreprises ferroviaires – doivent être exercées par une instance indépendante de l'entreprise ferroviaire.

---

[54] La directive ne concerne pas les services entre un Etat membre et un pays tiers.
[55] Si, dans un Etat membre, le transport international de voyageurs par train représente plus de la moitié du chiffre d'affaires voyageurs des entreprises ferroviaires, cette date limite est reportée au 1er janvier 2012.
[56] Voy. à ce sujet, *supra*, n° 853.
[57] Règlement 1371/2007 du Parlement européen et du Conseil du 23 octobre 2007 sur les droits et obligations des voyageurs ferroviaires.

La directive 2001/14/CE du Parlement européen et du Conseil du 26 février 2001 s'occupe des questions relatives à la répartition des capacités d'infrastructure ferroviaire et à la tarification de l'infrastructure ferroviaire.

Le droit d'utiliser l'infrastructure ferroviaire est accordé par le gestionnaire de l'infrastructure concernée. C'est également lui qui répartit les capacités disponibles qui ne peuvent, une fois attribuées, être transférées par le bénéficiaire à une autre entreprise. Les droits et obligations du gestionnaire de l'infrastructure et des candidats autorisés font l'objet d'un contrat. Une procédure est mise en place pour résoudre les conflits entre les demandes de capacités et surmonter les problèmes liés à la pénurie de capacités, ainsi qu'un droit de recours.

En ce qui concerne la perception des redevances d'utilisation de l'infrastructure, la tarification doit se faire sur la base des coûts marginaux (à savoir les coûts directement liés à l'exploitation des chemins de fer). Les redevances peuvent cependant être augmentées ou modulées pour atteindre d'autres objectifs, tels qu'une meilleure couverture des coûts, l'incorporation des coûts externes, et pour résoudre les problèmes liés à la rareté des capacités. La directive permet aussi aux gestionnaires de l'infrastructure de percevoir, à des conditions qu'elle spécifie, des majorations pour les services de fret internationaux.

C. Transport fluvial

862. Depuis le 1er janvier 2000, le marché de la navigation intérieure est entièrement libéralisé. En vertu du règlement 1356/96 du Conseil du 8 juillet 1996, «concernant des règles communes applicables aux transports de marchandises ou de personnes par voie navigable entre Etats membres, en vue de réaliser dans ces transports la libre prestation de services», tout transporteur de marchandises ou de personnes par voie navigable établi dans un Etat membre conformément à la législation de celui-ci, a le droit d'effectuer des opérations de transport entre Etats membres et en transit par ceux-ci, sans discrimination en raison de sa nationalité et de son lieu d'établissement, s'il utilise pour ces opérations de transport des bateaux immatriculés dans un Etat membre ou, à défaut d'immatriculation, couverts par une attestation d'appartenance à la flotte d'un Etat membre.

3. Le transport aérien

A. Accès au marché

863. Le règlement 2407/92 du Conseil du 23 juin 1992 a instauré une licence unique de transporteur aérien communautaire qui est délivrée aux compagnies aériennes établies dans l'Union européenne, dont la majorité du capital est aux mains d'Etats membres ou de ressortissants de l'Union européenne et qui respectent des conditions d'aptitudes techniques et de capacité économique et financière précisées dans le règlement.

Le même jour a été adopté le règlement 2408/92 qui ouvre toutes les liaisons internationales à l'intérieur de l'Union européenne à toutes les compagnies munies d'une licence communautaire, sans restrictions, dès le 1er janvier 1993. L'accès s'étend aussi, à partir d'avril 1997, à toutes les lignes intérieures des Etats. Le règlement contient des dispositions relatives aux obligations de service public, qui permettent aux gouvernements de maintenir des services jugés essentiels pour le développement harmonieux de leur territoire.

Enfin, un accord dit « ciel ouvert » a été conclu le 25 avril 2007 entre la Communauté européenne et les Etats-Unis. Il a pour conséquence, depuis le 31 mars 2008, une ouverture totale des liaisons transatlantiques aux compagnies américaines et européennes.

B. Mesures d'accompagnement

864. Pour assurer une ouverture effective du marché aérien, trois mesures complémentaires ont été adoptées :

- le règlement 2409/92 du Conseil du 23 juillet 1992 instaure un régime de liberté totale dans la fixation des tarifs par les compagnies aériennes, qui ne sont plus tenues de soumettre leurs tarifs à l'approbation des autorités nationales ;
- le règlement 95/93 du Conseil du 18 janvier 1993 fixe des règles communes en ce qui concerne l'attribution de créneaux horaires dans les aéroports, pour permettre à de nouvelles compagnies aériennes de faire leur entrée sur le marché, malgré la disparité croissante entre l'expansion du système des transports aériens en Europe et la capacité de l'infrastructure aéroportuaire ;
- la directive 96/67/CE du Conseil du 15 octobre 1996 ouvre graduellement à la concurrence les services d'assistance en escale – enregistrement des passagers, manipulation des bagages, ravitaillement

des avions – qui faisaient l'objet jusque-là d'un monopole dans de nombreux aéroports.

C. La sécurité aérienne

865. Suite aux attentats du 11 septembre 2001, des règles communes dans le domaine de la sûreté de l'aviation civile ont été instaurées par le règlement 2320/2002 du Parlement européen et du Conseil du 16 décembre 2002. Ces règles comprennent un contrôle plus rigoureux des passagers, des bagages et du personnel et l'obligation pour les Etats membres de mettre en place des programmes nationaux de sécurité et des normes communes d'équipement.

L'accident de Sharm-el-Sheikh, en 2004, a quant à lui été à l'origine du règlement 2111/2005 du Parlement européen et du Conseil du 14 décembre 2005, dont l'objet est de donner aux voyageurs le droit d'être informés sur l'identité du transporteur qui effectuera le vol pour lequel ils ont fait une réservation et, en parallèle, de renforcer l'obligation faite aux Etats membres de communiquer les informations liées à la sécurité. Les compagnies considérées comme peu sûres voient leurs appareils interdits de vol et figurent sur une «liste noire» communautaire, publiée et accessible à tous[58].

D. Le ciel unique européen

866. Le paquet «ciel unique européen», adopté par le Parlement européen et le Conseil le 10 mars 2004, a pour objectif de renforcer les normes de sécurité et l'efficacité globale de la circulation aérienne générale en Europe, d'optimiser la capacité en répondant aux besoins de tous les usagers de l'espace aérien et de réduire au maximum les retards.

Il se compose d'un règlement dit règlement cadre (règlement 2004), qui fixe le cadre réglementaire pour la réalisation du ciel unique européen, complété par trois règlements techniques relatifs à la fourniture de services de navigation aérienne (le règlement 550/2004), à l'organisation et à l'utilisation de l'espace aérien (le règlement 551/2004), ainsi qu'à l'interopérabilité du

---

[58] Voy., pour la dernière liste noire publiée à ce jour, le règlement CE/1194/2009 de la Commission du 26 novembre 2009.

réseau européen de gestion du transport aérien (le règlement 552/2004).

La Commission a adopté le 25 juin 2008 une communication intitulée «Ciel unique européen II: vers une aviation plus durable et plus performante»[59]. Elle y propose une modification de la législation de 2004 afin d'améliorer les performances du système de gestion du trafic aérien, de créer un cadre de sécurité unique, et d'ouvrir la porte aux nouvelles technologies.

4. Le transport maritime

A. Accès au marché

867. Le règlement 4055/86 du Conseil du 22 décembre 1986 donne le droit aux ressortissants des Etats membres (et aux transporteurs maritimes établis hors de la Communauté utilisant des navires immatriculés dans un Etat membre et contrôlés par des ressortissants d'un Etat membre) de transporter des voyageurs ou des marchandises par mer entre un port d'un Etat membre et un port ou une installation *off shore* d'un autre Etat membre ou d'un pays tiers.

Le règlement 3577/92 du Conseil du 7 décembre 1992 institue la libre prestation des services de transport maritime à l'intérieur d'un Etat membre en faveur de tout navire immatriculé dans un autre Etat membre et portant pavillon de celui-ci. Toutefois, il permet à un Etat de subordonner le droit d'effectuer les transports à des obligations de service public si cela est nécessaire au maintien de services de cabotage suffisants entre sa partie continentale et ses îles ou entre ses îles elles-mêmes. Cette liberté est devenue effective au 1er janvier 1999, à l'exception des services de passagers entre les îles grecques, qui n'ont été ouverts à la concurrence qu'en 2004.

B. Sécurité maritime

868. Un grand nombre de textes ont été adoptés en vue d'améliorer la sécurité maritime:

- la directive 95/21/CE du Conseil du 19 juin 1995 donne aux Etats membres le droit et l'obligation d'inspecter les navires étrangers faisant escale dans leurs ports ou naviguant dans les eaux relevant

[59] COM (2008) 389 final.

de leur juridiction afin d'assurer le respect des normes internationales relatives à la sécurité maritime, à la prévention de la pollution et aux conditions de vie et de travail à bord des navires;
– la directive 98/18/CE du Conseil du 17 mars 1998 vise à établir
un niveau uniforme de respect de l'environnement de sécurité des
personnes et des biens à bord des navires à passagers lorsque ces
navires et engins effectuent des voyages nationaux, et de définir des
procédures de négociation au niveau international en vue d'harmoniser les règles applicables aux navires à passagers qui effectuent des voyages internationaux;
– la directive 2001/96/CE du Parlement européen et du Conseil du
4 décembre 2001 établit des règles spécifiques renforçant la sécurité
des vraquiers faisant escale dans les terminaux des Etats membres
pour charger ou décharger des cargaisons solides en vrac;
– le règlement CE/417/2002 du Parlement européen et du Conseil,
du 18 février 2002 a pour objectif d'accélérer le remplacement des
pétroliers à simple coque par des pétroliers à double coque qui
protège les citernes de cargaison contre l'avarie et réduit ainsi le
risque de pollution;
– la directive 2002/59/CE du Parlement européen et du Conseil du
27 juin 2002 vise à mettre en place un système communautaire
de suivi des navires et d'information, dans le but de prévenir les
accidents et les pollutions en mer. Il comporte plusieurs volets: le
signalement et le suivi des navires, la notification des marchandises
dangereuses ou polluantes à bord des navires, le suivi des navires
à risque et une coopération de toutes les parties concernées en cas
d'incidents et d'accidents en mer;
– le règlement CE/725/2004 du Parlement européen et du Conseil du
31 mars 2004 relatif à l'amélioration de la sûreté des navires et
des installations portuaires face à des menaces d'actions illicites
intentionnelles;
– le règlement CE/336/2006 du Parlement européen et du Conseil
a pour objet d'assurer une application du code international de
gestion pour la sécurité de l'exploitation des navires et la prévention de la pollution de manière correcte, stricte et harmonisée dans
tous les Etats membres.

5. Le transport combiné ou intermodal

869. Le transport combiné ou intermodal est une opération de
transport qui utilise sans rupture plusieurs modes de transport.
Seul le transport intermodal de marchandises a fait l'objet d'une
législation spécifique avec la directive 92/106/CEE du Conseil
du 7 décembre 1992. Cette directive vise les transports de

marchandises entre les Etats membres pour lesquels le véhicule utilise la route pour la partie initiale ou terminale du trajet et, pour l'autre partie, le chemin de fer ou une voie navigable, ou un parcours maritime lorsque celui-ci excède 100 kilomètres à vol d'oiseau et elle prévoit

– une exonération des transports combinés de tout régime de contingentement et d'autorisation, au plus tard le 1er juillet 1993 ;
– le droit pour tout transporteur routier établi dans un Etat membre et satisfaisant aux conditions d'accès à la profession et au marché des transports de marchandises entre Etats membres d'effectuer, dans le cadre d'un transport combiné entre Etats membres, des trajets routiers initiaux et/ou terminaux qui font partie intégrante du transport et qui comportent ou non le passage d'une frontière ;
– une réduction ou un remboursement des taxes «de circulation» applicables aux véhicules routiers acheminés en transport combiné.

Si le recours à l'intermodalité est considéré comme une priorité par la Commission, cette dernière a cependant été obligée de constater dans son livre blanc sur la politique européenne des transports à l'horizon 2010[60] que peu de réalisations concrètes avaient vu le jour, à l'exception de quelques grands ports bien reliés au chemin de fer ou des canaux[61].

Le programme Marco Polo[62] pour l'octroi d'un concours financier communautaire visant à améliorer les performances environnementales du système de transport de marchandises a retenu parmi ses objectifs une meilleure coopération au sein du marché de l'intermodalité.

III. La politique en matière d'énergie

870. L'énergie est un paradoxe : si deux des trois traités d'origine – les traités CECA et Euratom – portaient à titre principal sur des produits énergétiques, le traité CE était quant à lui

[60] COM (2001) 370 final.
[61] Le 25 mars 2009, la Commission a retiré la seule proposition qu'elle avait déposée en 2004 en la matière, proposition de directive relative aux unités de chargement intermodales, qui fixe des exigences essentielles et prévoit l'adoption de normes harmonisées et d'exigences particulières d'interopérabilité en vue de rendre plus efficace et plus sûre l'utilisation des nouvelles unités de chargement intermodales et de créer une unité européenne de chargement intermodale (COM (2004) 361 final).
[62] Règlement CE/1692/2006 du Parlement européen et du Conseil du 24 octobre 2006 (Marco Polo II 2007-2013).

totalement muet sur ce sujet, ce qui a rendu très difficile l'émergence d'une politique globale dans le domaine de l'énergie. Le
traité de Lisbonne représente à cet égard un progrès incontestable puisqu'il introduit dans le traité sur le fonctionnement de
l'Union un titre XXI intitulé «Energie», composé du seul article
194 (1). Le Conseil européen a adopté en mars 2007 un plan
d'action 2007-2009 intitulé «une politique énergétique pour
l'Europe» (2).

1. La consécration d'une politique de l'énergie

871. Aux termes du paragraphe 1 de l'article 194 du traité FUE,
la politique de l'énergie est envisagée sous le double prisme
du marché intérieur et de la protection de l'environnement,
puisqu'elle doit être menée

> «dans le cadre de l'établissement ou du fonctionnement du marché
> intérieur et en tenant compte de l'exigence de préserver et d'amé-
> liorer l'environnement».

L'accent est aussi mis sur le nécessaire «esprit de solidarité entre
les Etats membres».
Elle poursuit quatre objectifs :

- assurer le fonctionnement du marché de l'énergie,
- assurer la sécurité de l'approvisionnement énergétique dans
  l'Union,
- promouvoir l'efficacité énergétique et les économies d'énergie ainsi
  que le développement des énergies nouvelles et renouvelables,
- promouvoir l'interconnexion des réseaux énergétiques.

Les mesures adoptées par l'Union ne peuvent affecter «le droit
d'un Etat membre de déterminer les conditions d'exploitation de ses ressources énergétiques, son choix entre différentes
sources d'énergie et la structure générale de son approvisionnement énergétique».
Sous l'empire du traité CE, en dehors des mesures destinées à
réaliser le marché intérieur de l'énergie en vertu de l'article 95
CE ou de celles s'inscrivant dans le cadre de la protection de
l'environnement, qui pouvaient être adoptées selon la procédure
de codécision, il était nécessaire de recourir à la clause de flexibilité de l'article 308 CE, qui nécessitait l'unanimité au Conseil
et confinait le Parlement européen à un simple rôle consultatif.

L'article 194 du traité FUE rend, à son paragraphe 2, la procédure législative ordinaire applicable, sauf pour les mesures
«essentiellement de nature fiscale» pour lesquelles le paragraphe 3 continue à imposer une procédure législative spéciale
où le Conseil statue à l'unanimité après consultation du Parlement européen. Ceci devrait faciliter le développement d'une
politique commune de l'énergie.

2. Le plan d'action «une politique énergétique pour l'Europe»

872. Ce plan, qui devra faire l'objet d'une évaluation régulière
dans le cadre de l'examen annuel, par le Conseil européen, des
progrès réalisés et des résultats obtenus dans la mise en œuvre
des politiques de l'Union concernant les changements climatiques et l'énergie, s'articule autour de quatre thèmes.

A. Le marché intérieur du gaz et de l'électricité

873. Le Conseil européen souligne qu'il n'existe toujours pas
un marché européen de l'énergie véritablement concurrentiel,
unique et interconnecté qui représenterait des avantages significatifs pour la compétitivité et pour les consommateurs de
l'Union et qui renforcerait la sécurité des approvisionnements.
Il préconise une série d'actions, notamment :

- une séparation effective de la gestion des réseaux et des activités
  d'approvisionnement et de production ;
- une plus grande harmonisation des pouvoirs et un renforcement de
  l'indépendance des régulateurs nationaux de l'énergie ;
- la création d'un nouveau mécanisme communautaire pour les
  gestionnaires de réseau de transport afin de mieux coordonner le
  fonctionnement des réseaux et leur sécurité ;
- la mise en place d'un système plus intégré et plus performant pour
  le commerce transfrontière de l'électricité et le fonctionnement du
  réseau ;
- une plus grande transparence du fonctionnement du marché de
  l'énergie ;
- une meilleure protection du consommateur, notamment grâce à
  l'élaboration d'une charte des consommateurs dans le domaine de
  l'énergie.

B. La sécurité de l'approvisionnement

874. Pour renforcer la sécurité de l'approvisionnement, plusieurs mesures sont envisagées :

– une diversification effective des sources d'énergie et des voies d'approvisionnement ;
– la mise au point de mécanismes plus efficaces de réaction aux crises, fondés sur la coopération mutuelle mais en tenant compte du fait que ce sont les Etats membres qui sont responsables au premier chef en ce qui concerne leur demande nationale ;
– une amélioration de la transparence des données sur les produits pétroliers et un réexamen des infrastructures d'approvisionnement en pétrole et des mécanismes de stockage du pétrole de l'Union ;
– une analyse approfondie de la disponibilité et des coûts des installations de stockage du gaz dans l'Union ;
– une évaluation de l'incidence sur la sécurité de l'approvisionnement de chaque Etat membre des importations d'énergie actuelles et prévisibles ;
– la création d'un Observatoire de l'énergie au sein de la Commission.

C. Une politique énergétique internationale

875. Le Conseil européen souligne la nécessité d'accélérer l'élaboration d'une approche commune de la politique énergétique extérieure, ce qui implique des dialogues et des partenariats entre pays consommateurs, entre pays consommateurs et pays producteurs et entre pays consommateurs et pays de transit.

D. L'efficacité énergétique et les énergies renouvelables

876. Le Conseil européen fixe trois objectifs à atteindre par l'Union européenne pour 2020 :

– une économie de 20 % de la consommation énergétique de l'Union par rapport aux projections pour l'année 2020 ;
– une proportion contraignante de 20 % d'énergies renouvelables dans la consommation énergétique totale de l'Union ;
– une proportion minimale contraignante de 10 % de biocarburants dans la consommation totale d'essence et de gazole destinés au transport au sein de l'Union et ce à un coût raisonnable.

IV. La politique européenne du tourisme

877. Le traité de Maastricht avait introduit, parmi les domaines de l'action de la Communauté européenne, l'adoption de mesures dans le domaine du tourisme mais n'avait pas attribué à cette dernière des compétences précises en la matière. Cette lacune est comblée, au moins en partie, par le traité de Lisbonne, qui introduit un titre «Tourisme» dans le traité sur le fonctionnement de l'Union (1). La Commission n'avait cependant pas attendu la réforme du traité pour proposer une nouvelle politique européenne du tourisme (2).

1. La consécration du tourisme dans les compétences de l'Union

878. Aux termes de l'article 195 du traité FUE,

> «[l]'Union complète l'action des Etats membres dans le secteur du tourisme, notamment en promouvant la compétitivité des entreprises de l'Union dans ce secteur».

A cette fin, deux actions sont envisagées :

- encourager la création d'un environnement favorable au développement des entreprises dans ce secteur ;
- favoriser la coopération entre Etats membres, notamment par l'échange des bonnes pratiques.

La procédure législative ordinaire est d'application pour l'adoption des mesures particulières destinées à réaliser les objectifs de l'Union dans le domaine du tourisme.

Ces mesures viennent compléter les actions menées dans les Etats membres, à l'exclusion de toute harmonisation des législations.

Il y a ici un certain recul par rapport à la situation antérieure. En effet, dans le traité CE, l'inscription du tourisme dans les actions de la Communauté permettait l'adoption, par le biais de la clause de flexibilité de l'article 308 CE, de toutes les «mesures nécessaires», y compris le cas échéant des mesures de rapprochement des législations.

2. Vers une nouvelle politique européenne du tourisme

879. La Commission européenne a présenté en mars 2006 une communication intitulée «Une nouvelle politique européenne du tourisme : renforcer le partenariat pour le tourisme en Europe »[63] dans laquelle elle souligne la capacité du tourisme à générer de l'emploi et de la croissance au niveau européen et le rôle essentiel joué par le tourisme dans le développement d'une grande majorité de régions européennes.

Elle propose de concentrer la nouvelle politique européenne du tourisme sur trois domaines :

– des mesures d'intégration visant le tourisme : amélioration de la réglementation tant au niveau national qu'au niveau européen, plus grande coordination des diverses politiques européennes ayant une incidence sur le tourisme et meilleure utilisation des instruments financiers européens disponibles ;
– la promotion du tourisme durable : est visée la durabilité économique, sociale et environnementale du tourisme européen ;
– l'amélioration de la compréhension et de la visibilité du tourisme : collecte d'informations statistiques dans le domaine du tourisme et promotion des destinations touristiques européennes.

La Commission a aussi publié le 19 octobre 2007 une communication intitulée « Agenda pour un tourisme européen compétitif et durable »[64] dans lequel elle invite tous les acteurs à

« prendre les mesures nécessaires pour renforcer la contribution des pratiques durables et favoriser la compétitivité de la destination touristique Europe la plus prisée du monde ».

Bibliographie sélective

Sur la politique agricole commune

BIANCHI Daniele, *La Politique Agricole Commune (PAC) : toute la PAC, rien d'autre que la PAC!*, Bruxelles, Bruylant, 2006.

BUREAU Jean-Christophe, *La Politique agricole commune*, Paris, La Découverte, 2007.

GARCÍA AZCÁRATE Tomás, « La PAC après son bilan de santé », *RMCUE*, 2009, p. 301.

LOYAT Jacques et PETIT Yves, *La politique agricole commune (PAC). Une politique en mutation*, 3e éd., Paris, La Documentation Française, 2008.

---

[63] COM (2006) 134 final.
[64] COM (2007) 621 final.

Sur la politique des transports

BIEBER Roland, MAJANI Franscesco et DELALOYE Marie, *Droit européen des Transports*, Bâle – Bruxelles – Paris, Helbing – Bruylant – LGDJ, 2006.

BROUSSOLLE Damien, «Transports», *Répertoire Dalloz. Droit communautaire*.

GRARD Loic (dir.), *L'Europe des transports*, Paris, La Documentation française, 2006.

Sur la politique de l'énergie

BERGER François, «Droit communautaire de l'énergie», *Juris-classeur Europe*, fasc. 2500.

DEHOUSSE Franklin et IOTSOVA Tsonka, «L'Europe de l'énergie: un projet toujours reporté», *Courrier hebdomadaire du CRISP*, 1698-1699, 2000.

Sur la politique européenne du tourisme

GUYOT Cédric et LANOTTE Adrien, «Le droit européen du tourisme», *JDE*, 2008, p. 101-111.

Section 3

Politiques destinées à favoriser la compétitivité de l'économie européenne

880. Nous regrouperons sous cet intitulé la recherche (I), l'industrie (II), les réseaux transeuropéens (III) et la politique spatiale (IV).

I. LA RECHERCHE ET LE DÉVELOPPEMENT TECHNOLOGIQUE

881. A l'origine, le traité CEE, à la différence des traités CECA et Euratom, n'avait envisagé aucune action commune dans le domaine de la recherche, laissant ce champ d'action à la compétence des Etats membres.

Rapidement pourtant, les Etats membres ont pris conscience de la nécessité d'une action commune. Le sommet de Paris, en octobre 1972, affirme ainsi leur volonté d'établir une politique commune en la matière comprenant tant la coordination au sein des institutions communautaires que l'exécution en commun d'actions d'intérêt communautaire. Un premier programme pluriannuel (1973-1976) est adopté le 5 février 1973.

C'est l'Acte unique européen qui est venu formellement consacrer la recherche et le développement comme l'une des politiques de la Communauté et désormais de l'Union. Nous examinerons les objectifs de l'Union en la matière (1), les moyens d'action envisagés (2) et le septième programme-cadre de recherche (3).

1. Les objectifs de l'Union

882. Ils sont tout d'abord définis en termes généraux par le paragraphe 1 de l'article 179 du traité FUE, qui a reformulé le paragraphe correspondant de l'ex-article 163 du traité CE:

> «L'Union a pour objectif de renforcer ses bases scientifiques et technologiques, par la réalisation d'un espace européen de la recherche dans lequel les chercheurs, les connaissances scientifiques et les technologies circulent librement, et de favoriser le développement de sa compétitivité, y compris celle de son industrie, ainsi que de promouvoir les actions de recherche jugées nécessaires au titre d'autres chapitres des traités».

Le paragraphe 2 ajoute que, à ces fins, l'Union

> «encourage dans l'ensemble de l'Union les entreprises, y compris les petites et moyennes entreprises, les centres de recherche et les universités dans leurs efforts de recherche et de développement technologique de haute qualité; elle soutient leurs efforts de coopération, en visant tout particulièrement à permettre aux chercheurs de coopérer librement au-delà des frontières et aux entreprises d'exploiter pleinement les potentialités du marché intérieur à la faveur, notamment, de l'ouverture des marchés publics nationaux, de la définition de normes communes et de l'élimination des obstacles juridiques et fiscaux à cette coopération».

Enfin, selon le paragraphe 3, toutes les actions de l'Union dans le domaine de la recherche et du développement technologique doivent «être décidées et mises en œuvre conformément aux dispositions du présent titre», à l'exclusion donc des dispositions d'autres titres du traité FUE.

2. Les moyens d'actions

883. Les actions que peut mener l'Union en la matière (A) complètent celles des Etats membres, d'où la nécessité d'une étroite coordination (B). Les programmes-cadres pluriannuels et leurs mesures de mise en œuvre jouent un rôle prépondérant (C).

A. Les actions de l'Union

884. L'article 180 du traité FUE, reprenant les termes de l'ex-article 164 du traité CE, évoque quatre actions de l'Union, qui complètent les actions entreprises dans les Etats membres :

– la mise en œuvre de programmes de recherche, de développement technologique et de démonstration en promouvant la coopération avec et entre les entreprises, les centres de recherche et les universités ;
– la promotion de la coopération en matière de recherche, de développement technologique et de démonstration communautaires avec les pays tiers et les organisations internationales ;
– la diffusion et la valorisation des résultats des activités en matière de recherche, de développement technologique et de démonstration communautaires ;
– la stimulation de la formation et de la mobilité des chercheurs de l'Union.

Ces actions sont sans préjudice de l'adoption d'autres «mesures nécessaires à la mise en œuvre de l'espace européen de recherche», vient préciser le paragraphe 5 de l'article 182 du traité FUE (ex-article 166 du traité CE), ajouté par le traité de Lisbonne.

B. La coordination des politiques nationales et communes

885. La dispersion de l'effort et les doubles emplois qui en résultent sont un des principaux handicaps de l'Europe par rapport à ses grands concurrents mondiaux.

Pour tenter d'y remédier, l'article 181 du traité FUE (ex-article 165 CE) impose à l'Union et aux Etats membres de

«coordonner leur action en matière de recherche et de développement technologique, afin d'assurer la cohérence réciproque des politiques nationales et de la politique de l'Union».

Il avait été reproché au traité CE d'être particulièrement laconique sur les voies et moyens de cette coordination, puisque le paragraphe 2 se bornait à permettre à la Commission de «prendre, en étroite collaboration avec les Etats membres, toute initiative utile pour promouvoir la coordination visée au paragraphe 1». Le traité de Lisbonne vient au moins en partie réparer cette lacune en ajoutant que la Commission peut notamment prendre

> «des initiatives en vue d'établir des orientations et des indicateurs, d'organiser l'échange des meilleures pratiques et de préparer les éléments nécessaires à la surveillance et à l'évaluation périodiques. Le Parlement européen est pleinement informé».

C. Les programmes communs pluriannuels de recherche et développement technologique

886. Aux termes de l'article 182 du traité FUE (ex-article 166 CE), le programme-cadre pluriannuel, dans lequel est repris l'ensemble des actions de l'Union:

– fixe les objectifs scientifiques et technologiques à réaliser par les actions de l'Union et les priorités qui s'y attachent;
– indique les grandes lignes de ces actions;
– fixe le montant global maximum et les modalités de la participation financière de l'Union au programme-cadre, ainsi que les quotes-parts respectives de chacune des actions envisagées.

887. Le programme-cadre est mis en œuvre au moyen de programmes spécifiques développés à l'intérieur de chacune des actions. Chaque programme spécifique précise les modalités de sa réalisation, fixe sa durée et prévoit les moyens estimés nécessaires. La somme des montants estimés nécessaires, fixés par les programmes spécifiques, ne peut pas dépasser le montant global maximum fixé pour le programme-cadre et pour chaque action.

888. Les programmes sont de nature essentiellement coopérative: c'est ainsi que l'article 183 du traité FUE (ex-article 167 CE) prévoit que, pour la mise en œuvre du programme-cadre pluriannuel, le Conseil fixe les règles de participation des entreprises, des centres de recherche et des universités et les règles applicables à la diffusion des résultats de la recherche.

889. Outre les actions obligatoires résultant du programme-cadre et des programmes spécifiques, le traité prévoit une série d'autres instruments facultatifs cette fois, auxquels l'Union peut recourir si le besoin s'en fait sentir:

> – des programmes complémentaires auxquels ne participent que certains Etats membres qui assurent leur financement sous réserve

d'une participation éventuelle de l'Union (article 184 TFUE, ex-article 168 CE);
- une participation, en accord avec les Etats membres concernés, à des programmes de recherche et de développement entrepris par plusieurs Etats membres, y compris la participation aux structures créées pour l'exécution de ces programmes (article 185 TFUE, ex-article 169 CE);
- une coopération en matière de recherche, de développement technologique et de démonstration communautaires avec des pays tiers ou des organisations internationales (article 186 TFUE, ex-article 170 CE);
- la création d'entreprises communes ou de toute autre structure nécessaire à la bonne exécution des programmes de recherche, de développement technologique et de démonstration communautaires (article 187 TFUE, ex-article 171 CE).

D. Les procédures de décision

890. Avant l'Acte unique européen, les actions en matière de recherche devaient se fonder sur la clause de flexibilité qui nécessitait l'unanimité. L'inscription de la recherche dans le traité n'a pas permis de faire échapper ce domaine à l'unanimité, sauf pour les programmes spécifiques, jusqu'au traité d'Amsterdam, et ce en dépit du fait que le traité de Maastricht avait imposé la codécision pour l'adoption du programme-cadre. Les règles issues du traité d'Amsterdam ont été maintenues inchangées par le traité de Lisbonne.
Elles généralisent l'application de la procédure législative ordinaire avec deux exceptions : les programmes spécifiques de recherche (article 182, par. 4, TFUE, ex-article 166 CE) et les conditions de création des entreprises communes (article 188 TFUE, ex-article 178 TFUE) font l'objet d'une procédure législative spéciale, avec majorité au Conseil et simple consultation du Parlement européen. Il est précisé que l'adoption des programmes complémentaires requiert l'accord des Etats membres concernés (article 188 TFUE, ex-article 178 CE).

3. *Le septième programme-cadre de recherche (2007-2013)*

891. Intitulé «Bâtir l'Europe de la connaissance», il a fait l'objet de la décision 1982/2006/CE du Parlement européen et du Conseil du 18 décembre 2006. Sa durée a été allongée de quatre à sept ans et il est doté d'un budget de 50 521 millions d'euros.

Il identifie quatre objectifs principaux, qui correspondent à quatre programmes spécifiques (A), et définit quelques règles horizontales à respecter dans toutes les actions au titre du programme-cadre (B).

A. Les quatre programmes spécifiques

a. COOPÉRATION

892. Ce programme spécifique vise à soutenir l'ensemble des actions de recherche menées en coopération transnationale dans dix domaines thématiques :

- santé,
- alimentation, agriculture et biotechnologie,
- technologies de l'information et de la communication,
- nanosciences, nanotechnologies, matériaux et nouvelles technologies de production,
- énergie,
- environnement (changements climatiques inclus),
- transports (aéronautique comprise),
- sciences socio-économiques et humaines,
- espace,
- sécurité.

Plusieurs lignes directrices doivent guider l'action de l'Union :

- un encouragement à la pluridisciplinarité,
- l'adaptation, avec la possibilité de répondre à des « besoins émergents » et aux « nécessités politiques imprévues »,
- la diffusion et le transfert des connaissances,
- la participation optimale des petites et moyennes entreprises.

Quatre initiatives spécifiques sont aussi mises en œuvre, en étroite coopération avec les Etats membres : les trois premières dans les domaines de l'assistance à l'autonomie à domicile, la recherche en mer Baltique et la métrologie ; la quatrième visant à regrouper les programmes nationaux de recherche relatifs aux petites et moyennes entreprises.

b. IDÉES

893. Ce programme a pour objectif de soutenir la « recherche exploratoire » de rang mondial, afin de renforcer l'excellence, le dynamisme et la créativité de la recherche européenne et de rendre l'Europe plus attrayante aux meilleurs chercheurs des pays européens et des pays tiers et aux investissements des entreprises dans la recherche.

Il repose sur une approche basée sur l'initiative des chercheurs, en soutenant des projets de «recherche aux frontières de la connaissance», réalisés sur des sujets choisis par les chercheurs eux-mêmes. Les projets peuvent être réalisés dans tous les domaines de la recherche scientifique et technologique fondamentale qui sont couverts par le programme-cadre. Les propositions sont évaluées selon le seul critère de l'excellence telle qu'évaluée par un examen par les pairs.

La Commission a institué un Conseil européen de la recherche[65] qui est l'instrument pour la mise en œuvre de ce programme spécifique.

c. Personnel

894. Ce programme vise à créer un véritable marché européen de l'emploi pour les chercheurs, et à accroître le potentiel humain dans le domaine de la recherche et du développement en Europe en termes de qualité mais aussi de quantité, notamment en reconnaissant la «profession» de chercheur en vue de maintenir l'excellence en matière de recherche fondamentale et le développement organique de la recherche technologique et en encourageant la mobilité des chercheurs européens à partir de et vers l'Europe ainsi que sur son territoire.

Il est mis en œuvre principalement par la mise en place d'un ensemble cohérent d'actions «Marie Curie» en faveur du personnel et visant à développer les qualifications et les compétences des chercheurs à tous les stades de leur carrière, depuis la formation initiale destinée spécifiquement aux jeunes jusqu'au développement de la carrière, en passant par la formation tout au long de la vie dans les secteurs public et privé. L'accent est mis sur la mobilité dans ses dimensions transnationale et intersectorielle, sur la reconnaissance de l'expérience acquise dans des secteurs et pays différents et sur l'établissement de conditions de travail adéquates.

---

[65] Décision 2007/134/CE de la Commission du 7 février 2007.

d. Capacités

895. Ce programme a pour objet d'appuyer les capacités de la recherche européenne dans ses aspects essentiels :

- optimiser l'utilisation et le développement des infrastructures de recherche,
- renforcer les capacités d'innovation des petites et moyennes entreprises et leur aptitude à tirer profit de la recherche,
- favoriser le développement de groupements régionaux axés sur la recherche (régions de la connaissance),
- libérer le potentiel de recherche dans les régions de convergence et les régions ultrapériphériques,
- rapprocher la science et la société pour assurer l'intégration harmonieuse des sciences et des technologies dans la société européenne,
- favoriser la cohérence des politiques de la recherche,
- lancer des actions et des mesures en faveur de la coopération internationale.

B. Les règles transversales

896. Les activités de recherche menées dans le cadre du programme-cadre doivent respecter des principes éthiques fondamentaux. Ils incluent notamment les principes énoncés dans la charte des droits fondamentaux de l'Union européenne, parmi lesquels la protection de la dignité humaine et de la vie humaine, la protection des données à caractère personnel et de la vie privée, ainsi que la protection des animaux[66] et de l'environnement.

La recherche dans un certain nombre de domaines n'est pas financée au titre du programme-cadre : il s'agit des

- activités de recherche en vue du clonage humain à des fins reproductives ;
- activités de recherche visant à modifier le patrimoine génétique humain et qui pourraient rendre ces modifications héréditaires ;
- activités de recherche visant à créer des embryons humains exclusivement à des fins de recherche ou d'obtention de cellules souches, notamment par le transfert de noyaux de cellules somatiques.

Les activités de recherche sur l'utilisation de cellules souches humaines, adultes ou embryonnaires, peuvent être financées en fonction à la fois du contenu de la proposition scientifique et du

[66] Toute mesure constitutive de cruauté envers les animaux est ainsi interdite.

cadre juridique du ou des Etat(s) membre(s) intéressé(s). Cette possibilité a suscité, pour des raisons liées à la religion, l'opposition de plusieurs Etats qui ont voté contre le programme-cadre. Enfin, dans le cadre de la politique européenne d'égalité des chances entre les hommes et les femmes, les actions doivent garantir la mise en œuvre de mesures appropriées pour promouvoir l'égalité entre les hommes et les femmes et la participation des chercheuses.

II. INDUSTRIE

897. L'industrie fait l'objet, depuis l'entrée en vigueur du traité de Maastricht, d'un article spécifique dans le traité CE, l'article 157 devenu article 173 du traité FUE. Sa formulation est clairement le fruit d'un compromis entre les thèses des Etats pour qui le développement industriel découle de la liberté d'entreprise, dans un climat de saine concurrence (Allemagne et Grande-Bretagne), et de ceux qui plaidaient en faveur d'un certain pilotage du processus économique par les pouvoirs publics (France et Italie).

Il est caractéristique de constater que le titre s'intitule d'une manière laconique «industrie» et ne fait pas la moindre mention d'une «politique industrielle».

Nous examinerons les objectifs poursuivis en la matière (1), les moyens d'action prévus à cette fin (2), avant de présenter le programme-cadre pour l'innovation et la compétitivité (3).

1. Objectifs

898. L'Union et les Etats membres doivent veiller à ce que les conditions nécessaires pour assurer la compétitivité de l'industrie européenne soient assurées. A cette fin, conformément à un système de marchés ouverts et concurrentiels, leur action vise à :

- accélérer l'adaptation de l'industrie aux changements structurels,
- encourager un environnement favorable à l'initiative et au développement des entreprises de l'ensemble de l'Union, et notamment des petites et moyennes entreprises,
- encourager un environnement favorable à la coopération entre entreprises,
- favoriser une meilleure exploitation du potentiel industriel des politiques d'innovation, de recherche et de développement technologique.

2. Moyens d'action

899. Ils relèvent en partie des Etats membres et en partie de l'Union.

900. Les Etats membres se consultent mutuellement en liaison avec la Commission et, pour autant que de besoin, coordonnent leurs actions. La Commission peut prendre toute initiative utile pour promouvoir cette coordination. L'article 173 du traité FUE, tel que modifié par le traité de Lisbonne, vient ajouter, comme en matière de recherche, que la Commission peut notamment prendre

> « des initiatives en vue d'établir des orientations et des indicateurs, d'organiser l'échange des meilleures pratiques et de préparer les éléments nécessaires à la surveillance et à l'évaluation périodiques. Le Parlement européen est pleinement informé ».

901. L'Union contribue à la réalisation des objectifs au travers des politiques et actions qu'elle mène au titre d'autres dispositions des traités. Toutefois, le titre « Industrie » ne peut constituer

> « une base pour l'introduction par l'Union de quelque mesure que ce soit pouvant entraîner des distorsions de concurrence ou comportant des dispositions fiscales ou relatives aux droits et intérêts des travailleurs salariés ».

Des mesures spécifiques peuvent aussi être adoptées, destinées à appuyer les actions menées dans les Etats membres afin de réaliser les objectifs, à l'exclusion – vient préciser l'article 173 du traité FUE tel que modifié par le traité de Lisbonne – « de toute harmonisation des dispositions législatives et réglementaires des Etats membres ».
Jusqu'au traité de Nice, les mesures en matière d'industrie étaient adoptées par le Conseil statuant à l'unanimité sur proposition de la Commission, après consultation du Parlement européen. Elles font désormais l'objet d'une procédure législative ordinaire.

3. Le programme-cadre pour l'innovation et la compétitivité

902. Il a fait l'objet de la décision 1639/2006/CE du Parlement européen et du Conseil, du 24 octobre 2006 et est doté d'un budget de 3,621 milliards d'euros pour la période 2007-2013.

Il vise à :

- promouvoir la compétitivité des entreprises, en particulier des petites et moyennes entreprises (PME) ;
- encourager toutes formes d'innovation, y compris l'éco-innovation ;
- accélérer la mise en place d'une société de l'information durable, compétitive, innovante et accessible à tous ;
- promouvoir l'efficacité énergétique ainsi que les sources d'énergie nouvelles et renouvelables dans tous les secteurs, y compris celui des transports.

903. Ces objectifs du programme-cadre sont réalisés par la mise en œuvre de trois programmes spécifiques, les intérêts des petites et moyennes entreprises et l'éco-innovation constituant des priorités transversales.

Les PME sont les entreprises qui occupent moins de 250 personnes et dont le chiffre d'affaires annuel n'excède pas 50 millions d'euros ou dont le total du bilan annuel n'excède pas 43 millions d'euros, la petite entreprise étant une entreprise qui occupe moins de 50 personnes et dont le chiffre d'affaires annuel ou le total du bilan annuel n'excède pas 10 millions d'euros et la micro-entreprise, celle qui occupe moins de 10 personnes et dont le chiffre d'affaires annuel ou le total du bilan annuel n'excède pas 2 millions d'euros.

L'« éco-innovation » est définie comme toute forme d'innovation visant à réaliser des progrès importants et démontrables vers la réalisation de l'objectif d'un développement durable respectueux de l'environnement grâce à une réduction des incidences sur l'environnement ou à une utilisation plus efficace et plus responsable des ressources naturelles, notamment l'énergie.

A. Le programme pour l'innovation et l'esprit d'entreprise

904. Il prévoit des actions destinées à soutenir, améliorer, encourager et promouvoir :

- l'accès au crédit pour le démarrage et la croissance des PME ainsi que pour l'investissement dans des projets d'innovation ;
- la mise en place d'un environnement favorable à la coopération des PME, en particulier dans le domaine de la coopération trans-frontalière ;
- toutes les formes d'innovation dans les entreprises ;
- les activités d'éco-innovation ;

– la culture de l'esprit d'entreprise et de l'innovation;
– la réforme économique et administrative liée à l'entreprise et à l'innovation.

905. Il crée trois instruments financiers communautaires, gérés en commun avec la Banque européenne d'investissement, pour permettre aux PME d'accéder plus facilement au crédit à diverses phases de leur développement:

– le mécanisme en faveur des PME innovantes et à forte croissance,
– le mécanisme de garanties pour les PME,
– le dispositif de renforcement des capacités.

Les services d'appui en faveur des entreprises et de l'innovation, et notamment des PME, sont encouragés.

B. Le programme d'appui stratégique en matière de technologies de l'information et de la communication (TIC)

906. Il prévoit des mesures visant:

– à mettre en place l'espace unique européen de l'information et à renforcer le marché intérieur des produits et services liés aux TIC et des produits et services basés sur les TIC;
– à encourager l'innovation par la généralisation des TIC et par des mesures incitant à investir dans ces technologies;
– à mettre en place une société de l'information ouverte à tous et des services plus efficaces et plus rentables dans des domaines d'intérêt public ainsi qu'à améliorer la qualité de la vie.

C. Le programme «Energie intelligente – Europe»

907. Le programme vise à contribuer à assurer à l'Europe un approvisionnement énergétique sûr et durable, tout en renforçant sa compétitivité. Il prévoit des mesures visant notamment:

– à encourager l'efficacité énergétique et l'utilisation rationnelle des ressources énergétiques;
– à promouvoir les sources d'énergie nouvelles et renouvelables et à encourager la diversification énergétique;
– à promouvoir l'efficacité énergétique et l'utilisation de sources d'énergie nouvelles et renouvelables dans les transports.

III. Les réseaux transeuropéens

908. Les infrastructures des transports, de l'énergie et des télécommunications ont été pensées selon des schémas nationaux avant d'être progressivement harmonisées, connectées et intégrées à l'espace européen grâce aux réseaux transeuropéens, auxquels est consacré le titre XV du traité CE, introduit par le traité de Maastricht et devenu titre XVI du traité FUE.

Nous examinerons les objectifs des réseaux transeuropéens (1), les moyens d'action (2) et les réalisations (3).

1. Objectifs des réseaux transeuropéens

909. L'établissement et le développement de réseaux transeuropéens dans les secteurs des infrastructures de transport, des télécommunications et de l'énergie doivent, aux termes de l'article 170 du traité FUE (ex-article 154CE), contribuer à la réalisation du marché intérieur et à la cohésion économique et sociale et

> «permettre aux citoyens de l'Union, aux opérateurs économiques, ainsi qu'aux collectivités régionales et locales, de bénéficier pleinement des avantages découlant de la mise en place d'un espace sans frontières intérieures».

Plus particulièrement, l'action de l'Union, dans le cadre d'un système de marchés ouverts et concurrentiels, vise à favoriser l'interconnexion et l'interopérabilité des réseaux nationaux ainsi que l'accès à ces réseaux. Elle tient compte en particulier de la nécessité de relier les régions insulaires, enclavées et périphériques aux régions centrales de l'Union.

2. Les moyens d'action

910. Ils relèvent d'une part de l'Union, d'autre part des Etats membres.

911. L'Union établit un ensemble d'orientations couvrant les objectifs, les priorités ainsi que les grandes lignes des actions envisagées dans le domaine des réseaux transeuropéens ; ces orientations identifient des projets d'intérêt commun. L'Union met en œuvre toute action qui peut s'avérer nécessaire pour assurer l'interopérabilité des réseaux, en particulier dans le domaine de l'harmonisation des normes techniques.

Elle peut soutenir des projets d'intérêt commun soutenus par les Etats membres et définis dans le cadre des orientations, en particulier sous forme d'études de faisabilité, de garanties d'emprunt ou de bonifications d'intérêts. L'Union peut également contribuer au financement, dans les Etats membres, de projets spécifiques en matière d'infrastructure des transports par le biais du Fonds de cohésion[67]. Elle tient compte de la viabilité économique potentielle des projets.

L'Union peut aussi décider de coopérer avec les pays tiers pour promouvoir des projets d'intérêt commun et assurer l'interopérabilité des réseaux.

La procédure législative ordinaire est d'application. Toutefois, les orientations et les projets d'intérêt commun qui concernent le territoire d'un Etat membre requièrent l'approbation de l'Etat membre concerné.

912. Les Etats membres coordonnent entre eux, en liaison avec la Commission, les politiques menées au niveau national qui peuvent avoir un impact significatif sur la réalisation des objectifs en matière de réseaux transeuropéens. La Commission peut prendre, en étroite collaboration avec les Etats membres, toute initiative utile pour promouvoir cette coordination.

3. Les réalisations

913. Les réseaux transeuropéens de transport comprennent trente projets prioritaires qui devraient être réalisés à l'horizon 2020[68]. Sur ces trente projets prioritaires, dix-huit sont des projets ferroviaires, deux sont des projets de navigation intérieure et maritime. Une priorité forte a ainsi été accordée aux modes de transport les plus respectueux de l'environnement.

La réalisation de ces grands projets a subi des retards par rapport aux calendriers initiaux, même si des projets importants ont toutefois été achevés : la liaison fixe de l'Øresund reliant la Suède au Danemark (achevée en 2000), l'aéroport de Malpensa en Italie (achevé en 2001), la ligne ferroviaire de la Betuwe reliant Rotterdam à la frontière allemande (achevée en 2007) ou encore le TGV Paris-Bruxelles/Bruxelles-Cologne-Amsterdam-Londres (achevé en 2007).

---

[67] Voy. à ce sujet *infra*, n° 927.
[68] Décision 884/2004 du 29 avril 2004 du Parlement européen et du Conseil.

La contribution financière de l'Union pour la période 2000-2006 a atteint près de 62 milliards d'euros, sur un budget total de 280 milliards d'euros. 160 milliards d'euros d'investissement seront nécessaires pour le financement des seuls projets prioritaires lors de la programmation financière 2007-2013.

914. S'agissant des réseaux transeuropéens d'énergie, de nouvelles orientations ont été adoptées[69]. Quelque quarante-deux projets, dont dix relatifs aux réseaux de gaz, ont été déclarés d'intérêt européen et doivent être réalisés en priorité car ils sont essentiels pour la mise en place d'un réseau énergétique à l'échelle européenne. Ils représentent un budget d'au moins trente milliards d'euros en infrastructures d'ici à 2013.

915. Enfin, pour ce qui est des réseaux transeuropéens de télécommunication, depuis la libéralisation de ces services, le déploiement des réseaux de télécommunications en Europe a été principalement le fruit d'investissements commerciaux et les investissements se concentrent essentiellement sur la modernisation des réseaux existants. Il existe d'importantes disparités entre zones urbaines et rurales, que les Etats membres sont invités à réduire.

IV. POLITIQUE SPATIALE

916. Le traité de Lisbonne introduit dans le traité FUE une nouvelle disposition sur la politique spatiale, qu'il a placée dans le titre consacré à la recherche et au développement technologique, rebaptisé au passage «recherche, développement technologique et espace». Le nouvel article 189 du traité FUE définit les objectifs de la politique spatiale (1) et les moyens d'action pour la mettre en œuvre (2).

1. Les objectifs

917. Trois objectifs sont assignés à la politique spatiale : favoriser le progrès scientifique et technique, la compétitivité industrielle et la mise en œuvre des politiques de l'Union.

---

[69] Décision 1364/2006/CE du Parlement européen et du Conseil du 6 septembre 2006.

2. Les moyens d'action

918. Plusieurs actions sont citées : promouvoir des initiatives communes, soutenir la recherche et le développement technologique et coordonner les efforts nécessaires pour l'exploration et l'utilisation de l'espace.

A cette fin, le Parlement européen et le Conseil, statuant conformément à la procédure législative ordinaire, adoptent les mesures nécessaires. Il est précisé que ces mesures « peuvent prendre la forme d'un programme spatial européen », mais aussi qu'elles « ne peuvent comprendre l'harmonisation des dispositions législatives et réglementaires des Etats membres ».

Par ailleurs, l'Union est invitée à établir « toute liaison utile avec l'Agence spatiale européenne », qui est une organisation internationale autonome créée en 1975 et compte actuellement dix-sept membres (les quinze anciens de l'Union européenne, la Suisse et la Norvège).

Bibliographie sélective

Bossuat Gérard (dir.), *Les coopérations européennes pour la recherche scientifique et technique/European cooperations in research and development matters*, numéro spécial du *Journal of European Integration History*, Baden-Baden, Nomos, 2006.

Buzelay Alain, « La politique industrielle européenne : quelle signification ? », *RMCUE*, 494, janvier 2006, p. 10.

Cohen Elie et Lorenzi Jean-Hervé, *Politiques industrielles pour l'Europe*, Paris, La Documentation française, 2000.

Dévoluy Michel, *Les Politiques économiques européennes : enjeux et défis*, Paris, Seuil, 2004.

Section 4

La politique de cohésion

919. Le traité de Rome avait bien inscrit, dans son préambule, le souci de « réduire l'écart entre les différentes régions et le retard des moins favorisées », mais il n'avait attribué aucune compétence particulière aux institutions communautaires en vue de la mise en œuvre d'une politique régionale de la Communauté : selon les auteurs du traité, c'était l'instauration du marché commun qui devait permettre d'assurer la réalisation de cet objectif, ce que la forte croissance des années cinquante et soixante a permis, dans un premier temps, d'assurer. Cette croissance et le faible taux de chômage expliquent aussi que le Fonds social européen, créé par le traité de Rome pour favoriser la mobilité, n'a joué dans les premières années qu'un rôle restreint.

La crise économique de 1973 et les restructurations économiques qui ont suivi ont mis en lumière des écarts de développement entre certains Etats membres. Le Fonds européen de développement régional voit le jour en 1975. Ces disparités entre régions se sont encore accrues à la suite de l'adhésion de la Grèce, du Portugal et de l'Espagne.

Dès lors, la nécessité de mettre en place une véritable politique structurelle, afin de réduire les écarts de développement et de niveau de vie, est devenue patente. C'est dans ce contexte que l'Acte unique européen inscrit la «cohésion économique et sociale», qui n'est alors que le prolongement de la politique de développement régional, dans le traité CE.

Le traité de Maastricht en fait un pilier de la Communauté européenne, aux côtés du marché unique et de l'union économique et monétaire.

Le traité de Lisbonne l'a rebaptisée «cohésion économique, sociale et territoriale».

920. La politique de cohésion est une politique aux confins des politiques économiques et des politiques sociales, qui a dû être profondément réformée suite au dernier élargissement à des Etats caractérisés par un moindre niveau de développement économique, qui a eu pour effet d'accentuer les disparités territoriales. Elle s'est vu attribuer, pour la période 2007-2013, un budget de 347 milliards, soit plus du tiers de l'ensemble du budget européen. Enfin, elle s'inscrit, de plus en plus, dans le cadre de la stratégie de Lisbonne pour la croissance et l'emploi[70].

Nous nous attacherons à ses objectifs (I), aux moyens d'action pour les atteindre (II). Ensuite, nous analyserons les règles générales applicables aux fonds structurels pour la période 2007-2013 (III).

---

[70] Voy. à ce sujet *infra*, nos 958 et s.

I. LES OBJECTIFS DE LA COHÉSION ÉCONOMIQUE, SOCIALE ET TERRITORIALE

921. L'article 174 du traité FUE (ex-article 158 CE) définit l'objectif de l'action de l'Union d'une manière à la fois très large et très laconique : il s'agit de «renforcer sa cohésion économique, sociale et territoriale». Cette finalité est une finalité intermédiaire qui doit elle-même permettre de promouvoir un développement harmonieux de l'ensemble de l'Union.

Plus concrètement, en vertu de l'alinéa 2 de cet article, l'Union doit viser à réduire l'écart entre les différentes régions et le retard des moins favorisées, en particulier les zones rurales. Le traité de Lisbonne vient ajouter que

> «[p]armi les régions concernées, une attention particulière est accordée aux zones rurales, aux zones où s'opère une transition industrielle et aux régions qui souffrent de handicaps naturels ou démographiques graves et permanents telles que les régions les plus septentrionales à très faible densité de population et les régions insulaires, transfrontalières et de montagne».

II. LES MOYENS D'ACTION

1. Vue globale

922. L'article 175 du traité FUE (ex-article 159 CE) évoque diverses voies devant permettre de poursuivre ces objectifs, qui relèvent en partie des Etats, en partie de l'Union elle-même.

923. Les Etats membres sont invités à conduire leurs politiques économiques et à coordonner celles-ci en vue d'atteindre un développement régional équilibré.

924. L'Union européenne doit, quant à elle, prendre en compte, dans l'élaboration et la mise en œuvre des politiques communes et du marché intérieur, les impératifs de cohésion économique et sociale et participer à leur réalisation. Ainsi, la cohésion économique et sociale apparaît comme une stratégie globale qui doit inspirer l'ensemble des actions de l'Union.

Mais l'Union doit surtout mener des actions structurelles par l'intermédiaire des fonds à finalité structurelle, de la Banque européenne d'investissement[71] et des autres instruments finan-

---

[71] Voy., au sujet de la Banque européenne d'investissement, *supra*, n°s 302 et s.

ciers existants. L'article 177 du traité FUE (ex-article 161 CE) prévoit à cet égard la création d'un fonds de cohésion. L'Union peut également mener des actions spécifiques qui s'avèrent nécessaires en dehors des fonds.

Depuis l'entrée en vigueur du traité de Lisbonne, la procédure législative ordinaire s'applique désormais à l'ensemble des actions menées par l'Union européenne au titre de la cohésion économique, sociale et territoriale.

2. Les fonds structurels

925. Les fonds structurels sont, aux termes de l'article 175 du traité FUE (ex-article 159 CE), au nombre de trois.

Il y a d'abord le Fonds de développement régional (FEDER). Créé en 1975[72], le FEDER a pour mission, aux termes de l'article 176 du traité FUE (ex-article 160 CE), de

> «contribuer à la correction des principaux déséquilibres régionaux dans l'Union par une participation au développement et à l'ajustement structurel des régions en retard de développement et à la reconversion des régions industrielles en déclin».

A cette fin, il finance principalement des projets relatifs aux investissements durables en matière d'emploi, à la création ou la modernisation d'infrastructures, à la création de fonds de garanties pour les régions ou encore à la mise en œuvre de mesures d'assistance technique. En termes de ressources financières, le FEDER est de loin le fonds structurel le plus important.

Vient ensuite le Fonds social européen (FSE): aux termes de l'article 162 du traité FUE (ex-article146 CE) qui figure dans le titre politique sociale, il vise

> «à promouvoir à l'intérieur de l'Union les facilités d'emploi et la mobilité géographique et professionnelle des travailleurs, ainsi qu'à faciliter l'adaptation aux mutations industrielles et à l'évolution des systèmes de production, notamment par la formation et la reconversion professionnelles».

Plus globalement, il est appelé à financer la stratégie européenne pour l'emploi.

---

[72] Sur la base de l'article 235 du traité CEE, devenu article 308 du traité CE et désormais 352 du traité FUE.

Le troisième fonds structurel évoqué est le Fonds européen d'orientation et de garantie agricole, section orientation. Toutefois, comme nous l'avons déjà signalé[73], le FEOGA a été remplacé, en 2005, par deux nouveaux fonds : le Fonds européen agricole de garantie (FEAGA) et le Fonds européen agricole pour le développement rural (FEADER). C'est donc le FEADER et non plus le FEOGA orientation qui pourrait être chargé de financer certains aspects de la politique de cohésion économique, sociale et territoriale[74].

926. En vertu de l'article 177 du traité FUE (ex-article 161 CE), le Parlement européen et le Conseil définissent les missions des fonds, les objectifs prioritaires et l'organisation des fonds – ce qui peut comporter leur regroupement –, les règles générales applicables aux fonds, ainsi que les dispositions nécessaires pour assurer leur efficacité et la coordination des fonds entre eux et avec les autres instruments financiers existants.
Le règlement CE/1083/2006 du Conseil du 11 juillet 2006, portant dispositions générales sur le Fonds européen de développement régional, le Fonds social européen et le Fonds de cohésion, a décidé que le FEADER devait être intégré dans les instruments relevant de la politique agricole commune et être coordonné avec les instruments de la politique de cohésion. Il ne fait donc plus partie des fonds structurels proprement dits[75].

3. Le Fonds de cohésion

927. Prévu par le traité de Maastricht et mis en place le 17 mai 1994[76], le Fonds de cohésion « contribue financièrement à la réalisation de projets dans le domaine de l'environnement et dans celui des réseaux transeuropéens en matière d'infrastructure des transports » (article 161 CE, devenu article 177 TFUE, par. 2). Au titre de la protection de l'environnement, le fonds

---

[73] Voy. *supra*, n° 829.
[74] On peut d'ailleurs s'étonner que le traité de Lisbonne, pourtant négocié et signé en 2007, soit après la création du FEADER, n'ait pas mis cet article à jour.
[75] Il en va de même pour le Fonds européen pour la pêche (FEP) qui fait l'objet du règlement CE/1198/2006 du Conseil du 27 juillet 2006. Il a remplacé l'Instrument financier d'orientation pour la Pêche (IFOP) et vise comme lui le développement durable de la pêche. Ici aussi on peut s'étonner que le traité de Lisbonne n'ait pas tenu compte de cette évolution dans l'énumération des fonds structurels.
[76] Règlement CE/1164/94 du Conseil du 16 mai 1994 abrogé et remplacé par le règlement CE/1084/2006 du Conseil du 11 juillet 2006

peut aussi intervenir dans des projets liés à l'énergie ou aux transports.

Il est destiné non à des régions mais à des pays à part entière[77]. Ces Etats doivent avoir mis en place un programme visant à satisfaire aux conditions de convergence économique visées à l'article 104 du traité CE, devenu article 121 TFUE.

De plus, l'assistance du fonds est conditionnelle : en effet, si le Conseil a décidé qu'il y a un déficit public excessif dans un Etat membre bénéficiaire et que cet Etat n'a entrepris aucune action suivie d'effet en réponse à une recommandation du Conseil, il peut décider de suspendre l'intervention de l'Etat membre concerné. Il est mis fin à cette mesure dès que l'Etat concerné a pris les mesures correctrices nécessaires.

Le règlement CE/1083/2006 précité du Conseil a décidé l'intégration du Fonds de cohésion dans la programmation de l'intervention structurelle, dans un souci de cohérence accrue.

4. Le groupement européen de coopération territoriale

928. Créé par le règlement CE/1082/2006 du Conseil et du Parlement européen du 5 juillet 2006, il dispose de la personnalité et de la capacité juridique. Ses membres peuvent être des Etats membres, des collectivités régionales ou locales, des associations ou tout autre organisme de droit public.

Il a pour objet de faciliter et de promouvoir la coopération transfrontalière, transnationale et/ou interrégionale (dans le cadre de l'objectif coopération territoriale des fonds structurels[78]).

III. LES RÈGLES GÉNÉRALES APPLICABLES AUX FONDS STRUCTURELS POUR LA PÉRIODE 2007-2013

929. Elles font l'objet du règlement CE/1083/2006 précité du Conseil, (ci-après le règlement général). Le règlement général définit les objectifs et les instruments de la politique de cohésion pour la période 2007-2013 (1), détermine les principes d'intervention (2), pose le principe d'une approche stratégique (3) et précise les modalités de la programmation des interventions (4). Il fixe aussi la contribution financière des fonds (5).

---

[77] Pour les critères d'éligibilité, voy. *infra*, n° 932.
[78] Voy., à ce sujet, *infra*, n°ˢ 935 et s.

1. Les objectifs de la politique de cohésion

930. Alors qu'au titre de la période 2000-2006, la politique de cohésion s'était vu assigner neuf objectifs[79] à réaliser par six instruments financiers[80], son architecture est simplifiée, avec trois objectifs : convergence (A), compétitivité régionale et emploi (B) et coopération territoriale européenne (C), à la réalisation desquels contribuent trois fonds : le FEDER, le FSE et le Fonds de cohésion.

A. L'objectif convergence

931. Aux termes de l'article 3, par. 2, lettre a), du règlement général, il

> « vise à accélérer la convergence des Etats membres et régions les moins développés en améliorant les conditions de croissance et d'emploi ».

Plusieurs actions peuvent être menées à cette fin :

– l'augmentation et l'amélioration de la qualité des investissements dans le capital physique et humain,
– le développement de l'innovation et de la société de la connaissance,
– l'adaptabilité aux changements économiques et sociaux,
– la protection et l'amélioration de la qualité de l'environnement,
– l'efficacité administrative.

Cet objectif est la priorité des fonds et se voit attribuer 81,5% du total des ressources disponibles. Il est financé par le FEDER, le FSE mais aussi par le Fonds de cohésion.
Ses bénéficiaires sont les régions et les Etats membres les moins développés. Un soutien transitoire et dégressif est mis en place pour les régions et Etats qui auraient rempli les critères dans l'Union à Quinze mais ne sont plus éligibles en fonction des statistiques de l'Union à Vingt-cinq[81].

---

[79] Soit l'objectif 1 (régions en retard de développement), l'objectif 2 (zones en reconversion économique et sociale), l'objectif 3 (systèmes de formation et promotion de l'emploi), le développement rural et la restructuration du secteur de la pêche hors objectif 1, le Fonds de cohésion, et les trois « initiatives communautaires » (Interreg III, URBAN II et Leader +).
[80] Soit le FEDER, le FSE, le FEOGA orientation, le FEOGA garantie, le Fonds de cohésion et l'IFOP.
[81] Ce sont les chiffres de l'Union européenne à Vingt-cinq qui ont été pris en considération puisque l'adhésion de la Bulgarie et de la Roumanie n'est devenue effective qu'au 1er janvier 2007.

932. L'enveloppe de l'objectif convergence est utilisée de la manière suivante :

- 70,51% pour le soutien des régions de niveau NUTS 2[82], dont le produit intérieur brut (PIB) par habitant est inférieur à 75% du PIB moyen de l'ensemble de l'Union européenne à Vingt-cinq[83] ;
- 23,22% pour le soutien des Etats membres éligibles au Fonds de cohésion, à savoir les pays dont le revenu national brut (RNB) est inférieur à 90% du RNB moyen de l'Union à Vingt-cinq. Pour la période 2007-2013, il s'agit de la Bulgarie, de la Roumanie, de Chypre, de l'Estonie, de la Grèce, de la Hongrie, de la Lettonie, de la Lituanie, de Malte, de la Pologne, du Portugal, de la République tchèque, de la Slovaquie et de la Slovénie ;
- 4,99% pour le soutien temporaire des régions de niveau NUTS 2 qui ont perdu leur éligibilité dans les statistiques de l'Union à Vingt-cinq[84] ;
- 1,29% pour le soutien de l'Espagne, seul Etat membre ayant perdu son éligibilité au Fonds de cohésion dans les statistiques de l'Union à Vingt-cinq.

B. L'objectif compétitivité régionale et emploi

933. Aux termes de l'article 3, par. 2, lettre b), du règlement général, il a pour objectif de

« renforcer la compétitivité et l'attractivité des régions ainsi que l'emploi en anticipant les changements économiques et sociaux, y compris ceux liés à l'ouverture commerciale ».

Les actions susceptibles d'être menées pour atteindre cet objectif sont, comme pour l'objectif convergence, l'augmentation et l'amélioration de la qualité des investissements dans le capital physique et humain, le développement de l'innovation et de la

---

[82] Nomenclature des unités territoriales statistiques, établie par le règlement 1059/2003 du Parlement et du Conseil du 26 mai 2003. Le découpage des Etats membres s'effectue sur le fondement de critères démographiques permettant d'identifier des « unités », dont la population est comprise entre 3 et 7 millions (NUTS 1), entre 800 000 et 3 millions (NUTS 2) et enfin entre 150 000 et 800 000 (NUTS 3).

[83] La liste de ces régions a été établie par l'annexe 1 de la décision 2006/595/ CE de la Commission du 4 août 2006, modifiée par la décision 2007/189/CE du 26 mars 2007 pour ce qui concerne la Bulgarie et la Roumanie.

[84] La liste de ces régions a été établie par l'annexe 2 de la décision 2006/595/CE de la Commission précitée.

société de la connaissance et la protection de l'environnement mais aussi, plus spécifiquement,

– l'esprit d'entreprise,
– l'amélioration de l'accessibilité,
– l'adaptabilité des travailleurs et des entreprises.

Cet objectif est financé par le FEDER, en ce qui concerne le volet compétitivité et le FSE en ce qui concerne le volet emploi. Il bénéficie de 16 % du total des ressources.

Il est susceptible de couvrir toutes les zones de l'Union européenne alors que l'ancien objectif 2, pour la période 2000-2006, procédait à un zonage sur certaines régions précises[85]. Chaque État membre est invité, lorsqu'il élabore le cadre de référence stratégique national[86], à définir les régions de niveau NUTS 1 ou 2, pour lesquelles il présentera un programme de financement par le FEDER.

934. Les régions de niveau NUTS 2 – qui étaient éligibles à l'objectif 1 pour la période 2000-2006 mais dont le PNB moyen par habitant dépassera, pour la période 2007-2013, 75 % du PIB moyen de l'Union à Quinze[87] –, peuvent bénéficier d'un soutien spécifique transitoire et dégressif.

21,14 % de ces ressources de l'objectif compétitivité régionale et emploi sont disponibles à cette fin.

C. L'objectif coopération territoriale européenne

935. La coopération territoriale, qui était couverte au cours de la période 2000-2006 par l'initiative communautaire Interreg, devient un objectif à part entière, ce qui lui donne une meilleure visibilité et une base légale plus importante.

Elle se voit affecter un peu plus de 2,5 % du budget général alloué aux fonds structurels, financé par le seul FEDER.

Aux termes de l'article 3, par. 2, lettre c), du règlement général, elle recouvre trois types différents de coopération[88].

---

[85] À savoir les zones en mutations économiques, les zones rurales en déclin, les zones en crise dépendantes de la pêche et les quartiers urbains en difficulté.
[86] Voy. à ce sujet *infra*, nos 950 et s.
[87] La liste de ces régions a été établie par la décision 2006/597/CE de la Commission du 4 août 2006.
[88] Voy. aussi l'article 6 du règlement CE/1080/2006 du Parlement européen et du Conseil du 5 juillet 2006 relatif au Fonds européen de développement régional (le règlement FEDER).

a. La coopération au niveau transfrontalier

936. Le règlement général vise les « initiatives conjointes locales et régionales », et le règlement FEDER vient préciser qu'il faut entendre par là le développement de stratégies conjointes en faveur du développement territorial durable, avec une attention particulière à

- l'encouragement de l'esprit d'entreprise ;
- la protection et la gestion conjointes des ressources naturelles et culturelles, ainsi que la prévention des risques environnementaux et technologiques ;
- le renforcement des liens entre les zones urbaines et les zones rurales ;
- la réduction de l'isolement par un meilleur accès à divers réseaux et services ;
- une collaboration plus étroite dans des secteurs tels que la santé, la culture, le tourisme et l'éducation.

Y sont éligibles les régions de niveau NUTS 3 le long de toutes les frontières terrestres intérieures et de certaines frontières terrestres extérieures, ainsi que le long des frontières maritimes séparées par une distance maximum de 150 km.
73,86 % des ressources de l'objectif coopération territoriale lui sont affectés[89].

b. La coopération transnationale

937. Le règlement général vise les « actions favorables au développement territorial ». Le règlement FEDER fait une mention particulière des réseaux et définit quatre priorités aux actions éligibles : l'innovation, l'environnement, l'accessibilité et le développement urbain durable.
Elle concerne treize zones géographiques identifiées par la Commission en concertation avec les Etats membres[90].
20,95 % des financements au titre de la coopération territoriale y sont consacrés.

---

[89] La liste de ces régions figure à l'annexe 1 de la décision 2006/769/CE du 31 octobre 2006.
[90] La liste figure à l'annexe 2 de la décision 2006/769/CE précitée de la Commission : périphérie septentrionale, mer Baltique, Europe du Nord-Ouest, mer du Nord, côte Atlantique, zone alpine, Europe centrale et de l'Est, Europe du Sud-Ouest, Méditerranée, Europe du Sud-Est, Caraïbes, Açores-Madère-Canaries et océan Indien.

c. La coopération interrégionale et l'échange
   d'expérience au niveau territorial approprié

938. Aux termes du règlement FEDER, sont susceptibles d'être
financés à ce titre :

– la coopération interrégionale axée sur l'innovation et l'économie
  de la connaissance ainsi que sur l'environnement et la prévention
  des risques ;
– des échanges d'expériences concernant l'identification, le transfert et la diffusion des meilleures pratiques, y compris en ce qui
  concerne le développement urbain durable ;
– des actions liées aux études, à la collecte de données ainsi qu'à
  l'observation et à l'analyse des tendances de développement dans
  l'Union.

Toutes les régions d'Europe sont *a priori* éligibles.
Elle représente 5,19 % du total des ressources de l'objectif coopération territoriale.

2. Principes d'intervention

939. Plusieurs principes gouvernent l'intervention des fonds.

A. Complémentarité, cohérence, coordination et conformité
(article 9 du règlement général)

a. Complémentarité

940. Les actions structurelles de l'Union européenne interviennent en complément des actions menées par les Etats membres,
y compris au niveau régional et local, mais elles n'ont vocation
ni à les soutenir ni à s'y substituer. Le principe de complémentarité s'accompagne ainsi du principe d'additionnalité, en vertu
duquel les ressources structurelles de l'Union ne peuvent se
substituer aux dépenses structurelles des Etats membres. Pour
la nouvelle période de programmation, il existe en outre un
mécanisme de correction financière en cas de non-respect de ce
principe, ce qui n'était pas le cas en 2000-2006.
De plus, ces actions doivent intégrer les priorités de l'Union, qui
peuvent différer de celles déterminées au plan national. En particulier, l'intervention des fonds structurels doit être ciblée sur les
priorités de l'Union en matière de promotion de la compétitivité et de création de l'emploi, telles qu'elles résultent notam-

ment de la stratégie de Lisbonne pour la croissance et l'emploi en Europe[91]. La Commission et les Etats membres veillent à ce qu'au moins 60% des dépenses de tous les Etats membres pour l'objectif convergence et au moins 75% des dépenses pour l'objectif compétitivité régionale et emploi soient dévolus à ces priorités.

b. Cohérence

941. La Commission et les Etats membres veillent à la cohérence des interventions des Fonds avec les actions, politiques et priorités de l'Union et à la complémentarité avec d'autres instruments financiers de l'Union.

c. Coordination

942. Dans le respect de leurs compétences respectives, la Commission et les Etats membres assurent la coordination entre les interventions des Fonds, le FEADER, le FEP, les interventions de la Banque européenne d'investissement et des autres instruments financiers existants.

d. Conformité

943. Les opérations financées par les fonds sont conformes aux dispositions du traité et des actes arrêtés en vertu de celui-ci.
Deux domaines sont plus particulièrement évoqués : la promotion de l'égalité entre les hommes et les femmes et l'intégration du principe d'égalité des chances à toutes les étapes de la mise en œuvre des fonds, d'une part ; le développement durable et la protection et l'amélioration de l'environnement, d'autre part.

B. Programmation

944. Selon ce principe, dégagé dès la réforme des fonds structurels de 1988, « les objectifs des Fonds sont poursuivis dans le cadre d'une programmation pluriannuelle effectuée en plusieurs étapes, portant sur l'identification des priorités, le financement et le système de gestion et de contrôle »[92].

---

[91] Voy. à ce sujet *infra*, n°s 958 et s.
[92] Voy. à ce sujet *infra*, n°s 953 et s.

C. Partenariat

945. Ce principe, affirmé aussi de longue date, implique que les objectifs des fonds sont poursuivis dans le cadre d'une coopération étroite entre la Commission européenne mais aussi que «chaque Etat membre organise, au besoin et conformément aux règles et pratiques nationales en vigueur, un partenariat» avec les autorités régionales, locales, urbaines et autres autorités publiques compétentes, les partenaires économiques et sociaux, ainsi que «tout autre organisme approprié représentant la société civile, des partenaires environnementaux, des organisations non gouvernementales et les organismes chargés de la promotion de l'égalité entre les hommes et les femmes».

Le partenariat porte sur l'élaboration, la mise en œuvre, le suivi et l'évaluation des programmes opérationnels.

D. La proportionnalité

946. Le règlement général fait une application particulière du principe de la proportionnalité en posant la règle que les ressources financières et administratives utilisées par la Commission et les Etats membres pour la mise en œuvre des fonds en ce qui concerne le choix des indicateurs pour mesurer un programme, l'évaluation, les principes généraux des systèmes de gestion et de contrôle de gestion ou l'établissement de rapport, sont proportionnelles au montant total des dépenses afférentes à un programme opérationnel. S'y ajoutent des règles spécifiques relatives à la proportionnalité pour ce qui concerne les contrôles.

3. Approche stratégique

947. Il s'agit d'une des innovations les plus importantes de la politique de cohérence pour la période 2007-2013. Le Conseil établit des orientations stratégiques (A), sur la base desquelles chaque Etat membre présente un cadre de référence stratégique national (B), cohérent avec ces orientations stratégiques, et qui servira de référence pour les programmes opérationnels[93]. Il y a donc désormais une plus grande interaction entre les trois

---

[93] Voy. à ce sujet *infra*, n°s 953 et s.

niveaux de décision et d'action : le niveau de l'Union, le niveau national et le niveau de la mise en œuvre des programmes.

Un «suivi stratégique» est en outre mis en place, destiné à faire le point sur les progrès réalisés en matière de priorités stratégiques et sur les résultats obtenus.

A. Les orientations stratégiques

948. Dans un premier temps, le Conseil établit, au niveau de l'Union, «des orientations stratégiques concises pour la cohésion économique, sociale et territoriale définissant un cadre indicatif pour l'intervention des Fonds», compte tenu des autres politiques pertinentes de l'Union. Pour chacun des objectifs des Fonds, ces orientations transposent notamment les priorités de l'Union afin de promouvoir son développement harmonieux, équilibré et durable. Ces orientations sont établies en tenant compte des lignes directrices intégrées comprenant les grandes orientations des politiques économiques et les lignes directrices pour l'emploi[94].

949. Le Conseil a adopté le 6 octobre 2006[95] les orientations stratégiques de la politique de cohésion.

L'orientation 1 vise à faire de l'Europe et de ses régions un lieu plus attractif pour les investissements et l'emploi ; il s'agit :

- d'étendre et d'améliorer les infrastructures de transports,
- de renforcer les synergies entre la protection environnementale et la croissance,
- de traiter la question de l'utilisation intensive par l'Europe des sources d'énergie traditionnelles.

L'orientation 2 a pour objectif d'améliorer la connaissance et l'innovation, pour la croissance :

- d'accroître et de mieux cibler les investissements en recherche et développement,
- de faciliter l'innovation et d'encourager l'esprit d'entreprise,
- de promouvoir la société de l'information pour tous,
- d'améliorer l'accès aux financements.

---

[94] Voy. à ce sujet *infra*, n⁰ˢ 965 et s.
[95] Décision 2006/702/CE du Conseil.

L'orientation 3 vise des emplois plus nombreux et de meilleure qualité ; il faut :

- attirer et retenir un plus grand nombre de personnes sur le marché du travail et moderniser les systèmes de protection sociale,
- améliorer la capacité d'adaptation des travailleurs et des entreprises et accroître la flexibilité du marché du travail,
- investir davantage dans le capital humain en améliorant l'éducation et les compétences,
- renforcer les capacités administratives,
- contribuer au maintien en bonne santé de la population active.

B. Le cadre de référence stratégique national

950. Il s'agit d'un nouveau type d'instrument applicable au cours de la période 2007-2013. Ce n'est pas un instrument de gestion, comme l'était le cadre communautaire d'appui utilisé au cours des périodes précédentes : il définit surtout des priorités politiques tout en proposant des éléments clés de mise en œuvre. Il s'applique aux objectifs convergence et compétitivité régionale et emploi. Si l'Etat membre le décide, il peut aussi s'appliquer à l'objectif coopération territoriale européenne.

951. Le cadre de référence stratégique national est préparé par les Etats membres qui consultent leurs partenaires et qui dialoguent avec la Commission. Il doit comporter au moins les points suivants :

- les partenaires et les acteurs qui ont été impliqués dans sa préparation ;
- une analyse de la situation socio-économique, des forces et des faiblesses de l'ensemble du territoire, en tenant compte des tendances de l'économie européenne et mondiale ;
- une définition de la stratégie choisie ;
- la liste des programmes opérationnels pour les objectifs convergence et compétitivité régionale et emploi ;
- l'allocation annuelle indicative de chaque Fonds pour chaque programme ;
- des précisions sur sa contribution aux priorités de la stratégie de Lisbonne ;
- pour les régions concernées par l'objectif convergence : des informations sur la coordination avec le FEADER, des informations permettant de vérifier que le principe d'additionnalité est respecté et les actions envisagées pour renforcer l'efficacité administrative.

952. La Commission examine les cadres de référence stratégiques nationaux et adopte une décision portant sur la liste des programmes opérationnels, la dotation annuelle indicative de chaque Fonds par programme et, pour le seul objectif convergence, le niveau des dépenses garantissant le respect du principe d'additionnalité et l'action envisagée pour renforcer l'efficacité administrative. La Commission a annoncé, dans une communication du 14 mai 2008, que les vingt-sept cadres stratégiques nationaux avaient été mis en place.

4. La programmation

953. Chaque Etat membre devait établir des programmes opérationnels couvrant la période allant du 1er janvier 2007 au 31 décembre 2013, et ceci au plus tard cinq mois après l'adoption des orientations stratégiques de l'Union, soit le 6 mars 2007 en principe. Un programme opérationnel ne concerne en principe qu'un des trois objectifs et ne bénéficie normalement du financement que d'un seul Fonds.

954. Les programmes opérationnels doivent comporter

– une analyse de la situation de la zone ou du secteur éligible en termes de forces et faiblesses et la stratégie retenue pour y répondre ;
– la justification des priorités retenues, au regard des orientations stratégiques pour la cohésion de l'Union et du cadre stratégique national ;
– des informations sur les axes prioritaires et leurs objectifs spécifiques ;
– un plan de financement ;
– les dispositions de mise en œuvre du programme, y compris la désignation des autorités de gestion, d'audit et de certification, la description du système d'évaluation et de suivi ;
– la liste indicative des grands projets, c'est-à-dire des projets qui excèdent 25 millions d'euros pour l'environnement et 50 millions d'euros pour les autres projets.

955. Chaque programme opérationnel est évalué par la Commission, afin de déterminer s'il contribue aux objectifs et aux priorités des orientations stratégiques de l'Union pour la cohésion et au cadre de référence stratégique national. Il est ensuite adopté par la Commission. Cette dernière a annoncé, dans une communication du 14 mai 2008, que 429 programmes opérationnels avaient été adoptés.

5. La contribution des fonds structurels

956. Le règlement général établit des plafonds de cofinancement par les fonds :

- Etats membres éligibles au Fonds de cohésion : 85 % pour les trois objectifs et les interventions du Fonds de cohésion,
- Espagne : 80 % pour l'objectif convergence, 50 % pour l'objectif compétitivité et emploi, 75 % pour l'objectif coopération territoriale européenne,
- autres Etats membres : 75 % pour l'objectif convergence, 50 % pour l'objectif compétitivité et emploi, 75 % pour l'objectif coopération territoriale européenne.

957. A l'intérieur de ces plafonds, la contribution des Fonds peut être modulée en fonction de plusieurs critères :

- la gravité des problèmes spécifiques, notamment économiques, sociaux et territoriaux ;
- l'intérêt que chaque axe prioritaire revêt pour les priorités de l'Union telles que définies dans les orientations stratégiques communautaires pour la cohésion, ainsi que pour les priorités nationales et régionales ;
- la protection et l'amélioration de l'environnement, principalement par l'application des principes de précaution, d'action préventive et du «pollueur-payeur» ;
- le taux de mobilisation des fonds privés, notamment dans le contexte des partenariats public-privé, dans les domaines concernés ;
- la couverture de zones à handicap géographique ou naturel.

Le règlement général définit également avec une grande précision les dépenses éligibles.

Bibliographie sélective

Broussolle Damien et Mesclier Fabien, *Politique régionale européenne : vers une remise en cause de l'objectif de convergence*, Paris, L'Harmattan, 2007.

Capron Henri (éd.), *Politique régionale européenne : convergence et dynamique d'innovation*, Louvain-la-neuve, De Boeck, 2006.

Commission européenne, *La politique de cohésion 2007-2013 – Commentaires et textes officiels*, Luxembourg, OPOCE, 2007.

Peuziat Jean-Philippe, *La politique régionale de l'Union européenne : entre expertise et réforme*, Paris, L'Harmattan, 2005.

Section 5

La stratégie de Lisbonne pour la croissance et l'emploi

958. Lors du Conseil européen de Lisbonne de mars 2000, les chefs d'Etat ou de gouvernement ont lancé une stratégie dite «de Lisbonne», dont l'objectif affiché était de faire de l'Union européenne l'économie la plus compétitive au monde et de parvenir au plein emploi avant 2010. Les ambitions affichées étaient larges : il ne s'agissait pas moins que de développer des politiques européennes en matière de société de l'information, d'éducation, de recherche, de politiques économiques, de réformes des marchés financiers, de lutter contre l'exclusion sociale et d'intensifier les politiques dites «actives» d'emploi.

Comme la plupart de ces politiques relevaient de la compétence des Etats membres, la stratégie de Lisbonne a mis en place la méthode dite «méthode ouverte de coordination», qui, à côté des grandes orientations des politiques économique et des lignes directrices pour l'emploi, fournit un nouveau cadre de coopération entre les Etats membre, en vue de faire converger les politiques nationales pour réaliser certains objectifs communs, sur la base d'une évaluation selon la méthode du «*peer review*».

Les résultats à mi-parcours étant décevants, la stratégie de Lisbonne a fait l'objet d'une révision recentrant ses priorités sur la croissance et l'emploi (I) et améliorant sa mise en œuvre (II). Elle devrait être suivie par une nouvelle stratégie «UE 2020» (III).

I. LA CROISSANCE ET L'EMPLOI : NOUVELLES PRIORITÉS DE LA STRATÉGIE DE LISBONNE

959. Quatre domaines prioritaires ont été identifiés lors de la réforme de la stratégie de Lisbonne en 2005.

1. Investir dans la connaissance et l'innovation

960. Plusieurs actions ont été préconisées :

– un meilleur investissement des Etats membres dans la recherche et une contribution des stratégies nationales de recherche-développement à la concrétisation de l'Espace européen de la recherche et à une gouvernance plus efficace de celui-ci ;

- la promotion des grands projets européens comme Galileo[96], l'Institut européen de technologie[97], le Conseil européen de la recherche[98], ou encore le mécanisme de financement du partage des risques et les initiatives technologiques conjointes[99];
- un accroissement de l'utilisation des infrastructures en ligne dans le domaine scientifique et de l'Internet à haut débit;
- la création d'un marché du capital-risque à l'échelle de l'Union pour les entreprises les plus innovantes;
- un renforcement des liens et des partenariats entre le monde scientifique et les entreprises;
- une meilleure stratégie de coopération internationale;
- l'élimination des obstacles à la libre circulation de la connaissance, avec la création d'une cinquième «liberté».

2. Libérer le potentiel des entreprises, en particulier les PME

961. Trois axes ont été mis en exergue:

- la politique vis-à-vis des entreprises, avec un renforcement de l'initiative «mieux légiférer»[100], notamment pour réduire d'au moins 25% d'ici à 2012 les charges administratives des entreprises découlant de la législation de l'Union et la consolidation de la politique de l'Union européenne à l'égard des PME;
- une amélioration du fonctionnement du marché intérieur, avec en particulier une intensification des efforts pour accroître la concurrence dans les industries de réseau (énergie, communications électroniques) et adopter les cadres réglementaires appropriés ainsi que la transposition de la directive sur les services, dont la transposition devait être réalisée pour le 28 décembre 2009[101];
- un renforcement de la dimension extérieure de la stratégie de Lisbonne.

---

[96] Le système européen de navigation par satellites. La Commission a déposé une proposition de règlement relatif à la poursuite de la mise en œuvre des programmes européens de radionavigation par satellite (COM (2007) final 535), sur laquelle un compromis entre le Parlement européen et le Conseil a été trouvé en première lecture le 17 avril 2008.
[97] L'Institut européen de technologie a été créé par le règlement CE/294/2008 du Parlement européen et du Conseil du 11 mars 2008.
[98] Voy. *supra*, n°s 893 et s.
[99] La Commission et la Banque européenne d'investissement ont signé, le 5 juin 2007, un accord de coopération créant un nouveau mécanisme destiné à soutenir la recherche et l'innovation en Europe.
[100] «Mettre en œuvre le programme communautaire de Lisbonne: une stratégie de simplification de l'environnement réglementaire», COM (2005) 535 final.
[101] Voy. au sujet de cette directive, *supra*, n°s 645 et s.

962. Ce troisième axe a fait l'objet de développements spécifiques lors du Conseil européen de Bruxelles de mars 2008. L'Union a été invitée à poursuivre ses efforts pour

- encourager le libre-échange et l'ouverture, en tant que moyens de promouvoir la croissance, l'emploi et le développement, pour elle-même et ses partenaires commerciaux, et continuer à montrer la voie dans ce domaine;
- améliorer le système commercial multilatéral;
- conclure des accords bilatéraux ambitieux avec ses grands partenaires commerciaux et intensifier les efforts d'intégration avec les pays voisins et les pays candidats, par la création d'un espace économique commun;
- assurer un accès fiable à l'énergie et aux matières premières stratégiques;
- développer des partenariats stratégiques étroits et mutuellement bénéfiques avec les puissances économiques émergentes, dans le cadre d'une concurrence loyale;
- développer la coopération en matière de réglementation, la convergence des normes et l'équivalence des règles, dans l'intérêt mutuel de l'Union et de ses partenaires, et renforcer l'efficacité du système de protection des droits de propriété intellectuelle contre la contrefaçon.

3. Investir dans le capital humain et moderniser les marchés du travail

963. Lors du Conseil européen de mars 2008, l'accent a tout particulièrement été mis sur les aspects suivants:

- la nécessité de renforcer le pôle «éducation» du triangle de la connaissance formé par la recherche, l'innovation et l'éducation: le Conseil européen invite à faire baisser sensiblement l'illettrisme chez les jeunes et le nombre de jeunes en décrochage scolaire et à inciter davantage d'adultes, notamment les travailleurs faiblement qualifiés et les travailleurs âgés, à tirer parti des possibilités d'enseignement et de formation;
- une réflexion sur la migration économique, qui peut contribuer à répondre aux besoins du marché du travail et à atténuer la pénurie de main-d'œuvre qualifiée;
- la flexisécurité, qui se définit comme une stratégie politique destinée à améliorer en même temps la flexibilité du marché du travail, de l'organisation du travail et des relations d'emploi, d'une part, et la sécurité d'emploi et de revenus, d'autre part.

4. Se doter d'une politique énergétique européenne
efficace et intégrée

964. Ce point a fait l'objet du plan d'action «une politique énergétique pour l'Europe» 2007-2009, déjà analysé[102].

II. UNE AMÉLIORATION DE LA MISE EN ŒUVRE
DE LA STRATÉGIE DE LISBONNE

965. Le Conseil européen, lors de sa réunion de mars 2005, a aussi entendu améliorer la procédure, afin que les actions entreprises par l'Union et les Etats membres contribuent davantage et plus concrètement à la croissance et l'emploi. Dans cet esprit, un dispositif simplifié a été mis en place. Son objectif est triple : «faciliter l'identification des priorités tout en respectant l'équilibre global de la stratégie et la synergie entre ses différents éléments ; améliorer la mise en œuvre de ces priorités sur le terrain en veillant à impliquer davantage les Etats membres ; rationaliser la procédure de suivi afin de mieux appréhender l'application de la stratégie au niveau national».

966. La nouvelle approche a été fondée sur deux cycles de trois ans, 2005-2007 et 2008-2010, comprenant plusieurs étapes.
La première étape a été un document de synthèse de la Commission, le rapport stratégique. Il a été examiné au sein des formations compétentes du Conseil et débattu au Conseil européen de printemps, qui a arrêté les orientations politiques pour les dimensions économique, sociale et environnementale de la stratégie.
Ensuite, conformément aux procédures prévues aux articles 99 et 128 du traité CE (devenus 121 et 148 FTUE), et sur la base des conclusions du Conseil européen, le Conseil a adopté des «lignes directrices intégrées» constituées de deux éléments : les grandes orientations des politiques économiques et les lignes directrices pour l'emploi. En tant qu'instrument général de coordination des politiques économiques, les grandes orientations des politiques économiques devaient continuer d'englober tout l'éventail des politiques macro-économiques et micro-économiques, ainsi que les politiques en matière d'emploi, pour autant qu'il y ait interaction avec les premières ; à ce titre, elles

---

[102] Voy. à ce sujet, *supra*, nᵒˢ 872 et s.

doivent assurer la cohérence économique générale des trois dimensions de la stratégie.

Dans un troisième temps, sur la base des lignes directrices intégrées, les Etats membres ont dû établir, sous leur propre responsabilité, des «programmes nationaux de réforme» répondant à leurs besoins et leur situation spécifique. Ces programmes ont dû faire l'objet d'une consultation avec toutes les parties prenantes au niveau régional et national, y compris les instances parlementaires selon les procédures propres à chaque Etat membre[103].

Sur la même base, la Commission, de son côté, a présenté, à titre de pendant aux programmes nationaux, un «programme communautaire de Lisbonne» couvrant l'ensemble des actions à entreprendre, au niveau de l'Union, au service de la croissance et de l'emploi en tenant compte du besoin de convergence des politiques.

Un document unique de suivi de la stratégie de Lisbonne a été adressé chaque année à la Commission par les Etats membres, y compris pour ce qui concerne la méthode ouverte de coordination. Ce document doit distinguer clairement entre les différents domaines d'action et faire état des mesures prises au cours des douze mois antérieurs pour mettre en œuvre les programmes nationaux. La Commission fait rapport annuellement sur la mise en œuvre de la stratégie dans ses trois dimensions.

967. Pour la période 2005-2007, les lignes directrices intégrées ont été constituées, d'une part, de la recommandation 2005/601/CE du Conseil du 12 juillet 2005 «concernant les grandes orientations des politiques économiques des Etats membres et de la Communauté» et, d'autre part, de la décision 2005/600/CE du Conseil du 12 juillet 2005 «relative aux lignes directrices pour les politiques de l'emploi des Etats membres». Pour la période 2008-2010, le Conseil européen a débattu d'une conclusion sur les lignes directrices intégrées lors de sa session de printemps, en mars 2008. Elles se composent, comme pour la période 2005-2007, de la recommandation du Conseil 2008/390/CE du 14 mai 2008 concernant les grandes orientations des politiques économiques des Etats membres et de la Communauté, et de la décision 2008/618/CE du Conseil du 15 juillet 2008 «relative aux lignes directrices pour les politiques de l'emploi des Etats membres».

---

[103] Au besoin, un «coordinateur national Lisbonne» peut être désigné.

III. Vers une nouvelle stratégie « UE 2020 »

968. La Commission a présenté, le 24 novembre 2009 un document de travail ouvrant une consultation sur la future stratégie « UE-2020 »[(104)], destinée à succéder à la stratégie de Lisbonne. Le Conseil européen, lors sa réunion des 10 et 11 décembre 2009, a pris acte de la consultation ainsi lancée par la Commission et déclaré

> « attend[re] avec intérêt d'examiner une proposition ambitieuse, le plus tôt possible en 2010, afin qu'un débat approfondi puisse avoir lieu en son sein, notamment lors de sa réunion du printemps 2010 ».

On peut résumer de la manière suivante les propositions de la Commission.

1. Trois nouvelles priorités pour la stratégie « UE 2020 »

969. La Commission propose que l'Union et ses Etats membres se concentrent sur trois priorités :

- créer de la valeur en fondant la croissance sur la connaissance par le renforcement de l'éducation, la mise en place d'un espace européen de la recherche efficace, performant et doté de ressources suffisantes, l'instauration de conditions plus attrayantes pour l'innovation et la créativité et une exploitation optimale de l'économie numérique ;
- favoriser l'émancipation dans des sociétés ouvertes à tous : si la Commission se déclare convaincue que la transformation de l'Union en « une économie plus intelligente, plus verte et plus compétitive permettra de relancer l'emploi », elle reconnaît qu'il faudra déployer les efforts nécessaires pour « empêcher que des personnes ne soient exclues du système et garantir la cohésion sociale », par la promotion de la flexisécurité, le renforcement des compétences, la lutte contre la pauvreté et l'exclusion sociale, et la suppression des divers obstacles et éléments dissuasifs à l'exercice d'une activité non salariée ;
- créer une économie compétitive, connectée et plus verte : la Commission en appelle une nouvelle fois à une utilisation plus efficace des ressources, dont l'énergie, et à l'application de nouvelles technologies plus vertes, par une réduction de la pression sur les ressources, la modernisation et l'interconnexion des infrastructures, et une nouvelle approche de la politique industrielle, mettant

---

[(104)] COM (2009) 647 final.

plus l'accent sur la durabilité, l'innovation et les compétences humaines.

2. Réussir la sortie de crise

970. Pour la Commission,

> «le principal défi consiste à trouver un équilibre entre, d'une part, la nécessité constante d'un appui budgétaire en faveur de la demande à court terme et, d'autre part, la nécessité de rétablir des finances publiques saines et la stabilité macroéconomique»

Dès lors que les répercussions de la crise n'ont pas été identiques dans les différents pays et domaines, une réponse différenciée s'impose, qui nécessite une coordination efficace au niveau de l'Union.

3. Mettre à profit les instruments existants dans le cadre d'une approche nouvelle

971. La Commission souligne la nécessité d'élaborer une stratégie de convergence et d'intégration qui reconnaisse plus explicitement la forte interdépendance de l'Union européenne : interdépendance entre les Etats, entre les différents niveaux de pouvoirs, entre les politiques, au niveau mondial. A cette fin, elle préconise :

– d'exploiter pleinement le marché unique et de l'actualiser afin de répondre aux demandes de l'économie de demain ;
– de situer la stratégie «UE 2020» dans un contexte global, qui est celui de la mondialisation ;
– de soutenir la croissance en utilisant pleinement le pacte de croissance et de stabilité ;
– de refléter les priorités politiques dans les budgets publics ;
– de mettre en place une gouvernance transparente afin de rendre la nouvelle stratégie effective.

Bibliographie sélective

BERTONCINI Yves et WISNIA-WEILL Vanessa, «La stratégie de Lisbonne : une voie européenne dans la mondialisation», *Notes de la Fondation Robert Schuman*, Paris, 2007.

COHEN-TANUGI Laurent, Euromonde 2015: une stratégie européenne pour la mondialisation, http://www.strategie.gouv.fr/IMG/pdf/Euromonde2015-Rapportfinal.pdf.

DEBARGE Olivier, LAURENT Pierre-Yves, RABAEY Olivier (coord.), *Quel avenir pour l'Union européenne? La stratégie de Lisbonne définie par le Conseil européen en 2000*, Bruxelles, Bruylant, 2004.

RODRIGUES Maria João (éd.), *Europe, Globalization and the Lisbon Agenda*, Londres, Edward Elgar Publishing, 2009.

RODRIGUES Maria João (dir.), *Vers une société européenne de la connaissance. La stratégie de Lisbonne (2000-2010)*, Bruxelles, Editions de l'Université de Bruxelles, 2005.

CHAPITRE IV

Les politiques à caractère
non économique

972. Trois grands domaines se dégagent en la matière : l'emploi
et la politique sociale (section 1), les politiques de protection
(section 2) et enfin l'éducation, la formation professionnelle, la
jeunesse, le sport et la culture (section 3).

Section 1

L'emploi et la politique sociale

973. Si la politique sociale (II) est inscrite depuis l'origine dans
le traité de Rome, l'inclusion de l'emploi (I) dans les compétences de l'Union est beaucoup plus récente.

I. LA POLITIQUE DE L'EMPLOI

974. L'emploi est de plus en plus au centre des préoccupations
des Etats membres, compte tenu du niveau élevé du taux de
chômage moyen dans l'Union européenne. Avec l'entrée en
vigueur du traité d'Amsterdam, la promotion d'un « niveau
d'emploi élevé » a fait son entrée dans les objectifs de l'Union.
Nous examinerons les moyens d'action prévus à cet effet (1), au
sein desquels la coordination des politiques de l'emploi joue un
rôle prééminent (2).

1. Moyens d'action

975. L'article 145 du traité FUE (ex-article 125 CE) invite les Etats membres et l'Union

« à élaborer une stratégie coordonnée pour l'emploi et en particulier à promouvoir une main-d'œuvre qualifiée, formée et susceptible de s'adapter ainsi que des marchés du travail aptes à réagir rapidement à l'évolution de l'économie ».

976. Les Etats membres restent maîtres de leurs politiques de l'emploi, mais ils doivent rendre celles-ci compatibles avec les grandes orientations des politiques économiques adoptées dans le cadre de l'union économique et monétaire. Ils doivent aussi considérer la promotion de l'emploi comme une question d'intérêt commun et coordonner leur action à cet égard au sein du Conseil, conformément à l'article 148 du traité FUE (ex-article 128 CE)[1].

977. L'Union, de son côté, encourage la coopération entre les Etats membres, soutient et, au besoin, complète leur action, tout en respectant pleinement les compétences des Etats membres en la matière. Elle doit également prendre en compte l'objectif d'un niveau d'emploi élevé, dans la définition et la mise en œuvre de l'ensemble de ses politiques et actions (article 147 TFUE, ex-article 127 CE).

Des actions d'encouragement peuvent être adoptées par le Conseil et le Parlement européen conformément à la procédure législative ordinaire sous forme

« d'initiatives visant à développer les échanges d'informations et de meilleures pratiques, en fournissant des analyses comparatives et des conseils ainsi qu'en promouvant les approches novatrices et en évaluant les expériences, notamment en ayant recours aux projets pilotes ».

Ces mesures ne peuvent comporter d'harmonisation des dispositions législatives et réglementaires des Etats membres (article 149 TFUE, ex-article 129 CE).

Enfin, il est institué un Comité de l'emploi à caractère consultatif afin de promouvoir la coordination, entre les Etats

---

[1] Voy. *infra*, n° 978.

membres, des politiques en matière d'emploi et de marché du travail (article 150 TFUE, ex-article 130 CE).

2. La coordination pour l'emploi

978. Elle fait l'objet de l'article 148 du traité FUE (ex-article 128 CE).

Selon cette disposition, le Conseil européen examine chaque année la situation de l'emploi dans l'Union et adopte des conclusions à ce sujet, sur la base d'un rapport annuel conjoint du Conseil et de la Commission. Sur la base des conclusions du Conseil européen, le Conseil, statuant à la majorité qualifiée sur proposition de la Commission et après consultation du Parlement européen, du Comité économique et social, du Comité des régions et du Comité de l'emploi, élabore chaque année des lignes directrices, dont les Etats membres tiennent compte dans leurs politiques de l'emploi. Ces lignes directrices doivent être compatibles avec les grandes orientations des politiques économiques.

Chaque Etat membre transmet au Conseil et à la Commission un rapport annuel sur les principales mesures qu'il a prises pour mettre en œuvre sa politique de l'emploi, à la lumière des lignes directrices pour l'emploi. Sur la base de ces rapports, le Conseil procède annuellement à un examen de la mise en œuvre des lignes directrices pour l'emploi des politiques dans les Etats membres. Le Conseil, statuant à la majorité qualifiée sur recommandation de la Commission, peut, s'il le juge approprié à la suite de son examen, adresser des recommandations aux Etats membres.

Dans le cadre de la stratégie de Lisbonne pour la croissance et l'emploi, les lignes directrices pour l'emploi et les grandes orientations des politiques économiques sont maintenant plurian-nuelles et regroupées dans des «lignes directrices intégrées»[2].

II. La politique sociale

979. Le traité de Rome contenait, dès l'origine, un titre consacré spécifiquement à la politique sociale mais sa portée était assez limitée.

---

[2] Voy. *supra*, nos 958 et s.

Les Etats membres commençaient par convenir de

> «la nécessité de promouvoir l'amélioration des conditions de vie et de travail de la main-d'œuvre permettant leur égalisation dans le progrès»[3].

Ils s'engageaient à coopérer dans plusieurs domaines[4] mais aucune action spécifique de la Communauté n'était cependant envisagée.

Suivaient deux dispositions consacrées à deux problématiques particulières : l'égalité des rémunérations entre hommes et femmes[5] et le maintien de l'équivalence existante des régimes de congés payés[6].

980. L'Acte unique européen a donné une impulsion nouvelle à la politique sociale, notamment dans le domaine de la santé et de la sécurité sur le lieu de travail, du dialogue avec les partenaires sociaux et de la cohésion économique et sociale.

981. Le traité de Maastricht a marqué une étape supplémentaire en matière de politique sociale avec l'adoption du protocole sur la politique sociale, signé par les douze Etats membres de l'époque, et annexé au traité sur l'Union européenne, constatant la volonté d'onze Etats membres (tous sauf le Royaume-Uni) de procéder à des avancées significatives en la matière. Ce protocole les autorisait, par le biais d'un accord sur la politique sociale,

> «à faire recours aux institutions, procédures et mécanismes du traité, aux fins de prendre entre eux et d'appliquer, dans la mesure où ils sont concernés, les actes et décisions nécessaires à la mise en œuvre de l'accord visé ci-dessus».

---

[3] Article 117 du traité CEE, devenu, après modification, article 136 CE et maintenant 151 TFUE.

[4] Article 118 du traité CEE qui a été remplacé par un nouvel article 137 CE, devenu 153 TFUE. Les domaines concernés étaient «l'emploi, le droit du travail et les conditions de travail, la formation et le perfectionnement professionnels, la sécurité sociale, la protection contre les accidents et les maladies professionnels, l'hygiène du travail, le droit syndical et les négociations collectives entre employeurs et travailleurs».

[5] Article 119 du traité CEE, devenu, après modification, article 141 CE et maintenant 154 TFUE. La Cour de justice a, dans un arrêt du 8 avril 1976, *Defrenne*, 43/75, jugé que cette disposition était, en tout cas dans une certaine mesure, dotée d'un effet direct.

[6] Article 120 du traité CEE, devenu article 142 CE et maintenant article 158 TFUE.

982. Toutefois, l'existence de deux bases juridiques en matière sociale n'était pas très satisfaisante. Suite à l'arrivée au pouvoir d'un nouveau gouvernement en mai 1997, le Royaume-Uni a accepté d'adhérer à l'accord social. Cet accord a donc été intégré dans le traité CE (articles 136 à 145 CE devenus articles 152 à 161 FUE) par le traité d'Amsterdam et le protocole social n'est plus d'application. Le traité d'Amsterdam a ainsi restauré l'unité et la cohérence de la politique sociale.

983. Nous examinerons les objectifs de la politique sociale (1), les moyens d'action (2) et les principales réalisations en ce domaine (3).

1. Les objectifs de la politique sociale

984. Les objectifs de la politique sociale sont énoncés à l'article 151 du traité FUE (ex-article 151 CE), suivant la voie tracée par la charte sociale européenne signée à Turin le 18 octobre 1961 et dans la charte communautaire des droits sociaux fondamentaux des travailleurs de 1989. Sont ainsi visés

> «la promotion de l'emploi, l'amélioration des conditions de vie et de travail, permettant leur égalisation dans le progrès, une protection sociale adéquate, le dialogue social, le développement des ressources humaines permettant un niveau d'emploi élevé et durable et la lutte contre les exclusions».

2. Les moyens d'action

985. Les actions à mettre en œuvre relèvent des Etats membres (A) et de l'Union (B). Elles doivent tenir «compte de la diversité des pratiques nationales, en particulier dans le domaine des relations conventionnelles, ainsi que de la nécessité de maintenir la compétitivité de l'économie de l'Union». L'égalité de traitement entre hommes et femmes fait l'objet d'une attention particulière (C), tandis que certaines prérogatives des Etats sont préservées (D).

A. La coopération entre les Etats membres

986. En vertu de l'article 156 du traité FUE (ex-article140 CE), la Commission, en vue de réaliser les objectifs de la politique sociale, et sans préjudice des autres dispositions des traités, encourage la coopération entre les Etats membres et facilite la coordination de leur action dans tous les domaines de la politique sociale, et notamment dans les matières suivantes :

- l'emploi,
- le droit du travail et les conditions de travail,
- la formation et le perfectionnement professionnels,
- la sécurité sociale,
- la protection contre les accidents et les maladies professionnels,
- l'hygiène du travail,
- le droit syndical et les négociations collectives entre employeurs et travailleurs.

Le traité de Lisbonne vient, ici aussi, préciser que, parmi les initiatives que peut prendre à cette fin la Commission, figurent

« des initiatives en vue d'établir des orientations et des indicateurs, d'organiser l'échange des meilleures pratiques et de préparer les éléments nécessaires à la surveillance et à l'évaluation périodiques. Le Parlement européen est pleinement informé ».

B. L'action de l'Union

987. Selon une formule inchangée depuis le traité de Rome d'origine, la réalisation des objectifs de la politique sociale

« résultera tant du fonctionnement du marché intérieur, qui favorisera l'harmonisation des systèmes sociaux, que des procédures prévues par les traités et du rapprochement des dispositions législatives, réglementaires et administratives ».

L'article 153 du traité FUE, reprenant les termes de l'article 137 du traité CE, tel que modifié par le traité de Nice, dispose que l'Union « soutient et complète l'action des Etats membres ».

988. L'action de l'Union peut prendre trois formes.

a. LE RAPPROCHEMENT DES LÉGISLATIONS

989. L'article 153 du traité FUE, en son paragraphe 2, point b), permet l'adoption de prescriptions minimales applicables progressivement, compte tenu des conditions et des réglementations techniques existant dans chacun des Etats membres, par voie de directives. Ces directives doivent éviter d'imposer des contraintes administratives, financières et juridiques telles qu'elles contrarieraient la création et le développement de petites et moyennes entreprises.

990. Ces directives sont adoptées par le Parlement européen et le Conseil, conformément à la procédure législative ordinaire, dans les domaines suivants:

- l'amélioration, en particulier, du milieu de travail pour protéger la santé et la sécurité des travailleurs;
- les conditions de travail;
- l'information et la consultation des travailleurs;
- l'intégration des personnes exclues du marché du travail;
- l'égalité entre hommes et femmes en ce qui concerne leurs chances sur le marché du travail et le traitement dans le travail.

Elles sont adoptées, selon une procédure législative spéciale, par le Conseil statuant à l'unanimité, après consultation du Parlement européen, s'agissant de

- la sécurité sociale et la protection sociale des travailleurs;
- la protection des travailleurs en cas de résiliation du contrat de travail;
- la représentation et la défense collective des intérêts des travailleurs et des employeurs, y compris la cogestion;
- les conditions d'emploi des ressortissants des pays tiers se trouvant en séjour régulier sur le territoire de l'Union.

Le Conseil, statuant à l'unanimité sur proposition de la Commission après consultation du Parlement européen, peut décider de rendre la procédure législative ordinaire applicable en ces matières, sauf pour ce qui concerne la sécurité sociale et la protection sociale des travailleurs.

b. LES ACTIONS D'ENCOURAGEMENT

991. Aux termes de l'article 153, par. 2, point a), le Parlement européen et le Conseil peuvent adopter, conformément à la procédure législative ordinaire,

«des mesures destinées à encourager la coopération entre Etats membres par le biais d'initiatives visant à améliorer les connaissances, à développer les échanges d'informations et de meilleures pratiques, à promouvoir des approches novatrices et à évaluer les expériences, à l'exclusion de toute harmonisation des dispositions législatives et réglementaires des Etats membres».

De telles mesures peuvent être prises dans tous les domaines évoqués au point a) mais aussi dans ceux de la lutte contre l'exclusion sociale et de la modernisation des systèmes de protection sociale.

S'y ajoute le comité de la protection sociale à caractère consultatif, qui a été créé en application de l'article 144 du traité, devenu article 160 du traité FUE et a pour mission de promouvoir la coopération en matière de protection sociale entre les Etats membres et avec la Commission.

c. LA PROMOTION DU DIALOGUE SOCIAL

992. Le traité d'Amsterdam avait déjà confirmé la reconnaissance, introduite par l'Acte unique, du rôle fondamental des partenaires sociaux. Le traité de Lisbonne vient renforcer cet aspect.

Tout d'abord, un nouvel article 152 est inséré dans le traité FUE, aux termes duquel

> «[l]'Union reconnaît et promeut le rôle des partenaires sociaux à son niveau, en prenant en compte la diversité des systèmes nationaux. Elle facilite le dialogue entre eux, dans le respect de leur autonomie. Le sommet social tripartite pour la croissance et l'emploi contribue au dialogue social».

Il s'agit d'une consécration de la pratique. En effet, ce sommet existe déjà[7] et réunit au moins une fois par an, avant le Conseil européen de printemps, des représentants au plus haut niveau de la présidence en exercice du Conseil, des deux présidences suivantes, de la Commission et des partenaires sociaux, répartis en deux délégations égales comprenant dix représentants des travailleurs et dix représentants des employeurs.

Ensuite, l'article 154 du traité FUE (ex-article 138 CE) confie à la Commission la tâche de promouvoir la consultation des partenaires sociaux et prendre toute mesure utile pour faciliter leur dialogue en veillant à un soutien équilibré des parties.

993. Le dialogue entre partenaires sociaux au niveau de l'Union peut conduire, si ces derniers le souhaitent, à des relations conventionnelles, y compris des accords. La mise en œuvre des accords conclus au niveau de l'Union intervient soit selon les

---

[7] Il a été créé par la décision 2003/174/CE du Conseil du 6 mars 2003.

procédures et pratiques propres aux partenaires sociaux et aux Etats membres, soit, dans les matières relevant de l'article 153 du traité FUE (ex-article 137 CE), à la demande conjointe des parties signataires, par une décision du Conseil sur proposition de la Commission.

994. Enfin, un Etat membre peut confier aux partenaires sociaux, à leur demande conjointe, la mise en œuvre des directives prises en application de l'article 153 du traité FUE (ex-article 137 CE). Dans ce cas, il s'assure que, au plus tard à la date à laquelle une directive doit être transposée, les partenaires sociaux ont mis en place les dispositions nécessaires par voie d'accord. L'Etat membre concerné doit aussi prendre toute disposition nécessaire lui permettant d'être à tout moment en mesure de garantir les résultats imposés par la directive.

C. Le renforcement de l'égalité entre hommes et femmes

995. Le traité d'Amsterdam est venu renforcer l'égalité de traitement entre les hommes et les femmes et l'égalité des chances, en modifiant l'article 141 du traité CE, qui est devenu l'article 154 TFUE.

Il a maintenu le principe de l'égalité des rémunérations entre travailleurs masculins et travailleurs féminins pour un même travail ou un travail de même valeur mais il a, en outre, habilité le Parlement européen et le Conseil à adopter, conformément à la procédure législative ordinaire,

> «des mesures visant à assurer l'application du principe de l'égalité des chances et de l'égalité de traitement entre les hommes et les femmes en matière d'emploi et de travail, y compris le principe de l'égalité des rémunérations pour un même travail ou un travail de même valeur».

Enfin, il est précisé que le principe de l'égalité de traitement n'empêche pas les Etats membres, pour assurer concrètement une pleine égalité entre hommes et femmes dans la vie professionnelle,

> «de maintenir ou d'adopter des avantages spécifiques au sexe sous-représenté afin de lui faciliter l'exercice d'une activité professionnelle ou à prévenir ou compenser des désavantages dans la carrière professionnelle».

996. La Cour[8] a posé à cet égard le principe qu'une action qui vise à promouvoir prioritairement les candidats féminins dans les secteurs où les femmes sont sous-représentées doit être considérée comme compatible avec le droit de l'Union, à la condition :

- qu'elle n'accorde pas de manière automatique et inconditionnelle la priorité aux candidats féminins ayant une qualification égale à celle de leurs concurrents masculins ;
- que cette priorité ne s'applique que dans la mesure où les candidats possèdent des mérites équivalents ou sensiblement équivalents ;
- que les candidatures fassent l'objet d'une appréciation objective qui tient compte des situations particulières d'ordre personnel de tous les candidats.

La Cour a aussi légitimé

« une réglementation instaurée par un ministère aux fins de lutter contre une sous-représentation importante des femmes en son sein et qui, dans un contexte caractérisé par une insuffisance avérée de structures d'accueil adéquates et abordables, réserve aux seuls fonctionnaires féminins les places de garderie subventionnées en nombre limité qu'il met à disposition de son personnel, tandis que les fonctionnaires masculins ne peuvent y avoir accès que dans des cas d'urgence relevant de l'appréciation de l'employeur ».

Elle a cependant ajouté qu'il n'en allait ainsi que

« pour autant que l'exception ainsi prévue en faveur des fonctionnaires masculins soit notamment interprétée en ce sens qu'elle permet à ceux d'entre eux qui assument seuls la garde de leurs enfants d'avoir accès à ce système de garderie aux mêmes conditions que les fonctionnaires féminins »[9].

D. La sauvegarde des prérogatives des Etats membres

997. D'une part, les prérogatives des Etats membres en matière de sécurité sociale sont pleinement sauvegardées puisque le paragraphe 4 de l'article 153 du traité FUE, reprenant la disposition correspondante de l'article 137 du traité CE, tel que modifié par le traité de Nice, précise que

« [l]es dispositions arrêtées en vertu du présent article :
- ne portent pas atteinte à la faculté reconnue aux Etats membres de définir les principes fondamentaux de leur système de sécurité

---

[8] CJ, 28 mars 2000, *Badeck*, C-158/97.
[9] CJ, 19 mars 2002, *Lommers*, C-476/99.

sociale et ne doivent pas en affecter sensiblement l'équilibre financier;
– ne peuvent empêcher un Etat membre de maintenir ou d'établir des
mesures de protection plus strictes compatibles avec les traités».

D'autre part, les Etats restent seuls compétents «en ce qui
concerne les rémunérations, le droit d'association et le droit de
grève et de *lock-out*» (article 153, par. 5, TFUE).

3. Principales réalisations

998. L'action de l'Union dans le domaine de la politique sociale
s'est déployée dans quatre domaines principaux.

A. L'égalité de traitement

999. La directive 75/117/CEE du Conseil du 10 février 1975
vise à faciliter l'application concrète du principe de l'égalité des
rémunérations entre les travailleurs masculins et les travailleurs
féminins et la directive 76/207/CEE du Conseil, du 9 février
1976 met en œuvre, le principe de l'égalité de traitement entre
hommes et femmes en ce qui concerne l'accès à l'emploi, à la
formation et à la promotion professionnelles, et les conditions
de travail. Ces directives sont complétées par la directive 97/80/
CE du Conseil du 15 décembre 1997, relative à la charge de la
preuve dans les cas de discrimination fondée sur le sexe.
La directive 2006/54/CE du Parlement européen et du Conseil
du 5 juillet 2006 crée, quant à elle, un cadre général en faveur
de l'égalité de traitement en matière d'emploi et de travail.
Elle consacre un principe d'égalité de traitement dans les trois
domaines suivants:

– les conditions d'accès à des activités salariées ou non salariées, y
compris en matière de promotion et la formation professionnelle;
– les conditions d'emploi et de travail, y compris les conditions de
rémunération et de licenciement;
– les régimes professionnels de sécurité.

Elle prévoit une série de mécanismes afin de s'assurer de l'efficacité des droits introduits en matière de lutte contre les discriminations.

B. La santé, l'hygiène et la sécurité au travail

1000. Une directive cadre, la directive 89/391 du Conseil du 12 juin 1989 concernant la mise en œuvre de mesures visant à promouvoir l'amélioration de la sécurité et de la santé des travailleurs au travail, fixe des principes généraux concernant

- la prévention des risques professionnels et la protection de la sécurité et de la santé,
- l'élimination des facteurs de risque et d'accident,
- l'information, la consultation, la participation équilibrée conformément aux législations et/ou pratiques nationales,
- la formation des travailleurs et de leurs représentants.

L'indemnisation des accidents du travail et des maladies professionnelles, ainsi que les garanties professionnelles, restent en dehors de son champ d'application.

1001. Plusieurs directives spécifiques ont aussi été adoptées:

- la directive 89/654/CEE du Conseil, du 30 novembre 1989 établit des prescriptions minimales de sécurité et de santé sur les lieux de travail;
- la directive 91/383/CEE du Conseil du 25 juin 1991 vise à garantir aux travailleurs temporaires le même niveau de protection que celui dont bénéficient les autres travailleurs;
- la directive 92/85/CEE du Conseil du 19 octobre 1992 entend promouvoir l'amélioration de la sécurité et de la santé des travailleuses enceintes, accouchées ou allaitantes au travail. Elle détermine diverses activités à risque que les travailleuses enceintes et allaitantes ne doivent pas accomplir; reconnaît un droit à un congé de maternité d'au moins quatorze semaines se situant avant et/ou après l'accouchement et rend obligatoire un congé de maternité d'au moins deux semaines, réparties avant et/ou après l'accouchement et comporte une protection contre le licenciement;
- la directive 94/33/CE du Conseil du 22 juin 1994 a pour objet de garantir un meilleur niveau de protection de la sécurité et de la santé des jeunes travailleurs;
- la directive 2003/88/CE du Parlement européen et du Conseil, du 4 novembre 2003 fixe les prescriptions minimales générales de sécurité et de santé en matière d'aménagement du temps de travail. Elle réglemente aussi les périodes de repos journalier, les temps de pause, les repos hebdomadaires de travail, les congés annuels, ainsi que certains aspects du travail de nuit et du travail organisé en équipes successives. Une proposition de modification

de cette directive n'a pu trouver un accord en comité de conciliation le 27 avril 2009[10].

C. Défense des droits des travailleurs

1002. Il s'agit d'un domaine auquel le législateur de l'Union
s'est intéressé de longue date :

- la directive 2008/94/CE du Parlement européen et du Conseil
  vise à assurer une protection des travailleurs salariés en cas d'insolvabilité de l'employeur et impose aux Etats membres la mise
  sur pied d'une structure indépendante du capital de l'entreprise
  garantissant le payement des créances des travailleurs vis-à-vis de
  leur employeur ;
- la directive 91/533/CEE du Conseil du 14 octobre 1991 impose à
  l'employeur l'obligation d'informer le travailleur des conditions
  applicables au contrat ou à la relation de travail ;
- la directive 96/71/CE du Parlement européen et du Conseil du
  16 décembre 1996 sur le détachement de travailleurs détermine les
  conditions de travail en vigueur dans l'Etat membre sur le territoire duquel le travailleur est détaché qui sont applicables aux
  travailleurs détachés ;
- la directive 98/59/CE du Conseil du 20 juillet 1998 impose à l'employeur qui envisage d'effectuer des licenciements collectifs de
  procéder à des consultations avec les représentants des travailleurs
  en vue d'aboutir à un accord sur le volet social du licenciement,
  précise les informations à fournir par l'employeur aux représentants des travailleurs et organise une procédure de licenciement
  collectif ;
- la directive 2001/23/CE du Conseil du 12 mars 2001 a pour objet
  d'assurer la continuité des droits des travailleurs en cas de transfert d'entreprises, d'établissements ou de parties d'entreprises ou
  d'établissements.

1003. S'y ajoutent plusieurs directives venant rendre obligatoires des accords cadres négociés par les partenaires sociaux
dans les domaines suivants :

- les congés parentaux et pour raisons familiales[11],
- le travail à temps partiel[12],

---

[10] Voy. à ce sujet, *supra*, n° 324.
[11] Directive 96/34/CE du Conseil du 3 juin 1996. Voy., au sujet de la portée
de cette directive, CJ, 16 juillet 2009, *Gómez-Limón Sánchez-Camacho*, C-537/07.
[12] Directive 97/81/CE du Conseil du 15 décembre 1997.

- le travail à durée déterminée[13].
- le travail intérimaire[14].

D. L'information, la consultation et la participation des travailleurs

1004. La directive 94/45/CE du Conseil du 22 septembre 1994 institue un comité d'entreprise européen, ou une procédure d'information et de consultation des travailleurs, dans chaque entreprise et chaque groupe d'entreprises de dimension communautaire.

La directive 2002/14/CE du Parlement européen et du Conseil du 11 mars 2002 établit, quant à elle, un cadre général fixant des exigences minimales relatives à l'information et la consultation des travailleurs dans les entreprises ou les établissements situés dans l'Union européenne.

Bibliographie sélective

BOURRINET Jacques et NAZET ALLOUCHE Dominique, *Union européenne et protection sociale*, Paris, La documentation française, 2002.

FAVAREL-DAPAS Brigitte et QUINTIN Odile, *L'Europe sociale*, Paris, La documentation française, 2007.

KESSLER Francis et LHERNOULD Jean-Philippe, *Droit social et politiques sociales communautaires*, Editions liaisons, 2003.

MOUSSIS Nicholas, *Access to social Europe, European Study Service*, Rixensart, 2007.

RODIÈRE Pierre, *Droit social de l'Union européenne*, 3e éd., Paris, LGDJ, 2008.

TEYSSIÉ Bernard, *Code de droit social européen*, Paris, Litec, 2006.

Section 2

Les politiques de protection

1005. Les politiques de protection se sont multipliées : protection de l'environnement (I), protection de la santé (II), protection des consommateurs (III) et enfin protection civile (IV).

---

[13] Directive 99/70/CE du Conseil, du 28 juin 1999.
[14] Directive 2008/104/CE du Parlement européen et du Conseil du 19 novembre 2008.

I. LA PROTECTION DE L'ENVIRONNEMENT

1006. C'est l'Acte unique européen qui a introduit dans le traité de Rome un titre spécifique consacré à la protection de l'environnement mais, dès avant cette date, la Communauté avait adopté un nombre considérable de mesures pour protéger l'environnement. La première réflexion d'ensemble sur la question de l'environnement remonte en effet au début des années 1970, avec la première conférence des Nations unies sur l'environnement humain à Stockholm, dont la déclaration finale invite tous les Etats à tenir compte d'une série de principes généraux. On a donc assisté à une prise de conscience de la nécessité d'adopter rapidement des mesures au niveau international pour protéger la qualité de la vie et pour lutter contre la dégradation de l'environnement. Dans la foulée, les chefs d'Etat et de gouvernement des Six de l'époque ont, lors du sommet de Paris des 19 et 20 octobre 1972, souligné l'importance d'une politique de la Communauté en matière de protection de l'environnement.

Le traité de Maastricht, et ensuite le traité d'Amsterdam, se sont attachés à améliorer la procédure d'adoption des mesures de protection de l'environnement, en élargissant le champ d'application de la majorité qualifiée et de la codécision.

Nous examinerons les objectifs et principes de la politique de protection de l'environnement (1) et la mise en œuvre de cette politique (2), qui passe principalement par des programmes d'action (3).

1. Les objectifs et principes de la politique de protection de l'environnement

A. Objectifs

1007. Le paragraphe 1 de l'article 191 du traité FUE (ex-article 174 CE) fixe à l'action de l'Union quatre objectifs formulés en termes très généraux, le quatrième ayant été reformulé par le traité de Lisbonne :

- la préservation, la protection et l'amélioration de la qualité de l'environnement ;
- la protection de la santé des personnes ;
- l'utilisation prudente et rationnelle des ressources naturelles ;
- la promotion, sur le plan international, de mesures destinées à faire face aux problèmes régionaux ou planétaires de l'environ-

nement, et en particulier la lutte contre le changement climatique.

B. Principes encadrant la politique d'environnement de l'Union

1008. Le paragraphe 2 énonce les principes que l'Union doit
prendre en considération dans l'action qu'elle mène en matière
d'environnement, dans les termes suivants :

> « La politique de l'Union dans le domaine de l'environnement doit
> viser un niveau de protection élevé, en tenant compte de la diversité
> des situations dans les différentes régions de la Communauté. Elle
> doit se fonder sur les principes de précaution et d'action préventive,
> sur le principe de la correction, par priorité à la source, des atteintes
> à l'environnement et sur le principe du pollueur-payeur ».

Le paragraphe 3 énumère ensuite plusieurs éléments dont
l'Union – en d'autres termes, la Commission dans la formulation de ses propositions – doit tenir compte, dans l'élaboration
de sa politique dans le domaine de l'environnement :

- les données scientifiques et techniques disponibles ;
- les conditions de l'environnement dans les diverses régions de
  l'Union ;
- les avantages et les charges qui peuvent résulter de l'action ou de
  l'absence d'action ;
- le développement économique et social de l'Union dans son
  ensemble et le développement équilibré de ses régions.

S'y ajoute le principe de subsidiarité, qui a d'ailleurs trouvé sa
première expression, dans l'Acte unique européen, à propos
précisément de l'action de la Communauté dans le domaine de
l'environnement, avant d'être affirmé comme principe général
régissant l'action de l'Union par le traité sur l'Union européenne.

C. L'intégration de l'environnement dans les autres politiques

1009. Le développement durable et un niveau élevé de protection et d'amélioration de la qualité de l'environnement figurent
parmi les objectifs que l'article 3 du traité UE, tel que modifié
par le traité de Lisbonne, assigne à l'Union.
De plus, aux termes de l'article 11 du traité FUE, qui reprend
l'article 6 du traité CE introduit par le traité d'Amsterdam,

« les exigences de la protection de l'environnement doivent être intégrées dans la définition et la mise en œuvre des politiques et actions de l'Union, en particulier afin de promouvoir le développement durable ».

2. La mise en œuvre de la politique de protection de l'environnement

1010. Si l'action de l'Union est importante en vue de la protection de l'environnement (A), les Etats membres conservent également un rôle essentiel (B).

A. L'action de l'Union

1011. Aux termes de l'article 192 du traité FUE (ex-article 175 CE), le Parlement européen et le Conseil adoptent, selon la procédure législative ordinaire, des programmes d'action à caractère général fixant les objectifs prioritaires à atteindre.

Les mesures de mise en œuvre de ces programmes et les actions à entreprendre par l'Union pour atteindre les objectifs de la politique de protection de l'environnement font aussi normalement l'objet d'une procédure législative ordinaire. Toutefois, le Conseil doit arrêter selon une procédure législative spéciale, à l'unanimité et après consultation du Parlement européen :

- les dispositions essentiellement de nature fiscale ;
- les mesures affectant l'aménagement du territoire ;
- les mesures qui affectent la gestion quantitative des ressources hydrauliques[15] ou touchent directement ou indirectement la disponibilité de ces ressources ;
- les mesures touchant à l'affectation des sols, à l'exception de la gestion des déchets ;
- les mesures affectant sensiblement le choix d'un Etat membre entre différentes sources d'énergie et la structure générale de son approvisionnement énergétique.

Le traité de Lisbonne permet au Conseil, statuant à l'unanimité sur proposition de la Commission et après consultation du

---

[15] Avant le traité de Nice, le texte parlait simplement de la « gestion des ressources hydrauliques ». La Cour, dans un arrêt du 30 janvier 2001, *Espagne c. Conseil*, C-36/98, avait jugé qu'il fallait entendre par là la gestion quantitative et non qualitative. Le traité de Nice a intégré l'enseignement de la Cour dans le texte du traité CE.

Parlement européen, de rendre la procédure législative ordinaire applicable à l'un de ces domaines.

L'Union européenne peut aussi conclure des accords portant sur les modalités de sa coopération avec les pays tiers et les autres organisations internationales[16].

1012. Sous l'empire du traité de Maastricht et de la division de l'Union en trois piliers, la Cour de justice[17] a aussi reconnu la compétence du législateur communautaire pour adopter, sur le fondement de l'article 175 du traité CE (devenu article 192 TFUE), «des mesures en relation avec le droit pénal des Etats membres et qu'il estime nécessaires pour garantir la pleine effectivité des normes qu'il édicte en matière de protection de l'environnement», dès lors qu'il considère que «l'application de sanctions pénales effectives, proportionnées et dissuasives par les autorités nationales compétentes constitue une mesure indispensable pour lutter contre les atteintes graves à l'environnement». Cette jurisprudence, malgré l'abolition des piliers, reste pleinement d'actualité.

B. Le rôle des Etats membres

1013. Quatre dispositions réservent un rôle important aux Etats membres.

En premier lieu, l'article 191 du traité FUE (ex-article 174 CE) prévoit que, dans le contexte des principes gouvernant l'action de l'Union,

> «les mesures d'harmonisation répondant aux exigences en matière de protection de l'environnement comportent, dans les cas appropriés, une clause de sauvegarde autorisant les Etats membres à prendre,

---

[16] La Cour de justice, dans son avis 2/00 du 6 décembre 2001, concernant le protocole de Cartagena sur la prévention des risques biotechnologiques, a donné une interprétation très restrictive de cette disposition, avec la conséquence qu'elle ne peut servir de base juridique à un accord établissant des règles substantives en matière de protection de l'environnement. Dans la foulée, elle a considéré que l'article 175 CE constituait la base juridique appropriée.

[17] CJ, 13 septembre 2005, *Commission c. Conseil*, C-176/03; voy. aussi CJ, 23 octobre 2007, *Commission c. Conseil*, C-440/05. Dans les deux cas, la Cour annule une décision cadre adoptée par le Conseil dans le cadre de la coopération judiciaire en matière pénale, au motif qu'une disposition du traité UE ne pouvait porter atteinte aux dispositions du traité CE. Ce débat-là est quant à lui maintenant clos avec la disparition du troisième pilier.

pour des motifs environnementaux non économiques, des mesures provisoires soumises à une procédure de contrôle de l'Union».

Ce même article dispose, en son paragraphe 4, que la possibilité pour l'Union de conclure des accords internationaux

«ne préjuge pas la compétence des Etats membres pour négocier dans les instances internationales et conclure des accords internationaux»[18].

Ensuite, selon le paragraphe 4 de l'article 192 du traité FUE (ex-article 175 CE), il appartient aux Etats membres, sans préjudice de certaines mesures adoptées par l'Union, d'assurer le financement et l'exécution de la politique en matière d'environnement.

Enfin, l'article 193 du traité FUE (ex-article 176 CE) souligne que les mesures de protection adoptées par l'Union

«ne font pas obstacle au maintien et à l'établissement, par chaque Etat membre, de mesures de protection renforcées. Ces mesures doivent être compatibles avec les traités. Elles sont notifiées à la Commission».

3. Le sixième programme d'action pour l'environnement

1014. Il est totalement impossible de faire ici un relevé de tous les instruments adoptés en vue d'assurer la protection de l'environnement, tant ils sont nombreux et diversifiés. Nous nous intéresserons donc seulement au «sixième programme d'action communautaire pour l'environnement»[19], qui couvre une période de dix ans.

A. Les domaines d'action prioritaires

1015. Ils sont au nombre de quatre:

– le changement climatique, considéré comme le principal défi pour les dix prochaines années: l'objectif à long terme est de réduire les émissions de gaz à effet de serre à un niveau qui ne provoque pas de changements artificiels du climat de la terre et, pour cela,

---

[18] Sous réserve de la compétence exclusive de l'Union pour la conclusion d'un accord international dans la mesure où elle est susceptible d'affecter des règles communes ou d'en altérer la portée (article 3, par. 2, TFUE).

[19] Décision 1600/2002/CE du Parlement européen et du Conseil du 22 juillet 2002.

de limiter à deux degrés l'augmentation de la température de la planète par rapport aux niveaux de l'époque préindustrielle[20] ;

– la nature et la diversité biologique : l'objectif est de protéger, conserver, restaurer et développer le fonctionnement des systèmes naturels, des habitats naturels, de la faune et de la flore sauvages dans le but de mettre un terme à la désertification et à l'appauvrissement de la diversité biologique, y compris la diversité des ressources génétiques, tant à l'intérieur de l'Union européenne qu'à l'échelle mondiale[21] ;

– l'environnement et la santé : l'objectif est de contribuer à atteindre un niveau élevé de qualité de la vie et de bien-être social pour les citoyens en leur procurant un environnement dans lequel la pollution n'a pas d'effets nuisibles sur la santé humaine et l'environnement ainsi qu'en encourageant un développement urbain durable ;

– la gestion durable des déchets : l'objectif est d'exploiter plus efficacement les ressources et de mieux gérer les ressources et les déchets pour instaurer des modes de production et de consommation plus durables, en dissociant l'utilisation des ressources et la production de déchets du taux de croissance économique et en visant à garantir que la consommation de ressources renouvelables et non renouvelables ne va pas au-delà de ce que l'environnement peut supporter.

B. Les moyens de mise en œuvre

1016. Le sixième programme d'action identifie dix moyens pour mettre en œuvre ses objectifs :

– élaborer de nouvelles législations et modifier la législation existante si nécessaire ;

– favoriser une mise en œuvre et une application plus efficaces de la législation sur l'environnement, sans préjudice du droit de la Commission d'entamer des procédures d'infraction ;

– tenir encore mieux compte des exigences relatives à la protection de l'environnement lors de l'élaboration, de la définition et de la mise en œuvre des politiques et actions de l'Union dans tous les domaines ;

[20] Voy. la décision 406/2009/CE du Parlement européen et du Conseil du 23 avril 2009 relative à l'effort à fournir par les Etats membres pour réduire leurs émissions de gaz à effet de serre afin de respecter les engagements de la Communauté en matière de réduction de ces émissions jusqu'en 2020.
[21] Le principal instrument en la matière est la directive 92/43/CEE du Conseil, du 21 mai 1992, concernant la conservation des habitats naturels ainsi que de la faune et de la flore sauvages (Natura 2000).

– promouvoir les modes de production et de consommation durables ;
– améliorer la collaboration et le partenariat avec les entreprises, en vue d'améliorer les performances environnementales des entreprises et de mettre en œuvre des modes de production durables ;
– contribuer à une meilleure information des consommateurs individuels, des entreprises et des organismes publics, en tant qu'acheteurs, sur les incidences environnementales des procédés et des produits utilisés, en vue de mettre en place des modes de consommation durable ;
– favoriser l'intégration de l'environnement dans le secteur de la finance ;
– établir un système communautaire de responsabilité en matière environnementale ;
– améliorer la collaboration et le partenariat avec les organisations de consommateurs et les ONG et promouvoir une meilleure compréhension des questions environnementales par les citoyens européens et les encourager à participer à la recherche de solutions ;
– promouvoir une utilisation et une gestion efficaces et durables des sols et de la mer.

C. Les stratégies thématiques

1017. Parmi les actions à entreprendre, figure l'élaboration de stratégies thématiques, présentées par la Commission, comprenant un recensement des propositions requises pour atteindre les objectifs fixés dans le programme et les procédures prévues pour leur adoption.
Sept stratégies thématiques ont ainsi été adoptées relatives

– à la pollution atmosphérique[22] ;
– à la protection et la conservation du milieu marin[23] ;
– à l'utilisation durable des ressources naturelles[24] ;
– à la prévention et au recyclage des déchets[25] ;

---

[22] COM (2005) 446 final. Voy. la directive 2008/50/CE du Parlement européen et du Conseil du 21 mai 2008 concernant la qualité de l'air ambiant et un air pur pour l'Europe.
[23] COM (2005) 505 final. Voy. la directive 2008/56/CE du Parlement européen et du Conseil du 17 juin 2008 établissant un cadre d'action communautaire dans le domaine de la politique pour le milieu marin.
[24] COM (2005) 670 final.
[25] COM (2005) 666 final. Voy. la directive 2008/98/CE du Parlement européen et du Conseil du 19 novembre 2008 relative aux déchets et abrogeant certaines directives.

- à l'utilisation durable des pesticides[26];
- à la protection des sols[27];
- à l'environnement urbain[28].

II. LA PROTECTION DE LA SANTÉ PUBLIQUE

1018. La santé publique, qui fait l'objet de l'article 168 du traité FUE (ex-article 152 CE), est devenue, avec le traité sur l'Union européenne et, plus encore avec le traité d'Amsterdam, une des priorités de l'Union européenne. Cette tendance s'est confirmée dans le traité de Lisbonne.

Nous examinerons les objectifs poursuivis par l'Union (1), les moyens d'actions dont elle dispose à cet effet (2) et les principales réalisations en la matière (3).

1. Les objectifs

1019. Le paragraphe 1 définit l'objectif principal comme étant « d'assurer un niveau élevé de protection de la santé humaine, et ce dans la définition et la mise en œuvre de toutes les politiques et actions de l'Union »[29].

Sont visées en particulier,

> « l'amélioration de la santé publique et la prévention des maladies et des affections humaines et des causes de danger pour la santé physique et mentale (…), la lutte contre les grands fléaux, en favorisant la recherche sur leurs causes, leur transmission et leur prévention ainsi que l'information et l'éducation en matière de santé, ainsi que la surveillance de menaces transfrontières graves sur la santé, l'alerte en cas de telles menaces et la lutte contre celles-ci ».

Enfin, une mention spécifique est faite de la « réduction des effets nocifs de la drogue sur la santé, y compris par l'information et la prévention ».

---

[26] COM (2006) 372 final. Voy. le règlement CE/396/2005 du Parlement européen et du Conseil du 23 février 2005 concernant les limites maximales applicables aux résidus de pesticides présents dans ou sur les denrées alimentaires et les aliments pour animaux d'origine végétale.

[27] COM (2006) 23 final. La Commission a aussi adopté le 22 septembre 2006 une proposition de directive du Parlement européen et du Conseil définissant un cadre pour la protection des sols, COM (2006) 232 final.

[28] COM (2005) 718 final.

[29] Comme vient le rappeler par ailleurs l'article 9 du traité FUE.

2. Moyens d'action

1020. La santé publique relève principalement de la compétence des Etats membres (A), l'Union disposant d'une simple compétence pour mener des actions pour appuyer, coordonner ou compléter leur action sans pour autant remplacer leur compétence (C), sauf pour «certains enjeux communs de sécurité en matière de santé publique», où l'Union dispose d'une compétence partagée avec les Etats membres (B).

A. L'action des Etats membres

1021. Les Etats membres coordonnent entre eux, en liaison avec la Commission, leurs politiques et programmes en matière de protection de la santé. La Commission peut prendre, en contact étroit avec les Etats membres, toute initiative utile pour promouvoir cette coordination (article 168, par. 2, TFUE)[30]. Le paragraphe 7 vient souligner l'autonomie dont doivent disposer les Etats membres dans le domaine de la santé publique :

> «L'action de l'Union est menée dans le respect des responsabilités des Etats membres en ce qui concerne la définition de leur politique de santé, ainsi que l'organisation et la fourniture de services de santé et de soins médicaux. Les responsabilités des Etats membres incluent la gestion de services de santé et de soins médicaux, ainsi que l'allocation des ressources qui leur sont affectées».

Il est à noter que le traité de Lisbonne a modifié la formulation de ce paragraphe qui, dans sa version antérieure, se bornait à prévoir que

> «[l]'action de la Communauté *dans le domaine de la santé publique*[31] respecte pleinement les responsabilités des Etats membres en matière d'organisation et de fourniture de services de santé et de soins médicaux».

---

[30] Ici aussi le traité de Lisbonne vient préciser que ces initiatives peuvent avoir en vue d'établir des orientations et des indicateurs, d'organiser l'échange des meilleures pratiques et de préparer les éléments nécessaires à la surveillance et à l'évaluation périodiques. Le Parlement européen est pleinement informé.
[31] Nous soulignons.

B. Les compétences partagées de l'Union

1022. En vertu du paragraphe 4, « en vue de faire face aux enjeux communs de sécurité », le Parlement européen et le Conseil peuvent adopter, conformément à la procédure législative ordinaire :

- des mesures fixant des normes élevées de qualité et de sécurité des organes et substances d'origine humaine, du sang et des dérivés du sang ; ces mesures ne pouvant empêcher un Etat membre de maintenir ou d'établir des mesures de protection plus strictes ;
- des mesures dans les domaines vétérinaire et phytosanitaire ayant directement pour objectif la protection de la santé publique ;
- des mesures fixant des normes élevées de qualité et de sécurité des médicaments et des dispositifs à usage médical.

Les deux premiers domaines ont été introduits par le traité d'Amsterdam, en réaction aux graves crises du sang contaminé et de la vache folle. Le troisième a été ajouté par le traité de Lisbonne.

L'Union peut aussi adopter des mesures intéressant la santé publique dans le cadre de ses autres compétences. Il convient à cet égard de rappeler tout particulièrement que l'article 114 du traité FUE (ex-article 95CE) impose à la Commission de prendre dans ses propositions pour base un niveau de protection élevé en matière de santé. La Cour a jugé à cet égard que

> « dès lors que les conditions du recours à l'article 95 CE comme base juridique se trouvent remplies, le législateur communautaire ne saurait être empêché de se fonder sur cette base juridique du fait que la protection de la santé publique est déterminante dans les choix à faire »[32].

C. Les compétences complémentaires de l'Union

1023. Le Parlement européen et le Conseil peuvent, aux termes du nouveau paragraphe 5 de l'article 168 du traité FUE, introduit par le traité de Lisbonne, adopter, au terme d'une procédure législative ordinaire,

> « des mesures d'encouragement visant à protéger et à améliorer la santé humaine, et notamment à lutter contre les grands fléaux transfrontières, des mesures concernant la surveillance des menaces trans-

---

[32] CJ, 12 juillet 2005, *Alliance for Natural Health*, C-154/04 et C-155/04.

frontières graves sur la santé, l'alerte en cas de telles menaces et la lutte contre celles-ci, ainsi que des mesures ayant directement pour objectif la protection de la santé publique en ce qui concerne le tabac et l'abus d'alcool, à l'exclusion de toute harmonisation des dispositions législatives et réglementaires des Etats membres » [33].

Le Conseil, sur proposition de la Commission, peut également adopter des recommandations (article 168, par. 6, TFUE).

3. Les principales réalisations

A. Le cadre général et les priorités

a. Le livre blanc « Ensemble pour la santé : une approche stratégique pour l'UE 2008-2013 »

1024. Le livre blanc [34] propose quatre principes pour les années à venir :

- « une stratégie fondée sur des valeurs partagées en matière de santé » : la Commission propose l'adoption d'une déclaration sur les valeurs fondamentales de la santé, la mise au point d'un système d'indicateurs communautaires de la santé prévoyant des mécanismes communs pour la collecte de données comparables à tous les niveaux, accompagné d'une communication sur l'échange d'informations en matière de santé, elle annonce des propositions de mesures en vue de réduire les inégalités en matière de santé et la promotion de programmes favorisant les connaissances en matière de santé pour différentes catégories d'âge ;
- « la santé est le plus précieux des biens » : comme l'impact économique d'une amélioration de la santé et les facteurs économiques liés à la santé et à la maladie ne sont pas toujours faciles à comprendre, la Commission préconise l'élaboration d'un programme d'études analytiques consacrées aux liens économiques entre l'état de santé, l'investissement dans la santé et la croissance et le développement économiques ;
- « la santé dans toutes les politiques » : la Commission et les Etats membres doivent accroître l'intégration de la santé dans les politiques de l'Union, celles des Etats membres et celles des régions ;
- « faire mieux entendre la voix de l'Union en matière de santé au niveau mondial » : à cette fin, il faut améliorer la position de

---

[33] Le traité constitutionnel avait quant à lui attribué en ce domaine une compétence partagée à l'Union mais le traité de Lisbonne a fait marche arrière.
[34] COM (2007) 630 final.

l'Union au sein des organisations internationales et renforcer la coopération avec les partenaires.

Trois objectifs stratégiques sont également mis en évidence :

- favoriser un bon état de santé dans une Europe vieillissante,
- protéger les citoyens des menaces pour la santé,
- agir en faveur de systèmes de santé dynamiques et des nouvelles technologies.

b. LA NOUVELLE STRATÉGIE DE SANTÉ ANIMALE POUR L'UNION EUROPÉENNE (2008-2013)

1025. Placée sous la devise «Mieux vaut prévenir que guérir», cette nouvelle stratégie[35] repose sur quatre grands piliers :

- définir des priorités d'intervention de l'Union : la nouvelle stratégie de santé animale doit être perçue comme une politique intégrée d'évaluation et de gestion des principaux risques biologiques et chimiques à l'échelle de l'Union européenne,
- mettre en place un cadre réglementaire unique, mettant davantage l'accent sur l'incitation que sur la sanction, cohérent par rapport aux autres politiques de l'Union et convergeant vers les normes internationales,
- assurer une meilleure prévention des menaces liées aux animaux, une surveillance plus efficace et un plus grand état de préparation face aux crises,
- stimuler et coordonner l'analyse des risques, la science, l'innovation et la recherche.

B. Les mesures spécifiques de lutte contre les menaces pour la santé

1026. Nous mentionnerons particulièrement à ce titre :

- la décision 2119/98/CE du Parlement européen et du Conseil du 24 septembre 1998, instaurant un réseau de surveillance épidémiologique et de contrôle des maladies transmissibles dans la Communauté, complété par la décision 2000/96/CE de la Commission établissant la liste des maladies transmissibles ;
- le règlement CE/851/2004 du Parlement européen et du Conseil du 21 avril 2004, instituant un Centre européen de prévention et de contrôle des maladies ;

---

[35] COM (2007) 539 final.

- la directive 2002/98/CE du Parlement européen et du Conseil du 27 janvier 2003 établissant des normes de qualité et de sécurité pour la collecte, le contrôle, la transformation, la conservation et la distribution du sang humain, et des composants sanguins;
- la directive 2004/23/CE du Parlement européen et du Conseil du 31 mars 2004 relative à l'établissement de normes de qualité et de sécurité pour le don, l'obtention, le contrôle, la transformation, le stockage et la distribution de tissus et cellules humains;
- le règlement CE/726/2004 du Parlement européen et du Conseil du 31 mars 2004, établissant des procédures communautaires pour l'autorisation et la surveillance en ce qui concerne les médicaments à usage humain et à usage vétérinaire, et instituant une Agence européenne des médicaments.

III. LA PROTECTION DES CONSOMMATEURS

1027. Le traité de Rome, dans sa rédaction primitive, n'envisageait aucune politique spécifique pour le consommateur. La seule mention faite des consommateurs figurait dans la politique agricole commune qui doit assurer à ces derniers un prix raisonnable[36].

C'est au sommet de Paris en 1972 que les chefs d'Etat et de gouvernement ont manifesté pour la première fois une volonté politique en la matière. Peu après, la Commission a présenté le premier programme d'action relatif à la protection des consommateurs.

L'Acte unique introduit la notion de consommateur dans le traité CE: la Commission, dans ses propositions de mesures de rapprochement des législations en vue de la réalisation du marché intérieur, doit prendre pour base «un niveau de protection élevé» en matière notamment de protection des consommateurs[37]. La politique des consommateurs s'est alors inscrite dans la politique plus générale de réalisation du marché intérieur, perspective qui lui a permis de prendre un nouvel élan.

Cette évolution s'est confirmée avec le traité de Maastricht qui a hissé la protection des consommateurs au rang de véritable

---

[36] Article 33 CE, devenu article 39 TFUE. On peut aussi mentionner que l'article 81, par. 3, CE (devenu article 101 TFUE) imposait dès l'origine qu'une entente, pour être exemptée, doit réserver une part équitable du profit «aux utilisateurs».
[37] Ainsi qu'en matière de santé, de sécurité et de protection de l'environnement; voy. à ce sujet *supra*, n° 674.

politique de l'Union, en la consacrant à l'article 153 du traité CE, devenu maintenant l'article 169 TFUE.

Nous examinerons les objectifs poursuivis par la politique des consommateurs (1) et ses moyens d'action (2), avant de nous intéresser aux principales réalisations en la matière (3).

1. Les objectifs de la politique des consommateurs

1028. Ils sont définis au paragraphe 1 de l'article 169 du traité FUE dans les termes suivants:

> «Afin de promouvoir les intérêts des consommateurs et d'assurer un niveau élevé de protection des consommateurs, l'Union contribue à la protection de la santé, de la sécurité et des intérêts économiques des consommateurs ainsi qu'à la promotion de leur droit à l'information, à l'éducation et à s'organiser afin de préserver leurs intérêts».

2. Les moyens d'action

1029. Au niveau de l'Union, deux types d'actions spécifiques sont envisagés au paragraphe 2 de l'article 169 du traité FUE:

– les mesures adoptées en vue de la réalisation du marché intérieur en application de l'article 114 du traité FUE (ex-article 95 CE);
– des mesures qui appuient et complètent la politique menée par les Etats membres, et en assurent le suivi.

La procédure législative ordinaire s'applique pour l'adoption de ces mesures.

De plus, les exigences de la protection des consommateurs doivent être «prises en considération dans la définition et la mise en œuvre des autres politiques et actions de l'Union»[38].

Les Etats membres conservent une compétence importante puisqu'ils peuvent maintenir ou établir des mesures de protection plus strictes, pour autant qu'elles soient compatibles avec les traités. Ces mesures sont notifiées à la Commission.

3. Les principales réalisations

1030. Un nombre très important de textes ont été adoptés dans le domaine de la politique des consommateurs et il n'est pas possible de les analyser tous.

---

[38] Article 12 du traité FUE, qui reprend le paragraphe 2 de l'article 153 CE.

A. Le cadre général et les priorités

a. LE PROGRAMME D'ACTION COMMUNAUTAIRE DANS LE DOMAINE DE LA POLITIQUE DES CONSOMMATEURS POUR LA PÉRIODE 2007-2013

1031. Ce programme[39] se fixe deux objectifs :

– assurer un niveau élevé de protection des consommateurs grâce, notamment, à des éléments de qualité, l'amélioration de la consultation et de la représentation des intérêts des consommateurs ;
– assurer l'application effective des règles de protection des consommateurs, notamment par la coopération en matière d'application de la législation, l'information, l'éducation et les voies de recours.

Plusieurs actions peuvent faire l'objet d'un soutien :

– dans le cadre du premier objectif : la collecte, l'échange et l'analyse de données et d'informations ; la mise au point d'outils d'évaluation ; l'expertise juridique et technique en ce compris les études, séminaires et conférences ; la contribution au fonctionnement des associations de consommateurs européens ;
– pour le deuxième objectif : des actions de coordination de la surveillance ; des actions de coopération entre les autorités nationales ; le suivi et l'évaluation de la sécurité des produits non alimentaires et des services ; des actions en matière d'information, de conseil et de voies de recours ; des actions d'éducation des consommateurs.

Il est doté d'une enveloppe financière d'un montant de 156,8 millions d'euros.

b. LA STRATÉGIE COMMUNAUTAIRE EN MATIÈRE DE POLITIQUE DES CONSOMMATEURS POUR LA PÉRIODE 2007-2013

1032. Dans ce document[40], la politique des consommateurs est considérée comme une priorité pour aider l'Union à faire face au double défi de la croissance et de l'emploi, d'une part, et du resserrement des liens avec les citoyens, d'autre part.

---

[39] Décision 1926/2006/CE du Parlement européen et du Conseil du 18 décembre 2006.
[40] COM (2007) 99 final et résolution du Conseil du 31 mai 2007.

Trois objectifs principaux sont poursuivis:

- donner plus de pouvoirs aux consommateurs européens: le consommateur responsabilisé a besoin de véritables choix, d'informations justes, d'un marché transparent et d'une confiance fondée sur une protection efficace et des droits solides;
- renforcer le bien-être des consommateurs européens du point de vue des prix, du choix, de la qualité, de la diversité, de l'accessibilité et de la sécurité;
- protéger efficacement les consommateurs contre les risques et les menaces graves qu'ils ne peuvent prévenir en tant que particuliers: un niveau élevé de protection contre ces risques est indispensable à la confiance des consommateurs.

Pour atteindre ces objectifs, la politique des consommateurs se concentrera sur quelques domaines prioritaires:

- amélioration du suivi des marchés de consommation et des politiques nationales en faveur des consommateurs,
- amélioration de la réglementation relative à la protection des consommateurs,
- amélioration du contrôle de l'application et des voies de recours,
- amélioration de l'information et de l'éducation des consommateurs.

B. La santé et la sécurité des consommateurs

1033. Parmi les textes adoptés en la matière, nous épinglerons

- la directive 2001/95/CE du Parlement européen et du Conseil du 3 décembre 2001 relative à la sécurité générale des produits;
- le règlement CE/178/2002 du Parlement européen et du Conseil du 28 janvier 2002 établissant les principes généraux et les prescriptions générales de la législation alimentaire et instaurant une Autorité européenne de sécurité des aliments;
- le règlement CE/1829/2003 du Parlement européen et du Conseil du 22 septembre 2003 concernant les denrées alimentaires et les aliments pour animaux génétiquement modifiés;
- la directive 2006/7/CE du Parlement européen et du Conseil, du 15 février 2006 qui fixe des règles pour la surveillance, l'évaluation et la gestion de la qualité des eaux de baignade ainsi que la fourniture d'informations sur la qualité de ces eaux;
- la directive 2009/48/CE du Parlement européen et du Conseil du 18 juin 2009 relative à la sécurité des jouets.

C. La protection des intérêts économiques des consommateurs

a. LA DIRECTIVE CADRE DE PROTECTION
   CONTRE LES PRATIQUES DÉLOYALES

1034. Le Parlement européen et le Conseil ont adopté une directive cadre de protection contre les pratiques déloyales qui portent atteinte aux intérêts économiques des consommateurs[41]. Il s'agit d'une directive d'harmonisation complète et non minimale, qui ne permet dès lors pas aux Etats d'imposer des prescriptions supplémentaires en ce domaine, même aux fins d'assurer un degré plus élevé de protection des consommateurs[42].

Elle vise plus particulièrement :

- les pratiques commerciales trompeuses : est trompeuse une pratique qui contient des informations fausses, et est donc mensongère, ou qui, d'une manière quelconque, y compris par sa présentation générale, induit ou est susceptible d'induire en erreur le consommateur moyen, ou encore qui omet ou dissimule une information substantielle ;
- les pratiques commerciales agressives : est agressive une pratique comportant une utilisation du harcèlement, de la contrainte ou d'une influence injustifiée.

Le consommateur de référence est « le consommateur moyen »[43] mais la directive prévoit aussi une protection spécifique de certaines catégories de consommateurs plus vulnérables « en raison d'une infirmité mentale ou physique, de leur âge ou de leur crédulité ».

La directive contient en annexe une « liste noire » de pratiques réputées trompeuses ou agressives.

---

[41] Directive 2005/29/CE du Parlement européen et du Conseil du 11 mai 2005.

[42] CJ, 23 avril 2009, *VTB-VAB*, C-261/07 et C-299/07. Dans cet arrêt, la Cour a relevé que l'annexe de la directive établit une liste uniforme et donc exhaustive des pratiques commerciales interdites en toutes circonstances, dans laquelle ne figurent pas les ventes conjointes, pour en déduire que la directive s'oppose au régime institué par l'article 54 de la loi belge du 14 juillet 1991 sur les pratiques du commerce posant une interdiction de principe.

[43] Il s'agit d'une notion qui a été dégagée par la Cour dans le contexte de la jurisprudence dite *Cassis de Dijon* ; voy. à ce sujet *supra*, n° 595.

b. L'INFORMATION DU CONSOMMATEUR

1035. Elle est assurée par plusieurs instruments et notamment

– la directive 2000/13/CE du Parlement européen et du Conseil du 20 mars 2000 relative à l'étiquetage et à la présentation des denrées alimentaires ainsi qu'à la publicité faite à leur égard ;
– le règlement CE/1924/2006 du Parlement européen et du Conseil du 20 décembre 2006 relatif aux allégations nutritionnelles et de santé portant sur les denrées alimentaires ;
– la directive 2006/114/CE du Parlement européen et du Conseil du 12 décembre 2006 sur la publicité trompeuse et la publicité comparative.

c. LA PROTECTION DES CONSOMMATEURS ET LE DROIT
DES CONTRATS

1036. Il y a d'abord deux textes de nature horizontale :

– la directive 93/13/CEE du Conseil du 5 avril 1993 vise à éliminer la présence de certaines clauses abusives dans les contrats conclus entre un professionnel et un consommateur ;
– la directive 99/44/CE du Parlement européen et du Conseil du 25 mai 1999 instaure une protection du consommateur, par le biais de garantie, en cas de non-conformité des produits.

Ensuite, certaines techniques de conclusion des contrats ont fait l'objet d'une attention particulière en raison du risque d'abus qu'elles impliquent :

– la directive 85/577/CEE du Conseil du 20 décembre 1985 vise à assurer la protection des consommateurs dans le cas des contrats négociés en dehors des établissements commerciaux ;
– la directive 97/7/CE du Parlement européen et du Conseil du 20 mai 1997 est relative à la protection des consommateurs en matière de contrats à distance ; elle est complétée par la directive 2002/65/CE du Parlement européen et du Conseil du 23 septembre 2002 qui concerne plus particulièrement le commerce à distance de services financiers auprès des consommateurs.

Enfin, certains contrats sont plus spécifiquement réglementés par :

– la directive 90/314/CEE du Conseil du 13 juin 1990 concernant les voyages, vacances et circuits à forfait ;

- le règlement CEE/261/2004 du Parlement européen et du Conseil du 11 février 2004 établissant des règles communes en matière d'indemnisation et d'assistance des passagers en cas de refus d'embarquement et d'annulation ou de retard important d'un vol ;
- la directive 2008/48/CE du Parlement européen et du Conseil du 23 avril 2008 concernant les contrats de crédit aux consommateurs ;
- la directive 2008/122/CE du Parlement européen et du Conseil du 14 janvier 2009 relative à la protection des consommateurs en ce qui concerne certains aspects des contrats d'utilisation de biens à temps partagé, des contrats de produits de vacances à long terme et des contrats de revente et d'échange.

d. LA PROTECTION JUDICIAIRE

1037. Deux textes lui sont notamment consacrés :

- la directive 2009/22/CE du Parlement européen et du Conseil du 23 avril 2009 relative aux actions en cessation en matière de protection des intérêts des consommateurs ;
- le règlement CE/2006/2004 du Parlement européen et du Conseil du 27 octobre 2004, qui met en place un réseau d'autorités compétentes pour le contrôle de l'application de la législation concernant les consommateurs.

IV. LA PROTECTION CIVILE

1038. Le traité de Lisbonne introduit dans le traité FUE un titre consacré à la protection civile (1) mais les institutions de l'Union avaient déjà commencé à agir en ce domaine, sur le fondement de l'article 3 du traité CE, aux termes duquel l'action de la Communauté comporte « des mesures dans le domaine de la protection civile » et de la clause de flexibilité de l'article 308 du traité CE (2).

1. La consécration de la protection civile dans les politiques de l'Union

1039. Aux termes de l'article 197 du traité FUE, l'objectif de l'Union européenne dans le domaine de la protection civile est

« de renforcer l'efficacité des systèmes de prévention des catastrophes naturelles ou d'origine humaine et de protection contre celles-ci ».

Les moyens d'action sont typiques d'une compétence complémentaire ou d'appui. Il s'agit, toute mesure d'harmonisation des législations étant exclue, de :

– soutenir et compléter l'action des Etats membres aux niveaux national, régional et local portant sur la prévention des risques, sur la préparation des acteurs de la protection civile dans les Etats membres et sur l'intervention en cas de catastrophes naturelles ou d'origine humaine à l'intérieur de l'Union ;
– promouvoir une coopération opérationnelle rapide et efficace à l'intérieur de l'Union entre les services de protection civile nationaux ;
– favoriser la cohérence des actions entreprises au niveau international en matière de protection civile.

La procédure législative ordinaire s'applique pour l'adoption des mesures nécessaires afin d'atteindre ces objectifs.

Il convient d'ajouter qu'en vertu de la clause de solidarité, inscrite à l'article 222 du traité FUE,

« [l]'Union et ses Etats membres agissent conjointement dans un esprit de solidarité si un Etat membre est l'objet d'une attaque terroriste ou la victime d'une catastrophe naturelle ou d'origine humaine ».

2. Les réalisations

1040. L'instrument financier de la protection civile[44] permet l'octroi d'une aide financière pour contribuer à la fois à accroître l'efficacité de la réaction aux urgences majeures et à renforcer les mesures de prévention et de préparation à prendre pour faire face à des situations d'urgence de toutes sortes telles que les catastrophes naturelles ou causées par l'homme, les actes terroristes – y compris le terrorisme chimique, biologique, radiologique ou nucléaire – et les accidents technologiques, radiologiques ou environnementaux. Il est doté d'un budget de 189,8 millions d'euros pour la période 2007-2013.

1041. Le Fonds de solidarité de l'Union européenne[45] a été créé suite aux inondations dévastatrices d'août 2002 dans les

---

[44] Décision 2007/162/CE, Euratom du Conseil du 5 mars 2007. Cette décision vient remplacer la décision 1999/847/CE du Conseil du 9 décembre 1999 instituant un programme d'action communautaire en faveur de la protection civile.
[45] Règlement CE/2012/2002 du Conseil du 11 novembre 2002.

pays d'Europe centrale. Il a pour but de répondre de façon rapide, efficace et souple à des situations d'urgence. L'intervention du fonds peut être principalement déclenchée lorsque survient, sur le territoire d'un Etat membre ou d'un pays dont l'adhésion à l'Union européenne est en cours de négociation, une catastrophe naturelle majeure ayant des répercussions graves sur les conditions de vie, le milieu naturel ou l'économie d'une ou de plusieurs régions ou d'un ou de plusieurs pays. Elle prend la forme d'une subvention et a pour objectif de compléter les efforts des Etats concernés et de couvrir une partie de leurs dépenses publiques afin d'aider l'Etat bénéficiaire à réaliser, selon la nature de la catastrophe, diverses actions urgentes de première nécessité.

1042. Le «mécanisme communautaire visant à favoriser une coopération renforcée entre la Communauté et les Etats membres, lors d'interventions de secours relevant de la protection civile dans les cas d'urgence majeure survenant ou menaçant de survenir»[46], se fonde sur une série d'éléments et d'actions, parmi lesquels figurent notamment:

– l'inventaire des équipes de secours et d'intervention disponibles dans les Etats membres;
– l'élaboration et la mise en œuvre d'un programme de formation destiné aux membres des équipes d'intervention et de secours;
– des ateliers, des séminaires et des projets pilotes relatifs aux principaux aspects des interventions;
– la constitution et l'envoi d'équipes d'évaluation et/ou de coordination;
– la mise en place et la gestion d'un centre d'information et de suivi, accessible et prêt à intervenir 24 heures sur 24, ainsi que d'un système commun de communication et d'information entre ce centre et les points de contact des Etats membres;
– la contribution à la mise au point de systèmes de détection et d'alerte rapide;
– un soutien aux Etats membres pour faciliter l'accès aux ressources en matériel et en moyens de transport, grâce à la fourniture d'information sur les ressources disponibles auprès des Etats membres et au recensement des ressources provenant d'autres sources;
– la mise à disposition de moyens de transport complémentaires.

[46] Décision 2007/779/CE, Euratom du Conseil du 8 novembre 2007.

Il est ouvert à la participation des pays candidats à l'adhésion à l'Union et à des Etats tiers. Actuellement, trente pays y prennent part : les vingt-sept Etats membres de l'Union, l'Islande, le Liechtenstein et la Norvège.

Bibliographie sélective

Sur la protection de l'environnement

CHARBONNEAU Simon, *Droit communautaire de l'environnement*, Paris, L'Harmattan, 2006.

DE SADELEER Nicolas, *Environnement et marché intérieur*, Commentaire *J. Mégret*, 3e éd., Bruxelles, Editions de l'Université de Bruxelles, 2010.

KRAMER Ludwig, «La protection de l'environnement par le droit pénal communautaire», *RDUE*, 2009, p. 13.

PALLEMAERTS Marc, «Le cadre international et européen des politiques de lutte contre les changements climatiques», *Courrier hebdomadaire du CRISP*, 1858-1859, 2004.

PALLEMAERTS Marc et GOURITIN Armelle, «La stratégie de l'Union européenne en faveur du développement durable», *Courrier hebdomadaire du CRISP*, 1961, 2007.

ROMI Raphaël, *L'Europe et la protection juridique de l'environnement*, Victoires Editions, 2004.

ROMI Raphaël, en collaboration avec BOSSIS Gaëlle et ROUSSEAUX Sandrine, *Droit international et européen de l'environnement*, Paris, Montchrestien, 2005.

VAUCHEZ Antoine, «De la défense de l'environnement au développement durable : l'émergence d'un champ d'expertise des politiques européennes», *in* COHEN Antonin, DEZALAY Yves et MARCHETTI Dominique (éd.), *Constructions européennes : concurrences nationales et stratégies transnationales*, Paris, Seuil, 2007.

YAKEMTCHOUK Romain «Environnement − L'Europe face au réchauffement climatique», *RMCUE*, 2008, p. 587.

Sur la protection des consommateurs

CHILLON Sandie, *Le droit communautaire de la consommation après les traités de Maastricht et d'Amsterdam*, Bruxelles, Bruylant, 2000.

DEFALQUE Lucette, «Vers une plus grande cohérence dans la protection du consommateur», *in Mélanges en l'honneur de Georges Vandersanden*, Bruxelles, Bruylant, 2008.

LUBY Monique, «Politique communautaire de protection des consommateurs», *Juris-classeur Europe*, fasc. 2000.

POILLOT Elise, *Droit européen de la consommation et uniformisation du droit des contrats*, Paris, LGDJ, 2006.

VIAL Claire, *Protection de l'environnement et libre circulation des marchandises*, Bruxelles, Bruylant, 2007.

Sur la santé publique
JORENS Yves, COUCHEIR Michael, VAN OVERMEIREN Filip, «Accès aux soins de santé dans un marché unique : impact sur les systèmes légaux et complémentaires», *Bulletin luxembourgeois des questions sociales*, 18, 2005, p. 1-146.
NIHOUL Paul et SIMON Anne-Claire (dir.), *L'Europe et les soins de santé*, Paris, LGDJ et Bruxelles, Larcier, 2005.
SENN Arnaud, «La politique de santé de l'Union européenne», *Questions d'Europe*, 25, Fondation Robert Schuman, http://www.robert-schuman.eu/pdf.qe.php?num=qe-25.

Sur la protection civile
PENVERNE Fanny, *L'Union européenne et la protection civile*, Rennes, Editions Apogée, 2008.

Section 3

Education, formation professionnelle, jeunesse, sport et culture

1043. Même si l'action de la Communauté (économique) européenne dans ces domaines est ancienne, l'éducation, la jeunesse, la formation professionnelle et la culture n'ont fait leur entrée officielle dans les compétences de cette dernière qu'avec le traité de Maastricht, qui leur a donné une base juridique spécifique, en leur consacrant trois articles dans le traité CE : l'article 149 CE, devenu article 165 FTUE, visant l'éducation, la jeunesse et, vient ajouter le traité de Lisbonne, le sport (I) ; l'article 150 CE, devenu article 166 TFUE, traitant de la formation professionnelle (II), et l'article 151 CE, devenu article 167 TFUE, relatif à la culture (III). Plusieurs programmes d'action visent à mettre en œuvre ces politiques (IV).

Il s'agit de trois domaines de compétence complémentaire ou d'appui, dans lesquels l'Union se borne à encourager la coopération entre les Etats membres et, si nécessaire, à appuyer et compléter l'action des Etats membres, à l'exclusion de toute harmonisation des dispositions législatives et réglementaires des Etats membres.

I. L'ÉDUCATION, LA JEUNESSE ET LE SPORT

1044. Aux termes du paragraphe 1 de l'article 165 du traité FUE, l'Union contribue au développement d'une éducation de qualité

> « tout en respectant pleinement la responsabilité des Etats membres pour le contenu de l'enseignement et l'organisation du système éducatif ainsi que leur diversité culturelle et linguistique ».

Elle contribue également à

> « la promotion des enjeux européens du sport, tout en tenant compte de ses spécificités, de ses structures fondées sur le volontariat ainsi que de sa fonction sociale et éducative ».

1045. A cette fin, l'action de l'Union vise à :

– développer la dimension européenne dans l'éducation, notamment par l'apprentissage et la diffusion des langues des Etats membres ;
– favoriser la mobilité des étudiants et des enseignants, y compris en encourageant la reconnaissance académique des diplômes et des périodes d'études ;
– promouvoir la coopération entre les établissements d'enseignement ;
– développer l'échange d'informations et d'expériences sur les questions communes aux systèmes d'éducation des Etats membres ;
– favoriser le développement des échanges de jeunes et d'animateurs socio-éducatifs et encourager la participation des jeunes à la vie démocratique de l'Europe ;
– encourager le développement de l'éducation à distance ;
– développer la dimension européenne du sport, en promouvant l'équité et l'ouverture dans les compétitions sportives et la coopération entre les organismes responsables du sport, ainsi qu'en protégeant l'intégrité physique et morale des sportifs, notamment des jeunes sportifs.

La procédure législative ordinaire s'applique pour l'adoption des actions d'encouragement. Le Conseil adopte, sur proposition de la Commission, des recommandations.

L'Union et les Etats membres favorisent la coopération avec les pays tiers et les organisations internationales compétentes en matière d'éducation et de sport, et en particulier avec le Conseil de l'Europe.

II. La politique de formation professionnelle

1046. L'Union met en œuvre une politique de formation professionnelle, qui doit respecter pleinement la responsabilité des Etats membres pour le contenu et l'organisation de la formation professionnelle.

La politique de formation professionnelle vise à

- faciliter l'adaptation aux mutations industrielles, notamment par la formation et la reconversion professionnelle ;
- améliorer la formation professionnelle initiale et la formation continue afin de faciliter l'insertion et la réinsertion professionnelle sur le marché du travail ;
- faciliter l'accès à la formation professionnelle et favoriser la mobilité des formateurs et des personnes en formation, et notamment des jeunes ;
- stimuler la coopération en matière de formation entre les établissements d'enseignement ou de formation professionnelle et les entreprises ;
- développer l'échange d'informations et d'expériences sur les questions communes aux systèmes de formation des Etats membres.

Les mesures nécessaires à la mise en œuvre de cette politique, sont adoptées par le Parlement européen et le Conseil selon la procédure législative ordinaire. Le Conseil adopte, sur proposition de la Commission, des recommandations.

L'Union et les Etats membres favorisent la coopération avec les pays tiers et les organisations internationales compétentes en matière de formation professionnelle.

III. La culture

1047. L'Union contribue à

«l'épanouissement des cultures des Etats membres dans le respect de leur diversité nationale et régionale, tout en mettant en évidence l'héritage culturel commun».

A cette fin, l'action de l'Union vise à

- améliorer la connaissance et la diffusion de la culture et de l'histoire des peuples européens ;
- conserver et sauvegarder le patrimoine culturel d'importance européenne ;

– soutenir les échanges culturels non commerciaux ;
– encourager la création artistique et littéraire, y compris dans le
secteur de l'audiovisuel.

La procédure législative ordinaire s'applique pour l'adoption des actions d'encouragement. Le Conseil adopte, sur proposition de la Commission, des recommandations.

L'Union et les Etats membres favorisent la coopération avec les pays tiers et les organisations internationales compétentes dans le domaine de la culture, et en particulier avec le Conseil de l'Europe.

La culture est aussi intégrée dans les autres politiques puisque l'Union doit tenir compte des aspects culturels dans son action au titre d'autres dispositions des traités, «afin notamment de respecter et de promouvoir la diversité de ses cultures».

IV. Les programmes d'actions

1048. Six programmes méritent plus particulièrement l'attention ; ils sont gérés par l'Agence exécutive «Education, audiovisuel et culture», créée par la décision 2005/56/CE de la Commission du 14 janvier 2005. Sa mission consiste à exécuter des projets qui demandent un haut niveau d'expertise technique et financière mais qui n'impliquent pas de prise de décision de nature politique. Elle est gérée par un comité de direction et par un directeur qui sont désignés par la Commission.

1. Le programme d'action dans le domaine de l'éducation et de la formation tout au long de la vie

A. Les objectifs du programme

1049. Ce programme[47] a pour objectif général de contribuer, par l'éducation et la formation tout au long de la vie, au développement de l'Union en tant que société de la connaissance avancée, caractérisée par un développement économique durable, des emplois plus nombreux et meilleurs et une cohésion sociale accrue, tout en assurant une bonne protection de l'environnement pour les générations futures.

---

[47] Décision 1720/2006/CE du Parlement européen et du Conseil du 15 novembre 2006.

En particulier, il vise à favoriser les échanges, la coopération et la mobilité entre les systèmes d'éducation et de formation au sein de l'Union, afin qu'ils deviennent une référence de qualité mondiale. Il se voit aussi assigner plusieurs objectifs plus spécifiques, qui sont poursuivis par le biais des quatre programmes *Comenius*, *Erasmus*, *Leonardo da Vinci* et *Grundtvig*, par un programme transversal, qui est une nouveauté par rapport aux programmes antérieurs, ainsi que par le programme Jean Monnet.

La participation au programme est ouverte non seulement aux Etats membres mais aussi aux pays membres de l'Espace économique européen, à la Confédération suisse ainsi qu'aux pays candidats à l'adhésion à l'Union et aux pays candidats potentiels des Balkans occidentaux, conformément aux règles et accords gouvernant leur participation aux programmes de l'Union.

Le programme est doté d'une enveloppe financière de 6,970 milliards d'euros pour la période 2007-2013.

B. Les programmes *Comenius*, *Erasmus*, *Leonardo da Vinci* et *Grundtvig*

1050. Ces quatre programmes, qui existent déjà depuis long-temps, soutiennent principalement des actions de mobilité, des partenariats et des projets multilatéraux.

1051. Le programme *Comenius*, qui représente 13 % du total de l'enveloppe, concerne l'enseignement préscolaire et scolaire jusqu'à la fin du deuxième cycle de l'enseignement secondaire. Il vise à

– faire mieux comprendre aux jeunes et au personnel éducatif la diversité des cultures européennes et sa valeur et
– aider les jeunes à acquérir les qualifications et compétences vitales de base qui sont nécessaires à leur développement personnel, à leur activité professionnelle future et à une citoyenneté active.

1052. Le programme *Erasmus*, qui représente 40 % du total de l'enveloppe, concerne l'enseignement supérieur formel, ainsi que l'enseignement et la formation professionnels de niveau supérieur, y compris les études de doctorat. Il a pour objectif de

– soutenir la réalisation d'un espace européen de l'enseignement supérieur,

– renforcer la contribution de l'enseignement supérieur et du perfectionnement professionnel au processus d'innovation.

1053. Le programme *Leonardo da Vinci*, qui représente 25% du total de l'enveloppe, concerne l'enseignement et la formation professionnels autres que de niveau supérieur et vise à

– aider les participants aux formations à acquérir et à utiliser des connaissances, des aptitudes et des qualifications contribuant à leur épanouissement personnel, leur aptitude à l'emploi et leur participation au marché du travail européen ;
– soutenir l'amélioration de la qualité et l'innovation ;
– améliorer l'attrait de l'enseignement et de la formation professionnels et la mobilité.

1054. Le programme *Grundtvig*, qui représente 4% du total de l'enveloppe, est axé sur toutes les formes d'éducation permanente non professionnelle pour adultes. Ses objectifs sont

– répondre au défi du vieillissement de la population européenne dans le domaine de l'éducation ;
– aider à fournir aux adultes des parcours pour améliorer leurs connaissances et compétences.

C. Le programme transversal

1055. Il recouvre quatre activités clés dans le domaine de l'éducation et de la formation tout au long de la vie, à savoir

– la coopération et l'innovation politiques ;
– la promotion de l'apprentissage des langues ;
– le développement d'un contenu, de services, de pédagogies et de pratiques innovants fondés sur les TIC ;
– la diffusion et l'exploitation des résultats d'actions relevant de ce programme ou des programmes antérieurs ainsi que l'échange de bonnes pratiques.

Il a pour objectifs spécifiques de promouvoir

– la coopération européenne dans des domaines couvrant deux programmes sectoriels au moins ;
– la qualité et la transparence des systèmes d'éducation et de formation des Etats membres.

D. Le programme Jean Monnet

1056. Son premier objectif est de stimuler les activités d'enseignement, de recherche et de réflexion dans le domaine des études sur l'intégration européenne notamment par

- des chaires, centres d'excellence et modules d'enseignement Jean Monnet;
- des associations réunissant des professeurs d'université, d'autres enseignants de l'enseignement supérieur et des chercheurs se spécialisant dans l'intégration européenne;
- l'octroi d'une aide à de jeunes chercheurs se spécialisant dans des études sur l'intégration européenne;
- des activités d'information et de recherche sur l'Union ayant pour but de favoriser la discussion, la réflexion et les connaissances concernant le processus d'intégration européenne.

Il vise aussi à soutenir l'existence d'un nombre approprié d'établissements et d'associations se concentrant sur des questions relatives à l'intégration européenne et sur l'éducation et la formation dans une perspective européenne, par des subventions de fonctionnement aux établissements désignés qui poursuivent un but d'intérêt européen[48].

2. Le programme « Jeunesse en action »

1057. Ce programme[49] comporte cinq objectifs généraux:

- promouvoir la citoyenneté active des jeunes, avec l'action « Jeunesse pour l'Europe » qui vise principalement à renforcer les échanges entre jeunes dans la perspective d'accroître leur mobilité tout en renforçant leur sentiment d'être citoyens européens;
- développer la solidarité des jeunes avec l'action « Service volontaire européen », dont l'objet est de renforcer la participation des jeunes à différentes formes d'activités de volontariat, à l'intérieur et en dehors de l'Union;
- favoriser la compréhension mutuelle des jeunes de différents pays, avec l'action « Jeunesse dans le monde » qui soutient les projets

[48] A savoir l'Institut universitaire européen de Florence, le collège d'Europe, l'Institut européen d'administration publique de Maastricht, l'Académie de droit européen de Trèves, l'Agence européenne pour le développement de l'éducation pour les élèves à besoin spécifique de Middelfart et le Centre international de formation européenne à Nice.
[49] Décision 1719/2006/CE du Parlement européen et du Conseil du 15 novembre 2006.

menés avec les pays tiers qui ont signé des accords avec l'Union dans le domaine de la jeunesse ainsi que les initiatives renforçant la compréhension mutuelle, la solidarité et la tolérance des jeunes;

– améliorer la qualité des systèmes de soutien des activités des jeunes et des capacités des organisations de la société civile dans le domaine de la jeunesse, avec l'action «Systèmes d'appui à la jeunesse», qui soutient notamment le Forum européen de la Jeunesse;

– favoriser la coopération européenne dans le domaine de la jeunesse, avec l'action «Soutien à la coopération européenne dans le secteur de la jeunesse».

Il est doté d'un budget de 885 millions d'euros pour la période 2007-2013.

3. Le livre blanc sur le sport

1058. Publié par la Commission le 11 juillet 2007, ce livre blanc[50] développe trois thèmes principaux.

Le premier thème est le rôle sociétal du sport, et en particulier:

– l'amélioration de la santé publique par l'activité physique;
– la lutte contre le dopage,
– le rôle du sport dans l'éducation et la formation;
– le bénévolat et la citoyenneté active au moyen du sport;
– la mise du potentiel du sport au service de l'inclusion sociale, de l'intégration et de l'égalité des chances;
– le renforcement de la prévention et de la répression du racisme et de la violence;
– un partage des valeurs de l'Union avec les autres parties du monde;
– un soutien au développement durable.

Vient ensuite la dimension économique du sport, avec un accent mis sur la nécessité

– de fonder les politiques du sport sur un socle de connaissances solide;
– de maintenir et développer un modèle de financement durable pour le soutien à long terme des organisations sportives.

---

[50] COM (2007) 391 final. Il est accompagné du plan d'action «Pierre de Coubertin».

Le troisième aspect abordé est l'organisation du sport, qui implique de mener une réflexion sur :

- la spécificité du sport, sous l'angle des activités sportives comme des structures sportives,
- la libre circulation et la discrimination fondée sur la nationalité dans les sports,
- les règles relatives aux transferts internationaux de joueurs,
- une réglementation de l'activité des agents de joueurs,
- la protection des mineurs,
- la lutte contre la corruption, le blanchiment d'argent et d'autres formes de criminalité financière,
- les systèmes de licence pour les clubs professionnels,
- les relations entre le secteur du sport et les médias sportifs.

4. Le programme Culture

A. Objectifs

1059. L'objectif général du programme[51] est

«de mettre en valeur l'espace culturel partagé par les Européens et fondé sur un héritage culturel commun par le développement de la coopération culturelle entre les créateurs, les acteurs culturels et les institutions culturelles des pays participant au programme, en vue de favoriser l'émergence d'une citoyenneté européenne».

Dans ce cadre, il poursuit trois objectifs spécifiques :

- favoriser la mobilité transnationale des professionnels du secteur culturel ;
- favoriser la circulation des œuvres d'art et des produits culturels et artistiques au-delà des frontières nationales ;
- promouvoir le dialogue interculturel.

Le programme contribue également au renforcement des objectifs transversaux de l'Union, notamment par :

- la promotion du principe fondamental de la liberté d'expression ;
- l'encouragement à une meilleure prise de conscience de l'importance qu'il y a à contribuer au développement durable ;
- la promotion de la compréhension mutuelle et de la tolérance au sein de l'Union européenne ;

---

[51] Décision 1855/2006/CE du Parlement européen et du Conseil du 12 décembre 2006.

– l'encouragement à l'élimination des discriminations fondées sur le sexe, la race ou l'origine ethnique, la religion ou les convictions, le handicap, l'âge ou l'orientation sexuelle.

B. Domaines d'action

1060. En vue d'atteindre ces objectifs, le programme s'articule autour de trois niveaux d'intervention.
Il y a d'abord le soutien à des actions culturelles :

– projets de coopération pluriannuelle durables et structurés en vue de réunir les qualités et l'expertise spécifiques d'opérateurs culturels dans l'ensemble de l'Europe, dans leur phase de démarrage et de structuration ou dans leur phase d'extension géographique ;
– actions de coopération culturelle de nature sectorielle ou transsectorielle entre opérateurs européens. La priorité est accordée à la créativité et à l'innovation ;
– actions spéciales, définies comme des actions d'une ampleur et d'une portée importantes, qui ont une résonance significative auprès des peuples d'Europe, contribuent à une meilleure prise de conscience de leur appartenance à une même communauté, les sensibilisent à la diversité culturelle des Etats membres et contribuent également au dialogue interculturel et international.

Vient ensuite le soutien à des organismes actifs au niveau européen dans le domaine de la culture.
Le troisième niveau est le soutien à des travaux d'analyse ainsi qu'à la collecte et à la diffusion d'informations, de même qu'aux actions optimisant l'impact des projets dans le domaine de la coopération culturelle européenne et de l'élaboration de la politique culturelle européenne.

1061. Le programme est ouvert à la participation des industries culturelles non audiovisuelles, en particulier des petites entreprises culturelles, dans la mesure où ces industries exercent des activités culturelles sans but lucratif.
A certaines conditions, il est ouvert aux Etats membres de l'Espace économique européen, aux pays candidats bénéficiant d'une stratégie de préadhésion et aux pays des Balkans.
Il est doté d'une enveloppe financière de 400 millions d'euros pour la période 2007-2013.

5. Le programme « L'Europe pour les citoyens »

A. Les objectifs

1062. Les objectifs généraux du programme[52] sont de :

- donner aux citoyens l'occasion d'interagir et de participer à la construction d'une Europe toujours plus proche, démocratique et ouverte au monde, unie dans sa diversité culturelle et s'enrichissant de cette diversité, développant ainsi la citoyenneté de l'Union européenne ;
- développer la conscience d'une identité européenne, fondée sur des valeurs, une histoire et une culture communes ;
- renforcer auprès des citoyens le sentiment qu'ils sont parties prenantes à l'Union européenne ;
- améliorer la tolérance et la compréhension mutuelle des citoyens européens en respectant et en promouvant la diversité culturelle et linguistique, tout en contribuant au dialogue interculturel.

Il poursuit les objectifs spécifiques suivants, en liaison avec ces objectifs généraux :

- rapprocher les individus des communautés locales de toute l'Europe, pour qu'ils partagent et échangent leurs expériences, leurs opinions et leurs valeurs, tirent des enseignements de l'histoire et œuvrent à la construction de l'avenir ;
- favoriser l'action, les débats et la réflexion en matière de citoyenneté européenne et de démocratie, de valeurs partagées, d'histoire et de culture communes grâce à la coopération au sein d'organisations de la société civile au niveau européen ;
- rapprocher l'Europe de ses citoyens, en promouvant les valeurs et les réalisations européennes, tout en préservant la mémoire de son passé ;
- encourager l'interaction entre les citoyens et les organisations de la société civile de tous les pays participants, en contribuant au dialogue interculturel et en mettant en évidence tant la diversité que l'unité de l'Europe, une attention particulière étant accordée aux activités destinées à renforcer les liens entre les citoyens des Etats membres de l'Union européenne dans sa composition du 30 avril 2004 et ceux des Etats membres ayant adhéré après cette date.

---

[52] Décision 1904/2006/CE du Parlement européen et du Conseil du 12 décembre 2006.

B. Domaines d'action

1063. Quatre types d'action peuvent faire l'objet d'un soutien :

- « Des citoyens actifs pour l'Europe » : soutien à des jumelages de villes et à des projets citoyens ;
- « Une société civile active en Europe » : soutien structurel aux organismes de recherche et de réflexion sur les politiques publiques européennes et aux organisations de la société civile au niveau européen, et soutien aux projets lancés par des organisations de la société civile ;
- « Tous ensemble pour l'Europe » : soutien d'événements à haute visibilité, tels que commémorations, remises de prix, manifestations artistiques, conférences à l'échelle européenne ;
- une « Mémoire européenne active » : protection des principaux sites et archives ayant un lien avec les déportations et commémoration des victimes.

1064. Le programme est accessible à toutes les parties prenantes promouvant la citoyenneté européenne active, en particulier aux autorités et organisations locales, aux organismes de recherche et de réflexion sur les politiques publiques européennes, aux groupes de citoyens et d'autres organisations de la société civile. A certaines conditions, il est ouvert aux Etats membres de l'Espace économique européen, aux pays candidats bénéficiant d'une stratégie de préadhésion et aux pays des Balkans.
Il est doté d'une enveloppe financière de 215 millions d'euros pour la période 2007-2013.

6. *Le programme de soutien au secteur audiovisuel européen*

A. Objectifs et priorités du programme

1065. Le programme MEDIA 2007[53] poursuit plusieurs objectifs généraux :

- préserver et mettre en valeur la diversité culturelle et linguistique et le patrimoine cinématographique et audiovisuel européens, garantir son accès au public et favoriser le dialogue entre les cultures ;
- accroître la circulation et l'audience des œuvres audiovisuelles européennes à l'intérieur et à l'extérieur de l'Union, y compris en renforçant la coopération entre les opérateurs ;

---

[53] Décision 1718/2006/CE du Parlement européen et du Conseil du 15 novembre 2006.

– renforcer la compétitivité du secteur audiovisuel européen dans le cadre d'un marché européen ouvert et concurrentiel favorable à l'emploi, y compris en promouvant les relations entre les professionnels du secteur.

A cette fin, il intervient en amont et en aval de la production audiovisuelle, ainsi que dans des projets pilotes.
Dans ses domaines d'intervention, le programme s'appuie sur les priorités suivantes :

– l'encouragement au processus de création dans le secteur audiovisuel ainsi que la connaissance du patrimoine cinématographique et audiovisuel européen et sa diffusion ;
– le renforcement de la structure du secteur audiovisuel européen, en particulier les petites et moyennes entreprises ;
– la réduction, au sein du marché audiovisuel européen, des déséquilibres entre les pays à forte capacité de production audiovisuelle et les pays ou régions à faible capacité de production audiovisuelle et/ou à zone géographique et linguistique restreinte ;
– l'accompagnement des évolutions du marché en matière de numérisation.

Le programme est doté d'un budget de près de 760 millions d'euros pour la période 2007-2013.

B. Domaines d'action

1066. Les actions en amont de la production audiovisuelle visent à favoriser

– l'acquisition et le perfectionnement de compétences dans le domaine audiovisuel, avec trois domaines prioritaires : l'amélioration des capacités de création et de gestion des professionnels de l'audiovisuel européen, l'adaptation de leurs qualifications techniques aux technologies numériques et la dimension européenne des actions de formation audiovisuelle par un soutien à la mise en réseau et la mobilité des acteurs concernés ;
– le développement des œuvres audiovisuelles européennes : soutien de la phase de développement des projets de production présentés par des sociétés de production indépendants.

Les actions en aval de la production audiovisuelle ont pour objet de soutenir la distribution et la diffusion des œuvres audiovisuelles européennes, ainsi que leur promotion :

– encourager les distributeurs à investir dans la coproduction, l'acquisition et la promotion des films européens non nationaux

et à mettre en place des stratégies coordonnées de commercialisation;
- promouvoir la diffusion transnationale des œuvres audiovisuelles européennes;
- améliorer la circulation des films européens non nationaux sur les marchés européen et international;
- améliorer l'accès du public européen et international aux œuvres audiovisuelles européennes;
- encourager la numérisation des œuvres audiovisuelles européennes.

Bibliographie sélective

BARBATO, Jean-Christophe, «Politique culturelle – La nouvelle période de programmation de l'action culturelle communautaire», *RMCUE*, 2009, p. 608.

DEZALAY Yves, «L'Europe du savoir contre l'Europe des banques? La construction de l'espace européen de l'enseignement supérieur», *in* COHEN Antonin, DEZALAY Yves et MARCHETTI Dominique (éd.), *Constructions européennes: concurrences nationales et stratégies transnationales*, Paris, Seuil, 2007.

GÉRARD Marcel et VANDENBERGHE Vincent (dir.), «L'enseignement supérieur après Bologne», *Reflets et perspectives de la vie économique*, 2006, p. 5-89.

HÄRTEL Melissa, «Erasmus» ou la construction d'un espace culturel européen, http://www.unige.ch/ieug/publications/euryopa/HAERTEL.pdf.

KRISTEVA Julia, *Diversité et culture – Diversity and Culture*, Paris, CulturesFrance, 2007.

ORSONI Gilbert (éd.), *Le financement de la culture*, Paris, Economica, 2007.

PSYCHOGIOPOULOU Evangelia, *The integration of cultural considerations in EU law and policies*, Leiden, M. Nijhoff, 2008.

SARIKAKIS Katharine (ed.), *Media and cultural policy in the European Union*, Amsterdam – New York, Rodopi, 2007.

VÉGLIO Catherine, «Pour une Europe de l'éducation», *Lettre de Confrontations Europe*, 78, avril-juin 2007.

CHAPITRE V

L'action extérieure
de l'Union européenne

1067. L'entrée en vigueur du traité de Lisbonne doit permettre d'assurer une plus grande cohérence de l'action extérieure de l'Union (section 1). Nous distinguerons plusieurs volets, qui sont la politique étrangère et de sécurité commune (section 2), les mesures restrictives (section 3), la politique commerciale commune (section 4) et la coopération avec les pays tiers et l'action humanitaire (section 5)

Section 1
**Vers une plus grande cohérence
de l'action extérieure de l'Union européenne**

1068. Dès la création de l'Union européenne par le traité de Maastricht, l'accent a été mis sur la nécessité d'assurer la cohérence de son action extérieure[1]. C'est que plusieurs obstacles se dressaient sur le chemin de cette cohérence, auxquels le traité de Lisbonne a au moins remédié en partie, avec la reconnaissance de la personnalité juridique de l'Union (I), un certain regroupement des dispositions relatives à l'action extérieures de l'Union (II), la définition de principes et d'objectifs communs à tous les volets de l'action extérieure (III) et des responsabilités particulières confiées aux institutions en matière de cohérence (V).

---

[1] Ainsi, l'article 3 du traité UE imposait à l'Union de veiller «en particulier, à la cohérence de l'ensemble de son action extérieure dans le cadre de ses politiques en matière de relations extérieures, de sécurité, d'économie et de développement».

I. LA PERSONNALITÉ JURIDIQUE DE L'UNION

1069. Sous l'empire du traité de Maastricht, l'Union euro-péenne ne s'était pas vu attribuer la personnalité juridique et elle devait coexister avec la Communauté européenne dans cette curieuse structure en piliers, difficilement compréhensible pour les partenaires de l'Union. Une des premières décisions prises par la Convention sur l'avenir de l'Europe, sauvegardée dans le traité constitutionnel et ensuite par le traité de Lisbonne, a été la reconnaissance de la personnalité juridique de l'Union euro-péenne.

1070. Aux termes de l'article 47 du traité UE, tel que modifié par le traité de Lisbonne, «[l]'Union a la personnalité juri-dique». Dans la foulée, la Communauté européenne disparaît : l'Union se substitue et succède à celle-ci (article 2 du traité UE modifié).
Le sujet unique de droit international devient donc l'Union, ce qui devrait permettre à cette dernière d'agir de manière plus effi-cace, plus cohérente et plus crédible dans ses relations avec le reste du monde[2].

II. UN CERTAIN REGROUPEMENT DES DISPOSITIONS RELATIVES À L'ACTION EXTÉRIEURE DE L'UNION

1071. Dans les anciens traités CE et UE, les dispositions rela-tives à l'action extérieure de l'Union étaient totalement épar-pillées :

- la politique étrangère et de sécurité commune faisait l'objet du titre V du traité sur l'Union européenne ;
- on retrouvait, en ordre dispersé, dans la troisième partie du traité CE sur les politiques de la Communauté : la représentation externe de l'euro (article 111 CE, dans le titre sur la politique économique et monétaire), la politique commerciale (articles 131 à 134 CE), la coopération au développement (articles 177 à 181 CE) et la

---

[2] L'importance de ce pas en avant avait justifié, dans le traité constitutionnel, que la disposition reconnaissant la personnalité juridique de l'Union figure en tête du traité dans les dispositions consacrées à la «définition de l'Union». Le traité de Lisbonne vient la placer dans les dispositions finales du traité UE, soit à la même place que la disposition du traité CE reconnaissant la personnalité juridique de la Communauté européenne. Rappelons que l'Euratom quant à elle continue à exister.

coopération économique, financière et technique avec des pays tiers (article 181A CE);

– c'était dans la sixième partie du traité CE, intitulée «Dispositions générales et finales», que figuraient les règles relatives à la conclusion des accords internationaux en général (article 300 CE) et des accords d'association en particulier (article 310 CE);

– la faculté de conclure des accords internationaux dans le troisième pilier était consacrée par l'article 38 du traité UE.

1072. Le traité constitutionnel avait décidé de tirer le meilleur parti possible de la reconnaissance de la personnalité juridique unique de l'Union en regroupant toutes les dispositions relatives à l'action extérieure de l'Union au sein d'un titre unique de sa troisième partie. Ce regroupement devait rendre le traité plus lisible et plus cohérent en ce qui concerne l'organisation des différentes politiques externes de l'Union.

Comme nous avons déjà eu l'occasion de le souligner, le traité de Lisbonne a fait partiellement marche arrière en la matière. Certes, il a introduit dans le traité FUE une nouvelle partie intitulée «action extérieure de l'Union» qui regroupe dans cinq grands titres[3] les dispositions éparses du traité CE traitant jusque-là des compétences externes de la Communauté. Mais cette partie ne comprend ni les dispositions générales relatives à l'action extérieure de l'Union, ni les dispositions spécifiques à la politique étrangère et de sécurité, qui sont placées quant à elles dans le traité UE.

Le système des piliers n'a donc pas totalement disparu et la politique étrangère et de sécurité commune conserve sa spécificité intergouvernementale[4].

La nécessité de mécanismes assurant la cohérence de l'action extérieure continue dès lors à s'imposer. Un élément important à cet égard est la définition de principes et d'objectifs communs à tous les volets de l'action extérieure.

---

[3] A savoir la politique commerciale commune; la coopération avec les pays tiers et l'aide humanitaire; les mesures restrictives; les accords internationaux; les relations de l'Union avec les organisations internationales; les pays tiers et délégations de l'Union et la clause de solidarité. Voy. au sujet des mesures restrictives, *infra*, n°s 1115 et s.

[4] Déjà dans le système du traité constitutionnel, le regroupement opéré avait été qualifié de regroupement en trompe-l'œil. Voy. Isabelle BOSSE-PLATIÈRE, *L'article 3 du traité UE: recherche sur une exigence de cohérence de l'action extérieure de l'Union européenne*, Bruxelles, Bruylant, 2009, p. 133.

III. Les principes et objectifs communs

1073. Les principes à respecter par l'action de l'Union sur la scène internationale sont, aux termes de l'article 21, par. 1, du traité UE, tel que modifié par le traité de Lisbonne,

> «la démocratie, l'Etat de droit, l'universalité et l'indivisibilité des droits de l'homme et des libertés fondamentales, le respect de la dignité humaine, les principes d'égalité et de solidarité et le respect des principes de la charte des Nations unies et du droit international».

L'article 21 précise que ces principes ont présidé à la création de l'Union, à son développement et à son élargissement[5] et qu'elle vise à les promouvoir dans le reste du monde.
Il ajoute que l'Union développera des relations et construira des partenariats avec les pays tiers et avec les organisations internationales, régionales ou mondiales qui partagent ces principes.
Enfin, il affirme la préférence de l'Union pour «des solutions multilatérales aux problèmes communs en particulier dans le cadre des Nations unies».

1074. Quant aux objectifs généraux de l'Union européenne dans ses relations avec le reste du monde, ils font l'objet du paragraphe 2 de l'article 21 du traité UE modifié. Aux termes de cette disposition, «l'Union définit et mène des politiques communes et des actions et œuvre pour assurer un haut degré de coopération dans tous les domaines des relations internationales», afin de poursuivre huit objectifs, qui viennent regrouper diverses préoccupations qui auparavant se rattachaient à des domaines particuliers.

1075. Parmi ces objectifs communs, on peut pointer des objectifs relevant traditionnellement:

- de la politique étrangère et de sécurité commune: sauvegarder ses valeurs, ses intérêts fondamentaux, sa sécurité, son indépendance et son intégrité;
- de la coopération au développement: soutenir le développement durable sur le plan économique, social et environnemental des pays en développement dans le but essentiel d'éradiquer la pauvreté;
- de l'aide humanitaire: aider les populations, les pays et les régions confrontés à des catastrophes naturelles ou d'origine humaine;

---

[5] Voy. *supra*, n° 46, les valeurs de l'Union.

– de l'environnement : contribuer à l'élaboration de mesures internationales pour préserver et améliorer la qualité de l'environnement et la gestion durable des ressources naturelles mondiales,
afin d'assurer un développement durable ;
– de la politique commerciale : encourager l'intégration de tous les
pays dans l'économie mondiale, y compris par la suppression
progressive des obstacles au commerce international ;
– ou encore des objectifs transversaux : sauvegarder ses valeurs,
ses intérêts fondamentaux, sa sécurité, son indépendance et son
intégrité ; consolider et soutenir la démocratie, l'Etat de droit, les
droits de l'homme et les principes du droit international ; promouvoir un système international fondé sur une coopération multilatérale renforcée et une bonne gouvernance mondiale.

Si les objectifs ainsi définis se font, dans une large mesure, l'écho
des objectifs généraux de l'Union tels que définis à l'article 3 du
traité UE modifié[6], on remarquera avec un certain regret qu'ils
ne reprennent pas la contribution de l'Union «à la solidarité et
au respect mutuel entre les peuples, [ainsi qu'] au commerce libre
et équitable».

1076. Ces principes et objectifs doivent guider l'Union dans
l'élaboration et la mise en œuvre de son action sur la scène
internationale dans tous ses aspects, c'est-à-dire l'ensemble des
actions purement externes de l'Union vis-à-vis des pays tiers,
couvertes par le titre V du traité UE modifié et par la cinquième
partie du traité FUE, mais aussi les «aspects extérieurs» des
autres politiques, en d'autres termes des politiques internes. En
d'autres termes, alors qu'auparavant, chaque politique externe
poursuivait ses propres objectifs, déconnectés des objectifs des
autres politiques, désormais il y aura des objectifs généraux que
toutes les politiques externes devront poursuivre.

IV. DES RESPONSABILITÉS PARTICULIÈRES CONFIÉES
AUX INSTITUTIONS EN MATIÈRE DE COHÉRENCE

1077. Aux termes de l'article 22, par. 3, du traité UE,

«[l]'Union veille à la cohérence entre les différents domaines de son
action extérieure et entre ceux-ci et ses autres politiques. Le Conseil
et la Commission, assistés par le haut représentant de l'Union pour

---

[6] Voy. à ce sujet, *supra*, n° 51.

les affaires étrangères et la politique de sécurité, assurent cette cohérence et coopèrent à cet effet».

Le Conseil des affaires étrangères est quant à lui chargé d'élaborer l'action extérieure de l'Union, dans toutes ses dimensions, selon les lignes stratégiques fixées par le Conseil européen et d'assurer la cohérence de l'action de l'Union.

1078. Pour assurer cette cohérence, le Conseil européen est aussi chargé, en vertu de l'article 22 du traité UE modifié, d'identifier, sur la base des principes et objectifs énumérés à l'article 21, les «intérêts et objectifs stratégiques de l'Union».
L'alinéa 2 du paragraphe 1 de cette disposition précise que

> «[l]es décisions du Conseil européen sur les intérêts et objectifs stratégiques de l'Union portent sur la politique étrangère et de sécurité commune ainsi que sur d'autres domaines relevant de l'action extérieure de l'Union. Elles peuvent concerner les relations de l'Union avec un pays ou une région, ou avoir une approche thématique. Elles définissent leur durée et les moyens que devront fournir l'Union et les Etats membres».

Ces décisions sont adoptées par le Conseil européen statuant à l'unanimité sur recommandation du Conseil[7]. Elles sont mises en œuvre selon les procédures prévues par les traités.
Enfin, selon le paragraphe 2,

> «[l]e haut représentant, pour le domaine de la politique étrangère et de sécurité commune, et la Commission, pour les autres domaines de l'action extérieure, peuvent présenter des propositions conjointes au Conseil».

On remarquera – pour le regretter – l'effacement total du Parlement européen, qui n'est même pas consulté avant l'adoption d'une décision sur les intérêts et objectifs stratégiques de l'Union.

1079. Les décisions du Conseil européen sur les intérêts et objectifs stratégiques de l'Union prennent ainsi la succession des «stratégies communes» introduites par le traité d'Amsterdam mais, à la différence de celles-ci, elles s'étendent à la totalité des secteurs de l'action extérieure de l'Union et pas seulement à la

---

[7] Qui adopte cette recommandation «selon les modalités prévues pour chaque domaine».

politique étrangère et de sécurité commune[8]. De plus, elles ne visent plus «les domaines dans lesquels les Etats ont des intérêts communs importants» mais bien les intérêts (stratégiques) de l'Union elle-même. La mention, à côté des intérêts, des objectifs stratégiques pourrait aussi contribuer à une plus grande cohérence.

Il faudra espérer qu'elles auront plus de succès que les stratégies communes. En effet, force est de constater que l'instrument de la stratégie commune, malgré les avancées qu'il laissait entrevoir, a été un échec. Seules trois stratégies ont été adoptées, dans la foulée de l'entrée en vigueur du traité d'Amsterdam : à l'égard de la Russie[9] et de l'Ukraine[10], en 1999 et de la Méditerranée[11], en 2000. Elles sont venues à expiration et n'ont pas été remplacées. Aucune autre stratégie commune n'a par ailleurs été élaborée[12].

Bibliographie sélective

Bosse-Platière Isabelle, *L'article 3 du traité UE : recherche sur une exigence de cohérence de l'action extérieure de l'Union européenne*, Bruxelles, Bruylant, 2009.

Section 2

La politique étrangère et de sécurité commune

1080. Après l'échec de la Communauté européenne de défense en 1954, la construction européenne a pris un tour essentiellement économique. A partir de 1970, se développe cependant la coopération politique européenne, institutionnalisée par l'Acte unique européen. Cette concertation intergouvernementale a ouvert la voie à la politique étrangère et de sécurité commune, instituée par le traité de Maastricht en tant que deuxième pilier de l'Union européenne.

---

[8] Même si, dans les faits, les stratégies communes adoptées ont comporté une série de mesures dans des domaines relevant des trois piliers.

[9] Stratégie commune 1999/414 PESC.

[10] Stratégie commune 1999/877 PESC.

[11] Stratégie commune 2000/458 PESC.

[12] Une stratégie commune pour les Balkans était envisagée mais elle n'a jamais été adoptée.

Depuis lors, la politique étrangère et de sécurité commune de l'Union européenne a connu, à chaque révision des traités, des modifications qui témoignent d'une volonté politique d'en améliorer le fonctionnement que ce soit au plan des instruments (I) ou à celui de la prise de décision (II). Elle inclut l'ensemble des questions relatives à la sécurité de l'Union, y compris la définition progressive d'une politique de défense commune (III).

I. LES INSTRUMENTS DE LA POLITIQUE ÉTRANGÈRE ET DE SÉCURITÉ COMMUNE

1081. Aux termes de l'article 24 du traité UE modifié, la politique étrangère et de sécurité commune est fondée

> « sur un développement de la solidarité politique mutuelle des Etats membres, sur l'identification des questions présentant un intérêt général et sur la réalisation d'un degré toujours croissant de convergence des actions des Etats membres ».

L'article 25 du traité sur l'Union européenne, tel que modifié par le traité de Lisbonne, évoque trois modes d'action pour la conduite de la politique étrangère et de sécurité commune : les orientations générales (1), les décisions (2) et la coopération systématique entre Etats membres (3), auxquels il convient d'ajouter les accords internationaux visés par l'article 37 du traité UE modifié (4) et les déclarations, non mentionnées par les traités (5). L'adoption d'actes législatifs[13] est exclue, en vertu de l'article 30 du traité UE modifié.

1. Les orientations générales du Conseil européen

1082. L'article 26 du traité UE modifié dispose que le Conseil européen « identifie les intérêts stratégiques de l'Union, fixe les objectifs et définit les orientations générales de la politique étrangère et de sécurité commune »[14], y compris pour les questions ayant des implications en matière de défense. Il prend les décisions nécessaires.

---

[13] Voy. au sujet des actes législatifs, *supra*, n°s 305 et 428.
[14] Dans la version du traité UE antérieure au traité de Lisbonne, l'article 13 faisait référence aux « principes et orientations générales de la politique étrangère et de sécurité commune ».

Le Conseil européen, convoqué en urgence par son président, définit aussi, si un développement international l'exige, « les lignes stratégiques de la politique de l'Union face à ce développement ».

2. Les décisions du Conseil

1083. Les décisions nécessaires à la définition et à la mise en œuvre de la politique étrangère et de sécurité commune sont, quant à elles, adoptées par le Conseil, sur la base des orientations générales et des lignes stratégiques définies par le Conseil européen. Elles peuvent définir soit les actions à mener par l'Union (A), soit les positions à prendre par l'Union (B). Elles remplacent, à droit constant, les actions communes et positions communes, telles que définies aux ex-articles 14[15] et 15[16] du traité UE dans sa version antérieure à Lisbonne et à propos desquelles la doctrine avait mis en évidence une confusion récurrente[17].

A. Les décisions sur les actions à mener par l'Union

1084. Aux termes de l'article 28 du traité UE modifié,

« [l]orsqu'une situation internationale exige une action opérationnelle de l'Union, le Conseil adopte les décisions nécessaires. Elles fixent leurs objectifs, leur portée, les moyens à mettre à la disposition de l'Union, les conditions relatives à leur mise en œuvre et, si nécessaire, leur durée ».

En cas de « changement de circonstances ayant une nette incidence » sur une question faisant l'objet d'une décision, le Conseil révise les principes et les objectifs de celle-ci.

---

[15] « Le Conseil arrête des actions communes. Celles-ci concernent certaines situations où une action opérationnelle de l'Union est jugée nécessaire. Elles fixent leurs objectifs, leur portée, les moyens à mettre à la disposition de l'Union, les conditions relatives à leur mise en œuvre et, si nécessaire, leur durée ».

[16] « Le Conseil arrête des positions communes. Celles-ci définissent la position de l'Union sur une question particulière de nature géographique ou thématique ».

[17] Voy. notamment Franklin DEHOUSSE (en collaboration avec Benoît GALER et Pierre VAN DEN BRULE), « La politique étrangère et de sécurité commune. L'identité européenne de sécurité et de défense », *in* Jean-Victor LOUIS et Marianne DONY, *Relations extérieures, Commentaire J. Mégret*, vol. 12, 2e éd., Bruxelles, Editions de l'Université de Bruxelles, 2005, n° 386.

Près de trois cents actions communes ont été adoptées, depuis l'entrée en vigueur du traité de Maastricht, avec des sujets très divers : nomination d'un représentant spécial[18], mission de police[19], mission « Etat de droit »[20], mission de conseil et d'assistance[21], mission d'observation[22], opération militaire[23], lutte contre la prolifération des armes[24]...

B. Les décisions sur les positions à prendre par l'Union

1085. L'article 29 du traité UE modifié dispose que

> « [l]e Conseil adopte des décisions qui définissent la position de l'Union sur une question particulière de nature géographique ou thématique ».

Quelque deux cents positions communes ont été adoptées depuis l'entrée en vigueur du traité de Maastricht. La très grande majorité d'entre elles ont trait à l'adoption de mesures restrictives à

---

[18] Voy. *infra*, n° 1093.

[19] Voy. à titre d'exemple, l'action commune 2005/797/PESC du 14 novembre 2005 concernant la mission de police de l'Union européenne pour les territoires palestiniens ; l'action commune 2007/369/PESC du 30 mai 2007 relative à l'établissement de la mission de police de l'Union européenne en Afghanistan ; l'action commune 2007/749/PESC du 19 novembre 2007 concernant la mission de police en Bosnie-et-Herzégovine.

[20] Voy. à titre d'exemple, l'action commune 2005/190/PESC du Conseil du 7 mars 2005 relative à la mission intégrée Etat de droit pour l'Iraq ; l'action commune 2008/124/PESC du Conseil du 4 février 2008 relative à la mission Etat de droit menée par l'Union européenne au Kosovo.

[21] Action commune 2007/406/PESC du Conseil du 12 juin 2007 relative à la mission de conseil et d'assistance de l'Union européenne en matière de réforme du secteur de la sécurité en République démocratique du Congo.

[22] Action commune 2008/736/PESC du Conseil du 15 septembre 2008 concernant la mission d'observation de l'Union européenne en Géorgie.

[23] Action commune 2008/851/PESC du Conseil du 10 novembre 2008 concernant l'opération militaire de l'Union européenne en vue d'une contribution à la dissuasion, à la prévention et à la répression des actes de piraterie et de vols à main armée au large des côtes de la Somalie.

[24] Voy. à titre d'exemple l'action commune 2008/368/PESC du Conseil du 14 mai 2008 à l'appui de la mise en œuvre de la résolution 1540 (2004) du Conseil de sécurité des Nations unies et dans le cadre de la mise en œuvre de la stratégie de l'Union européenne contre la prolifération des armes de destruction massive ; l'action commune 2008/113/PESC du Conseil du 12 février 2008 visant à soutenir l'instrument international permettant aux Etats de procéder à l'identification et au traçage rapides et fiables des armes légères et de petit calibre illicites.

l'égard de certains Etats[25] mais on trouve aussi des positions communes relatives à d'autres thèmes[26].

L'article 35 du traité UE modifié ajoute que

> «[l]orsque l'Union a défini une position sur un thème à l'ordre du jour du Conseil de sécurité des Nations unies, les Etats membres qui y siègent demandent que le haut représentant soit invité à présenter la position de l'Union».

C. Valeur juridique des décisions

1086. Les décisions sur les actions de l'Union «engagent les Etats membres dans leurs prises de position et dans la conduite de leur action». Ces derniers doivent d'ailleurs informer le Conseil de toute prise de position ou action nationale envisagée en application d'une décision adoptée par le Conseil, «dans des délais permettant, en cas de nécessité, une concertation préalable au sein du Conseil», sauf en cas de mesure constituant «une simple transposition au plan national» de la décision du Conseil.

Toutefois, l'article 28, par. 4, du traité UE modifié autorise les Etats membres, «en cas de nécessité impérieuse liée à l'évolution de la situation et à défaut d'une révision de la décision du Conseil», à prendre d'urgence les mesures qui s'imposent, en tenant compte des objectifs généraux de la décision. L'Etat membre qui prend de telles mesures doit en informer immédiatement le Conseil.

Les Etats membres doivent également veiller «à la conformité de leurs politiques nationales avec les positions de l'Union» (article 29 du traité UE modifié).

---

[25] Voy., récemment, la position commune 2008/369/PESC du Conseil du 14 mai 2008 concernant l'adoption de mesures restrictives à l'encontre de la République démocratique du Congo; la position commune 2009/138/PESC du Conseil du 16 février 2009 concernant des mesures restrictives à l'encontre de la Somalie; ou la position commune 2009/788/PESC du Conseil du 27 octobre 2009 concernant des mesures restrictives à l'encontre de la République de Guinée; voy. aussi au sujet des mesures restrictives *infra*, n°s 1115 et s.

[26] Comme par exemple la position commune 2005/304/PESC du Conseil du 12 avril 2005 sur la prévention, la gestion et le règlement des conflits en Afrique ou la position commune 2009/787/PESC du Conseil du 27 octobre 2009 concernant l'accueil temporaire de certains Palestiniens par des Etats membres de l'Union européenne.

1087. Il ne s'agit pas là d'une simple incitation mais bien d'une obligation. Les décisions sont, aux termes de l'article 288 du traité FUE, «obligatoires dans tous leurs éléments»[27] et aucune exception n'est faite pour les décisions adoptées dans le domaine de la politique étrangère et de sécurité commune.

Aux termes de l'article 24 du traité UE modifié, les Etats membres «appuient activement et sans réserve la politique extérieure et de sécurité de l'Union dans un esprit de loyauté et de solidarité mutuelle et respectent l'action de l'Union dans ce domaine». Ils doivent aussi s'abstenir de «toute action contraire aux intérêts de l'Union ou susceptible de nuire à son efficacité en tant que force de cohésion dans les relations internationales». Le Conseil et le haut représentant sont chargés de veiller «au respect de ces principes».

De plus, en vertu de l'article 34 du traité UE modifié,

> «[l]es missions diplomatiques et consulaires des Etats membres et les délégations de l'Union dans les pays tiers et les conférences internationales ainsi que leurs représentations auprès des organisations internationales, coopèrent pour assurer le respect et la mise en œuvre des décisions qui définissent des positions et des actions de l'Union».

Cependant, rien n'est prévu pour permettre, le cas échéant, au Conseil de sanctionner, d'une manière ou d'une autre, l'indiscipline de ses membres. Par ailleurs, le rôle de la Cour de justice dans le domaine de la politique étrangère et de sécurité commune reste extrêmement limité et n'inclut pas les actions en manquement[28].

3. La coopération systématique entre Etats membres

1088. Cette coopération est renforcée par le traité de Lisbonne. Auparavant, l'article 16 du traité UE se bornait à prévoir que

> «[l]es Etats membres s'informent mutuellement et se concertent au sein du Conseil sur toute question de politique étrangère et de sécurité présentant un intérêt général, en vue d'assurer que l'influence de l'Union s'exerce de la manière la plus efficace par la convergence de leurs actions».

---

[27] Voy à ce sujet, *supra*, n° 436.
[28] Voy. à ce sujet, *supra*, n° 472.

L'article 32 du traité UE tel que modifié par le traité de Lisbonne vient préciser que la concertation entre Etats membres a lieu au sein du Conseil mais aussi au sein du Conseil européen. Mais, surtout, il prévoit que cette concertation a pour but «de définir une approche commune»; que, «avant d'entreprendre toute action sur la scène internationale ou de prendre tout engagement qui pourrait affecter les intérêts de l'Union, chaque Etat membre consulte les autres au sein du Conseil européen ou du Conseil», que les Etats membres doivent assurer, «par la convergence de leurs actions, que l'Union puisse faire valoir ses intérêts et ses valeurs sur la scène internationale» et qu'ils «sont solidaires entre eux».

De plus, il précise les conséquences de la définition d'une approche commune de l'Union par le Conseil européen ou le Conseil: le haut représentant et les ministres des Affaires étrangères des Etats membres doivent «coordonner leurs activités au sein du Conseil».

Enfin, il appelle les missions diplomatiques des Etats membres et les délégations de l'Union dans les pays tiers et auprès des organisations internationales à coopérer entre elles et à contribuer «à la formulation et à la mise en œuvre de l'approche commune».

4. Les accords internationaux

1089. L'article 37 du traité UE modifié dispose que

> «[l]'Union peut conclure des accords avec un ou plusieurs Etats ou organisations internationales dans les domaines relevant du présent chapitre».

La procédure de conclusion de ces accords, qui, jusqu'à l'entrée en vigueur du traité de Lisbonne, était régie par l'article 24 du traité UE, fait désormais l'objet de l'article 218 du traité FUE[29].

Une soixantaine d'accords internationaux ont été conclus jusqu'à présent, qui ont tous pour objet d'organiser les missions de surveillance, de police ou de gestion de crises menées par l'Union européenne; ils ont été signés soit avec le pays où se déroule la mission, soit avec des pays tiers participant à la mission.

[29] Elle a été analysée aux n°s 342 et s.

5. Les déclarations

1090. Même si les traités, dans leur version antérieure au traité de Lisbonne comme dans celle issue de ce traité, sont silencieux sur ce point, l'Union fait régulièrement des déclarations pour prendre position publiquement et faire connaître son appréciation sur des événements de l'actualité politique. Plus de deux cents déclarations sont ainsi publiées chaque année au nom de l'Union. Ce mode de communication est privilégié en raison de sa plus grande souplesse mais les déclarations, à la différence des décisions, n'ont pas d'effets contraignants[30].
Jusqu'à l'entrée en vigueur du traité de Lisbonne, c'était la présidence (tournante) qui procédait à cette publication. Les premières déclarations publiées après l'entrée en vigueur du traité de Lisbonne, l'ont été par la haute représentante, Catherine Ashton[31].

II. LA PRISE DE DÉCISION

1. Les organes de décision

1091. En vertu de l'article 24 du traité UE modifié, la politique étrangère et de sécurité commune est définie et mise en œuvre par le Conseil européen et par le Conseil. Le Conseil élabore la politique étrangère et de sécurité commune et prend les décisions nécessaires à la définition et à la mise en œuvre de cette politique sur la base des orientations générales et des lignes stratégiques définies par le Conseil européen. Le Conseil européen est ainsi confirmé dans son rôle d'organe principal de la politique étrangère et de sécurité commune. Le Conseil agit dans sa formation « Conseil des affaires étrangères », qui est présidé par le haut représentant de l'Union.
Le haut représentant de l'Union « contribue par ses propositions à l'élaboration de la politique étrangère et de sécurité commune » (article 27 TUE modifié). Il n'a cependant pas le monopole de l'initiative puisque, aux termes de l'article 30 du

---

[30] Cet inconvénient doit cependant être relativisé, au regard de la difficulté d'assurer en pratique l'effet obligatoire des décisions.
[31] Trois déclarations ont ainsi été publiées, le 10 janvier, à l'occasion du cinquième anniversaire de la signature de l'accord de paix global au Soudan le 12 janvier concernant le procès de sept responsables baha'is en Iran, et le 14 janvier concernant le moratoire sur la peine de mort.

traité UE modifié, le Conseil peut être saisi de toute question relevant de la politique étrangère et de sécurité commune soit par un Etat membre, qui soumet des «initiatives», soit par le haut représentant qui soumet une «proposition», seul ou avec le soutien de la Commission.

L'article 30 du traité UE modifié instaure un mécanisme de convocation d'urgence du Conseil

> «[d]ans les cas exigeant une décision rapide, le haut représentant convoque, soit d'office, soit à la demande d'un Etat membre, dans un délai de quarante-huit heures ou, en cas de nécessité absolue, dans un délai plus bref, une réunion extraordinaire du Conseil».

Enfin, la politique étrangère et de sécurité commune est exécutée par le haut représentant et par les Etats membres, en utilisant les moyens nationaux et ceux de l'Union.

2. Les modalités de vote

1092. La politique étrangère et de sécurité commune est «soumise à des procédures spécifiques» (article 24 du traité UE modifié). L'ensemble des dispositions concernant les procédures de vote sont rassemblées au sein de l'article 31 du traité UE modifié. En principe, le Conseil européen et le Conseil statuent à l'unanimité, sauf dans le cas où les traités en disposent autrement[32] (A). Le mécanisme dit de l'abstention constructive doit permettre de contourner l'exigence d'unanimité (B).

A. Les possibilités de majorité qualifiée

1093. Trois hypothèses de vote à la majorité qualifiée au sein du Conseil étaient déjà prévues par le traité UE dans sa version issue des traités d'Amsterdam et de Nice:

- lorsqu'il adopte une décision qui définit une action ou une position de l'Union sur la base d'une décision du Conseil européen portant sur les intérêts et objectifs stratégiques de l'Union;
- lorsqu'il adopte toute décision mettant en œuvre une décision qui définit une action ou une position de l'Union;

---

[32] Les Etats membres ont tenu à appeler cette exigence d'unanimité aussi bien à l'article 24 qu'à l'article 31 du traité UE modifié. Rappelons qu'en dehors de la politique étrangère et de sécurité commune, c'est la majorité qualifiée qui est la norme pour le Conseil et le consensus pour le Conseil européen.

– lorsqu'il nomme un représentant spécial[33].

Certains membres au sein de la Convention sur l'avenir de l'Europe avaient plaidé pour une généralisation du vote à la majorité qualifiée lorsque le Conseil agit sur proposition du ministre des Affaires étrangères, devenu haut représentant. L'opposition de certains Etats membres, en particulier du Royaume-Uni, n'a toutefois pas permis d'enregistrer des avancées importantes.

Une seule nouvelle hypothèse est ajoutée par le traité de Lisbonne, dans la foulée du traité constitutionnel : celle où le Conseil

«adopte une décision qui définit une action ou une position de l'Union sur proposition du haut représentant de l'Union pour les affaires étrangères et la politique de sécurité présentée à la suite d'une demande spécifique que le Conseil européen lui a adressée de sa propre initiative ou à l'initiative du haut représentant».

Le Conseil européen, quant à lui, ne recourt à la majorité qualifiée que dans un seul cas, pour la désignation du haut représentant de l'Union.

Enfin, le Conseil et le Conseil européen statuent à la majorité de leurs membres pour les questions de procédure.

1094. La majorité qualifiée ne peut en tout état de cause s'appliquer aux «décisions ayant des implications militaires ou dans le domaine de la défense».

De plus, au sein du Conseil, un Etat membre peut s'opposer à l'adoption d'une décision à la majorité qualifiée «pour des raisons de politique nationale importantes et qu'il expose». Dans cette hypothèse,

«il n'est pas procédé au vote. Le haut représentant recherche, en étroite consultation avec l'Etat membre concerné, une solution acceptable pour celui-ci. En l'absence d'un résultat, le Conseil,

---

[33] Les représentants spéciaux, auxquels est confié «un mandat en liaison avec des questions politiques particulières» (article 33 du traité UE modifié), exercent leur mandat sous l'autorité du haut représentant. L'Union européenne a ainsi actuellement onze représentants spéciaux pour l'Afghanistan, pour l'Asie centrale, pour la Bosnie-Herzégovine, pour le Caucase du Sud, pour la crise en Géorgie, pour le Kosovo, pour la Macédoine, pour la Moldavie, pour le processus de paix du Moyen-Orient, pour la région des Grands lacs africains et pour le Soudan. Leur mandat a été prorogé pour une période de douze mois par un ensemble d'actions communes adoptées par le Conseil le 16 février 2009.

statuant à la majorité qualifiée, peut demander que le Conseil européen soit saisi de la question, en vue d'une décision à l'unanimité».

1095. Le traité de Lisbonne prévoit aussi que le Conseil européen peut adopter, à l'unanimité, «une décision prévoyant que le Conseil statue à la majorité qualifiée dans d'autres cas» (article 31, par. 3, UE modifié). La question se pose de savoir comment s'articule cette disposition avec la clause de passerelle de l'article 48, par. 7, du traité UE qui permet quant à elle au Conseil européen, lorsque «le titre V du présent traité prévoit que le Conseil statue à l'unanimité dans un domaine ou dans un cas déterminé», d'autoriser «le Conseil à statuer à la majorité qualifiée dans ce domaine ou dans ce cas»[34].

En effet, les conditions d'application des deux clauses diffèrent puisque l'article 48, par. 7, impose, outre une décision unanime du Conseil, l'approbation du Parlement européen et donne un droit de véto à chacun des Parlements nationaux. S'agirait-il d'une autorisation ponctuelle dans la première hypothèse et d'un passage plus «structurel» vers la majorité qualifiée dans la seconde?

Aucune des deux clauses n'est applicable «aux décisions ayant des implications militaires ou dans le domaine de la défense».

B. L'abstention constructive

1096. L'abstention constructive, introduite par le traité d'Amsterdam, est décrite dans les termes suivants à l'article 31, par. 1, al. 2, du traité UE modifié:

> «Tout membre du Conseil qui s'abstient lors d'un vote peut, conformément au présent alinéa, assortir son abstention d'une déclaration formelle. Dans ce cas, il n'est pas tenu d'appliquer la décision, mais il accepte que la décision engage l'Union. Dans un esprit de solidarité mutuelle, l'Etat membre concerné s'abstient de toute action susceptible d'entrer en conflit avec l'action de l'Union fondée sur cette décision ou d'y faire obstacle et les autres Etats membres respectent sa position».

Ce mécanisme s'applique aussi pour l'adoption de décisions ayant des implications militaires ou dans le domaine de la défense.

---

[34] Voy. à ce sujet *supra*, n° 419.

Il ne peut être employé

> « si les membres du Conseil qui assortissent leur abstention d'une telle déclaration représentent au moins un tiers des Etats membres réunissant au moins un tiers de la population de l'Union »[35].

Le but poursuivi était d'éviter la paralysie décisionnelle entraînée par l'exigence de l'unanimité mais force est de constater que, plus de dix ans après l'entrée en vigueur du traité d'Amsterdam, il n'y a pas trace d'une « déclaration formelle » formulée par un Etat membre.

3. Le rôle de la Commission

1097. Le seul « pouvoir » de la Commission dans le chapitre consacré à la politique étrangère et de sécurité commune est désormais de soutenir, lorsque le haut représentant le sollicite, une des propositions de ce dernier, alors que le traité UE, dans sa version antérieure au traité de Lisbonne, prévoyait qu'elle était « pleinement associée aux travaux dans le domaine de la politique étrangère et sécurité commune », que ce soit au niveau de la représentation, de la mise en œuvre des décisions prises, de l'information du Parlement européen, du droit d'initiative ou de la négociation des accords externes.

L'association des fonctions de haut représentant à la politique étrangère et de sécurité commune et de commissaire aux relations extérieures dans une seule personne (le haut représentant) a peut-être paradoxalement pour conséquence d'encore renforcer la dimension intergouvernementale du système des relations extérieures au détriment de son aspect supranational.

4. Le rôle du Parlement européen

1098. L'article 36 du traité UE modifié n'entraîne pas de progrès significatif en ce qui concerne un réel contrôle parlementaire de la politique étrangère et de sécurité commune.

Le haut représentant de l'Union pour les affaires étrangères et la politique de sécurité (et non plus la présidence)

> « consulte régulièrement le Parlement européen sur les principaux aspects et les choix fondamentaux de la politique étrangère et de sécu-

---

[35] Le traité UE dans sa version antérieure au traité de Lisbonne parlait d'Etats membres représentant plus du tiers des voix pondérées au Conseil.

rité commune et de la politique de sécurité et de défense commune et l'informe de l'évolution de ces politiques. Il veille à ce que les vues du Parlement européen soient dûment prises en considération».

De son côté, le Parlement européen peut adresser des questions ou formuler des recommandations à l'intention du Conseil et du haut représentant. Il procède deux fois (et non plus une fois) par an à un débat sur les progrès réalisés dans la mise en œuvre de la politique étrangère et de sécurité commune, y compris la politique de sécurité et de défense commune.

Il n'est désormais plus privé de son pouvoir consultatif que pour les accords internationaux portant «exclusivement sur la politique étrangère et de sécurité commune»[36], notion dont la délimitation ne manquera pas de susciter des controverses.

5. *Les organes auxiliaires*

A. Le comité politique et de sécurité

1099.   Le comité politique et de sécurité a été consacré par l'article 25 du traité UE, tel que modifié par le traité de Nice, et mis en place dès janvier 2001[37]. Il fait désormais l'objet de l'article 38 du traité UE, tel que modifié par le traité de Lisbonne. Jusque-là, il existait un comité politique, qui constituait une entité non permanente, composée de personnes basées dans leur propre capitale et ne s'occupant pas exclusivement des affaires de l'Union européenne.

Le comité politique et de sécurité a remplacé le comité politique et est la «cheville ouvrière» de la politique européenne de sécurité et de défense et de la politique étrangère et de sécurité commune. Il peut se réunir en formation des directeurs politiques. Il sera présidé à l'avenir par un représentant du haut représentant[38].

---

[36] Voy. *supra*, n° 350.
[37] Décision 2001/78/PESC du Conseil du 22 janvier 2001. C'est une conséquence de la volonté affirmée au Conseil européen de Nice de rendre opérationnelle la politique européenne de sécurité et de défense avant même l'entrée en vigueur du traité de Nice.
[38] Article 2 du projet de décision du Conseil relative à l'exercice de la présidence du Conseil, annexée à la déclaration n° 9 jointe au traité de Lisbonne. Actuellement, c'est la présidence tournante qui préside le comité.

Pour ce qui est de ses missions, le comité politique et de sécurité, sans préjudice du rôle du Coreper[39],

> « suit la situation internationale dans les domaines relevant de la politique étrangère et de sécurité commune et contribue à la définition des politiques en émettant des avis à l'intention du Conseil, à la demande de celui-ci, du haut représentant de l'Union pour les affaires étrangères et la politique de sécurité, ou de sa propre initiative. Il surveille la mise en œuvre des politiques convenues, sans préjudice des attributions du haut représentant… ».

Aux termes de la décision qui l'institue, le comité peut ainsi donner des orientations, pour les sujets relevant de la politique étrangère et de sécurité commune, aux autres comités ainsi que coordonner, superviser et contrôler les travaux, en ce domaine, des différents groupes de travail, auxquels il pourra adresser des directives et dont il devra examiner les rapports.

Mais c'est surtout dans le contexte de la gestion des crises qu'il a un rôle clé à jouer[40].

B. Le service européen pour l'action extérieure

1100. Il s'agit d'une des innovations les plus importantes du traité de Lisbonne, dans la foulée du traité constitutionnel. Aux termes de l'article 27 du traité UE modifié, le haut représentant est assisté, dans l'accomplissement de son mandat, par un service européen pour l'action extérieure. Ce service, qui travaillera « en collaboration avec les services diplomatiques des Etats membres », sera « composé de fonctionnaires des services compétents du secrétariat général du Conseil et de la Commission ainsi que de personnel détaché des services diplomatiques nationaux ».

Le Conseil doit adopter à l'unanimité une décision fixant l'organisation et le fonctionnement du service européen pour l'action extérieure sur proposition du haut représentant, après consultation du Parlement européen et approbation de la Commission.

---

[39] Même si la réalité ne se révèle pas toujours aussi satisfaisante. Il semble exister en effet une rivalité entre les deux comités. Cela risque de ne pas s'améliorer après l'entrée en vigueur du traité de Lisbonne, dans la mesure où les deux comités n'auront plus la même présidence, le Coreper restant quant à lui, aux termes de l'article 2 du projet de décision relative à l'exercice de la présidence, présidé par « un représentant de l'Etat membre qui a la présidence du Conseil des affaires générales ».

[40] Voy. *infra*, n° 1109.

1101. Lors de sa réunion des 29 et 30 octobre 2009, le Conseil européen a approuvé le rapport de la présidence sur les lignes directrices relatives au Service européen pour l'action extérieure et invité le futur haut représentant à présenter le plus tôt possible une proposition relative à l'organisation et au fonctionnement de ce service, en vue d'une adoption par le Conseil avant la fin avril 2010 au plus tard.

Selon ce document, les compétences de ce service devraient «permettre au haut représentant d'exercer pleinement son mandat tel que défini dans le traité», et donc l'aider dans l'exercice de ses différentes fonctions, y compris celle de vice-président de la Commission, pour des matières ne relevant donc pas de la politique étrangère et de sécurité commune[41]. Il devrait également «assister le président du Conseil européen et le président ainsi que les membres de la Commission dans l'exercice de leurs fonctions respectives dans le domaine des relations extérieures» et «coopérer étroitement avec les Etats membres».

S'agissant de sa composition, il devrait

> «regrouper dans une structure unique des départements géographiques (couvrant toutes les régions et tous les pays) et thématiques qui continueraient à accomplir, sous l'autorité du haut représentant, les tâches incombant actuellement aux différents services compétents de la Commission et du secrétariat du Conseil».

Les délégations de l'Union et les représentants spéciaux y seraient intégrées, de même que les structures de la politique de sécurité et de défense commune et de gestion des crises[42].

La Commission conserverait ses compétences, et donc ses membres et directions générales, dans les domaines du commerce, du développement et de l'élargissement[43].

Pour ce qui est du statut du service européen d'action extérieure, il devrait refléter «son rôle et ses fonctions uniques» dans le système de l'Union européenne. Il devrait s'agir d'un «service *sui generis* distinct de la Commission et du secrétariat

---

[41] Et ce en dépit du fait que la disposition consacrant l'existence de ce service figure dans le chapitre relatif à la PESC dans le traité UE et non dans la part du traité FUE consacrée à l'action extérieure de l'Union.

[42] Voy. à ce sujet, *infra*, n° 1108.

[43] Même si le service d'action extérieure disposera quant à lui de «départements géographiques s'occupant des pays candidats pour ce qui est de la politique étrangère dans son ensemble».

du Conseil», disposant «d'une autonomie en termes de budget administratif et de gestion du personnel».

Enfin, sa mise en place effective devrait se faire de manière progressive entre 2010 et 2012 et une évaluation est prévue en 2014.

III. LA POLITIQUE DE SÉCURITÉ ET DE DÉFENSE COMMUNE

1. L'émergence progressive d'une politique
de sécurité et de défense commune

1102. Après l'échec de la CED, la sécurité et la défense sont longtemps restées totalement en dehors de la coopération politique européenne, qui portait exclusivement sur la «politique étrangère». L'Acte unique européen a fait un premier pas timide, en permettant que cette coopération porte sur «les aspects politiques et économiques de la sécurité».

Le traité de Maastricht instaure une politique étrangère et de sécurité commune qui

> «inclut l'ensemble des questions relatives à la sécurité de l'Union européenne, y compris la définition à terme d'une politique de défense commune, qui pourrait conduire, le moment venu, à une défense commune».

Il s'agit d'un objectif pour le moins éloigné et conditionnel, d'autant qu'il ne peut se réaliser, vient ajouter le traité d'Amsterdam, que «si le Conseil européen en décide ainsi» et «recommande aux Etats membres d'adopter une décision dans ce sens conformément à leurs exigences constitutionnelles respectives». La formule constitue clairement un compromis visant à permettre que l'Union débatte des questions de sécurité ayant une implication en matière militaire mais sans trancher la question de savoir si la mise en commun des moyens militaires eux-mêmes deviendrait ultérieurement une compétence de l'Union.

La déclaration n° 1 annexée au traité de Nice avait introduit la notion de «politique européenne de sécurité et de défense» et exprimé la volonté des Etats membres que cette politique soit opérationnelle le plus tôt possible au cours de l'année 2001, sans attendre donc l'entrée en vigueur du traité de Nice.

1103. Le traité de Lisbonne préfère l'expression «politique de sécurité et de défense commune» de l'Union, qui «fait partie intégrante de la politique étrangère et de sécurité commune» et qui a pour but «d'assurer à l'Union une capacité opérationnelle s'appuyant sur des moyens civils et militaires».

L'objectif d'une «défense commune», c'est-à-dire de moyens militaires européens, reste toujours situé dans un futur lointain[44], lorsque le Conseil européen, statuant à l'unanimité, en aura décidé ainsi et que les Etats membres auront adopté «une décision dans ce sens conformément à leurs règles constitutionnelles respectives» (article 42, par. 2, TUE modifié).

Le Danemark continue à ne pas participer à l'élaboration et à la mise en œuvre des décisions et actions de l'Union qui ont des implications en matière de défense, en vertu du protocole sur la position du Danemark. De plus, la politique commune de sécurité et de défense ne peut affecter «le caractère spécifique de la politique de sécurité et de défense de certains Etats membres», ce qui vise notamment la neutralité de certains pays[45], qui pourrait les conduire à ne pas s'impliquer dans certaines actions militaires de l'Union.

1104. Malgré cette grande prudence, la perspective d'une défense commune a été un des éléments mis en avant lors du référendum négatif en Irlande sur le traité de Lisbonne. Les chefs d'Etat ou de gouvernement réunis au sein du Conseil européen les 18 et 19 juin 2009 ont dû adopter une décision «relative aux préoccupations du peuple irlandais concernant le traité de Lisbonne», dans laquelle ils ont rappelé – et souligné – que

- il appartiendra aux Etats membres – y compris l'Irlande, agissant dans un esprit de solidarité et sans préjudice de sa politique traditionnelle de neutralité militaire – de déterminer la nature de l'aide ou de l'assistance à fournir à un Etat membre qui est l'objet d'une attaque terroriste ou est l'objet d'une agression armée sur son territoire;
- il reviendra aux Etats membres, y compris l'Irlande, de décider, conformément aux dispositions du traité de Lisbonne et à leurs règles constitutionnelles respectives, de l'opportunité d'adopter ou non une défense commune;
- il appartient également à chaque Etat membre de décider, conformément aux dispositions du traité de Lisbonne et à ses éventuelles

---

[44] Malgré l'abandon du conditionnel «pourrait conduire» au profit du futur «conduira».

[45] A savoir l'Autriche, la Finlande, l'Irlande et la Suède, ainsi que, dans une moindre mesure, Chypre et Malte.

règles juridiques internes, s'il participe à la coopération structurée permanente ou à l'Agence européenne de défense ;
- le traité de Lisbonne ne prévoit pas la création d'une armée européenne ni de conscription pour une quelconque formation militaire ;
- il appartiendra à l'Irlande ou à tout autre Etat membre de décider, conformément à ses éventuelles règles juridiques internes, s'il participe ou non à une opération militaire.

2. Les missions de gestion de crise

1105. Aux termes de l'article 42, par. 1, du traité UE modifié, l'Union peut accomplir des « missions en dehors de l'Union afin d'assurer le maintien de la paix, la prévention des conflits et le renforcement de la sécurité internationale conformément aux principes de la charte des Nations unies » et recourir à cet effet « à des moyens civils et militaires ».
Ces missions sont détaillées à l'article 43 du traité UE modifié. La liste reprend les missions dites « de Petersberg » qui constituent déjà un catalogue étendu :

- les missions humanitaires et d'évacuation ;
- les missions de maintien de la paix ;
- les missions de forces de combat pour la gestion des crises, y compris les missions de rétablissement de la paix.

S'y ajoutent de nouvelles missions, qui se situent, quant à elles, plutôt en marge du maintien de la paix ou après la fin d'un conflit :

- les missions de conseil et d'assistance en matière militaire ;
- les missions de prévention des conflits ;
- les actions conjointes en matière de désarmement ;
- les opérations de stabilisation à la fin des conflits.

Enfin, ces missions peuvent aussi servir, de manière plus transversale, l'objectif de lutte contre le terrorisme, y compris par le soutien à des Etats tiers pour combattre le terrorisme sur leur territoire, formule extrêmement vague qui laisse la porte ouverte à nombre d'interprétations.

3. Les aspects opérationnels

A. Le rôle des Etats membres

1106. De manière très explicite, l'article 42, par. 1, précise *in fine* que l'exécution des tâches de l'Union «repose sur les capacités fournies par les Etats membres». Le paragraphe 3 le réaffirme: si les objectifs de la politique de sécurité et de défense commune sont définis par le Conseil, ce sont les Etats membres qui mettent à la disposition de l'Union les capacités civiles et militaires nécessaires pour sa mise en œuvre, étant entendu qu'il peut s'agir de «forces multinationales» constituées entre les Etats. Lors de plusieurs Conseils européens successifs, les contours de ces capacités ont été précisés. Aux termes de la déclaration du Conseil européen sur le renforcement de la politique européenne de sécurité et de défense adoptée lors de la réunion des 10 et 11 décembre 2008,

> «l'Europe devrait être effectivement capable, dans les années à venir, dans le cadre du niveau d'ambition fixé, notamment de déploiement de 60 000 hommes en 60 jours pour une opération majeure, dans la gamme d'opérations prévues dans l'objectif global 2010 et dans l'objectif global civil 2010, de planifier et de conduire simultanément:
> - deux opérations importantes de stabilisation et de reconstruction, avec une composante civile adaptée, soutenue par un maximum de 10 000 hommes pendant au moins deux ans;
> - deux opérations de réponse rapide d'une durée limitée utilisant notamment les groupements tactiques de l'UE;
> - une opération d'évacuation d'urgence de ressortissants européens (en moins de 10 jours) en tenant compte du rôle premier de chaque Etat membre à l'égard de ses ressortissants et en recourant au concept d'Etat pilote consulaire;
> - une mission de surveillance / interdiction maritime ou aérienne;
> - une opération civilo-militaire d'assistance humanitaire allant jusqu'à 90 jours;
> - une douzaine de missions PESD civiles (notamment missions de police, d'Etat de droit, d'administration civile, de protection civile, de réforme du secteur de sécurité ou d'observation) de différents formats, y compris en situation de réaction rapide, incluant une mission majeure (éventuellement jusqu'à 3 000 experts), qui pourrait durer plusieurs années».

Pour ses opérations et missions, l'Union européenne a recours, de façon appropriée et conformément à ses procédures, aux moyens et capacités des Etats membres, de l'Union européenne et, le cas échéant pour ses opérations militaires, de l'OTAN.

Les moyens financiers proviennent également des Etats membres, avec une répartition calculée «selon la clé du produit national brut». De plus, en cas de recours à l'abstention constructive[46], un Etat n'est pas tenu de contribuer à leur financement.

B. L'articulation avec l'OTAN

1107. Comme le faisait l'article 17 du traité UE, dans ses versions de Maastricht, Amsterdam et Nice, l'article 42 du traité UE, tel que modifié par le traité de Lisbonne, impose une compatibilité (mais pas pour autant une conformité) de la politique commune de sécurité et de défense de l'Union avec la politique de sécurité et de défense établie par l'OTAN, ainsi que, pour les Etats qui en sont membres, le respect des obligations découlant du traité de l'Atlantique Nord. Ce texte confirme la place primordiale que l'OTAN continue à occuper dans le cadre de la sécurité et de la défense sur le continent européen.

L'accord dit «Berlin plus», conclu entre l'Union européenne et l'OTAN en mars 2003, permet et organise la mise de moyens et capacités de l'OTAN à disposition de l'Union pour les missions qu'elle mène.

4. Les structures politiques et militaires

A. Le Conseil des ministres et le haut représentant

1108. Les décisions relatives à la politique de sécurité et de défense commune sont adoptées par le Conseil statuant à l'unanimité, sur proposition du haut représentant (article 42, par. 4, UE modifié). En particulier, le Conseil adopte les décisions portant sur les missions, en définissant leur objectif, leur portée ainsi que les modalités générales de leur mise en œuvre. Le haut représentant veille à la coordination des aspects civils et militaires de ces missions sous l'autorité du Conseil et en contact étroit et permanent avec le comité politique et de sécurité.

---

[46] Voy. à ce sujet *supra*, n° 1096.

B. Le comité politique et de sécurité

1109. Outre ses missions générales[47], le comité politique et de sécurité exerce, aux termes de l'alinéa 2 de l'article 38 du traité UE modifié «sous la responsabilité du Conseil et du haut représentant, le contrôle politique et la direction stratégique des opérations de gestion de crise» et peut, ajoute l'alinéa 3 de cette disposition, être autorisé par le Conseil à prendre à cette fin les décisions appropriées concernant le contrôle politique et la direction stratégique de l'opération, «aux fins des opérations de crises et pour la durée de celles-ci, telles que déterminées par le Conseil».

C. Le comité militaire

1110. Le comité militaire de l'Union européenne[48] se compose des chefs d'état-major des armées, représentés en principe par leurs délégués militaires. Il donne des avis militaires, formule des recommandations destinées au comité politique et de sécurité sur toutes les questions militaires au sein de l'Union et fournit des directives militaires à l'Etat-major de l'Union européenne. Il exerce la direction militaire de toutes les activités militaires dans le cadre de l'Union.

D. L'Etat-major européen

1111. L'Etat-major européen[49] est composé de personnels détachés des Etats membres auprès du secrétariat général du Conseil. Il est «la source de l'expertise militaire de l'Union européenne». Il doit assurer l'alerte rapide, l'évaluation des situations et la planification stratégique pour les missions de gestion de crise de l'Union, y compris l'identification des forces européennes nationales et multinationales, et mettre en œuvre les politiques et décisions selon les directives du Comité militaire.

5. L'agence européenne de défense

1112. L'agence européenne de l'armement, de la recherche et des capacités militaires (agence européenne de défense) est l'un

---

[47] Voy. à ce sujet *supra*, n° 1099.
[48] Décision 2001/79/PESC du Conseil du 22 janvier 2001.
[49] Décision 2001/80/PESC du Conseil du 22 janvier 2001.

des principaux nouveaux instruments mis en place pour appuyer la politique de sécurité et de défense commune.

Sa mission est à la fois très large et très vague, puisque, selon le deuxième alinéa du paragraphe 3 de l'article 43 du traité UE modifié, elle

> «identifie les besoins opérationnels, promeut des mesures pour les satisfaire, contribue à identifier et, le cas échéant, mettre en œuvre toute mesure utile pour renforcer la base industrielle et technologique du secteur de la défense, participe à la définition d'une politique européenne des capacités et de l'armement, et assiste le Conseil dans l'évaluation de l'amélioration des capacités militaires».

L'agence européenne de défense a d'ores et déjà été mise en place par l'action commune 2004/551/PESC du Conseil du 12 juillet 2004. Elle a quatre domaines d'intervention correspondant aux quatre branches de son administration:

- avec la branche capacités, l'agence est chargée de développer les capacités militaires de Union européenne;
- la branche «R&T» vise à mettre au point une stratégie R&T, permettant d'assurer la cohérence des politiques nationales en amont et donc d'augmenter les dépenses de R&T en coopération;
- la branche armement a pour objectif l'acquisition d'équipements de défense en coopération;
- enfin la quatrième branche «BITD» a pour mission le renforcement de la base industrielle et technologique européenne dans le domaine de la défense et la création d'un marché européen des équipements de défense qui soit concurrentiel sur le plan international.

6. Les moyens militaires au service de la solidarité entre Etats membres

1113. L'article le plus important à cet égard est l'article 42, par. 7, du traité UE modifié, qui dispose que

> «[a]u cas où un Etat membre serait l'objet d'une agression armée sur son territoire, les autres Etats membres lui doivent aide et assistance par tous les moyens en leur pouvoir, conformément à l'article 51 de la charte des Nations unies».

Jusqu'à présent, tant les Etats atlantistes que les Etats neutres s'opposaient à une telle approche: les uns entendaient ainsi garantir la prééminence de l'OTAN ; les autres, pour conserver leur neutralité, soutenaient une défense du territoire organisée exclusivement sur une base nationale afin d'éviter d'être entraînés dans un conflit touchant un autre Etat. Cette disposition n'a pu être introduite que moyennant le respect du caractère spécifique de la politique de sécurité et de défense de certains Etats membres et l'affirmation de la prééminence de l'OTAN.

1114. S'y ajoute la « clause de solidarité », énoncée quant à elle à l'article 222 du traité FUE, dans la cinquième partie consacrée à l'action extérieure de l'Union, qui impose à l'Union européenne et à ses membres d'agir

> « conjointement dans un esprit de solidarité si un Etat membre est l'objet d'une attaque terroriste ou la victime d'une catastrophe naturelle ou d'origine humaine ».

Elle prévoit que l'Union mobilise tous les instruments à sa disposition, sans doute au premier chef les instruments policiers ou d'assistance civile mais, le cas échéant, aussi « les moyens militaires mis à sa disposition par les Etats membres », pour

– prévenir la menace terroriste sur le territoire des Etats membres, protéger les institutions démocratiques et la population civile d'une éventuelle attaque terroriste ainsi que porter assistance à un Etat membre sur son territoire, à la demande de ses autorités politiques, dans le cas d'une attaque terroriste ;
– porter assistance à un Etat membre sur son territoire, à la demande de ses autorités politiques, en cas de catastrophe naturelle ou d'origine humaine.

Le Conseil adopte une décision définissant les modalités de mise en œuvre de la clause de solidarité par l'Union, sur proposition conjointe de la Commission et du haut représentant. Il doit, dans la mesure où cette décision a des implications dans le domaine de la défense, statuer à l'unanimité, avec possibilité d'abstention constructive.

Les autres Etats membres doivent également porter assistance à un Etat membre qui est l'objet d'une attaque terroriste ou victime d'une catastrophe naturelle ou d'origine humaine, à la demande des autorités politiques de cet Etat. A cette fin, les Etats membres se coordonnent au sein du Conseil.

Bibliographie sélective

BALMONT Louis, « Agence européenne de défense et cohérence de l'action extérieure de l'Union européenne », in DONY Marianne et ROSSI Lucia Serena (éd.), *Démocratie, cohérence et transparence : vers une constitutionnalisation de l'Union européenne ?*, Bruxelles, Editions de l'Université de Bruxelles, 2008.

BISCOP Sven, *The EU and the European security strategy : forging a global Europe*, London, Routledge, 2008.

DEHOUSSE Franklin (en collaboration avec GALER Benoît et VAN DEN BRULE Pierre), « La politique étrangère et de sécurité commune. L'identité européenne de sécurité et de défense », in LOUIS Jean-Victor et DONY Marianne, *Relations extérieures, Commentaire J. Mégret*, vol. 12, 2e éd., Bruxelles, Editions de l'Université de Bruxelles, 2005.

DELCOURT Barbara, « La politique étrangère et de sécurité commune », in DONY Marianne et BRIBOSIA Emmanuelle (éd.), *Commentaire de la Constitution de l'Union européenne*, Bruxelles, Editions de l'Université de Bruxelles, 2005.

DELCOURT Barbara et REMACLE Eric, « Global governance : a challenge for common foreign policy and European security and defense policy », in TELÒ Mario (éd.), *The European Union and Global Governance*, London, Routlegde, 2009.

DUMOULIN André, MATHIEU Raphaël, SARLET Gordon, *La politique européenne de sécurité et de défense (PESD) : de l'opératoire à l'identitaire*, Bruxelles, 2003.

GREVI Giovanni, « Trans-governmental cooperation under CFSP : institutional and normative profiles », in DONY Marianne et ROSSI Lucia Serena (éd.), *Démocratie, cohérence et transparence : vers une constitutionnalisation de l'Union européenne ?*, précité.

KEUKELEIRE Stephan et MACNAUGHTAN Jennifer, *The foreign policy of the European Union*, Basingstoke, Palgrave Macmillan, 2008.

MALICI Akan, *The Search for a Common European Foreign and Security Policy : Leaders, Cognitions, and Questions of Institutional Viability*, Basingstoke, Palgrave Macmillan, 2008.

PALADINI Luca, « The implementation of the Article 17 of the Treaty on European Union », in DONY Marianne et ROSSI Lucia Serena (éd.), *Démocratie, cohérence et transparence : vers une constitutionnalisation de l'Union européenne ?*, précité.

REMACLE Eric, « L'intégration de la politique de défense européenne. Potentiel et limites », in MAGNETTE Paul (éd.), *La Grande Europe*, Bruxelles, Editions de l'Université de Bruxelles, 2004.

REMACLE Eric, « La politique commune de sécurité et de défense », in DONY Marianne et BRIBOSIA Emmanuelle (éd.), *Commentaire de la Constitution de l'Union européenne*, Bruxelles, Editions de l'Université de Bruxelles, 2005.

Trybus Martin and White Nigel D. (dir.), *European Security Law*, Oxford, Oxford University Press, 2007.

Section 3

Les mesures restrictives

1115. Elles font l'objet du titre IV, composé d'un seul article, l'article 215 du traité FUE. Dans son paragraphe 1, il regroupe les dispositions des anciens articles 60 et 301 du traité CE et prévoit que

> «lorsqu'une décision, adoptée conformément au chapitre 2 du titre V du traité sur l'Union européenne, prévoit l'interruption ou la réduction, en tout ou en partie, des relations économiques et financières avec un ou plusieurs pays tiers, le Conseil, statuant à la majorité qualifiée, sur proposition conjointe du haut représentant de l'Union pour les affaires étrangères et la politique de sécurité et de la Commission, adopte les mesures nécessaires. Il en informe le Parlement européen».

Le rôle du Parlement européen reste donc très effacé même si son information n'était pas même prévue dans le traité CE.
Les paragraphes 2 et 3 sont quant à eux des ajouts.

1116. Le paragraphe 2 permet l'adoption, dans les mêmes circonstances et aux mêmes conditions, de mesures restrictives «à l'encontre de personnes physiques ou morales, de groupes ou d'entités non étatiques». Il vient ainsi combler une lacune des traités antérieurs, qui avaient été mises en lumière par l'affaire *Kadi*.
Les articles 60 et 301 du traité CE ne visaient que des sanctions à l'égard de pays tiers. Or, la pratique des Nations unies avait évolué vers un système de sanctions dites intelligentes qui s'est d'abord appliqué à des individus, membres du gouvernement ou de l'administration de certains pays tiers, puis, comme dans l'affaire *Kadi*, dans le cadre de la lutte contre le terrorisme à des personnes ou entités identifiées comme reliées à Al-Qaïda.
La Cour, dans son arrêt précité du 3 septembre 2008, avait jugé que les articles 60 et 301 du traité CE ne prévoyaient pas de «pouvoirs d'action exprès ou implicites pour imposer de telles mesures à des destinataires n'ayant aucun lien avec le régime

dirigeant d'un pays tiers». Mais elle avait ajouté que l'article 308 du traité CE pouvait, en liaison avec ces dispositions, servir de base juridique utile car, si cette disposition ne pouvait servir de fondement à une action visant à réaliser un objectif de la politique étrangère et de sécurité commune[50], son utilisation était justifiée par le fait que

> «des mesures économiques et financières (…) consistant dans un gel, en principe généralisé, de tous les fonds et autres ressources économiques des personnes et entités visées, étaient imposées unilatéralement par chaque Etat membre, une prolifération de ces mesures nationales serait susceptible d'affecter le fonctionnement du marché commun».

1117. Le paragraphe 3, quant à lui, impose que les actes ainsi adoptés «contiennent les dispositions nécessaires en matière de garanties juridiques». Il est important de rappeler à cet égard que, conformément à l'arrêt *Kadi* précité, cela vaut aussi lorsque les sanctions sont adoptées en application d'une résolution du Conseil de sécurité, dans le cadre du chapitre VII de la charte des Nations unies et que la Cour peut connaître de recours en annulation fondés sur le non-respect de cette disposition, en application de l'article 275 du traité FUE. Dans son arrêt *Kadi,* la Cour de justice a mis l'accent sur la nécessité d'assurer une protection juridictionnelle effective, même si l'acte qui édicte les mesures restrictives touche à la sécurité nationale et au terrorisme, ajoutant que

> «dans pareil cas, il incombe au juge communautaire de mettre en œuvre, dans le cadre du contrôle juridictionnel qu'il exerce, des techniques permettant de concilier, d'une part, les soucis légitimes de sécurité quant à la nature et aux sources de renseignements ayant été pris en considération pour l'adoption de l'acte concerné et, d'autre part, la nécessité d'accorder à suffisance au justiciable le bénéfice des règles de procédure».

[50] Dans cet arrêt, la Cour a fondé son raisonnement sur la coexistence de la Communauté et de l'Union en tant qu'ordres juridiques intégrés mais distincts» et sur «l'architecture constitutionnelle des piliers voulue par les auteurs des traités actuellement en vigueur». Rappelons que, dans la foulée de la suppression du système des piliers, le traité constitutionnel avait voulu permettre l'utilisation de la clause de flexibilité dans tous les domaines, y compris celui de la politique étrangère et de sécurité mais que le traité de Lisbonne a fait marche arrière. Voy. à ce sujet, *supra*, n° 117. Le Tribunal était aussi arrivé à la conclusion que la Communauté était compétente mais sur la base d'un raisonnement qui a été jugé inapproprié par la Cour.

Bibliographie sélective

De la Rosa, Stéphane, «La mise en œuvre des résolutions du Conseil de sécurité confrontée aux exigences de la Communauté de droit. Réflexions sur l'arrêt Kadi», *RAE*, 2007-2008, p. 317.

Section 4

La politique commerciale commune

1118. La politique commerciale, qui est une des premières politiques communes mises en place dès l'origine par le traité de Rome, a vu son champ d'application (I) étendu par le traité de Lisbonne. Elle repose sur l'union douanière (II) et comprend des instruments autonomes de politique commerciale (III) et des accords tarifaires et commerciaux conclus avec les pays tiers (IV).

I. Le champ d'application
de la politique commerciale commune

1. L'état des lieux avant le traité de Lisbonne

1119. Le champ initial de la politique commerciale commune a été le commerce international de marchandises mais, en cinquante ans, le commerce international a évolué: la part des échanges de services dans les échanges extérieurs a considérablement augmenté et les systèmes internationaux de protection des créations intellectuelles ont exercé une influence directe sur le commerce des produits et des services[51].

La question a donc été posée de savoir si la politique commerciale commune pouvait évoluer en même temps que le commerce international et s'étendre à ces nouveaux domaines.

Dans son célèbre avis 1/94 du 15 novembre 1994, relatif à la négociation des accords GATS et TRIPs, la Cour de justice a retenu une interprétation stricte de la politique commerciale commune. S'agissant des services, elle a établi une subtile distinction entre les prestations de services n'impliquant aucun déplacement de personnes, qui sont assimilées à des échanges

---

[51] Comme en témoigne l'inclusion de ces questions dans les négociations de l'Uruguay Round.

de marchandises et les prestations de services impliquant un déplacement de personnes[52] qui ne sont pas couvertes par la politique commerciale commune. Pour ce qui est de la protection de la propriété intellectuelle, la Cour a considéré que seule l'interdiction de la mise en libre pratique des marchandises de contrefaçon relevait de la politique commerciale commune.

1120. Lors de la négociation du traité de Nice, une certaine extension du champ d'application de la politique commerciale commune a été réalisée, mais dans des termes peu heureux. La solution choisie a été d'ajouter un paragraphe 5 à l'article 133 du traité CE, aux termes duquel

> «[l]es paragraphes 1 à 4 s'appliquent également à la négociation et à la conclusion d'accords dans les domaines du commerce des services et des aspects commerciaux de la propriété intellectuelle, dans la mesure où ces accords ne sont pas visés par lesdits paragraphes…».

Cette formule avait pour conséquence d'étendre le champ d'application de l'article 133 CE à la seule conclusion d'accords internationaux. De plus, les prérogatives des Etats étaient préservées puisque le paragraphe 6 interdisait à la Communauté de conclure un accord qui comprendrait des dispositions excédant ses compétences internes, «notamment en entraînant une harmonisation des dispositions législatives ou réglementaires des Etats membres» dans un domaine où le traité CE excluait une telle harmonisation et précisait que «les accords dans le domaine du commerce des services culturels et audiovisuels, des services d'éducation, ainsi que des services sociaux et de santé humaine relèvent d'une compétence partagée entre la Communauté et ses Etats membres» et doivent donc être «négociés et signés conjointement» par eux (accords mixtes).
La question de l'insertion dans le domaine de la politique commerciale commune des mesures portant sur les investissements demeurait quant à elle sans réponse.

---

[52] Soit les modes de fourniture de services que le GATS appelle «consommation à l'étranger», «présence commerciale» et «présence de personnes physiques». Voy., au sujet de cette distinction, CJ, 7 mars 1996, *Parlement européen c. Conseil*, C-360/93.

2. Les apports du traité de Lisbonne

1121. Le traité de Lisbonne, reprenant en cela fidèlement les dispositions du traité constitutionnel, modifie de manière beaucoup plus substantielle le champ d'application de la politique commerciale commune.

Aux termes du paragraphe 1 de l'article 207 du traité FUE venant remplacer l'ex-article 133 CE,

> «[l]a politique commerciale commune est fondée sur des principes uniformes, notamment en ce qui concerne les modifications tarifaires, la conclusion d'accords tarifaires et commerciaux relatifs aux échanges de marchandises et de services, et les aspects commerciaux de la propriété intellectuelle, les investissements étrangers directs, l'uniformisation des mesures de libéralisation, la politique d'exportation, ainsi que les mesures de défense commerciale, dont celles à prendre en cas de dumping et de subventions».

Il en résulte que les accords sur les services, sur les aspects commerciaux de la propriété intellectuelle, ainsi que sur les investissements directs seront inclus, de manière irréversible, dans le champ d'application de la politique commerciale commune. Plus aucune mention n'est faite des accords portant sur la propriété intellectuelle mais dépourvus de finalité commerciale. La clause d'inclusion facultative, dont la mise en œuvre semblait de toute façon délicate, a disparu. Enfin, le terme «notamment» ouvre la porte à l'adoption possible de mesures internes.

1122. Les accords dans les domaines du commerce des services culturels et audiovisuels, des services d'éducation ainsi que des services sociaux et de santé humaine ne relèvent plus d'une compétence partagée et la politique commerciale commune est considérée dans son intégralité comme étant une compétence exclusive de l'Union, aux termes de l'article 3 du traité FUE[53]. Cependant, l'unanimité est requise au Conseil pour la conclusion des accords dans les domaines du commerce des services culturels et audiovisuels et du commerce des services sociaux, d'éducation et de santé, lorsque ces accords risquent respectivement de «porter atteinte à la diversité culturelle et linguistique de l'Union» ou de «perturber gravement l'organisation des services concernés au niveau national et de porter atteinte à la responsabilité des Etats membres pour leur fourniture».

[53] Sur cette notion voy. *supra*, n° 125.

De plus, le paragraphe 6 tient à préciser que

> «[l]'exercice des compétences attribuées par le présent article dans le domaine de la politique commerciale commune n'affecte pas la délimitation des compétences entre l'Union et les Etats membres et n'entraîne pas une harmonisation des dispositions législatives ou réglementaires des Etats membres dans la mesure où les traités excluent une telle harmonisation».

II. L'UNION DOUANIÈRE

1123. Nous examinerons les objectifs de l'établissement d'une union douanière (1), le tarif douanier commun (2) et les formalités douanières (3), deux aspects qui sont rassemblés dans le code des douanes communautaire[54]. Lorsque les formalités d'importation de la marchandise sont accomplies et les droit de douane acquittés, la marchandise est mise en libre pratique et admise à la libre circulation dans l'Union.

1. Les objectifs de l'établissement d'une union douanière

1124. Aux termes de l'article 206 du traité FUE (ex-article 131 CE),

> «[p]ar l'établissement d'une union douanière (...), l'Union contribue dans l'intérêt commun, au développement harmonieux du commerce mondial, à la suppression progressive des restrictions aux échanges internationaux et aux investissements étrangers directs, ainsi qu'à la réduction des barrières douanières et autres»[55].

Selon l'article 28 du traité FUE, qui reprend les termes de l'article 23 du traité CE, l'union douanière s'étend à l'ensemble des échanges de marchandises et

---

[54] Règlement CEE/2913/92 du Conseil, du 12 octobre 1992. Le règlement CE/450/2008 du Parlement européen et du Conseil du 23 avril 2008 établit un code des douanes modernisé, qui crée un nouvel environnement douanier électronique. Il remplacera le code de 1992, lorsque les dispositions d'application nécessaires seront adoptées et applicables, au plus tard le 24 juin 2013. D'ici là, le code de 1992 reste d'application.
[55] L'article 131 du traité CE parlait de l'établissement par les Etats membres d'une union douanière entre eux et ne se référait pas aux restrictions aux investissements.

«comporte l'interdiction, entre les Etats membres, des droits de douane à l'importation et à l'exportation et de toutes taxes d'effet équivalent[56], ainsi que l'adoption d'un tarif douanier commun dans leurs relations avec les pays tiers».

2. Le tarif douanier commun

1125. Il a été introduit dès juillet 1968, soit avec dix-huit mois d'avance sur le calendrier prévu par le traité de Rome. Il s'applique aux importations de marchandises qui franchissent les frontières extérieures de l'union douanière et fixe pour chaque produit, et normalement en pourcentage de la valeur de celui-ci, les droits de douane que chaque Etat membre doit appliquer à l'importation d'un produit déterminé en provenance d'un pays tiers.

Si le tarif douanier est commun à tous les Etats membres de l'Union, les taux varient en fonction de la nature des marchandises et selon leur provenance.

A. Le classement tarifaire des marchandises

1126. Le tarif douanier commun comprend un catalogue de toutes les marchandises possibles énumérées dans une nomenclature combinée. Celle-ci est fondée sur un instrument international de classement, la nomenclature du système harmonisé géré par l'Organisation mondiale de douanes, et elle comporte des subdivisions supplémentaires créées au niveau communautaire.

Il y a au total 21 sections, comprenant 98 chapitres, composés eux-mêmes de multiples positions et sous-positions[57]. La sous-position détermine le taux du droit applicable à une marchandise. La qualification de la marchandise pose des problèmes très délicats, comme en témoigne la jurisprudence imposante consacrée à cette thématique, dans laquelle la Cour a posé en règle que

«dans l'intérêt de la sécurité juridique et de la facilité des contrôles, le critère décisif pour le classement tarifaire des marchandises doit

---

[56] Voy. à ce sujet *supra*, nos 560 et s.
[57] Une version mise à jour de la nomenclature combinée est publiée chaque année sous la forme d'un règlement de la Commission; voy. en dernier lieu le règlement CE/948/2009 de la Commission du 30 septembre 2009.

être recherché, d'une manière générale, dans leurs caractéristiques et propriétés objectives»[58].

B. L'origine des marchandises

1127. L'origine d'une marchandise joue un rôle essentiel : tout d'abord, elle détermine le taux du droit de douane imposé à cette marchandise. Le taux du droit de douane est en effet fonction de mesures tarifaires préférentielles soit contenues dans des accords que la Communauté, et ensuite l'Union européenne, a conclus avec certains pays ou groupes de pays et qui prévoient l'octroi d'un traitement tarifaire préférentiel[59], soit arrêtées unilatéralement par l'Union en faveur de certains pays, groupes de pays ou territoires[60]. Elle a aussi des effets sur l'application des mesures de politique commerciale, autres que tarifaires.

Sont considérées comme originaires d'un pays, les marchandises entièrement obtenues dans ce pays. S'agissant des marchandises dans la production desquelles sont intervenus deux ou plusieurs pays, elles sont considérées comme originaires «du pays où a eu lieu la dernière transformation ou ouvraison substantielle, économiquement justifiée, effectuée dans une entreprise équipée à cet effet et ayant abouti à la fabrication d'un produit nouveau ou représentant un stade de fabrication important» (article 24 du code des douanes communautaire).

---

[58] Jurisprudence constante rappelée en dernier lieu dans CJ, 29 octobre 2009, *Rakvere Lihakombinaat*, C-140/08. Voy. à titre d'exemple, CJ, 6 décembre 2007, *Van Landeghem*, C-86/06. La Cour s'y est prononcée sur le classement tarifaire de certains véhicules automobiles du type «pick-up», comme véhicules principalement conçus pour le transport de personnes ou de marchandises et concluant qu'ils sont principalement conçus pour le transport de personnes lorsqu'ils ne comportent aucun dispositif d'ancrage pour le chargement, présentent un intérieur très luxueux disposant de nombreuses options et sont équipés d'un système de freinage «ABS» et de jantes «sport» de luxe.

[59] Voy. *infra*, n° 1142.

[60] Règlement CE/732/2008 du Conseil appliquant un schéma de préférences tarifaires généralisées pour la période du 1er janvier 2009 au 31 décembre 2011. Il comprend trois régimes : le régime normal, le régime spécial d'encouragement en faveur du développement durable et de la bonne gouvernance, qui s'adresse aux pays vulnérables, et le régime spécial en faveur des pays les moins avancés, qui suspend totalement les droits de douane selon la doctrine «tout sauf les armes».

C. La valeur en douane

1128. Les droits payés sont fonction de la valeur en douane de la marchandise concernée. Conformément aux règles établies par l'Organisation mondiale du commerce et l'Organisation mondiale des douanes sur l'évaluation en douane, transposée dans le code des douanes communautaire, la valeur en douane des marchandises est la valeur transactionnelle, c'est-à-dire le prix effectivement payé ou à payer pour ces marchandises lorsqu'elles sont vendues pour l'exportation à destination du territoire douanier de l'Union.

D. Les régimes douaniers économiques

1129. Des régimes douaniers économiques permettent l'exécution de certaines activités économiques sans payement des droits de douane et ont pour but d'attirer et de préserver l'activité économique dans l'Union européenne. Ces régimes sont :

– l'entreposage, qui permet de stocker des marchandises non communautaires sur le territoire douanier de l'Union sans que ces marchandises soient soumises aux impositions à l'importation, celles-ci n'étant acquittées qu'au moment où les marchandises sortent de l'entrepôt ;
– l'admission temporaire, qui permet à une entreprise de disposer, sans devoir acquitter de droits de douane, d'une marchandise non communautaire qui ne lui appartient pas mais dont elle a besoin pour son activité (essais, mise au point de matériel, exposition, etc.) et qui sera exportée ensuite ;
– le perfectionnement actif, qui permet à une entreprise soit d'importer dans le territoire de l'Union européenne, en suspension de droits de douane, des marchandises afin de les transformer ou de les réparer avant de les réexporter, soit de transformer ou réparer des marchandises mises en libre pratique (après payement du droit de douane) et d'obtenir lors de leur réexportation le rembourse-ment du droit de douane payé à l'importation.

3. Les formalités douanières

1130. Une marchandise en provenance d'un pays tiers qui arrive à la frontière du territoire douanier de l'Union européenne doit être conduite sans délai à un bureau de douane pour y être présentée. La présentation en douane consiste en une communi-cation aux autorités douanières, dans les formes requises, du fait de l'arrivée des marchandises au bureau de douane ou en tout autre lieu désigné ou agréé par les autorités douanières.

Une fois présentées en douane, les marchandises font l'objet d'une déclaration en douane, avec pour support le document administratif unique qui, en 1988, s'est substitué aux différents documents utilisés auparavant par les administrations douanières des Etats membres.

Cette déclaration permet d'identifier la marchandise, du point de vue tant de sa position tarifaire que de son origine, et de calculer les droits de douane y afférents, tels qu'ils sont déterminés par le tarif douanier commun.

Le contrôle des douanes procède à la vérification de la déclaration, c'est-à-dire des documents présentés. Le contrôle physique est rare. Les opérateurs sont tenus de conserver pendant trois ans les documents douaniers pour permettre des contrôles *a posteriori*.

1131. Une des réformes principales du code des douanes modernisé est de généraliser le dépôt des déclarations en douane et des documents d'accompagnement par voie électronique. Il favorisera aussi le système de «dédouanement centralisé», selon lequel les opérateurs agréés pourront déclarer leurs marchandises par voie électronique et s'acquitter de leurs droits de douane à l'endroit où ils sont établis, quel que soit l'Etat membre par lequel entrent ou sortent les marchandises.

III. LES INSTRUMENTS AUTONOMES DE POLITIQUE COMMERCIALE

1132. Pour contribuer au développement harmonieux du commerce mondial, à la suppression progressive des restrictions aux échanges internationaux et à la réduction des barrières douanières, l'Union a développé une politique de libéralisation des importations des pays tiers. En vertu du règlement CE/260/2009 du Conseil du 26 février 2009[61], l'importation dans l'Union de produits de pays tiers est libre et n'est donc soumise à aucune

---

[61] Ce règlement vient codifier le règlement CE/3285/94 du Conseil du 22 décembre 1994, qui avait été modifié à plusieurs reprises. S'y ajoute le règlement CE/519/94 du Conseil du 7 mars 1994 relatif aux importations en provenance de certains pays tiers à commerce d'Etat (ne sont plus concernés actuellement que les pays de la Communauté des Etats indépendants, le Vietnam et la Corée du Nord), dont le contenu est très proche du régime général mais qui est resté en dehors de la codification établie en 2009.

restriction quantitative. La liberté d'importation est totale et s'applique à tous les produits, à l'exception des produits textiles soumis à un régime spécifique[62]. Cette libéralisation des importations a pour corollaire la liberté des exportations. Des procédures de sauvegarde sont cependant instaurées (1) et des mesures de défense commerciales peuvent être adoptées (2).

1. Les procédures de sauvegarde

1133. La libéralisation totale des échanges nécessite des procédures d'information sur les échanges et la possibilité de prendre des mesures de surveillance ou de sauvegarde. Elles existent tant à l'importation[63] qu'à l'exportation, mais seules les premières seront analysées ici.

1134. Dans la procédure d'information, les Etats membres informent la Commission de l'évolution des importations pouvant rendre nécessaire le recours à des mesures de surveillance ou de sauvegarde. Des consultations s'effectuent au sein d'un comité composé de représentants de chaque Etat, présidé par un représentant de la Commission. Les consultations portent sur les conditions et modalités d'importation et sur les mesures éventuelles qu'il conviendrait d'adopter.
A l'issue des consultations, la Commission peut procéder à l'ouverture d'une enquête (procédure d'enquête), dont l'objet est de déterminer si les importations du produit concerné causent ou menacent de causer un dommage grave aux producteurs de l'Union concernés ; elle publie alors un avis au *Journal officiel*.

1135. Après consultation et enquête, la Commission peut décider de mesures de surveillance, si l'évolution du marché du produit originaire d'un pays tiers menace de porter préjudice aux producteurs de l'Union de produits similaires ou concurrents et que les intérêts de l'Union le rendent nécessaire. La surveillance peut être préalable (le produit importé est soumis à la présentation d'un document d'importation) ou se faire *a posteriori* (le produit importé est alors soumis à une surveillance statistique).

---

[62] En application du règlement CE/517/94 du Conseil du 7 mars 1994.
[63] Le règlement CE/427/2003 du Conseil instaure un mécanisme de sauvegarde transitoire spécifique applicable aux importations de certains produits en provenance de Chine, suite à l'entrée en vigueur du protocole d'accession de la Chine à l'OMC. Il cessera d'être d'application en 2013.

1136. Si un produit originaire d'un pays tiers est importé en quantité telle et/ou à des conditions telles qu'un préjudice grave est porté ou menace de l'être aux producteurs de l'Union de produits similaires ou directement concurrents, la Commission peut, de sa propre initiative ou à la demande d'un Etat membre, abréger le délai d'utilisation des documents d'importation ou subordonner l'importation à une autorisation (mesures de sauvegarde). Le Conseil, statuant à la majorité qualifiée, peut confirmer, modifier ou abroger cette décision. Il peut aussi arrêter toute mesure appropriée.

2. Les mesures de défense commerciale

1137. Au niveau international, les pratiques commerciales déloyales, comme le dumping et les subventions, furent considérées comme une entrave à l'ouverture des marchés dès 1947, année où a été signé le premier accord GATT. En effet, ce dernier contenait certaines dispositions spécifiques permettant aux pays membres de prendre des mesures de défense contre ces pratiques lorsqu'elles causaient un préjudice important à leur industrie intérieure. La première législation antidumping et antisubventions de la Communauté a été adoptée en 1968.

Depuis, des efforts considérables ont été faits pour harmoniser les règles relatives aux instruments de politique commerciale. Ainsi, lors de l'Uruguay Round, qui a débouché sur la création de l'OMC et la conclusion d'accords détaillés en matière antidumping et antisubventions, l'accent a été mis sur les règles de procédure ainsi que sur les conditions matérielles à remplir pour pouvoir prendre des mesures de défense. La Communauté a activement participé aux négociations portant sur la fixation de ces critères, qu'elle a intégrés dans sa propre législation[64].

L'article 134 CE permettait aussi aux Etats membres, dûment autorisés par la Commission, de protéger leur marché national contre l'importation de produits provenant de pays tiers, même si ces derniers avaient été mis en libre pratique dans un Etat membre. Cette disposition, dont il n'avait plus été fait usage depuis 1992, a été abrogée par le traité de Lisbonne.

---

[64] Règlement CE/1225/2009 du Conseil du 30 novembre 2009, venant codifier le règlement CE/384/96 du Conseil du 22 décembre 1995 en matière antidumping; règlement CE/597/2009 du Conseil du 11 juin 2009 venant codifier le règlement CE/2026/97 du Conseil du 6 octobre 1997 en matière de mesures antisubventions.

A. Les définitions

1138. Le dumping est la vente d'un produit dans l'Union à un prix inférieur à sa «valeur normale». Celle-ci correspond normalement au prix de vente réel sur le marché intérieur du pays exportateur. En conséquence, une société recourt à des pratiques de dumping lorsque les prix sur son marché intérieur sont supérieurs à ceux qu'elle pratique à l'exportation (différenciation des prix). Toutefois, si les ventes intérieures ne sont pas représentatives, notamment parce qu'elles n'ont été effectuées qu'en quantités limitées, la valeur normale peut être établie autrement, par exemple sur la base des prix pratiqués par d'autres producteurs sur le marché intérieur ou du coût de production. Dans ce dernier cas, une société recourt à des pratiques de dumping lorsque ses prix à l'exportation sont inférieurs aux coûts de production.

L'octroi de subventions peut avoir des effets similaires à ceux de la vente à des prix faisant l'objet d'un dumping. Une subvention peut prendre diverses formes : transfert direct de fonds (par exemple, sous forme de dons, de prêts et de participations au capital social), abandon ou non-perception de recettes publiques normalement exigibles, fourniture de biens ou services autres qu'une infrastructure générale...

B. Le préjudice grave

1139. Pour prendre des mesures contre ces pratiques commerciales déloyales, il ne suffit pourtant pas que les sociétés exportent leurs produits vers l'Union à des prix faisant l'objet d'un dumping ou de subventions. En effet, des mesures ne peuvent être instituées que si ces exportations causent un préjudice important aux producteurs communautaires, ces derniers ne pouvant plus concurrencer les exportateurs à armes égales.

Le préjudice est généralement mis en évidence par le fait que les importations faisant l'objet d'un dumping ou de subventions augmentent en volume sur une certaine période et que les prix à l'importation sont inférieurs aux prix de vente de l'industrie communautaire. Par conséquent, cette dernière est obligée de réduire sa production et ses prix, perd des parts de marché, réalise des pertes ou doit licencier. Dans le pire des cas, les exportateurs peuvent essayer d'éliminer des producteurs communautaires viables en recourant à une politique tarifaire d'éviction.

Le préjudice doit être causé par le dumping ou les subventions. Cette condition est remplie lorsque la détérioration de la situation de l'industrie communautaire coïncide avec l'augmentation des importations faisant l'objet d'un dumping ou de subventions. Il est important de noter que les importations faisant l'objet d'un dumping ou de subventions ne doivent pas constituer la seule cause du préjudice.

C. L'intérêt de l'Union

1140. Enfin, il doit être démontré que l'application de mesures n'est pas contraire à l'intérêt général de l'Union. A cet égard, il convient, lors de l'examen de l'intérêt de l'Union, de prendre en considération les intérêts de tous les opérateurs économiques susceptibles d'être affectés par les résultats de l'enquête. Dans ce contexte, une attention particulière est accordée à l'intérêt de préserver l'emploi dans l'Union.

D. La procédure

1141. Une plainte peut être déposée par toute personne (morale ou physique) ou toute association agissant au nom de l'industrie communautaire et la Commission peut se saisir d'office.

Un avis d'ouverture d'enquête est publié au *Journal officiel* et une enquête est diligentée par la Commission. Cette enquête peut se terminer par une clôture si les faits ne sont pas établis ou par l'instauration de droits antidumping ou compensateurs qui frappent les produits importés.

Ces droits peuvent être provisoires (six à neuf mois); ils sont arrêtés par la Commission. Ils peuvent aussi être définitifs (cinq années avec réexamen intercalaire et suspension temporaire possible); ils sont alors arrêtés par le Conseil statuant à la majorité simple sur proposition de la Commission.

Actuellement, des mesures concernent une soixantaine de produits provenant d'une quarantaine de pays, au premier rang desquels la Chine.

IV. LES ACCORDS COMMERCIAUX DE L'UNION

1142. La Communauté européenne devenue Union européenne a joué un rôle de premier plan au cours des huit années de négociations de l'Uruguay round qui ont débouché sur la création, le 1ᵉʳ janvier 1995, de l'Organisation mondiale du commerce (OMC), dont elle est devenue membre originaire aux côtés de ses quinze Etats membres de l'époque.

Outre la dimension multilatérale, avec l'ensemble des pays de l'OMC, l'Union a signé des accords bilatéraux, avec une trentaine de pays. Elle a conclu des accords d'union douanière avec Andorre et Saint-Marin, ainsi que des accords de libre-échange avec des pays comme la Norvège, la Suisse ou la Corée du Sud. De plus, la quasi-totalité des accords d'association, de coopération ou de partenariat conclus par la Communauté européenne, qui seront analysés dans les deux prochaines sections, incluent un volet de libération des échanges.

Bibliographie sélective

CONCONI Paola, «The EU's common commercial policy and regional/global governance», in TELÒ Mario (éd.), *The European Union and Global Governance*, London, Routlegde, 2009.

LICKOVA Magdalena, *La Communauté européenne et le système GATT-OMC: perspectives croisées*, Paris, Pedone, 2005.

SCHMITTER Catherine et SMITS Catherine, «La politique commerciale commune et les accords commerciaux», in LOUIS Jean-Victor et DONY Marianne, *Relations extérieures, Commentaire J. Mégret*, vol. 12, 2ᵉ éd., Bruxelles, Editions de l'Université de Bruxelles, 2005.

SMITS Catherine, «La politique commerciale commune», in DONY Marianne et BRIBOSIA Emmanuelle (éd.), *Commentaire de la Constitution de l'Union européenne*, Bruxelles, Editions de l'Université de Bruxelles, 2005.

Section 5

La coopération avec les pays tiers et l'action humanitaire

1143. Les matières visées dans le titre III de la cinquième partie du traité sur le fonctionnement de l'Union européenne, à savoir la coopération au développement (I), la coopération économique, financière et technique avec les pays tiers (II) et l'aide humanitaire (III), concernent des champs d'activités qui s'étaient développés de manière prétorienne au fil de la construction européenne, avant d'être consacrés dans les traités. Une attention particulière est assurée aux relations de l'Union avec son environnement proche (IV).

I. LA COOPÉRATION AU DÉVELOPPEMENT

1144. Il a fallu attendre l'entrée en vigueur du traité de Maastricht pour que la Communauté européenne dispose d'un cadre juridique exprès en la matière. Dans le traité de Rome, seule était en effet prévue une association des pays et territoires d'outre-mer[65] (faisant l'objet de la quatrième partie du traité CEE, puis du traité CE et maintenant du traité FUE), alors même que la Communauté entretient des relations avec les pays en développement depuis ses premières années d'existence[66].
Nous nous pencherons sur les objectifs de la coopération au développement (1) et sur ses principaux instruments (2), parmi lesquels l'accord de partenariat de Cotonou joue un rôle prépondérant (3).

1. Les objectifs de la coopération au développement

1145. L'article 177 du traité CE mentionnait, outre la contribution à «l'objectif général de développement et de consolidation de la démocratie et de l'Etat de droit, ainsi qu'à l'objectif du respect des droits de l'homme et des libertés fondamentales», trois objectifs spécifiques à la coopération au développement :

– le développement économique et social durable des pays en développement et plus particulièrement des plus défavorisés d'entre eux,
– l'insertion harmonieuse et progressive des pays en développement dans l'économie mondiale,
– la lutte contre la pauvreté dans les pays en développement.

L'article 208 du traité FUE ne fait plus état que d'un seul «objectif principal de l'action de l'Union dans ce domaine», qui est «la réduction et, à terme, l'éradication de la pauvreté», ce qui s'explique par l'existence d'objectifs généraux régissant l'action extérieure de l'Union dans tous ses volets[67].

---

[65] Cette association, qui était une réponse à la décolonisation en cours lors de la signature du traité de Rome, a jeté les bases de la future coopération au développement. Le régime des pays et territoires d'outre-mer associés et celui des Etats ACP ont convergé de plus en plus au fil des années.
[66] C'est ainsi que la première convention de Yaoundé a été signée en 1963.
[67] Voy. à ce sujet *supra*, nos 1074 et s.

Cette disposition ajoute que

> «[l]a politique de l'Union dans le domaine de la coopération au
> développement est menée dans le cadre des principes et objectifs de
> l'action extérieure de l'Union»[68].

A cet égard, pour être pleinement satisfaisant, le texte aurait pu
préciser que, si la coopération au développement est amenée,
dans un objectif de cohérence et d'efficacité de l'action externe,
à répondre à l'ensemble des objectifs assignés à cette dernière,
c'est «sans préjudice» de l'objectif principal d'éradication de la
pauvreté.

1146. La Cour de justice a rendu le 20 mai 2008 un arrêt important, dans lequel elle s'est prononcée sur la délimitation entre
les domaines respectifs de la politique étrangère et de sécurité
commune et de la politique (à l'époque) communautaire de
coopération au développement. Elle a posé en règle que

> «[s]'il convient (...) de ne pas limiter les objectifs de la politique
> communautaire de coopération au développement actuelle aux
> mesures visant directement la lutte contre la pauvreté, il faut néan-
> moins, pour qu'une mesure relève de cette politique, qu'elle contribue
> à la poursuite des objectifs de développement économique et social
> de ladite politique».

En l'espèce, étaient en cause une aide financière et une assistance technique de l'Union à un programme de contrôle des
armes légères et de petit calibre mis en place par la Communauté économique des Etats de l'Afrique de l'Ouest. La Cour a
souligné que

> «pour qu'une mesure concrète visant à lutter contre la proliféra-
> tion des armes légères et de petit calibre puisse être adoptée par la
> Communauté dans le cadre de sa politique de coopération au déve-
> loppement, cette mesure doit relever, en raison tant de sa finalité
> que de son contenu, du champ d'application des compétences que le
> traité CE lui attribue dans ce domaine (....) [et] [t]el n'est pas le cas
> lorsqu'une telle mesure, même si elle contribue au développement
> économique et social de pays en voie de développement, a pour objet
> principal la mise en œuvre de la PESC».

---

[68] Il s'agit d'une application particulière de l'article 21 du traité UE modifié;
voy. à ce sujet *supra*, nos 1073 et s.

Après une analyse fouillée tant de la finalité que du contenu de la décision, elle est arrivée à la conclusion que celle-ci avait deux composantes relevant respectivement de la politique étrangère et de sécurité commune et de la politique de coopération au développement, sans que l'une de celle-ci puisse être considérée comme accessoire par rapport à l'autre. En effet, selon les motifs de la décision eux-mêmes,

> «l'accumulation et la diffusion excessives et incontrôlées d'armes légères et de petit calibre constituent non seulement une menace pour la paix et la sécurité mais réduisent également les perspectives de développement durable, particulièrement en Afrique de l'Ouest».

Cet arrêt conserve tout son intérêt, même après l'entrée en vigueur du traité de Lisbonne[69], puisque, comme nous l'avons déjà signalé, la politique étrangère et de sécurité commune et la politique de coopération au développement continuent à relever de deux traités différents et ont des modes de fonctionnement différents.

1147. La politique de l'Union en matière d'aide au développement doit aussi respecter les engagements et tenir compte des objectifs agréés dans le cadre des Nations unies et des autres organisations internationales compétentes.

Il faut rappeler, dans ce contexte, que, en septembre 2000, l'Assemblée générale des Nations unies a adopté la «déclaration du millénaire», qui énonce les huit objectifs de développement du millénaire que les 189 Etats membres de l'ONU se sont engagés à réaliser d'ici à 2015 :

- réduire l'extrême pauvreté et la faim : réduire de moitié la proportion de la population mondiale dont le revenu est inférieur à un dollar par jour ainsi que la proportion des personnes qui souffrent de la faim ;
- assurer à tous les enfants, garçons et filles, le bénéfice de l'éducation primaire ;

---

[69] La Cour est alors arrivée à la conclusion que l'article 47 du traité UE, dans sa version antérieure au traité de Lisbonne, faisait obstacle à ce que le Conseil adopte la décision en cause sur le fondement du titre V de ce traité relatif à la politique étrangère et de sécurité commune, dès lors que cette décision relevait également de la coopération de coopération au développement. Voy. à ce sujet, *supra*, n°s 481 et s.

– promouvoir l'égalité des sexes et l'autonomisation des femmes : éliminer les disparités entre les sexes à tous les niveaux de l'enseignement ;
– réduire de deux tiers la mortalité infantile des enfants de moins de cinq ans ;
– améliorer la santé maternelle et réduire des trois quarts le taux de mortalité maternelle ;
– combattre le sida, le paludisme et d'autres maladies ;
– assurer un environnement durable : le but est a) d'intégrer les principes du développement durable dans les politiques nationales, b) de réduire de moitié le pourcentage de la population qui n'a pas d'accès de façon durable à un approvisionnement en eau potable et c) d'améliorer sensiblement la vie d'au moins cent millions d'habitants de taudis, d'ici 2020 ;
– mettre en place un partenariat mondial pour le développement, ce qui implique de
   a) poursuivre la mise en place d'un système commercial et financier multilatéral ouvert, fondé sur des règles prévisibles et non discriminatoires ;
   b) s'attaquer aux besoins particuliers des pays les moins avancés ;
   c) répondre aux besoins particuliers des Etats enclavés et des petits Etats insulaires en développement,
   d) traiter globalement le problème de la dette des pays en développement par des mesures d'ordre national et international propres à rendre leur endettement viable à long terme,
   e) en coopération avec les pays en développement, créer des emplois décents et productifs pour les jeunes,
   f) en coopération avec l'industrie pharmaceutique, rendre les médicaments essentiels disponibles et abordables dans les pays en développement,
   g) en coopération avec le secteur privé, mettre les avantages des nouvelles technologies, en particulier des technologies de l'information et de la communication, à la portée de tous.

1148. Enfin, l'Union doit tenir «compte des objectifs de la coopération au développement dans la mise en œuvre des politiques qui sont susceptibles d'affecter les pays en développement». La question de la cohérence entre les différentes politiques de l'Union se pose en effet avec une acuité particulière dans le cadre de la coopération au développement. Les effets néfastes de certaines politiques, comme celles ayant trait à la pêche ou à l'agriculture, sur les efforts menés dans le cadre de la politique de développement, sont bien connus et ont été dénoncés à maintes reprises[70]. On peut regretter que l'article 208 du traité FUE se borne à évoquer une prise en compte des objectifs de développement et non une intégration de ceux-ci dans les autres politiques de l'Union.

2. Les principaux instruments de la coopération au développement

1149. Il faut en premier lieu souligner que la coopération au développement est une compétence partagée spéciale entre l'Union européenne et les Etats membres : l'Union dispose d'une compétence pour mener des actions et une politique commune, « sans que l'exercice de cette compétence ne puisse avoir pour effet d'empêcher les Etats membres d'exercer la leur » (article 4, par. 4, TFUE)[71]. En particulier, la capacité reconnue à l'Union de conclure des accords internationaux « ne préjuge pas de la compétence des Etats membres pour négocier dans les instances internationales et conclure des accords » (article 209, par. 2, al. 2, TFUE).

La politique de coopération au développement de l'Union et celles des Etats membres « se complètent et se renforcent mutuellement » (article 208, par. 1, TFUE)[72].

S'agissant de l'action de l'Union, aux termes de l'article 209, par. 1, du traité FUE,

> « [l]e Parlement européen et le Conseil, statuant conformément à la procédure législative ordinaire, arrêtent les mesures nécessaires pour la mise en œuvre de la politique de coopération au développement, qui peuvent porter sur des programmes pluriannuels de coopération avec des pays en développement ou des programmes ayant une approche thématique ».

L'action de l'Union européenne a pris deux formes différentes : des instruments autonomes (A) et des accords internationaux (B).

---

[70] La Commission elle-même s'en est préoccupée ; voy. la communication de la Commission, « Cohérence des politiques au service du développement. Accélérer la réalisation des objectifs du Millénaire pour le développement », COM (2005), 134 final.

[71] Voy. à ce sujet, *supra*, n° 132.

[72] Le Conseil et les représentants des gouvernements des Etats membres réunis au sein du Conseil, le Parlement européen et la Commission sur la politique de développement de l'Union européenne ont adopté une déclaration conjointe intitulée « Le consensus européen ». La Cour, dans son arrêt précité du 20 mai 2008, s'est explicitement référée à ce document pour définir les contours de la politique de coopération au développement.

A. Les instruments autonomes

1150. Le texte principal en la matière est le règlement CE/1905/2006 du Parlement européen et du Conseil du 18 décembre 2006 portant établissement d'un instrument de financement de la coopération au développement, qui vient remplacer une douzaine de règlements à vocation thématique ou géographique existant auparavant[73].

Il est doté d'une enveloppe financière de 16,897 milliards d'euros pour la période 2007-2013 et prévoit

– d'une part, cinq programmes géographiques concernant respectivement les pays éligibles d'Amérique latine, d'Asie, d'Asie centrale, du Moyen-Orient ainsi que l'Afrique du Sud[74], avec pour chacun d'eux des objectifs spécifiques en tenant compte de la situation particulière de chaque région ;

– d'autre part, cinq programmes thématiques couvrant les domaines suivants : l'investissement dans les ressources humaines ; l'environnement et la gestion durable des ressources naturelles ; les acteurs non étatiques et les autorités locales dans le développement ; l'amélioration de la sécurité alimentaire et la coopération dans le domaine des migrations et de l'asile.

B. Les accords internationaux

1151. La Communauté européenne est partie à un grand nombre d'accords d'association, de coopération ou de partenariat destinés à soutenir le développement de ses partenaires. Nous n'évoquerons ni l'accord de Cotonou, qui fera l'objet du point suivant, ni les accords d'association signés dans le cadre du partenariat euro-méditerranéen, les accords de partenariat et de coopération avec des pays de l'Europe orientale et du Caucase méridional et les accords de stabilisation et d'association avec les pays des Balkans occidentaux qui seront tous trois analysés dans le point consacré à l'Union et son environnement proche.

---

[73] Il est complété par le règlement CE/1638/2006 du Parlement européen et du Conseil du 24 octobre 2006 arrêtant des dispositions générales instituant un instrument européen de voisinage et de partenariat et par le règlement CE/1085/2006 du Conseil du 17 juillet 2006 établissant un instrument d'aide de préadhésion.

[74] Certains Etats ACP sont visés par un programme spécifique de mesures d'accompagnement prévu dans le protocole sur le sucre.

1152. S'agissant de l'Amérique latine, la Communauté a conclu

- un accord de partenariat économique, de coopération politique et de coopération avec le Mexique ;
- un accord d'association avec le Chili (fondé sur l'article 310 du traité CE) ;
- un accord cadre interrégional de coopération avec le Mercosur, ainsi que des accords bilatéraux avec les quatre pays qui le composent (Argentine, Brésil, Paraguay et Uruguay) ;
- un accord cadre de coopération avec les républiques du Costa Rica, d'El Salvador, du Guatemala, du Honduras, du Nicaragua et du Panama (Amérique centrale) ;
- un accord cadre avec l'accord de Carthagène (pacte andin) et ses pays membres, les républiques de Bolivie, de Colombie, de l'Equateur, du Pérou et du Venezuela.

En ce qui concerne l'Asie, la Communauté a signé

- quatre «accords de coopération» avec le Vietnam, le Népal, le Cambodge et le Laos ;
- un «accord cadre de commerce et coopération» avec la Chine ;
- quatre «accords de coopération relatifs au partenariat et au développement» avec l'Inde, le Sri Lanka, le Bengladesh et le Pakistan.

En Asie centrale, des accords de partenariat et de coopération ont été conclus avec le Kazakhstan et l'Ouzbékistan.
Pour ce qui est du Moyen-Orient, un accord de coopération a été signé avec le Yémen.
Enfin il y a un accord de commerce, de développement et de coopération avec l'Afrique du Sud.

3. L'accord de partenariat de Cotonou

1153. L'accord de partenariat signé à Cotonou le 23 juin 2000 entre les quinze membres de l'Union européenne et les 79 pays du groupe Afrique, Caraïbes et Pacifique (ACP) a succédé aux diverses conventions de Yaoundé, puis aux accords de Lomé. Il a pour base juridique l'article 310 du traité CE, relatif aux accords d'association, même s'il ne s'appelle pas ainsi, les Etats ACP ayant refusé ce terme, en raison de sa connotation «coloniale». Il a été révisé pour la première fois le 21 juin 2005. La révision est entrée en vigueur le 1er juillet 2008. Une nouvelle révision devra avoir lieu en 2010.
Il repose sur quatre piliers.

A. Le renforcement de la dimension politique des relations UE-ACP

1154. Les éléments essentiels de ce pilier sont :

- le dialogue politique ;
- les politiques de consolidation de la paix et de prévention et de résolution des conflits ;
- le respect des droits de l'homme, des principes démocratiques basés sur l'Etat de droit et une gestion transparente et responsable des affaires publiques. La question de la conditionnalité de l'aide communautaire a été au centre des discussions avec les ACP. Des cas graves de corruption entraîneront l'enclenchement de la clause de non-exécution et pourront aboutir à la suspension de la coopération ;
- les questions de sécurité : coopération en matière de lutte contre la prolifération des armes de destruction massive, référence faite à la Cour pénale internationale, engagement de coopérer en matière de lutte contre le terrorisme ;
- les migrations : les Etats ACP se sont engagés à réadmettre leurs ressortissants se trouvant illégalement sur le territoire d'un Etat membre. Ils ont également accepté de négocier des accords bilatéraux régissant la réadmission des ressortissants des Etats tiers ou des apatrides.

B. Les stratégies de développement

1155. L'accord de Cotonou identifie trois domaines prioritaires de la coopération, en tenant toujours compte de l'objectif majeur de la réduction de la pauvreté :

- le développement économique, centré sur l'investissement et le développement du secteur privé, les réformes et politiques macroéconomiques et structurelles, le développement économique sectoriel et le tourisme ;
- le développement social et humain, avec trois axes : les politiques sociales, les questions relatives à la jeunesse et le développement culturel ;
- l'intégration et la coopération régionales visant notamment à accélérer la diversification des économies des Etats, à promouvoir et développer le commerce inter- et intra-pays ACP et avec les pays tiers et à mettre en œuvre les politiques de réforme sectorielles au niveau régional.

Le cadre d'appui aux stratégies de développement prévoit parallèlement la prise en compte systématique de trois questions transversales dans tous les domaines de la coopération :

- l'égalité entre hommes et femmes ;
- la gestion durable de l'environnement et les ressources naturelles ;
- le développement institutionnel et le renforcement des capacités.

Des priorités sont également établies pays par pays sur la base du principe de concentration qui devient un élément-clé du partenariat. Un compendium sur les stratégies de coopération[75] définit les objectifs, les orientations politiques et les lignes directrices opérationnelles dans les différents domaines ou secteurs spécifiques de la coopération.

Enfin, l'accent est mis sur le rôle des acteurs non étatiques dans la conception ainsi que dans la mise en œuvre des stratégies et des programmes de développement et tout particulièrement sur le rôle de la société civile.

C. Un nouveau cadre de coopération économique et commerciale

1156. La convention de Lomé offrait depuis 1975 un cadre de préférences en faveur des exportations des pays ACP qui ne s'appliquaient pas aux autres pays en développement, et ce en contradiction avec les règles du GATT. Pour corriger la situation, l'accord de Cotonou définit un cadre compatible avec l'OMC et comportant des objectifs de coopération commerciale précis, à savoir :

- promouvoir l'intégration harmonieuse et progressive des économies ACP dans l'économie mondiale,
- renforcer les capacités de production, d'offre et en matière d'échanges commerciaux,
- créer une nouvelle dynamique commerciale et stimuler l'investissement,
- assurer la parfaite conformité avec les dispositions de l'OMC.

Les Etats ACP et l'Union européenne sont convenus de mettre en place de nouveaux accords commerciaux pour poursuivre la libéralisation des échanges entre les parties et développer la coopération dans les domaines liés au commerce, dans le cadre

---

[75] Adopté par le Conseil ACP-CE par procédure écrite le 30 janvier 2001. Il peut être consulté à l'adresse internet suivante : http://ec.europa.eu/development/icenter/repository/compendium_fr.pdf.

d'accords de partenariat économiques régionaux (APER), prévoyant l'établissement, après une ouverture des marchés sur une longue période (dix à douze ans), de zones de libre-échange entre l'Union et des régions ACP, économiquement intégrées.
Une longue période de transition, pendant laquelle le dispositif antérieur a été maintenu, a été aménagée mais elle s'est achevée à la fin de l'année 2007. Les négociations sur les accords de partenariat économique entre les ACP et l'Union européenne se sont ouvertes en septembre 2002 mais elles n'ont toujours pas abouti. Pour éviter un vide juridique, des accords intérimaires ont été conclus avec la majorité des Etats ACP.

D. Une réforme de la coopération financière

1157. L'assistance financière de la Communauté pour les cinq premières années de l'accord de Cotonou comprend un montant de 13,5 milliards d'euros. Pour la période 2008-2013, l'enveloppe sera de 22,6 milliards d'euros. Le financement se fait toujours par le biais du Fonds européen de développement (FED).
Les principes directeurs de l'aide financière de l'Union à chaque Etat et région ACP sont la cohérence, la flexibilité et l'efficacité. La totalité des ressources disponibles du FED est acheminée aux différents pays bénéficiaires par deux instruments : une enveloppe qui regroupe toutes les aides non remboursables et une enveloppe fournissant des capitaux à risque et des prêts au secteur privé.
Chaque pays ACP se voit indiquer un montant forfaitaire (en fonction des critères de population, pauvreté, etc., proposés par la Commission et approuvés par le comité du FED), qui lui permet de financer un large éventail d'opérations de différents types. Il est possible d'affecter ces ressources au soutien macro-économique, à des programmes sectoriels, à des projets et programmes traditionnels, à l'allégement de la dette, à une aide complémentaire en cas de pertes de recettes d'exportation, à la coopération décentralisée et (dans des circonstances exceptionnelles) à l'aide humanitaire. Ainsi, dans le cadre de l'accord de Cotonou, aucune ressource n'est bloquée pour un but spécifique, ce qui permet une flexibilité et un redéploiement des ressources selon les besoins.
Pour s'adapter à l'évolution des pays et régions bénéficiaires, l'accord prévoit aussi une programmation glissante assortie

de réexamens réguliers. Tous les deux ans, les résultats de la coopération seront examinés avec chaque pays ACP. Les interventions pourront être adaptées en fonction des résultats et de l'émergence de nouvelles priorités (ajustement structurel notamment).

Les ACP ont aussi obtenu le maintien des instruments de compensation des pertes de recettes à l'exportation des produits agricoles et miniers, le Stabex et le Sysmin.

II. La coopération économique, financière et technique avec les pays tiers

1158. C'est seulement avec le traité de Nice, qui a introduit un article 181A dans le traité CE, que la Communauté s'est vu reconnaître explicitement la compétence de mener, dans le cadre de ses compétences, «des actions de coopération économique, financière et technique avec des pays tiers». Cette coopération fait désormais l'objet de l'article 212 du traité FUE. Il convient d'analyser ses rapports avec la coopération au développement (1) et les instruments pour la mettre en œuvre (2).

1. Les rapports avec la coopération au développement

1159. L'article 181A du traité CE disposait que la coopération qu'il instaurait devait être menée «sans préjudice» notamment des dispositions relatives à la coopération au développement mais il était muet sur la qualité de l'Etat tiers avec lequel cette coopération pouvait être menée[76].

L'article 212 du traité FUE prévoit désormais que la coopération menée au titre de cette disposition le sera avec des «pays tiers autres que les pays en développement». La distinction entre les deux champs d'intervention, coopération au développement et coopération économique, financière et technique avec des pays tiers, est donc basée sur la seule qualité de l'Etat partenaire.

---

[76] La Cour avait, dans un arrêt du 6 novembre 2008, *Parlement européen c. Conseil*, C-155/07, jugé que, si les termes «pays tiers» utilisés à l'article 181A du traité CE étaient suffisamment larges pour englober tant des pays en développement que d'autres pays tiers, cet article n'avait cependant pas vocation à constituer la base juridique des mesures poursuivant les objectifs de la coopération au développement tels qu'énoncés à l'article 177 du traité CE.

1160. On peut regretter à cet égard que ni cette disposition ni aucune autre disposition du droit de l'Union ne donne la moindre définition de la notion de pays en développement. Une certaine confusion semble régner à cet égard. C'est ainsi que l'article 218 du traité FUE prévoit que les accords visés à l'article 212 doivent faire l'objet d'une décision unanime du Conseil lorsqu'ils sont conclus «avec les Etats candidats à l'adhésion». Or, ces Etats sont classés, notamment par le Comité de l'aide au développement de l'OCDE comme pays en développement, ce qui les rend éligible à l'aide publique au développement, et ils bénéficient d'ailleurs d'une stratégie de préadhésion destinée à soutenir leur développement[77]. La même incertitude règne à propos des pays visés par la politique de voisinage[78].

1161. Enfin, l'article 212 du traité FUE impose que les actions menées sur son fondement soient «cohérentes avec la politique de développement de l'Union»[79] et qu'elles soient «menées dans le cadre des principes et objectifs de son action extérieure».

2. Les instruments de mise en œuvre

1162. Si la coopération économique, financière et technique avec des pays tiers n'est pas mentionnée, à la différence de la coopération au développement et de l'action humanitaire, à l'article 4, par. 5, du traité FUE, l'article 212 de ce traité stipule que «les actions de l'Union et des Etats membres se complètent et se renforcent mutuellement» et ajoute que la capacité reconnue à l'Union de conclure des accords internationaux «ne préjuge pas de la compétence des Etats membres pour négocier dans les instances internationales et conclure des accords».

Les mesures destinées à mettre en œuvre «les actions de coopération économique, financière et technique, y compris d'assis-

---

[77] Le règlement CE/1085/2006 du Conseil du 17 juillet 2006 établissant un instrument d'aide de préadhésion a été adopté sur le fondement conjoint des articles 179 et 181A du traité CE.

[78] Le règlement CE/1638/2006 du Parlement européen et du Conseil du 24 octobre 2006 arrêtant des dispositions générales instituant un instrument européen de voisinage et de partenariat a été adopté sur le fondement conjoint des articles 179 et 181A du traité CE.

[79] Cet article continue d'ailleurs à affirmer, d'une manière assez surprenante dès lors qu'il vise les pays autres qu'en développement, qu'il s'applique sans préjudice, notamment, des dispositions du traité FUE relatives à la coopération au développement.

tance en particulier dans le domaine financier» sont adoptées par la voie d'une procédure législative ordinaire, en vertu du traité de Lisbonne, par le Conseil après consultation du Parlement européen jusqu'alors.

1163. Le Conseil a adopté un règlement le 21 décembre 2006[80] instituant un instrument financier de coopération avec les pays industrialisés et les autres pays et territoires à revenu élevé[81], doté d'une enveloppe financière, pour la période 2007-2013, de 172 millions d'euros.
Cet instrument vise prioritairement les domaines de coopération suivants :

- promotion de la coopération, de partenariats et d'entreprises communes entre les acteurs économiques, universitaires et scientifiques de la Communauté et des pays partenaires ;
- stimulation du commerce bilatéral, des flux d'investissement et des partenariats économiques ;
- promotion du dialogue entre les acteurs politiques, économiques et sociaux et les autres organisations non gouvernementales dans les secteurs pertinents de la Communauté et des pays partenaires ;
- promotion des liens entre les peuples, des programmes de formation et d'enseignement et des échanges intellectuels et renforcement de la compréhension mutuelle entre les cultures et les civilisations ;
- promotion de projets menés en coopération dans des domaines tels que la recherche, les sciences et la technologie, l'énergie, les transports et l'environnement – y compris les changements climatiques –, les douanes, les questions financières et tout autre domaine présentant un intérêt commun pour la Communauté et les pays partenaires ;
- renforcement de la connaissance, de la compréhension et de la visibilité de l'Union européenne auprès des pays partenaires ;
- soutien d'initiatives particulières, comme le travail de recherche, les études, les projets pilotes ou les projets communs, destinées à répondre de manière souple et efficace aux objectifs de coopération découlant de l'évolution des relations bilatérales de la Communauté avec les pays partenaires ou visant à renforcer et à intensifier les relations bilatérales avec ces pays.

1164. Par ailleurs, l'Union européenne entretient des relations bilatérales avec la plupart de ces pays. Un accord de coopéra-

---

[80] Règlement CE/1934/2006.
[81] Dix-sept pays et territoires sont visés en Amérique du Nord, en Asie de l'Est, en Asie du Sud-Est, en Australasie et dans la région du Golfe.

tion a été conclu en 1989 avec les pays parties à la charte du Conseil de coopération pour les Etats arabes du Golfe (l'Etat des Emirats arabes unis, l'Etat de Bahrein, le royaume d'Arabie séoudite, le sultanat d'Oman, l'Etat de Qatar et l'Etat de Koweit), de même qu'un accord de commerce et de coopération en 1992 avec Macao ou un accord cadre de commerce et de coopération avec la Corée du Sud en 1996.

Mais le plus souvent ces relations n'ont pas donné lieu à la conclusion d'accords en bonne et due forme et ont plutôt pris la forme d'un «plan d'intégration économique transatlantique» (avec les Etats-Unis), d'un «programme de partenariat» (avec le Canada), de déclarations communes (avec l'Australie, la Nouvelle-Zélande) ou encore d'un «plan d'action» (avec le Japon).

III. L'AIDE HUMANITAIRE

1165. Alors que l'Union européenne intervient dans le domaine de l'aide humanitaire depuis longtemps déjà, que ce soit au titre de la politique étrangère et de sécurité commune, ou sur la base du règlement CE/1257/96 du Conseil du 20 juin 1996 concernant l'aide humanitaire, adopté sur la base juridique de la coopération au développement, ce n'est qu'avec le traité de Lisbonne qu'apparaît une première consécration expresse, dans les traités constitutifs, de l'action de l'Union en la matière. Elle fait désormais l'objet de l'article 214 du traité FUE.

Nous examinerons les objectifs de l'aide humanitaire (1), les principes qu'elle doit respecter (2) et les instruments destinés à la mettre en œuvre (3).

1. Les objectifs de l'aide humanitaire

1166. Les actions de l'Union dans le domaine de l'aide humanitaire

> «visent, de manière ponctuelle, à porter assistance et secours aux populations des pays tiers, victimes de catastrophes naturelles ou d'origine humaine, et à les protéger, pour faire face aux besoins humanitaires résultant de ces différentes situations».

De plus, ces actions doivent être menées dans le cadre des objectifs de l'action extérieure de l'Union. En particulier, l'accent est mis sur la nécessité que l'aide humanitaire de l'Union, y compris la reconstruction rapide, prenne en compte autant que possible les objectifs de développement à long terme et sur les liens étroits entre aide humanitaire et coopération au développement. Enfin, l'Union doit aussi veiller à ce que ses actions d'aide humanitaire soient coordonnées et cohérentes avec celles des organisations et organismes internationaux, en particulier ceux qui font partie du système des Nations unies.

2. Les principes régissant l'aide humanitaire

1167. Les principes qui régissent l'aide humanitaire sont spécifiques et distincts de ceux qui s'appliquent aux autres formes d'aide.
Les actions d'aide humanitaire doivent être

> «menées conformément aux principes du droit international et aux principes d'impartialité, de neutralité et de non-discrimination».

La déclaration commune du Conseil et des représentants des gouvernements des Etats membres réunis au sein du Conseil, du Parlement européen et de la Commission européenne, intitulée «consensus européen sur l'aide humanitaire», y ajoute les principes d'humanité et d'indépendance et précise le contenu de certains principes :

– principe d'humanité : toute personne doit être traitée humainement en toute circonstance, une attention particulière devant être accordée aux personnes les plus vulnérables de la population ;
– neutralité : l'aide humanitaire ne doit pas favoriser une partie plutôt qu'une autre à un conflit armé ou à tout autre différend ;
– respect de l'indépendance : l'aide humanitaire ne poursuit aucune finalité politique, économique, militaire ou autre ; sa seule finalité est le soulagement et la prévention des souffrances des victimes des crises humanitaires ;
– impartialité et non-discrimination : la fourniture de l'aide ne doit pas être influencée par des intérêts spécifiques, qu'ils soient économiques, politiques, culturels ou religieux.

3. La mise en œuvre

1168. L'aide humanitaire est une compétence partagée spéciale, où l'Union dispose d'une compétence pour mener des actions et une politique commune, «sans que l'exercice de cette compétence ne puisse avoir pour effet d'empêcher les Etats membres d'exercer la leur» (article 4, par. 4, TFUE)[82]. Les actions de l'Union et des Etats membres se complètent et se renforcent mutuellement.

Le Parlement européen et le Conseil, statuant conformément à la procédure législative ordinaire, établissent les mesures définissant le cadre dans lequel sont mises en œuvre les actions d'aide humanitaire de l'Union.

L'aide humanitaire est gérée par le service d'aide humanitaire de la Commission européenne (ECHO), qui a été créé en 1992 et est devenu une direction de la Commission en 2004.

IV. L'UNION EUROPÉENNE ET SON ENVIRONNEMENT PROCHE

1169. L'Union européenne entretient des relations particulières avec quatre catégories de pays composant son environnement proche, à savoir les pays partenaires dans l'Espace économique européen (1), la Suisse (2), les pays candidats ou candidats potentiels à l'adhésion (3) et les pays visés par la politique européenne de voisinage (4).

1. L'accord sur l'espace économique européen

1170. L'accord de Porto du 12 juin 1992 créant l'Espace économique européen est un accord d'association conclu entre la Communauté européenne et ses Etats membres, d'une part, et les pays membres de l'AELE, d'autre part.

Il a pour objectif d'assurer la libre circulation des marchandises, des personnes, des services et des capitaux sur la base de l'acquis communautaire (droit originaire et dérivé), de créer un régime uniforme de concurrence et de subventions et d'approfondir la coopération dans les politiques horizontales et d'accompagnement (par exemple, dans les domaines de la protection de l'environnement, de la recherche et du développement ou de l'éducation).

L'accord exclut de son champ d'application les produits agricoles non transformés ainsi que la pêche et ne prévoit pas de coordination des tarifs douaniers. De plus, de nombreuses politiques de l'Union ne sont pas couvertes : union économique et

---

[82] Voy. à ce sujet, *supra*, n° 132.

monétaire, politique agricole commune, espace de liberté, de
sécurité et de justice ou encore politique étrangère et de sécurité
commune.

Il ne subsiste plus comme pays membres, hors Union européenne, que l'Islande[83], le Liechtenstein et la Norvège, les
autres Etats signataires ayant soit rejoint l'Union européenne
en 1995, soit, pour ce qui concerne la Suisse, refusé de ratifier
l'accord signé.

2. *Les accords bilatéraux avec la Suisse*

1171. Suite à l'échec du référendum relatif à la ratification
par la Suisse de l'accord sur l'Espace économique européen, le
gouvernement fédéral suisse a entrepris des négociations bilatérales avec la Communauté européenne.

1172. Un premier train d'accords est signé le 21 juin 1999 (les
accords bilatéraux I). Il s'agit principalement d'accords d'ouverture des marchés et de libéralisation. Ils couvrent sept domaines
particuliers : la libre circulation des personnes, les obstacles
techniques au commerce, les marchés publics, l'agriculture, le
transport aérien et les transports terrestres ainsi qu'une participation de la Suisse aux programmes de recherche de l'Union
européenne. L'ensemble de ces accords est soumis à un référendum et approuvé par 67,2% des électeurs suisses le 21 mai
2000. Ils sont entrés en vigueur le 1er juin 2002. L'accord sur la
libre circulation des personnes, conclu à l'origine avec les quinze
pays membres de l'Union a été étendu aux dix nouveaux Etats
de l'Union entrés en 2004 par un protocole approuvé par 56%
des électeurs suisses, le 25 septembre 2005. Le 27 mai 2008, un
nouveau protocole a été signé étendant la libre circulation à
la Bulgarie et à la Roumanie. Cet accord n'avait qu'une durée
initiale de sept ans. Lors de la votation du 8 février 2009, le
peuple suisse a approuvé l'arrêté fédéral portant à la fois sur la
reconduction de l'accord après 2009 ainsi que son extension à la
Bulgarie et à la Roumanie.

1173. De nouvelles négociations sont entamées en juin 2001,
sur des questions qui n'avaient pu être réglées lors des premières
négociations et sur lesquelles les parties s'étaient engagées à
continuer de négocier. Elles ont conduit à la signature d'une

---

[83] Qui a fait une demande d'adhésion à l'Union européenne le 17 juillet 2009.

nouvelle série d'accords, le 26 octobre 2004, qui couvre les domaines suivants : coopération dans les domaines de la justice, de la police, de l'asile et de la migration (Schengen/Dublin), la fiscalité de l'épargne, les produits agricoles transformés, l'accord MEDIA, l'environnement, la statistique, la lutte contre la fraude, les pensions, l'éducation et la formation professionnelle. Ils ont fait l'objet d'une approbation parlementaire le 17 décembre 2004 et sont entrés en vigueur le 1er mars 2005, sauf l'accord Schengen/Dublin, soumis à une votation populaire qui a conduit à un vote favorable le 5 juin 2005 et est entré en vigueur le 1er mars 2008 (la participation opérationnelle de la Suisse ne devant pas intervenir avant novembre 2008 au plus tôt).

3. Les Etats candidats ou candidats potentiels à l'adhésion

1174. Sont concernés la Turquie et les pays des Balkans occidentaux, avec une distinction faite entre les candidats, à savoir la Turquie, la Croatie et l'ancienne République yougoslave de Macédoine, et les candidats potentiels, qui sont l'Albanie, la Bosnie-et-Herzégovine, le Monténégro et la Serbie, y compris le Kosovo.

Ils peuvent bénéficier de l'instrument d'aide de préadhésion[84], qui comprend cinq volets :

- aide à la transition et renforcement des institutions ;
- coopération transfrontalière ;
- développement régional ;
- développement des ressources humaines ;
- développement rural.

Les deux derniers volets sont seulement accessibles aux pays candidats et les trois premiers, à tous les pays concernés.

De plus, les pays des Balkans occidentaux simples candidats potentiels font l'objet de partenariats dans le cadre du processus de stabilisation et d'association[85] tandis que la Croatie, la Macédoine et la Turquie sont concernées par un partenariat pour l'adhésion[86].

---

[84] Instauré par le règlement CE/1085/2006 du Conseil du 17 juillet 2006.

[85] Règlement CE/533/2004 du Conseil du 22 mars 2004. Ce règlement est mis en œuvre par des décisions du Conseil pour chaque pays concerné.

[86] Décision 2006/145/CE du Conseil du 20 février 2006, relative aux principes, aux priorités et aux conditions figurant dans le partenariat pour l'adhésion de la

Enfin, des accords de stabilisation et d'association ont été signés avec les pays des Balkans occidentaux. Les deux premiers accords de stabilisation et d'association ont été conclus respectivement avec l'ancienne République yougoslave de Macédoine le 26 mars 2001 et avec la Croatie le 29 octobre 2001 ; ont suivi l'accord avec l'Albanie en 2006, avec le Monténégro, signé le 15 octobre 2007, avec la Serbie, signé le 29 avril 2008 et avec la Bosnie-Herzégovine, le 16 juin 2008. La Turquie est quant à elle liée par un accord d'association qui date déjà de 1963. Les accords d'association ont été traditionnellement utilisés afin de préparer une adhésion éventuelle d'un pays à l'Union européenne.

4. La politique européenne de voisinage

1175. Il s'agit d'une innovation du traité de Lisbonne. Aux termes de l'article 8, par. 1, du traité UE modifié,

> « l'Union développe avec les pays de son voisinage des relations privilégiées, en vue d'établir un espace de prospérité et de bon voisinage, fondé sur les valeurs de l'Union et caractérisé par des relations étroites et pacifiques reposant sur la coopération ».

Le paragraphe 2 ajoute que, à cette fin,

> « l'Union peut conclure des accords spécifiques avec les pays concernés. Ces accords peuvent comporter des droits et obligations réciproques ainsi que la possibilité de conduire des actions en commun ».

1176. L'Union européenne n'a cependant pas attendu l'inscription dans les traités de la politique européenne de voisinage, qui était d'ailleurs déjà consacrée par le traité constitutionnel, pour mettre en œuvre une telle politique.
Nous examinerons quels sont les pays concernés par la politique européenne de voisinage (A), ses principes directeurs (B), les domaines de coopération principaux (C) et le financement de la politique européenne de voisinage (D).

Croatie ; décision 2006/57/CE du Conseil du 30 janvier 2006, relative aux principes, aux priorités et aux conditions figurant dans le partenariat européen avec l'ancienne République yougoslave de Macédoine ; décision 2006/35/CE du Conseil du 23 janvier 2006, relative aux principes, aux priorités et aux conditions figurant dans le partenariat pour l'adhésion de la Turquie.

A. Les pays concernés par la politique européenne de voisinage

1177. La politique européenne de voisinage s'applique, ou a vocation à s'appliquer, aux voisins immédiats, terrestres ou maritimes, de l'Union qui n'ont pas, ou pas encore, de perspectives d'adhésion future, soit

- dix pays du Sud : l'Algérie, l'Egypte, Israël, la Jordanie, le Liban, la Libye, le Maroc, les Territoires palestiniens, la Tunisie et la Syrie ;
- trois pays de l'Est : le Belarus, la Moldavie et l'Ukraine ;
- les trois pays du Caucase méridional : l'Arménie, l'Azerbaïdjan et la Géorgie[87].

Elle est cependant distincte de la question de l'adhésion à l'Union et ne préjuge pas de l'évolution que pourraient connaître les relations des pays partenaires avec l'Union.

1178. La Russie, qui est le voisin le plus important de l'Union, n'a pas, à sa demande, été intégrée dans la politique européenne de voisinage, mais a développé un «partenariat stratégique» spécifique, conclu en 1997 pour une durée initiale de dix ans, avec ensuite reconduction tacite chaque année, qui prévoit la création et la mise en place de quatre «espaces communs» : espace économique commun, espace de liberté, de sécurité et de justice, espace commun de sécurité extérieure et espace de recherche, d'éducation et de culture.

B. Les principes directeurs de la politique européenne de voisinage

1179. La politique européenne de voisinage s'appuie sur les accords conclus auparavant, qu'elle entend approfondir : accords de partenariat et de coopération pour les pays d'Europe orientale et du Caucase ; accords d'association dans le cadre du partenariat euro-méditerranéen[88].
Elle repose sur plusieurs principes directeurs.

---

[87] Futurs pays frontaliers dans le cas d'une adhésion de la Turquie à l'Europe.
[88] La différence de statut des accords respectifs semble procéder d'une volonté de l'Union européenne de réserver l'association à des pays avec lesquels elle a des relations véritablement privilégiées. Elle pourrait être le signe que la politique de voisinage ne remettrait pas en cause le lien étroit qu'elle entretient avec les pays de la Méditerranée, dans le «processus de Barcelone», établi en 1995.

a. La conditionnalité

1180. Les relations privilégiées de voisinage reposent

> «sur des engagements à l'égard des valeurs communes, notamment
> la démocratie, l'Etat de droit, la bonne gouvernance et le respect des
> droits de l'homme ainsi qu'à l'égard des principes présidant à l'éco-
> nomie de marché, au libre-échange, au développement durable, et de
> la lutte contre la pauvreté».

La conditionnalité se manifeste à deux niveaux.

Tout d'abord, au début du processus, la Commission a préparé
des rapports sur les pays qui évaluent la situation politique et
économique et analysent les aspects institutionnels et sectoriels,
afin d'estimer quand et comment il sera possible de renforcer
les relations avec le pays examiné. Les rapports sur les pays
sont soumis au Conseil, à qui il appartient de décider s'il est
opportun ou non de passer à l'étape suivante des relations. La
situation du Belarus, de la Libye et de Syrie a été jugée trop
problématique pour pouvoir activer le processus en ce qui les
concerne[89].

Ensuite, lors de la mise en application de cette politique, l'assistance européenne sera d'autant plus importante que les réformes
auxquelles se seront engagés les partenaires dans les domaines
prioritaires seront effectivement mises en œuvre.

b. La différenciation et la contractualisation
   des relations

1181. Des plans d'action sont adoptés pour chaque pays. Ils
sont négociés et taillés sur mesure pour chaque pays, sur la base
de ses besoins et capacités et en tenant compte de ses intérêts
et de ceux de l'Union. Le pays concerné et l'Union définissent
ensemble, en partenariat, un programme de réformes économiques et politiques qui se traduisent par l'adoption de priorités
à court ou à moyen terme (trois à cinq ans) qu'ils doivent s'ap-
proprier en commun.

Les mesures incitatives, proposées en contrepartie des progrès
réalisés sur les réformes engagées, consistent en une meilleure

---

[89] Aucun accord d'association ou de coopération n'a d'ailleurs été conclu avec
ces pays, ce qui constitue une étape préalable indispensable.

intégration dans les programmes et réseaux européens, une assistance accrue et un accès au marché européen facilité.

Douze plans d'action sont en œuvre dans le cadre de la politique européenne de voisinage : avec Israël, la Jordanie, la Moldavie, le Maroc, les Territoires palestiniens, la Tunisie et l'Ukraine depuis 2005, l'Arménie, l'Azerbaïdjan et la Géorgie depuis la fin de l'année 2006, le Liban et l'Egypte depuis le début de l'année 2007.

c. LE CONTRÔLE

1182. La mise en œuvre des engagements mutuels et des objectifs définis dans les plans d'action fait l'objet d'un contrôle régulier en collaboration avec le pays concerné. La Commission a également publié, le 4 décembre 2006, ses premiers rapports sur les progrès réalisés. Une deuxième série de rapports de suivi sur la mise en œuvre de la politique européenne de voisinage en 2007 ont été adoptés le 3 avril 2008.

C. Les domaines prioritaires de la coopération

1183. Ils s'articulent autour de six axes.

Le premier axe est la coopération et le dialogue politique, qui vise en premier lieu

- – le respect des droits de l'homme et des libertés fondamentales, y compris les normes fondamentales du travail ;
- – l'Etat de droit : réforme des codes civils et criminels, réforme des systèmes judiciaires et pénitentiaires, lutte contre la corruption et la criminalité organisée ;
- – la démocratie : lois électorales, décentralisation, renforcement de la capacité administrative ;
- – la bonne gouvernance ;
- – le développement de la société civile ;
- – l'égalité entre hommes et femmes.

Des questions de politique étrangère et de sécurité sont aussi mises en avant :

- – lutte contre le terrorisme ;
- – lutte contre la prolifération d'armes de destruction massive et contre l'exportation illégale d'armes ;
- – prévention et gestion des crises.

Viennent ensuite les réformes économiques et sociales, qui visent à

- mettre en place des politiques macro-économiques saines;
- créer un climat favorable aux investissements;
- réduire la pauvreté et relever les défis sociaux;
- stimuler le commerce et renforcer les liens économiques entre les partenaires et l'Union mais aussi entre les partenaires eux-mêmes.

La justice, la liberté et la sécurité jouent un rôle crucial. Les principaux axes de coopération en la matière sont:

- gérer les migrations légales;
- gérer les demandeurs d'asile et les réfugiés;
- gérer les frontières;
- simplifier les procédures de visa;
- réadmettre les immigrants clandestins.

La dimension humaine n'est pas oubliée et plusieurs actions sont envisagées, telles que

- la réforme et la modernisation des systèmes éducatifs;
- l'amélioration de la santé des populations;
- l'accroissement de la coopération scientifique et technique;
- la promotion de la coopération transfrontalière.

Le cinquième axe tend à tisser des liens entre voisins. Sont principalement visés à ce titre:

- les liens énergétiques: les pays voisins (et leurs voisins) sont en effet des acteurs vitaux pour la sécurité énergétique de l'Union en tant que fournisseurs actuels ou futurs;
- le développement des transports, indispensable pour générer plus de commerce et de tourisme entre voisins;
- la coopération en vue d'assurer la protection de l'environnement;
- le développement de la société de l'information.

Le dernier thème est l'encouragement de la coopération régionale. Si la politique européenne de voisinage a pour principe fondamental de dialoguer avec différents pays partenaires au cas par cas, l'Union garde néanmoins à l'esprit une perspective régionale, encourageant non seulement une coopération plus étroite avec ses pays voisins mais aussi entre les voisins de l'Union, surtout ceux qui sont géographiquement proches. La coopération régionale est ainsi jugée importante pour

– affronter les problèmes qui ne connaissent pas de frontières, et au premier plan les problèmes environnementaux;
– traiter les questions qui nécessitent une approche multinationale, comme le commerce, le transport et les réseaux d'infrastructures, la justice, la liberté et la sécurité;
– promouvoir les contacts entre populations.

D. Le financement de la politique européenne de voisinage

1184. Les anciens programmes MEDA et TACIS ont été remplacés par un instrument unique, l'instrument européen de voisinage et de partenariat[90], qui doit financer la réalisation des objectifs de la politique européenne de voisinage mais aussi le partenariat stratégique avec la Russie.

Pour la période budgétaire 2007-2013, il est doté d'une enveloppe de près de douze milliards d'euros. Il soutient principalement

– les réformes politiques;
– les réformes économiques et sociales;
– la coopération sectorielle, notamment pour les secteurs présentant un intérêt commun: environnement, développement durable, énergie, transports, télécommunications, santé, sécurité alimentaire, éducation et formation, recherche et innovation;
– le développement régional et local ainsi que l'intégration régionale et sous-régionale;
– la participation aux programmes et aux agences communautaires.

Un nouvel instrument, la «facilité de financement consacrée à la gouvernance», dotée d'une enveloppe indicative de cinquante millions d'euros par an pour la période 2007-2010, apporte un soutien supplémentaire aux pays partenaires ayant le plus progressé dans la mise en œuvre des priorités en matière de gouvernance convenues dans leurs plans d'action. En 2007, ce sont le Maroc et l'Ukraine qui ont bénéficié des premiers fonds de cet instrument.

Enfin, la «facilité d'investissement dans le cadre de la politique de voisinage», dotée au total de 700 millions d'euros répartis sur sept ans permet, depuis le début de l'année 2008, de soutenir les prêts des institutions financières internationales dans les pays

---

[90] Règlement CE/1638/2006 du Parlement européen et du Conseil du 24 octobre 2006, arrêtant des dispositions générales instituant un instrument européen de voisinage et de partenariat.

partenaires de la politique européenne de voisinage, en faveur principalement de projets d'intérêt commun dans les secteurs de l'énergie, de l'environnement et du transport[91].

Bibliographie sélective

BALZACQ Thierry, « La politique européenne de voisinage, un complexe de sécurité à géométrie variable », *Cultures & Conflits*, 66, 2007, http://www.conflits.org/index2481.html.

BOURRICHE Marie, « La cohérence de la politique européenne de coopération au développement », *in* DONY Marianne et ROSSI Lucia Serena (éd.), *Démocratie, cohérence et transparence : vers une constitutionnalisation de l'Union européenne ?*, Bruxelles, Editions de l'Université de Bruxelles, 2008.

CREMONA Marise, The European Neighbourhood Policy : Legal and Institutional Issues, CDDRL (Center on Democracy, Development, and the Rule of Law) Working Papers, 25, 2 novembre 2004, http://iis-db.stanford.edu/pubs/20738/Cremona-ENP_and_the_Rule_of_Law.pdf.

DUSEPULCHRE Gaëlle, « La coopération avec les Etats tiers et l'aide humanitaire », *in* DONY Marianne et BRIBOSIA Emmanuelle (éd.), *Commentaire de la Constitution de l'Union européenne*, précité.

DUSEPULCHRE Gaëlle, « Dimension politique de la politique communautaire de coopération au développement, quelle cohérence ? », *in* DONY Marianne et ROSSI Lucia Serena (éd.), *Démocratie, cohérence et transparence : vers une constitutionnalisation de l'Union européenne ?*, précité.

GRANELL Francesco, *La coopération au développement de la Communauté européenne, Commentaire J. Mégret*, vol. 13, 2e éd., Bruxelles, Editions de l'Université de Bruxelles, 2005.

KADDOURI Hamid, « La valeur ajoutée de la politique européenne de voisinage en matière de conditionnalité politique », *RMCUE*, 2009, p. 107.

LABOUZ Françoise, PHILIP Christian, SOLDATOS Panayotis (éd.), *L'Union européenne élargie aux nouvelles frontières et à la recherche d'une politique de voisinage*, Bruxelles, Bruylant, 2006.

LEBULLENGER Joël et PERRIN Stéphane, « Relations extérieures – Les accords de partenariat économique – Un nouveau modèle pour les relations commerciales avec les ACP », *RMCUE*, 2008, p. 605.

LEFEBVRE Maxime, « Le Partenariat oriental : à l'Est rien de nouveau ? » *RMCUE*, 2009, p. 288.

---

[91] Communication de la Commission, « Une politique européenne de voisinage vigoureuse », COM (2007) 744 final.

RANCUREL Alix, «La cohérence de l'action extérieure de l'Union européenne en Amérique latine», *in* DONY Marianne et ROSSI Lucia Serena (éd.), *Démocratie, cohérence et transparence: vers une constitutionnalisation de l'Union européenne?*, précité.

RAPOPORT Cécile, «L'Union européenne, sa politique de voisinage et le Conseil de l'Europe», *CDE*, 2009, p. 48.

SCHRIJVER Nico, «The EU's common development cooperation policy», *in* TELÒ Mario (éd.), *The European Union and Global Governance*, précité.

SEIDELMAN Reimund, «The UE's neighbourhood policies», *in* TELO Mario (éd.), *The European Union and Global Governance*, précité.

Chronologie
de la construction européenne

1948

1er janvier	Entrée en vigueur du traité Benelux
17 mars	Signature du pacte de Bruxelles créant l'Union occidentale
16 avril	Création de l'Organisation européenne de coopération économique (OECE)
7-11 mai	Congrès de l'Europe à La Haye
25 octobre	Création du Mouvement européen

1949

29 janvier	Création du Conseil d'assistance économique (COMECON)
4 avril	Signature à Washington du pacte de l'Atlantique Nord (OTAN)
5 mai	Signature à Londres du statut du Conseil de l'Europe

1950

9 mai	Déclaration Schuman
4 novembre	Signature de la convention européenne de sauvegarde des droits de l'homme et des libertés fondamentales

1951

18 avril	Signature à Paris du traité instituant la Communauté européenne du charbon et de l'acier (CECA)

1952

27 mai	Signature à Paris du traité créant la Communauté européenne de défense (CED)
25 juillet	Entrée en vigueur du traité CECA

1954

23 octobre	Transformation de l'Union occidentale en Union de l'Europe occidentale (UEO)

1955

1er-2 juin	Conférence de Messine – création du Comité Spaak

1956

29 mai	Approbation par les Six du rapport Spaak

1957

25 mars	Signature à Rome des traités instituant la Communauté économique européenne (CEE) et la Communauté européenne de l'énergie atomique (CEEA ou Euratom)

1958

5 janvier	Entrée en vigueur des traités de Rome
15 janvier	Première réunion des Commissions CEE et Euratom
20 mars	L'assemblée unique décide de prendre le nom d'«assemblée parlementaire européenne»
3-11 juillet	Conférence de Stresa chargée de dégager les lignes directrices de la politique agricole commune

1959

1er janvier	Première réduction des droits de douane à l'intérieur de la Communauté

1960

4 janvier	Signature à Stockholm du traité créant l'Association européenne de libre-échange (AELE)

14 décembre	Création de l'Organisation de coopération de développement économique (OCDE), ex-OECE élargie aux Etats-Unis et au Canada

1961

10-11 février	Sommet de Paris consacré à la recherche des moyens propres à organiser une coopération politique plus étroite
20 mars	Premier recours en manquement introduit par la Commission devant la Cour de justice, dirigé contre l'Italie
9 août	Première demande d'adhésion de la Grande-Bretagne

1962

14 janvier	Accord sur la politique agricole commune
6 février	Règlement portant application des articles 85 et 86 du traité CEE (devenus, après renumérotation, 81 et 82 du traité CE, et maintenant 101 et 102 TFUE)
4 avril	Création du FEOGA
17 avril	Echec du plan Fouchet sur la création d'une «Union d'Etats européens»

1963

14 janvier	Véto du général de Gaulle à l'égard de la candidature britannique
5 février	Arrêt *Van Gend & Loos*, qui consacre l'effet direct du traité CEE
20 juillet	Signature à Yaoundé de la convention d'association entre la CEE et les dix-huit Etats africains et malgache

1964

4 mai	Début du Kennedy Round
15 juillet	Arrêt *Costa c. Enel*, qui consacre la primauté du droit communautaire

1965

8 avril	Signature du traité de fusion des exécutifs

1er juillet	La France pratique la politique de la chaise vide

1966

30 janvier	Compromis de Luxembourg

1967

9 février	Adoption d'un système commun de taxe sur la valeur ajoutée
10-11 mai	Deuxième candidature du Royaume-Uni, de l'Irlande et du Danemark
1er juillet	Entrée en vigueur du traité de fusion des Exécutifs signé le 8 avril 1965. Jean Rey devient le président de la Commission unique
19 décembre	Véto de la France à la poursuite des négociations avec le Royaume-Uni

1968

1er juillet	Entrée en vigueur de l'Union douanière avec dix-huit mois d'avance sur le calendrier prévu
29 juillet	Adoption du règlement établissant la libre circulation des travailleurs dans la CEE
18 décembre	Plan Mansholt sur la réforme des structures agricoles

1969

1er-2 décembre	Sommet de La Haye qui consacre le tryptique «achèvement, approfondissement, élargissement» et annonce une union économique et monétaire dans les dix ans

1970

1er janvier	Fin de la période de transition
18 mars	Mémorandum de la Commission sur la politique industrielle
21-22 avril	Décision du Conseil concernant le remplacement des contributions des Etats membres par des ressources propres et signature à Luxem-

	bourg du traité «qui modifie quelques dispositions concernant le budget des Communautés»
17 octobre	Plan Werner sur l'union économique et monétaire
27 octobre	Adoption par le Conseil du rapport Davignon sur «les progrès réalisables dans le domaine de l'union politique de l'Europe»
19 novembre	Première réunion des ministres des Affaires étrangères en coopération politique

1971

22 mars	Le Conseil adopte une résolution sur la réalisation en plusieurs étapes de l'union économique et monétaire à partir du 1er janvier 1971

1972

22 janvier	Signature de l'acte d'adhésion du Royaume-Uni, de l'Irlande, du Danemark et de la Norvège
24 mars	Adoption des trois premières directives sur la modernisation des structures agricoles
24 avril	Création du Serpent monétaire européen
19-21 octobre	Sommet de Paris:
	– définition de nouveaux domaines d'intervention: environnement, politique régionale, politique sociale, politique industrielle
	– engagement des Etats membres de transformer avant 1980 «l'ensemble de leurs relations en une Union européenne»

1973

1er janvier	Entrée de la Grande-Bretagne, de l'Irlande et du Danemark dans les Communautés européennes
6 octobre	Début de la guerre du Kippour et de la première crise pétrolière
22 novembre	Adoption du premier programme d'action communautaire en matière d'environnement

1974

18 février	Le Conseil n'arrive pas à décider le passage à la deuxième étape de l'union économique et monétaire
1er avril	Le gouvernement travailliste demande la renégociation du traité d'adhésion
21 juin	Arrêt *Reyners*: la liberté d'établissement est directement applicable depuis la fin de la période de transition
11 octobre	L'assemblée générale des Nations unies accorde à la Communauté le statut d'observateur
9-10 décembre	Sommet de Paris – décisions importantes sur le plan institutionnel:

- accord sur l'élection du Parlement européen au suffrage direct
- création du Conseil européen
- Léo Tindemans est chargé de présenter un rapport sur l'Union européenne

1975

28 février	Signature à Lomé d'une convention entre la Communauté et quarante-six Etats ACP
18 mars	Création du Fonds de développement régional (FEDER)
14 avril	Résolution du Conseil sur une politique de protection et d'information du consommateur
12 juin	Demande d'adhésion de la Grèce
22 juillet	Signature à Bruxelles du traité sur le renforcement des pouvoirs budgétaires du Parlement européen et la création de la Cour des comptes (entrée en vigueur le 1er juin 1977)
1er août	Signature à Helsinki de l'acte final de la Conférence sur la sécurité et la coopération en Europe (CSCE)

1976

7 janvier	Rapport Tindemans sur l'Union européenne
20 septembre	Acte portant élection au suffrage universel des membres de l'Assemblée parlementaire des Communautés

1977

28 mars   Candidature du Portugal à l'adhésion
5 avril   Déclaration commune du Parlement européen, du Conseil et de la Commission concernant le respect des droits fondamentaux
28 juillet   Candidature de l'Espagne à l'adhésion

1979

20 février   Arrêt *Cassis de Dijon*, posant le principe de la reconnaissance mutuelle comme base de la libre circulation des marchandises
13 mars   Entrée en vigueur du Système monétaire européen (SME)
28 mai   Signature des actes relatifs à l'adhésion de la Grèce
7-10 juin   Première élection du Parlement européen au suffrage universel direct

1981

1er janvier   Entrée de la Grèce dans les Communautés européennes
19 mai   Premier programme d'action communautaire en faveur des consommateurs

1982

23 février   Dans un référendum, le Groenland, qui est devenu membre de la Communauté européenne en tant que partie du Danemark, opte pour le retrait de la Communauté

1983

24-25 janvier Signature de l'accord sur la politique de la pêche
23 juillet   Premier programme cadre général des activités scientifiques et techniques communautaires pour les années 1984-1987

1984

14 février   Adoption par le Parlement européen du projet de traité sur l'Union européenne

28 février	Adoption par le Conseil du programme ESPRIT
14-17 juin	Deuxième élection du Parlement européen
25-26 juin	Le Conseil européen de Fontainebleau met en place les Comités Dooge (comité *ad hoc* pour les réformes institutionnelles) et Adonnino (comité pour l'Europe des citoyens)

1985

7 janvier	Jacques Delors devient président de la Commission
1er février	Le Groenland quitte la Communauté
19 mars	Rapport du Comité Dooge
12 juin	Signature des actes relatifs à l'adhésion de l'Espagne et du Portugal
14 juin	La Commission présente son «livre blanc concernant l'achèvement du marché intérieur pour 1992»
	Accord de Schengen – signature de la convention de base
20 juillet	Assises européennes de la technologie destinées à préparer le projet EUREKA

1986

1er janvier	Entrée de l'Espagne et du Portugal dans les Communautés européennes
17-28 février	Signature de l'Acte unique européen
15 septembre	Début de l'Uruguay Round

1987

18 février	Présentation de la communication «Réussir l'Acte unique européen» (paquet Delors I)
15 juin	Adoption du programme Erasmus
1er juillet	Entrée en vigueur de l'Acte unique européen

1988

| 13 février | Adoption par le Conseil européen de Bruxelles du paquet Delors «Réussir l'Acte unique» I |

13 juin	Premier accord interinstitutionnel sur la discipline budgétaire et l'amélioration de la procédure budgétaire
24 juin	Adoption de la réforme des fonds structurels
24 octobre	Décision du Conseil instituant le Tribunal de première instance

1989

12 avril	Le Comité Delors présente le rapport sur l'UEM
15-18 juin	Troisième élection du Parlement européen
17 juillet	Candidature de l'Autriche à l'adhésion
9 novembre	Chute du Mur de Berlin
8-9 décembre	Conseil européen de Strasbourg: – réunion de la conférence intergouvernementale sur l'UEM – adoption de la charte communautaire des droits sociaux fondamentaux des travailleurs
13 décembre	Lancement du programme PHARE, pour assister la Pologne et la Hongrie

1990

18 avril	Déclaration commune Mitterrand – Kohl demandant la réunion d'une conférence intergouvernementale sur l'Union politique
29 mai	Création de la BERD
19 juin	Convention d'application de l'accord de Schengen
25-26 juin	Conseil européen de Dublin: convocation d'une CIG sur l'Union politique
29 juin	Début des négociations avec les pays de l'AELE concernant la création de l'Espace économique européen
1er juillet	Début de la première phase de l'UEM
3 octobre	Réunification de l'Allemagne
21 novembre	Sommet de la CSCE à Paris – signature d'une charte pour une nouvelle Europe
14-15 décembre	Conseil européen de Rome – ouverture des deux CIG

1991

28 juin	Dissolution du COMECON
1er juillet	Liquidation du pacte de Varsovie
	Candidature de la Suède à l'adhésion
14 octobre	Création de l'Eurocorps
6 novembre	Institution de l'Office européen des aides humanitaires (ECHO)
26 novembre	La Communauté adhère à la FAO
11 décembre	Le Conseil européen de Maastricht approuve le contenu du traité sur l'Union européenne
16 décembre	Signature des accords européens avec la Pologne, la Hongrie et la Tchécoslovaquie

1992

7 février	Signature du traité de Maastricht sur l'Union européenne
18 mars	Candidature de la Finlande à l'adhésion
	La Commission adopte le 5e programme communautaire pour l'environnement
2 mai	Signature de l'accord qui institue l'EEE
2 juin	Référendum au Danemark : les Danois rejettent le traité de Maastricht
3-14 juin	Conférence de Rio : la Communauté signe les conventions internationales sur les modifications du climat planétaire et sur la diversité biologique
30 juin	Le Conseil adopte les règlements concernant la réforme de la PAC
25 novembre	Demande d'adhésion de la Norvège
6 décembre	Référendum en Suisse : rejet par les Suisses de l'EEE, la Suisse retire sa demande d'adhésion à la Communauté
11-12 décembre	Conseil européen d'Edimbourg : le Danemark se voit accorder les dérogations qui lui permettent d'organiser un nouveau référendum

1993

1er janvier	Achèvement du marché intérieur

1er février	Ouverture des négociations pour l'adhésion de l'Autriche, de la Finlande et de la Suède (pour la Norvège, début le 5 avril)
18 mai	Deuxième référendum au Danemark, positif cette fois
1er octobre	La Cour constitutionnelle allemande autorise la ratification du traité de Maastricht
1er novembre	Entrée en vigueur du traité de Maastricht
5 décembre	La Commission adopte le livre blanc «Croissance, compétitivité, emploi»
15 décembre	Adoption par le Conseil des trois règlements nécessaires à l'entrée en vigueur de la deuxième phase de l'UEM
	Accord à Genève entre les délégations des Etats participant à l'Uruguay Round (signature de l'acte final à Marrakech le 15 avril 1994)
22 décembre	Adoption de la première recommandation concernant les grandes orientations de politique économique des Etats membres de la Communauté

1994

1er janvier	Entrée en vigueur de la deuxième phase de l'union économique – création de l'Institut monétaire européen
	Entrée en vigueur de l'Espace économique européen
9 mars	Première réunion du Comité des régions
1er avril	Demande d'adhésion de la Hongrie
8 avril	Demande d'adhésion de la Pologne
26 avril	Adoption par le Parlement et le Conseil du 4e programme cadre de recherche et développement (1994-1998)
22 mai	Création du Fonds de cohésion
9-12 juin	Quatrième élection du Parlement européen
24-25 juin	Signature des actes d'adhésion de l'Autriche, de la Finlande, de la Suède et de la Norvège
26 juillet	Désignation de Jacques Santer comme futur président de la Commission européenne
28 novembre	Référendum en Norvège : rejet de l'adhésion par une majorité de Norvégiens

1995

1er janvier	La France prend la présidence
	Entrée de l'Autriche, de la Finlande et de la Suède dans l'Union européenne
23 janvier	Suite au vote d'approbation du Parlement européen, le 18 janvier, les représentants des gouvernements des Etats membres nomment la Commission Santer
26 mars	Entrée en vigueur des accords de Schengen
9 avril	Le Liechtenstein ratifie par référendum son adhésion à l'EEE. L'adhésion devient effective le 1er mai
1er juillet	L'Espagne prend la présidence
12 juillet	Le Parlement européen nomme M. Jacob Söderman, de nationalité finlandaise, médiateur de l'Union européenne.
26 juillet	Signature de la convention Europol
27-28 novembre	Conférence de Barcelone sur le partenariat euro-méditérranéen
15 décembre	Arrêt *Bosman*: la Cour de justice des Communautés européennes dit pour droit que les réglementations des fédérations de football limitant le nombre de joueurs étrangers dans les équipes de football ainsi que les règles relatives aux transferts de joueurs sont contraires au droit communautaire
15-16 décembre	Le Conseil européen de Madrid décide que la troisième phase de l'UEM commencera le 1er janvier 1999 et que la monnaie unique s'appellera l'euro. Il fixe le début de la conférence intergouvernementale au 29 mars 1996

1996

1er janvier	L'Italie prend la présidence
	L'Union douanière entre l'UE et la Turquie entre en vigueur
17 janvier	La République tchèque présente sa demande d'adhésion à l'Union européenne
29 mars	Ouverture à Turin de la Conférence intergouvernementale prévue par le traité de Maastricht

10 juin	La Slovénie présente sa demande officielle d'adhésion à l'Union européenne
22-23 juin	Conseil européen de Florence :
	– accord sur les objectifs et le calendrier de la CIG
	– accord sur les solutions à apporter à la crise de la vache folle
1er juillet	L'Irlande prend la présidence
19 décembre	Le Danemark, la Finlande et la Suède signent l'accord de Schengen

1997

1er janvier	Les Pays-Bas prennent la présidence
16-17 juin	Conseil européen d'Amsterdam :
	– consensus sur un projet de traité
	– résolution sur la croissance et l'emploi
	– accord sur le cadre juridique de l'euro et adoption du pacte de stabilité et de croissance
1er juillet	Le Luxembourg prend la présidence
16 juillet	La Commission présente l'agenda 2000 « Pour une Europe plus forte et plus large », avec ses dix avis sur les demande d'adhésion des pays d'Europe centrale
2 octobre	Signature du traité d'Amsterdam
22 novembre	Conseil européen extraordinaire sur l'emploi à Luxembourg : accord sur les premières lignes directrices pour l'emploi
1er-10 décembre	Conférence de Kyoto sur le changement climatique – engagement des pays industrialisés de réduire leurs émissions de gaz à effet de serre
12-13 décembre	Conseil européen de Luxembourg :
	– adoption des décisions nécessaires pour lancer le processus d'adhésion englobant les dix pays candidats d'Europe centrale et orientale et Chypre
	– création d'un conseil informel euro

1998

| 1er janvier | Le Royaume-Uni prend la présidence |

2-3 mai	Conseil réuni au niveau des chefs d'Etat et de gouvernement à Bruxelles : onze Etats remplissent les conditions nécessaires pour l'adoption de la monnaie unique au 1er janvier 1999 et participeront donc à la troisième phase de l'UEM
1er juin	Etablissement de la Banque centrale européenne
1er juillet	L'Autriche prend la présidence
1er octobre	Entrée en vigueur de la convention Europol
11-12 décembre	Conseil européen à Vienne : – adoption les lignes directrices pour l'emploi pour 1999 – définition des conditions de la représentation externe de l'euro
31 décembre	Le Conseil adopte les taux de conversion fixes et irrévocables entre les monnaies nationales des onze Etats membres participants et l'euro

1999

1er janvier	L'Allemagne prend la présidence Lancement officiel de l'euro. L'Autriche, la Belgique, la Finlande, la France, l'Allemagne, l'Irlande, l'Italie, le Luxembourg, les Pays-Bas, le Portugal et l'Espagne adoptent l'euro comme monnaie officielle
15 mars	Démission collective de la Commission à la suite du rapport du comité d'experts indépendants sur les allégations de fraude, de mauvaise gestion et de népotisme à la Commission
24-25 mars	Conseil européen extraordinaire à Berlin : – accord global sur l'Agenda 2000 – demande à Romano Prodi d'accepter la présidence de la prochaine Commission européenne
28 mars	La Commission adopte un livre blanc sur la modernisation des règles d'application des articles 85 et 86 du traité CE (politique de la concurrence)
1er mai	Entrée en vigueur du traité d'Amsterdam

5 mai	Le Parlement approuve la nomination de Romano Prodi en tant que président de la Commission
3-4 juin	Conseil européen à Cologne :

- première stratégie commune de l'Union européenne, qui concerne la Russie
- désignation de Javier Solana Madariaga comme haut représentant pour la PESC
- décision d'élaborer une charte des droits fondamentaux de l'Union européenne

10-13 juin	Election des membres du Parlement européen
1er juillet	La Finlande prend la présidence du Conseil européen
20 juillet	Le nouveau Parlement européen élit Nicole Fontaine à sa présidence
15 septembre	Le Parlement européen vote l'investiture de la nouvelle Commission
15-16 octobre	Conseil européen spécial à Tampere, en Finlande. Il donne son accord sur un certain nombre d'orientations et de priorités politiques concernant, en particulier, le droit d'asile, l'immigration, l'accès à la justice et la lutte contre la criminalité
30 novembre	Conférence de l'Organisation mondiale du commerce (OMC) à Seattle, destinée à lancer un nouveau cycle de négociations. Elle s'achève le 3 décembre, sans que les participants soient parvenus à un accord
10-11 décembre	Conseil européen à Helsinki :

- décision d'ouvrir les négociations d'adhésion avec la Roumanie, la Slovaquie, la Lettonie, la Lituanie, la Bulgarie et Malte, et de reconnaître la Turquie comme pays candidat
- convocation, en février 2000, d'une conférence intergouvernementale de révision des traités

2000

1er janvier	Le Portugal prend la présidence
12 janvier	Adoption par la Commission d'un livre blanc sur la sécurité alimentaire

14 février	Ouverture à Bruxelles de la conférence inter-gouvernementale sur la réforme institutionnelle
23-24 mars	Conseil européen spécial à Lisbonne pour définir une nouvelle stratégie de l'Union visant à renforcer l'emploi, la réforme économique et la cohésion sociale dans une économie fondée sur la connaissance.
9 mai	Cinquantième anniversaire de la déclaration Schuman
23 juin	Signature à Cotonou, Bénin, d'une convention entre la Communauté et les Etats d'Afrique, des Caraïbes et du Pacifique (ACP), en vue de remplacer les conventions de Lomé
1er juillet	La France prend la présidence
28 septembre	Référendum au Danemark sur l'adhésion à la monnaie unique. Le non l'emporte
7-9 décembre	Conseil européen à Nice : – proclamation de la charte des droits fondamentaux – accord politique sur le traité de Nice

2001

1er janvier	La Suède prend la présidence
2 janvier	La Grèce devient le douzième membre de la zone euro
26 février	Signature du traité de Nice
14 juin	Un référendum a lieu en Irlande. La population vote contre le traité de Nice
1er juillet	La Belgique prend la présidence
25 juillet	Adoption par la Commission d'un livre blanc sur la gouvernance européenne
5 septembre	Adoption par la Commission d'un livre blanc sur la politique européenne des transports
14-15 décembre	Conseil européen de Bruxelles : adoption de la déclaration de Laeken sur l'avenir de l'Union

2002

1er janvier	L'Espagne prend la présidence

	Les billets et pièces libellés en euros sont mis en circulation dans les douze Etats membres participants
15 janvier	Pat Cox est élu président du Parlement européen
26 janvier	Le système européen de positionnement et de navigation par satellite, GALILEO, est lancé
28 février	Début des travaux de la Convention sur l'avenir de l'Europe, sous la présidence de Valéry Giscard d'Estaing
31 mai	L'Union européenne ratifie le protocole de Kyoto
1er juillet	Le Danemark prend la présidence.
3 juillet	Expiration du traité établissant la CECA après cinquante années de vie
22 juillet	Adoption du sixième programme d'action communautaire pour l'environnement (2002-2012)
19 octobre	Lors d'un deuxième référendum, les Irlandais se prononcent en faveur du traité de Nice
4 décembre	Cinquantième anniversaire de la Cour de justice des Communautés européennes
12-13 décembre	Conseil européen de Copenhague : les chefs d'Etat et de gouvernement marquent leur accord pour l'entrée dans l'Union européenne de Chypre, de l'Estonie, de la Hongrie, de la Lettonie, de la Lituanie, de Malte, de la Pologne, de la République tchèque, de la Slovaquie et de la Slovénie
16 décembre	Adoption du règlement sur la modernisation des règles d'application de la politique de concurrence

2003

1er janvier	La Grèce prend la présidence
	L'Union fête les dix ans du marché intérieur
1er février	Le traité de Nice entre en vigueur
21 février	La Croatie dépose sa demande d'adhésion à l'Union européenne

8 mars	Référendum favorable à l'entrée de Malte dans l'Union
11 mars	Communication de la Commission sur « L'Europe élargie – Voisinage : un nouveau cadre pour les relations avec nos voisins de l'Est et du Sud »
14 mars	L'Union européenne et l'OTAN signent un pacte de sécurité à Athènes
23 mars	Référendum favorable à l'entrée de la Slovénie dans l'Union
9 avril	Avis conforme du Parlement européen à l'élargissement à dix nouveaux pays
12 avril	Référendum favorable à l'entrée de la Hongrie dans l'Union européenne
16 avril	Signature du traité d'adhésion de Chypre, de l'Estonie, de la Lettonie, de la Lituanie, de la Hongrie, de Malte, de la Pologne, de la République tchèque, de la Slovénie et de la Slovaquie à Athènes
10-11 mai	Référendum favorable à l'entrée de la Lituanie dans l'Union
16-17 mai	Référendum favorable à l'entrée de la Slovaquie dans l'Union
7-8 juin	Référendum favorable à l'entrée de la Pologne dans l'Union
1er juillet	L'Italie prend la présidence
18 juillet	Remise officielle par Valéry Giscard d'Estaing, président de la Convention sur l'avenir de l'Europe d'un projet de traité instituant une Constitution pour l'Europe
14 septembre	La Suède organise un référendum sur l'adhésion à la monnaie unique. Le non l'emporte
20 septembre	Référendum favorable à l'entrée de la Lettonie dans l'Union européenne
29 septembre	Nouvelle réforme de la politique agricole commune avec l'introduction des « paiements uniques par exploitation »
4 octobre	Ouverture officielle de la CIG en vue de l'adoption du traité établissant une Constitution pour l'Europe

1er novembre	Changement de présidence à la Banque centrale européenne : Jean-Paul Trichet succède à Wim Duisenberg
12-13 décembre	Conseil européen. Les chefs d'Etat et de gouvernement ne parviennent pas à un accord sur le traité établissant une Constitution pour l'Europe
16 décembre	Accord interinstitutionnel « Mieux légiférer »

2004

1er janvier	L'Irlande prend la présidence
22 mars	L'Ancienne République yougoslave de Macédoine pose sa candidature à l'adhésion à l'Union européenne
29 avril	Adoption de la directive « relative au droit des citoyens de l'Union et aux membres de leur famille de circuler librement sur le territoire des Etats membres »
1er mai	Entrée des dix nouveaux Etats dans l'Union, portant le nombre d'Etats membres de quinze à vingt-cinq
5 mai	Nomination des dix nouveaux commissaires
10-13 juin	Election des membres du Parlement européen
17-18 juin	Conseil européen à Bruxelles (à partir de cette date, tous les Conseils européens se dérouleront à Bruxelles) : – accord sur le traité établissant une Constitution pour l'Europe – la Croatie se voit reconnaître le statut de pays candidat à l'Union
29 juin	Conseil réuni au niveau des chefs d'Etat et de gouvernement : – José Manuel Barroso est choisi comme président de la Commission européenne – Javier Solana est reconduit en qualité de secrétaire général du Conseil et haut représentant pour la politique étrangère et de sécurité commune
1er juillet	Les Pays-Bas prennent la présidence
20 juillet	Le Parlement européen élit Josep Borrell Fontelles à sa présidence

22 juillet	Le Parlement européen approuve la nomination de José Manuel Barroso comme président de la Commission européenne
26 octobre	José Manuel Barroso est obligé, face à l'opposition du Parlement européen, de retirer la liste proposée des membres de la Commission européenne
29 octobre	Signature du traité de Rome, établissant une Constitution pour l'Europe
4-5 novembre	Conseil européen. Approbation du programme de La Haye pour renforcer l'espace de liberté, de sécurité et de justice
18 novembre	Vote d'approbation du Parlement européen pour la Commission Barroso (449 voix pour, 149 contre et 82 abstentions)
15-16 décembre	Conseil européen. Accord pour la signature du traité d'adhésion de la Bulgarie et de la Roumanie ainsi que pour l'ouverture des négociations d'adhésion avec la Croatie en mars 2005 et avec la Turquie et en octobre 2005

2005

1er janvier	Le Luxembourg prend la présidence
1er février	Entrée en vigueur de l'accord d'association et de stabilisation avec la Croatie
16 février	Entrée en vigueur du protocole de Kyoto
20 février	Référendum sur le traité constitutionnel en Espagne. Le oui l'emporte avec plus de 76% des voix
16 mars	Report de l'ouverture des négociations d'adhésion avec la Croatie
22-23 mars	Conseil européen. Deuxième cycle de la stratégie de Lisbonne recentrée sur la croissance et l'emploi
13 avril	Avis conforme du Parlement européen sur l'adhésion de la Bulgarie et de la Roumanie
25 avril	Signature du traité d'adhésion de la Bulgarie et de la Roumanie
11 mai	Référendum favorable à l'entrée de la Bulgarie dans l'Union européenne et à la ratification du traité constitutionnel

17 mai	Référendum favorable à l'entrée de la Roumanie dans l'Union européenne et à la ratification du traité constitutionnel
29 mai	Référendum sur le traité constitutionnel en France. Le non l'emporte avec 54,6% des voix
1er juin	Référendum sur le traité constitutionnel aux Pays-Bas. Le non l'emporte avec 61,6% des voix
6 juin	Le Groupe ACP, qui comprend soixante-dix-neuf Etats d'Afrique, des Caraïbes et du Pacifique, célèbre son trentième anniversaire
16-17 juin	Conseil européen. Approbation des premières lignes directrices intégrées sur la croissance et l'emploi. Discussions sur les conséquences du non aux référendums en France et aux Pays-Bas. Décision de ménager une période de réflexion d'explication et de débat sur le traité constitutionnel
10 juillet	Référendum sur le traité constitutionnel au Luxembourg. Le oui l'emporte avec 56,5% des voix
3 octobre	Ouverture des négociations d'adhésion avec la Croatie et la Turquie
15-16 décembre	Conseil européen. Accord sur les perspectives financières pour 2007-2013
18 décembre	Adoption du septième programme cadre de recherche (2007-2013) «Bâtir l'Europe de la connaissance»

2006

1er janvier	L'Autriche prend la présidence
	Vingt-cinquième anniversaire de l'adhésion de la Grèce et vingtième anniversaire de l'adhésion de l'Espagne et du Portugal
	Entrée en fonction du Tribunal de la fonction publique
12 juin	Entrée en vigueur des accords de stabilisation et d'association avec l'ancienne république yougoslave de Macédoine et l'Albanie

15-16 juin   Conseil européen:
                – la présidence allemande est chargée de présenter au cours du 1er semestre 2007 un rapport sur l'état des débats relatifs au traité constitutionnel et les évolutions futures possibles
                – les chefs d'Etat et de gouvernement invitent les responsables de l'Union à adopter, à l'occasion du cinquantième anniversaire de la signature des traités de Rome, une «déclaration politique énonçant les valeurs et les ambitions de l'Europe et confirmant leur volonté commune de les concrétiser»

1er juillet   La Finlande prend la présidence

5 juillet   Adoption des règles générales applicables aux fonds structurels pour la période 2007-2013

15 novembre   Adoption du programme «Jeunesse pour l'Europe» (2007-2013)

12 décembre   Adoption des programmes «L'Europe pour les citoyens» et «Culture» (2007-2013)
                Adoption de la directive relative aux services dans le marché intérieur

14-15 décembre Conseil européen: octroi du statut de candidat à l'ancienne république yougoslave de Macédoine

2007

1er janvier   L'Allemagne prend la présidence
                Entrée de la Bulgarie et de la Roumanie dans l'Union
                Adoption de la monnaie unique par la Slovénie

16 janvier   Election de Hans-Gert Pöttering à la présidence du Parlement européen

8-9 mars   Conseil européen. Adoption du plan d'action «une politique énergétique pour l'Europe» (2007-2013)

24-25 mars   Commémoration du cinquantième anniversaire de la signature des traités de Rome et adoption de la déclaration de Berlin

30 avril   Signature de l'accord «ciel ouvert» entre la Communauté européenne et les Etats-Unis

20-21 juin	Conseil européen: adoption d'un mandat détaillé pour la convocation d'une conférence intergouvernementale en vue de l'adoption d'un traité modificatif
1er juillet	Le Portugal prend la présidence
11 juillet	Livre blanc de la Commission sur le sport et plan d'action Pierre de Coubertin
23 juillet	Ouverture officielle de la conférence intergouvernementale en vue de la révision des traités CE et UE
15 octobre	Signature de l'accord de stabilisation et d'association avec le Monténégro et entrée en vigueur d'un accord intérimaire
18-19 octobre	Conseil européen informel à Lisbonne. Les chefs d'Etat et de gouvernement arrivent à un accord sur le traité de Lisbonne modifiant le traité sur l'Union européenne et le traité instituant la Communauté européenne
6 novembre	Communication de la Commission «Document de stratégie pour l'élargissement et principaux défis pour 2007-2008»
20 novembre	Communication de la Commission «Préparer le bilan de santé de la PAC réformée»
12 décembre	Signature de la charte des droits fondamentaux par Hans-Gert Pöttering, président du Parlement européen, José Manuel Barroso, président de la Commission européenne, et José Sócrates, Premier ministre portugais et président en exercice du Conseil de l'Union européenne, lors d'une cérémonie officielle au Parlement européen
13 décembre	Signature du traité de Lisbonne
17 décembre	La Hongrie est le premier pays à ratifier le traité de Lisbonne
21 décembre	Elargissement de «l'espace Schengen» à l'Estonie, la République tchèque, la Lituanie, la Hongrie, la Lettonie, Malte, la Pologne, la Slovaquie et la Slovénie

2008

1er janvier	La Slovénie prend la présidence. Elle est le premier des Etats entrés en 2004 à assumer cette responsabilité

1er janvier — La Slovénie prend la présidence. Elle est le premier des Etats entrés en 2004 à assumer cette responsabilité
Chypre et Malte adoptent l'euro

1er mars — Le Parlement européen célèbre le cinquantième anniversaire de la première réunion de l'Assemblée parlementaire européenne, qui a eu lieu le 19 mars 1958

12 juin — Référendum sur le traité de Lisbonne en Irlande. Le non l'emporte avec 53,4 %

19 juin — Le Conseil réuni au niveau des chefs d'Etat et de gouvernement, entérine la recommandation du Conseil sur l'entrée de la Slovaquie dans la zone euro.

18-19 juin — Le Conseil européen examine l'avenir du traité de Lisbonne et décide de poursuivre le processus de ratification.

1er juillet — La France prend la présidence

13 juillet — Un sommet se tient à Paris pour donner le coup d'envoi de la nouvelle Union pour la Méditerranée

8 août — Un conflit armé éclate entre la Géorgie et la Russie

15-16 octobre — Conseil européen :
- les débats sont dominés par la crise financière. Le Conseil européen exprime sa détermination à agir de façon concertée et globale pour protéger le système financier européen ainsi que les déposants
- accord sur le Pacte européen pour l'asile et l'immigration

16 novembre — Un sommet du G20 est consacré à la crise financière mondiale

11-12 décembre — Conseil européen :
- adoption d'une démarche pour permettre à l'Irlande d'organiser un nouveau référendum sur le traité de Lisbonne et accord sur des mesures transitoires concernant la composition du Parlement européen

	– accord sur un plan pour répondre à la crise économique et financière
	– accord sur le paquet climat-énergie
12 décembre	L'entrée de la Suisse dans «l'espace Schengen» devient effective
15 décembre	Le Monténégro pose sa candidature à l'adhésion à l'Union européenne

2009

1er janvier	La République tchèque prend la présidence
	La Slovaquie adopte l'euro, ce qui porte le nombre des Etats membres de la zone euro à 16
2 avril	Nouvelle réunion du G20 pour tenter de répondre à la crise économique et financière
28 avril	L'Albanie pose sa candidature à l'adhésion à l'Union européenne
4-7 juin	Election des membres du Parlement européen
18-19 juin	Conseil européen
	– accord sur une série d'arrangements afin de rassurer le peuple irlandais et de répondre à ses préoccupations
	– les chefs d'Etat ou de gouvernement s'entendent à l'unanimité sur le nom de José Manuel Barroso comme étant la personnalité qu'ils envisagent de désigner en tant que président de la Commission européenne pour la période 2009-2014
1er juillet	La Suède prend la présidence
14 juillet	Le Parlement européen élit le député polonais Jerzy Buzek à sa présidence
17 juillet	L'Islande pose sa candidature à l'adhésion à l'Union européenne
16 septembre	Le Parlement européen procède à l'élection de José Manuel Barroso comme nouveau président de la Commission européenne
17 septembre	Réunion informelle du Conseil européen. Adoption d'une position commune en vue de la réunion du G20 à Pittsburgh
	Les chefs d'Etat ou de gouvernement adoptent une déclaration se félicitant de que ce que le

	Parlement européen ait approuvé la désignation de José Manuel Barroso pour un second mandat
24-25 septembre	Réunion du G20. Discussions autour du changement climatique et des conditions d'une reprise économique durable
3 octobre	Lors d'un deuxième référendum, les Irlandais se prononcent en faveur du traité de Lisbonne à plus de 67% des voix
5 octobre	Création par la Commission d'un «groupe à haut niveau sur le lait», suite à la grave crise traversée par ce secteur
29-30 octobre	Conseil européen: – des garanties sont données quant à l'extension à la République tchèque du protocole sur l'application de la charte des droits fondamentaux à la Pologne et au Royaume-Uni» – les Vingt-sept se mettent d'accord sur la position qu'ils défendront à la Conférence de Copenhague.
31 octobre	Fin du mandat de la première Commission Barroso. En attendant l'entrée en fonction du prochain collège, elle reste en place et expédie les affaires courantes
9 novembre	Vingtième anniversaire de la chute du Mur de Berlin
11 novembre	Publication par la Commission d'un livre vert sur une initiative citoyenne européenne
13 novembre	La République tchèque est le dernier Etat membre à déposer son instrument de ratification du traité de Lisbonne
19 novembre	Réunion informelle du Conseil européen. Les chefs d'Etat dégagent un accord politique sur la nomination d'Herman Van Rompuy comme président du Conseil européen et de Catherine Ashton comme haut représentant de l'Union européenne pour les affaires étrangères et la politique de sécurité
24 novembre	Publication par la Commission d'un document de travail ouvrant une consultation sur la

	future stratégie «UE 2020» destinée à succéder à la stratégie de Lisbonne.
1er décembre	Entrée en vigueur du traité de Lisbonne
	Adoption par le Conseil européen de son premier règlement intérieur
	Adoption formelle par le Conseil européen de la décision portant élection d'Herman Van Rompuy comme président du Conseil européen et de la décision portant nomination de Catherine Ashton comme haut représentant jusqu'à la fin du mandat de la Commission alors en exercice
2 décembre	Echange de vues informel entre Catherine Ashton et la commission des affaires étrangères du Parlement européen
	Décision du Conseil adoptant la liste des personnalités qu'il propose de nommer membres de la Commission
3 décembre	Réunion du Conseil Ecofin. Vingt Etats membres sont officiellement considérés comme étant en déficit excessif
4 décembre	Décision du Conseil européen portant nomination de Catherine Ashton comme haut représentant pour la période allant de la fin du mandat de la Commission alors en exercice jusqu'au 31 octobre 2014
7 décembre	Ouverture à Copenhague de la conférence des Nations unies sur le changement climatique
10-11 décembre	Conseil européen :

– prise d'acte du document «Stratégie UE 2020»
– adoption du programme de Stockholm devant permettre de poursuivre la mise en place d'un espace de liberté, de sécurité et de justice
– échange de vues sur la manière de faire progresser la conférence de Copenhague
– adoption d'une stratégie de sortie de la crise financière

| 19 décembre | La conférence de Copenhague prend acte d'un accord, élaboré sous les auspices des Etats- |

	Unis, de la Chine, de l'Inde, du Brésil et de l'Afrique. José Manuel Barroso, au nom de l'Union européenne, fait part de sa déception
22 décembre	La Serbie pose sa candidature à l'adhésion à l'Union européenne

2010

1er janvier	L'Espagne prend la première présidence tournante du Conseil de l'Union, dans le nouveau contexte issu de l'entrée en vigueur du traité de Lisbonne
11-19 janvier	Audition par le Parlement européen des candidats aux postes de membres de la future Commission européenne
18 janvier	Catherine Ashton préside son premier Conseil des affaires étrangères, un conseil extraordinaire, réunissant les ministres de la Coopération après le séisme survenu à Haïti.
19 janvier	Le gouvernement bulgare décide de retirer la candidature de Rumiana Jeleva en tant que commissaire, suite aux critiques dont cette dernière avait fait l'objet lors de son audition par le Parlement européen et de proposer une nouvelle candidate
20 janvier	Réélection de Nikiforos Diamandouros comme médiateur européen
21 janvier	Le président de la Commission accepte la désignation de Kristalina Georgieva comme candidate à un poste de commissaire au sein du nouveau collège
3 février	Audition de Kristalina Georgieva par le Parlement européen
9 février	Approbation de la nouvelle Commission européenne
10 février	Entrée en fonction de la nouvelle Commission européenne
11 février	Réunion informelle du Conseil européen, sous la présidence d'Herman Van Rompuy, consacrée aux questions économiques et aux suites de la conférence de Copenhague sur le climat

Bibliographie générale

1. OUVRAGES GÉNÉRAUX

ALOMAR Bruno, DAZIANO Sébastien et GARAT Christophe, *Grandes questions européennes*, Paris, Editions Sedes, 2007

BIEBER Roland, MAIANI Francesco et KAHIL WOLFF Bettina, *Précis de droit européen*, Berne, Stämpfli, 2004

CARTOU Louis, CLERGERIE Jean-Louis, GRUBER Annie, RAMBAUD Patrick, *L'Union européenne*, 7e éd., Paris, Dalloz, 2008

CLERGERIE Jean-Louis et FAURE-TRONCHE Véronique, *Le système juridique de l'Union européenne*, Paris, Ellipses, 2004

CROZET Marie-Pierre, *Précis sur l'Union européenne*, Paris, Ellipses, 2007

DUTHEIL DE LA ROCHÈRE Jacqueline, *Introduction au droit de l'Union européenne*, 5e éd., Paris, Hachette, 2007

ECHKENAZI José, *Guide de l'Union européenne*, Paris, Fernand Nathan, 2009

EECKHOUT Piet, *External relations of the European Union*, Oxford, Oxford EC Law Library, 2004

FAVRET Jean-Marc, *L'essentiel de l'Union européenne et du Droit communautaire*, Paris, Gualino éditeur, 2009

GAUTRON Jean-Claude, *Droit européen*, 13e éd., Paris, Dalloz, 2009

ISAAC Guy, Blanquet Marc, *Droit général de l'Union européenne*, 9e éd., Paris, Dalloz-Sirey, 2006

GRANDGUILLOT Dominique, *L'Union européenne après le Traité de Lisbonne*, Paris, Gualino éditeur, 2008

MCCORMICK John, *Understanding the European Union*, 4e éd., Houndmills, Basingstoke, Hampshire Palgrave Macmillan, 2008

MASSON Antoine, *Droit communautaire : Droit institutionnel et droit matériel*, 2e éd, Bruxelles, Larcier, 2009

MOUSSIS Nicolas, *Access to European Union*, 18e éd., Rixensart, European Study Service, 2009

OBERDORFF Henri, *L'Union européenne, Grenoble*, Presses universitaires de Grenoble, 2007

QUERMONNE Jean Louis, *L'Union européenne dans le temps long*, Paris, Les Presses de Sciences Po, 2008

2. OUVRAGES SUR LE DROIT INSTITUTIONNEL

BLUMANN Claude et DUBOUIS Louis, *Droit institutionnel de l'Union européenne*, 3e éd., Paris, Litec, 2007

JACQUÉ Jean Paul, *Droit institutionnel de l'Union européenne*, 5e éd., Paris, Dalloz-Sirey, 2009

LENAERTS Koen, VAN NUFFEL Piet et BRAY Robert, *Constitutional law of the European Union,* 3e éd., London, Sweet & Maxwell, 2010

MANIN Philippe, *Droit constitutionnel de l'Union européenne*, Paris, Pedone,2004.

PERTEK Jacques, *Droit des institutions de l'Union européenne*, 2e éd., Paris, PUF, 2006

QUERMONNE Jean-Louis, *Le système politique de l'Union européenne*, 7e éd., Paris, Montchrestien, coll. Clefs, 2009

RIDEAU Joël, *Droit institutionnel de l'Union et des Communautés européennes*, 6e éd., Paris, LGDJ, 2006

ROUX Jérôme, *Droit général de l'Union européenne*, 2e éd., Paris, Litec, 2008

VAN RAEPENBUSCH Sean, *Droit institutionnel de l'Union et des Communautés européennes*, 4e éd., Bruxelles, De Boeck, 2004

ZARKA Jean-Claude, *L'essentiel des institutions de l'Union européenne*, Paris, Gualino éditeur, 2009

3. OUVRAGES SUR LES POLITIQUES DE L'UNION

BLUMANN Claude et DUBOUIS Louis, *Droit matériel de l'Union européenne*, 5e éd., Paris, Montchrestien, 2009

BOUTAYEB Chahira, *Droit matériel de l'Union européenne*, Paris, LGDJ, 2009

CLERGERIE Jean-Louis, *Politiques communes de l'Union européenne*, Paris, Ellipses, 2006

DECOCQ André et DECOCQ Georges, *Droit européen des affaires*, Paris, LGDJ, 2003

DRUESNE Gérard, *Droit de l'Union européenne et politiques communautaires*, 8e éd., Paris, PUF, 2006

DUTHEIL DE LA ROCHÈRE Jacqueline, *Droit matériel de l'Union européenne*, 3e éd., Paris, Hachette, 2006

FALLON Marc, *Droit matériel général des Communautés européennes*, 2e éd., Paris/Louvain-la-neuve, LGDJ/Bruylant Academia, 2003

McCORMICK JOHN, *The European Union: Politics and Policies*, 4e éd., Jackson, Westview Press, 2007

PERTEK Jacques, *Droit matériel de l'Union européenne*, Paris, PUF, 2005

4. PRINCIPALES REVUES

Cahiers de droit européen
Common Law Market Review
Europe
European Law Journal
Journal des tribunaux − Droit européen, devenu en 2008 Journal de
    droit européen
Journal of Common Market Studies
Revue des affaires européennes/Law & European Affairs
Revue du marché commun et de l'Union européenne (anciennement
    Revue du marché unique européen)
Revue trimestrielle de droit européen
Yearbook of European Law

5. SITES INTERNET

http://europa.eu/index_fr.htm
http://curia.europa.eu/jcms/jcms/j_6/
http://www.consilium.europa.eu/showPage.aspx?id=1&lang=fr
http://ec.europa.eu/index_fr.htm
http://www.european-council.europa.eu/home-page.aspx?lang=fr
http://www.europarl.europa.eu/news/public/default_fr.htm

Index alphabétique des matières[1]

[1] Les chiffres renvoient aux paragraphes.

Index chronologique
de la jurisprudence[1]

[1] Les chiffres renvoient aux paragraphes.

Liste des abréviations, acronymes et sigles

ABS	Anti-lock Braking System
ACP	Etats d'Afrique, des Caraïbes et du Pacifique
ADLE	Alliance des démocrates et des libéraux pour l'Europe
ADN	Acide désoxyribonucléique
AELE	Association économique de libre-échange
AETR	Accord européen sur les transports routiers
APER	Accord de partenariat économique régional
ARYM	Ancienne République yougoslave de Macédoine
BCE	Banque centrale européenne
Benelux	Belgique-Nederland-Luxembourg
BERD	Banque européenne pour la reconstruction et le développement
BITD	Base industrielle et technologique de défense
CDE	Cahiers de droit européen
CE	Communauté européenne
CECA	Communauté européenne du charbon et de l'acier
CED	Communauté européenne de défense
CEDH	Convention européenne de sauvegarde des droits de l'Homme et des libertés fondamentales
CEE	Communauté économique européenne
CEEA	Communauté européenne de l'énergie atomique
CIA	Central Intelligence Agency
CIG	Conférence intergouvernementale
CJ	Cour de justice des Communautés européennes (jusqu'au 31 janvier 2003)
	Cour de justice de l'Union européenne (à partir du 1er février 2003)
CMLR	Common Market Law Review
COMECON	Council for Mutual Economic Assistance
Coreper	Comité des représentants permanents
COSAC	Conférence des organes spécialisés dans les affaires communautaires

CSA	Comité spécial agriculture
CSCE	Conférence sur la sécurité et la coopération en Europe
DG	Direction générale
ECHO	Office humanitaire de la Communauté européenne (European Community Humanitarian Office)
Ecofin	(Conseil) «économie et finance»
EEE	Espace économique européen
Euratom	Communauté européenne de l'énergie atomique
Eurojust	Unité de coopération judiciaire de l'Union européenne
Europol	Office européen de police
EUROSUR	Système européen de surveillance des frontières extérieures
FAO	Organisation des Nations unies pour l'alimentation et l'agriculture (Food and Agriculture Organisation of the United Nations)
FEADER	Fonds européen agricole pour le développement rural
FEAGA	Fonds européen agricole de garantie
FED	Fonds européen de développement
FEDER	Fonds européen de développement régional
FEOGA	Fonds européen d'orientation et de garantie agricole
FEP	Fonds européen pour la pêche
Frontex	Agence européenne pour la gestion de la coopération opérationnelle aux frontières extérieures
FSE	Fonds social européen
GATS	General Agreement on Trade in Services
GATT	General Agreement on Tariffs and Trade
GUE/GVN	Gauche unitaire européenne/Gauche verte nordique
IFOP	Instrument financier d'orientation pour la pêche
Interreg	Initiative communautaire concernant la coopération tran-seuropéenne
JAI	Justice et affaires intérieures
JDE	Journal de droit européen
JO	Journal officiel des Communautés européennes (jusqu'au 31 janvier 2003)
	Journal officiel de l'Union européenne (à partir du 1er février 2003)
JTDE	Journal des tribunaux. Droit européen
MEDA	Mesures d'accompagnement financières et techniques à la réforme des structures économiques et sociales dans le cadre du partenariat euro-méditerranéen
Mercosur	Mercado Común del Sur
MiFID(directive)	Markets in Financial Instruments Directive
NUTS	Nomenclature d'unités territoriales statistiques

OCDE	Organisation de coopération et de développement économiques
OECE	Organisation européenne de coopération économique
OLAF	Office de lutte antifraude
OMC	Organisation mondiale du commerce
OMS	Organisation mondiale de la santé
OTAN	Organisation du traité de l'Atlantique Nord
PAC	Politique agricole commune
PESC	Politique étrangère et de sécurité commune
PESD	Politique européenne de sécurité et de défense
PIB	Produit intérieur brut
PME	Petites et moyennes entreprises
PNB	Produit national brut
PP-De	Parti populaire européen (Démocrates chrétiens) et des Démocrates européens
QCC	Qualified Commonwealth Citizens
R&T	Recherche et Technologie
RABIT	Rapid Border Intervention Teams (Equipes d'intervention rapide aux frontières)
RAE	Revue des affaires européennes
RMCUE	Revue du marché commun et de l'Union européenne
RNB	Revenu national brut
RTDE	Revue trimestrielle de droit européen
SEBC	Système européen de banques centrales
SEPA	Single Euro Payment Area
SIS	Système d'information Schengen
SME	Système monétaire européen
Stabex	Système de stabilisation des recettes d'exportation
Sysmin	Système d'aide aux produits miniers
TACIS	Programme d'assistance technique à la Communauté des Etats indépendants et à la Mongolie (Technical Assistance to the Commonwealth of Independent States)
TCE	Traité instituant la Communauté européenne
TFUE	Traité sur le fonctionnement de l'Union européenne
TGV	Train à grande vitesse
TIC	Technologies de l'information et de la communication
TPI	Tribunal de première instance
Traité CE	Traité instituant la Communauté européenne
Traité CEE	Traité instituant la Communauté économique européenne
Traité CEEA	Traité créant la Communauté européenne de l'énergie atomique
Traité FUE	Traité sur le fonctionnement de l'Union européenne
Traité UE	Traité sur l'Union européenne

Trevi	Terrorisme, radicalisme, extrémisme et violence internationale
TRIPs	Trade Related Aspects of Intellectual Property Rights
TUE	Traité sur l'Union européenne
TVA	Taxe sur la valeur ajoutée
UCLAF	Unité de coordination de la lutte anti-fraude
UE	Union européenne
UEM	Union économique et monétaire
UEO	Union de l'Europe occidentale
V-ALE	Verts-Alliance libre européenne
VIS	Système d'information sur les visas (Visa Information System)

Table des matières

PREMIÈRE PARTIE
DROIT INSTITUTIONNEL DE L'UNION EUROPÉENNE

DEUXIÈME PARTIE
LES POLITIQUES DE L'UNION

╱ EDITIONS DE L'UNIVERSITE DE BRUXELLES

Fondées en 1972, les Editions de l'Université de Bruxelles sont un département de l'Université libre de Bruxelles (Belgique). Elles publient des ouvrages de recherche et des manuels universitaires d'auteurs issus de l'Union européenne.

Principales collections et directeurs de collection

- Commentaire J. Mégret (Comité de rédaction : Marianne Dony (directeur), Emmanuelle Bribosia (secrétaire de rédaction), Claude Blumann, Jacques Bourgeois, Laurence Idot, Jean-Paul Jacqué, Henry Labayle, Fabrice Picod)
- Aménagement du territoire et environnement (Christian Vandermotten)
- Education (Françoise Thys-Clément)
- Etudes européennes (Marianne Dony)
- Histoire (Eliane Gubin et Kenneth Bertrams)
- Philosophie et société (Jean-Marc Ferry et Nathalie Zaccaï-Reyners)
- Quête de sens (Manuel Couvreur et Marie-Soleil Frère)
- Science politique (Pascal Delwit)
- Sociologie et anthropologie (Mateo Alaluf et Pierre Desmarez)
- Religion, laïcité et société (Monique Weis)
- Statistique et mathématiques appliquées (Jean-Jacques Droesbeke)
- UBlire (collection de poche)

Elles éditent trois séries thématiques, les *Problèmes d'histoire des religions* (direction : Alain Dierkens), les *Etudes sur le XVIIIᵉ siècle* (direction : Bruno Bernard et Manuel Couvreur) et *Sextant* (direction : Eliane Gubin et Valérie Piette).

Des ouvrages des Editions de l'Université de Bruxelles figurent sur le site de la Digithèque de l'ULB. Ils sont aussi accessibles via le site des Editions.

Founded in 1972, Editions de l'Université de Bruxelles is a department of the Université libre de Bruxelles (Belgium). It publishes textbooks, university level and research oriented books in law, political science, economics, sociology, history, philosophy, ...

Editions de l'Université de Bruxelles, avenue Paul Héger 26 – CPI 163, 1000 Bruxelles, Belgique
EDITIONS@admin.ulb.ac.be
http://www.editions-universite-bruxelles.be
Fax +32 (0) 2 650 37 94
Direction, droits étrangers: Michèle Mat.
Diffusion/distribution: Interforum Benelux (Belgique, Pays-Bas et grand-duché de Luxembourg) ; SODIS/ToThèmes (France) ; Servidis (Suisse) ; Somabec (Canada).